Maßnahmen zur Verhinderung missbräuchlicher Gestaltungen im Ertragsteuerrecht

Forum Unternehmens-, Steuer- und Bilanzrecht

Deutsche, europäische und internationale Rechtsfragen

Herausgegeben von Oliver Fehrenbacher / Michael Stöber

Band 23

PETER LANG

Javid Damirov

Maßnahmen zur Verhinderung missbräuchlicher Gestaltungen im Ertragsteuerrecht

Eine rechtsvergleichende Betrachtung nach deutschem, russischem, europäischem und internationalem Steuerrecht

PETER LANG

Bibliografische Information der Deutschen Nationalbibliothek
Die Deutsche Nationalbibliothek verzeichnet diese Publikation in der Deutschen Nationalbibliografie; detaillierte bibliografische Daten sind im Internet über http://dnb.d-nb.de abrufbar.
Zugl.: Kiel, Univ., Diss., 2022

„Gedruckt bzw. veröffentlicht mit Unterstützung des Deutschen Akademischen Austauschdienstes“

D 8
ISSN 2366-293X
ISBN 978-3-631-87810-1 (Print)
E-ISBN 978-3-631-88339-6 (E-PDF)
E-ISBN 978-3-631-88340-2 (EPUB)
DOI 10.3726/b19911

Peter Lang – Berlin · Bruxelles · Lausanne · New York · Oxford

Diese Publikation wurde begutachtet.

www.peterlang.com

Zum Gedenken an die Opfer des Völkermords von Chodschali

In memory of the victims of Khojaly Genocide

Vorwort und Danksagung

Diese Arbeit wurde im Wintersemester 2021/22 von der Rechtswissenschaftlichen Fakultät der Christian-Albrechts-Universität zu Kiel als Dissertation angenommen. Die Rechtsprechung und Literatur konnten bis Januar 2022 berücksichtigt werden.

Mein unermesslicher Dank gilt an vorderster Stelle meinem langjährigen wissenschaftlichen Betreuer, *Herrn Prof. Dr. Michael Stöber*, der mich während des Promotionsstudiums in besonderem Maße unterstützt hat. Zudem danke ich auch *Herrn Prof. Prof. h.c. Dr. Dr. h.c. Alexander Trunk* für die Erstellung des Zweitgutachtens. Schließlich möchte ich mich beim *Deutschen Akademischen Austauschdienst* für die Unterstützung bedanken, die es mir ermöglicht hat, mich ohne finanzielle Sorgen vollständig auf meine Promotion zu konzentrieren.

Dublin, im Sommer 2022 *Javid Damirov*

Inhaltsverzeichnis

4. Kapitel Maßnahmen zur Vermeidung ertragsteuerrechtlicher Gestaltungsmissbräuche im internationalen Steuerrecht 219

Abkürzungsverzeichnis

a.F.	alte Fassung
Abs.	Absatz
ABlEG	Amtsblatt der Europäischen Gemeinschaften
ABlEU	Amtsblatt der Europäischen Union
AEAO	Anwendungserlass zur Abgabenordnung
AEUV	Vertrag über die Arbeitsweise der Europäischen Union
AfA	Abschreibung/Absetzung für Abnutzung
AG	Aktiengesellschaft
AHRL	Amtshilferichtlinie der Europäischen Union
AHRL-ÄndUmsG	Amtshilferichtlinie-Änderungsumsetzungsgesetz
AHRL-UmsG	Amtshilferichtlinie-Umsetzungsgesetz
AktG	Aktiengesetz
AO	Abgabenordnung
AO-StB	Abgabenordnung-Steuerberater (Fachzeitschrift)
Art.	Artikel(n)
AStG	Außensteuergesetz (Deutschland)
ATAD	Anti-tax avoidance directive (Anti-Steuervermeidungsrichtlinie der Europäischen Union)
ATAD-UmsG	Gesetz zur Umsetzung der Anti-Steuervermeidungsrichtlinie
Aufl.	Auflage
BAG	Bundesarbeitsgericht
BB	Betriebs-Berater (Fachzeitschrift)
BeckRS	Beck-Rechtsprechung
BEFIT	Business in Europe: Framework for Income Taxation
BeitrRL-UmsG	Gesetz zur Umsetzung der Beitreibungsrichtlinie sowie zur Änderung steuerlicher Vorschriften
BEPS	Base erosion and profit shifting
BEPS-UmsG	Gesetz zur Umsetzung der Änderungen der EU-Amtshilferichtlinie und von weiteren Maßnahmen gegen Gewinnkürzungen
BFH	Bundesfinanzhof
BFHE	Sammlung der Entscheidungen des Bundesfinanzhofs
BFH/NV	Sammlung der Entscheidungen des Bundesfinanzhofs
BGBl	Bundesgesetzblatt

BMF	Bundesministerium der Finanzen
BpO	Betriebsprüfungsordnung
BR	Bundesrat
BRICS	Vereinigung aufstrebender Volkswirtschaften (Brasilien, Russische Föderation, Indien, China und Südafrika)
BT	Bundestag
BStBl	Bundessteuerblatt
BVerfG	Bundesverfassungsgericht
BVerfGE	Sammlung der Entscheidungen des Bundesverfassungsgerichts
BvR	Registerzeichen vom Bundesverfassungsgericht
BZSt	Bundeszentralamt für Steuern
bzw.	beziehungsweise
ca.	circa
CESifo	Center for economic studies and the ifo (Information and Forschung) institute for economic research
CFC	Controlled foreign corporation
CGD	Center for global development
CRS	Common reporting standard
d.h.	das heißt
DAC	Directive on administrative cooperation
DB	Der Betrieb (Fachzeitschrift)
DBA	Doppelbesteuerungsabkommen
DE-VG	Deutsche Verhandlungsgrundlage für Doppelbesteuerungsabkommen
DK	Der Konzern (Fachzeitschrift)
Drs.	Drucksache
DStR	Deutsches Steuerrecht (Fachzeitschrift)
DStRE	Deutsches Steuerrecht – Entscheidungsdienst
DStZ	Deutsche Steuer-Zeitung
DWS	Deutsches wissenschaftliches Institut der Steuerberater e.V.
e.V.	eingetragener Verein
EBITDA	Earnings before interest, tax, depreciation and amortization
ECOFIN	Economic and financial affairs council
EconPol	European network for economic and fiscal policy research
EFG	Entscheidungen der Finanzgerichte (Fachzeitschrift)
EG	Europäische Gemeinschaft
EGAO	Einführungsgesetz zur Abgabenordnung
EGKS	Europäische Gemeinschaft für Kohle und Stahl
EGMR	Europäischer Gerichtshof für Menschenrechte

EStB	Ertrag-Steuerberater (Fachzeitschrift)
EStG	Einkommensteuergesetz (Deutschland)
EU	Europäische Union
EuGH	Europäischer Gerichtshof
EuR	Zeitschrift Europarecht (Fachzeitschrift)
EUV	Vertrag über die Europäische Union
EuZW	Europäische Zeitschrift für Wirtschaftsrecht (Fachzeitschrift)
EÜR	Einnahmenüberschussrechnung
EWR	Europäischer Wirtschaftsraum
EWG	Europäische Wirtschaftsgemeinschaft
f.	folgende
ff.	fortfolgende
FA	Finanzamt
FG	Finanzgericht
FGO	Finanzgerichtsordnung
FR	Finanz-Rundschau Ertragsteuerrecht (Fachzeitschrift)
G20	Gruppe der Zwanzig
G7	Gruppe der Sieben
GAAR	General anti-avoidance rule
GewSt	Gewerbesteuer (Deutschland)
GewStG	Gewerbesteuergesetz (Deutschland)
GG	Grundgesetz
GKKB	Gemeinsame Konsolidierte Körperschaftsteuer-Bemessungsgrundlage
GmbH	Gesellschaft mit beschränkter Haftung
GmbH & Co. KG	Gesellschaft mit beschränkter Haftung & Compagnie Kommanditgesellschaft
grds.	grundsätzlich
GrS	Großer Senat
GRUR	Gewerblicher Rechtsschutz und Urheberrecht (Fachzeitschrift)
GRUR Int.	Gewerblicher Rechtsschutz und Urheberrecht: Internationaler Teil (Fachzeitschrift)
HGB	Handelsgesetzbuch (Deutschland)
HS	Halbsatz
i. F.	in Form
i. F. v.	in Form von(m)
i. H. v.	in Höhe von(m)

i. R.	im Rahmen
i. R. v.	im Rahmen von(m)
i. S.	im Sinne
i. S. d.	im Sinne des(r)
i. S. v.	im Sinne von(m)
i. V. m.	in Verbindung mit
IAS	International accounting standards
ICTA	Income and corporation taxes act
IFF	Institut für Finanzwissenschaft und Finanzrecht
IFRS	International financial reporting standards
Ifst	Institut Finanzen und Steuern
IMF	International monetary fund
inkl.	inklusive
insb.	insbesondere
InvStG	Investmentsteuergesetz
IP	Intellectual property
ISR	Internationale Steuer-Rundschau (Fachzeitschrift)
IStR	Internationales Steuerrecht (Fachzeitschrift)
IWB	Internationales Steuer- und Wirtschaftsrecht (Fachzeitschrift)
JStG	Jahressteuergesetz
jurisPR-SteuerR	Juris Praxis Report-Steuerrecht (Fachzeitschrift)
JuS	Juristische Schulung (Fachzeitschrift)
KGaA	Kommanditgesellschaft auf Aktien
KÖSDI	Kölner Steuerdialog (Fachzeitschrift)
KSt	Körperschaftsteuer (Deutschland)
KStG	Körperschaftsteuergesetz (Deutschland)
KWG	Kreditwesengesetz (Deutschland)
lit.	litera (Buchstabe)
LMRR	Lebensmittelrecht Rechtsprechung (Fachzeitschrift)
LoB	Limitation on benefits
m.E.	meines Erachtens
MA	Musterabkommen
Mio.	Million(en)
MK	Musterkommentar
MLI	Multilateral convention to implement tax treaty related measures to prevent base erosion and profit shifting (Multilateral instrument)
MNU	multinationale(s, r, n) Unternehmen
MTRL	Mutter-Tochter-Richtlinie der Europäischen Union

mwN	mit weiteren Nachweisen
n.F.	neue Fassung
NJW	Neue Juristische Wochenschrift (Fachzeitschrift)
Nr.	Nummer
NWB	NWB Steuer- und Wirtschaftsrecht (Fachzeitschrift)
NZA	Neue Zeitschrift für Arbeitsrecht (Fachzeitschrift)
o.g.	oben genannte(r, n)
OECD	Organisation für wirtschaftliche Zusammenarbeit und Entwicklung
OFD	Oberfinanzdirektion
PPT	Principal purpose test
PwC	PricewaterhouseCoopers
RefE	Referentenentwurf(s)
REIT	Real estate investment trust
resp.	respektive
RF	Russische Föderation
RFH	Reichsfinanzhof
RIW	Recht der Internationalen Wirtschaft (Fachzeitschrift)
Rn.	Randnummer
RSFSR	Russische Sozialistische Föderative Sowjetrepublik
SAAR	Specific anti-avoidance rules
SFB	Spezialforschungsbereich
SLoB	Simplified limitation on benefits
sog.	sogenannte
StAbwG	Gesetz zur Abwehr von Steuervermeidung und unfairem Steuerwettbewerb
StBp	Die steuerliche Betriebsprüfung (Fachzeitschrift)
SteuK	Steuerrecht kurzgefasst (Fachzeitschrift)
SteuerGB	Steuergesetzbuch (Russische Föderation)
StGB	Strafgesetzbuch (Russische Föderation)
StuB	Steuern und Bilanzen (Fachzeitschrift)
StuW	Steuer und Wirtschaft (Fachzeitschrift)
SWI	Steuer & Wirtschaft International (Fachzeitschrift)
sublit.	sublitera (Unterbuchstabe)
TAAR	Targeted anti-avoidance rule
Trio.	Trillion
u.a.	unter anderem(n)
u.g.	unter genannte(n)
UAbs.	Unterabsatz
Ubg	Unternehmensbesteuerung (Fachzeitschrift)

UCLA	University of California, Los Angeles
UGB	Unternehmensgesetzbuch (Österreich)
UK-GAAP	United Kingdom generally accepted accounting principles
UN	United Nations
UntStFG	Unternehmensteuerfortentwicklungsgesetz
UntStReformG	Unternehmensteuerreformgesetz
US(A)	Die Vereinigten Staaten von Amerika (United States)
US-GAAP	United States generally accepted accounting principles
usw.	und so weiter
v.	von
Verf	Verfassung (Russische Föderation)
VerfG	Verfassungsgericht (Russische Föderation)
vgl.	vergleich(e)
VuV	Vermietung und Verpachtung
VZ	Veranlagungszeitraum
z.B.	zum Beispiel
ZEW	Leibniz-Zentrum für Europäische Wirtschaftsforschung
ZGB	Zivilgesetzbuch (Russische Föderation)
ZInsO	Zeitschrift für das gesamte Insolvenzrecht (Fachzeitschrift)
ZIP	Zeitschrift für Wirtschaftsrecht (Fachzeitschrift)
ZLR	Zins- und Lizenzrichtlinie der Europäischen Union

1. Kapitel Einführung

A. Problemstellung

Mit Beginn der zweiten Hälfte des 20. Jahrhunderts wirkte sich die Globalisierung immer stärker auf die Rechtswissenschaft aus und so entstanden zahlreiche neue Disziplinen. In diesem Zusammenhang ist vor allem die Entwicklung des Investitionsrechts zu nennen. Des Weiteren setzte sich die stärkere Internationalisierung des Steuerrechts durch. Beide Aspekte erregten überstaatlich Aufmerksamkeit. Das Zusammenwirken des Investitions- und des Steuerrechts ermöglicht eine positive Beeinflussung der nationalen Wirtschaft, gleichzeitig entstehen aufgrund der Kapitalzunahme diverse neue Aufgabengebiete und Anreize. Aus dieser Entwicklung resultiert letztendlich das Bestreben von MNU, mithilfe von Ansässigkeitsstaaten, deren Steuerrecht rechtspolitisch weniger streng erscheint, ihre Steuerlast auf ein Minimum zu senken und gleichzeitig den Gewinn zu maximieren. Die Entwicklungen begünstigten das regelmäßige Auftreten von *race-to-the-bottom*-Situationen, also von staatlichen Versuchen, sich einen Wettbewerbsvorteil zu erarbeiten und so Investoren und Kapital zu gewinnen[1]. Die Staaten greifen zu diesem Zweck auf verschiedene Maßnahmen zurück, wie etwa die Ausnutzung gemilderter Gesellschafterfremdfinanzierungsregelungen[2], die Etablierung von Patentbox- bzw. Lizenzboxregelungen oder die Minimierung von Körperschaftsteuersätzen[3].

Selbstverständlich ergriffen auch andere Staaten die Maßnahmen zur Investoren- und Kapitalgewinnung. Dieser Prozess setzte spätestens mit dem Entstehen sog. „Steueroasen“ ein, deren Steuersysteme sich durch eine deutlich reduzierte Steuerbelastung und erleichterte Gesellschaftsgründungsregelungen auszeichnen[4]. MNU strebten gleichzeitig auch eine Minderung der Steuerbelastung in Hochbesteuerungsländern an, indem sie die gesetzliche Gestaltungsfreiheit

1 Dazu mehr: *Rudra, N.*, Globalization and the Race to the Bottom in Developing Countries, Cambridge 2008.

2 *Altshuler, R./Grubert, H.*, Governments and multinational corporations in the race to the bottom, Tax Notes International 2006, 459 (460).

3 Ausführlich zum Thema: *OECD*, Tax Policy Reforms in the OECD 2016, Paris 2016, 39.

4 Im Zeitraum zwischen 2010 und 2012 waren mehr als $ 21 Trio. mithilfe der Steueroasen von der Besteuerung versteckt, *Henry, J.S.*, The price of offshore revisited: new estimates for missing global private wealth, income, inequality, and lost taxes, Tax Justice Network 2012, Nr. 7, 1 (5).

besonders aktiv ausnutzten. Solch eine Gestaltungsfreiheit gilt, wenn nicht universell, so doch zumindest in den Steuerrechtssystemen westlicher Demokratien[5]. Die erörterte Gestaltungsfreiheit ermöglicht daneben MNU, ihre ertragsteuerliche Gestaltungen mithilfe der EU-weit akzeptierten speziellen Steuerregimen noch weiter zu optimieren[6]. *Kleinbard*[7] führt in diesem Zusammenhang aus, dass auch die fehlende Einigung der Staaten in Bezug auf die Festlegung der Einnahmenherkunft den MNU die Möglichkeit bringt, ihre Steuerlast zu optimieren. Inzwischen sind auch illegale Optionen wie Steuerumgehung und Steuerhinterziehung genutzt worden, um die Steuerlast zu minimieren.

Schon das seit diesem Zeitraum entstehende Problem der steuerlichen Missbrauchsgestaltungen, nicht nur auf lokalem, sondern auch auf internationalem Niveau, wurde marginalisiert. Diese Problematik kann durch die damalige Schwerpunktsetzung des internationalen Steuerrechts erklärt werden, denn im Fokus der Experten stand stattdessen die Abwehr der steuerlichen Doppelbelastung. *Mehmet*[8] betont insb. die Tatsache, dass die Nachteile, die aus Globalisierung und dem freien Kapitalverkehr entstehen, bis jetzt nicht ausreichend von den Industrieländern berücksichtigt werden. Die MNU beeinflussen außerdem in entscheidendem Maße die inländische Industrie und die regionale Infrastruktur[9]. Aufgrund dessen kann ein strengeres Reglement der betreffenden Steuergesetze problematische ökonomische Effekte, wie etwa Anstieg der Arbeitslosigkeit oder Inflation, mit sich bringen. Auf Grundlage dieser Überlegungen blieb offen, ob die positiven Ergebnisse, die aus der Bekämpfung der missbräuchlichen Steuergestaltung erzielt werden, zu relativieren sind. Die nationalen Lösungsansätze

---

5 MwN *Weggenmann, H./Nehls, D.*, in: Vogel, K./Lehner, M., Doppelbesteuerungsabkommen: Kommentar, 7. Aufl., München 2021, OECD-MA 2017, Art. 1 Rn. 89.

6 Gemeint sind hier sog. steuerliche Beihilfen, die den Unternehmen seitens der EU-Mitgliedstaaten gewährleistet wurden. Mehr zu Thema: *Lehner, M./Reichold, M./Faber, S./Schwenk, C.*, in: Kessler, W./Kröner, M./Köhler, S., Konzernsteuerrecht, 3. Aufl., München 2018, Teil II, § 6 Rn. 57 ff.

7 *Kleinbard, E.D.*, Stateless Income, Florida Tax Review 2011, Band 11, 699 (706).

8 *Mehmet, O.*, Race to the Bottom: the Impact of Globalization on Labor Markets – a Review of Empirical and Theoretical Evidence, in: Ghosh, B.N./Guven, H.M., Globalization and the Third World, London 2006, 148 (149).

9 Laut der Statistik des CBS (*Centraal Bureau voor de Statistiek*, Niederlanden) wurden allein im Jahr 2015 40 % aller Arbeitsplätze in den Niederlanden seitens MNU geschaffen. Siehe dazu: *CBS* v. 23.07.2015: Multinationals prominent in Nederlandse economie. Abrufbar (auf Niederländisch) unter: https://www.cbs.nl/nl-nl/nieuws/2015/30/multinationals-prominent-in-nederlandse-economie (*letzter Zugriff*: 01.01.2022).

wirkten somit lediglich punktuell auf lokaler Ebene und boten keine übergreifende Option.

Die Abschwächung der Globalisierungstendenz in den letzten Jahren und darauf folgenden Bemühungen vieler Staaten zur Deinternationalisierung rückt das Thema der Missbrauchsbekämpfung verstärkt in den Fokus. Es ist festzustellen, dass die tatsachlichen negativen Auswirkungen des Gestaltungsmissbrauchs jeden wirtschaftlichen und infrastrukturellen Vorteil übertreffen. Aus dieser Perspektive entstand ein Bedarf zur international koordinierten Missbrauchsbekämpfung. Die Etablierung der Anti-Missbrauchsklauseln in DBA und die Konsolidierung von Bemühungen vieler Staaten – zumeist auf der OECD-Ebene – stellen dabei die ersten Mittel dar. Als Höhepunkt dieser Entwicklungen sind die i. R. des BEPS-Projekts erarbeiteten 15 Aktionsmaßnahmen zu nennen, die in zahlreichen OECD-Mitgliedstaaten zu einer Ausweitung rigider Steuerregelungen geführt haben. In Anbetracht dieser Entwicklung ist ebenso die länderübergreifende Zusammenarbeit von Interesse, die sich der Abwehr steuerrechtlicher Gestaltungsmissbräuche widmet. Es kann festgestellt werden, dass die Missbrauchsbekämpfung in der heutigen Zeit nicht mehr lediglich mit lokalen bzw. nationalen Maßnahmen zu bewerkstelligen ist.

Die Kehrseite der Medaille ist, dass die Grenzziehung zwischen gesetzlich erlaubten Methoden der Steuervermeidung und illegaler Steuerumgehung sich deutlich schwierig gestaltet. In der Praxis bedeutet das für Großkonzerne mehr Überwachung, Kontrolle und künftige Entwicklung des gesamten Steuergebietes hin zu einseitigen imperativen Maßnahmen der Staaten. Aus europäischer Sicht besteht dabei das Gefahr einer Ungleichbehandlung bzw. Diskriminierung. Eine weitere Problematik ist die Gestaltung steuerlicher Anti-Missbrauchsregelungen, die häufig nicht mit den verfassungsrechtlichen Grundprinzipien vereinbar sind. Die Erarbeitung von Anti-Missbrauchsregelungen ist auf diese Weise wesentlich erschwert. Es erscheint daher notwendig, supranationale Mechanismen zur Verhinderung eines Steuermissbrauchs zu analysieren und die Vorgehensweise anderer Länder in diesem Bereich zu untersuchen.

B. Eingrenzung des Untersuchungsgegenstands und Ziel der Arbeit

In Anbetracht der geschilderten Entwicklungen ist es offensichtlich, dass die Bekämpfung der steuerrechtlichen Missbrauchsgestaltung eine herausragende Bedeutung einnimmt. Der Kampf gegen die Missbrauchsgestaltungen ist somit ein Dauerthema im Bereich des Steuerrechts. Die wissenschaftliche Forschung befasst sich seit langem eingehend mit der Thematik. So wurden zwar zahlreiche Publikationen zum o.g. Thema verfasst[10]. Doch gerade aufgrund der vielen und anwachsenden Auftrittsformen steuerlicher Missbrauchsgestaltung ist es unabdingbar, diese regelmäßig zu untersuchen und angepasste Anti-Missbrauchsmaßnahmen darzustellen. Da eine vollständige Darstellung aller bekannten Anti-Missbrauchsmaßnahmen den Rahmen einer Dissertation übersteigen würde, bedarf es einer näheren Bestimmung des Untersuchungsgegenstands.

10 So z.B. hinsichtlich der allgemeinen Fragen eines Gestaltungsmissbrauchs im deutschen und europäischen Steuerrecht: *Danzer, J.*, Die Steuerumgehung, Dissertation, Köln 1981; *Paschen, U.*, Steuerumgehung im nationalen und internationalen Steuerrecht, Dissertation, Hamburg 2001; *Böing, C.*, Steuerlicher Gestaltungsmissbrauch in Europa: eine rechtsvergleichende und gemeinschaftsrechtliche Untersuchung von Konzeptionen zur Bekämpfung des Gestaltungsmissbrauchs, Dissertation, Hamburg 2006; *Suchowerskyj, T.*, Der Begriff des Missbrauchs im europäischen Steuerrecht, Dissertation, Berlin 2007; hinsichtlich der Rolle allgemeiner Missbrauchsklausel in Deutschland: *Poulakos, C.*, Der Missbrauch von steuerlichen Gestaltungsmöglichkeiten nach § 42 AO und das Europäische Gemeinschaftsrecht, Dissertation, Regenburg und Athen 2013; *Chen, C.*, Die Steuerumgehung i. S. d. § 42 AO: Eine Untersuchung im Grenzbereich von Gewerbebetrieb und privater Vermögensverwaltung, Dissertation, Frankfurt 2014; hinsichtlich der Rolle spezieller Missbrauchsklausel i. F. einer Zinsschranke: *Bohn, A.*, Zinsschranke und Alternativmodelle zur Beschränkung des steuerlichen Zinsabzugs, Dissertation, Wiesbaden 2009; *Jehlin, A.*, Die Zinschranke als Instrument zur Missbrauchsvermeidung und Steigerung der Eigenkapitalausstattung, Dissertation, Berlin 2013; partiell auch: *Shou, S.*, Die Zinsschranke im Unternehmensteuerreformgesetz 2008, Dissertation, München 2010; *München, M.*, Die Zinsschranke – eine verfassungs-, europa- und abkommensrechtliche Würdigung, Dissertation, Frankfurt am Main 2010; sowie auch: *Todsen, N.*, Die Zinsschrankenregelung des Unternehmensteuerrechtsreformgesetzes 2008, Dissertation, Hamburg 2013; hinsichtlich der Rolle spezieller Missbrauchsklauseln i. S. d. § 50d Abs. 3 EStG: *Sumalvico, S.*, § 50d Abs. 3 EStG nach dem BeitrRLUmsG, Dissertation, Frankfurt am Main 2017; hinsichtlich der Missbrauchsbekämpfung im russischen Steuerrecht: *Khavanova, I.*, Izbezhanie dvojnogo nalogooblozhenija i predotvrashhenie uklonenija ot nalogooblozhenija v uslovijah vzaimodejstvija nacional'nogo i mezhdunarodnogo prava, Dissertation, Moskau 2016; partiell auch: *Grel', J.*, Zloupotreblenija storon processual'nymi pravami v grazhdanskom i arbitrazhnom processe, Zusammenfassung der Dissertation, Novosibirsk 2006; *Savseris, S.*, The Category „negligence" in tax law, Dissertation, Moskau 2007; sowie auch: *Starzhenetskaja, L.*, Prawowoje regulirowanije nalogoobloschenija kontroliruejemych inostrannych kompanij: opyt sarubeschnych stran i Rossii, Dissertation, Moskau 2016.

Die vorliegende Arbeit konzentriert sich auf die Untersuchung der nationalen und supranationalen Maßnahmen gegen treaty-shopping-Gestaltungen sowie gegen Gestaltungsmissbräuche beim Abzug von Zinsaufwendungen. Als ein weiterer Untersuchungsgegenstand sind die Mechanismen zur Verhinderung eines Gestaltungsmissbrauchs beim Abzug von Aufwendungen für Rechteüberlassungen und Lizenzboxen zu nennen. Im Folgenden sollen also drei Auftrittsformen des ertragsteuerlichen Gestaltungsmissbrauchs erörtert werden. Die Untersuchung erfolgt zum einen vermittels der rechtsvergleichenden Analyse von ertragsteuerlichen Anti-Missbrauchsmaßnahmen auf der nationalen Ebene am Beispiel vom deutschen und russischen Steuerrecht. Im Anschluss erfolgt das Recherchieren von supranationalen (d.h. europäischen und internationalen) Schutzmechanismen. Das Ziel der Arbeit besteht somit in der Untersuchung nationaler und supranationaler ertragsteuerlicher Anti-Missbrauchsmaßnahmen. Abschließend werden die dargestellten Maßnahmen einer kritischen Betrachtung unterzogen und die Wirkungskraft der jeweiligen ertragsteuerrechtlichen Anti-Missbrauchsmaßnahmen analysiert.

C. Untersuchungsaufbau

Der Gang der Untersuchung erfolgt nach dem folgenden Schema:

I. Zu Beginn der Untersuchung sollen im zweiten Kapitel der Arbeit die theoretischen Grundlagen gelegt werden. Es bietet also einen Überblick über die rechtliche Bewertung des Gestaltungsmissbrauchs im deutschen Steuerrecht. I. R. dieser Erörterung wird auf den Begriff des Missbrauchs i. S. d. § 42 AO sowie seine objektiven und subjektiven Tatbestandsmerkmale eingegangen. Ferner wird der Kampf gegen ertragsteuerliche Gestaltungsmissbräuche aus der verfassungsrechtlichen Perspektive eingeschätzt. Um eine detaillierte Analyse zu ermöglichen, muss daneben der Gestaltungsmissbrauch i. F. einer Steuerumgehung begrifflich von vergleichbaren Definitionen wie Steuerhinterziehung sowie Steuervermeidung abgegrenzt werden. Abschließend sind die – für die Untersuchung relevanten – ertragsteuerlichen Gestaltungsmissbräuche zu erörtern und deren steuerliche Besonderheiten zu untersuchen.

II. Der Fokus der vorliegenden Arbeit liegt auf der detaillierten Erörterung und Darstellung aktueller Anti-Missbrauchsregelungen, die auf allen Ebenen – national, europäisch und international – gegen die zu untersuchenden Missbrauchsgestaltungen greifen können. Präzise dargestellt wird diese Untersuchung im dritten, vierten und fünften Kapitel der Arbeit. So widmet sich das dritte Kapitel der Doktorarbeit der Darstellung und Begutachtung von Anti-Missbrauchsmaßnahmen, die auf nationaler Ebene gegen die o.g.

Gestaltungsmissbräuche eingesetzt werden. Unterstützend sind hierbei die deutschen und die russischen Anti-Missbrauchsregelungen zu vergleichen. Die Arbeit fokussiert sich nicht nur auf die rechtsvergleichende Darstellung zweier steuerrechtlicher Systeme, sondern auch auf eine Wirksamkeitsanalyse der russischen und deutschen Anti-Missbrauchsmaßnahmen. Ein besonderer Akzent liegt dabei auf der Untersuchung der praktischen Geeignetheit ertragsteuerlicher Bekämpfungsmechanismen eines Schwellenlandes (*Russland*) für einen Industriestaat (*Deutschland*) und umgekehrt.

III. Anschließend erweitert das vierte Kapitel die Perspektive und analysiert die internationalen Abwehrmechanismen. Im Zuge dieser Analyse soll das Missbrauchsphänomen im internationalen Steuerrecht betrachtet werden. Diese allgemeine Erörterung ist daraufhin um eine präzise Untersuchung von Anti-Missbrauchsklauseln aus dem OECD-BEPS-Projekt und dem mehrseitigen Übereinkommen i. S. d. OECD-BEPS-Aktionsmaßnahme Nr. 15 zu erweitern. Des Weiteren sollen die Missbrauchsklauseln aus der DE-VG erörtert werden.

IV. Das fünfte Kapitel der Arbeit befasst sich mit den unionsrechtlichen Bekämpfungsinstrumenten gegen den Gestaltungsmissbrauch. Im Zuge der Analyse soll zuerst die Aufgabe und die Stellung des Unionsrechts sowie dessen Rolle in nationalen Steuerrechtssystemen der EU-Mitgliedstaaten erläutert werden. Danach werden die Bekämpfungsinstrumente aus dem sekundären Unionsrecht untersucht. Abschließend wird die Auswirkung des primären Unionsrechts auf die ausgewählten ertragsteuerlichen Missbrauchsgestaltungen analysiert.

In einer abschließenden Zusammenfassung (das sechste Kapitel der Arbeit) sollen die Untersuchungsergebnisse dargestellt und die Forschungsfragen beantwortet werden.

2. Kapitel Überblicksdarstellung einer Missbrauchsgestaltung

A. Die Betrachtung eines Gestaltungsmissbrauchs durch das Prisma des deutschen Rechts

I. Der Missbrauchsbegriff i. S. d. § 42 Abs. 2 AO

Zu Beginn ist festzustellen, dass das deutsche Steuerrecht keine präzise Definition der ertragsteuerlichen Missbrauchsgestaltung bietet. Durch den Gesetzgeber wurde jedoch versucht, möglichst präzise und detaillierte Kriterien des Missbrauchsphänomens zu entwickeln[11]. § 42 Abs. 2 AO spiegelt in diesem Zusammenhang die Anstrengungen des Gesetzgebers wider. Das deutsche Steuerrecht definiert steuerliche Missbrauchsgestaltungen als Vorgänge, die auftreten, *wenn eine unangemessene rechtliche Gestaltung gewählt wird, die bei Steuerpflichtigen oder einem Dritten im Vergleich zu einer angemessenen Gestaltung zu einem gesetzlich nicht vorgesehenen Steuervorteil führt*, § 42 Abs. 2 Satz 1 AO. Dies gilt nicht, wenn der Steuerpflichtige seine Vorgehensweise mit außersteuerlichen Gründen begründen kann, die nach dem Gesamtbild der Verhältnisse beachtlich sind, § 42 Abs. 2 Satz 2 AO.

Erst im Jahr 2008 legte sich das JStG[12] auf eine präzise Missbrauchsdefinition fest. *Mack* und *Wollweber*[13] gehen davon aus, dass die Unzufriedenheit der Finanzverwaltung mit § 42 AO damaliger Fassung zu solchen Veränderungen führte. *Heintzen*[14] stellt daneben die These auf, § 42 Abs. 2 AO diene der Schaffung einer sphärenorientierten Aufteilung der Beweislast zwischen der Finanzverwaltung und dem Steuerpflichtigen. Der Gesetzgeber knüpft die Notwendigkeit der Einführung der Missbrauchsdefinition an die Tatsache, dass *eine präzise und effektive Regelung zur Vermeidung des Missbrauchs im Interesse der Gleichmäßigkeit ist, aber auch für die Rechtssicherheit bei der Besteuerung unerlässlich ist*[15]. Anzumerken ist schließlich, dass die neu eingeführten

---

11 Ausführlich zu den früheren Versuchen des Gesetzgebers in diesem Bereich: *Wienbracke, M.*, Die Genese fiskalischen Misstrauens, DB 2008, 664 ff.

12 JStG 2008 v. 20.12.2007, BGBl. I 2007, 3150 (3171).

13 *Mack, A./Wollweber, M.*, § 42 AO – Viel Lärm um nichts?, DStR 2008, 182 (183).

14 *Heintzen, M.*, Die Neufassung des § 42 AO und ihre Bedeutung für grenzüberschreitende Gestaltungen, FR 2009, 599.

15 BT-Drs. 16/6290, 81.

Tatbestandsmerkmale der Ungewöhnlichkeit bzw. Unangemessenheit sowie auch eines beachtlichen außensteuerlichen Grundes aus der damaligen Rechtsprechung zu § 42 AO entlehnt worden sind[16]. Die Vorschrift wirkt im Ergebnis nur zu Lasten des Steuerpflichtigen[17].

II. Tatbestandsmerkmale eines Gestaltungsmissbrauchs i. S. d. § 42 Abs. 2 AO

1. *Objektive Seite eines Gestaltungsmissbrauchs*

a) *Unangemessenheit*

Die Unangemessenheit stellt eines der wesentlichen Kriterien zur Unterscheidung zwischen einer missbräuchlichen ertragsteuerlichen Gestaltung und einer gesetzlich akzeptablen Steuergestaltung dar. Ob eine Gestaltung unangemessen ist, kann im Vergleich zu einer alternativen Gestaltung[18] mithilfe eines Drei-Phasen-Tests beurteilt werden. Die erste Phase dieses Tests besteht in der Bestimmung des wirtschaftlichen Ziels der Gestaltung[19]. Dieser Schritt kann mit der Tatsache begründet werden, dass die Unangemessenheit einer Rechtsgestaltung deutlich hervortritt, wenn sie überhaupt keinem wirtschaftlichen Zweck dient[20]. In einem zweiten Schritt ist zu ermitteln, welche anderen Gestaltungen die Rechtsordnung ermöglicht, um zu demselben wirtschaftlichen Ziel zu gelangen[21]. Schließlich soll durch die letzte Phase des Tests bestimmt werden, ob es dem Sinn und Zweck sowie den Wertungen des umgangenen Steuergesetzes entspricht, dass die alternative Gestaltung dessen Tatbestand erfüllt, die gewählte Gestaltung jedoch nicht (*in Fällen der Tatbestandsvermeidung*) oder die gewählte Gestaltung den Tatbestand der Norm erfüllt, die alternative Gestaltung dagegen nicht (*in Fällen der Tatbestandserschleichung*)[22].

---

16 Siehe: BT-Drs. 16/6290, 81.

17 So nach: *Hüttemann, R.*, Steuerrechtsprechung und Steuerumgehung, DStR 2015, 1146 (1147).

18 MwN *Stöber, M.*, in: Gosch, D., Abgabenordnung/Finanzgerichtsordnung: Kommentar, Stand: 159. Ergänzungslieferung, Bonn 2021, § 42 Rn. 71.

19 MwN *Stöber, M.*, in: Gosch, D., Abgabenordnung/Finanzgerichtsordnung: Kommentar, Stand: 159. Ergänzungslieferung, Bonn 2021, § 42 Rn. 71.

20 BFH v. 17.01.1991 – IV R 132/85, BStBl. II 1991, 607 (Rn. 18).

21 *Stöber, M.*, in: Gosch, D., Abgabenordnung/Finanzgerichtsordnung: Kommentar, Stand: 159. Ergänzungslieferung, Bonn 2021, § 42 Rn. 72.

22 MwN *Stöber, M.*, in: Gosch, D., Abgabenordnung/Finanzgerichtsordnung: Kommentar, Stand: 159. Ergänzungslieferung, Bonn 2021, § 42 Rn. 73.

Bemerkenswert ist hierbei, dass der Gesetzgeber auf eine nähere Bestimmung des Begriffs der Unangemessenheit bewusst verzichtet hat, um eine Weiterentwicklung des § 42 AO zu ermöglichen[23]. Daher ist es nicht durch den Gesetzgeber, sondern durch die Rechtsprechung genau verdeutlicht worden, welche Gestaltung legal ist. Als angemessene Steuergestaltung wurde ein *„einfachster rechtlicher Weg, bestimmte Wirtschaftszwecke zu erreichen,*[24]*"* bezeichnet. Als ein Tatbestandsmerkmal wurde die Unangemessenheit unter Zuhilfenahme des *argumentum e contrario* weiterentwickelt und umfasst nunmehr *„umständliche, komplizierte*[25]*, schwerfällige, unökonomische*[26]*, gekünstelte*[27]*, widersinnige, überflüssige*[28] *usw."* ertragsteuerliche Gestaltungen. In den genannten Indizien sieht *Ratschow*[29] allerdings nur einen Anlass für eine Angemessenheitsprüfung.

Mit der Einführung des legitimen *praescriptum* von einer Unangemessenheit i. S. d. § 42 Abs. 2 AO versuchte m.E. der Gesetzgeber, zahlreiche Gestaltungsarten zu einem Standard zusammenzubringen. In diesem Zusammenhang sollte nunmehr das wiederholte Ausführen einer bestimmten Gestaltungsvariante durch mehrere Marktteilnehmer, welches dem Erreichen des gesetzten Ziels dient, als standardisierter und somit legaler Rechtsweg angesehen werden. Ein wesentlicher Nachteil dieser Interpretation ist jedoch in der Tatsache begründet, dass somit alle unüblichen Formen der Steuergestaltung unter dem Verdacht der Unangemessenheit stehen und so einen ungerechtfertigten Eingriff in die Gestaltungsfreiheit der betroffenen Steuerpflichtigen auslösen könnten. Aus dieser Perspektive wurde dem Steuerpflichtigen die Möglichkeit gegeben, eine Begründung für die festgestellte Unkonventionalität anzugeben. Zudem trennt der Gesetzgeber die Definition einer Unangemessenheit von der – mit ihr historisch eng verbundenen – Begriffsbestimmung einer Ungewöhnlichkeit[30]. Die vorgenommene Aufteilung resultiert aus dem Umstand, dass bis zum damaligen

---

23 MwN *Stöber, M.*, in: Gosch, D., Abgabenordnung/Finanzgerichtsordnung: Kommentar, Stand: 159. Ergänzungslieferung, Bonn 2021, § 42 Rn. 69.

24 Im Ergebnis: BFH v. 19.08.1999 – I R 77/96, BStBl. II 2001, 43 (Rn. 24); auch: BFH v. 01.02.2001 – IV R 3/00, BStBl. II 2001, 520 (Rn. 30).

25 BFH v. 19.08.1999 – I R 77/96, BStBl. II 2001, 43 (Rn. 24).

26 FG Niedersachsen v. 30.06.2005 – 5 K 796/01, EFG 2005, 1813 (Rn. 50).

27 BFH v. 01.02.2001 – IV R 3/00, BStBl. II 2001, 520 (Rn. 30).

28 BMF v. 31.01.2014 – IV A 3 – S 0062/14/10002, BStBl. I 2014, 290 (AEAO zu § 42, Rn. 2.2).

29 *Ratschow, E.*, in: Klein, F., Abgabenordnung: Kommentar, 15. Aufl., München 2020, § 42 Rn. 48.

30 So nach: BT-Drs. 16/7036, 24.

Zeitpunkt „unangemessene" Fälle durch die Rechtsprechung häufig als „ungewöhnlich" definiert wurden[31]. Obwohl die Ungewöhnlichkeit der Gestaltung als ein Indiz für die Vermutung der Unangemessenheit gewertet werden kann[32], sieht die Rechtsprechung allein darin, dass ein Sachverhalt *in einer Weise gestaltet wird, die noch nicht allgemein üblich ist*[33], keine Rechtfertigung für die Annahme einer Unangemessenheit.

Aufgrund des Auftretens der bereits erörterten Ausnahmen hat der BFH diverse Abweichungsgründe als rechtfertigend bewertet. Ergeben sich beispielsweise ein vernünftiger wirtschaftlicher Zweck[34] oder beachtliche Rechtfertigungsgründe[35] für die – aus der Gestaltung entstehende – Steuerminderung, kommt die Unangemessenheit der Gestaltung nicht in Betracht. Wegen der individuellen Rechtsnatur jeder Steuergestaltung findet sich für jede Steuerart eine separate[36] – anhand der Beurteilung der gesamten Umständen des Einzelfalls vorzunehmende[37] – Bewertung in Bezug auf das Vorliegen eines Missbrauchs.

b) Gesetzlich nicht vorgesehener Steuervorteil

Entsteht bei einem Steuerpflichtigen oder einem Dritten ein vom Gesetzgeber nicht einkalkulierter Steuervorteil, besteht ein Missbrauchsverdacht. Mit der Bezeichnung eines gesetzlich nicht vorgesehenen Steuervorteils ist die Erschleichung von Steuervergünstigungen und Steuerverschonungen gemeint[38]. Des Weiteren bezieht sich diese Aussage auf die Unterscheidung zwischen *steuerlichen Auswirkungen einer angemessenen rechtlichen Gestaltung und denen der*

---

31 MwN *Fischer, P.*, in: Hübschmann, W./Hepp, E./Spitaler, A., Abgabenordnung – Finanzgerichtsordnung: Kommentar, Stand: 266. Ergänzungslieferung, Köln 2021, § 42 AO, Rn. 63.

32 Im Ergebnis: *Ratschow, E.*, in: Klein, F., Abgabenordnung: Kommentar, 15. Aufl., München 2020, § 42 Rn. 55; mwN *Stöber, M.*, in: Gosch, D., Abgabenordnung/Finanzgerichtsordnung: Kommentar, Stand: 159. Ergänzungslieferung, Bonn 2021, § 42 Rn. 75.

33 BFH v. 16.03.1988 – X R 27/86, BStBl. II 1988, 629 (Rn. 14).

34 BFH v. 17.01.1991 – IV R 132/85, BStBl. II 1991, 607 (Rn. 18).

35 Im Ergebnis: BFH v. 29.08.2007 – IX R 17/07, BStBl. II 2008, 502 (Rn. 21).

36 So: BMF v. 31.01.2014 – IV A 3 – S 0062/14/10002, BStBl. I 2014, 290 (AEAO zu § 42, Rn. 2.2); sowie auch: *Krömker, U.*, in: Lippross, O-G./Seibel, W., Basiskommentar Steuerrecht, Stand: 128. Ergänzungslieferung, Köln 2021, § 42 AO, Punkt B, Rn. 3.

37 BFH v. 20.05.1998 – III B 9/98, BStBl. II 1998, 721 (Rn. 43); BFH v. 09.07.1998 – V R 68/96, BStBl. II 1998, 637 (Rn. 31).

38 Im Ergebnis: BMF v. 31.01.2014 – IV A 3 – S 0062/14/10002, BStBl. I 2014, 290 (AEAO zu § 42, Rn. 2.4).

gewählten rechtlichen Gestaltung[39]. In Anknüpfung an *Poulakos*[40] ist der gesetzlich nicht vorgesehene Steuervorteil in zwei Untergruppen zu gliedern: die *Tatbestandsumgehung* und die *Tatbestandserschleichung*[41]. Unter der Bezeichnung einer Tatbestandsumgehung sind diejenigen Vorteilstypen zusammengefasst, die durch die vermittels einer unangemessenen Rechtsgestaltung realisierte Vermeidung der steuerlich belastenden Rechtsfolgen entstanden sind[42]. Der Vorwurf einer Tatbestandserschleichung wird seinerseits in Bezug auf die Erwirkung von bestimmten Steuervergünstigungen gebraucht, die dem Steuerpflichtigen eine Steuererleichterung, wie z.B. ein günstiges künftiges Besteuerungsverfahren, versprechen[43].

An dieser Stelle ist darauf hinzuweisen, dass dieselbe Steuergestaltung bei dem einen als missbräuchliche Handlung bewertet werden könnte, während der andere Steuerpflichtige sie ausführen darf[44]. Die Entscheidung, ob eine Gestaltung einen gesetzlich nicht vorgesehenen Steuervorteil erwirkt, erfolgt laut *Fischer*[45] mittels eines Vergleichs. I. R. dieses Prozesses werden die Folgen einer angemessenen Steuergestaltung den tatsächlich eingetretenen Ergebnissen gegenübergestellt. Anschließend ist festzustellen, ob der Steuervorteil gesetzlich vorgesehen ist[46]. Der Vorteil soll dabei i. R. der inländischen Besteuerung erzielt werden[47].

Um die gesetzlich nicht vorgesehenen Steuervorteile näher zu erörtern, muss darauf hingewiesen werden, dass diese Vorteile zahlreich auftreten und nicht

---

39 BT-Drs. 16/7036, 24.

40 *Poulakos, C.*, Der Missbrauch von steuerlichen Gestaltungsmöglichkeiten nach § 42 AO und das Europäische Gemeinschaftsrecht, Dissertation, Regenburg und Athen 2013, 61.

41 So auch: *Adick, M.*, in: Adick, M./Bülte, J., Fiskalstrafrecht, 2. Aufl., Heidelberg 2019, Kapitel 17, Punkt C, Rn. 33.

42 Im Ergebnis: BFH v. 18.12.1991 – XI R 40/89, BFHE 166, 550 (Rn. 12).

43 Im Ergebnis: BFH v. 27.07.1999 – VIII R 36/98, BFHE 189, 408 (Rn. 15); mwN *Drüen, K-D.*, in: Tipke, K./Kruse, H.W., Abgabenordnung/Finanzgerichtsordnung: Kommentar, Stand: 168. Ergänzungslieferung, Köln 2021, § 42 AO (bis 31.12.2007), Rn. 47.

44 MwN BFH v. 19.08.1999 – I R 77/96, BStBl. II 2001, 43 (Rn. 35).

45 *Fischer, P.*, in: Hübschmann, W./Hepp, E./Spitaler, A., Abgabenordnung – Finanzgerichtsordnung: Kommentar, Stand: 266. Ergänzungslieferung, Köln 2021, § 42 AO, Rn. 14.

46 *Wendt, M.*, § 42 AO vor dem Hintergrund der Rechtsprechung, in: Hüttemann, R., Gestaltungsfreiheit und Gestaltungsmissbrauch im Steuerrecht: 34. Jahrestagung der Deutschen Steuerjuristischen Gesellschaft e.V., Köln 2010, 117 (130).

47 So im Ergebnis: BFH v. 14.08.2019 – I R 44/17, DStR 2020, 1307 (Rn. 63).

konkret sind. Gesetzlich nicht vorgesehen sind insb. die Vorteile aus Sachverhalte mit hinausgeschobener Fälligkeit des Steueranspruchs[48], steuerliche Ansprüche mit verhinderter Durchsetzung[49], geringere Steueransprüche[50] usw. Bei einer steuerlich nachteiligen Sachverhaltsverwirklichung kann ein Missbrauch von Gestaltungsmöglichkeiten bzw. gesetzlich nicht vorgesehener Steuervorteil grds.[51] nicht entstehen[52]. *Heintzen*[53] setzt in diesem Zusammenhang besonderen Akzent auf die Tatsache, dass der Steuervorteil ursprünglich *nicht gesetzlich vorgesehen* sein soll. Aufgrund dessen sind Steuervergünstigungen und Steuerverschonungen, welche durch Lenkungsnormen begründet werden, nicht mittels des § 42 Abs. 2 AO zu beurteilen.

Nach *Wendt*[54] soll die Antwort auf die Frage, ob das Steuergesetz den Steuervorteil vorsieht, im Wege der Auslegung ermittelt werden. Die Feststellungslast liegt hier bei den Finanzbehörden[55]. Eine solche Herangehensweise wurde durch *Drüen*[56] kritisiert, weil das o.g. Verfahren *zu der faktischen Aufgabe der Norm bei (lastenausteilenden) Fiskalzwecknormen* führe. Dieser Ansicht ist jedoch aus verschiedenen Gründen zu widersprechen. Denn auf der einen Seite ermöglicht m.E. *Wendts* methodisch ausgefeiltes Vorgehen eine moderne und zielführende Bewertung neuer Gestaltungsformen. Zum anderen besteht weiterhin für die

48 BFH v. 18.12.1991 – XI R 40/89, BFHE 166, 550 (Rn. 11).

49 BFH v. 15.07.2004 – III R 66/98, BFH/NV 2005, 186 (Rn. 17).

50 BMF v. 31.01.2014 – IV A 3 – S 0062/14/10002, BStBl. I 2014, 290 (AEAO zu § 42, Rn. 2.4).

51 Dies gilt allerdings nicht, wenn die Gestaltungen aus unterschiedlichen Steuerarten sich gegenseitig neutralisieren (wie z.B. beim gleichzeitigen Vorhandensein einer Steuergestaltung mit einkommensteuerrechtlichem Verlust und körperschaftssteuerrechtlichem Vorteil), so nach: BFH v. 10.12.1992 – V R 90/92, BStBl. II 1993, 700 (Rn. 18).

52 *Koenig, U.*, in: Koenig, U., Abgabenordnung: Kommentar, 4. Aufl., München 2021, § 42 Rn. 22.

53 *Heintzen, M.*, Die Neufassung des § 42 AO und ihre Bedeutung für grenzüberschreitende Gestaltungen, FR 2009, 599 (602).

54 *Wendt, M.*, § 42 AO vor dem Hintergrund der Rechtsprechung, in: Hüttemann, R., Gestaltungsfreiheit und Gestaltungsmissbrauch im Steuerrecht: 34. Jahrestagung der Deutschen Steuerjuristischen Gesellschaft e.V., Köln 2010, 117 (130).

55 *Wendt, M.*, § 42 AO vor dem Hintergrund der Rechtsprechung, in: Hüttemann, R., Gestaltungsfreiheit und Gestaltungsmissbrauch im Steuerrecht: 34. Jahrestagung der Deutschen Steuerjuristischen Gesellschaft e.V., Köln 2010, 117 (131).

56 *Drüen, K-D.*, in: Tipke, K./Kruse, H.W., Abgabenordnung/Finanzgerichtsordnung: Kommentar, Stand: 168. Ergänzungslieferung, Köln 2021, Vorbemerkungen zur Neufassung durch das JStG 2008, § 42 AO (seit 01.01.2008), Rn. 20a.

Steuerpflichtigen die Möglichkeit, die finanzamtliche Auslegung bzw. Bewertung mittels eigener Belege zu widerlegen.

§ 42 Abs. 2 Satz 1 AO gibt jedoch keine Definition für den Begriff des Dritten[57], dennoch kann festgestellt werden, dass Dritte meist Personen sind, die aus dem direkten Umfeld des Steuerpflichtigen kommen[58]. Zu differenzieren ist hierbei zwischen Personen, die in einer ökonomischen Beziehung zu dem Steuerpflichtigen stehen, beispielsweise Mitglieder eines Konzerns, oder Personen, die eine private Beziehung mit dem Steuerpflichtigen unterhalten wie Angehörige[59]. Eine Vorteilsverlagerung zwischen Privaten kann aber nach *Drüen*[60] nur unter besonderen Voraussetzungen als Gestaltungsmissbrauch angesehen werden.

c) Beachtliche außersteuerliche Gründe

Laut § 42 Abs. 2 Satz 2 AO ist es dem Steuerpflichtigen möglich, die Notwendigkeit einer steuerlichen Gestaltung mittels außersteuerlicher Gründe zu belegen. Wenn diese Gründe in Anbetracht des Gesamtbildes der Verhältnisse beachtlich sind, kann nicht von einem steuerlichen Missbrauch gesprochen werden. Die Aussage dieser Vorschrift legt im Umkehrschluß nahe, dass ein Steuerpflichtiger im Falle einer steuerlichen Missbrauchsgestaltung eigenverantwortlich beachtliche außersteuerliche Gründe anzuführen hat. *Fischer*[61] betont, dass die Abwesenheit von beachtlichen außersteuerlichen Gründen lediglich ein Indiz für Unangemessenheit darstelle. Das ernannte Tatbestandmerkmal wurde, wie auch in Bezug auf schon erörterte Merkmale aus § 42 Abs. 2 Satz 1 AO, unter Einbeziehung zahlreichender Urteile des BFH hergeleitet[62].

---

57 *Drüen, K-D.,* in: Tipke, K./Kruse, H.W., Abgabenordnung/Finanzgerichtsordnung: Kommentar, Stand: 168. Ergänzungslieferung, Köln 2021, Vorbemerkungen zur Neufassung durch das JStG 2008, § 42 AO (seit 01.01.2008), Rn. 25.

58 Siehe: BMF v. 31.01.2014 – IV A 3 – S 0062/14/10002, BStBl. I 2014, 290 (AEAO zu § 42, Rn. 2.3).

59 Siehe: BMF v. 31.01.2014 – IV A 3 – S 0062/14/10002, BStBl. I 2014, 290 (AEAO zu § 42, Rn. 2.3).

60 *Drüen, K-D.,* in: Tipke, K./Kruse, H.W., Abgabenordnung/Finanzgerichtsordnung: Kommentar, Stand: 168. Ergänzungslieferung, Köln 2021, Vorbemerkungen zur Neufassung durch das JStG 2008, § 42 AO (seit 01.01.2008), Rn. 25a.

61 *Fischer, P.*, in: Hübschmann, W./Hepp, E./Spitaler, A., Abgabenordnung – Finanzgerichtsordnung: Kommentar, Stand: 266. Ergänzungslieferung, Köln 2021, § 42 AO, Rn. 279.

62 MwN *Koenig, U.,* in: Koenig, U., Abgabenordnung: Kommentar, 4. Aufl., München 2021, § 42 Rn. 26.

Wie bereits dargestellt, ist es von Bedeutung, dass die außersteuerlichen Gründe *beachtlich* sind. Wann die Gründe dabei beachtlich sind, lässt sich kaum allgemein beschreiben[63]. Aufgrund dessen betont *Koenig*[64] die Verantwortung der Gerichte, welche durch eine Bewertung der Gesamtumstände jeweils eine Einzelfallentscheidung zu treffen hätten. Die Finanzverwaltung bezieht sich also auf Gründe, die *nach dem Gesamtbild der Verhältnisse nicht wesentlich oder sogar nur von untergeordneter Bedeutung*[65] sind. Die Mängel der Definition treten deutlich zutage und somit wirkt sie dem bestehenden *Konfliktpotential*[66] kaum entgegen.

Die Beurteilung der Gründe ist durch eine Betrachtung des „*Gesamtbildes der Verhältnisse*" möglich. Die Ausrichtung der außersteuerlichen Gründe an dem zu erwartenden Steuervorteil ist dabei laut *Hey*[67] von besonderer Bedeutung, denn je umfangreicher der Steuervorteil wird, desto wesentlicher sollten auch die Gründe sein. Hervorzuheben ist, dass reine subjektive Gründe und Vorstellungen des Steuerpflichtigen in diesem Zusammenhang unbedeutsam sind[68].

Ratschow[69] kritisiert hierbei das Fehlen eines Maßstabs, welcher die Unangemessenheit einer Gestaltung, das Ausmaß des Steuervorteils und den Grad an rechtlicher Beachtlichkeit der vom Steuerpflichtigen vorgebrachten Gründe gegeneinander aufwiegen könnte. Aufgrund der Abwesenheit eines objektiven Standards hinsichtlich der Bestimmung von beachtlichen außersteuerlichen Gründen geht *Hey*[70] davon aus, dass dem Steuerpflichtigen – solange er die

---

63 *Drüen, K-D.,* in: Tipke, K./Kruse, H.W., Abgabenordnung/Finanzgerichtsordnung: Kommentar, Stand: 168. Ergänzungslieferung, Köln 2021, Vorbemerkungen zur Neufassung durch das JStG 2008, § 42 AO (seit 01.01.2008), Rn. 34.

64 *Koenig, U.*, in: Koenig, U., Abgabenordnung: Kommentar, 4. Aufl., München 2021, § 42 Rn. 26.

65 BMF v. 31.01.2014 – IV A 3 – S 0062/14/10002, BStBl. I 2014, 290 (AEAO zu § 42, Rn. 2.6).

66 *Hey, J.*, Spezialgesetzliche Missbrauchsgesetzgebung aus steuersystematischer, verfassungs- und europarechtlicher Sicht, StuW 2008, 167 (170).

67 *Hey, J.*, Gestaltungsmissbrauch im Steuerrecht nach der Neufassung des § 42 AO und dem dazu ergangenen BMF-Erlass, BB 2009, 1044 (1047).

68 *Leisner-Egensperger, A.*, Das Verbot der Steuerumgehung nach der Reform des § 42 AO – Kein Freibrief für ein mangelhaftes Steuerrecht, DStZ 2008, 357 (358, 363).

69 *Ratschow, E.*, in: Klein, F., Abgabenordnung: Kommentar, 15. Aufl., München 2020, § 42 Rn. 72.

70 *Hey, J.*, Gestaltungsmissbrauch im Steuerrecht nach der Neufassung des § 42 AO und dem dazu ergangenen BMF-Erlass, BB 2009, 1044 (1047).

Gründe plausibel vorträgt[71] – zugestanden werden muss, eigene Prioritäten zu setzen. Die vorgeschlagene Kompromisslösung ist m.E. nachvollziehbar und zu unterstützen.

2. Subjektive Seite eines Gestaltungsmissbrauchs

Die Ausübung einer künstlichen Steuergestaltung reichte in der Vergangenheit für das Vorliegen einer Vermutung der Missbrauchsabsicht beim Steuerpflichtigen aus[72]. Das Vorhandensein solch einer Absicht stellt einen subjektiven Bestandteil einer Missbrauchsgestaltung dar. Gleichzeitig bilden die schon erläuterten Tatbestandsmerkmale wie etwa die Unangemessenheit, das Vorhandensein eines gesetzlich nicht vorgesehenen Steuervorteils und das Fehlen von beachtlichen außensteuerlichen Gründen eindeutig die objektive Seite eines Gestaltungsmissbrauchs.

Anzumerken ist, dass die subjektive Seite eines Gestaltungsmissbrauchs in der heutigen Zeit eine eher akademische Frage darstellt. Dennoch hat diese Frage wichtige Konsequenzen für die Praxis. Es besteht ein gewisses Risiko, dass das Vorhandensein einer Missbrauchsabsicht stets pauschal, ohne Einzelprüfung zu Lasten des Steuerpflichtigen, vermutet wird. Diese Vorabverurteilung stellt zum einen deutlichen Verstoß gegen Art. 3 Abs. 1 GG i. V. m. Art. 20 Abs. 3 GG dar. Zum anderen wandte sich der EuGH gegen solch eine Pauschalisierung und sprach sich für die individuelle Einzelfallprüfung jeder Steuergestaltung aus[73].

Der subjektive Bestandteil wird jedoch nicht immer zu Lasten des Steuerpflichtigen geltend gemacht. Umstritten ist insb., ob solche Merkmale wie *Unerfahrenheit, Gutgläubigkeit, Ungeschicklichkeit oder Rechtsunkenntnis* die Anwendung von § 42 AO verhindern können[74]. Anzumerken ist hier, dass

---

71 So auch: *Ratschow, E.*, in: Klein, F., Abgabenordnung: Kommentar, 15. Aufl., München 2020, § 42 Rn. 72.

72 MwN *Fischer, P.*, in: Hübschmann, W./Hepp, E./Spitaler, A., Abgabenordnung – Finanzgerichtsordnung: Kommentar, Stand: 266. Ergänzungslieferung, Köln 2021, § 42 AO, Rn. 271.

73 So im Ergebnis: EuGH v. 12.09.2006 – C-196/04, BeckRS 2006, 70669 (Rn. 50) – Cadbury-Schweppes.

74 Gegen die Berücksichtigung von subjektiven Merkmalen: BFH v. 23.02.1989 – V B 60/88, NJW 1989, 2775 (Rn. 28); BFH v. 01.06.1989 – V R 74/87, BFH/NV 1990, 131 (Rn. 18). Allerdings vertritt der 1. Senat des BFH die Auffassung, dass „*...in jedem Einzelfall die Umgehungsabsicht festzustellen*" ist, so: BFH v. 05.02.1992 – I R 127/90, BStBl. II 1992, 532 (Rn. 31).

jegliche subjektive Merkmale nur über eine fakultative, *indizielle*[75] Rolle verfügen. Ihr Vorhandensein soll m.E. weder zu Lasten der Steuerpflichtigen noch zu deren Rechtfertigung dienen. Für die Bewertung einer Steuergestaltung an dem Maßstab eines Missbrauchs sollen damit die objektiven Tatbestandmerkmale entscheidend sein.

III. Verfassungsrechtliche Einschätzung eines Kampfes gegen ertragsteuerliche Missbrauchsgestaltungen

Jedes Geschäft, welches der Umgehung von bestimmten gesetzlichen Regelungen dient, ist illegal. Keine Ausnahme bildet hier auch die ertragsteuerliche *fraus legis*. Durch den Missbrauch von Gestaltungsmöglichkeiten des Steuerrechts erfolgt ein Verstoß gegen die Grundprinzipien des deutschen Steuerrechts, namentlich gegen das Gleichheitsprinzip, das Leistungsfähigkeitsprinzip sowie die beiden Nettoprinzipen. Aufgrund dessen erörtert *Chen*[76], dass die Abwehr von Steuerumgehung vermittels § 42 AO verfassungsgemäß ist. *Ratschow*[77] erklärt darüber hinaus, dass die Abwehr missbräuchlicher Gesetzesumgehungen eine staatsrechtliche Aufgabe aller drei Staatsgewalten und nicht nur des Gesetzgebers ist[78]. Vergleichbar hat sich auch *Böing*[79] geäußert, der jede nationale Rechtsordnung zu einer Verhinderung der missbräuchlichen Steuergestaltung aufruft. Diese Forderungen führten dazu, dass das BVerfG die Bekämpfung der Steuerumgehung zum einen als legitimes Ziel anerkannte[80] und zum anderen als verfassungsgemäße Aufgabe der Verwaltung verankerte[81].

---

75 Im Ergebnis auch: BFH v. 10.09.1992 – V R 104/91, BFHE 169, 258, BStBl. II 1993, 253 (Rn. 23).

76 *Chen, C.*, Die Steuerumgehung i. S. d. § 42 AO: Eine Untersuchung im Grenzbereich von Gewerbebetrieb und privater Vermögensverwaltung, Dissertation, Frankfurt 2014, 53.

77 *Ratschow, E.*, in: Klein, F., Abgabenordnung: Kommentar, 15. Aufl., München 2020, § 42 Rn. 8.

78 So auch: *Koenig, U.*, in: Koenig, U., Abgabenordnung: Kommentar, 4. Aufl., München 2021, § 42 Rn. 7.

79 *Böing, C.*, Steuerlicher Gestaltungsmissbrauch in Europa: eine rechtsvergleichende und gemeinschaftsrechtliche Untersuchung von Konzeptionen zur Bekämpfung des Gestaltungsmissbrauchs, Dissertation, Hamburg 2006, 3.

80 MwN BVerfG v. 22.07.1970 – 1 BvR 285/66, 1 BvR 445/67, 1 BvR 192/69, BStBl. II 1970, 652 (Rn. 46).

81 Im Ergebnis: BVerfG v. 24.01.1962 – 1 BvR 845/58, BVerfGE 13, 331 (Rn. 37).

Um dieser Aufgabe gerecht werden zu können, wurden durch den Gesetzgeber zahlreiche Missbrauchsklauseln aufgestellt. Diese können in zwei Gruppen unterteilt werden: die allgemeine Missbrauchsklausel und die speziellen Anti-Missbrauchsregelungen. Das deutsche Steuerrechtssystem wird in erster Linie durch die *lex generalis* i. S. d. § 42 AO vor missbräuchlichen Steuergestaltungen geschützt. Daneben sind zahlreiche *leges speciales* dazu gewidmet, den Gestaltungsmissbrauch aus verschiedenen Steuerrechtsgebieten zu vermeiden. Beide Kategorien haben eine direkte Wirkung bei dem Schutz auch des Ertragsteuerrechts vor *fraus legis.*

Die Kehrseite der Medaille ist allerdings die Tatsache, dass die genannten Missbrauchsklauseln häufig gegen verfassungsrechtlich gewährleistete Rechte der Steuerpflichtigen verstoßen. Dieser Umstand ist mit dem Charakter des Steuerrechts zu begründen, welches ein reines Eingriffsrecht ist[82]. Die wirtschaftlichen Interesse der Steuerpflichtigen konfrontieren sich daher stets mit den Interessen des Fiskus. Dieser Zwiespalt betont die Bedeutung der Gerichte, deren Hauptaufgabe in der objektiven Bewertung belastender Steuerrechtsvorschriften besteht. Eine unverhältnismäßige Beschneidung der freiheitsrechtlich fundierten Gestaltungsfreiheit soll daher durch eine methodisch kontrollierte Auslegung der *lex generalis* verhindert werden[83].

Es besteht allerdings die Tendenz, den staatlichen Eingriff in die persönlichen Rechte der Steuerpflichtigen zu rechtfertigen. Als ein klares Beispiel dazu lassen sich die Konstellationen der Abkommensüberschreibungen (sog. *treaty override*) anführen. Mit einer Abkommensüberschreibung korrigiert der Gesetzgeber ein – von der Bundesrepublik mit anderen Staaten abgeschlossenes und gemäß Art. 59 Abs. 2 Satz 1 GG ins innerstaatliche Recht überführtes – DBA durch eine nationale Regelung einseitig[84]. In seiner jüngsten Entscheidung darüber

---

82 MwN *Kraft, G.*, in: Kraft, G., AStG: Kommentar, 2. Aufl., München 2019, § 1 Rn. 505; mwN *Suchowerskyj, T.*, Der Begriff des Missbrauchs im europäischen Steuerrecht, Dissertation, Berlin 2007, 22.

83 *Drüen, K-D.*, in: Tipke, K./Kruse, H.W., Abgabenordnung/Finanzgerichtsordnung: Kommentar, Stand: 168. Ergänzungslieferung, Köln 2021, Vorbemerkungen zur Neufassung durch das JStG 2008, § 42 AO (seit 01.01.2008), Rn. 38; auch: *Fischer, P.*, in: Hübschmann, W./Hepp, E./Spitaler, A., Abgabenordnung – Finanzgerichtsordnung: Kommentar, Stand: 266. Ergänzungslieferung, Köln 2021, § 42 AO, Rn. 48.

84 *Stöber, M.*, Zur verfassungs- und europarechtlichen (Un-) Zulässigkeit von Treaty Overrides, DStR 2016, 1889; auch: *Lehner, M.*, in: Vogel, K./Lehner, M., Doppelbesteuerungsabkommen: Kommentar, 7. Aufl., München 2021, Grundlagen des Abkommensrechts, Rn. 194; im Ergebnis auch: *Musil, A.*, Treaty Override als Dauerproblem des Internationalen Steuerrechts, IStR 2014, 192 (193).

bewertete das BVerfG[85] diese – ursprünglich aus dem angelsächsischen Rechtskreis kommende[86] – Tendenz als verfassungskonform. Diese Einschätzung ist allerdings in der Literatur im Hinblick auf deren Verfassungsmäßigkeit[87], Unionsrechtskonformität[88] und Völkerrechtsfreundlichkeit[89] mehrfach angezweifelt worden.

Zusammenfassend ist festzustellen, dass ein Kampf gegen ertragsteuerliche Missbrauchsgestaltungen zwar verfassungskonform ist. Die dabei angewandten Rechtsinstrumente, vor allem die Missbrauchsklauseln, schränken jedoch die Rechte der Steuerpflichtigen ein. In Anbetracht der Erkenntnisse kann prognostiziert werden, dass sich der Interessenkonflikt zwischen den Finanzbehörden und den Steuerpflichtigen weiterentwickeln wird. Aufgrund dessen ist es notwendig, neue Anti-Missbrauchsregelungen zu entwickeln, die unter Berücksichtigung sowohl der verfassungsrechtlichen Grundprinzipien als auch der EU-Grundfreiheiten konstruiert werden. Die reine „*Transportierung*“ steuerlicher Tendenzen aus, in erster Linie, angelsächsischem Rechtsgebiet sollte unbedingt vermieden werden. Die weitere Entwicklung in diesem Bereich ist abzuwarten.

B. Terminologische Abgrenzung eines Gestaltungsmissbrauchs von sinnverwandten Termini

I. Gestaltungsmissbrauch und Steuerhinterziehung

Der Tatbestand der Steuerhinterziehung wird in § 370 AO näher geregelt. Es handelt sich um eine *bewußte illegale Verkürzung der Steuerlast und die Erlangung eines nicht vorgesehenen Steuervorteils vermittels gesetzlich verbotener Handlungen oder Unterlassungen.* Des Weiteren beschreibt der Begriff auch die

85 BVerfG v. 15.12.2015 – 2 BvL 1/12, DStR 2016, 359.

86 MwN *Stöber, M.*, Zur verfassungs- und europarechtlichen (Un-) Zulässigkeit von Treaty Overrides, DStR 2016, 1889.

87 *Frotscher, G.*, Zur Zulässigkeit des „Treaty Override“, in: Spindler, W./Tipke, K./Rödder, T., Steuerzentrierte Rechtsberatung: Festschrift für Harald Schaumburg zum 65. Geburtstag, Köln 2009, 687 (705 ff.).

88 Dazu mit vielen Beispielkonstellationen: *Stöber, M.*, Zur verfassungs- und europarechtlichen (Un-) Zulässigkeit von Treaty Overrides, DStR 2016, 1889 (1893 ff.). Hinsichtlich der Verletzung von EU-Grundfreiheiten durch das treaty-override gegen das DBA-Italien siehe: *Scherer, T.*, Treaty Override und Unionsrecht – ein Versuch, IStR 2016, 741 (745 ff.).

89 *Frotscher, G.*, Treaty Override – causa finita, IStR 2016, 561 (562 ff.).

vorsätzliche Verletzung steuerlicher Erklärungspflichten zur Erlangung von Vermögensvorteilen sowie zur Vermeidung von Vermögensnachteilen[90]. Die begriffliche Ähnlichkeit zwischen den beiden Vergehen, dem Gestaltungsmissbrauch und der Steuerhinterziehung, kann nicht geleugnet werden und führt zu Missverständnissen. Selbst der BFH[91] sah einen Gestaltungsmissbrauch i. F. einer Steuerumgehung nicht schlechthin als strafbare Steuerhinterziehung an. Dennoch sind beide Vergehen keineswegs vergleichbar, sondern weisen deutliche Differenzen auf.

Um die Begriffe abgrenzen zu können, sollen die Unterschiede näher erörtert werden. Eine Steuerhinterziehung ist dann gegeben, wenn die Merkmale eines Steuertatbestands zwar tatsächlich erfüllt sind, dies wird aber gegenüber den Finanzbehörden bewusst gesetzwidrig verschwiegen oder verfälscht dargestellt. Im Falle des steuerlichen Gestaltungsmissbrauchs sollen die Merkmale des gesetzlichen Steuertatbestands durch den Steuerpflichtigen bewusst gar nicht erst erfüllt werden[92]. Es ist anzumerken, dass der Gestaltungsmissbrauch und die Steuerhinterziehung aus diesem Grund grds. nicht gleichzeitig vorliegen können[93]. In dem Falle, dass der Steuerpflichtige seine Gestaltung mithilfe falscher oder unrichtiger Angaben tarnt, verschleiert oder verheimlicht und somit eine Steuerkürzung erreicht, kann eine Steuerumgehung als solche strafbar sein[94].

Des Weiteren liegt der Unterschied der Begriffsbestimmungen in der materiellrechtlichen Perspektive. So weisen *Schmitz* und *Wulf*[95] auf die Tatsache hin,

---

90 Wissenschaftliche Dienste des Deutschen Bundestages v. 09.04.2018 – WD 4 – 3000 – 032/18, Bedeutung und Ausmaß der Steuervermeidung anhand von Steuervermeidungsmodellen, Rn. 2. Abrufbar unter: https://www.bundestag.de/resource/blob/564376/d598166091d2ba55ae1767ea578a5314/WD-4-032-18-pdf-data.pdf (*letzter Zugriff*: 01.01.2022).

91 BFH v. 01.02.1983 – VIII R 30/80, BStBl. II 1983, 534 (Rn. 29).

92 MwN *Böing, C.*, Steuerlicher Gestaltungsmissbrauch in Europa: eine rechtsvergleichende und gemeinschaftsrechtliche Untersuchung von Konzeptionen zur Bekämpfung des Gestaltungsmissbrauchs, Dissertation, Hamburg 2006, 9.

93 MwN *Böing, C.*, Steuerlicher Gestaltungsmissbrauch in Europa: eine rechtsvergleichende und gemeinschaftsrechtliche Untersuchung von Konzeptionen zur Bekämpfung des Gestaltungsmissbrauchs, Dissertation, Hamburg 2006, 9.

94 Siehe: *Rübenstahl, M.*, in: Esser, R./Rübenstahl, M./Saliger, F./Tsambikakis, M., Wirtschaftsstrafrecht: Kommentar, Köln 2017, § 370 AO, Rn. 439; mwN *Schott, S.*, in: Hüls, S./Reichling, T., Steuerstrafrecht, 2. Aufl., Heidelberg 2020, § 370 AO, Rn. 75.

95 *Schmitz, R./Wulf, M.*, in: Joecks, W./Miebach, K., Münchener Kommentar zum Strafgesetzbuch, 3. Aufl., München 2019, Band 7, Nebenstrafrecht II, Kapitel Nr. 2, § 370 AO, Rn. 1.

dass die Steuerhinterziehung gemäß § 370 AO unter Strafe steht. Die Steuerhinterziehung stellt daneben gemäß § 369 Abs. 1 Nr. 1 AO zugleich eine Steuerstraftat dar[96]. Der Gestaltungsmissbrauch i. F. einer Steuerumgehung ist dagegen lediglich i. R. des Steuerrechts zu beurteilen und somit grds.[97] nicht strafbar[98]. Darüber hinaus ist § 370 AO, im Kontrast zur *lex generalis* i. S. d. § 42 AO, ausschließlich ein Blankettgesetz[99].

Abschließend ist auf eine weitere Unterscheidungsmöglichkeit hinzuweisen. Das wichtigste Instrument der Verwirklichung einer Steuergestaltung ist zivilrechtlich die dem Steuerpflichtigen gewährleistete Vertragsfreiheit[100]. Im Gegensatz hierzu spielt die Vertragsfreiheit bei einer Steuerhinterziehung eine untergeordnete Rolle, denn bei einer Steuerhinterziehung wird der Grundsatz von *Treu und Glauben* zwischen dem Steuerpflichtigen und der Finanzbehörde aufgrund der *Verletzung steuerrechtlicher Mitteilungspflichten*[101] missachtet. In diesem Zusammenhang nicht überraschend ist, dass aus der Perspektive des EU-Rechts der Begriff einer Steuerhinterziehung nicht mit einer Steuerumgehung, sondern mit einem Steuerbetrug synonym verwendet wird[102].

96 So nach: *Melchior, J.*, in: Alber, M./Arendt, H./Faber, S., Beck'sches Steuer- und Bilanzrechtslexikon, Stand: 57. Ergänzungslieferung, München 2021, Steuerhinterziehung, Rn. 1.

97 Die einzige Ausnahme wurde bereits oben erörtert.

98 *Rübenstahl, M.*, in: Esser, R./Rübenstahl, M./Saliger, F./Tsambikakis, M., Wirtschaftsstrafrecht: Kommentar, Köln 2017, § 370 AO, Rn. 439; mwN BFH v. 01.02.1983 – VIII R 30/80, BStBl. II 1983, 534 (Rn. 28); *Pflaum, U.*, in: Wabnitz, H-B./Janovsky, T./Schmitt, L., Handbuch Wirtschafts- und Steuerstrafrecht, 5. Aufl., München 2020, Kapitel Nr. 20, Rn. 4; *Schott, S.*, in: Hüls, S./Reichling, T., Steuerstrafrecht, 2. Aufl., Heidelberg 2020, § 370 AO, Rn. 67.

99 MwN *Hadamitzky, A./Senge, L.*, in: Erbs, G./Kohlhaas, M., Strafrechtliche Nebengesetze, Stand: 236. Ergänzungslieferung, München 2021, A24, § 370 AO, Rn. 1.

100 MwN *Pflaum, U.*, in: Wabnitz, H-B./Janovsky, T./Schmitt, L., Handbuch Wirtschafts- und Steuerstrafrecht, 5. Aufl., München 2020, Kapitel Nr. 20, Rn. 2.

101 Wissenschaftliche Dienste des Deutschen Bundestages v. 09.04.2018 – WD 4 – 3000 – 032/18, Bedeutung und Ausmaß der Steuervermeidung anhand von Steuervermeidungsmodellen, Rn. 3.

102 *Böing, C.*, Steuerlicher Gestaltungsmissbrauch in Europa: eine rechtsvergleichende und gemeinschaftsrechtliche Untersuchung von Konzeptionen zur Bekämpfung des Gestaltungsmissbrauchs, Dissertation, Hamburg 2006, 11.

II. Gestaltungsmissbrauch und Steuervermeidung

Ein Gestaltungsmissbrauch ist nicht nur von der Steuerhinterziehung abzugrenzen, sondern auch von dem Begriff einer Steuervermeidung. Eine präzise Begriffstrennung ist vor allem wichtig, da in der vergangenen Zeit viele Veröffentlichungen die Begriffe nicht getrennt haben und so von Steuervermeidung sprachen, wenn sie eine reine missbräuchliche Gestaltung kritisierten. Es ist festzustellen, dass das BMF diesen Umstand noch weiter fördert, da es die ernannten steuerlichen Phänomene nicht voneinander abgrenzt, sondern angepasste Beschreibungen nutzt und sich mit der linguistischen Modifikation des Wortes „*Steuervermeidung*" beschäftigt. Die vagen Formulierungen und einfallsreichen Synonyme des BMF gipfeln in Begriffen wie *trickreiche Steuervermeidung*[103] und *missbräuchliche Steuervermeidung*[104]. Auch die neue Ampel-Koalition verwendet in ihrem Koalitionsvertrag Formulierungen wie etwa *aggressive Steuervermeidung* und sogar *aggressive Steuergestaltung*[105].

Mit der Bezeichnung Steuervermeidung werden gesetzlich akzeptable Versuche der Reduktion der staatlichen Steuerlast beschrieben. *Seer*[106] erklärt, dass eine systematisch betriebene Steuervermeidung die Steuerplanung verlangt[107]. Ziel des wirtschaftlichen Handelns bei einer Steuervermeidung ist die Steuerersparnis[108]. *Adick*[109] beschreibt den Begriff der Steuervermeidung als eine

---

103 Siehe: Pressemitteilung des BMF v. 24.02.2017, Aktionsplan gegen Steuerbetrug, trickreiche Steuervermeidung und Geldwäsche (inzwischen von der Internetseite des BMF entfernt).

104 Siehe: Pressemitteilung des BMF v. 22.10.2019, Rede von Olaf Scholz anlässlich der „Halbzeitbilanz" des Nationalen Normenkontrollrats (inzwischen von der Internetseite des BMF entfernt).

105 *SPD/Bündnis 90/die Grünen/FDP*, Mehr Fortschritt wagen: Bündnis für Freiheit, Gerechtigkeit und Nachhaltigkeit, Koalitionsvertrag der 20. Legislaturperiode, Berlin 2021, 166. Abrufbar unter: https://www.spd.de/fileadmin/Dokumente/Koalitionsvertrag/Koalitionsvertrag_2021-2025.pdf (*letzter Zugriff*: 01.01.2022).

106 *Seer, R.*, in: Tipke, K./Lang, J., Steuerrecht, 24. Aufl., Köln 2021, Rn. 6.29.

107 Ausführlich zu gesetzlichen Grenzen einer Steuerplanung: *Jacobs, O.H./Endres, D./Spengel, C.*, in: Endres, D./Spengel, C./ Jacobs: Internationale Unternehmensbesteuerung, 8. Aufl., München 2016, 1029 ff.

108 Wissenschaftliche Dienste des Deutschen Bundestages v. 09.04.2018 – WD 4 – 3000 – 032/18, Bedeutung und Ausmaß der Steuervermeidung anhand von Steuervermeidungsmodellen, Rn. 3.

109 *Adick, M.*, in: Adick, M./Bülte, J., Fiskalstrafrecht, 2. Aufl., Heidelberg 2019, Kapitel 17, Punkt C, Rn. 33.

Gestaltungsausübung, bei der keine Steuer entsteht. Somit greift die Steuervermeidung nur in der Situation, in der die Verwirklichung des jeweils einschlägigen Steueranspruchs verhindert wird[110]. Wichtig ist in diesem Zusammenhang die Legalität der Steuervermeidungsmittel.

Kein Steuerpflichtiger ist verpflichtet, den Sachverhalt so zu gestalten, dass ein Steueranspruch entsteht[111]. So erörtern *Jarass, Tokman* und *Wright*[112] eine gesetzlich akzeptierte Lösung, welche die Vermeidung von Steueransprüchen zur Folge hat:

> *Die Deutsche Bank zahlt an ihrem Firmensitz in Frankfurt einen Gewerbesteuersatz von 16,1 %, für ihre Betriebsstätte im 11 km entfernten Eschborn nur 11,6 %.*

In diesem Beispiel nutzte die Deutsche Bank einen gesetzlich akzeptablen Weg, um die Verwirklichung des Steueranspruchs zu verhindern.

Es gibt kein allgemein anerkanntes Konzept einer Steuervermeidung. Deshalb betont *Garbarino*[113], dass jede Rechtsordnung über ein eigenständiges Verständnis von Steuervermeidung verfügt. Dieser Umstand bremst die Erarbeitung eines allgemeinen Konzepts einer Steuervermeidung. Das deutsche Steuersystem unterscheidet beispielweise die Steuervermeidung und den Gestaltungsmissbrauch mittels der Verwirklichung eines Steueranspruchs. Denn gerade dieser Anspruch wird bei der Steuervermeidung *de facto* nicht verwirklicht. Im Gegensatz dazu wird bei einem Gestaltungsmissbrauch i. F. einer Steuerumgehung der Steueranspruch zwar *de facto* verwirklicht, wird aber *de jure* als nicht verwirklicht dargestellt[114]. Steuerumgehung ist somit als durch den Missbrauch qualifizierte Steuervermeidung zu betrachten[115]. *Baum*[116] betont in diesem Zusammenhang, dass eine Steuervermeidung sich erst dann in eine

110 MwN *Böing, C.*, Steuerlicher Gestaltungsmissbrauch in Europa: eine rechtsvergleichende und gemeinschaftsrechtliche Untersuchung von Konzeptionen zur Bekämpfung des Gestaltungsmissbrauchs, Dissertation, Hamburg 2006, 12.

111 BFH v. 20.05.1997 - VIII B 108/96, BFHE 183, 174 (Rn. 51).

112 *Jarass, L./Tokman, A./Wright, M.*, USA-Steuerreform 2018: Steuern und Sozialabgaben im Vergleich mit Deutschland, IStR 2018, 143 (144).

113 *Garbarino, C.*, Aggressive Tax Strategies and Corporate Tax Governance: An Institutional Approach, SDA Bocconi Research Paper 2009, Nr. 188/08, 3 (5).

114 *Böing, C.*, Steuerlicher Gestaltungsmissbrauch in Europa: eine rechtsvergleichende und gemeinschaftsrechtliche Untersuchung von Konzeptionen zur Bekämpfung des Gestaltungsmissbrauchs, Dissertation, Hamburg 2006, 12.

115 MwN BFH v. 20.05.1997 - VIII B 108/96, BFHE 183, 174 (Rn. 51).

116 *Baum, M.*, in: Baum, M./Buse, J.W./Brandl, H./Szymczak, M., AO - eKommentar, § 42 AO (Fassung v. 01.01.2015), Punkt B, Rn. 20.

Steuerumgehung verwandelt, wenn zugleich bewusst eine Verfehlung des Gesetzeszwecks herbeigeführt wurde. *Paschen*[117] verweist seinerseits auf die unklaren Grenzen zwischen der Steuervermeidung und steuerlich nicht anzuerkennender Steuerumgehung.

Anhand all dieser Aspekte ist zu erkennen, dass sowohl die *trickreiche* und *missbräuchliche* Steuervermeidung als auch die *aggressive* Steuerplanung oder *künstliche* Steuergestaltung einen Gestaltungsmissbrauch i. F. einer Steuerumgehung darstellen. Ausschließlich die Steuervermeidung als akzeptierter Versuch, die steuerliche Belastung zu minimieren, stellt dagegen keinen Gestaltungsmissbrauch dar.

C. Untersuchungsrelevante Formen des Gestaltungsmissbrauchs

I. Gestaltungsmissbrauch durch treaty-shopping-Gestaltung

Die Ausübung einer treaty-shopping-Gestaltung bezeichnet den Versuch, mittels einer ausländischen Zwischengesellschaft, die durch einen nichtabkommensberechtigten Steuerpflichtigen gegründet wird, die Steuerlast zu senken[118]. Der ursprünglich US-amerikanische[119] Begriff wird im Deutschen mit der umfangreichen Übersetzung *„Sich-Einkaufen in die Schutzwirkung eines Abkommens*[120]*"* benannt. Das treaty-shopping bezeichnet, nach der Definition von *Gassner* und *Lang*[121], die missbräuchliche Inanspruchnahme von DBA.

---

117 *Paschen, U.*, Steuerumgehung im nationalen und internationalen Steuerrecht, Dissertation, Hamburg 2001, 1.

118 *Brähler, G.*, Internationales Steuerrecht: Grundlagen für Studium und Steuerberaterprüfung, 8. Aufl., Wiesbaden 2014, 175; *Jacobs, O.H./Endres, D./Spengel, C.*, in: Endres, D./Spengel, C./ Jacobs: Internationale Unternehmensbesteuerung, 8. Aufl., München 2016, 292; mwN *Schaumburg, H./Häck, N.*, in: Schaumburg, H., Internationales Steuerrecht, 4. Aufl., Köln 2017, Rn. 19.127.

119 *Avi-Yonah, R.S./Panayi, C.H.*, Rethinking Treaty Shopping: Lessons for the European Union, in: Lang, M., Tax Treaties: Building Bridges between Law and Economics, Amsterdam 2010, 21.

120 MwN *Rudolf, M.*, Treaty Shopping und Gestaltungsmissbrauch – zugleich ein Beitrag zur Identifizierung und Bewältigung kollidierender Missbrauchsmaßstäbe im deutschen, europäischen und internationalen Steuerrecht, Köln 2012, 10.

121 *Fischer, P.*, in: Hübschmann, W./Hepp, E./Spitaler, A., Abgabenordnung – Finanzgerichtsordnung: Kommentar, Stand: 266. Ergänzungslieferung, Köln 2021, § 42 AO, Rn. 571, zitiert nach *Gassner, W./Lang, M.*, Treaty Shopping, in: Gassner, W./Lang,

Durch eine treaty-shopping-Gestaltung erfolgt nach *Fabry*[122] die Übermittlung von ausländischen Einkünften über Staaten, mit denen ein steuerlich günstiges DBA besteht. *Weggenmann* und *Nehls*[123] zufolge versucht der Steuerpflichtige mittels des treaty-shoppings in den Genuss einer Vereinbarung zu kommen, die er nicht anwenden dürfte, da er nicht in dem jeweiligen Vertragsstaat ansässig ist. *Henkel* und *Port*[124] nennen in diesem Zusammenhang als ein klassisches Beispiel die Gestaltungen mit funktionsloser oder funktionsschwacher ausländischer Kapitalgesellschaft. Nicht selten sind ebenso die Gestaltungen mit Teilnahme von Zwischengesellschaften in drei verschiedenen Staaten (sog. *Dreiecksverhältnis*)[125]. Festzuhalten insofern ist, dass das treaty-shopping einen Gestaltungsmissbrauch bezeichnet, bei dem durch Ausnutzung komplizierter Rechts- und Gesellschaftsstrukturen der tatsächliche Einkauf von einer abkommensrechtlichen Steuervergünstigung stattfindet[126].

Zwei Erscheinungsformen des treaty-shoppings sind im Folgenden näher zu erörtern: das directive-shopping und das rule-shopping. Im Falle einer directive-shopping-Gestaltung wird die Quellensteuerfreiheit für Dividendenausschüttungen innerhalb der EU aufgrund der MTRL[127] durch eine dazu nicht berechtigte Zwischengesellschaft in Anspruch genommen[128]. Auch eine

M./Lechner, E., Aktuelle Entwicklungen im Internationalen Steuerrecht: Das neue Musterabkommen der OECD, Wien 1994, 43 ff. (Fußnote 1).

122 *Fabry, P.*, in: Gosch, D./Schwedhelm, R./Spiegelberger, S., GmbH-Beratung: Gesellschaftsrecht und Steuerrecht, Stand: 64. Ergänzungslieferung, Köln 2021, Ausland, Nr. 8 (Quellensteuer).

123 Siehe: *Weggenmann, H./Nehls, D.*, in: Vogel, K./Lehner, M., Doppelbesteuerungsabkommen: Kommentar, 7. Aufl., München 2021, OECD-MA 2017, Art. 1 Rn. 101.

124 *Henkel, U./Port, C.*, Beteiligung an inländischen Kapitalgesellschaften, in: Mössner, J-M., Steuerrecht international tätiger Unternehmen, 5. Aufl., Köln 2018, Kapitel Nr. 10, Rn. 10.32.

125 Ausführlich dazu: *Becker, H.*, Erschleichung der Abkommensberechtigung durch Zwischenpersonen, in: Vogel, K., Grundfragen des Internationalen Steuerrechts: Jahrestagung der Deutschen Steuerjuristischen Gesellschaft e. V., Köln 1985, 171 (172 f.).

126 *Avi-Yonah, R.S./Panayi, C.H.*, Rethinking Treaty Shopping: Lessons for the European Union, in: Lang, M., Tax Treaties: Building Bridges between Law and Economics, Amsterdam 2010, 21 (22).

127 Richtlinie 2011/96 des Rates v. 30.11.2011 über das gemeinsame Steuersystem der Mutter- und Tochtergesellschaften verschiedener Mitgliedstaaten, ABlEU Nr. L 345/8 v. 29.12.2011.

128 *Brähler, G.*, Internationales Steuerrecht: Grundlagen für Studium und Steuerberaterprüfung, 8. Aufl., Wiesbaden 2014, 369; *Jacobs, O.H./Endres, D./Spengel, C.*, in: Endres, D./Spengel, C./ Jacobs: Internationale Unternehmensbesteuerung, 8. Aufl., München

missbräuchliche Inanspruchnahme der ZLR[129] ist i. R. des directive-shoppings möglich[130]. Directive-shopping stellt also das europäische Äquivalent zu treaty-shopping dar[131]. Solch ein „Hineinkaufen" in den Anwendungsbereich der EU-Richtlinien kann sowohl durch EU-Spitzeneinheiten als auch durch im Drittland ansässige Spitzeneinheiten mittels der Zwischenschaltung abkommensberechtigter Tochtergesellschaften geschehen[132].

Die zweite Erscheinungsform ist das rule-shopping, bei dem es um „das Einkaufen" in die Anwendung ganz bestimmter DBA-Vorschriften geht[133]. *Brähler*[134] setzt einen Akzent auf die Tatsache, dass zwar bei rule-shopping-Gestaltungen der Steuerpflichtige bereits unter Abkommensschutz steht, er nimmt dennoch eine missbräuchliche Steuergestaltung vor, um die Anwendung noch weiterer Steuervergünstigungen herbeizuführen. Beispielsweise könnte nach *Weggenmann* und *Nehls*[135] hier der Sachverhalt des Einkaufens von abkommensrechtlichen Verteilungsnormen für Zinsen genannt werden.

2016, 292; *Henkel, U./Port, C.*, Beteiligung an inländischen Kapitalgesellschaften, in: Mössner, J-M., Steuerrecht international tätiger Unternehmen, 5. Aufl., Köln 2018, Kapitel Nr. 10, Rn. 10.32.

129 Richtlinie 2003/49 des Rates v. 03.06.2003 über eine gemeinsame Steuerregelung für Zahlungen von Zinsen und Lizenzgebühren zwischen verbundenen Unternehmen verschiedener Mitgliedstaaten, ABlEG Nr. L 157/49 v. 26.06.2003.

130 MwN *Rudolf, M.*, Treaty Shopping und Gestaltungsmissbrauch – zugleich ein Beitrag zur Identifizierung und Bewältigung kollidierender Missbrauchsmaßstäbe im deutschen, europäischen und internationalen Steuerrecht, Köln 2012, 14.

131 *Dremel, R.*, in: Schönfeld, J./Ditz, X., Doppelbesteuerungsabkommen: Kommentar, 2. Aufl., Köln 2019, Art. 1, Rn. 111.

132 Siehe: *Brähler, G.*, Internationales Steuerrecht: Grundlagen für Studium und Steuerberaterprüfung, 8. Aufl., Wiesbaden 2014, 372.

133 Siehe: *Rudolf, M.*, Treaty Shopping und Gestaltungsmissbrauch – zugleich ein Beitrag zur Identifizierung und Bewältigung kollidierender Missbrauchsmaßstäbe im deutschen, europäischen und internationalen Steuerrecht, Köln 2012, 15; *Schaumburg, H./Häck, N.*, in: Schaumburg, H., Internationales Steuerrecht, 4. Aufl., Köln 2017, Rn. 19.130.

134 *Brähler, G.*, Internationales Steuerrecht: Grundlagen für Studium und Steuerberaterprüfung, 8. Aufl., Wiesbaden 2014, 380.

135 *Weggenmann, H./Nehls, D.*, in: Vogel, K./Lehner, M., Doppelbesteuerungsabkommen: Kommentar, 7. Aufl., München 2021, OECD-MA 2017, Art. 1 Rn. 101.

II. Gestaltungsmissbrauch durch den Abzug von Zinsaufwendungen

Ein Gestaltungsmissbrauch tritt auch in Bezug auf den Abzug von Zinsaufwendungen auf. So kann der Abzug überdurchschnittlich hoher Zinsen, die der Steuerpflichtige als Betriebsausgabe geltend macht, die Steuerbelastung deutlich mindern. Als Resultat dieser Form missbräuchlicher Gestaltungen findet ein gleichheits- und leistungsfähigkeitswidriges Besteuerungsverfahren in Deutschland statt.

Eine Option, die zu überproportional hohen Zinsaufwendungen führt, ist die Gesellschafterfremdfinanzierung. Aufgrund dessen stellen *Maßbaum* und *Sureth*[136] dar, dass dem Anteilseigner es aus steuerlicher Sicht oft ökonomisch günstiger ist, das Kapital dem Unternehmen nicht durch die Erhöhung seines Eigenkapitals, sondern i. F. eines Darlehens zuzuführen. Auch das darlehennehmende Unternehmen ist daran interessiert, das Kapital i. F. eines Darlehens zu erwerben. Überraschend ist es nach *Blouin, Huizinga, Laeven* und *Nicodème*[137] nicht, denn damit können die entstehenden Darlehenszinsen von der steuerlichen Bemessungsgrundlage des Unternehmens abgezogen werden.

Hiervon sind auch Konzernstrukturen betroffen. Denn wie *Bohn*[138] betont, ist es ebenso einer Konzerngesellschaft möglich, Eigenkapital i. F. von Fremdkapital an eine andere Konzerngesellschaft weiterzugeben oder, umgekehrt, von ihr das Kapital i. F. eines Darlehens zu erhalten. Ein Beispiel *Wamsers*[139] belegt diese Vorgänge anschaulich. So kann nach *Wamser* eine multinationale Konzerngesellschaft, die in einem Niedrigsteuerland ansässig ist, ihrer Konzerntochter aus einem Hochsteuerland ein Darlehen gewähren. Die Höhe des Zinssatzes aus solch einer Darlehensvereinbarung ist *inter partes* zu bestimmen und kann – im Vergleich zum durch einen unabhängigen Dritten geschlossenen Darlehensvertrag – überproportional hoch festgelegt werden. Gerade diese überdurchschnittlich hohen Zinsaufwendungen können seitens des Steuerpflichtigen späterhin

---

136 *Maßbaum, A./Sureth, C.*, Thin Capitalization Rules and Entrepreneurial Capital Structure Decisions, BuR – Business Research 2009, Band 2, Nr. 2, 147.

137 *Blouin, J./Huizinga, H./Laeven, L./Nicodème, G.*, Thin Capitalization Rules and Multinational Firm Capital Structure, IMF Working Paper 2014, Nr. 12, 2 (3).

138 *Bohn, A.*, Zinsschranke und Alternativmodelle zur Beschränkung des steuerlichen Zinsabzugs, Dissertation, Wiesbaden 2009, 1.

139 *Wamser, G.*, The Impact of Thin-Capitalization Rules on External Debt Usage – A Propensity Score Matching Approach, Oxford Bulletin Of Economics And Statistics 2014, Band 76, Nr. 5, 764.

als Betriebsausgabe geltend gemacht und von der Bemessungsgrundlage abgezogen werden.

Die dargestellte Gestaltungsart wird in der nationalen und internationalen Fachliteratur sowie im öffentlichen Diskurs allgemein mit der Bezeichnung Unterkapitalisierung (*thin capitalization*) beschrieben[140]. *Lieder*[141] verdeutlicht hierbei, dass bei einer Unterkapitalisierung das Verhältnis zwischen dem Geschäftsumfang und dem Eigenkapital sich wesentlich verschiebt und die Gesellschaft daher nicht mehr kreditfähig ist. Überdies weisen auch *Wiese* und *Schneider*[142] auf die unzureichende Eigenkapitalbasis bei einer Unterkapitalisierung hin.

Meinerseits ist allerdings festzustellen, dass keiner der o.g. Beschreibungsversuche der dogmatischen Natur einer Unterkapitalisierung aus der steuerlichen Perspektive gerecht wird. Es erfolgt die Darstellung einer *„echten"* Unterkapitalisierung i. S. d. Gesellschaftsrechts. Die steuerliche bzw. ertragsteuerliche Einschätzung einer Unterkapitalisierung aus der Perspektive eines Kampfes gegen Gestaltungsmissbräuche soll dagegen auf die Untersuchung einer *„unechten"* Unterkapitalisierung konzentriert werden. In diesem Zusammenhang geht insb. *Herzig*[143] von der These aus, dass eine *„übermäßige" Gesellschafterfremdfinanzierung durch den nicht zur Anrechnung berechtigten Anteilseigner eine spezielle Ausprägung der Unterkapitalisierung* darstelle, während *für diese Gruppe, die neben den ausländischen Gesellschaftern auch nicht zur Anrechnung berechtigte inländische Anteilseigner umfasst, die Überlassung von Fremdkapital bei angemessener Vergütung steuerlich vorteilhaft wegen der Möglichkeit, die Zinsen mit steuerlicher Wirkung als Betriebsausgaben geltend zu machen, war, während die Vergütung für das überlassene Eigenkapital dem Bereich der Gewinnverwendung zugeordnet wird und damit die steuerliche Bemessungsgrundlage auf der Gesellschaftsebene nicht mindert.* Die vorgeschlagene Begriffsbestimmung zeigt m.E. das momentane Bild der Unterkapitalisierung in Zusammenhang mit der Abwehr von steuerlichen Missbrauchsgestaltungen.

---

140 MwN *Herzig, N./Bohn, A.*, Internationale Vorschriften zur Zinsabzugsbeschränkung – Systematisierung denkbarer Alternativmodelle zur Zinsschranke, IStR 2009, 253.

141 *Lieder, J.*, in: Michalski, L./Heidinger, A./Leible, S./Schmidt, J., GmbH-Gesetz: Kommentar, 3. Aufl., München 2017, § 13 Rn. 409.

142 *Wiese, G.T./Schneider, S.*, in: Römermann, V., Münchener Anwaltshandbuch: GmbH-Recht, 4. Aufl., München 2018, Teil B, § 5, Punkt II, Rn. 11.

143 *Herzig, N.*, Steuerliche Unterkapitalisierungsregelungen – Rechtsentwicklung und Perspektiven, IStR 2009, 870.

III. Gestaltungsmissbrauch durch den Abzug von Aufwendungen für Rechteüberlassungen und Lizenzboxen

Das Risiko eines Gestaltungsmissbrauchs birgt auch der Abzug von Aufwendungen für Rechteüberlassungen. Hierbei sind vor allem die Lizenzverträge zu beachten. Unter einem Lizenzvertrag ist dabei die beschränkte Übertragung des Schutzrechts zu verstehen[144]. Zu betonen ist jedoch, dass sich immaterielle Wirtschaftsgüter wie etwa Patente, Lizenzen, Konzessionen oder Markenrechte besonders einfach auf andere Rechtsträger übergreifend vermitteln lassen und problemlos über Staatsgrenzen übertragbar sind[145]. Aufgrund dieser Tatsache ist hier eine staatliche Kontrolle kaum realisierbar. Als Resultat dieses Umstands entstand eine Situation, in der immer mehr Staaten durch besondere Präferenzregelungen (sog. „*Lizenzboxen*“) in einen Steuerwettbewerb mit anderen Staaten getreten sind[146].

Heil und *Pupeter*[147] bezeichnen eine Lizenzbox als eine begünstigte Ertragsbesteuerung von Einkünften aus geistigen Eigentumsrechten. Zwar bietet eine Lizenzbox den Staaten die Möglichkeit, lokale Unternehmen zu mehr Aktivitäten im Bereich der Forschung und Entwicklung zu animieren sowie o.g. Bereich verstärkt zu kommerzialisieren[148]. Außerdem steigert sich auf diese Weise die „*Steuerattraktivität*“ des Inlandes. Dennoch ermöglichen solche Präferenzregelungen den multinationalen Großkonzernen, ihre Steuergestaltungen in einem missbräuchlichen Weg zu konstruieren[149]. Des Weiteren entsteht durch die steigende Zahl solcher Regelungen zunehmend ein volkswirtschaftlich schädlicher Steuerwettbewerb[150]. Ergänzend hierzu sind die Präferenzregelungen auch aus der Sicht des europäischen Beihilferechts europarechtlich bedenklich[151].

---

144 *Missling, P.*, in: Weitnauer, W., Handbuch Venture Capital, 6. Aufl., München 2019, Teil G, Rn. 2.

145 Siehe: BT-Drs. 18/11233, 1.

146 BT-Drs. 18/11233, 1.

147 *Heil, S./Pupeter, A.*, Lizenzschranke – Gesetzesentwurf eines neuen § 4j EStG, BB 2017, 795.

148 *Pross, A./Radmanesh, S.*, Seminar A: „Patentboxen“, IStR 2015, 579 (580).

149 Im Ergebnis: BT-Drs. 18/11233, 1; auch: *Heil, S./Pupeter, A.*, Lizenzschranke – Gesetzesentwurf eines neuen § 4j EStG, BB 2017, 795.

150 Siehe: BT-Drs. 18/1238, 3.

151 Siehe dazu: Pressemittelung der *EU-Kommission* v. 24.03.2014 (IP/14/309), Staatliche Beihilfen: Kommission fordert Luxemburg zur Vorlage von Informationen über Steuerpraktiken auf. Abrufbar unter: https://ec.europa.eu/commission/presscorner/detail/de/IP_14_309 (*letzter Zugriff*: 01.01.2022).

Ein einfaches Beispiel zur missbräuchlichen Gestaltungsausübung mit Ausnutzung von Lizenzboxen erörtern *Pross* und *Radmanesh*[152], die einen Sachverhalt beleuchten, in dem ein international agierendes Unternehmen seine Forschungs- und Entwicklungsaktivitäten in einem Land tätigt, die – daraus generierten – Erträge jedoch in ein anderes Land verlagert und diese dort einer niedrigeren oder gar keiner Besteuerung unterworfen sind. Doch selbst wenn keine Lizenzboxregelung vorliegt, kann eine Umgehung des Steuergesetzes stattfinden, beispielweise wenn ein Hochsteuerland den Betriebsausgabenabzug der Lizenzgebühren für Zwecke der Einkommensteuer und KSt uneingeschränkt lässt. Bei den Gestaltungen mit der Ausnutzung eines Lizenzvertrags besteht somit ein erhöhtes Risiko eines Gestaltungsmissbrauchs.

D. Zwischenfazit

Wie bereits dargestellt, ist das Problem eines ertragsteuerlichen Gestaltungsmissbrauchs ein Dauerthema im deutschen Steuerrecht. Ein Anstieg solcher Fälle ist vor allem in Anbetracht der Globalisierung und des freien Eintrittes zu ausländischen Markten nachvollziehbar. In Folge dieser Entwicklung muss die weltweite Unbedarftheit kritisiert werden, die die Problematik zu lange ignorierte und unberücksichtigt ließ. Dieses Verkennen förderte zum einen die Entwicklung der o.g. Arten eines Gestaltungsmissbrauchs. Des Weiteren hat die Analyse belegt, dass der Mangel an präzisen Begriffsbestimmungen zu einer Vermischung von erlaubten und gesetzlich nicht akzeptablen Steuervermeidungstechniken führte und deshalb eine verwirrende Unklarheit vorherrscht. Nicht überraschend ist diesbezüglich, dass lediglich erst in der jüngeren Vergangenheit Ansätze zur Abwehr von einem ertragsteuerlichen Gestaltungsmissbrauch in die europäischen und internationalen Steuervorschriften gelangten.

Der deutsche Gesetzgeber versucht in diesem Zusammenhang die Missbrauchsgestaltungen mithilfe ausgearbeiteter allgemeiner und spezieller Anti-Missbrauchsregelungen zu bekämpfen. Bedauerlich ist, dass, obwohl jede Steuergestaltung eigenständig und individuell durch das Gericht untersucht werden soll, es allerdings oft zu Vorgängen kommt, die die verfassungsrechtlich geschützten Rechte der Steuerpflichtigen aufgrund einer pauschalen Missbrauchsbewertung übergehen. Nicht die letzte Rolle spielt hier die – aus dem US-amerikanischen Steuerrechtssystem übernommene – Abkommensüberschreibung.

152 *Pross, A./Radmanesh, S.*, Seminar A: „Patentboxen", IStR 2015, 579 (580).

In diesem Zusammenhang ist es zu prognostizieren, dass die Regelungen und, insb., die Missbrauchsklauseln aus dem internationalen Steuerrecht sowie die OECD-Schutzmaßnahmen künftig einen größeren Einfluss nehmen werden. Zugleich werden auch die unionsrechtlichen Maßnahmen gegen die steuerlichen Missbrauchsgestaltungen aktiv eingesetzt. Für die Zukunft ist auch eine Übertragung von Missbrauchsklauseln aus dem angelsächsischen Rechtskreis in das deutsche Steuerrechtssystem möglich. Den deutschen Gesetzgeber trifft dabei die Obliegenheit, die Verfassungsmäßigkeit systemfremder Missbrauchsklauseln – unter Beachtung verfassungsrechtlich verankerter Rechte der Steuerpflichtigen – genauestens zu prüfen und künftig möglichst präzis nationale Anti-Missbrauchsregelungen zu formulieren.

3. Kapitel Mechanismen zur Vermeidung steuerrechtlicher Gestaltungsmissbräuche auf nationaler Ebene am Beispiel des deutschen und russischen Ertragsteuerrechts

Es besteht eine unmittelbare Verbindung zwischen der Entstehung schädlicher Gestaltungen im internationalen Steuerrecht und den grenzüberschreitenden Tätigkeiten von Steuersubjekten, welche Inbound- und Outbound-Konstellationen gleichermaßen einschließen. Es bestehen jedoch zwei Hauptursachen für den transnationalen Missbrauch, die die Basis für den Großteil der Konstellationsvariationen bilden, namentlich die ökonomischen und psychologischen Ursachen. Zu den ökonomischen Ursachen zählen die Versuche, von entstehenden DBA-Privilegien ungerechtfertigt zu profitieren, mit dem Ziel auf Seiten der Steuerpflichtigen, einen möglichst höheren Umsatz zu erwirtschaften, bei weiterer Besteuerung mit maximal günstigerem Steuersatz. Psychologische Ursachen für einen internationalen Missbrauch sind dagegen beispielsweise jene Sachverhalte, in denen die Abwesenheit eines DBA als Katalysator für das zukünftige missbräuchliche Verhalten der Steuerpflichtigen dient. Die Steuersubjekte sind zwar willens, ihre Steuern möglichst gesetzeskonform zu optimieren, werden aber durch die Gefahr der mehrmaligen Besteuerung des gleichen Steuersubstrats dazu angehalten, von Umgehungsinstrumenten wie dem „treaty-shopping" Gebrauch zu machen.

Die Realisierung der Idee eines allgemeinen Anti-Missbrauchsmechanismus auf internationaler Ebene wirkt in Anbetracht dieses grenzüberschreitenden Gestaltungsmissbrauchs kaum möglich. Stattdessen setzen die jeweiligen Länder die nationale Gesetzgebung ein, um sich vor Missbrauch zu schützen. Hierzu werden unterschiedliche Anti-Missbrauchsmechanismen kombiniert, um einen breiten und qualitativ hochwertigen Schutz zu erreichen. Diese Verbindungen von Mechanismen resultieren in der Entstehung eines vollwertigen Systems, das der Verhinderung missbräuchlicher Gestaltungen dient.

Jedes nationale Anti-Missbrauchssystem besitzt einzigartige Schutzelemente. Ein Vergleich der nationalen Systeme verschiedener Länder ist daher kaum möglich. Trotzdem verfolgen alle Ordnungen mit dem Zweck der effektiven Vermeidung von schädlichen Konstellationen, sowohl aufgrund wirtschaftlicher als auch psychologischer Ursachen, das gleiche Grundkonzept. Bei dieser

Betrachtung unterscheiden sich die Systeme nur noch in den unterschiedlichen Schwerpunkten, die von verschiedenen Staaten auf den Gestaltungsmissbrauch aus bestimmten Quellen gelegt werden. Industriestaaten konzentrieren sich mehr auf den Missbrauch aus ökonomischen Gründen, da dieser bei der aktiven Teilnahme an internationalen Kooperationen besonders entscheidend ist. Entwicklungsländer dagegen fokussieren sich eher auf die Verhinderung von Gestaltungsmissbrauch aus psychologischen Gründen. Dies erklärt sich durch die Abwesenheit zwischenstaatlicher Vereinbarungen für die Vermeidung einer Doppelbesteuerung.

Die Anti-Missbrauchsmechanismen von Deutschland und Russland stechen besonders hervor, da sie aufgrund rechtspolitischer und internationaler Faktoren drastische Unterschiede aufweisen. Dieses Kapitel untersucht die Elemente des aktuellen deutschen Schutzsystems im Gebiet des Ertragsteuerrechts. Anschließend wird dieses durch das Prisma der rechtsvergleichenden Analyse mit dem Anti-Missbrauchssystem Russlands verglichen, welches hierarchisch aus zwei wesentlichen Verteidigungsinstituten[153] besteht.

A. Das deutsche Ertragsteuerrecht

I. Die Rolle der Gesetzauslegung und Rechtsfortbildung in Bezug auf die Vermeidung eines Gestaltungsmissbrauchs im deutschen Ertragsteuerrecht

Die meist ertragsteuerlichen Missbrauchsklauseln sind strukturell äußerst komplex. Bei den Gesetzwortlauten sind somit variable Verständnismöglichkeiten vorstellbar[154]. Die Rechtssicherheit muss daher anhand von Hilfsmitteln wie beispielsweise der Gesetzauslegung und Rechtsfortbildung wieder hergestellt werden. Die Instrumente dienen dem methodischen Ziel, die *ratio legis* der Tatbestände einzelner Steuergesetze möglichst breit und korrekt aufzuklären sowie die Möglichkeiten einer nachfolgende Verwendung bestimmter Rechtsnormen auf die zu erörternde ertragsteuerrechtliche Sachkonstruktion zu klären. *Sumalvico*[155] setzt in diesem Zusammenhang einen Akzent auf die Tatsache, dass die

153 *Bykov, S./Kutuziva, E.*, Metody protivodejstvija ukloneniju ot uplaty nalogov: klassifikacija i problemy primenenija, Izvestija Bajkal'skogo gosudarstvennogo universiteta 2012, Nr. 5, 29 (30).

154 MwN Tipke, K., Die Steuerrechtsordnung, 2. Aufl., Köln 2012, Band III, 1597.

155 *Sumalvico, S.*, § 50d Abs. 3 EStG nach dem BeitrRLUmsG, Dissertation, Frankfurt am Main 2017, 44.

Auslegung einen hierarchischen Anwendungsvorrang vor der Anwendung einzelner Missbrauchsregelungen hat.

Die Anwendung der o.g. Institute ist allseitig als verfassungskonform anzusehen. Sie entsprechen dem verfassungsrechtlichen Gedanken zum Schutz des inneren Steuersystems, u.a. aufgrund der funktionalen Gewährleistung von Gerechtigkeit im Spannungsfeld zwischen Finanzorganen und Steuerpflichtigen sowie der großen materiellrechtlichen Bedeutung dieser Institution für das gesamte Ertragsteuerrechtssystem. Eine rechtssichere und effiziente Besteuerung wird somit gewährleistet durch die Konkretisierung des Spielraums der gesetzlichen Vorschrift.

Durch die Anwendung von Auslegungsinstrumenten wird die steuerliche Norm klargestellt. Gesetzesauslegung bedeutet hier die Interpretation einzelner Rechtsnormen im Hinblick auf ihren Sinn, mithilfe des traditionellen vierphasigen Methodenkanons[156]. Der mögliche Wortsinn der Vorschrift bildet dabei die Begrenzung des Spielraums der Interpretation[157], welche in der Idee begründet ist, die Rechtssicherheit mittels punktueller und expliziter Erforschung der Rechtsnorm zu gewährleisten sowie den Willen des Gesetzgebers eindeutig zu erkennen. Aufgrund der hochkomplexen Struktur ertragsteuerlicher Gestaltungen verliert die dargestellte methodische Herangehensweise im Kampf gegen schädliche Steuergestaltungen schnell ihre materiellrechtliche Aktualität. Ebenso fruchtlos sind Bemühungen zum Erkennen der steuerrechtlichen Materie nicht nur mit klassischen Auslegungsmethoden, sondern darüber hinaus mit fakultativen Interpretationsinstrumenten, wie beispielsweise verfassungs- und richtlinienkonformer Auslegung. Dies führt zu dem Bedarf an einer Durchführung der Betrachtung von ertragsteuerrechtlichen Vorschriften durch das Instrumentarium der Rechtsfortbildung außerhalb des möglichen Wortsinns. Die deutschen Gerichte nehmen eine solche „Umdeutung[158]" der Norm anhand der Anwendung des Analogieschlusses und der teleologischen Reduktion vor.

Die Rechtsfortbildung mithilfe der Anwendung des Analogieschlusses kann als die analoge und gleichartige Verwendung einer Rechtsnorm, die vorbestimmt ist für die Regelung eines konkreten Tatbestands, auch für Konstellationsunterfälle

---

156 *Schenke, R.*, Auslegung und Rechtsfortbildung – Überlegungen zu Grundfragen der rechtsmethodischen Systembildung am Beispiel der „Auslegung gegen den Wortlaut", DStR-Beihefter 2011, 54.

157 MwN *Bydlinski, F.*, Juristische Methodenlehre und Rechtsbegriff, 2. Aufl., Wien 1991, 467 f.

158 Dazu: *Larenz, K.*, Methodenlehre der Rechtswissenschaft, 6. Aufl., Berlin 1991, 322.

mit vergleichbarer Interessenlage, die bisher nicht gesetzlich geregelt sind, definiert werden. Um diesen Analogieschluss entsprechend anwenden zu können, muss die gesetzliche Regelung, ergänzungsbedürftig sein[159]. In Bezug auf die Gewährleistung von Rechtssicherheit beinhaltet der Einsatz dieses Gesetzesinstruments gewisse Risiken, weshalb dessen Anwendungsbereich streng auf solche Fälle begrenzt wird, in denen planwidrige Regelungslücken bestehen[160]. Diese „Planwidrigkeit" der Regelungslücken begründet sich darin, dass keine Vorschrift für die zu untersuchende Gestaltung vorhanden ist, die dem Grundgedanken des Gesetzes entspricht[161], unabhängig von der rechtlichen Bewertung der sinnähnlichen und analogen Sachkonstruktion seitens des Gesetzgebers. Die Regelungslücke soll objektiv erkennbar sein. Sie kann nicht allein aufgrund rechtspolitischer Verbesserungsanforderungen ergänzt werden[162], da die allgemeine Rechtssicherheit durch die Separierung aktueller politischer Entwicklungen von der Rechtfortbildungsprozedur gewährleistet wird.

Eine teleologische Reduktion beschreibt die Einschränkung des Anwendungsbereichs einer Rechtsvorschrift entgegen ihrem Wortsinn[163]. Eine solche Restriktion ist nur möglich, wenn eine Regelungslücke vorhanden ist, die nicht nur planwidrig, sondern darüber hinaus *verdeckt* ist. Solche Regelungslücken entstehen durch die Abwesenheit von Ausnahmeregelungen für die Normanwendung[164]. Zudem ist auch die Existenz system- und sinnwidriger Ergebnisse bei der rechtlichen Interpretation konkreter Sachverhalte durch das Prisma der Gesetzauslegung entscheidend[165].

Der Gesetzgeber versucht, durch die Anwendung teleologischer Reduktion den schädlichen Einfluss von Missbrauchsgestaltungen zu reduzieren, was anhand der Einschränkung der anwendbaren Rechtsnorm bis zu bestimmten Grenzen möglich ist. Dem gleichen Ziel dient das vom Gesetzgeber entwickelte Institut der „Auslegung gegen den Wortlaut". Dessen Verhältnis zu der teleologischen Reduktion ist dabei nicht eindeutig klar. Dieses Instrument wurde bereits

159 BFH v. 26.01.2006 – III R 51/05, BFHE 212, 236 (Rn. 21).
160 MwN BFH v. 18.09.2002 – X R 41/01, BFH/NV 2003, 43 (Rn. 18).
161 BFH v. 09.08.1989 – X R 30/86, BFHE 158, 45 (Rn. 15).
162 BFH v. 14.09.1994 – I R 136/93, BFHE 175, 406 (Rn. 21).
163 BFH v. 07.04.1992 – VIII R 79/88, BFHE 168, 111 (Rn. 32).
164 *Bydlinski, F.*, Juristische Methodenlehre und Rechtsbegriff, 2. Aufl., Wien 1991, 480.
165 MwN BFH v. 20.03.2003 – IV R 42/00, BFHE 202, 438 (Rn. 28).

vom RFH ausgearbeitet[166]. Es ist ausnahmsweise nur dann anwendbar, wenn das Ergebnis der Verwendung einer Gesetzauslegung, die *„jeder wirtschaftlichen Vernunft*[167]*"* dient, widerspricht und dies unter Beachtung der steuerlichen Interessen des Staats nicht durch den Gesetzgeber beabsichtigt[168] wurde[169].

Es ist nicht ganz einfach, dieses Phänomen methodisch im deutschen Rechtssystem einzuordnen. Es gibt insb. zwei unterschiedliche Ansichten auf dieses Phänomen. Erstens wurde es als ein drittes Institut[170] zur Verdeutlichung des Sinnes einer Norm, zweitens als „Rechtsfortbildung im engeren Sinne[171]" bezeichnet. Dabei muss die Tatsache erwähnt werden, dass es zu dem Phänomen der „Auslegung gegen den Wortlaut" keine eigenen Interpretierungsinstrumente oder Methoden gibt. Das Phänomen bezeichnet m.E. eine gesetzlich anerkannte Form der teleologischen Reduktion. Immerhin bleibt die Frage der Korrelation zwischen teleologischer Reduktion und Auslegung gegen den Wortlaut weiterhin bestehen. Es ist daher die Stellungnahme deutscher Gerichtsinstanzen hinsichtlich dieser Frage abzuwarten.

II. Verhinderung abusiver ertragsteuerrechtlicher Konstruktionen vermittels der *lex generalis* i. S. d. § 42 AO

1. Theoretische Einordnung der Norm

Im deutschen Steuerrechtssystem bildet § 42 AO den ersten Schritt im Kampf gegen die Missbrauchsgestaltungen. In Abs. 1 Satz 1 der Vorschrift wird die Unmöglichkeit der Umgehung des Steuergesetzes mithilfe der missbräuchlichen Nutzung von gesetzlich gewährten Gestaltungsgelegenheiten deklariert. Dabei wird eine Umgehung in der Regel als Unterfall der gesamten Gesetzumgehung

---

166 MwN *Schenke, R.*, Auslegung und Rechtsfortbildung – Überlegungen zu Grundfragen der rechtsmethodischen Systembildung am Beispiel der „Auslegung gegen den Wortlaut", DStR-Beihefter 2011, 54 (55).

167 BFH v. 30.04.1952 – IV 10/52 U, BFHE 56, 420 (Rn. 4).

168 MwN BFH v. 17.01.1995 – IX R 37/91, BFHE 177, 58 (Rn. 15); mwN BFH v. 17.02.1994 – VIII R 30/92, BFHE 175, 226 (Rn. 11).

169 Zur detaillierten Kritik des Begriffs: *Schenke, R.*, Auslegung und Rechtsfortbildung – Überlegungen zu Grundfragen der rechtsmethodischen Systembildung am Beispiel der „Auslegung gegen den Wortlaut", DStR-Beihefter 2011, 54 (55 ff.).

170 So: *Schenke, R.*, Auslegung und Rechtsfortbildung – Überlegungen zu Grundfragen der rechtsmethodischen Systembildung am Beispiel der „Auslegung gegen den Wortlaut", DStR-Beihefter 2011, 54 (58).

171 MwN *Geserich, S.*, Auslegung und Rechtsfortbildung, DStR-Beihefter 2011, 59 (61).

gewertet[172]. Dazu ist zu beachten, dass neben rein ertragsteuerlichen auch allgemein steuerliche Gestaltungen in den Geltungsbereich der Vorschrift fallen, vorausgesetzt, sie dienen dem Hauptzweck der Umgehung des Steuergesetzes. In diesem Sinne übernimmt die Vorschrift gemäß ihrer Funktion die Rolle eines allgemeinen Missbrauchsverbots im gesamten deutschen Steuerrecht; § 42 AO ist somit als allgemeine Missbrauchsvorschrift zu kennzeichnen[173]. Die Folgen der Ausübung des Missbrauchs von Gestaltungsmöglichkeiten werden in Satz 2 und 3 bestimmt. Diese werden gleichgestellt mit den wirtschaftlichen Vorgängen einer angemessenen steuerlichen Gestaltung. Die Definition des Begriffs eines Missbrauchs erfolgt in Abs. 2[174].

Die Vorschrift ist in persönlicher Hinsicht auf alle Steuerpflichtigen anwendbar, ohne dass es auf deren Rechtsform ankommt[175]. Auch der sachliche Anwendungsbereich der Regelung ist als „universell" zu betrachten; § 42 AO erfasst alle denkbaren Ansprüche aus dem Steuerschuldverhältnis und ist grds. auf sämtliche Steuerarten anwendbar[176].

Der Gesetzgeber interpretiert die dogmatische Rolle der Norm folglich nicht durch das Prisma einer kriminellen Betätigung. Stattdessen definiert es er i. R. der steuerrechtlichen Gerechtigkeit. Demnach sollen tatsächliche missbräuchliche Wirkungen der Gestaltung neutralisiert werden. In diesem Zusammenhang erscheint die These darüber, dass § 42 AO eine Steuerumgehung nicht verbietet, sondern neutralisiert konsequent[177], da andernfalls divergierende Rechtsprobleme entstehen könnten. Theoretisch könnte die Kriminalisierung eines Umgehungsversuches in einer Normkollision im Spannungsfeld zwischen § 42 AO und § 370 AO resultieren, was die Systematik des inneren Steuerrechtssystems aufgrund der neuen, blankettstrafrechtlichen Natur des § 42 AO stark beschädigen würde. Da der Hauptzweck der finanziellen Interessen des Staats jedoch darin liegt, im gesamten Steuerrechtsgebiet einen möglichst hohen wirtschaftlichen

---

172 *Koenig, U.*, in: Koenig, U., Abgabenordnung: Kommentar, 4. Aufl., München 2021, § 42 Rn. 1.

173 *Stöber, M.*, in: Gosch, D., Abgabenordnung/Finanzgerichtsordnung: Kommentar, Stand: 159. Ergänzungslieferung, Bonn 2021, § 42 Rn. 1.

174 Mehr dazu: siehe 2. Kapitel der Arbeit.

175 *Stöber, M.*, in: Gosch, D., Abgabenordnung/Finanzgerichtsordnung: Kommentar, Stand: 159. Ergänzungslieferung, Bonn 2021, § 42 Rn. 17.

176 MwN *Stöber, M.*, in: Gosch, D., Abgabenordnung/Finanzgerichtsordnung: Kommentar, Stand: 159. Ergänzungslieferung, Bonn 2021, § 42 Rn. 18.

177 MwN *Danzer, J.*, Die Steuerumgehung, Dissertation, Köln 1981, 37.

Vorteil zu erreichen, ist der durch das Schrifttum entwickelten These allseitig zuzustimmen.

2. *Verfassungs- und Europarechtskonformität der Vorschrift*

§ 42 AO kann als eine universale Maßnahme angesehen werden, die der Verhinderung des Gestaltungsmissbrauchs dient, da die Norm sowohl Konstellationen deckt, die den Tatbestand einzelner Steuergesetze missbräuchlich vermeiden, als auch jene steuerlichen Gestaltungen, die sich aufgrund der Erschleichung begünstigender Steuerrechtsnormen[178] als missbräuchlich darstellen. Dies gewährleistet einen effektiven Schutz vor Umgehungskonstellationen. In ihrer tatsächlichen Wirkung erfüllt die Vorschrift das Gebot der Gleichmäßigkeit der Besteuerungsprozedur, die sich aus Art. 3 Abs. 1 GG ergibt[179], und verstößt nicht gegen das rechtsstaatliche Bestimmtheitsgebot[180]. In diesem Sinne kann die Vorschrift auch als Ausfluss des Rechtsstaatsprinzips verstanden werden[181].

Von Seiten des Europarechts bestehen keine grundsätzlichen Bedenken gegenüber dieser Vorschrift. Unter gesamtsystematischer Betrachtung spielt § 42 AO bezüglich des Kampfes gegen den Gestaltungsmissbrauch die Rolle einer *lex generalis*. Der EU-Gesetzgeber hat das obligatorische Vorhandensein solcher Generalklauseln in Art. 6 der ATAD vorgegeben[182], sodass die deutsche Gesetzgebung hier den strengen Anforderungen des EU-Rechts bezüglich der Konsolidierung des Kampfes gegen Missbrauchsgestaltungen nachkommt.

---

178 Im Ergebnis: *Englisch, J.*, in: Tipke, K./Lang, J., Steuerrecht, 24. Aufl., Köln 2021, Rn. 5.116.

179 *Koenig, U.*, in: Koenig, U., Abgabenordnung: Kommentar, 4. Aufl., München 2021, § 42 Rn. 7; *Ratschow, E.*, in: Klein, F., Abgabenordnung: Kommentar, 15. Aufl., München 2020, § 42 Rn. 16; ähnlich dazu: BT-Drs. 16/7036, 6.

180 MwN *Stöber, M.*, in: Gosch, D., Abgabenordnung/Finanzgerichtsordnung: Kommentar, Stand: 159. Ergänzungslieferung, Bonn 2021, § 42 Rn. 23.

181 MwN *Stöber, M.*, in: Gosch, D., Abgabenordnung/Finanzgerichtsordnung: Kommentar, Stand: 159. Ergänzungslieferung, Bonn 2021, § 42 Rn. 3.

182 Richtlinie 2016/1164 des Rates v. 12.07.2016 mit Vorschriften zur Bekämpfung von Steuervermeidungspraktiken mit unmittelbaren Auswirkungen auf das Funktionieren des Binnenmarkts, ABlEU Nr. L 193/3 v. 19.07.2016, Rn. 11.

3. *Methodologische Einordnung der Norm*

In Bezug auf die methodologische Zielsetzung des § 42 AO herrscht ein langfristiger[183] Streit. Dieser spielt eine wichtige Rolle in der systematischen Einordnung des Paragraphen, wenn er auch derzeit nur theoretisch bedeutend[184] ist. Die zwei maßgeblichen von *Becker*[185] und *Hensel*[186] entwickelten Interpretierungswege teilten das Schrifttum in zwei Lager. Auf der einen Seite stehen die Vertreter[187] der sog. „Innentheorie". Ihrer Meinung nach sollte der Schutz vor Steuermissbrauchsgestaltungen *von innen heraus*[188] aus dem Steuergesetz erfolgen[189]. § 42 AO soll damit nur „*Appellfunktion*[190]" und „*Hinweisfunktion*[191]" haben.

Auf der anderen Seite stehen die Vertreter[192] der sog. „Außentheorie". Ihrer Ansicht nach ist die Anwendung der Gesetzesauslegung resp. Rechtsfortbildung

183 *Neumann, S.*, Steuergestaltung aus der Sicht der Verwaltungspraxis, in: Hüttemann, R., Gestaltungsfreiheit und Gestaltungsmissbrauch im Steuerrecht: 34. Jahrestagung der Deutschen Steuerjuristischen Gesellschaft e.V., Köln 2010, 73 (82).

184 Im Ergebnis: *Ratschow, E.*, in: Klein, F., Abgabenordnung: Kommentar, 15. Aufl., München 2020, § 42 Rn. 12.

185 *Danzer, J.*, Die Steuerumgehung, Dissertation, Köln 1981, 42, zitiert nach *Becker, E.*, in: Becker, E./Riewald, A./ Koch, C., Reichsabgabenordnung mit Nebengesetzen, 9. Aufl., Köln 1963, Band I., § 4 Anmerkung 2, 5, 11. (Fußnote 214).

186 *Wendt, M.*, § 42 AO vor dem Hintergrund der Rechtsprechung, in: Hüttemann, R., Gestaltungsfreiheit und Gestaltungsmissbrauch im Steuerrecht: 34. Jahrestagung der Deutschen Steuerjuristischen Gesellschaft e.V., Köln 2010, 117 (120), zitiert nach *Hensel, A.*, Zur Dogmatik des Begriffs „Steuerumgehung", in: Sonderdruck aus der Bonner Festgabe für Ernst Zitelmann, München und Leipzig 1923, 219 (273 f.).

187 MwN *Sumalvico, S.*, § 50d Abs. 3 EStG nach dem BeitrRLUmsG, Dissertation, Frankfurt am Main 2017, 46.

188 *Sumalvico, S.*, § 50d Abs. 3 EStG nach dem BeitrRLUmsG, Dissertation, Frankfurt am Main 2017, 46; *Englisch, J.*, in: Tipke, K./Lang, J., Steuerrecht, 24. Aufl., Köln 2021, Rn. 5.118.

189 *Danzer, J.*, Die Steuerumgehung, Dissertation, Köln 1981, 101 ff.; mwN *Hüttemann, R.*, Steuerrechtsprechung und Steuerumgehung, DStR 2015, 1146 (1147).

190 *Schüler-Täsch, S./Schulze, M.*, Die Entwicklung des Steuerverfassungsrechts und Missbrauchsregelungen im Steuerrecht, DStR 2015, 1137 (1143).

191 MwN *Stöber, M.*, in: Gosch, D., Abgabenordnung/Finanzgerichtsordnung: Kommentar, Stand: 159. Ergänzungslieferung, Bonn 2021, § 42 Rn. 5.

192 MwN *Sumalvico, S.*, § 50d Abs. 3 EStG nach dem BeitrRLUmsG, Dissertation, Frankfurt am Main 2017, 47; mwN *Hüttemann, R.*, Steuerrechtsprechung und Steuerumgehung, DStR 2015, 1146 (1147).

zulasten der Steuerpflichtigen *per se* ausgeschlossen[193]. Dieser Ansatz von Vertretern der *positivistischen* Schule[194] führt zu einer rein konstitutiven Prägung für § 42 AO. Als Begründung für eine solche außentheoretische Herangehensweise wird grds. das Bedürfnis des deutschen Gesetzgebers herangezogen, die Planungs-[195] und Rechtssicherheit für den Steuerpflichtigen zu garantieren. Die tatbestandliche Konstruktion des § 42 AO spricht für die Akzeptanz des außentheoretischen Ansatzes seitens des Gesetzgebers[196].

Beide Theorien zielen auf eine möglichst effektive Ausnutzung des Anti-Missbrauchsmechanismus i. S. d. § 42 AO. Dabei existiert für beide Ansätze auch Kritik. Bei der „Innentheorie" bezieht sich diese vor allem auf die im Ergebnis entstehende Planungsunsicherheit[197]. Beim außentheoretischen Ansatz wurde ebenfalls die Effizienz angezweifelt, da hier zwar aufgrund der konstitutiven Natur des § 42 AO die Tatbestandsvoraussetzungen resp. Rechtsfolgen für die Vorschrift im Idealfall ernst genommen werden, die Möglichkeit der Subsumtion des Sachverhalts aber aufgrund der abstrakten Tatbestandsmerkmale weder zielführend noch realitätsnah ist[198].

Da die praktische Würdigung bei den o.g. Herangehensweisen jedoch identisch ist[199], ist dieser theoretische Streit unerheblich für den Gesetzgeber[200]

---

193 Siehe: *Sumalvico, S.*, § 50d Abs. 3 EStG nach dem BeitrRLUmsG, Dissertation, Frankfurt am Main 2017, 47.

194 MwN *Böing, C.*, Steuerlicher Gestaltungsmissbrauch in Europa: eine rechtsvergleichende und gemeinschaftsrechtliche Untersuchung von Konzeptionen zur Bekämpfung des Gestaltungsmissbrauchs, Dissertation, Hamburg 2006, 57.

195 Ausführlich zur Planungssicherheit: *Hey, J.*, Steuerplanungssicherheit als Rechtsproblem, Habilitationsschrift, Köln 2002, 185 ff.

196 MwN *Hüttemann, R.*, Steuerrechtsprechung und Steuerumgehung, DStR 2015, 1146 (1147); *Schüler-Täsch, S./Schulze, M.*, Die Entwicklung des Steuerverfassungsrechts und Missbrauchsregelungen im Steuerrecht, DStR 2015, 1137 (1143).

197 *Fischer, P.*, in: Hübschmann, W./Hepp, E./Spitaler, A., Abgabenordnung – Finanzgerichtsordnung: Kommentar, Stand: 266. Ergänzungslieferung, Köln 2021, § 42 Rn. 73; mwN *Ratschow, E.*, in: Klein, F., Abgabenordnung: Kommentar, 15. Aufl., München 2020, § 42 Rn. 11.

198 Im Ergebnis: *Fischer, P.*, in: Hübschmann, W./Hepp, E./Spitaler, A., Abgabenordnung – Finanzgerichtsordnung: Kommentar, Stand: 266. Ergänzungslieferung, Köln 2021, § 42 Rn. 74.

199 *Schüler-Täsch, S./Schulze, M.*, Die Entwicklung des Steuerverfassungsrechts und Missbrauchsregelungen im Steuerrecht, DStR 2015, 1137 (1144).

200 *Heuermann, B.*, Vermieten als unangemessenes Gestalten durch gegenläufige Rechtsgeschäfte auf der Nutzungsebene, StuW 2004, 124 (126).

und Steuerpflichtigen[201]. Die „Außentheorie" ist heute durch den Großteil des Schrifttums bestätigt[202].

4. *Einzelne Tatbestandsmerkmale*

a) *Umgehung des Steuergesetzes*

Die Nutzung ungewöhnlicher rechtlicher Mittel und Wege zur Erreichung bestimmter Steuerergebnisse entspricht der Umgehung der materiellen Steuerrechtsnorm[203]. Die Ungewöhnlichkeit der Mittel basiert in diesem Fall auf der Diskrepanz zwischen dem Wortlaut und dem Zweck der Rechtsvorschrift[204]. Sie kann somit die Anwendung einer belastenden ebenso wie einer begünstigenden Rechtsfolge verhindern sowie die Erstattungs- und Vergütungsansprüche und die Versuche, ein ertragsteuerliches Privileg für den Fall der Steuerbefreiung zu erreichen, unterbinden. In dieser spezifischen Strategie zur systemwidrigen Minderung der Steuerlast liegt der Unterschied zwischen Umgehungsfällen und legalen Versuchen der Steuervermeidung[205]. Da in diesem Zusammenhang § 42 AO der Neutralisierung einer entstehenden negativen Wirkung einer solchen steuerlichen „Kreativität" dient, ist es unzweifelhaft, dass die Anwendung von § 42 AO immer wieder maßgeblich sein soll.

§ 4 AO definiert das Steuergesetz als die Gesamtheit aller materiellen und formellen Rechtsvorschriften im Steuerrechtsgebiet, für die die Vorschriften der AO geltend gemacht werden können. Diese Rechtsvorschriften müssen im Inland anwendbar sein, weil § 42 AO eingedenk des Demokratie- und des Rechtsstaatsprinzips des Art. 20 Abs. 1 und 3 GG Steuerrechtsnormen, die nur im Ausland gelten, nicht schützen kann[206]. Nicht im Steuergesetz eingeschlossen

---

201 *Sumalvico, S.*, § 50d Abs. 3 EStG nach dem BeitrRLUmsG, Dissertation, Frankfurt am Main 2017, 48.

202 MwN *Sumalvico, S.*, § 50d Abs. 3 EStG nach dem BeitrRLUmsG, Dissertation, Frankfurt am Main 2017, 47.

203 Siehe: BFH v. 02.03.1966 – II 113/61, BFHE 86, 396 (Rn. 17); zur Abgrenzung von klassischer Steuervermeidung siehe 2. Kapitel der Arbeit. Um keine Wiederholung der untersuchenden Materie entstehen zu lassen, wird in diesem Unterkapitel die Begriffsbestimmung von Missbrauch nicht beschreibt.

204 Im Ergebnis: BFH v. 07.03.2001 – X R 192/96, BStBl. II 2002, 126 (Rn. 17).

205 *Poulakos, C.*, Der Missbrauch von steuerlichen Gestaltungsmöglichkeiten nach § 42 AO und das Europäische Gemeinschaftsrecht, Dissertation, Regenburg und Athen 2013, 57.

206 *Stöber, M.*, in: Gosch, D., Abgabenordnung/Finanzgerichtsordnung: Kommentar, Stand: 159. Ergänzungslieferung, Bonn 2021, § 42 Rn. 48.

sind jedoch die abkommensrechtlichen Schutzmechanismen[207]. Diese sind zwar im Inland anwendbar, haben aber grds. Vorrang vor nationalem Recht[208].

Nicht in jedem Rechtsakt ist ein Umgehungspotenzial enthalten. Nicht umgangen werden können etwa Fälle, in denen aus der gesetzlichen Norm kein Angemessenheitsmaßstab entnommen werden kann[209], oder auch statusbegründende Rechtsakte[210]. Enthalten ist ein Umgehungspotenzial dagegen in belastenden Rechtsvorschriften zur Reglementierung des Erreichens eines bestimmten wirtschaftlichen Erfolges. Dieses kann sich auf zwei Arten auswirken. Zum einen können solche Vorschriften durch die einmalige Ausnutzung der Diskrepanz zwischen tatsächlichem Wortsinn und Zweck der Norm umgangen werden[211]. Zum anderen kann dies anhand einer Reihe aufeinanderfolgender Gestaltungen geschehen. Dabei muss mindestens eine dieser Gestaltungen die Nichtübereinstimmung von Sinn und Zweck der Rechtsnorm missbräuchlich ausnutzen[212].

Um von Steuerumgehung sprechen zu können, wird das ertragsteuerliche Gesetz berücksichtigt, das zum Zeitpunkt der Ausübung der missbräuchlichen Gestaltung gültig ist[213], wobei diese Ausübung auch dann als Umgehung gewertet wird, wenn sie zeitgleich zur Einführung oder Änderung des Steuergesetzes erfolgt[214] (bei sog. unechter Rückwirkung[215]). Dagegen ist die Umgehung ausgeschlossen, wenn die Missbrauchsgestaltung hinsichtlich einer zukünftigen belastenden ertragsteuerlichen Vorschrift bereits abgeschlossen ist (sog. echte Rückwirkung)[216]. *Ratschow*[217] ist hier anderer Meinung und betrachtet die

---

207 Mehr zu den abkommensrechtlichen Schutzmechanismen: siehe 4. Kapitel der Arbeit.

208 BFH v. 19.12.2007 – I R 21/07, BStBl. II 2008, 619.

209 *Ratschow, E.*, in: Klein, F., Abgabenordnung: Kommentar, 15. Aufl., München 2020, § 42 Rn. 30.

210 *Koenig, U.*, in: Koenig, U., Abgabenordnung: Kommentar, 4. Aufl., München 2021, § 42 Rn. 14.

211 Z.B.: BFH v. 28.11.1990 – X R 109/89, BStBl. II 1991, 327 (Rn. 34).

212 MwN *Koenig, U.*, in: Koenig, U., Abgabenordnung: Kommentar, 4. Aufl., München 2021, § 42 Rn. 13.

213 BFH v. 01.03.2005 – VIII R 25/02, BStBl. II 2005, 436 (Rn. 17).

214 BFH v. 01.02.2000 – IX B 154/99, BFH/NV 2000, 945 (Rn. 2).

215 Eine unechte Rückwirkung ist nur dann zulässig, wenn die Grenzen des Vertrauensschutzes sowie des Verhältnismäßigkeitsprinzips nicht durch die belastende Steuernorm überschritten werden, BVerfG v. 10.10.2012 – 1 BvL 6/07, BVerfGE 132, 302 (Rn. 43).

216 Vgl. BVerfG v. 10.10.2012 – 1 BvL 6/07, BVerfGE 132, 302 (Rn. 42).

217 *Ratschow, E.*, in: Klein, F., Abgabenordnung: Kommentar, 15. Aufl., München 2020, § 42 Rn. 30.

Anwendung von § 42 AO auch dann als möglich, wenn zwar eine echte Rückwirkung vorliegt, dabei jedoch das schutzwürdige Vertrauen nicht verletzt wurde und das Gesetz nur zulässigerweise in Kraft getreten ist. Diese Herangehensweise scheint jedoch zweifelhaft, da die Akzeptanz eines auf die Regelung schon abgeschlossener Sachverhalte zielenden Gesetzes *per se* die Gefahr mit sich bringt, das schutzwürdige Vertrauen der Steuerpflichtigen zu verletzen. Dies würde wiederum die Treuebeziehung zwischen dem FA und den Steuerpflichtigen aufgrund des Mangels an Rechtssicherheit stark verletzen. Darüber hinaus ist ein zulässiges rückwirkendes Inkrafttreten des Gesetzes *de jure* nicht möglich, denn der Maßstab der Zuverlässigkeit wird bereits auf verfassungsrechtlichem Niveau bestimmt und das BVerfG betrachtet eine echte steuerliche Rückwirkung grds.[218] als verfassungswidrig.

b) *Gestaltungsmöglichkeiten des Rechts*

Generell steht es jedem Steuerpflichtigen frei, seine rechtlichen Verhältnisse so zu gestalten, dass sich eine geringere steuerliche Belastung ergibt[219]. Diesbezüglich würde es sich um eine *ignoratio elenchi* handeln, wenn die bloße Steuervermeidungsabsicht bereits als Missbrauch gelten würde. Selbst wenn die Steuerpflichtigen nach Steuerbefreiungen streben und diese mittels der Erfüllung ihrer Tatbestandsmerkmale erreichen, besteht noch keine Unangemessenheit[220]. Immerhin wird diese Gestaltungsfreiheit innerhalb des Steuerrechts oft missbraucht. Das Wahlrecht der Steuerpflichtigen, das sich aus der steuerlichen Gestaltungsfreiheit ergibt, kann laut der Auffassung des BFH einen missbräuchlichen Tenor haben[221].

Um die Begriffsbestimmung der Gestaltungsmöglichkeit des Rechts nicht ausschließlich auf die privatrechtliche Ebene zu beschränken, kommen Missbräuche auch im Bereich des öffentlichen Rechts in Betracht[222]. Damit erstreckt sich die Vorschrift auf das öffentlich-rechtliche Niveau, mit dem Ziel, eine Neutralisierung schädlicher Missbrauchsaktionen qualitativ zu verhindern.

---

218 MwN BVerfG v. 10.10.2012 – 1 BvL 6/07, BVerfGE 132, 302 (Rn. 42).

219 BFH v. 18.12.1991 – XI R 40/89, BStBl. II 1992, 486 (Rn. 12); vgl. zum Privatrecht: mwN *Stöber, M.*, in: Gosch, D., Abgabenordnung/Finanzgerichtsordnung: Kommentar, Stand: 159. Ergänzungslieferung, Bonn 2021, § 42 Rn. 50.

220 MwN BFH v. 04.04.2001 – VI R 173/00, BFHE 195, 277 (Rn. 25).

221 BFH v. 16.12.2003 – VIII R 89/02, BFH/NV 2004, 936 (Rn. 17).

222 BFH v. 13.08.1985 – VII R 172/83, BStBl. II 1985, 636 (Rn. 19).

c) Rechtsfolge

aa) Möglichkeit der Anwendung einer speziellen Missbrauchsvorschrift

Gemäß § 42 Abs. 1 Satz 2 AO kann die allgemeine Anti-Missbrauchsklausel nicht angewandt werden, wenn die jeweilige Umgehungskonstellation den Tatbestand eines Einzelsteuergesetzes erfüllt. Das Ziel der einzelsteuergesetzlichen Anti-Missbrauchsnormen ist dabei die Neutralisierung von typischen und oft angetroffenen Gestaltungsmissbräuchen.

Bemerkenswert ist hierbei jedoch, dass der Gesetzgeber in der Gesetzesbegründung zu § 42 AO davon ausging, dass der spezielleren Vorschrift in den Einzelsteuergesetzen im Hinblick auf § 42 AO keine Abschirmwirkung zukommen sollte[223]. Damit sollte § 42 AO als gleichrangige Vorschrift neben anderen Vorschriften, die Steuerumgehungen regeln, anwendbar bleiben[224]. Die Endfassung der Norm – wie *Stöber*[225] zu Recht festgestellt hat – enthält genau die gegenteilige Angabe.

Wegen der schwammigen Terminologie sowie der widersprüchlichen Formulierungen in der Gesetzesbegründung und in der Endfassung der Norm ist heutzutage das Verhältnis zwischen den speziellen Missbrauchsvorschriften und § 42 AO umstritten. Problematisch ist dabei insb. die Frage, ob § 42 AO auch dann anzuwenden ist, wenn der Tatbestand einer speziellen Missbrauchsvorschrift nicht vollständig erfüllt wurde. Die Frage wurde zwar seitens der Finanzverwaltung bejaht[226]. Diese Herangehensweise akzeptiert dabei auch ein Teil der Literatur[227]. Ein anderer Teil der Literatur lehnt aber diese These ab[228]. Der BFH hat zunächst eine Abschirmwirkung von speziellen Missbrauchsvorschriften gegenüber § 42 AO angenommen[229]. In seinem Urteil v. 17.11.2020 ist der BFH jedoch

---

223 BT-Drs. 16/6290, 81.

224 BT-Drs. 16/6290, 81

225 *Stöber, M.*, in: Gosch, D., Abgabenordnung/Finanzgerichtsordnung: Kommentar, Stand: 159. Ergänzungslieferung, Bonn 2021, § 42 Rn. 53.

226 BMF v. 31.01.2014 – IV A 3 – S 0062/14/10002, BStBl. I 2014, 290 (AEAO zu § 42, Rn. 1).

227 MwN *Stöber, M.*, in: Gosch, D., Abgabenordnung/Finanzgerichtsordnung: Kommentar, Stand: 159. Ergänzungslieferung, Bonn 2021, § 42 Rn. 52.

228 *Stöber, M.*, in: Gosch, D., Abgabenordnung/Finanzgerichtsordnung: Kommentar, Stand: 159. Ergänzungslieferung, Bonn 2021, § 42 Rn. 53; partiell auch: *Drüen, K-D.*, Ein neuer Missbrauchsbegriff im deutschen Internationalen Steuerrecht?, ISR 2020, 98 (107).

229 Z. B. BFH v. 17.01.2017 – VIII R 7/13, BStBl. II 2017, 700 (Rn. 43); BFH v. 26.04.2018 – IV R 33/15, BStBl. II 2020, 645 (Rn. 32).

zu einer vermittelnden Lösung gekommen: Der BFH lehnt jetzt eine generelle Abschirmwirkung von speziellen Missbrauchsvorschriften gegenüber § 42 AO ab, schränkt aber den Rückgriff auf § 42 AO durch das Erfordernis ein, dass bei der Beurteilung, ob ein Missbrauch i. S. d. § 42 AO vorliegt, immer auch die Wertungen des Gesetzgebers zu berücksichtigen sind, die der speziellen Missbrauchsvorschrift zugrunde liegen[230].

Meiner Ansicht nach ist davon auszugehen, dass jede dieser Thesen ein Fünkchen Wahrheit enthält. Sobald die speziellere Missbrauchsvorschrift tatbestandlich nicht eingreifen kann, liegt einerseits mit der Anwendung der allgemeinen Missbrauchsklausel ein Verstoß gegen den Grundsatz *„lex specialis derogat legi generali"* vor[231]. Andererseits hätte eine Abschirmwirkung der speziellen Missbrauchsvorschrift gegenüber § 42 AO zur Folge, dass die ertragsteuerlichen Gesetze auf lange Sicht nicht mehr in der Lage sein würden, künftig neu entwickelte Missbrauchsgestaltungen zu verhindern. Das Vorhandensein einer Abschirmwirkung würde damit den Gesetzgeber dazu zwingen, immer wieder den Text der ertragsteuerlichen Gesetze zu überarbeiten bzw. das Gesetz mit neuen spezielleren Anti-Missbrauchsvorschriften zu ergänzen. Im Ergebnis könnte das zur übermäßigen Verkomplizierung der Steuergesetze führen und in einem Verstoß gegen das – auf dem Rechtstaatsprinzip beruhende – Bestimmtheitsgebot und Gebot der Normenklarheit resultieren.

Unter Beachtung der o.g. Tatsache besteht m.E. die einzig mögliche Kompromisslösung darin, einen Rückgriff auf § 42 AO nur in besonderen Fällen als gerechtfertigt anzusehen. Ein besonderer Fall soll in erster Linie dann vorliegen, wenn aus der Gerichtsentscheidung sich die Unmöglichkeit der Anwendung einer spezielleren Anti-Missbrauchsvorschrift ergibt. Dies ist insb. dann der Fall, wenn eine Spezialvorschrift nicht abschließenden Charakter hat[232] oder aus deren Auslegung sich ergibt, dass sie den missbrauchsanfälligen Bereich nicht abschließend konkretisieren soll[233]. Zudem soll § 42 AO weiterhin auch dann anwendbar bleiben, sobald eine spezielle Anti-Missbrauchsnorm ihrerseits missbraucht wird[234]. Schließlich liegt m.E. ein besonderer Fall auch dann vor,

---

230 BFH v. 17.11.2020 – I R 2/18, DStR 2021, 1419 (Rn. 20 ff.).

231 Im Ergebnis: *Stöber, M.*, in: Gosch, D., Abgabenordnung/Finanzgerichtsordnung: Kommentar, Stand: 159. Ergänzungslieferung, Bonn 2021, § 42 Rn. 53.

232 FG Hessen v. 29.11.2017 – 4 K 127/15, juris (Rn. 36).

233 FG München v. 20.10.2020 – 12 K 3102/17, BeckRS 2020, 34441 (Rn. 41).

234 FG München v. 20.10.2020 – 12 K 3102/17, BeckRS 2020, 34441 (Rn. 41); mwN *Stöber, M.*, in: Gosch, D., Abgabenordnung/Finanzgerichtsordnung: Kommentar, Stand: 159. Ergänzungslieferung, Bonn 2021, § 42 Rn. 54.

wenn das Gesetz explizit auf die Möglichkeit der zusätzlichen Anwendung der allgemeinen Missbrauchsklausel hinweist. Dies ist z.B. der Fall bei §§ 36a, 50d sowie 50j EStG[235].

bb) Entstehung des Steueranspruchs wie bei angemessener Gestaltung

Nehmen Steuerpflichtige die ertragsteuerliche Gestaltungsfreiheit auf missbräuchliche Weise in Anspruch, so ergibt sich der Steueranspruch gemäß § 42 Abs. 1 Satz 3 AO aus einer rechtlichen Gestaltung, die den wirtschaftlichen Vorgängen angemessen ist[236]. Das Begehren einer Steuerminderung als Rechtfertigungsgrund für Gestaltungsmissbrauch ist ausgeschlossen[237]. Für die zivilrechtliche Wirksamkeit des Sachverhalts ist das Vorliegen steuerlichen Missbrauchs unbedeutend[238]. Ebenso hat die zivilrechtliche Unwirksamkeit einer Gestaltung keine steuerliche Wirkung[239]. Maßgeblich ist vor allem der wirtschaftliche Vorteil, der durch den Steuerpflichtigen tatsächlich generiert wird[240]. Die rechtliche Beurteilung erfolgt dabei bei jedem Gestaltungsmissbrauch separat für die jeweilige Steuerart. Ist daneben nur ein Teil der Gestaltung missbräuchlich, so beschränkt sich die Wirkung des § 42 Abs. 1 Satz 3 AO auf diesen Teil[241].

Bei einer nachträglichen Korrektur aufgrund von aus der zivilrechtlichen Gestaltung entstandenen niedrigen Steuern ist eine Berichtigung des Steuerbescheides durch das FA gemäß § 173 Abs. 1 AO möglich[242]. Wichtig bei nachträglicher Bekanntgabe eines steuerrechtlichen Missbrauchs ist der Zeitpunkt der Kenntnis durch den zuständigen Beamten, nicht des Betriebsprüfers[243].

---

235 Dazu: *Stöber, M.*, in: Gosch, D., Abgabenordnung/Finanzgerichtsordnung: Kommentar, Stand: 159. Ergänzungslieferung, Bonn 2021, § 42 Rn. 55.

236 BFH v. 13.10.1992 – VIII R 3/89, BStBl. II 1993, 477 (Rn. 25).

237 So nach: BFH v. 07.05.2014 – VIII B 110/13, BFH/NV 2014, 1886 (Rn. 21).

238 BFH v. 09.03.1994 – II R 82/91, juris (Rn. 9); mwN *Stöber, M.*, in: Gosch, D., Abgabenordnung/Finanzgerichtsordnung: Kommentar, Stand: 159. Ergänzungslieferung, Bonn 2021, § 42 Rn. 64.

239 So nach § 41 Abs. 1 Satz 1 AO.

240 MwN BFH 10.08.2004 – I B 2/04, BFH/NV 2005, 239 (Rn. 15).

241 MwN *Stöber, M.*, in: Gosch, D., Abgabenordnung/Finanzgerichtsordnung: Kommentar, Stand: 159. Ergänzungslieferung, Bonn 2021, § 42 Rn. 60.

242 MwN BFH v. 19.12.1996 – V R 14/96, BFH/NV 1997, 743 (Rn. 10); auch: *Stöber, M.*, in: Gosch, D., Abgabenordnung/Finanzgerichtsordnung: Kommentar, Stand: 159. Ergänzungslieferung, Bonn 2021, § 42 Rn. 62.

243 MwN BFH v. 28.04.1987 – IX R 9/83, BFH/NV 1988, 151 (Rn. 19).

III. Allgemeine Anti-Missbrauchsregelung im Hinblick auf die Gesamtplandoktrin

Es wird nicht selten versucht, die staatliche Steuerlast mithilfe missbräuchlicher Steuergestaltungen zu reduzieren. Dabei werden häufig vielfältige Umgehungswege angewandt, die nur schwer erkennbar sind. Ihre Konstellationen sind umso komplexer und kreativer, je detaillierter sich die Tatbestände der einzelnen Steuergesetze gestalten. Um das ertragsteuerliche System vor schädlichen Auswirkungen dieses Gestaltungsmissbrauchs effektiv schützen zu können, werden zusätzliche Rechtsinstrumente erarbeitet[244].

Die Gesamtplandoktrin wird eingeführt, um das Schutzziel zu erreichen. Sie besagt, dass die Mehrheit der steuerrechtlichen Gestaltungen im Ganzen als Teil des Gesamtplans zählt, mit dem konkrete Wirtschaftsprivilegien erreicht werden sollen[245]. Dies gilt für Gestaltungen, die ungeachtet ihrer praktischen Unabhängigkeit voneinander in der Rechtsrealität zeitlich oder sachlich miteinander in Verbindung stehen[246]. Sie sind damit auch steuerlich einheitlich zu bewerten[247]. Dies ermöglicht den Rechtsanwendern, zahlreiche separate Gestaltungen unter bestimmte Anti-Missbrauchstatbestände zu subsumieren. Sollte der Steuerpflichtige in der Lage sein, die Reihe ertragsteuerlicher Gestaltungen durch außersteuerliche Gründe zu rechtfertigen, gilt dies jedoch nicht. In solchen Fällen bleibt die gesetzliche Bestimmung des § 42 Abs. 2 Satz 2 AO unberührt. Sie dient weiterhin zu Gunsten des Steuerschuldners. Das kumulative Auftreten der

244 So: *Poulakos, C.*, Der Missbrauch von steuerlichen Gestaltungsmöglichkeiten nach § 42 AO und das Europäische Gemeinschaftsrecht, Dissertation, Regenburg und Athen 2013, 74.

245 *Spiegelberger, S.*, in: Heckschen, H./Herrler, S./Starke, T., Beck'sches Notar-Handbuch, 7. Aufl., München 2019, Kapitel 5, Rn. 333; *Spindler, W.*, Der „Gesamtplan" in der Rechtsprechung des BFH, DStR 2005, 1; mwN *Röhrig, A./Demant, A.*, Unternehmensumstrukturierung von Personenunternehmen, EStB 2011, 33 (34).

246 So: *Spindler, W.*, Der „Gesamtplan" in der Rechtsprechung des BFH, DStR 2005, 1; *Niehus, U./Wilke, H.*, Zur Anwendung der Gesamtplanrechtsprechung in Ausgliederungsfällen (Teil 1), SteuK 2011, 225 (226).

247 Im Ergebnis: BFH v. 09.11.2011 – X R 60/09, DStR 2012, 648 (Rn. 51); BFH v. 06.12.2000 – VIII R 21/00, BFHE 194, 97 (Rn. 29); im Ergebnis auch: *Spiegelberger, S.*, in: Heckschen, H./Herrler, S./Starke, T., Beck'sches Notar-Handbuch, 7. Aufl., München 2019, Kapitel 5, Rn. 333; *Niehus, U./Wilke, H.*, Zur Anwendung der Gesamtplanrechtsprechung in Ausgliederungsfällen (Teil 1), SteuK 2011, 225 (226).

u.g. – und durch das Schrifttum angenommenen[248] – Gesamtplantatbestandsmerkmale dient ebenfalls dem Erreichen dieses Zwecks.

1. Die Aufsplitterung des Gesamtvorhabens

Damit eine Vermutung über den schrittweise zu verwirklichenden Plan des Steuerpflichtigen begründet werden kann, müssen mehrere Gestaltungen vorliegen, die steuerlich zusammenhängend sind[249]. Missbrauchsgefahr besteht dabei lediglich für solche Kostellationen, in denen ausschließlich die Erreichung eines Steuervorteils geplant wurde[250].

2. Planungseinheit

Der Steuerpflichtige führt die einzelnen steuerlichen Gestaltungen durch, um damit einen besonderen wirtschaftlichen Erfolg zu erreichen. Dabei wird durch die aufeinanderfolgende Gestaltungsausübung[251] ein System mit geschlossenem Konzept geschaffen[252]. Hierbei bildet jede Gestaltung die Grundlage für die nachfolgende Gestaltung[253].

Für die Zusammenfassung mehrerer Gestaltungen zu einem gesamten Schritt ist das Vorliegen eines gesamten Plans notwendig[254]. Zu dessen Merkmalen gehören etwa der zeitliche[255] oder der sachliche (wirtschaftliche) Zusammenhang der

---

248 MwN *Röhrig, A./Demant, A.*, Unternehmensumstrukturierung von Personenunternehmen, EStB 2011, 33 (34).

249 MwN *Strahl, M.*, Die Bedeutung der Gesamtplanrechtsprechung bei der Umstrukturierung von Personengesellschaften unter steuerneutraler Ausgliederung einzelner Wirtschaftsgüter, FR 2004, 929 (934).

250 *Glorius-Rose, C./Rose, G.*, Bemerkungen zur aktuellen Missbrauchs-Rechtsprechung (§ 42 AO) des BFH, DB 2003, 409 (412).

251 „*... konzertierte Aktion...*", BFH v. 19.08.1999 – I R 77/96, BFHE 189, 342 (Rn. 34).

252 BFH v. 26.01.1989 – IV R 86/87, BFHE 156, 141 (Rn. 20).

253 So nach: BFH v. 04.08.1999 – II B 3/99, BFHE 189, 547 (Rn. 9).

254 *Niehus, U./Wilke, H.*, Zur Anwendung der Gesamtplanrechtsprechung in Ausgliederungsfällen (Teil 1), SteuK 2011, 225 (227); ähnlich: *Strahl, M.*, Die Bedeutung der Gesamtplanrechtsprechung bei der Umstrukturierung von Personengesellschaften unter steuerneutraler Ausgliederung einzelner Wirtschaftsgüter, FR 2004, 929 (934).

255 Im Ergebnis: *Spiegelberger, S.*, in: Heckschen, H./Herrler, S./Starke, T., Beck'sches Notar-Handbuch, 7. Aufl., München 2019, Kapitel 5, Rn. 338; *Oenings, C./Lienicke, C.*, Betriebliche Umstrukturierungen nach Einschränkung der Gesamtplan – Argumentation durch den BFH, DStR 2014, 1997 (2000).

Gestaltungen[256]. Letzterer fordert das Vorhandensein sachlicher Notwendigkeit sowie inhaltlicher Aufeinanderabstimmung zwischen zahlreichen Gestaltungen in Bezug auf die Realisierung des Gesamtplans[257]. Der zeitliche Zusammenhang dagegen bezeichnet das Vorhandensein eines geringeren zeitlichen Abstands der Gestaltungen[258].

Die sachliche und zeitliche Ebene stehen in einer räumlichen Wechselbeziehung zueinander. *Poulakos*[259] erklärt diese Konstellation als eine lineare Reduktion der Notwendigkeit eines zeitlichen Zusammenhangs in Abhängigkeit von dem zeitgleichen Vorliegen einer ökonomischen Verbindung zwischen den Gestaltungen, also einem sachlichen Zusammenhang. Dem ist zuzustimmen. Die gleichen Abhängigkeiten sollen sich m.E. auch für die Konstellation in entgegengesetzter Richtung ergeben.

3. *Die Beherrschbarkeit der Einzelschritte*

Die Kontrolle der ausgeübten Gestaltungen muss vollständig bei dem Steuerpflichtigen oder einem abhängigen Dritten liegen[260], was besonders dann als gegeben erachtet wird, wenn anhand eines geltenden Vertrags mit Drittpersonen die Kontrollmacht des Steuerpflichtigen über den Gesamtablauf belegt werden kann[261]. Der Umfang der möglichen Einflussnahme auf die Reihe von

---

256 MwN *Förster, G./Schmidtmann, D.*, Die Gesamtplanrechtsprechung im Steuerrecht, StuW 2003, 114 (121).

257 *Niehus, U./Wilke, H.*, Zur Anwendung der Gesamtplanrechtsprechung in Ausgliederungsfällen (Teil 1), SteuK 2011, 225 (227); *Förster, G./Schmidtmann, D.*, Die Gesamtplanrechtsprechung im Steuerrecht, StuW 2003, 114 (121).

258 *Strahl, M.*, Die Bedeutung der Gesamtplanrechtsprechung bei der Umstrukturierung von Personengesellschaften unter steuerneutraler Ausgliederung einzelner Wirtschaftsgüter, FR 2004, 929 (935).

259 *Poulakos, C.*, Der Missbrauch von steuerlichen Gestaltungsmöglichkeiten nach § 42 AO und das Europäische Gemeinschaftsrecht, Dissertation, Regenburg und Athen 2013, 78.

260 *Niehus, U./Wilke, H.*, Zur Anwendung der Gesamtplanrechtsprechung in Ausgliederungsfällen (Teil 1), SteuK 2011, 225 (227); *Poulakos, C.*, Der Missbrauch von steuerlichen Gestaltungsmöglichkeiten nach § 42 AO und das Europäische Gemeinschaftsrecht, Dissertation, Regenburg und Athen 2013, 79; *Strahl, M.*, Die Bedeutung der Gesamtplanrechtsprechung bei der Umstrukturierung von Personengesellschaften unter steuerneutraler Ausgliederung einzelner Wirtschaftsgüter, FR 2004, 929 (934); *Spindler, W.*, Der „Gesamtplan" in der Rechtsprechung des BFH, DStR 2005, 1 (4).

261 So im Ergebnis: BFH v. 13.10.1993 – II R 92/91, BFHE 172, 520 (Rn. 20).

Gestaltungen und die Gesamtplanvermutung treten somit in direkte Korrelation miteinander[262].

Zusammenfassend spielt die Gesamtplandoktrin eine bedeutende Rolle bei der Prävention von möglichen Gestaltungsmissbräuchen im inneren Ertragsteuerrechtssystem. Ihr Mechanismus zwingt den Steuerpflichtigen fortwährend zur Berücksichtigung der möglichen schädlichen Wirkungen separater Gestaltungen, während sie dem Rechtsanwender wiederum die Möglichkeit bietet, vermutlich systemwidrige Gestaltungen schneller zu identifizieren. Diesbezüglich kann sie generell betrachtet mit der „*step transaction*“-Doktrin gleichgestellt werden[263]. Im Kampf gegen die ertragsteuerlichen Gestaltungsmissbräuche gilt sie damit als ein effektives fakultatives Instrument.

IV. Punktuelle ertragsteuerrechtliche Missbrauchsvermeidung durch spezielle Vorschriften

Die vielen möglichen Gestaltungsmodelle dienen dem Zweck, anhand des Missbrauchs der ertragsteuerlichen Rechtsnorm ein besonderes steuerliches Privileg zu erwerben. Um dies zu verhindern, werden effektiv die „*lex generalis*“ i. S. d. § 42 AO sowie das Institut des Gesamtplans eingesetzt. Trotzdem sind in der Praxis Konstellationen vorstellbar, bei denen der Gestaltungsmissbrauch einen Schutzmechanismus gegen diese Rechtsinstrumente enthält, z.B. aufgrund der Nicht-Erfüllung einzelner Kriterien des § 42 AO oder der Gesamtplandoktrin. Derartige Gestaltungen umgehen somit gleichermaßen die konkrete ertragsteuerrechtliche Vorschrift und die allgemeine Anti-Missbrauchsregel.

Der Gesetzgeber muss darauf reagieren, indem er fortlaufend punktuelle Systemkorrekturen durchführt. Dies geschieht anhand der Einführung neuer, spezieller Anti-Missbrauchsvorschriften. Der Gesetzgeber fasste diese spezifischen Schutzmechanismen in einer neuen Kategorie zusammen. Die folgenden Unterkapitel sollen Klarheit bezüglich dieser speziellen, im Ertragsteuerecht maßgeblichen Missbrauchsklauseln schaffen.

---

262 So im Ergebnis: BFH v. 17.06.1998 – X R 68/95, BFHE 186, 288 (Rn. 31 f.).

263 So: *Förster, G./Schmidtmann, D.*, Die Gesamtplanrechtsprechung im Steuerrecht, StuW 2003, 114 (118).

1. *Ertragsteuerrechtliche Missbrauchsverhinderung im deutschen internationalen Steuerrecht vermittels des in § 50d Abs. 3 und 9 EStG sowie in § 20 Abs. 2 Satz 1 AStG festgesetzten* „switch-over"*-Instruments*

a) § 50d Abs. 3 EStG

aa) Allgemeines zur Vorschrift

Der Eintritt der in § 50d Abs. 3 EStG bestimmten Sachverhaltsvoraussetzungen überträgt den zuständigen Finanzbehörden das Recht, den Anspruch einer Körperschaft, Personenvereinigung oder Vermögensmasse auf die ertragsteuerliche Entlastung (gemeint ist hier die Entlastung von der Kapitalertragsteuer und vom Steuerabzug nach § 50a EStG) abzulehnen. Die strenge gesetzliche Regelung des § 50d Abs. 3 EStG dient der Neutralisierung der schädlichen Wirkungen von treaty/directive/rule-shopping-Fällen[264]. Die von § 50d Abs. 3 EStG erfüllte Schutzfunktion ist daher rein speziell-rechtlich. Sie dient der Verhinderung der meisten – wenn auch nicht aller – angewandten Gestaltungsmissbrauchsformen seitens der Basisgesellschaften.

Das Schrifttum stellt nicht selten die Frage nach der Möglichkeit einer Kennzeichnung von § 50d Abs. 3 EStG als klassische treaty-override-Vorschrift[265], aufgrund seiner rechtlichen Folgen, oder alternativ lediglich einer Einordnung als Zurechnungsnorm. Diese Perspektive erhebt Zweifel an der Korrelation der DBA-rechtsderogierenden Vorschrift mit den verfassungsrechtlichen Prinzipien bzw. den europa-[266] und internationalrechtlichen Grundlagen. Abweichend von

---

264 *Wagner, K.J.*, in: Brandis, P./Heuermann, B., Ertragsteuerrecht: Kommentar, Stand: 158. Ergänzungslieferung, München 2021, EStG § 50d Rn. 64; im Ergebnis: *Loschelder, F.*, in: Schmidt, EStG: Kommentar, 40. Aufl., München 2021, § 50d Rn. 45.

265 *Gosch, D.*, Missbrauchsabwehr im Internationalen Steuerrecht, in: Achatz, M., Internationales Steuerrecht, Köln 2013, Band 36, 201 (214 f.); *Klein, M./Hagena, A.*, in: Herrmann, C./Heuer, G./Raupach, A., EStG, KStG: Kommentar, Stand: 307. Ergänzungslieferung, Köln 2021, § 50d Rn. 52; *Wagner, K.J.*, in: Brandis, P./Heuermann, B., Ertragsteuerrecht: Kommentar, Stand: 158. Ergänzungslieferung, München 2021, EStG § 50d Rn. 67; *Stöber, M.*, Zur verfassungs- und europarechtlichen (Un-)Zulässigkeit von Treaty Overrides, DStR 2016, 1889.

266 So: *Wagner, K.J.*, in: Brandis, P./Heuermann, B., Ertragsteuerrecht: Kommentar, Stand: 158. Ergänzungslieferung, München 2021, EStG § 50d Rn. 68, 70.

der Meinung der Literatur wurden die treaty-override-Konstellationen von der Rechtsprechung des BVerfG als verfassungsrechtlich akzeptabel bewertet[267].

§ 50d Abs. 3 EStG nimmt unbestreitbar eine zentrale Rolle im Kampf gegen die ertragsteuerlichen Gestaltungsmissbräuche im nationalen Rechtssystem ein, da sie funktionsweise mehr Spielraum eröffnet, wenn es um die Bestimmung eines Gestaltungsmissbrauchs i. S. d. „*lex generalis*" des § 42 AO geht. Aufgrund von europa- und internationalrechtlichen Bedenken wurde der Anwendungsbereich der Norm immer wieder durch die Rechtsprechung eingeschränkt[268], was sich beim Gesetzgeber in den Gesetzesnovellierungen i. R. des JStG 2008[269] und der Einführung einer 10 %-Barriere als Mindestgrenze für die eigene Wirtschaftstätigkeit ausländischer Gesellschaften äußerte. Von Seiten des FG Köln[270] sowie *Lüdicke*[271] bestanden jedoch Zweifel an der Europarechtskonformität der Neuregelung bzw. an ihrer Vereinbarkeit mit der EU-Grundfreiheit i. S. d. Niederlassungsfreiheit resp. mit der MTRL. Die Argumentation des nationalen Gerichts fand zudem Unterstützung auf Ebene des EuGH[272]. In diesem Zusammenhang modifizierte der Gesetzgeber im Jahr 2011 die Vorschrift i. R. des BeitrRL-UmsG. Dabei sollte eine „*Aufteilungsklausel*[273]" die europarechtswidrige Wirkung der Norm liquidieren. Das FG Köln[274] bezweifelte erneut die Vereinbarkeit einer solchen Gesetzregelung mit den EU-Grundfreiheiten und mit MTRL. Die Unionswidrigkeit der Vorschrift auch in ihrer Fassung durch das BeitrRL-UmsG wurde nochmals durch den EuGH bestätigt[275]. Ende November 2020 hat BMF einen RefE für ein Gesetz zur Modernisierung der Entlastung von

267 Dazu: BVerfG v. 15.12.2015 – 2 BvL 1/12, DStR 2016, 359. Kritik dazu: *Stöber, M.*, Zur verfassungs- und europarechtlichen (Un-)Zulässigkeit von Treaty Overrides, DStR 2016, 1889 (1891 f.).

268 Dazu: FG Köln v. 23.01.2019 – 2 K 1315/13, juris.

269 JStG 2008 v. 20.12.2007, BGBl. I 2007, 3150.

270 So: FG Köln v. 08.07.2016 – 2 K 2995/12, EFG 1620, 1801; FG Köln v. 31.08.2016 – 2 K 721/13, EFG 2017, 51.

271 *Lüdicke, J.*, Zum BMF-Schreiben vom 24. 01. 2012: Entlastungsberechtigung ausländischer Gesellschaften (§ 50d Abs. 3 EStG), IStR 2012, 148 (152).

272 EuGH v. 20.12.2017 – C-504/16, C-613/16, DStR 2018, 119 – Deister und Juhler Holding. Mehr dazu: siehe 5. Kapitel der Arbeit.

273 BT-Drs. 17/7524, 14.

274 FG Köln v. 17.05.2017 – 2 K 773/16, EFG 2017, 1518.

275 EuGH v. 14.06.2018 – C-440/17, DStR 2018, 1479 – GS. Mehr dazu: siehe 5. Kapitel der Arbeit.

Abzugsteuern und der Bescheinigung von Kapitalertragsteuer[276] vorgelegt, in dem auch die anti-treaty-shopping-Regelung aus § 50d Abs. 3 EStG neu gefasst wurde. Dieses Gesetz wurde Anfang Mai 2021 vom BT verabschiedet. Die Norm in der Fassung v. 2011[277] war dabei bis zum Mai 2021 lediglich in beschränktem Maße auf Zinsen im Kontext eines DBA anzuwenden[278].

bb) § 50d Abs. 3 EStG in der Fassung v. 2011

Nach der bisherigen Fassung der Vorschrift bestand kein Entlastungsrecht für jene Bruttoerträge ausländischer Gesellschaften, die zwar im betreffenden Wirtschaftsjahr erzielt wurden, aber nicht aus der eigenen Wirtschaftstätigkeit stammten und die demnach bei unmittelbar erzielten Einkünften keine Erstattung oder Freistellung für die Gesellschafter des Unternehmens brächten, § 50d Abs. 3 Satz 1 HS 2 EStG. Zudem bestand kein Entlastungsrecht hinsichtlich der erzielten Bruttoerträge, wenn es für die Einschaltung der ausländischen Gesellschaft keine wirtschaftlichen oder sonst beachtlichen Gründe gab, § 50d Abs. 3 Satz 1 Nr. 1 EStG. Das gleiche sollte nach § 50d Abs. 3 Satz 1 Nr. 2 EStG auch dann gelten, wenn die ausländische Gesellschaft nicht mit einem für ihren Geschäftszweck angemessen eingerichteten Geschäftsbetrieb am allgemeinen wirtschaftlichen Verkehr teilnahm.

1) Subjektbezogene Tatbestände

aaa) Ausländische Gesellschaft

§ 50d Abs. 3 EStG in der Fassung v. 2011 konnte nur auf die ausländische Gesellschaft sowie an dieser Gesellschaft beteiligten Personen angewandt werden. Der Begriff einer Gesellschaft war dabei definiert als *„jede denkbare Gesellschaftsform, die im Inland weder über einen Sitz gemäß § 11 AO noch über eine Geschäftsleitung gemäß § 10 AO verfügte*[279]*"*. Durch die Gesellschaft sollten entweder die

---

276 RefE. des BMF v. 19.11.2020: Entwurf eines Gesetzes zur Modernisierung der Entlastung von Abzugsteuern und der Bescheinigung von Kapitalertragsteuer. Abrufbar unter: https://www.bundesfinanzministerium.de/Content/DE/Gesetzestexte/Gesetze_Gesetzesvorhaben/Abteilungen/Abteilung_IV/19_Legislaturperiode/Gesetze_Verordnungen/2021-06-08-AbzStEntModG/1-Referentenentwurf.pdf?__blob=publicationFile&v=3 (*letzter Zugriff*: 01.01.2022).

277 BeitrRL-UmsG v. 07.12.2011, BGBl. I 2011, 2592.

278 Dazu: FG Köln v. 23.01.2019 – 2 K 1315/13, juris.

279 Siehe: *Wagner, K.J.*, in: Brandis, P./Heuermann, B., Ertragsteuerrecht: Kommentar, Stand: 158. Ergänzungslieferung, München 2021, EStG § 50d Rn. 79.

Steuerentlastungsvoraussetzungen aus § 43b EStG oder aus § 50g EStG erfüllt werden[280]. Dabei war unerheblich, ob sich der Sitz der Gesellschaft in einem Niedrigsteuerland befindet[281].

bbb) Gesellschafter einer ausländischen Gesellschaft

Der Geltungsbereich der Norm umfasste auch die Gesellschafter, die eine Steuerentlastung nutzten, die ihnen bei der unmittelbaren Erzielung von Einnahmen nicht zugestanden hätte, § 50d Abs. 3 Satz 1 EStG. § 50d Abs. 3 Satz 1 EStG durfte dabei keine Anwendung finden, wenn beim Gesellschafter unbeschränkte Steuerpflicht im Inland bestand[282]. Die Finanzverwaltung[283] war zudem der Ansicht, dass einzelne Voraussetzungen aus Satz 1 auch dann geprüft werden sollten, wenn weitere Gesellschafter vor der ursprünglichen Gesellschaft zwischengeschaltet wurden[284]. Diese hochkomplexe Prüfungskette entsprach der Zielsetzung der Norm, missbräuchliche Zwischenschaltungen zu sanktionieren[285].

2) Objektbezogene Tatbestände

aaa) Eigene Wirtschaftstätigkeit der Gesellschaft

Gemäß § 50d Abs. 3 Satz 1 HS 1 EStG in der Fassung v. 2011 durfte zwischen der eigenen Wirtschaftstätigkeit und den im zu untersuchenden Jahr erzielten Bruttoerträgen der ausländischen Gesellschaft keine direkte Beziehung bestehen. Besonders entscheidend war dabei die Abwesenheit „*aktiver*“ Bruttoerträge im betreffenden Wirtschaftsjahr[286], wobei diese nicht gesetzlich konkretisiert waren. Die diesbezügliche Meinung im Schrifttum war geteilt. *Dorfmueller* und *Fischer*[287] setzten in diesem Zusammenhang den Begriff des Bruttoertrags mit

---

280 BMF v. 24.01.2012 – IV B 3 – S 2411/07/10016, BStBl. I 2012, 171 (Rn. 3).

281 BFH v. 29.10.1997 – I R 35/96, BFHE 184, 476 (Leitsatz 3).

282 Im Ergebnis: BMF v. 24.01.2012 – IV B 3 – S 2411/07/10016, BStBl. I 2012, 171 (Rn. 4.1).

283 BMF v. 24.01.2012 – IV B 3 – S 2411/07/10016, BStBl. I 2012, 171 (Rn. 4.2).

284 Anders aber: *Haase, F.,* Die „ausländische Gesellschaft“ i. S. des § 50d Abs. 3 EStG, IStR 2014, 330 (331 f.).

285 *Wagner, K.J.,* in: Brandis, P./Heuermann, B., Ertragsteuerrecht: Kommentar, Stand: 158. Ergänzungslieferung, München 2021, EStG § 50d Rn. 80.

286 *Wagner, K.J.,* in: Brandis, P./Heuermann, B., Ertragsteuerrecht: Kommentar, Stand: 158. Ergänzungslieferung, München 2021, EStG § 50d Rn. 81.

287 *Dorfmueller, P./Fischer, H.,* Die geplante Neufassung der Anti-Treaty-Shopping-Regelung des § 50d Abs. 3 EStG durch das BeitrRLUmsG, IStR 2011, 857 (860 f.).

der Definition von Einkünften gleich, während *Lüdicke*[288] diese These ablehnte, da sie nicht mit der Gesetzsystematik vereinbar war. Die Finanzverwaltung[289] definierte ihrerseits den Begriff der Wirtschaftstätigkeit als „*wirkliche wirtschaftliche Tätigkeit*". Dementsprechend musste eine ausländische Gesellschaft ihre Betätigung aktiv, nachhaltig und ständig im allgemeinen Wirtschaftsverkehr durchführen[290].

Schaumburg und *Häck*[291] setzten in diesem Zusammenhang einen Akzent auf die Tatsache, dass die reine Haltung und/oder Verwaltung von eigenem oder fremdem Vermögen nicht als Bruttoerträge, die aus eigener Wirtschaftstätigkeit stammten, gewertet werden konnte. Diese These ergab sich auch aus dem Wortlaut des § 50d Abs. 3 Satz 3 HS 1 EStG, dem zufolge das Erzielen von Bruttoerträgen durch eine ausländische Gesellschaft aus der Verwaltung von Wirtschaftsgütern zum Fehlen eigener Wirtschaftstätigkeit führte. Die Verwaltung der Wirtschaftsgüter war damit lediglich als reines Halten von Geschäftsanteilen anzusehen[292]. Andererseits reichte aber die bloße Ausübung geschäftsleitender Funktionen seitens einer ausländischen Gesellschaft aus, um „*aktive*" Bruttoerträge entstehen zu lassen[293]. Daneben führte auch die Übertragung der wesentlichen Geschäftstätigkeit an Dritte i. R. der sog. Outsourcing-Konstellation zum Fehlen eigener Wirtschaftstätigkeit, § 50d Abs. 3 Satz 3 HS 2 EStG.

bbb) Wirtschaftliche oder sonst beachtliche Gründe

§ 50d Abs. 3 Satz 1 Nr. 1 EStG in der Fassung v. 2011 gemäß war die Gewährleistung einer ertragsteuerlichen Entlastung ausgeschlossen, wenn keine wirtschaftlichen oder sonst beachtlichen Gründe vorlagen. Der Wortlaut der Vorschrift war nach *Klein* und *Hagena*[294] allerdings missverständlich. Statt einer alternativen Formulierung (*oder*) sollte eine kumulative Anforderung (*und*) enthalten sein. Ob einer der genannten Gründe vorlag, war im Einzelnen für jede

---

288 So: *Lüdicke, J.*, Der missratene § 50d Abs. 3 Satz 1 EStG i. d. F. des BeitrRLUmsG, IStR 2012, 81 (83).

289 BMF v. 24.01.2012 – IV B 3 – S 2411/07/10016, BStBl. I 2012, 171 (Rn. 5.1).

290 *Dorfmueller, P./Fischer, H.*, Die geplante Neufassung der Anti-Treaty-Shopping-Regelung des § 50d Abs. 3 EStG durch das BeitrRLUmsG, IStR 2011, 857 (860).

291 *Schaumburg, H./Häck, N.*, in: Schaumburg, H., Internationales Steuerrecht, 4. Aufl., Köln 2017, Rn. 19.165.

292 Im Ergebnis: BFH v. 20.03.2002 – I R 38/00, BStBl. II 2002, 819 (Rn. 19).

293 Vgl. BFH v. 29.10.1997 – I R 35/96, BStBl. II 1998, 235 (Rn. 23 f.).

294 *Klein, M./Hagena, A.*, in: Herrmann, C./Heuer, G./Raupach, A., EStG, KStG: Kommentar, Stand: 307. Ergänzungslieferung, Köln 2021, § 50d Rn. 56.

Gestaltung zu prüfen[295], unabhängig vom statutarisch festgesetzten Wirtschaftszweck der Gesellschaft[296]. Die aus den politischen, rechtlichen und religiösen Ebenen stammenden Gründe wurden dabei als nicht rechtswidrig bewertet[297].

ccc) Teilnahme am allgemeinen wirtschaftlichen Verkehr

Darüber hinaus war auch bei Teilnahme der ausländischen Gesellschaft am allgemeinen wirtschaftlichen Verkehr eine völlige oder teilweise Entlastung nach § 50d Abs. 1 oder 2 EStG ausgeschlossen, wenn diese nicht durch einen ihrem Geschäftszweck angemessen eingerichteten Geschäftsbetrieb erfolgte, § 50d Abs. 3 Satz 1 Nr. 2 EStG. Demnach musste die Teilnahme i. F. einer dem Geschäftszweck angemessenen, substanziellen Geschäftseinrichtung zwingend nachgewiesen werden[298]. Es konnten verschiedene Kriterien für eine solche Teilnahme am allgemeinen Wirtschaftsverkehr herangezogen werden. Dazu zählten beispielsweise das Vorhandensein ausreichender Geschäftsräume, ausreichenden Personals und eigener Geschäftsausstattung[299]. Gesellschaften, die lediglich Dienstleistungen gegenüber einem einzigen Auftraggeber erbrachten, galten als eine am Markt teilnehmende Struktur[300].

3) Rechtsfolge

Bei Erfüllung der Tatbestandsvoraussetzungen aus § 50d Abs. 3 EStG bestand für die ausländische Gesellschaft kein Anspruch auf partielle oder vollständige Entlastung gemäß § 43b und § 50g EStG oder der entsprechenden DBA-Regelung. Dies galt nicht, wenn mit der Hauptgattung der Aktien der ausländischen Gesellschaft ein wesentlicher und regelmäßiger Handel an einer anerkannten Börse stattfand (sog. Börsenklausel) oder für die ausländische Gesellschaft die Vorschriften des InvStG galten, § 50d Abs. 3 Satz 5 EStG. Daneben war

---

295 Vgl. BFH 28.11.2001 – I B 169/00, BFH/NV 2002, 774 (Rn. 17).

296 *Wagner, K.J.*, in: Brandis, P./Heuermann, B., Ertragsteuerrecht: Kommentar, Stand: 158. Ergänzungslieferung, München 2021, EStG § 50d Rn. 82.

297 BT-Drs. 16/2712, 60; BMF v. 24.01.2012 – IV B 3 – S 2411/07/10016, BStBl. I 2012, 171 (Rn. 6); *Loschelder, F.*, in: Schmidt, EStG: Kommentar, 40. Aufl., München 2021, § 50d Rn. 47.

298 BT-Drs. 16/2712, 60.

299 So im Ergebnis: BFH v. 20.03.2002 – I R 38/00, BStBl. II 2002, 819 (Rn. 18).

300 *Wagner, K.J.*, in: Brandis, P./Heuermann, B., Ertragsteuerrecht: Kommentar, Stand: 158. Ergänzungslieferung, München 2021, EStG § 50d Rn. 84.

die Anwendung der Vorschrift auch ausgeschlossen, sobald die unmittelbaren Gesellschafter nicht abkommensberechtigt waren[301].

cc) § 50d Abs. 3 EStG in der Fassung v. 2021

Als Reaktion auf die Rechtsprechung des FG Köln[302] sowie die Rechtsprechung des EuGH[303] wurde § 50d Abs. 3 EStG i. R. des Gesetzes zur Modernisierung der Entlastung von Abzugsteuern und der Bescheinigung von Kapitalertragsteuer[304] neu gefasst, wesentlich verschärft[305] und verschlankt[306]. Der Grund für die Verschärfung liegt darin, dass neben der „GS"-Rechtsprechung des EuGH vom Gesetzgeber sowohl die verbundene Entscheidung des EuGH zu den „N Luxembourg 1"-, „X Denmark"-, „C Denmark I"-, „Z Denmark"-Fällen[307] als auch die allgemeine Vorschrift zur Verhinderung von Missbrauch der ATAD[308] berücksichtigt worden sind[309]. Dabei legt die allgemeine Anti-Missbrauchsregelung der ATAD die *„untere Grenze"* für die nationale Missbrauchsbekämpfung bzw. für die Missbrauchsbekämpfungsvorschrift i. S. d. § 50d Abs. 3 EStG fest, während das Primärrecht bzw. die o.g. verbundene Entscheidung des EuGH die *„obere Grenze"* solcher Missbrauchsbekämpfung darstellt[310]. In Anbetracht des

---

301 MwN BFH v. 20.03.2002 – I R 38/00, BStBl. II 2002, 819 (Rn. 21).

302 Gemeint ist: FG Köln v. 17.05.2017 – 2 K 773/16, EFG 2017, 1518.

303 Gemeint ist: EuGH v. 14.06.2018 – C-440/17, DStR 2018, 1479 – GS. Mehr dazu: siehe 5. Kapitel der Arbeit.

304 Abzugsteuerentlastungsmodernisierungsgesetz v. 02.06.2021, BGBl. I 2021, 1259.

305 So auch: *Grübel, S.,* Das Spannungsfeld zwischen § 50d Abs. 3 EStG und § 8 Abs. 2 AStG de lege lata, ISR 2021, 45 (55); *Schnitger, A./Gebhardt, R.,* Überlegungen zur geplanten Neufassung des § 50d Abs. 3 EStG durch das AbzStEntModG, IStR 2021, 289 (299).

306 *Schnitger, A./Gebhardt, R.,* Überlegungen zur geplanten Neufassung des § 50d Abs. 3 EStG durch das AbzStEntModG, IStR 2021, 289 (299).

307 EuGH v. 26.02.2019 – C-115/16, C-118/16, C-119/16, C-299/16, BeckRS 2019, 2167 – N Luxembourg 1, X Denmark A/S, C Danmark I, Z Denmark ApS. Mehr dazu: siehe 5. Kapitel der Arbeit.

308 Art. 6 der Richtlinie 2016/1164 des Rates v. 12.07.2016 mit Vorschriften zur Bekämpfung von Steuervermeidungspraktiken mit unmittelbaren Auswirkungen auf das Funktionieren des Binnenmarkts, ABlEU Nr. L 193/1 v. 19.07.2016. Mehr dazu: siehe 5. Kapitel der Arbeit.

309 Im Ergebnis auch: *Jochimsen, C./Gsödl, M.,* Die geplante Reform des § 50d Abs. 3 EStG im Lichte der EuGH-Rechtsprechung zum Begriff des Nutzungsberechtigten und zum Missbrauch, IStR 2021, 387 (394).

310 Siehe: *Beutel, D./Oppel, F.,* Verschärfung des § 50d Abs. 3 EStG im Fahrwasser der EuGH-Rechtsprechung?, DStR 2021, 1017 (1019).

übermäßigen Steuerappetits des Staats[311] soll es daher nicht überraschen, dass der deutsche Gesetzgeber sich für die maximal mögliche Verschärfung der Vorschrift bis zur zulässigen „*oberen Grenze*“ entschlossen hat.

Nach der Regierungsbegründung soll die Vorschrift nicht nur den Erfordernissen des Unionsrechts, sondern auch des internationalen Steuerrechts angepasst werden[312]. Es wurde insb. konstatiert, dass die Neufassung des § 50d Abs. 3 EStG die Anforderungen des Mindeststandards der OECD-BEPS-Aktionsmaßnahme Nr. 6 an diese Vorschrift erfüllen soll[313]. Dieser Mindeststandard erfordert für die Anwendung eines DBA, das keine auf einem sog. Hauptzweck-Kriterium basierende allgemeine Missbrauchsvermeidungsvorschrift (gemeint ist *PPT*) enthält, dass eine spezifische Missbrauchsvermeidungsvorschrift zur Bekämpfung von Durchlauffinanzierungsstrukturen entweder im nationalen Steuerrecht oder im DBA selbst anwendbar sein muss[314]. Der deutsche Gesetzgeber geht somit davon aus, dass durch die Neufassung des § 50d Abs. 3 EStG auch die Bekämpfung von Durchlauffinanzierungsstrukturen verstärkt wird.

Diese Herangehensweise scheint m.E. jedoch sehr zweifelhaft. Zum einen wird in den OECD-BEPS-Aktionsmaßnahmen Nr. 6 und 15 eine hinreichende Anzahl von abkommensrechtlichen Maßnahmen empfohlen, mittels deren die Bekämpfung von Durchlauffinanzierungsstrukturen deutlich wirksamer als mittels § 50d Abs. 3 EStG durchgeführt werden kann. Nach BEPS-Aktionsmaßnahme Nr. 6 besteht beispielweise sogar die Möglichkeit, ein DBA mit fehlender allgemeiner Missbrauchsklausel mit einer Limitation-on-Benefits-Klausel zu ergänzen, um künstliche Durchlauffinanzierungsgestaltungen auf abkommensrechtlichem Niveau zu verhindern. Zum anderen schlagen Art. 7 Abs. 3 und 4 MLI zusätzlich vor, bei DBA, die lediglich mit einer auf dem Hauptzweck-Kriterium basierenden allgemeinen Missbrauchsvermeidungsvorschrift ergänzt wurden, optional eine antragsgebundene Ermessensklausel aufzunehmen[315].

---

311 Dazu siehe: *Greive, M.*, OECD-Studie – Die höchsten Steuern und Abgaben: Deutschland ist Weltmeister, Handelsblatt v. 29.04.2021. Abrufbar unter: https://www.handelsblatt.com/politik/deutschland/oecd-studie-die-hoechsten-steuern-und-abgaben-deutschland-ist-weltmeister/27143260.html (*letzter Zugriff*: 01.01.2022).

312 BR-Drs. 50/21, 60.

313 BR-Drs. 50/21, 60.

314 BR-Drs. 50/21, 60. Detailliert dazu: siehe 4. Kapitel der Arbeit.

315 Deutschland hat sich dagegen für die ausschließliche Anwendung eines abkommensrechtlichen Mechanismus i. S. d. PPT *ohne* antragsgebundene Ermessensklausel entschieden. Siehe: OECD, Federal Republic of Germany: Status of List of Reservations and Notifications at the Time of Signature (verfügbar nur elektronisch), 17. Abrufbar

Von allen diesen abkommensrechtlichen Möglichkeiten wurde jedoch kein Gebrauch gemacht. Unberücksichtigt blieb letztlich auch die Option, eine spezifische Missbrauchsvermeidungsvorschrift zur Bekämpfung von Durchlauffinanzierungsstrukturen in der DE-VG[316] zu integrieren. Aus all diesen Perspektiven ist es daher ziemlich ironisch, dass der deutsche Gesetzgeber die Neufassung einer ganz offensichtlichen und uneingeschränkten[317] treaty-override-Vorschrift mit dem Bedürfnis ihrer Anpassung an die Erfordernisse des internationalen Steuerrechts begründet.

1) *Anwendungsbereich der Neufassung*

Mit der Neufassung der Vorschrift wurde deren Anwendungsbereich deutlich erweitert. Dies wird besonders deutlich bei dem Vergleich des Wortlauts von beiden Fassungen der Vorschrift:

Tab. 1

§ 50d Abs. 3 EStG in der Fassung v. 2011	**§ 50d Abs. 3 EStG in der Fassung v. 2021**
*Eine **ausländische Gesellschaft** hat keinen Anspruch auf völlige oder teilweise Entlastung nach Abs. 1 oder Abs. 2, soweit Personen an ihr beteiligt sind, …*	*Eine **Körperschaft, Personenvereinigung oder Vermögensmasse** hat **auf Grundlage eines Abkommens zur Vermeidung der Doppelbesteuerung** keinen Anspruch auf Entlastung von der Kapitalertragsteuer und vom Steuerabzug nach § 50a EStG, soweit 1. Personen an ihr beteiligt oder **durch die Satzung, das Stiftungsgeschäft oder die sonstige Verfassung begünstigt sind**, …*

unter: https://www.oecd.org/tax/treaties/beps-mli-position-germany.pdf (*letzter Zugriff*: 01.01.2022).

316 Detailliert dazu: siehe 4. Kapitel der Arbeit.

317 *Hölscher, S./Voß, P./Zöller, D.*, Entwurf des Abzugsteuerentlastungsmodernisierungsgesetzes – Verschärfung der deutschen Anti-Treaty- und Anti-Directive-Shopping-Regelungen des § 50d Abs. 3 EStG, ISR 2021, 156 (157).

Bemerkenswert ist hierbei, dass der persönliche Anwendungsbereich der Vorschrift nunmehr sowohl beschränkt als auch unbeschränkt Körperschaftsteuerpflichtige erfasst[318]. Mit dem Wegfall des Merkmals *„ausländisch"* soll zudem der Sitz oder der Mittelpunkt der geschäftlichen Oberleitung einer Gesellschaft fortan auch keine Rolle spielen. Der Grund für diese Entscheidung liegt nach der Regierungsbegründung darin, dass das Attribut *„ausländisch"* in Fällen der Doppelansässigkeit eines Körperschaftsteuerpflichtigen, der von einem DBA profitiert, zu Missverständnissen führen kann[319]. Daneben erstreckt sich der Wortlaut des § 50d Abs. 3 Satz 1 Nr. 1 EStG in der Fassung v. 2021 auf die Personen, die durch die Satzung, das Stiftungsgeschäft oder die sonstige Verfassung des Körperschaftsteuerpflichtigen tatsächlich begünstigt sind[320]. Somit sollen die Konstellationen verhindert werden, in denen eine Person aus zivilrechtlicher Sicht zwar nicht als *„beteiligt"* bewertet werden kann, ihr tatsächliches Verhältnis mit der Gesellschaft aber aus steuerlicher Sicht wohl als klassische Beteiligung an einer Gesellschaft angesehen werden kann[321].

Die Erweiterung des Anwendungsbereichs des § 50d Abs. 3 EStG bringt den Finanzbehörden künftig die Möglichkeit, die Ansprüche auf Steuerentlastung auch dann unter die Lupe zu nehmen, wenn bloß eine *hypothetische* Vermutung von Missbrauch entsteht. Dabei spielt die Tatsache, dass der Anspruch aus der abkommensrechtlichen Ebene stammt, keine Rolle. Insofern bleibt § 50d Abs. 3 EStG, wie zuvor, eine klassische treaty-override-Vorschrift[322]. Das seinerseits bedeutet, dass für die Steuerpflichtigen auch künftig eine gewisse Unsicherheit hinsichtlich ihrer Planungssicherheit besteht.

2) Persönliche Entlastungsberechtigung

Nach § 50d Abs. 3 Satz 1 EStG in der Fassung v. 2021 besteht kein Anspruch auf eine Steuerentlastung, sobald weder eine persönliche noch eine sachliche Entlastungsberechtigung vorliegt[323]. Eine in diesem Zusammenhang ganz

---

318 *Schönfeld, J./Erdem, E.,* Die geplante Neufassung des § 50d Abs. 3 EStG durch das AbzStEntModG, IStR 2021, 189 (190).

319 BR-Drs. 50/21, 63.

320 BR-Drs. 50/21, 63.

321 Siehe: BR-Drs. 50/21, 63.

322 So nach: *Beutel, D./Oppel, F.*, Verschärfung des § 50d Abs. 3 EStG im Fahrwasser der EuGH-Rechtsprechung?, DStR 2021, 1017 (1019).

323 *Loose, T.,* Abzugsteuerentlastungsmodernisierungsgesetz: Zentrale Aspekte des Referentenentwurfs zur Neugestaltung der Anti-Treaty-Shopping-Vorschrift, PIStB 2021, 045.

wesentliche Änderung betrifft vor allem die Rechtsgrundlage eines persönlichen Entlastungsanspruchs:

Tab. 2

§ 50d Abs. 3 EStG in der Fassung v. 2011	**§ 50d Abs. 3 EStG in der Fassung v. 2021**
… soweit Personen an ihr beteiligt sind, *denen* ***die Erstattung oder Freistellung*** *nicht zustände, wenn sie die Einkünfte unmittelbar erzielten, …*	… Personen … begünstigt sind, *denen* ***dieser Anspruch*** *nicht zustände, wenn sie die Einkünfte unmittelbar erzielten, …*

Die vorgenommene Änderung ist nach der Regierungsbegründung so zu verstehen, dass für den Personenkreis i. S. d. § 50d Abs. 3 Satz 1 Nr. 1 HS 1 EStG kein Anspruch auf Steuerentlastung besteht, sobald dieser Personenkreis auf der Grundlage einer anderen Anspruchsnorm keinen vergleichbaren Entlastungsanspruch wie der Körperschaftsteuerpflichtige selbst hat[324]. Somit erfolgte eine spürbare Verschärfung der Regelung[325].

Worin die Verschärfung im Vergleich zur § 50d Abs. 3 EStG a.F. besteht, kann anhand von folgendem Beispiel veranschaulicht werden:

Die „Red-White-Sun" AG ist das größte Solartechnik-Unternehmen Asiens. Der Unternehmenssitz befindet sich in Sapporo (Japan). Die Gesellschaft ist im japanischen Leitindex Nikkei 225 gelistet bzw. börsennotiert. Die „Red-White-Sun" AG hat mit Wirkung zum 01.01.2017 eine Beteiligung i. H. v. 98 % an der am 01.12.2016 gegründeten „Red-Green" AG mit Sitz in Braga (Portugal) erworben. Seit dem 03.01.2018 ist die „Red-White-Sun" AG über ihre portugiesische Tochtergesellschaft Alleingesellschafterin der deutschen „Pure Electricity" GmbH.

§ 50d Abs. 3 EStG a.F.

Nach bisheriger Rechtslage hatte sowohl die japanische Muttergesellschaft als auch die portugiesische Tochtergesellschaft einen Anspruch auf Entlastung von der Kapitalertragsteuer. So konnte die portugiesische Tochtergesellschaft beim BZSt die Freistellung von der Kapitalertragsteuerpflicht aufgrund der MTRL bzw. die Erstattung der abgeführten Kapitalertragsteuer nach § 43b EStG

324 BR-Drs. 50/21, 63.
325 Siehe: *Burwitz, G.*, Neuere Entwicklungen im Steuerrecht, NZG 2021, 416 (417).

beantragen. Die portugiesische Tochtergesellschaft hatte somit einen Anspruch nur auf der Grundlage der MTRL.

Die japanische Muttergesellschaft konnte dagegen zwar keinen Entlastungsanspruch auf der Grundlage der MTRL bzw. des § 43b EStG haben. Sie konnte aber einen Entlastungsanspruch auf der Grundlage des DBA-Japan haben, namentlich aufgrund der Dividendenklausel i. S. d. Art. 10 Abs. 3 i. V. m. Art. 21 Abs. 2 lit. c DBA-Japan.

Zwar hatten beide Gesellschaften Ansprüche auf Entlastung von der Kapitalertragsteuer, diese beruhten aber auf unterschiedlichen Rechtsgründen. Dabei war nach Ansicht der Finanzverwaltung[326] von Bedeutung nur die Tatsache, dass die persönliche Entlastungsberechtigung stets für jede Gesellschaft in der Kette gegeben sein musste.

§ 50d Abs. 3 EStG n.F.

Nach aktueller Rechtslage bleibt zwar die portugiesische Tochtergesellschaft weiterhin entlastungsberechtigt. Dies gilt für japanische Muttergesellschaft jedoch nicht. Um weiterhin persönlich entlastungsberechtigt zu bleiben, muss die japanische Muttergesellschaft nach § 50d Abs. 3 EStG in der Fassung v. 2021 neben ihrem DBA-Entlastungsanspruch noch einen weiteren Entlastungsanspruch haben, der auf derselbe Rechtsgrundlage beruht, auf der der Anspruch der portugiesischen Tochtergesellschaft basiert (*in unserem Fall: auf der Grundlage der MTRL*). Dies ist jedoch *per se* unmöglich, da Japan kein EU/EWR-Mitgliedsstaat ist, für deren Gesellschaften die MTRL anwendbar wäre.

Die Änderung des Normwortlauts wurde mit der o.g. verbundenen Entscheidung des EuGH zu den Dänemark-Urteilen begründet[327]. Der Entscheidung zufolge sind Durchleitungsgesellschaften *per se* als missbräuchlich anzusehen[328] und Konzerne mit einer Pro-forma-Struktur und einer Durchleitungsfunktion als künstliche Gebilde zu bewerten[329]. Aus dieser Perspektive kann das Vorhandensein nur eines abkommensrechtlichen Anspruchs einer Konzerngesellschaft

326 BMF v. 24.01.2012 – IV B 3 – S 2411/07/10016 – DOK 2011/1032913, BStBl. I 2012, 171 (Rn. 4.2).

327 So: BR-Drs. 50/21, 63.

328 Im Ergebnis: EuGH v. 26.02.2019 – C-115/16, C-118/16, C-119/16, C-299/16, BeckRS 2019, 2167 (Rn. 139) – N Luxembourg 1, X Denmark A/S, C Danmark I, Z Denmark ApS.

329 Siehe: EuGH v. 26.02.2019 – C-115/16, C-118/16, C-119/16, C-299/16, BeckRS 2019, 2167 (Rn. 127) – N Luxembourg 1, X Denmark A/S, C Danmark I, Z Denmark ApS.

mit reiner Durchleitungsfunktion den Missbrauch nicht ausschließen[330]. Gekoppelt mit Art. 6 ATAD hat der Gesetzgeber die o.g. Formulierung so interpretiert, dass eine Missbrauchsvermutung naheliegen soll, sobald die Gesellschaft keinen vergleichbaren – mit dem Anspruch von Körperschaftsteuerpflichtigen ähnlichen – Entlastungsanspruch geltend machen kann[331].

Die praktische Bedeutung dieser Änderung kann für die Basisgesellschaften ziemlich schmerzhaft sein, denn in den meisten Fällen entstehen deren Steuerentlastungsansprüche lediglich auf einer Grundlage, nämlich auf der Grundlage eines DBA. Dabei sind durch die Vorschrift nun auch Konzernstrukturen von US-Multinationals betroffen, deren Teilnahme an deutschen Gruppengesellschaften oft mittelbar durch europäische Zwischenholdings erfolgt[332]. Dies bedeutet konkret, dass die US-amerikanischen MNU künftig dazu gezwungen sein können, an deutschen Gruppengesellschaften entweder unmittelbar teilzunehmen oder ihre Beteiligungen mittelbar, jedoch über ihre europäischen Tochtergesellschaften zu halten, um weiterhin auf Grundlage der MTRL entlastungsberechtigt zu bleiben.

3) Sachliche Entlastungsberechtigung

Nach der Neufassung der Vorschrift besteht eine sachliche Entlastungsberechtigung nur, soweit die Einkunftsquelle der o.g. Gesellschaftsarten einen wesentlichen Zusammenhang mit deren Wirtschaftstätigkeit aufweist, § 50d Abs. 3 Satz 1 Nr. 2 HS 1 EStG:

---

330 Im Ergebnis: *Beutel, D./Oppel, F.*, Verschärfung des § 50d Abs. 3 EStG im Fahrwasser der EuGH-Rechtsprechung?, DStR 2021, 1017 (1020).

331 Kritik dazu: *Beutel, D./Oppel, F.*, Verschärfung des § 50d Abs. 3 EStG im Fahrwasser der EuGH-Rechtsprechung?, DStR 2021, 1017 (1020); *Hölscher, S./Voß, P./Zöller, D.*, Entwurf des Abzugsteuerentlastungsmodernisierungsgesetzes – Verschärfung der deutschen Anti-Treaty- und Anti-Directive-Shopping-Regelungen des § 50d Abs. 3 EStG, ISR 2021, 156 (158).

332 Dazu mehr: *Beutel, D./Oppel, F.*, Verschärfung des § 50d Abs. 3 EStG im Fahrwasser der EuGH-Rechtsprechung?, DStR 2021, 1017 (1020).

Tab. 3

§ 50d Abs. 3 EStG in der Fassung v. 2011	**§ 50d Abs. 3 EStG in der Fassung v. 2021**
… Einkünfte unmittelbar erzielten, und *die von der ausländischen Gesellschaft im betreffenden Wirtschaftsjahr* ***erzielten Bruttoerträge*** *nicht aus* ***eigener Wirtschaftstätigkeit*** *stammen, sowie* ***1. in Bezug auf diese Erträge für die Einschaltung der ausländischen Gesellschaft wirtschaftliche oder sonst beachtliche Gründe fehlen oder*** *2. die ausländische Gesellschaft nicht mit einem für ihren Geschäftszweck angemessen eingerichteten Geschäftsbetrieb am allgemeinen wirtschaftlichen Verkehr teilnimmt.*	*2.* ***die Einkunftsquelle*** *keinen wesentlichen Zusammenhang mit* ***einer Wirtschaftstätigkeit*** *dieser Körperschaft, Personenvereinigung oder Vermögensmasse aufweist;* ***das Erzielen der Einkünfte, deren Weiterleitung an beteiligte oder begünstigte Personen*** *sowie eine Tätigkeit, soweit sie mit einem für den Geschäftszweck nicht angemessen eingerichteten Geschäftsbetrieb ausgeübt wird,* ***gelten nicht als Wirtschaftstätigkeit.***

Im Mittelpunkt der Neufassung steht somit das Vorhandensein eines Zusammenhangs der Einkunftsquelle mit einer Wirtschaftstätigkeit.

aaa) Wirtschaftstätigkeit

Durch den Gesetzgeber wurden die wesentlichen Merkmale einer Wirtschaftstätigkeit grundlegend erarbeitet. Zum einen hat der Gesetzgeber auf den Begriff „*erzielte Bruttoerträge*" und „*eigene* Wirtschaftstätigkeit" verzichtet. Anstelle dessen wurde der Begriff „*Einkunftsquelle*" und „*eine* Wirtschaftstätigkeit" verwendet. Die semantische Bedeutung dieser Veränderung ist allerdings gering. Denn selbst in der Regierungsbegründung wird der frühere Begriff „*eigene* Wirtschaftstätigkeit" erwähnt[333]. Insofern bleibt das Ziel der Wortlautänderung völlig unklar.

Zum anderen hat der Begriff der Wirtschaftstätigkeit selbst eine bemerkenswerte Wandlung durchgemacht. Zwar wurde diese Begriffsbestimmung durch

333 Siehe dazu: BR-Drs. 50/21, 64 (Abs. 1).

den Gesetzgeber nicht näher definiert[334]. Die Formulierung der Begriffsbestimmung „*Wirtschaftstätigkeit*“ wurde aber, wie zuvor, negativ[335] von ähnlichen Tätigkeiten abgegrenzt; dabei entfällt die bisherige negative Abgrenzung im Hinblick auf Vermögensverwaltung und Outsourcing[336]. § 50d Abs. 3 Satz 1 Nr. 2 HS 2 EStG in der Fassung v. 2021 zufolge ist aber fortan die Tätigkeit, die mit einem für den Geschäftszweck nicht angemessen eingerichteten Geschäftsbetrieb ausgeübt wird, nicht als eine Wirtschaftstätigkeit anzusehen. Damit hat der Gesetzgeber das objektive Tatbestandsmerkmal aus § 50d Abs. 3 Satz 1 Nr. 2 EStG a.F. inhaltlich, jedoch mit etwas anderem Wortlaut im Text der neuen Fassung der Vorschrift übernommen. Maßgeblich ist nach der Neufassung die Überprüfung der Angemessenheit eines Geschäftsbetriebs in Relation zur tatsächlichen Geschäftstätigkeit sowie unter Beachtung von Funktionen, die von Konzerngesellschaften wahrgenommen werden[337]. Zu beachten ist dabei auch, dass bei den Konstellationen mit Holdinggesellschaften die Ausübung einer Tätigkeit mit einem angemessen eingerichteten Geschäftsbetrieb nicht zwingend das Vorhandensein eigener Geschäftsräume, Personal und Ausrüstungsgegenstände vorausgesetzt[338].

Zum anderen soll das Erzielen der Einkünfte und deren Weiterleitung weiterhin nicht als Wirtschaftstätigkeit gelten. Nach der Regierungsbegründung sollen somit die Fälle mit passiver Beteiligungsverwaltung erfasst werden, in denen die Tätigkeit einer Gesellschaft sich ausschließlich auf das bloße Halten der Beteiligung an einer anderen Gesellschaft beschränkt[339]. Nach Ansicht des deutschen Gesetzgebers steht dieses Ziel im Einklang mit der Entscheidung des EuGH zu den Dänemark-Urteilen[340]. Diese Herangehensweise lässt jedoch einige dogmatische Fragen entstehen. Zwar erfüllt nach ständiger Rechtsprechung des

---

334 *Schnitger, A./Gebhardt, R.*, Überlegungen zur geplanten Neufassung des § 50d Abs. 3 EStG durch das AbzStEntModG, IStR 2021, 289 (293); *Schönfeld, J./Erdem, E.*, Die geplante Neufassung des § 50d Abs. 3 EStG durch das AbzStEntModG, IStR 2021, 189 (194).

335 *Schönfeld, J./Erdem, E.*, Die geplante Neufassung des § 50d Abs. 3 EStG durch das AbzStEntModG, IStR 2021, 189 (194).

336 So: *Beutel, D./Oppel, F.*, Verschärfung des § 50d Abs. 3 EStG im Fahrwasser der EuGH-Rechtsprechung?, DStR 2021, 1017 (1021).

337 *Beutel, D./Oppel, F.*, Verschärfung des § 50d Abs. 3 EStG im Fahrwasser der EuGH-Rechtsprechung?, DStR 2021, 1017 (1021).

338 FG Köln v. 31.08.2016 – 2 K 721/13, EFG 2017, 51 (Rn. 118).

339 Siehe: BR-Drs. 50/21, 64.

340 BR-Drs. 50/21, 64.

BFH das bloße Halten der Beteiligung ohne weitere geschäftsleitende Funktionen nicht die Anforderungen, die an eine eigene Wirtschaftstätigkeit zu stellen sind[341]. Zu beachten ist aber, dass die o.g. Entscheidung des EuGH zu den Dänemark-Urteilen, auf die der Gesetzgeber sich beruft, nur Durchleitungsgesellschaften betrifft, nicht jedoch die Gesellschaften, die eine passive Beteiligungsverwaltungstätigkeit ausüben. Ob eine solche passive Tätigkeit nicht nur aus der nationalen, sondern auch aus der europarechtlichen Perspektive eine Missbrauchsgefahr darstellen kann, ist jedoch fraglich[342]. Entscheidend soll in diesem Zusammenhang sein, ob nach einer einzelfallbezogenen Betrachtung ein Steuermissbrauch vorliegt[343].

bbb) Wesentlicher Zusammenhang

Mit der Einführung des Merkmals „*wesentlicher Zusammenhang*" greift nach *Beutel* und *Oppel*[344] der deutsche Gesetzgeber ein aus dem internationalen Steuerrecht stammendes Konzept auf, wonach die Einkunftsquelle einen wesentlichen Zusammenhang mit der Wirtschaftstätigkeit einer Gesellschaft aufweisen soll. Nach der Regierungsbegründung verweist das Attribut „*wesentlich*" auf einen wirtschaftlich nachvollziehbaren[345] Zusammenhang, in dem die wirtschaftliche Funktion oder Herkunft der Einkunftsquelle nicht eine völlig untergeordnete Rolle spielen darf[346]. Fehlt solch ein Zusammenhang, ist davon auszugehen, dass die Gesellschaft ihre Beteiligung an einer anderen Gesellschaft im Wesentlichen nur aus steuerlichen Gründen hält[347]. Sobald eine Tätigkeit aus reinen steuerlichen Zwecken ausgeübt wird, liegt aus europarechtlicher Perspektive eine Missbrauchsvermutung nach Art. 6 Abs. 1 ATAD vor.

---

341 BFH v. 20.03.2002 – I R 38/00, BStBl. II 2002, 819 (Rn. 19).

342 *Beutel, D./Oppel, F.*, Verschärfung des § 50d Abs. 3 EStG im Fahrwasser der EuGH-Rechtsprechung?, DStR 2021, 1017 (1021).

343 *Schnitger, A./Gebhardt, R.*, Überlegungen zur geplanten Neufassung des § 50d Abs. 3 EStG durch das AbzStEntModG, IStR 2021, 289 (293).

344 *Beutel, D./Oppel, F.*, Verschärfung des § 50d Abs. 3 EStG im Fahrwasser der EuGH-Rechtsprechung?, DStR 2021, 1017 (1022).

345 BR-Drs. 50/21, 64.

346 BR-Drs. 50/21, 63.

347 BR-Drs. 50/21, 63.

4) Gegenbeweismöglichkeiten

Liegt eine Missbrauchsvermutung nach § 50d Abs. 3 Satz 1 EStG vor, so kann diese Annahme durch einen Gegenbeweis widerlegt werden. § 50d Abs. 3 Satz 2 EStG bietet dabei den Steuerpflichtigen, wie zuvor, 2 Möglichkeiten an:

Tab. 4

§ 50d Abs. 3 EStG in der Fassung v. 2011	**§ 50d Abs. 3 EStG in der Fassung v. 2021**
Die Sätze 1 bis 3 sind nicht anzuwenden, *wenn* ***mit der Hauptgattung der Aktien der ausländischen Gesellschaft ein wesentlicher und regelmäßiger Handel an einer anerkannten Börse stattfindet*** *oder* ***für die ausländische Gesellschaft die Vorschriften des InvStG*** *gelten.*	Satz 1 findet keine Anwendung, *soweit die Körperschaft, Personenvereinigung oder Vermögensmasse nachweist, dass* ***keiner der Hauptzwecke ihrer Einschaltung die Erlangung eines steuerlichen Vorteils ist****, oder wenn* ***mit der Hauptgattung der Anteile an ihr ein wesentlicher und regelmäßiger Handel an einer anerkannten Börse stattfindet.***

Nach der Regierungsbegründung wurde aus Vereinfachungsgründen[348] die Börsenklausel inhaltlich, jedoch mit anderer Platzierung im Text der Neufassung übernommen. Zu behaupten ist allerdings, dass die Börsenklausel fortan lediglich auf der Ebene der Körperschaft geprüft werden soll[349]. Der Gesetzgeber geht somit davon aus, dass im Fall eines börsennotierten Unternehmens durch die Vielzahl von Anteilseignern es unmöglich sei, dieses Unternehmen für die Bedürfnisse seiner Anteilseigner, bestimmte steuerliche Vorteile zu erzielen, zu instrumentalisieren[350]. Im Unterschied dazu kann ein Investmentfonds nach § 1 Abs. 2 Nr. 1 InvStG theoretisch sogar auf einen Anleger begrenzt sein und somit die Risiken des Missbrauchs von Gestaltungsmöglichkeiten mit sich bringen[351]. Deshalb ist die bisherige Ausnahme für Investmentfonds aus dem Gesetzestext gestrichen worden.

348 BR-Drs. 50/21, 65.
349 Siehe: BR-Drs. 50/21, 65.
350 Siehe: BR-Drs. 50/21, 65.
351 Siehe: BR-Drs. 50/21, 65.

Von besonderer Bedeutung ist daher die Einführung einer neuen Ausnahme i. S. d. § 50d Abs. 3 Satz 2 HS 1 EStG. Danach findet § 50d Abs. 3 Satz 1 EStG keine Anwendung, sobald die Gesellschaft den Nachweis erbringt, dass keiner der Hauptzwecke ihrer Einschaltung die Erlangung eines steuerlichen Vorteils war. *Beutel* und *Oppel*[352] gemäß ist für die Bestimmung, ob ein reiner steuerlicher Vorteil vorliegt, ein Vergleich der tatsächlich gewählten mit einer angemessenen Alternativgestaltung maßgeblich. Zu berücksichtigen sind dabei ebenso alle Umstände, Tatsachen und – sogar außersteuerliche[353] – Gründe einer Gestaltung[354].

Die Regelung hat bestimmte Parallelen zu Art. 6 Abs. 1 ATAD, ist aber m.E. missglückt formuliert: das Wort „*Hauptzwecke*" sollte in Analogie zu Art. 6 Abs. 1 ATAD durch das Attribut „*wesentliche* (Zwecke)" ersetzt werden. Denn jede wirtschaftliche Aktivität der Gesellschaft kann im Prinzip nur einen (1) Hauptzweck und eine Vielzahl von Nebenzwecken haben. Mit der Verwendung des Wortes „*Hauptzweck*" im Plural wird aber diese Definitionen verwechselt, was letztlich zum einen irreführenden Gesetzeswortlaut führt.

5) *Rechtsfolge*

Sobald die persönlichen und sachlichen Entlastungsvoraussetzungen aus § 50d Abs. 3 Satz 1 EStG nicht erfüllt wurden, besteht kein Anspruch auf Kapitalertragsteuerentlastung sowie auf Entlastung vom Steuerabzug nach § 50a EStG. Dies gilt nicht, wenn die Gesellschaft durch Erbringung entsprechender Gegenbeweise i. S. d. § 50d Abs. 3 Satz 2 EStG ihre außersteuerlichen Gründe nachweist. Hierbei ist auch eine anteilige Versagung des Entlastungsanspruchs bei teilweise fehlender persönlicher oder sachlicher Entlastungsberechtigung zu berücksichtigen[355].

Gemäß § 50d Abs. 3 Satz 3 EStG in der Fassung v. 2021 soll die Regelung fortan keine Sperrwirkung gegenüber § 42 AO haben. Somit ist zwar der Grundsatz „*lex specialis derogat legi generali*" durchbrochen. Nach der Regierungsbegründung

---

352 *Beutel, D./Oppel, F.*, Verschärfung des § 50d Abs. 3 EStG im Fahrwasser der EuGH-Rechtsprechung?, DStR 2021, 1017 (1023).

353 BR-Drs. 50/21, 65.

354 *Beutel, D./Oppel, F.*, Verschärfung des § 50d Abs. 3 EStG im Fahrwasser der EuGH-Rechtsprechung?, DStR 2021, 1017 (1023).

355 So nach: *Beutel, D./Oppel, F.*, Verschärfung des § 50d Abs. 3 EStG im Fahrwasser der EuGH-Rechtsprechung?, DStR 2021, 1017 (1023).

ist aber die Regelung als rein deklaratorisch[356] zu betrachten[357]. Der deutsche Gesetzgeber folgt dabei mit hoher Wahrscheinlichkeit den Leitlinien der OECD bzw. des mehrseitigen Übereinkommens, in dem der Wortlaut der allgemeinen Anti-Missbrauchsklausel (*PPT*) die Möglichkeit der Durchführung des o.g. Ansatzes ausschließt[358]. Praktisch bedeutet dies, dass für die Steuerpflichtigen auch künftig eine gewisse Unsicherheit hinsichtlich ihrer Planungssicherheit besteht.

b) § 50d Abs. 9 EStG

aa) Einzelheiten der Vorschrift

§ 50d Abs. 9 EStG ist eine klassische switch-over-Vorschrift[359]. Sie verfügt über eine klarstellende[360] Funktion. Gemessen sowohl an ihrer dogmatischen Natur als auch am Gesetzwortlaut zielt die Norm auf die Beseitigung von theoretischen abkommensrechtlichen Konstellationen der Keinmalbesteuerung resp. Mindestbesteuerung auf unilateraler Ebene ab. Sie implementiert damit die Bestimmungen des OECD-MK im nationalen Ertragsteuerrechtssystem[361]. Deren Form wird dabei Schritt für Schritt[362] zunehmend restriktiv.

Für die Mindestbesteuerung bzw. Nichtbesteuerung, die in o.g. Rechtsvorschrift genannt wird, kann es mehrere abkommensrechtliche Gründe geben, zu denen u.a. die negativen Qualifikationskonflikte[363] oder Zurechnungskonflikte gehören[364]. Zudem gehören auch häufig die Konstellationen mit

---

356 Gegenauffassung: *Schönfeld, J./Erdem, E.*, Die geplante Neufassung des § 50d Abs. 3 EStG durch das AbzStEntModG, IStR 2021, 189 (191).

357 Im Ergebnis: BR-Drs. 50/21, 65.

358 Ausführlich dazu: siehe 4. Kapitel der Arbeit.

359 *Wagner, K.J.*, in: Brandis, P./Heuermann, B., Ertragsteuerrecht: Kommentar, Stand: 158. Ergänzungslieferung, München 2021, EStG § 50d Rn. 108; *Gosch, D.*, in: Kirchhof, P./Seer, R., EStG Kommentar, 20. Aufl., Köln 2021, § 50d Rn. 40; so auch: *Schnitger, A.*, Der Entwurf des AHRL-ÄndUmsG, IStR 2016, 637 (639).

360 *Gosch, D.*, Über das Treaty Overriding – Bestandsaufnahme – Verfassungsrecht – Europarecht, IStR 2008, 413 (416).

361 *Gosch, D.*, Über das Treaty Overriding – Bestandsaufnahme – Verfassungsrecht – Europarecht, IStR 2008, 413 (416).

362 Mit dem BEPS-UmsG v. 20.12.2016 erweiterte der Gesetzgeber den Anwendungsbereich von Norm noch weiter. Das wurde mithilfe der Einführung von alternativer Erfüllungsforderung (*soweit*) im Satz 1 möglich gewesen, so: BT-Drs. 18/9536, 56.

363 BT-Drs. 16/2712, 61.

364 *Gosch, D.*, in: Kirchhof, P./Seer, R., EStG Kommentar, 20. Aufl., Köln 2021, § 50d Rn. 41b.

Subsumtions- und Auslegungskonflikten zur DBA-Bestimmung[365]. § 50d Abs. 9 EStG zufolge wird der Gleichheitsgrundsatz, gegen den bei grenzüberschreitenden Sachverhalten zugunsten der beschränkt Steuerpflichtigen mit ausländischen Einkünften verstoßen werden kann, sichergestellt. Allerdings führt diese einseitige Auslegung und Betrachtung der grenzüberschreitenden Sachverhalte möglicherweise zu abkommens- sowie unionsrechtswidrigen[366] Ergebnissen und resultiert in treaty-overriding. In dieser Hinsicht stellte der BFH die Verfassungsmäßigkeit der Vorschrift in Frage[367]. Aufgrund der schon ernannten Rechtsprechung des BVerfG zu treaty-override dürfte sich dieses Bedenken nun jedoch erledigt haben.

1) § 50d Abs. 9 Satz 1 EStG

§ 50d Abs. 9 Satz 1 EStG listet 3 Konstellationen, bei denen die Freistellung der ausländischen Einkünfte *ungeachtet eines Abkommens* nicht zu gewähren ist.

Zum einen besagt § 50d Abs. 9 Satz 1 Nr. 1 EStG, dass die Befreiungsmethode, die analog dem Art. 23A OECD-MA auf abkommensrechtlichem Niveau gewährleistet wird, nicht zum Einsatz kommen kann, wenn die ausländischen Einkünfte von im Inland unbeschränkt Steuerpflichtigen keiner Besteuerung oder nur einem geringeren Steuersatz unterliegen. Zu betonen ist in diesem Zusammenhang, dass die Begriffsbestimmung von Einkünften in enger Verbindung mit der inländischen Definition der Einkünfte aus § 2 Abs. 1 und 2 EStG steht[368]. Einkünfte umfassen dabei sowohl positive als auch negative Einkünfte der beschränkt Steuerpflichtigen[369]. Unterschiede finden sich jedoch bei der Dividende. Diese wird hier nach abkommensrechtlichen, nicht nach nationalrechtlichen Bestimmungen definiert[370].

Zum anderen ist nach § 50d Abs. 9 Satz 1 Nr. 2 EStG eine Freistellung auch für die Fälle nicht zu gewähren, in denen lediglich aufgrund der Einordnung der

---

365 MwN *Gosch, D.*, in: Kirchhof, P./Seer, R., EStG Kommentar, 20. Aufl., Köln 2021, § 50d Rn. 41b.

366 *Gebhardt, R.*, § 50d Abs. 9 Satz 1 Nr. 1 EStG in der europa- und verfassungsrechtlichen Kritik, IStR 2011, 58 (59).

367 BFH v. 20.08.2014 – I R 86/13, BStBl. II 2015, 18.

368 MwN *Gosch, D.*, in: Kirchhof, P./Seer, R., EStG Kommentar, 20. Aufl., Köln 2021, § 50d Rn. 41a.

369 BFH v. 11.07.2018 – I R 52/16, BFHE 262, 365 (Leitsatz); *Wagner, K.J.*, in: Brandis, P./Heuermann, B., Ertragsteuerrecht: Kommentar, Stand: 158. Ergänzungslieferung, München 2021, EStG § 50d Rn. 116.

370 So: BFH v. 04.06.2008 – I R 62/06, BStBl. II 2008, 793 (Rn. 8).

Person als beschränkt Steuerpflichtiger die Steuerlast des ausländischen Staats nicht erhoben wird. Nicht anwendbar ist die Vorschrift jedoch, sobald der ausländische Staat bewusst auf sein Besteuerungsrecht verzichtet[371].

Schließlich wurde § 50d Abs. 9 Satz 1 EStG durch das ATAD-UmsG[372] mit einer zusätzlichen Regelung zur Neutralisierung der Effekte von hybriden Steuergestaltungen ergänzt. § 50d Abs. 9 Satz 1 Nr. 3 EStG gemäß soll die abkommensrechtliche Freistellungsmethode fortan auch dann nicht zum Einsatz kommen, wenn *die Einkünfte in einem anderen Staat nur deshalb nicht steuerpflichtig sind, weil sie einer Betriebsstätte in einem anderen Staat zugeordnet werden* (etwa bei Zurechnungskonflikten) *oder auf Grund einer anzunehmenden schuldrechtlichen Beziehung die steuerliche Bemessungsgrundlage in dem anderen Staat mindern* (etwa bei Qualifikationskonflikten). Die Regelung stellt somit eine Umsetzung von Art. 9 und 9b ATAD durch die Versagung der Steuerfreistellung bei hybriden Gestaltungen[373] dar[374].

2) § 50d Abs. 9 Satz 2 EStG

§ 50d Abs. 9 Satz 2 EStG kann als *„escape-Klausel"* bezeichnet werden. Er schließt Dividenden aus dem Geltungsbereich der Vorschrift aus, es sei denn, sie wurden bei der Ermittlung des Gewinns der ausschüttenden Gesellschaft im ausländischen Staat abgezogen. Damit wird der gesetzliche Präventionsmechanismus gegen den missbräuchlichen Erwerb eines Schachtelprivilegs angewandt[375].

3) § 50d Abs. 9 Satz 3 und 4 EStG

Gewisse Regelungen bleiben von § 50d Abs. 9 Satz 3 EStG auf abkommensrechtlicher Ebene unberührt. Dazu zählen bestimmte switch-over-Regelungen und bei weitergehender Einschränkung der Freistellungsmethode auch die Regelungen aus § 50d Abs. 8 EStG resp. § 20 Abs. 2 Satz 1 AStG. Nach der Rechtsprechung ist diesbezüglich § 50d Abs. 9 EStG im Verhältnis zu § 50d Abs. 8 EStG als *„lex generalis"* anzusehen[376]. Der letzte Satz der Vorschrift resultiert in einer

---

371 BFH v. 05.03.2008 – I R 54, 55/07, juris (Rn. 22).

372 ATAD-UmsG v. 25.06.2021, BGBl. I 2021, 2035.

373 *Geberth, G./Bartelt, M.*, Gesetzgebung: Regierungsentwurf eines Gesetzes zur Umsetzung der Anti-Steuervermeidungsrichtlinie (ATADUmsG), DStR-Aktuell 2021, 62.

374 So: BT-Drs. 19/29848, 50.

375 Im Ergebnis: *Klein, M./Hagena, A.*, in: Herrmann, C./Heuer, G./Raupach, A., EStG, KStG: Kommentar, Stand: 307. Ergänzungslieferung, Köln 2021, § 50d Rn. 123.

376 BFH v. 11.01.2012 – I R 27/11, BFHE 236, 327 (Rn. 13).

restriktiven Regelung bezüglich der Besteuerung von Einkünften, die auch nur teilweise[377] im ausländischen Staat besteuert wurden, § 50d Abs. 9 Satz 4 EStG. Sinnähnliche Regelungen aus Art. 22 Abs. 1 Nr. 5 lit. b DE-VG v. 22.08.2013 werden damit von der Vorschrift wiederholt[378].

bb) Rechtsfolge

Da bei Erfüllung der Voraussetzungen aus § 50d Abs. 9 EStG die Anwendung der Freistellungsmethode keine Option ist, wird stattdessen die abkommensrechtliche Befreiungsmethode auf die Anrechnungsmethode i. S. d. § 34c Abs. 6 Satz 5 EStG umgeschaltet. Dies bedeutet die Aufgabe seitens des Gesetzgebers von einigen Rechten der Steuerpflichtigen resp. des Grundsatzes der Völkerrechtsfreundlichkeit im Austausch gegen den Schutz der Kohärenz des inneren Ertragsteuerrechtssystems. Statt die Doppelbesteuerung durch die Kooperation mit anderen Hoheitsgebieten qualitativ zu vermeiden, versucht der Staat infolgedessen die Attraktivität von Investitionen im Ausland zu senken. Dies entspricht im Großen und Ganzen[379] dem rechtsdogmatischen Ziel, den nationalen Binnenmarkt zu beleben, behebt jedoch in seiner tatsächlichen Wirkung nicht das Problem der Doppelbesteuerung. Das liegt daran, dass bei der Anrechnungsmethode gemäß § 34c Abs. 1 Satz 1 EStG nur im Ausland festgesetzte und gezahlte Steuern aus der deutschen Bemessungsgrundlage abgezogen werden, nicht jedoch die ausländischen Einkünfte. Dies nimmt der zwischenstaatlichen Vereinbarung zur Vermeidung einer Doppelbesteuerung ihre praktische Bedeutung. Es entsteht damit eine ertragsteuerliche Mehrbelastung der Steuerpflichtigen. Diese doppelte Belastung könnte durch Konsultationsverhandlungen auf völkerrechtsfreundliche Weise vermieden werden, ohne den Kampf gegen ertragsteuerliche Missbrauchsgestaltungen zu vernachlässigen. Umso bedauerlicher ist es, dass der Gesetzgeber im Ergebnis die konsequente und billige Vermeidung einer Doppelbesteuerung aufgrund des § 50d Abs. 9 EStG erschwert.

---

377 Die Regelung definiert die Begriffsbestimmung eines Teils von Einkünften nicht. Nach *Schnitger* sind deswegen die praktischen Schwierigkeiten bei der Gesetzanwendung möglich, so: *Schnitger, A.*, Der Entwurf des AHRL-ÄndUmsG, IStR 2016, 637 (640).

378 *Gosch, D.*, in: Kirchhof, P./Seer, R., EStG Kommentar, 20. Aufl., Köln 2021, § 50d Rn. 41aa.

379 In Bezug auf die EU-Mitgliedsstaaten soll die Anwendung dieses Wirkungsinstruments wegen unionsrechtswidriger Folgen ausgeschlossen werden.

c) § 20 Abs. 2 Satz 1 AStG

aa) Allgemeines zur Vorschrift

Das Ziel der oben beschriebenen Rechtsnormen liegt in der Beseitigung der Umgehungsversuche von staatlicher Steuerlast durch den Steuerpflichtigen mittels des klassischen treaty-shopping-Schemas. Neben den Anti-Missbrauchsmechanismen wurden dabei zeitgleich neue Methoden entwickelt, die dem Erreichen gesetzlich nicht vorgesehener Steuervorteile dienen. Ein Beispiel dafür stellt die häufig vorkommende Nutzung von Gestaltungen dar, in denen Gewinne (Zwischeneinkünfte) durch ausländische Betriebsstätten generiert und danach vor der Besteuerung künstlich beseitigt werden. Die missbräuchliche Ausnutzung der Gestaltungsfreiheit auf diese Art vermeidet die Anwendung ertragsteuerlicher Schutzinstrumente i. S. d. § 50d Abs. 3 und 9 EStG. Der Grundsatz der gleichmäßigen Besteuerung wird damit erneut verletzt.

Da eine solche Kreativität praktisch vorstellbare negative Wirkungen auslösen kann, muss deren Auftreten vom Gesetzgeber verhindert werden. Dazu wird der Freistellungsmethode nach § 20 Abs. 2 Satz 1 AStG bei ausländischen Betriebsstättengewinnen eines unbeschränkt Steuerpflichtigen eine Absage erteilt, soweit sie ungeachtet des § 8 Abs. 2 AStG als Zwischeneinkünfte steuerpflichtig wären und auf Grund eines DBA im Ausland steuerfrei bleiben. Unberücksichtigt bleiben aber negative Gewinne (*d.h. Verluste*), für die § 10 Abs. 3 Satz 5 und 6 AStG in der Fassung v. 2021 entsprechend gelten.

In ihrer aktuellen Fassung enthält die besagte Rechtsvorschrift, analog zu § 50d Abs. 9 EStG, eine sog. Umschaltungsklausel[380] bzw. die Merkmale eines treaty-overrides[381]. Gleichzeitig lässt § 50d Abs. 9 Satz 3 EStG die Regelung aus § 20 Abs. 2 AStG unberührt[382].

Die Rechtfertigung dieses Instruments zur Missbrauchsbekämpfung erfolgt zum einen auf der europäischen Ebene. Die europarechtliche Würdigung des

---

380 *Vogt, G.*, in: Brandis, P./Heuermann, B., Ertragsteuerrecht: Kommentar, Stand: 158. Ergänzungslieferung, München 2021, AStG § 20 Rn. 1; *Rupp, T.*, in: Haase, F., AStG/DBA: Kommentar, 3. Aufl., Heidelberg 2016, § 20 AStG, Rn. 72.

381 *Linn, A.*, Generalthema I: Steuerumgehung und Abkommensrecht, IStR 2010, 542 (543); *Schmidt, T.*, AStG: NomosKommentar, Baden-Baden 2012, § 20 Rn. 3; *Wassermeyer, F./Schönfeld, J.*, in: Flick, H./Wassermeyer, F./Baumhoff, H./Schönfeld, J., Außensteuerrecht: Kommentar, Stand: 99. Ergänzungslieferung, Köln 2021, § 20 AStG, Rn. 12.

382 *Vogt, G.*, in: Brandis, P./Heuermann, B., Ertragsteuerrecht: Kommentar, Stand: 158. Ergänzungslieferung, München 2021, AStG § 20 Rn. 26.

„switch-over"-Mechanismus erhält seine materielle Festigung insb. in der Rechtsprechung des EuGH[383]. Dabei ist beachtlich, dass die Normfassung bis zum Jahr 2007 ein unionsrechtswidriges Element[384] enthielt. Die damalige Rechtslage bot Steuerpflichtigen keine Möglichkeit der Entlastung vom Missbrauchsvorwurf[385]. Dieses Problem wurde jedoch durch die Einführung der escape-Klausel i. S. d. § 20 Abs. 2 Satz 2 AStG i. R. des JStG 2010[386] gelöst. Zu berücksichtigen ist dabei, dass nach § 9 Satz 3 HS 2 StAbwG die Möglichkeit der Anwendung o.g. escape-Klausel für in einem nicht kooperativen Steuerhoheitsgebiet gelegene Betriebsstätten ausgeschlossen ist.

Die andere Anwendungsrechtfertigung beruht auf historisch ausgeprägten Tendenzen des deutschen internationalen Steuerrechts, da die Mehrheit der DBA-Vereinbarungen der Bundesrepublik ausschließlich deutsche Aktivitätsklauseln für Betriebsstätteneinkünfte vorsehen[387] und die entsprechende Regelung im AStG demnach als abkommenskonform anzusehen ist.

bb) Einzelne Tatbestandsmerkmale

1) Ausländische Betriebsstätte eines unbeschränkt Steuerpflichtigen

In § 20 Abs. 2 Satz 1 AStG wird das Vorhandensein einer ausländischen[388] Betriebsstätte vorausgesetzt. Deren Einkünfte sind ebenso wie jene aus einer Zwischengesellschaft dem Steuerpflichtigen zuzurechnen. Der Begriff des Steuerpflichtigen beschreibt dabei über die unbeschränkt[389] steuerpflichtigen

383 EuGH v. 06.12.2007 – C-298/05, IStR 2008, 63 – Columbus Container Services BVBA & Co. Mehr zum Thema: *Franck, J-U.*, 20 Abs. 2 AStG auf dem Prüfstand der Grundfreiheiten – Anmerkung zu den Schlussanträgen des Generalanwalts Mengozzi in der Rechtssache C-298/06 (Columbus), IStR 2007, 489 ff. sowie: *Wassermeyer, F./ Schönfeld, J.*, in: Flick, H./Wassermeyer, F./Baumhoff, H./Schönfeld, J., Außensteuerrecht: Kommentar, Stand: 99. Ergänzungslieferung, Köln 2021, § 20 AStG, Rn. 57.

384 BFH v. 21.10.2009 – I R 114/08, BStBl. II 2010, 774 (24 f.)

385 Vgl. zu §§ 7 AStG: *Lieber, B.*, Ei des Columbus gefunden – BFH beendet das mehrschichtige Verfahren zu „Columbus Container Services", IStR 2010, 142 (143).

386 JStG 2010 v. 08.12.2010, BGBl. I 2010, 1768 (1792).

387 Siehe: OFD Münster v. 25.09.1998 – S 1301 – 18 – St 22 – 34, RIW 1999, 239.

388 So: *Kollruss, T./Buß, L./Braukmann, M.*, Doppelt ansässige Gesellschaften, Zentralfunktionsthese des Stammhauses und Hinzurechnungsbesteuerung nach dem AStG, IStR 2011, 13 (20); im Ergebnis: *Wassermeyer, F./Schönfeld, J.*, in: Flick, H./Wassermeyer, F./Baumhoff, H./Schönfeld, J., Außensteuerrecht: Kommentar, Stand: 99. Ergänzungslieferung, Köln 2021, § 20 AStG, Rn. 119.

389 *Rupp, T.*, in: Haase, F., AStG/DBA: Kommentar, 3. Aufl., Heidelberg 2016, § 20 AStG, Rn. 95.

natürlichen Personen hinaus auch Kapitalgesellschaften[390]. *Rupp*[391] betrachtet das außensteuergesetzliche „switch-over“ i. S. d. § 20 Abs. 2 AStG nur bei inländischen Beteiligungen an ausländischen Betriebsstätten gemäß § 7 Abs. 1 bis 4 AStG für anwendbar, bei denen zudem die Einkünfte dieser Betriebsstruktur aufgrund ihrer passiven Natur niedrig besteuert[392] werden.

Die Definition einer Betriebsstätte erfolgt nach § 12 AO[393]. Ob im Ausland eine Betriebsstätte besteht, ist vorrangig nach den Kriterien dieser Vorschrift zu prüfen[394]. Es handelt sich begrifflich um eine Betriebsstätte, wenn in der Einrichtung betriebliche Handlungen ablaufen, die dem Gewerbebetrieb dienen[395]. Um als Betriebsstätte angenommen zu werden, genügt es zunächst, das dingliche Nutzungsrecht, Mietverhältnisse oder ein gleichrangiges Recht vorzuweisen. Alternativ sind auch auf lange Sicht faktisch betrieblich genutzte Räume ausreichend für eine Annahme als Betriebsstätte[396].

Gemäß der „*tie-breaker*“-Regelung aus Art. 4 Abs. 3 OECD-MA sollen jene Personenvereinigungen, die mit Sitz in Deutschland im Ausland mit ihrer Betriebsstätte aktiv tätig sind, von der Besteuerung freigestellt werden. Dies geschieht anhand entsprechender Verteilungsartikel[397] des DBA. Dessen ungeachtet fallen alle möglichen abkommensrechtlichen Konstellationen der doppelten Ansässigkeit ebenso in den Anwendungsbereich von § 20 Abs. 2 Satz 1 AStG[398]. Durch den Schutzmechanismus aus § 20 Abs. 2 Satz 1 AStG wird das Umschalten der abkommensrechtlichen Freistellungsmethode auf die

---

390 *Wassermeyer, F./Schönfeld, J.*, in: Flick, H./Wassermeyer, F./Baumhoff, H./Schönfeld, J., Außensteuerrecht: Kommentar, Stand: 99. Ergänzungslieferung, Köln 2021, § 20 AStG, Rn. 119; im Ergebnis: *Kraft, G.*, in: Kraft, G., AStG: Kommentar, 2. Aufl., München 2019, § 20 Rn. 48.

391 *Rupp, T.*, in: Haase, F., AStG/DBA: Kommentar, 3. Aufl., Heidelberg 2016, § 20 AStG, Rn. 84.

392 Auch: *Schmidt, T.*, AStG: NomosKommentar, Baden-Baden 2012, § 20 Rn. 7.

393 *Kraft, G.*, in: Kraft, G., AStG: Kommentar, 2. Aufl., München 2019, § 20 Rn. 41; *Rupp, T.*, in: Haase, F., AStG/DBA: Kommentar, 3. Aufl., Heidelberg 2016, § 20 AStG, Rn. 87.

394 *Wassermeyer, F./Schönfeld, J.*, in: Flick, H./Wassermeyer, F./Baumhoff, H./Schönfeld, J., Außensteuerrecht: Kommentar, Stand: 99. Ergänzungslieferung, Köln 2021, § 20 AStG, Rn. 129.

395 So: BFH v. 10.05.1961 – IV 155/60 U, BStBl. III 1961, 317 (Rn. 13).

396 MwN BFH v. 14.07.2004 – I R 106/03, BFH/NV 2005, 154 (Rn. 11).

397 *Vogt, G.*, in: Brandis, P./Heuermann, B., Ertragsteuerrecht: Kommentar, Stand: 158. Ergänzungslieferung, München 2021, AStG § 20 Rn. 31.

398 *Kollruss, T.*, Hinzurechnungsbesteuerung bei doppelt ansässigen Kapitalgesellschaften, IStR 2008, 316 (319).

Anrechnungsmethode vollzogen, um die Möglichkeit des Erreichens künstlicher Steuerbelastungsermäßigungen zu verhindern. Ermöglicht wird dies durch die Normkonstruktion, welche alle passiven ausländischen Einkünfte aus der Betriebsstätte der Gesellschaft, die über ein ähnliches treaty-shopping-Mindestbesteuerungsrisiko verfügen, prinzipiell in den Geltungsbereich der gesetzlichen Restriktion bringt. Im Ergebnis werden dem Steuerpflichtigen zunächst die passiven ausländischen Einkünfte zugerechnet. Anschließend folgt die Umstellung der abkommensrechtlichen Freistellung auf die Anrechnungsmethode.

2) Einkünfte

Was unter einer Einkunft zu verstehen ist, bestimmt § 2 Abs. 2 EStG. Der Gesetzwortlaut lässt darauf schließen, dass die in der ausländischen Betriebsstätte gewonnenen Einkünfte passiv sein müssen, wobei die tatsächliche Passivität der erwirtschafteten Geldmassen durch § 8 Abs. 1 AStG bestimmt wird[399]. Das JStG 2008[400] brachte eine Ergänzung der Tatbestandsmerkmale aus Abs. 2 Satz 1 i. F. des Wortlauts *„ungeachtet des § 8 Abs. 2"*, was eine gesetzliche Reaktion auf das Columbus Container Services BVBA & Co. Urteil des EuGH darstellt[401]. Diese Entscheidung betrachtet ein nationales „switch-over"-Instrument als mit der unionsrechtlichen Niederlassungsfreiheit resp. Kapitalverkehrsfreiheit vereinbar[402], wodurch sich für den Rechtsanwender die Gelegenheit für eine Erweiterung des Anwendungsspektrums der Umschaltklausel ergibt.

Dabei war lange Zeit zwar unstrittig, dass für die Zwecke des § 20 Abs. 2 Satz 1 AStG dieser Begriff auch negative Einkünfte miteinschließt[403]. Mitte 2021 wurde § 20 Abs. 2 Satz 1 AStG aber durch das ATAD-UmsG mit einer zusätzlichen Regelung ergänzt, die explizit diese Betrachtungsweise ausschließt. Für die negativen Einkünfte gelten § 10 Abs. 3 Satz 5 und 6 AStG in der Fassung v. 2021 entsprechend. Diesen Normen zufolge können die Verluste zwar abgezogen werden. Dabei ist ein Verlustrücktrag jedoch nicht zulässig.

---

399 Siehe: *Rupp, T.*, in: Haase, F., AStG/DBA: Kommentar, 3. Aufl., Heidelberg 2016, § 20 AStG, Rn. 123.

400 JStG 2008 v. 20.12.2007, BGBl. I 2007, 3150 (3186).

401 *Kraft, G.*, in: Kraft, G., AStG: Kommentar, 2. Aufl., München 2019, § 20 Rn. 70.

402 EuGH v. 06.12.2007 – C-298/05, IStR 2008, 63 (Rn. 54, 56) – Columbus Container Services BVBA & Co.

403 So z.B.: *Wassermeyer, F./Schönfeld, J.*, in: Flick, H./Wassermeyer, F./Baumhoff, H./Schönfeld, J., Außensteuerrecht: Kommentar, Stand: 99. Ergänzungslieferung, Köln 2021, § 20 AStG, Rn. 126.

Der Grund für diesen Restriktivismus besteht darin, dass nach Ansicht des Gesetzgebers die Regelung des § 20 Abs. 2 Satz 1 AStG als eine Erweiterung des nationalen Hinzurechnungsbesteuerungssystems für den Fall anzusehen ist, dass passive Einkünfte statt einer ausländischen Zwischengesellschaft einer ausländischen Betriebsstätte zugeordnet werden[404]. Der Wortlaut des § 20 Abs. 2 Satz 1 HS 1 AStG erfasst jedoch alle (*sowohl positive als auch negative*) passive Einkünfte einer ausländischen Betriebsstätte. Somit entsteht eine Gesetzeslücke, nach der für die Steuerpflichtigen die Möglichkeit bestehen könnte, negative ausländische passive Einkünfte mit inländischen zu verrechnen. Solch eine Gestaltungsmöglichkeit ist aus fiskalischer Sicht hochproblematisch, denn damit verliert der „switch-over"-Mechanismus aus § 20 Abs. 2 Satz 1 AStG seine praktische Bedeutung komplett. Um dies zu verhindern, wurde § 20 Abs. 2 Satz 1 AStG mit einem zusätzlichen HS 2 ergänzt, der dieses Problem behandelt.

3) *Eine Niedrig- oder Nichtbesteuerung*

Das letzte maßgebliche Tatbestandsmerkmal ist die Existenz einer Niedrig- oder Nichtbesteuerung im Ausland. Fallkonstruktionen mit einer niedrigen Besteuerung werden ausschließlich in § 8 Abs. 3 AStG a.F. *(§ 8 Abs. 5 AStG in der Fassung v. 2021*) definiert[405], wonach es sich nur dann um eine niedrige Besteuerung handelt, *wenn die Einkünfte der ausländischen Gesellschaft einer Belastung durch Ertragsteuern von weniger als 25 % unterliegen, ohne dass dies auf einem Ausgleich mit Einkünften aus anderen Quellen beruht.* Nichtsdestotrotz sind in der Praxis auch Fälle vorstellbar, bei denen trotz eines Steuersatzes, der höher als 25 % ist, eine niedrige Besteuerung vorliegt, wie vor allem bei der Gewährung von Steuervergünstigungen durch den ausländischen Staat, die für dortige passive Einkünfte gelten. Als Folge daraus gilt es bei der Feststellung der tatsächlichen ausländischen Steuerlast nicht nur die konkret festgesetzte, sondern auch die rechtlich geschuldete Steuer zu berücksichtigen[406].

cc) Rechtsfolge

Die Rechtfolge gemäß § 20 Abs. 2 Satz 1 AStG setzt sich zusammen aus der Absage an die abkommensrechtliche Freistellungsmethode auf der einen Seite[407]

---

404 Siehe: BT-Drs, 19/28652, 67.

405 *Kraft, G.*, in: Kraft, G., AStG: Kommentar, 2. Aufl., München 2019, § 20 Rn. 56.

406 BFH v. 09.07.2003 – I R 82/01, BStBl. II 2004, 4 (Rn. 11).

407 *Vogt, G.*, in: Brandis, P./Heuermann, B., Ertragsteuerrecht: Kommentar, Stand: 158. Ergänzungslieferung, München 2021, AStG § 20 Rn. 35.

sowie auf der anderen Seite der gleichzeitigen Anwendung entweder der Anrechnungsmethode[408] gemäß § 34c Abs. 1 EStG bzw. § 26 Abs. 1 KStG i. V. m. § 34c EStG oder[409] der Abzugsmethode gemäß § 34c Abs. 2 EStG.

2. *Missbrauchsabwehr durch die Regelungen der Hinzurechnungsbesteuerung i. S. d. §§ 7 ff. AStG*

a) *Allgemeines*

Mit der Hinzurechnungsbesteuerung versucht der Gesetzgeber, die Steuervorteile aus der Beteiligung an Gesellschaften mit Sitz in Niedrigsteuerländern – die rein passiven Tätigkeiten nachgehen – abzuschöpfen, indem die Einkünfte einer Basisgesellschaft den inländischen Gesellschaftern als „eigene" Einkünfte zugerechnet werden[410]. Die Vorschriften aus §§ 7 ff. AStG stellen *per se* zwar keine Anti-Missbrauchsregelungen dar[411]. Sie dienen aber zur Zurechnung ausländischer Einkünfte an den inländischen Steuerpflichtigen[412]. Für den Kampf gegen treaty-shopping-Gestaltungen sind diese Vorschriften von besonderer Bedeutung. Wenn mithilfe einer innerstaatlichen switch-over-Regelung eine treaty-shopping-Gestaltung bei Inbound-Fällen abgewehrt wird, grenzt das System der Hinzurechnungsbesteuerung die Nutzung einer treaty-shopping-Gestaltung durch unbeschränkt Steuerpflichtige bei Outbound-Fällen, namentlich in einem

408 BMF v. 14.05.2004 – IV B 4 – S 1340 – 11/04, BStBl. I 2004, Sondernummer 1 (Rn. 20.2); *Wassermeyer, F./Schönfeld, J.*, in: Flick, H./Wassermeyer, F./Baumhoff, H./Schönfeld, J., Außensteuerrecht: Kommentar, Stand: 99. Ergänzungslieferung, Köln 2021, § 20 AStG, Rn. 159; *Rupp, T.*, in: Haase, F., AStG/DBA: Kommentar, 3. Aufl., Heidelberg 2016, § 20 AStG, Rn. 176.

409 *Kraft, G.*, in: Kraft, G., AStG: Kommentar, 2. Aufl., München 2019, § 20 Rn. 65.

410 So: *Schmidt, T.*, AStG: NomosKommentar, Baden-Baden 2012, § 7 Rn. 1; ähnlich: *Kramer, J-D.*, in: Lippross, O-G./Seibel, W., Basiskommentar Steuerrecht, Stand: 128. Ergänzungslieferung, Köln 2021, vor §§ 7–14 AStG, Rn. 1; ähnlich auch: *Kraft, G.*, in: Kraft, G., AStG: Kommentar, 2. Aufl., München 2019, Vorbemerkungen zu §§ 7–14 AStG, Rn. 1; mwN *Schaumburg, H.*, in: Schaumburg, H., Internationales Steuerrecht, 4. Aufl., Köln 2017, Rn. 13.2.

411 Eine solche Herangehensweise entspricht der früheren Sichtweise des BFH, der zufolge § 42 AO über einen Anwendungsvorrang vor §§ 7 ff. AStG verfügte, so: BFH v. 10.06.1992 – I R 105/89, BStBl. II 1992, 1029 (Rn. 23).

412 So im Ergebnis: *Telkamp, H-J.*, Der Außensteuergesetz-Entwurf – Kritische Stellungnahme zum Gesetzentwurf der Bundesregierung über die Besteuerung bei Auslandsbeziehungen, StuW 1972, 97 (108).

ausländischen Staat, ein. Insofern dient die Hinzurechnungsbesteuerung zur Verhinderung eines Gestaltungsmissbrauchs[413].

b) Historischer Hintergrund

Aufgrund ihrer Eigenschaften fungiert Hinzurechnungsbesteuerung als *integraler Bestandteil ausdifferenzierter moderner Steuersysteme entwickelter Industriestaaten*[414]. Ihre Bedeutung wird auch durch die Tatsache untermauert, dass innerhalb der vergangenen 60 Jahre 30 OECD-Mitgliedstaaten die Hinzurechnungsbesteuerungsregelungen in die nationalen Steuerrechtssysteme integriert haben[415]. Die Hinzurechnungsbesteuerung wurde in der englischsprachigen Literatur oft auch als CFC-Rules (*Controlled Foreign Company Rules)* genannt. Die allerersten Hinzurechnungsbesteuerungsregelungen sind im Jahr 1962 in den Vereinigten Staaten mit den „*Subpart F Rules*" eingeführt worden[416]. In Deutschland fand die Einführung entsprechender Vorschriften 1972 statt, also 10 Jahre später[417].

c) Regelungssystematik

Kraft[418] erörtert, dass die Regelungssystematik des deutschen Hinzurechnungsbesteuerungssystems drei wesentliche Tatbestandsmerkmale voraussetzt. Zu diesen Merkmalen zählen die Beherrschung einer inkorporierten Person durch Steuerinländer mit missbräuchlicher Zielsetzung, das Vorhandensein passiver

---

413 MwN *Reiche, F.,* in: Haase, F., AStG/DBA: Kommentar, 3. Aufl., Heidelberg 2016, § 7 AStG, Rn. 1.

414 *Kraft, G.,* in: Kraft, G., AStG: Kommentar, 2. Aufl., München 2019, Vorbemerkungen zu §§ 7–14 AStG, Rn. 1.

415 Siehe: *OECD*, Designing Effective Controlled Foreign Company Rules, Action 3 – 2015 Final Report, Paris 2015, 9.

416 *Schmidt, T.,* AStG: NomosKommentar, Baden-Baden 2012, § 7 Rn. 1; *Haase, F.,* Überlegungen zur Reform der Hinzurechnungsbesteuerung, ifst-Schrift 2017, Nr. 521, 22; auch: *Kraft, G.,* in: Kraft, G., AStG: Kommentar, 2. Aufl., München 2019, Vorbemerkungen zu §§ 7–14 AStG, Rn. 1; *Ditz, X./Wassermeyer, F.,* in: Flick, H./Wassermeyer, F./Baumhoff, H./Schönfeld, J., Außensteuerrecht: Kommentar, Stand: 99. Ergänzungslieferung, Köln 2021, vor §§ 7–14 AStG, Rn. 3.

417 Gesetz zur Wahrung der steuerlichen Gleichmäßigkeit bei Auslandsbeziehungen und zur Verbesserung der steuerlichen Wettbewerbslage bei Auslandsinvestitionen v. 08.09.1973, BGBl. I 1972, 1713.

418 *Kraft, G.,* in: Kraft, G., AStG: Kommentar, 2. Aufl., München 2019, Vorbemerkungen zu §§ 7–14 AStG, Rn. 2.

Einkünfte und die Niedrigbesteuerung. Zu diesen Merkmalen fügt *Reiche*[419] noch die Existenz eines unbeschränkt Steuerpflichtigen und einer entsprechenden Beteiligungsquote hinzu.

d) *Überblick über das System der deutschen Hinzurechnungsbesteuerung in der Fassung bis 2021*

§ 7 AStG begründet die Steuerpflicht für Zwischeneinkünfte, die in ausländische Zwischengesellschaft anfallen[420]. § 7 Abs. 1 AStG bestimmt, dass *bei Beteiligung zu mehr als der Hälfte von unbeschränkt Steuerpflichtigen an einer Körperschaft, Personenvereinigung oder Vermögensmasse i. S. d. KStG, die weder Geschäftsleitung noch Sitz im Geltungsbereich des AStG hat und die nicht gemäß § 3 Abs. 1 KStG von der Körperschaftsteuerpflicht ausgenommen werden können (ausländische Gesellschaft), die Einkünfte, für die diese Gesellschaft Zwischengesellschaft ist, bei jedem von ihnen mit dem Teil steuerpflichtig sind, der auf die ihm zuzurechnende Beteiligung am Nennkapital der Gesellschaft entfällt.* Des Weiteren regelt § 7 Abs. 2, 3 und 4 AStG, welche Beteiligungsvoraussetzungen der unbeschränkt Steuerpflichtige an einer ausländischen Gesellschafterfüllen erfüllen muss. Darüber hinaus bestimmt § 7 Abs. 6 und 6a AStG die Voraussetzungen einer verschärften Hinzurechnungsbesteuerung bei Zwischeneinkünften ausländischer Gesellschaften mit Kapitalanlagecharakter. § 7 Abs. 7 AStG legt fest, dass die Besteuerung nach dem InvStG unberührt bleibt. Ebenso unangetastet bleibt die Beteiligung unbeschränkt Steuerpflichtiger an einer ausländischen Gesellschaft i. S. d. § 16 des REIT-Gesetzes[421].

In § 8 Abs. 1 AStG findet sich eine positive[422] Liste der aktiven Einkünfte. Den Steuerpflichtigen, die an einer EU-weit tätigen Gesellschaft beteiligt sind, wird durch § 8 Abs. 2 AStG ermöglicht, eine tatsachliche wirtschaftliche Tätigkeit im EU-Ausland nachzuweisen. Außerdem definiert § 8 Abs. 3 AStG die Bedeutung der Niedrigbesteuerung. *Wenn die Erträge der Zwischengesellschaft i. S. d. § 7 Abs. 1 AStG nicht mehr als 10 % der gesamten Bruttoerträge dieser Gesellschaft betragen, bleiben sie außer Ansatz, sofern die Höhe der Beträge insg.*

---

419 *Reiche, F.*, in: Haase, F., AStG/DBA: Kommentar, 3. Aufl., Heidelberg 2016, § 7 AStG, Rn. 4.

420 *Vogt, G.*, in: Brandis, P./Heuermann, B., Ertragsteuerrecht: Kommentar, Stand: 158. Ergänzungslieferung, München 2021, AStG § 7 Rn. 1.

421 REIT-Gesetz v. 28.05.2007, BGBl. I 2007, 914.

422 *Vogt, G.*, in: Brandis, P./Heuermann, B., Ertragsteuerrecht: Kommentar, Stand: 158. Ergänzungslieferung, München 2021, AStG § 8 Rn. 1.

80.000 Euro nicht übersteigt, § 9 AStG. Die detaillierte Vorgehensweise und die Höhe der Zwischeneinkünfte, die i. R. der Ansetzung in der Steuerbemessungsgrundlage zu berücksichtigen sind, werden durch § 10 AStG festgelegt. Darüber hinaus ordnet § 11 AStG die Behandlung von Veräußerungsgewinnen während der Hinzurechnungsbesteuerung an. Durch § 14 AStG werden die Besonderheiten bei nachgeordneten Zwischengesellschaften berücksichtigt. Abschließend legt § 12 AStG fest, dass der Steuerpflichtige auf den Hinzurechnungsbetrag entfallende Steuern auf seine Einkommensteuer oder KSt anzurechnen kann.

e) Verfassungs-, europa- und völkerrechtliche Bewertung des deutschen Hinzurechnungsbesteuerungssystems

Nach *Moser*[423] sollen die Regelungen aus §§ 7 ff. AStG eine Abschirmwirkung gegenüber § 42 AO entfalten. Es wäre jedoch möglich, dass die *schwerst verständlichen Regeln*[424] der §§ 7 ff. AStG gegen den verfassungsrechtlichen Grundsatz der Normklarheit verstoßen. Auch *Haase*[425] erklärt, dass die Vorschriften der deutschen Hinzurechnungsbesteuerung ungenau gefasst seien[426] und teilweise dem Zeitgeist zuwider liefen.

Ditz und *Wassermeyer*[427] betonen aus völkerrechtlicher Sicht, dass die steuerpolitische Debatte über BEPS sowie die Tätigkeit der OECD i. R. v. der BEPS-Aktionsmaßnahme Nr. 3 gegen eine Völkerrechtswidrigkeit des Hinzurechnungsbesteuerungssystems sprechen. Zu beachten ist aber § 20 Abs. 1 AStG, demzufolge die Regelungen zur Hinzurechnungsbesteuerung auch dann wirksam sind, wenn ein DBA vorliegt[428]. Offensichtlich ist somit ein Versuch des

---

423 *Moser, T.,* Die Hinzurechnungsbesteuerung nach den §§ 7-14 AStG und die Besteuerung ausländischer Familienstiftungen nach § 15 AStG, Dissertation, Köln 2015, 189.

424 So: *Kramer, J-D.,* in: Lippross, O-G./Seibel, W., Basiskommentar Steuerrecht, Stand: 128. Ergänzungslieferung, Köln 2021, vor §§ 7–14 AStG, Rn. 1; so auch: *Kessler, W./Arnold, N.,* in: Kessler, W./Kröner, M./Köhler, S., Konzernsteuerrecht, 3. Aufl., München 2018, Teil II, § 8 Rn. 284.

425 *Haase, F.,* Überlegungen zur Reform der Hinzurechnungsbesteuerung, ifst-Schrift 2017, Nr. 521, 35.

426 Ähnlich dazu: „*…für Experten nur schwer zu überschaubaren Rechtsmaterie…*“, *Kessler, W./Arnold, N.,* in: Kessler, W./Kröner, M./Köhler, S., Konzernsteuerrecht, 3. Aufl., München 2018, Teil II, § 8 Rn. 284.

427 Im Ergebnis: *Ditz, X./Wassermeyer, F.,* in: Flick, H./Wassermeyer, F./Baumhoff, H./Schönfeld, J., Außensteuerrecht: Kommentar, Stand: 99. Ergänzungslieferung, Köln 2021, vor §§ 7–14 AStG, Rn. 30.

428 Siehe: *Reiche, F.,* in: Haase, F., AStG/DBA: Kommentar, 3. Aufl., Heidelberg 2016, § 7 AStG, Rn. 20.

Gesetzgebers gegeben, durch treaty-override den Einsatz nationaler Hinzurechnungsbesteuerung auch in DBA-Fällen zu sichern.

Das Unionsrecht bestätigt zwar die Akzeptanz der Hinzurechnungsbesteuerung als effektive Maßnahme gegen Gestaltungsmissbrauch. Zu betonen ist aber, dass das Bestandselement des deutschen Hinzurechnungsbesteuerungssystems (namentlich § 8 Abs. 2 AStG in der Fassung bis 2021) beim Drittstaatenfall dennoch gegen die Kapitalverkehrsfreiheit verstieß[429].

f) Einzelheiten des deutschen Hinzurechnungsbesteuerungssystems in der Fassung bis 2021

aa) Überblicksdarstellung der persönlichen Voraussetzungen der deutschen Hinzurechnungsbesteuerung

1) Allgemeine Hinzurechnungsbesteuerung

aaa) Ein unbeschränkt Steuerpflichtiger i. S. d. § 7 Abs. 1 AStG

§ 7 Abs. 1 AStG stellte klar, dass ausschließlich die unbeschränkt Steuerpflichtigen in die Kategorie der Hinzurechnungsverpflichteten einzuordnen waren[430]. Dieser Personenkreis umfasste natürliche Personen i. S. d. § 1 und § 1a EStG und auch juristische Personen i. S. d. § 1 i. V. m. § 3 KStG[431].

Steuerpflichtig waren daneben nach § 5 KStG befreite juristische Personen und Personen mit Doppelwohnsitz im In- und Ausland[432]. Zwar stellten die Personengesellschaften keinen Teil des Rechtssubjektkreises nach § 7 Abs. 1 AStG dar, es galten gemäß § 7 Abs. 3 AStG aber deren Gesellschafter als an der ausländischen Gesellschaft beteiligt. Entscheidend für die Frage, ob ein

---

429 Nicht aber für Fälle einer – in der Schweiz ansässigen – Zwischengesellschaft, so: BFH v. 22.05.2019 – I R 11/19 (I R 80/14), BFHE 265, 322 (Rn. 28).

430 *Vogt, G.*, in: Brandis, P./Heuermann, B., Ertragsteuerrecht: Kommentar, Stand: 158. Ergänzungslieferung, München 2021, AStG § 7 Rn. 13; *Reiche, F.*, in: Haase, F., AStG/DBA: Kommentar, 3. Aufl., Heidelberg 2016, § 7 AStG, Rn. 29.

431 *Protzen, P.D.G.*, in: Kraft, G., AStG: Kommentar, 2. Aufl., München 2019, § 7 Rn. 75; *Vogt, G.*, in: Brandis, P./Heuermann, B., Ertragsteuerrecht: Kommentar, Stand: 158. Ergänzungslieferung, München 2021, AStG § 7 Rn. 13; *Reiche, F.*, in: Haase, F., AStG/DBA: Kommentar, 3. Aufl., Heidelberg 2016, § 7 AStG, Rn. 29; *Kramer, J-D.*, in: Lippross, O-G./Seibel, W., Basiskommentar Steuerrecht, Stand: 128. Ergänzungslieferung, Köln 2021, § 7 AStG Rn. 2; *Schaumburg, H.*, in: Schaumburg, H., Internationales Steuerrecht, 4. Aufl., Köln 2017, Rn. 13.42.

432 BMF v. 14.05.2004 – IV B 4 – S 1340/11/04, BStBl. I 2004, 3 (Rn. 7.2.1, Nr. 1); so auch: *Reiche, F.*, in: Haase, F., AStG/DBA: Kommentar, 3. Aufl., Heidelberg 2016, § 7 AStG, Rn. 30, 35.

Steuerpflichtiger unbeschränkt sei, war der Zeitpunkt der Beteiligung nach § 7 Abs. 2 AStG. Beziehen musste sich dies laut *Reiche*[433] stets auf das Wirtschaftsjahr, für welches der Steuerpflichtige regelmäßig Abschlüsse macht.

bbb) Ausländische Gesellschaft i. S. d. § 7 Abs. 1 AStG

Der Gesetzgeber gab die Legaldefinition einer ausländischen Gesellschaft in § 7 Abs. 1 AStG vor. Dieser Definition zufolge stellte jede *Körperschaft, Personenvereinigung oder Vermögensmasse i. S. d. KStG, die weder Geschäftsleitung noch Sitz im Geltungsbereich des AStG hatte und die nicht gemäß § 3 Abs. 1 KStG von der Körperschaftsteuerpflicht ausgenommen war,* ein ausländisches Unternehmen dar. Die Gesellschaft durfte somit nach *Kramer*[434] in Deutschland nicht ansässig sein. Ob die ausländische Gesellschaft nach ihrem – im Ausland geregelten rechtlichen – Aufbau und ihrer wirtschaftlichen Stellung einer deutschen Gesellschaft entsprach, wurde i. R. v. sog. Typenvergleichs bestimmt[435]. *Wassermeyer*[436] betonte in diesem Zusammenhang, dass es in Bezug auf ausländische Personenzusammenschlüsse von außerordentlicher Bedeutung war, ob die Organisation korporativ oder personalistisch ausgestaltet war. Aufgrund der Tatsache, dass die doppelt ansässige Gesellschaft nicht den Definitionsanforderungen entsprach[437], wies *Reiche*[438] auf das Steuerumgehungsrisiko hin, soweit mit dem ausländischen Staat ein DBA bestand.

---

433 Im Ergebnis: *Reiche, F.,* in: Haase, F., AStG/DBA: Kommentar, 3. Aufl., Heidelberg 2016, § 7 AStG, Rn. 38.

434 *Kramer, J-D.,* in: Lippross, O-G./Seibel, W., Basiskommentar Steuerrecht, Stand: 128. Ergänzungslieferung, Köln 2021, § 7 AStG Rn. 6.

435 *Protzen, P.D.G.,* in: Kraft, G., AStG: Kommentar, 2. Aufl., München 2019, § 7 Rn. 79; *Vogt, G.,* in: Brandis, P./Heuermann, B., Ertragsteuerrecht: Kommentar, Stand: 158. Ergänzungslieferung, München 2021, AStG § 7 Rn. 14; mwN *Wassermeyer, F.,* in: Flick, H./Wassermeyer, F./Baumhoff, H./Schönfeld, J., Außensteuerrecht: Kommentar, Stand: 99. Ergänzungslieferung, Köln 2021, § 7 Rn. 10; *Reiche, F.,* in: Haase, F., AStG/DBA: Kommentar, 3. Aufl., Heidelberg 2016, § 7 AStG, Rn. 48; mwN *Schaumburg, H.,* in: Schaumburg, H., Internationales Steuerrecht, 4. Aufl., Köln 2017, Rn. 13.44.

436 *Wassermeyer, F.,* in: Flick, H./Wassermeyer, F./Baumhoff, H./Schönfeld, J., Außensteuerrecht: Kommentar, Stand: 99. Ergänzungslieferung, Köln 2021, § 7 Rn. 10.2.

437 So nach: *Kollruss, T./Buße, L./Braukmann, M.,* Doppelt ansässige Gesellschaften, Zentralfunktionsthese des Stammhauses und Hinzurechnungsbesteuerung nach dem AStG, IStR 2011, 13 (14).

438 *Reiche, F.,* in: Haase, F., AStG/DBA: Kommentar, 3. Aufl., Heidelberg 2016, § 7 AStG, Rn. 43.

Die gesetzliche Begriffsbestimmung aus § 7 Abs. 1 AStG war m.E. in gewissem Maße ungenau[439] und verfügte in einigen Punkten über Verbesserungspotential. Der Gesetzgeber legte dabei typische Merkmale einer ausländischen Gesellschaft dar, nicht jedoch einer Zwischengesellschaft[440]. Aufgrund dieser Umstände hatte *Vogt*[441] eine eigene Beschreibung angeboten:

> *„Eine Person, die weder Geschäftsleitung noch Sitz im Inland hat und die körperschaftsteuerpflichtig wäre, wenn sie Geschäftsleitung oder Sitz im Inland hätte".*

Im Gegensatz hierzu schlug *Protzen*[442] eine andere Definition vor:

> *„Ausländische Gesellschaft" i. S. d. § 7 Abs. 1 ist jedes ausländische Rechtsgebilde, das aufgrund des hergebrachten „Rechtstypenvergleichs" als Körperschaft, Personenvereinigung oder Vermögensmasse zu qualifizieren ist, weder Geschäftsleitung noch Sitz im Geltungsbereich des AStG hat und dessen Gewinne nicht bei den inländischen Anteilsinhabern besteuert werden; dies gilt unabhängig davon, ob das Rechtsgebilde nach ausländischem Zivilrecht rechtsfähig ist oder nach ausländischem Steuerrecht als Steuersubjekt anerkannt wird; das (ausländische) Gesellschaftsrecht muss dem Steuerinländer entweder eine Beteiligung am Nennkapital oder einen Anspruch auf Beteiligung an der Verteilung des Gewinns gewähren.*

Zwar gingen beide Vorschläge von der Notwendigkeit der Anwendung eines Typenvergleichs aus. Die Beschreibung *Vogts* war aber breit und wirkte deutlich umfassender. Sie deckte insb. diejenigen Einkünfte der ausländischen Gesellschaft ab, die schon im Ausland steuerlich belastet worden waren, d.h. keine passive Einkünfte. Aus der Perspektive des Unionsrechts bestand m.E. hierbei das Risiko, dass eine pauschale Missbrauchsbewertung unterstellt wurde, denn dem Steuerpflichtigen fehlte die entsprechende Nachweismöglichkeit. Im Gegensatz hierzu zielte *Protzens* Vorstellung nur auf die Erfassung von Erträgen, die noch nicht bei den inländischen Anteilsinhabern besteuert wurden. Im Endeffekt war allerdings keiner von beiden Vorschlägen durch den Gesetzgeber berücksichtigt worden.

---

439 So auch: *Wassermeyer, F.*, in: Flick, H./Wassermeyer, F./Baumhoff, H./Schönfeld, J., Außensteuerrecht: Kommentar, Stand: 99. Ergänzungslieferung, Köln 2021, § 7 Rn. 11, zitiert nach *Bellstedt, C.*, Beteiligungen an ausländischen „Zwischengesellschaften" nach dem Außensteuergesetz-Entwurf, FR 1972, 242 (Fußnote 3).

440 *Wassermeyer, F.*, in: Flick, H./Wassermeyer, F./Baumhoff, H./Schönfeld, J., Außensteuerrecht: Kommentar, Stand: 99. Ergänzungslieferung, Köln 2021, § 7 Rn. 15.

441 *Vogt, G.*, in: Brandis, P./Heuermann, B., Ertragsteuerrecht: Kommentar, Stand: 158. Ergänzungslieferung, München 2021, AStG § 7 Rn. 14.

442 *Protzen, P.D.G.*, in: Kraft, G., AStG: Kommentar, 2. Aufl., München 2019, § 7 Rn. 82.

ccc) Hinzurechnungsbeteiligung am Nennkapital i. S. d. § 7 Abs. 1 AStG

Der unbeschränkt Steuerpflichtige musste am Nennkapital einer ausländischen Gesellschaft beteiligt sein. Die Hinzurechnungsbesteuerung bezog sich somit nur auf die Höhe des Anteils, mit dem der Steuerpflichtige am Nennkapital beteiligt war[443]. Erforderlich war folglich eine gesellschaftsrechtlich fundierte Beteiligung: die rein schuldrechtliche Beteiligung reichte für die Annahme einer Beherrschungsbeteiligung nicht aus[444]. *Vogt*[445] zufolge diente das deutsche Zivil- und Handelsrecht als Grundlage für die Feststellung, ob eine Beteiligung vorlag. Ergänzend hierzu betonte *Reiche*[446], dass die Beteiligung ebenso mit Blick auf die Vermögensrechte zu beurteilen war.

Wassermeyer[447] wies darauf hin, dass eine solche Beteiligung durch eine Aktie, den Geschäftsanteil an einer GmbH oder durch eine sonstige kapitalmäßige Beteiligung vermittelt werden konnte[448]. Entscheidend war hier die unmittelbare[449] Beteiligung, deren Mindesthöhe jedoch nicht durch den Gesetzgeber genannt wurde[450]. Für die Fälle mit fehlendem Nennkapital war § 7 Abs. 5 AStG entsprechend anzuwenden.

---

443 *Reiche, F.,* in: Haase, F., AStG/DBA: Kommentar, 3. Aufl., Heidelberg 2016, § 7 AStG, Rn. 52.

444 MwN *Strunk, G./Haase, F.,* Die tatbestandliche Erfassung von Genussrechten als Anteile an Kapitalgesellschaften bei der Hinzurechnungsbesteuerung, BB 2007, 17 (18); *Vogt, G.,* in: Brandis, P./Heuermann, B., Ertragsteuerrecht: Kommentar, Stand: 158. Ergänzungslieferung, München 2021, AStG § 7 Rn. 22; *Protzen, P.D.G.,* in: Kraft, G., AStG: Kommentar, 2. Aufl., München 2019, § 7 Rn. 92.

445 *Vogt, G.,* in: Brandis, P./Heuermann, B., Ertragsteuerrecht: Kommentar, Stand: 158. Ergänzungslieferung, München 2021, AStG § 7 Rn. 21.

446 *Reiche, F.,* in: Haase, F., AStG/DBA: Kommentar, 3. Aufl., Heidelberg 2016, § 7 AStG, Rn. 55.

447 *Wassermeyer, F.,* in: Flick, H./Wassermeyer, F./Baumhoff, H./Schönfeld, J., Außensteuerrecht: Kommentar, Stand: 99. Ergänzungslieferung, Köln 2021, § 7 Rn. 12.

448 So auch: *Vogt, G.,* in: Brandis, P./Heuermann, B., Ertragsteuerrecht: Kommentar, Stand: 158. Ergänzungslieferung, München 2021, AStG § 7 Rn. 21.

449 Siehe: *Kramer, J-D.,* in: Lippross, O-G./Seibel, W., Basiskommentar Steuerrecht, Stand: 128. Ergänzungslieferung, Köln 2021, § 7 AStG Rn. 7; *Vogt, G.,* in: Brandis, P./Heuermann, B., Ertragsteuerrecht: Kommentar, Stand: 158. Ergänzungslieferung, München 2021, AStG § 7 Rn. 19; mwN *Wassermeyer, F.,* in: Flick, H./Wassermeyer, F./Baumhoff, H./Schönfeld, J., Außensteuerrecht: Kommentar, Stand: 99. Ergänzungslieferung, Köln 2021, § 7 Rn. 12.1.

450 *Vogt, G.,* in: Brandis, P./Heuermann, B., Ertragsteuerrecht: Kommentar, Stand: 158. Ergänzungslieferung, München 2021, AStG § 7 Rn. 19; *Reiche, F.,* in: Haase, F., AStG/DBA: Kommentar, 3. Aufl., Heidelberg 2016, § 7 AStG, Rn. 52.

ddd) Mindestbeteiligung i. S. d. § 7 Abs. 2 AStG

§ 7 Abs. 1 AStG stellte heraus, dass der unbeschränkt Steuerpflichtige an einer ausländischen Gesellschaft *zu mehr als der Hälfte* teilhaben musste. Weiterführend legte § 7 Abs. 2 Satz 1 AStG diese Tatbestandsmerkmale fest. Der Vorschrift gemäß war *ein unbeschränkt Steuerpflichtiger i. S. d. § 7 Abs. 1 AStG an einer ausländischen Gesellschaft zu mehr als der Hälfte beteiligt, wenn ihnen allein oder zusammen mit Personen i. S. d. § 2 AStG am Ende des Wirtschaftsjahres der Gesellschaft, in dem sie die Einkünfte nach § 7 Abs. 1 AStG bezogen hat (maßgebendes Wirtschaftsjahr*[451]*), mehr als 50 % der Anteile oder der Stimmrechte an der ausländischen Gesellschaft zuzurechnen waren.* Wenn sich ein unbeschränkt Steuerpflichtiger an einer ausländischen Gesellschaft zu mehr als der Hälfte beteiligte, orientierte sich die Hinzurechnungsquote nicht an § 7 Abs. 2 AStG, sondern an der Beteiligung am Nennkapital[452]. *Reiche*[453] zufolge lag der Grund für dieses Vorgehen in dem Umstand, dass der Gesellschafter sowohl mittels einer Beteiligung am Nennkapital als auch mit den Stimmrechten maßgeblichen Einfluss auf die ausländische Gesellschaft ausüben konnte. Entscheidend blieb dabei die Beteiligung von *mehr* als 50 %; Beteiligungen von weniger oder von genau 50 %[454] blieben außer Betracht.

Zu beachten waren dabei nach § 7 Abs. 2 Satz 2 AStG die *Anteile oder Stimmrechte, die durch eine andere Gesellschaft vermittelt wurden, und zwar in dem Verhältnis, das den Anteilen oder Stimmrechten an der vermittelnden Gesellschaft zu den gesamten Anteilen oder Stimmrechten an dieser Gesellschaft entsprach; dies galt entsprechend bei der Vermittlung von Anteilen oder Stimmrechten durch mehrere Gesellschaften.* Mit der Bezeichnung *„eine andere Gesellschaft“* meinte der Gesetzgeber ausschließlich ausländische Gesellschaften; deutsche Gesellschaften wurden dabei nicht berücksichtigt[455]. Bei Abwesenheit von Gesellschaftskapital

---

451 Mit dem Wirtschaftsjahr war dabei der nach ausländischem Recht vorgesehene Gewinnermittlungszeitraum gemeint, so: *Kramer, J-D.*, in: Lippross, O-G./Seibel, W., Basiskommentar Steuerrecht, Stand: Stand: 128. Ergänzungslieferung, Köln 2021, § 7 AStG Rn. 23.

452 MwN *Wassermeyer, F.*, in: Flick, H./Wassermeyer, F./Baumhoff, H./Schönfeld, J., Außensteuerrecht: Kommentar, Stand: 99. Ergänzungslieferung, Köln 2021, § 7 Rn. 18.1.

453 *Reiche, F.*, in: Haase, F., AStG/DBA: Kommentar, 3. Aufl., Heidelberg 2016, § 7 AStG, Rn. 79.

454 *Reiche, F.*, in: Haase, F., AStG/DBA: Kommentar, 3. Aufl., Heidelberg 2016, § 7 AStG, Rn. 71.

455 *Protzen, P.D.G.*, in: Kraft, G., AStG: Kommentar, 2. Aufl., München 2019, § 7 Rn. 102.

oder von Stimmrechten kam es nach § 7 Abs. 2 Satz 3 AStG auf das Verhältnis der Beteiligungen am Vermögen der Gesellschaft an.

eee) Beteiligung durch Personengesellschaften i. S. d. § 7 Abs. 3 AStG

Gemäß § 7 Abs. 3 AStG wurde die Hinzurechnungsbesteuerung auf ausländische Gesellschaften, an denen deutsche Personengesellschaften beteiligt waren, ausgedehnt. Im Zuge dieser Erweiterung *fingierte*[456] der Gesetzgeber die Beteiligung der unbeschränkt Steuerpflichtigen an der ausländischen Gesellschaft. Die Vorschrift hatte grds. eine deklaratorische Wirkung, es sei denn die ausländischen Personengesellschaften waren nicht nach dortigem Recht rechtsfähig[457].

§ 7 Abs. 3 AStG galt nach dem BFH[458] zur Bestimmung der Beteiligung von Steuerinländern an der ausländischen Gesellschaft zu mehr als der Hälfte, wie sie in § 7 Abs. 1 AStG geregelt und in Abs. 2 ausführlich dargelegt wurde. Dem Steuerpflichtigen musste dabei die Möglichkeit gegeben sein, dass die Personengesellschaft ihre Beteiligung an der ausländischen Gesellschaft vermitteln konnte[459]. Der Gesetzgeber differenzierte nach *Protzen*[460] nicht nach dem Sitz einer Personengesellschaft. Infolgedessen bezog sich die Regelung sowohl auf inländische als auch ausländische Personengesellschaften[461].

fff) Weisungsgebundenheit gemäß § 7 Abs. 4 AStG

§ 7 Abs. 4 Satz 1 AStG gemäß waren dem unbeschränkt Steuerpflichtigen *die Anteile oder Stimmrechte zuzurechnen, die eine Person hielt, die seinen Weisungen so zu folgen hatte oder so folgte, dass ihr kein eigener wesentlicher Entscheidungsspielraum blieb*. Rechtssystematisch präzisierte die Vorschrift die Regelung aus § 7 Abs. 2 AStG[462]. *Vogt*[463] stellte fest, dass die Weisungsgebundenheit

---

456 *Reiche, F.*, in: Haase, F., AStG/DBA: Kommentar, 3. Aufl., Heidelberg 2016, § 7 AStG, Rn. 86.

457 *Schaumburg, H.*, in: Schaumburg, H., Internationales Steuerrecht, 4. Aufl., Köln 2017, Rn. 13.59.

458 BFH v. 30.08.1995 – I R 77/94, BFHE 179, 39 (Rn. 16).

459 *Vogt, G.*, in: Brandis, P./Heuermann, B., Ertragsteuerrecht: Kommentar, Stand: 158. Ergänzungslieferung, München 2021, AStG § 7 Rn. 40.

460 *Protzen, P.D.G.*, in: Kraft, G., AStG: Kommentar, 2. Aufl., München 2019, § 7 Rn. 111.

461 *Wassermeyer, F.*, in: Flick, H./Wassermeyer, F./Baumhoff, H./Schönfeld, J., Außensteuerrecht: Kommentar, Stand: 99. Ergänzungslieferung, Köln 2021, § 7 Rn. 83.

462 BFH v. 26.10.1983 – I 200/78, BStBl. II 1984, 258 (Rn. 22).

463 *Vogt, G.*, in: Brandis, P./Heuermann, B., Ertragsteuerrecht: Kommentar, Stand: 158. Ergänzungslieferung, München 2021, AStG § 7 Rn. 33.

beispielweise durch Nießbrauchsbestellung, Abtretung von Stimmrechten oder treuhandähnliche Verhältnisse begründet werden könnte. Weisungsgebunden konnten sowohl natürliche als auch juristische Personen sein[464]. Obligatorisch war in diesem Zusammenhang eine totale Weisungsgebundenheit; partielle Weisungsgebundenheit war dabei unbeachtlich[465]. Als Beispiele für Weisungsgebundene waren Rechtsanwälte, Notare und Kreditinstitute anzuführen[466]. Kein Unterschied bestand dabei zwischen der vertraglichen und faktischen Weisungsgebundenheit[467].

Für den Kampf gegen Gestaltungsmissbräuche war die Frage, wer als weisungsgebundene Person qualifiziert werden konnte, von besonderer Bedeutung. *Wassermeyer*[468] klammerte hier aus dieser Kategorie die Steuerinländer, nicht aber Steuerausländer aus. Dieser methodischen Herangehensweise ist zustimmen. Der Ausschluß von Steuerausländern könnte m.E. einen ganz offensichtlichen Weg zur Umgehung der Hinzurechnungsbesteuerung eröffnen und stand im Widerspruch mit dem Sinn und Zweck des deutschen Hinzurechnungsbesteuerungssystems.

Abschließend stellte § 7 Abs. 4 Satz 2 AStG klar, dass eine gesellschaftsrechtliche Beteiligung bzw. Beteiligungskette nicht genügend war, um die Voraussetzungen aus § 7 Abs. 4 Satz 1 AStG zu erfüllen. Stattdessen war es nach *Vogt*[469] notwendig, dass die Weisungsgebundenheit sich an der organisatorischen und finanziellen Eingliederung in eine – auf Beherrschung der Zielgesellschaft gerichtete – innerkonzernliche Entscheidungsbildung orientierte.

---

464 *Reiche, F.*, in: Haase, F., AStG/DBA: Kommentar, 3. Aufl., Heidelberg 2016, § 7 AStG, Rn. 98; *Wassermeyer, F.*, in: Flick, H./Wassermeyer, F./Baumhoff, H./Schönfeld, J., Außensteuerrecht: Kommentar, Stand: 99. Ergänzungslieferung, Köln 2021, § 7 Rn. 91.3.

465 *Wassermeyer, F.*, in: Flick, H./Wassermeyer, F./Baumhoff, H./Schönfeld, J., Außensteuerrecht: Kommentar, Stand: 99. Ergänzungslieferung, Köln 2021, § 7 Rn. 91.3.

466 BMF v. 14.05.2004 – IV B 4 – S 1340/11/04, BStBl. I 2004, 3 (Rn. 7.4.2).

467 *Schaumburg, H.*, in: Schaumburg, H., Internationales Steuerrecht, 4. Aufl., Köln 2017, Rn. 13.62; im Ergebnis auch: *Reiche, F.*, in: Haase, F., AStG/DBA: Kommentar, 3. Aufl., Heidelberg 2016, § 7 AStG, Rn. 99.

468 *Wassermeyer, F.*, in: Flick, H./Wassermeyer, F./Baumhoff, H./Schönfeld, J., Außensteuerrecht: Kommentar, Stand: 99. Ergänzungslieferung, Köln 2021, § 7 Rn. 91.2; mwN *Reiche, F.*, in: Haase, F., AStG/DBA: Kommentar, 3. Aufl., Heidelberg 2016, § 7 AStG, Rn. 98.

469 *Vogt, G.*, in: Brandis, P./Heuermann, B., Ertragsteuerrecht: Kommentar, Stand: 158. Ergänzungslieferung, München 2021, AStG § 7 Rn. 33.

2) *Verschärfte Hinzurechnungsbesteuerung*

Die verschärfte Hinzurechnungsbesteuerung diente zur Zuordnung der Zwischeneinkünfte mit Kapitalanlagecharakter einer ausländischen Gesellschaft an einem unbeschränkt Steuerpflichtigen. Dieser Zielvorgabe waren die *durchaus komplexen*[470] Vorschriften des § 7 Abs. 6 und 6a AStG gewidmet. Dabei sollten die Gestaltungspraktiken mit im Ausland niedrig besteuerten Basisgesellschaften, denen mit § 7 Abs. 1 AStG nicht beizukommen war, verhindert werden[471]. Die Regelung bezog sich allerdings nicht auf einen mehrstufigen Konzernaufbau[472].

§ 7 Abs. 6 Satz 1 AStG zufolge waren *die Zwischeneinkünfte mit Kapitalanlagecharakter i. S. d. § 7 Abs. 6a AStG einer ausländischen Zwischengesellschaft auch dann in Deutschland unbeschränkt Steuerpflichtigen zuzurechnen, wenn die Beteiligungsquote mindestens 1 % betrug.* Im Kontrast zur allgemeinen Hinzurechnungsbesteuerung ging der Gesetzgeber von einem unbeschränkt Steuerpflichtigen aus und berücksichtigte die Personengesellschaften wie zuvor durch die Regelung des § 7 Abs. 3 AStG[473].

Betrugen die Zwischeneinkünfte mit Kapitalanlagecharakter nicht mehr 10 % der den gesamten Zwischeneinkünften zugrunde liegenden Bruttoerträge der ausländischen Zwischengesellschaft, kam die Hinzurechnungsbesteuerung nach § 7 Abs. 6 Satz 2 AStG nicht in Betracht, vorausgesetzt, dass der Betrag von Zwischeneinkünften mit Kapitalanlagecharakter nicht mehr als 80.000 Euro war. Nach § 7 Abs. 6 Satz 3 AStG war Satz 1 der o.g. Vorschrift auch *bei einer Beteiligung von weniger als 1 % anzuwenden, wenn die ausländische Gesellschaft ausschließlich oder fast ausschließlich Bruttoerträge erzielte, denen Zwischeneinkünften mit Kapitalanlagecharakter zugrunde lagen, es sei denn, dass mit der Hauptgattung der Aktien der ausländischen Gesellschaft ein wesentlicher und regelmäßiger Handel an einer anerkannten Börse stattfand.* Die Regelung bezog sich überwiegend auf die Situationen, in denen die Quote der Bruttoerträge aus Zwischeneinkünften mit Kapitalanlagecharakter 90 % und höher betrug[474].

---

470 *Haase, F.,* Überlegungen zur Reform der Hinzurechnungsbesteuerung, ifst-Schrift 2017, Nr. 521, 38.

471 So: *Kramer, J-D.,* in: Lippross, O-G./Seibel, W., Basiskommentar Steuerrecht, Stand: 128. Ergänzungslieferung, Köln 2021, § 7 AStG Rn. 41.

472 *Rättig, H./Protzen, P.D.,* Die „neue Hinzurechnungsbesteuerung" der §§ 7-14 AStG in der Fassung des UntStFG – Problembereiche und Gestaltungshinweise, IStR 2002, 123 (124).

473 *Protzen, P.D.G.,* in: Kraft, G., AStG: Kommentar, 2. Aufl., München 2019, § 7 Rn. 184.

474 Vgl. BFH v. 30.08.1995 – I R 77/94, BFHE 179, 39 (Rn. 24); mwN *Wassermeyer, F.,* in: Flick, H./Wassermeyer, F./Baumhoff, H./Schönfeld, J., Außensteuerrecht: Kommentar,

Eine gleichermaßen anspruchsvolle Regelung bot ebenso § 7 Abs. 6a AStG. Diese Vorschrift bezeichnete als Zwischeneinkünfte mit Kapitalanlagecharakter die Einkünfte ausländischer Zwischengesellschaft nach § 8 AStG, *sobald sie aus dem Halten, der Verwaltung, Werterhaltung oder Werterhöhung von Zahlungsmitteln, Forderungen, Wertpapieren, Beteiligungen (mit Ausnahme der in § 8 Abs. 1 Nr. 8 und 9 AStG genannten Einkünfte) oder ähnlichen Vermögenswerten stammten, es sei denn, der Steuerpflichtige wies nach, dass sie aus einer Tätigkeit stammten, die einer unter § 8 Abs. 1 Nr. 1 bis 6 AStG fallenden eigenen Tätigkeit der ausländischen Gesellschaft diente, ausgenommen Investmentgeschäfte i. S. d. § 1 Abs. 1 Nr. 6 KWG*. Hingewiesen musste hierbei darauf, dass aufgrund ihrer offensichtlichen Unverhältnismäßigkeit die erläuterte Regelung mit dem Unionsrecht unvereinbar war[475].

aaa) 1 %-Beteiligung i. S. d. § 7 Abs. 6 Satz 1 AStG

Das herausragende Merkmal der verschärften Hinzurechnungsbesteuerung gemäß § 7 Abs. 6 Satz 1 AStG bestand in der deutlich verminderten Beteiligungsrate an einer ausländischen Gesellschaft, vorausgesetzt, diese Gesellschaft erzielte die Zwischeneinkünfte mit Kapitalanlagecharakter. Des Weiteren betonte § 7 Abs. 6 Satz 3 HS 1 AStG, dass die verschärfte Hinzurechnungsbesteuerung auch bei einer nicht börsennotierten ausländischen Gesellschaft mit investmentfondsähnlichem Charakter bei Beteiligung von weniger als 1 % in Betracht kam. Waren die mehreren unbeschränkt Steuerpflichtigen mit jeweils mindestens 1 % an der ausländischen Gesellschaft beteiligt, so wirkte die Rechtsfolge gegenüber jedem von ihnen[476].

Dieses Vorgehen mag zwar für unbedarfte Betrachter unverhältnismäßig erscheinen, war allerdings aus der rechtsystematischen Sicht zwingend erforderlich und konsequent. So erörterte *Protzen*[477], dass mit der Beteiligung i. S. d. § 7 Abs. 6 Satz 1 AStG eine unmittelbare Beteiligung am Nennkapital der ausländischen Gesellschaft i. S. d. § 7 Abs. 1 AStG gemeint war. Da die gesetzliche

---

Stand: 99. Ergänzungslieferung, Köln 2021, § 7 Rn. 140; mwN *Schaumburg, H.*, in: Schaumburg, H., Internationales Steuerrecht, 4. Aufl., Köln 2017, Rn. 13.64.

475 *Wassermeyer, F.*, in: Flick, H./Wassermeyer, F./Baumhoff, H./Schönfeld, J., Außensteuerrecht: Kommentar, Stand: 99. Ergänzungslieferung, Köln 2021, § 7 Rn. 103.

476 *Wassermeyer, F.*, in: Flick, H./Wassermeyer, F./Baumhoff, H./Schönfeld, J., Außensteuerrecht: Kommentar, Stand: 99. Ergänzungslieferung, Köln 2021, § 7 Rn. 108.

477 *Protzen, P.D.G.*, in: Kraft, G., AStG: Kommentar, 2. Aufl., München 2019, § 7 Rn. 210.

Bestimmung hinsichtlich der Mindesthöhe der Beteiligung am Nennkapital fehlte[478], war der Gesetzgeber im Fall des § 7 Abs. 6 Satz 1 AStG frei, strenge Beteiligungsvoraussetzungen zu deklarieren. Insoweit entsprach die 1 %-Regelung hierbei der für die Veräußerungsgewinnbesteuerung nach § 17 Abs. 1 EStG geltenden Voraussetzung[479]. Da allerdings der Steuerpflichtige durch die 1 %-Beteiligung keine maßgeblichen Einflüsse auf die ausländische Gesellschaft haben konnte[480], erfüllte die 1 %-Regelung *de facto* eine rein sinnbildliche Funktion und war nach *Rättig* und *Protzen*[481] systemwidrig.

Aus der anderen Perspektive wurden m.E. durch die o.g. strikte Beteiligungsvoraussetzung die Sachverhalte unterbunden, in denen ein Betreiben funktionsloser vermögensverwaltender ausländischer Gesellschaften durch Steuerinländer stattfand[482]. Eine vergleichbare Ansicht vertrat auch *Vogt*[483]. Er ging davon aus, dass mit der Anwendung des § 7 Abs. 6 Satz 3 AStG verhindert werden sollte, dass anstelle laufender Ausschüttungen die steuerfreien Veräußerungsgewinne – die nicht von der Hinzurechnungsbesteuerung betroffen waren – nach Ablauf der Spekulationsfrist erzielt werden konnten.

bbb) Zwischeneinkünfte mit Kapitalanlagecharakter i. S. d. § 7 Abs. 6 Satz 1 i. V. m. § 7 Abs. 6a AStG

Die Definition der Zwischeneinkünfte mit Kapitalanlagecharakter aus § 7 Abs. 6 Satz 1 AStG wurde durch § 7 Abs. 6a AStG *in gesetzgebungstechnisch nicht gelungener Form*[484] geregelt. Es ging typischerweise um *Einkünfte von*

---

478 *Vogt, G.*, in: Brandis, P./Heuermann, B., Ertragsteuerrecht: Kommentar, Stand: 158. Ergänzungslieferung, München 2021, AStG § 7 Rn. 19; *Reiche, F.*, in: Haase, F., AStG/DBA: Kommentar, 3. Aufl., Heidelberg 2016, § 7 AStG, Rn. 52.

479 *Kramer, J-D.*, in: Lippross, O-G./Seibel, W., Basiskommentar Steuerrecht, Stand: 128. Ergänzungslieferung, Köln 2021, § 7 AStG Rn. 48.

480 *Haase, F.*, Überlegungen zur Reform der Hinzurechnungsbesteuerung, ifst-Schrift 2017, Nr. 521, 96.

481 *Rättig, H./Protzen, P.D.*, Die „neue Hinzurechnungsbesteuerung" der §§ 7-14 AStG in der Fassung des UntStFG – Problembereiche und Gestaltungshinweise, IStR 2002, 123 (124).

482 Seinerseits ging der Gesetzgeber von einer Notwendigkeit der Verhinderung marktgängiger Sammelgestaltungen zum Zweck von Kapitalanlagen in Niedrigsteuerländern, so nach: BT-Drs. 14/6882, 42.

483 *Vogt, G.*, in: Brandis, P./Heuermann, B., Ertragsteuerrecht: Kommentar, Stand: 158. Ergänzungslieferung, München 2021, AStG § 7 Rn. 56.

484 So im Ergebnis: *Protzen, P.D.G.*, in: Kraft, G., AStG: Kommentar, 2. Aufl., München 2019, § 7 Rn. 198.

Holdinggesellschaften und von Finanzdienstleistungsgesellschaften[485], namentlich um die Einkünfte aus dem Halten, der Verwaltung, Werterhaltung oder Werterhöhung von Zahlungsmitteln, Forderungen, Wertpapieren, Beteiligungen (mit Ausnahme der in § 8 Abs. 1 Nr. 8 und 9 AStG genannten Einkünfte) sowie[486] entsprechende Veräußerungsgewinne und -verluste, ebenso wie den Einkünften mit Kapitalanlagecharakter funktional zuzuordnende Nebenerträge, z.B. aus Sicherungsgeschäften. Festzustellen war, dass Zwischeneinkünfte mit Kapitalanlagecharakter stets passive Einkünfte, die niedrig besteuert wurden, verlangten[487]. Keine Zwischeneinkünfte mit Kapitalanlagecharakter waren dabei Einkünfte i. S. d. § 8 Abs. 1 Nr. 3 AStG aus Kapitalanlagen der Kreditinstitute oder Versicherungsunternehmen. Die einzige Ausnahme hierbei waren die Einkünfte aus Investmentgeschäften i. S. d. § 1 Abs. 1 Nr. 6 KWG sowie Einkünfte i. S. d. § 8 Abs. 1 Nr. 7 AStG[488].

Dem Steuerpflichtigen wurde die Möglichkeit gegeben, das Vorliegen der Einkünfte, die einer unter § 8 Abs. 1 Nr. 1 bis 6 AStG fallenden eigenen Tätigkeit der ausländischen Gesellschaft dienten, ausgenommen Tätigkeiten i. S. d. § 1 Abs. 1 Nr. 6 KWG, nachzuweisen. Dabei bezeichnete *Wassermeyer*[489] als steuerpflichtig diejenige Person, die entweder unter die allgemeine oder verschärfte Hinzurechnungsbesteuerung fallen könnte.

ccc) Voraussetzungen einer Entlastung nach § 7 Abs. 6 Satz 2 und 3 AStG

Soweit die den Zwischeneinkünften mit Kapitalanlagecharakter zugrunde liegenden Bruttoerträge nicht mehr als 10 % (*sog. Bagatellgrenze*) der den gesamten Zwischeneinkünften zugrunde liegenden Bruttoerträge der ausländischen Zwischengesellschaft betrugen und die bei einer Zwischengesellschaft oder bei einem Steuerpflichtigen hiernach außer Ansatz zu lassenden Beträge

485 *Kramer, J-D.*, in: Lippross, O-G./Seibel, W., Basiskommentar Steuerrecht, Stand: 128. Ergänzungslieferung, Köln 2021, § 7 AStG Rn. 55.

486 BMF v. 14.05.2004 – IV B 4 – S 1340/11/04, BStBl. I 2004, 3 (Rn. 7.6.4).

487 *Protzen, P.D.G.*, in: Kraft, G., AStG: Kommentar, 2. Aufl., München 2019, § 7 Rn. 190; *Kramer, J-D.*, in: Lippross, O-G./Seibel, W., Basiskommentar Steuerrecht, Stand: 128. Ergänzungslieferung, Köln 2021, § 7 AStG Rn. 56; *Schaumburg, H.*, in: Schaumburg, H., Internationales Steuerrecht, 4. Aufl., Köln 2017, Rn. 13.67.

488 Siehe: BMF v. 14.05.2004 – IV B 4 – S 1340/11/04, BStBl. I 2004, 3 (Rn. 7.6.4).

489 *Wassermeyer, F.*, in: Flick, H./Wassermeyer, F./Baumhoff, H./Schönfeld, J., Außensteuerrecht: Kommentar, Stand: 99. Ergänzungslieferung, Köln 2021, § 7 Rn. 206.

insgesamt 80.000 Euro (*sog. Freigrenze, nicht jedoch Freibetrag*[490]) nicht überstiegen, kam die verschärfte Hinzurechnungsbesteuerung aus § 7 Abs. 6 Satz 1 AStG nicht in Betracht[491]. Die Entlastungsvoraussetzung wurde dem Beispiel von § 9 AStG nachgebildet[492]; dabei war die Ermittlung der für die relative Freigrenze erforderlichen Bruttoerträge nach den für § 9 AStG geltenden Maßstäben vorzunehmen[493].

Nach § 7 Abs. 6 Satz 3 HS 2 AStG griff die strikte Beteiligungsvoraussetzung von weniger 1 % nicht bei börsennotierten Gesellschaften ein. *Protzen*[494] führte in diesem Zusammenhang aus, dass die – an der Regelung des Art. 28 Abs. 1 lit d DBA-USA orientierte[495] – Börsenklausel i. S. d. § 7 Abs. 6 Satz 3 AStG nicht nur für die verschärfte, sondern auch für die allgemeine Hinzurechnungsbesteuerung galt. Im Ergebnis war diese Frage allerdings nach *Wassermeyer*[496] nicht von großer Relevanz.

bb) Überblicksdarstellung der sachlichen Voraussetzungen der deutschen Hinzurechnungsbesteuerung

1) Tatbestandskatalog i. S. d. § 8 Abs. 1 AStG

Gemäß § 8 Abs. 1 Nr. 1-10 AStG waren folgende Einkünfte als aktiv zu bewerten:

> *1. Einkünfte aus Land- und Forstwirtschaft;*
> *2. Einkünfte aus Herstellung, Bearbeitung, Verarbeitung oder Montage von Sachen, Erzeugung von Energie sowie dem Aufsuchen und Gewinnen von Bodenschätzen;*
> *3. Einkünfte aus Betrieb von Kreditinstituten und Versicherungsunternehmen;*
> *4. Einkünfte aus Handel (mit Einschränkungen);*
> *5. Einkünfte aus Dienstleistungen (mit Einschränkungen);*
> *6. Einkünfte aus VuV (mit Einschränkungen);*

---

490 *Reiche, F.*, in: Haase, F., AStG/DBA: Kommentar, 3. Aufl., Heidelberg 2016, § 7 AStG, Rn. 119.

491 So nach: § 7 Abs. 6 Satz 2 AStG.

492 *Protzen, P.D.G.*, in: Kraft, G., AStG: Kommentar, 2. Aufl., München 2019, § 7 Rn. 220; *Vogt, G.*, in: Brandis, P./Heuermann, B., Ertragsteuerrecht: Kommentar, Stand: 158. Ergänzungslieferung, München 2021, AStG § 7 Rn. 57.

493 *Protzen, P.D.G.*, in: Kraft, G., AStG: Kommentar, 2. Aufl., München 2019, § 7 Rn. 220.

494 *Protzen, P.D.G.*, in: Kraft, G., AStG: Kommentar, 2. Aufl., München 2019, § 7 Rn. 214, 240.

495 *Wassermeyer, F.*, in: Flick, H./Wassermeyer, F./Baumhoff, H./Schönfeld, J., Außensteuerrecht: Kommentar, Stand: 99. Ergänzungslieferung, Köln 2021, § 7 Rn. 141.

496 *Wassermeyer, F.*, in: Flick, H./Wassermeyer, F./Baumhoff, H./Schönfeld, J., Außensteuerrecht: Kommentar, Stand: 99. Ergänzungslieferung, Köln 2021, § 7 Rn. 143.

7. Einkünfte aus Aufnahme und darlehensweiser Vergabe von Kapital (mit Einschränkungen);
8. Einkünfte aus Gewinnausschüttungen von Kapitalgesellschaften;
9. Einkünfte aus Veräußerung eines Anteils an einer anderen Gesellschaft (mit Einschränkungen);
10. Einkünfte aus Umwandlungen, die steuerneutral erfolgen könnten.

Zu beachten war hier der Saldo aus Einnahmen und Ausgaben[497]. Bei der Ausübung von mehreren Tätigkeiten durch die ausländische Gesellschaft war zunächst *auf Grundlage der funktionalen Betrachtungsweise* zu prüfen, ob eine einheitliche Beurteilung der Tätigkeiten möglich war[498]. Nicht aus o.g. Tätigkeiten stammende Einkünfte waren folglich als passive anzusehen[499]. Aus dieser methodologischen Herangehensweise war klar ersichtlich, dass der Gesetzgeber während der Schaffung des Tatbestandskatalogs prinzipiell – anstelle des leicht durchsetzbaren *„entity-approach"* – den anspruchsvollen *„transactional approach"* anstrebt[500]. *Haase*[501] setzte in diesem Zusammenhang einen Akzent auf die Tatsache, dass der Aktivitätskatalog wie ein unsystematisches Sammelsurium wirkte, ohne dass für den Rechtsanwender ein einheitliches Konzept erkennbar wäre. Festzustellen war auch, dass der Tatbestandskatalog aus § 8 Abs. 1 AStG sich zwar an den Einkunftsarten des EStG orientierte[502], aber trotzdem eine permanente Aktualisierung und Ergänzung mit den immer neu entstandenen[503]

---

497 *Rödel, S.*, in: Kraft, G., AStG: Kommentar, 2. Aufl., München 2019, § 8 Rn. 71.

498 *Wassermeyer, F./Schönfeld, J.*, in: Flick, H./Wassermeyer, F./Baumhoff, H./Schönfeld, J., Außensteuerrecht: Kommentar, Stand: 99. Ergänzungslieferung, Köln 2021, § 8 Rn. 24.

499 *Schaumburg, H.*, in: Schaumburg, H., Internationales Steuerrecht, 4. Aufl., Köln 2017, Rn. 13.78.

500 *Kraft, G.*, Konzeptionelle und strukturelle Defizite der Hinzurechnungsbesteuerung – Reformbedarf und Reformnotwendigkeit, IStR 2010, 377 (379).

501 *Haase, F.*, Überlegungen zur Reform der Hinzurechnungsbesteuerung, ifst-Schrift 2017, Nr. 521, 119.

502 *Rödel, S.*, in: Kraft, G., AStG: Kommentar, 2. Aufl., München 2019, § 8 Rn. 17; mwN *Schaumburg, H.*, in: Schaumburg, H., Internationales Steuerrecht, 4. Aufl., Köln 2017, Rn. 13.78.

503 MwN *Vogt, G.*, in: Brandis, P./Heuermann, B., Ertragsteuerrecht: Kommentar, Stand: 158. Ergänzungslieferung, München 2021, AStG § 8 Rn. 3; *Kraft, G.*, Konzeptionelle und strukturelle Defizite der Hinzurechnungsbesteuerung – Reformbedarf und Reformnotwendigkeit, IStR 2010, 377 (379); *Reiche, F.*, in: Haase, F., AStG/DBA: Kommentar, 3. Aufl., Heidelberg 2016, § 8 AStG, Rn. 5.

Tätigkeiten benötigte. Zum einen wurde so die durch *Schaumburg*[504] betonte besondere Funktion des Katalogs in Bezug auf die Abwehr von Gestaltungsmissbräuchen sichergestellt. Zum anderen wurde auch die Planungssicherheit der Steuerpflichtigen gewährleistet. In diesem Zusammenhang empfehlenswert war, den Katalog durch permanente Überarbeitung aktuell zu halten.

2) Möglichkeiten des Gegenbeweises für in EU/EWR tätige ausländische Gesellschaften i. S. d. § 8 Abs. 2 AStG

Im Anschluss an die „Cadbury-Schweppes“-Rechtsprechung des EuGH hat der deutsche Gesetzgeber i. R. des *JStG 2008*[505] eine Gegenbeweismöglichkeit für in der EU bzw. im EWR tätige ausländische Gesellschaften unter bestimmen Voraussetzungen durch § 8 Abs. 2 AStG eingeführt. Anzumerken war hierbei, dass die Vorschrift ursprünglich durch den Gesetzgeber missglückt formuliert wurde, denn die Freistellungsmöglichkeit von der deutschen Hinzurechnungsbesteuerung bestand bis zum Jahr 2013[506] lediglich für Zwischeneinkünfte ohne Kapitalanlagecharakter.

Gemäß § 8 Abs. 2 Satz 1 AStG wurde die Hinzurechnungsbesteuerung nicht angewendet, wenn der Steuerpflichtige eine tatsächliche wirtschaftliche Tätigkeit der in der EU bzw. im EWR ansässigen ausländischen Gesellschaft nachwies. Mit der Bezeichnung der tatsächlichen wirtschaftlichen Tätigkeit wurde das *greifbare Vorhandensein der beherrschten ausländischen Gesellschaft i. F. v. Geschäftsräumen, Personal und Ausrüstungsgegenständen* gemeint[507]. Nachzuweisen waren nach Ansicht des *BMF*[508] eine aktive, ständige und nachhaltige Teilnahme der ausländischen Gesellschaft im EU/EWR-Mitgliedstaatsmarkt, eine ständige Beschäftigung von geschäftsleitendem und anderem Personal mit genügender Qualifikation, die Erzielung der Einkünfte durch die ausländische Gesellschaft aufgrund deren eigener Aktivitäten usw. Die durch das BMF verwendeten Definitionen wurden dabei nicht übernommen[509]. Als Beweis-

504 Im Ergebnis: *Schaumburg, H.*, in: Schaumburg, H., Internationales Steuerrecht, 4. Aufl., Köln 2017, Rn. 13.73.

505 JStG 2008 v. 20.12.2007, BGBl. I 2007, 3150.

506 AHRL-UmsG v. 26.06.2013, BGBl. I 2013, 1809.

507 BT-Drs. 16/6290, 92.

508 BMF v. 08.01.2007 – IV B 4 – S 1351 – 1/07, DStR 2007, 112 (113).

509 *Goebel, S./Palm, A.*, Der Motivtest – Rettungsanker der deutschen Hinzurechnungsbesteuerung?, IStR 2007, 720 (723).

mittel waren die Urkunde, Sachverständigengutachten oder der Zeugenbeweis anzusehen[510].

Des Weiteren regelte § 8 Abs. 2 Satz 2 AStG zusätzlich das Erfordernis der tatsächlichen[511] Auskunftserteilung zwischen Deutschland und einem EU/EWR-Mitgliedsstaat auf der Grundlage der AHRL oder einer vergleichbaren zwei- oder mehrseitigen steuerrelevanten Vereinbarung. In Bezug auf die EWR-Mitgliedstaaten waren die Bestimmungen der AHRL zwar nicht anwendbar[512]. Ein entsprechender Informationsaustausch erfolgte trotzdem mithilfe der sog. großen Auskunftsklausel aus Art. 26 des betreffenden DBA[513].

Keine Möglichkeit der Erbringung eines Gegenbeweises bestand dagegen nach § 8 Abs. 2 Satz 3 und 4 AStG für die der ausländischen Gesellschaft nach § 14 AStG zuzurechnenden Einkünfte einer Untergesellschaft, die weder Sitz noch Geschäftsleitung in einem EU/EWR-Mitgliedstaat hatte, sowie für die Zwischeneinkünfte, die einer Betriebsstätte der ausländischen Gesellschaft im Drittland zuzurechnen waren. Schließlich waren aufgrund § 8 Abs. 2 Satz 5 AStG der tatsächlichen wirtschaftlichen Tätigkeit der Gesellschaft nur Einkünfte der Gesellschaft zuzuordnen, die durch diese Tätigkeit erzielt wurden, und dies nur insoweit, als der Fremdvergleichsgrundsatz i. S. d. § 1 AStG beachtet worden war.

Im Schrifttum wurde die Beschränkung der Möglichkeit des Gegenbeweises nach § 8 Abs. 2 AStG scharf kritisiert. So stellten *Goebel* und *Palm*[514] dar, dass bereits im Gesetzesentwurf zu § 8 Abs. 2 AStG keine EuGH-konforme Ausgestaltung eines Motivtests vorgesehen wurde. Erklärungsbedürftig war hierbei das Kriterium einer „tatsächlichen wirtschaftlichen Tätigkeit" der ausländischen Gesellschaft[515]. *Wassermeyer* und

510 *Wassermeyer, F./Schönfeld, J.*, in: Flick, H./Wassermeyer, F./Baumhoff, H./Schönfeld, J., Außensteuerrecht: Kommentar, Stand: 99. Ergänzungslieferung, Köln 2021, § 8 Rn. 458.

511 *Wassermeyer, F./Schönfeld, J.*, in: Flick, H./Wassermeyer, F./Baumhoff, H./Schönfeld, J., Außensteuerrecht: Kommentar, Stand: 99. Ergänzungslieferung, Köln 2021, § 8 Rn. 527.

512 *Reiche, F.*, in: Haase, F., AStG/DBA: Kommentar, 3. Aufl., Heidelberg 2016, § 8 AStG, Rn. 155.

513 *Vogt, G.*, in: Brandis, P./Heuermann, B., Ertragsteuerrecht: Kommentar, Stand: 158. Ergänzungslieferung, München 2021, AStG § 8 Rn. 169; *Reiche, F.*, in: Haase, F., AStG/DBA: Kommentar, 3. Aufl., Heidelberg 2016, § 8 AStG, Rn. 155.

514 *Goebel, S./Palm, A.*, Der Motivtest – Rettungsanker der deutschen Hinzurechnungsbesteuerung?, IStR 2007, 720 (726).

515 *Kraft, G.*, in: Kraft, G., AStG: Kommentar, 2. Aufl., München 2019, § 8 Rn. 741.

Schönfeld[516] gingen auf eine weitere Problematik des Konzepts ein. In Bezug auf die Auffassung des BMF behaupteten sie, dass in den Fällen, in den ein Mitarbeiter seine Qualifikation für die betreffende Tätigkeit der ausländischen Gesellschaft durch langjährige praktische Erfahrungen erworben hat, die Erbringung des Nachweises über eine ausreichende Qualifikation wesentlich erschwert war. Fragwürdig war darüber hinaus aus der unionsrechtlichen Sicht auch die Substanznachweispflicht i. S. d. § 8 Abs. 2 Satz 5 AStG[517].

Vogt[518] verwies auf das Problem, dass durch § 8 Abs. 2 AStG ausschließlich unionswidrige Folgen der deutschen Hinzurechnungsbesteuerung angesichts der Niederlassungsfreiheit, nicht jedoch der Kapitalverkehrsfreiheit behoben wurden. Der These stimmte auch der BFH zu. Durch die Ablehnung der Gegenbeweismöglichkeit i. S. d. § 8 Abs. 2 Satz 3 und 4 AStG kam die Beschränkung der Kapitalverkehrsfreiheit in Bezug auf die Drittstaatsfälle bei den Direktinvestitionen in Betracht. Auch wenn solch eine Beschränkung im Falle der Schweiz durch das Vorhandensein lediglich einer kleinen Aufteilungsklausel in Art. 27 DBA-Schweiz[519] bei Portfolioinvestitionen zu rechtfertigen[520], blieb § 8 Abs. 2 AStG in Bezug auf Drittstaatsfälle mit großen DBA-Aufteilungsklauseln unionsrechtswidrig. Keine Exkulpationsmöglichkeit bot hier die sog. stand-still-Klausel, denn § 8 Abs. 2 AStG ist seit 1994 mehrfach überarbeitet worden[521]. Vernünftigerweise wäre in diesem Zusammenhang die Veränderung der eingrenzten Gegenbeweismöglichkeit i. S. d. § 8 Abs. 2 AStG i. R. der Umsetzung der hinzurechnungsbezogenen Vorschriften der ATAD anzupassen. Von dieser Möglichkeit hat der Gesetzgeber allerdings keinen Gebrauch gemacht.

3) Niedrige Besteuerung i. S. d. § 8 Abs. 3 AStG

Unterlagen die Einkünfte der ausländischen Gesellschaft einer Ertragsteuerbelastung von weniger als 25 %, ohne dass dies auf einem Ausgleich mit Einkünften aus anderen Quellen beruhte, kam eine niedrige Besteuerung i. S. d. § 8 Abs. 3

516 *Wassermeyer, F./Schönfeld, J.*, in: Flick, H./Wassermeyer, F./Baumhoff, H./Schönfeld, J., Außensteuerrecht: Kommentar, Stand: 99. Ergänzungslieferung, Köln 2021, § 8 Rn. 491.

517 *Vogt, G.*, in: Brandis, P./Heuermann, B., Ertragsteuerrecht: Kommentar, Stand: 158. Ergänzungslieferung, München 2021, AStG § 8 Rn. 171 f.

518 *Vogt, G.*, in: Brandis, P./Heuermann, B., Ertragsteuerrecht: Kommentar, Stand: 158. Ergänzungslieferung, München 2021, AStG § 8 Rn. 159.

519 DBA-Schweiz, BGBl. II 1972, 1021.

520 Im Ergebnis: BFH v. 22.05.2019 – I R 11/19 (I R 80/14), BFHE 265, 322 (Rn. 35).

521 BFH v. 22.05.2019 – I R 11/19 (I R 80/14), BFHE 265, 322 (Rn. 18).

Satz 1 AStG in Betracht. Auf den ersten Blick erschien der 25 %-Satz unverständlich, da der deutsche Körperschaftsteuersatz bei 15 % lag. Nach der Gesetzesbegründung betrug allerdings die nominale Ertragsteuerbelastung bei deutschen Kapitalgesellschaften ca. 30 %, was den Prozentsatz i. S. d. § 8 Abs. 3 Satz 1 AStG somit rechtfertigt[522].

In Anbetracht einiger Argumente konnte der gesetzlichen Herangehensweise nicht beigepflichtet werden. Festzustellen war zum einen, dass die deutsche Ertragsteuerbelastung nicht grds. bei 30 % lag, denn unter Einbeziehung von KSt und GewSt bestand auch die Möglichkeit einer Besteuerung von 22,83 %[523]. Des Weiteren wiesen *Lenz* und *Heinsen*[524] darauf hin, dass die Bestimmung einer Niedrigbesteuerung gesetzlich nicht näher konkretisiert wurde und deshalb ein erheblicher Auslegungsspielraum bestand. Zum anderen ging der Gesetzgeber davon aus, dass aufgrund der Tatsache, dass die inländischen Kapitalgesellschaften nicht nur dem KStG, sondern auch dem GewSt unterlagen, die nominale Steuerbelastung i. H. v. 30 % entstand. In der Tat: § 8 Abs. 2 KStG betrachtete alle Einkünfte von unbeschränkt Körperschaftsteuerpflichtigen als Einkünfte aus Gewerbebetrieb. Unter einem unbeschränkt Körperschaftsteuerpflichtigen waren hierbei aber nur jene i. S. d. § 1 Abs. 1-3 KStG zu verstehen, namentlich Kapitalgesellschaften, Genossenschaften einschließlich der Europäischen Genossenschaften sowie Versicherungs- und Pensionsfondsvereine auf Gegenseitigkeit. Nicht gewerbesteuerpflichtig nach § 8 Abs. 2 KStG blieben sonstige juristische Personen des privaten Rechts, nichtrechtsfähige Vereine, Anstalten, Stiftungen und andere Zweckvermögen des privaten Rechts sowie Betriebe gewerblicher Art von juristischen Personen des öffentlichen Rechts. In Anbetracht dessen wäre es m.E. problematisch, die Anwendung einer 25 %-Grenze nach § 8 Abs. 3 Satz 1 AStG auf diejenige ausländische Gesellschaften zu rechtfertigen, die aufgrund eines Typenvergleichs mit deutschen Gesellschaften i. S. d. § 1 Abs. 4-6 KStG gleichgesetzt waren. Insoweit wirkte sich die Regelung einschränkend auf die Niederlassungs- und Kapitalverkehrsfreiheit aus[525]. Mit

---

522 Siehe: BT-Drs. 16/6290, 91.

523 *Wassermeyer, F./Schönfeld, J.*, Die Niedrigbesteuerung i. S. des § 8 Abs. 3 AStG vor dem Hintergrund eines inländischen KSt-Satzes von 15 %, IStR 2008, 496 (499). *Kraft* und *Seydewitz* gingen von einer Prozentzahl i. H. v. 22,825 aus, so: *Kraft, G./Seydewitz, E.*, Gruppenbesteuerungs- und Verlustkompensationssysteme in der Hinzurechnungsbesteuerung, BB 2015, 1494 (1497).

524 *Lenz, M./Heinsen, O.*, Zur Niedrigbesteuerung i. S. des § 8 Abs. 3 AStG, IStR 2003, 793.

525 Im Ergebnis: *Kraft, G.*, in: Kraft, G., AStG: Kommentar, 2. Aufl., München 2019, § 8 Rn. 883.

der 25 %-Grenze ging der Gesetzgeber über die Zielsetzung einer Hinzurechnungsbesteuerung deutlich hinaus und bezog auch die Einkünfte aus passivem Erwerb aus klassischen Hochsteuerländern ein[526]. Durch den Gesetzgeber sollte in diesem Zusammenhang die Besteuerungsquote wesentlich gesenkt werden. Zielgerichtet könnte in Anbetracht der Zielsetzung der deutschen Hinzurechnungsbesteuerung ein Referenzsteuersatz i. H. v. 15 % sein[527]. Auch von dieser Möglichkeit hat der Gesetzgeber jedoch keinen Gebrauch gemacht.

§ 8 Abs. 3 Satz 2 AStG zufolge waren in die Belastungsberechnung die Ansprüche einzubeziehen, die der Staat oder das Gebiet der ausländischen Gesellschaft im Fall einer Gewinnausschüttung der ausländischen Gesellschaft dem unbeschränkt Steuerpflichtigen oder einer anderen Gesellschaft, an der der Steuerpflichtige direkt oder indirekt beteiligt war, gewährt. Die Regelung bezog sich auf die Ertragsteuern. Unter einer Ertragsteuer waren jegliche Steuern vom Gesamteinkommen oder von Teilen des Einkommens, einschließlich der Steuern vom Gewinn aus der Veräußerung beweglichen oder unbeweglichen Vermögens sowie der Steuern vom Vermögenszuwachs zu verstehen[528]. Diese Herangehensweise widersprach dem Sinn und Zweck einer Hinzurechnungsbesteuerung, denn der Wortlaut klammerte inländische, d.h. deutsche, Steuern nicht aus[529].

Gemäß § 8 Abs. 3 Satz 3 AStG galt die festgelegte Grenze von 25 % auch in dem Fall, dass die Steuern zwar rechtlich geschuldet, jedoch nicht tatsächlich erhoben wurden. Die Gründe für die Nichterhebung waren insoweit irrelevant[530]. Nicht beachtet wurden hierbei Kapitalsteuern[531] sowie freiwillige Steuerzahlungen[532]. Die Legaldefinition einer „freiwilligen" Zahlung wurde durch den Gesetzgeber

---

526 *Schaumburg, H.*, in: Schaumburg, H., Internationales Steuerrecht, 4. Aufl., Köln 2017, Rn. 13.154.

527 *Haas, W.*, Reformbedarf im deutschen internationalen Steuerrecht, in: Lüdicke, J., Internationales Steuerrecht – Aufbruch oder Konsolidierung?, Köln 2011, 21 (40); so auch: *Kraft, G.*, Konzeptionelle und strukturelle Defizite der Hinzurechnungsbesteuerung – Reformbedarf und Reformnotwendigkeit, IStR 2010, 377 (378).

528 BMF v. 14.05.2004 – IV B 4 – S 1340/11/04, BStBl. I 2004, 3 (Rn. 8.3.1.2).

529 Im Ergebnis: *Kraft, G./Seydewitz, E.*, Gruppenbesteuerungs- und Verlustkompensationssysteme in der Hinzurechnungsbesteuerung, BB 2015, 1494 (1497); *Kraft, G.*, in: Kraft, G., AStG: Kommentar, 2. Aufl., München 2019, § 8 Rn. 894.

530 *Kraft, G.*, in: Kraft, G., AStG: Kommentar, 2. Aufl., München 2019, § 8 Rn. 1103.

531 So: FG Hamburg v. 29.10.1993 – VII 185/89, EFG 1994, 335 (Leitsatz 3).

532 So nach: BMF v. 14.05.2004 – IV B 4 – S 1340/11/04, BStBl. I 2004, 3 (Rn. 8.3.2.1).

nicht näher erläutert[533]. Einer Niedrigbesteuerung war nicht gegeben, wenn der Steuerpflichtige durch entsprechende Vereinbarung im Einzelfall auf die Steuererhebung verzichtete[534].

cc) Rechtsfolge

Wurden die Voraussetzungen der allgemeinen oder der verschärften Hinzurechnungsbesteuerung erfüllt, waren die Zwischeneinkünfte der ausländischen Gesellschaft bei dem inländischen Steuerpflichtigen hinzuzurechnen. Zu beachten waren hierbei zum einen die besonderen Entlastungsmöglichkeiten i. S. d. § 7 Abs. 7 und 8 AStG. Zum anderen war auch die durch § 9 AStG festgelegte Freigrenze bei gemischten Einkünften zu berücksichtigen.

Zuzurechnen war außerdem der Hinzurechnungsbetrag i. S. d. § 10 AStG, von dem unter bestimmten Voraussetzungen die Veräußerungsgewinne i. S. d. § 11 AStG ausgenommen werden konnten. Der Steuerpflichtige hatte hierbei nach § 12 Abs. 1 AStG die Möglichkeit einer antragsgebundenen Steueranrechnung. Um die Umgehung der Tatbestände einer Hinzurechnungsbesteuerung durch Ausschalten der nachgeschalteten Zwischengesellschaften zu verhindern, waren nach § 14 Abs. 1 AStG ebenso deren Zwischeneinkünfte dem inländischen Steuerpflichtigen zuzurechnen, sobald nicht nachgewiesen werden konnte, dass die Zwischeneinkünfte aus eigener Tätigkeit der nachgeschalteten Zwischengesellschaften stammten.

Durch den Gesetzgeber wurde somit zwar ein effektiver Mechanismus zur Verhinderung der treaty-shopping-Gestaltungen bei Outbound-Fällen ins nationale Steuerrechtssystem umgesetzt. Auch durch den EuGH wurde die Hinzurechnungsbesteuerung als eine Maßnahme gegen den Gestaltungsmissbrauch akzeptiert[535]. Durch die ATAD wurden daneben die Hinzurechnungsbesteuerungsregelungen nunmehr europaweit als Standard etabliert. Dennoch hat die Untersuchung des deutschen Hinzurechnungsbesteuerungssystems zahlreichende unionsrechtliche Fragen aufgeworfen. Festzustellen ist, dass das deutsche Hinzurechnungsbesteuerungssystem unverhältnismäßig restriktiv war, beispielsweise in Bezug auf die 1 %-Beteiligungsquote nach § 7 Abs. 6 Satz 1 AStG. Des Weiteren konnte die umstrittene Beteiligungsgrenze i. H. v. 25 % aus

533 *Vogt, G.*, in: Brandis, P./Heuermann, B., Ertragsteuerrecht: Kommentar, Stand: 158. Ergänzungslieferung, München 2021, AStG § 8 Rn. 192.

534 *Kraft, G.*, in: Kraft, G., AStG: Kommentar, 2. Aufl., München 2019, § 8 Rn. 1103.

535 Im Ergebnis von: EuGH v. 13.03.2007 – C-524/04, BeckRS 2007, 70189 – Test Claimants in the Thin Cap Group Litigation.

§ 8 Abs. 3 Satz 1 AStG zum Gedanken der pauschalen Bewertung als Missbrauch führen. Aufgrund dieser Tatsachen war es notwendig, die Hinzurechnungsbesteuerungsregelungen grundlegend zu modifizieren und an die aktuellen steuerlichen Realitäten anzupassen. Aus dieser Perspektive wäre zu erwarten, dass der Gesetzgeber i. R. der Umsetzung der ATAD die o.g. unionswidrige Bestandskomponente ausklammert. Dies geschah aber nur partiell.

g) *Wesentliche Änderungen durch das ATAD-UmsG*

Mitte Dezember 2019 legte das BMF einen RefE eines Gesetzes zur Umsetzung der Anti-Steuervermeidungsrichtlinie[536] vor. Durch den Entwurf sollte zwar das deutsche Hinzurechnungsbesteuerungssystem den Art. 7 und 8 ATAD angepasst werden. Doch gerade die Tatsache, dass der Verbandsanhörung zu dem 109-seitigen RefE lediglich 4 Tage gewidmet und nach dem Ende der Anhörung kaum Zeit für die Einarbeitung von Änderungen vorgesehen wurde, ließ darauf schließen, dass beim BMF wenig Interesse an inhaltlicher Diskussion bestand.

Solche Hektik hat dem BMF einen bösen Streich gespielt: Zwar war die Umsetzung der Regelungen ursprünglich zum Anfang des Jahres 2020 geplant, kurz nach Vorlage wurde aber der erste RefE zurückgezogen. Ein neuer, zweiter RefE[537] wurde Ende März 2020 vorgelegt und heftig kritisiert. Als Folge davon hat die Bundesregierung den Regierungsentwurf des ATAD-UmsG[538] ein Jahr später, d.h. Ende April 2021, beschlossen. Ende Mai 2021 hat der BT das ATAD-UmsG verabschiedet[539], dem später im Juni durch den BR zugestimmt wurde[540]. Die neu geregelten §§ 7 ff. AStG sind somit erstmalig auf Zwischeneinkünfte

536 RefE. des BMF v. 10.12.2019: Entwurf eines Gesetzes zur Umsetzung der Anti-Steuervermeidungsrichtlinie – 1. Fassung. Abrufbar unter: https://www.bundesfinanzministerium.de/Content/DE/Gesetzestexte/Gesetze_Gesetzesvorhaben/Abteilungen/Abteilung_IV/19_Legislaturperiode/Gesetze_Verordnungen/2021-06-30-ATADUmsG/1-Referentenentwurf.pdf?__blob=publicationFile&v=5 (*letzter Zugriff*: 01.01.2022).

537 RefE. des BMF v. 24.03.2020: Entwurf eines Gesetzes zur Umsetzung der Anti-Steuervermeidungsrichtlinie – 2. Fassung. Abrufbar unter: https://www.bundesfinanzministerium.de/Content/DE/Gesetzestexte/Gesetze_Gesetzesvorhaben/Abteilungen/Abteilung_IV/19_Legislaturperiode/Gesetze_Verordnungen/2021-06-30-ATADUmsG/1-Referentenentwurf_2.pdf?__blob=publicationFile&v=2 (*letzter Zugriff*: 01.01.2022).

538 BT-Drs. 19/28652.

539 BT- Plenarprotokoll 19/231, 29728 ff.

540 BR-Drs. 468/21.

anzuwenden, die in einem Wirtschaftsjahr der Zwischengesellschaft entstanden sind, das nach dem 31.12.2021 beginnt[541].

aa) Strukturelle Trennung allgemeiner und verschärfter Hinzurechnungsbesteuerung

Mit dem ATAD-UmsG hat der Gesetzgeber die allgemeine Hinzurechnungsbesteuerung von der verschärften rechtssystematisch getrennt. Während § 7 AStG sich, wie zuvor, mit den Fragen der allgemeinen Hinzurechnungsbesteuerung befasst, wird durch § 13 AStG nunmehr die verschärfte Hinzurechnungsbesteuerung geregelt. Anstelle der Anhebung der hochkritisierten 1 %-Beteiligungsquote entfällt diese nunmehr nach § 13 Abs. 1 Satz 1 AStG völlig. Künftig sind somit sämtliche Zwischeneinkünfte mit Kapitalanlagecharakter i. R. der verschärften Hinzurechnungsbesteuerung zu berücksichtigen. Zu beachten ist dabei, dass die Regelung ab 01.01.2022 auch auf zur Körperschaftsbesteuerung optierende Personengesellschaften anwendbar ist[542].

Durch die Abschaffung der 1 %-Grenze geht der Gesetzgeber tatsächlich von der These aus, dass die Einkunftsqualifikation *„mit Kapitalanlagecharakter"* automatisch zum Vorliegen eines Gestaltungsmissbrauchs führe. Solch eine Herangehensweise wurde zwar bereits im Jahr 2011 als fehlerhaft festgestellt[543]. Der Gesetzgeber beachtete allerdings den Umstand, dass § 13 AStG in den Schutzbereich der Kapitalverkehrsfreiheit eingreift[544], und bot durch § 13 Abs. 4 AStG eine Exkulpationsmöglichkeit, sobald der Motivtest aus § 8 Abs. 2 AStG bestanden ist. Mit dieser „escape-Klausel" wurde der Rechtsprechung des EuGH[545] Rechnung getragen[546]. Da nach Art. 63 AEUV auch die Drittstaaten von der Kapitalverkehrsfreiheit erfasst sind, können sich die Gesellschaften aus Drittstaaten grundsätzlich auf diese Regelung berufen, soweit der Drittstatt im Wege

---

541 *Rautenstrauch, G.*, ATAD-Umsetzungsgesetz – was lange währt, wird endlich gut?, GmbHR 2021, R192 (R193).

542 *Jacobsen, H.*, in: Mattern, O./Mohr, D./Schütz, M./Waldens, S., AStG – eKommentar (*verfügbar nur elektronisch*), § 13 (Fassung v. 01.01.2022), Punkt A, Rn. 3.

543 So: *Haarmann, W.*, Wirksamkeit, Rechtmäßigkeit, Bedeutung und Notwendigkeit der Hinzurechnungsbesteuerung im AStG, IStR 2011, 565 (570).

544 So: *Jacobsen, H.*, in: Mattern, O./Mohr, D./Schütz, M./Waldens, S., AStG – eKommentar (*verfügbar nur elektronisch*), § 13 (Fassung v. 01.01.2022), Punkt B, Rn. 27.

545 Gemeint ist hier die Entscheidung zum sog. „X GmbH"- Urteil. Mehr dazu siehe: EuGH v. 26.02.2019 – C-135/17, BeckRS 2019, 2096 – X GmbH.

546 BT-Drs, 19/28652, 64.

des zwischenstaatlichen Informationsaustauschs entsprechende besteuerungsrelevante Auskünfte erteilt, § 13 Abs. 4 Satz 2 AStG.

bb) Personengruppenbezogenes Beherrschungskonzept im Gegensatz zu der Inländerbeherrschung nach § 7 AStG

Entsprechend der Neufassung des Gesetzes ist von einer Beherrschung dann zu sprechen, wenn dem Steuerpflichtigen allein oder zusammen mit ihm nahestehenden Personen mehr als die Hälfte der *Stimmrechte* oder der *Anteile am Nennkapital* unmittelbar oder mittelbar zuzurechnen sind[547]. Alternativ könnte die Beherrschung auch dann vorliegen, wenn dem Steuerpflichtigen unmittelbar oder mittelbar ein *Anspruch auf mehr als die Hälfte des Gewinns* oder des *Liquidationserlöses* der Gesellschaft zusteht[548]. Der Geltungsbereich der Hinzurechnungsbesteuerung soll somit auf die Fälle erweitert werden, die bei Anwendung der reinen Inlandsbeherrschung nach der alten Fassung der Vorschrift bisher nicht beachtet wurden[549]. Zu betonen ist dabei, dass als Steuerpflichtige alle natürlichen und juristischen Personen gelten[550]. Daneben können künftig als nahestehende Personen auch ausländische Personen bewertet werden[551].

Der Wortlaut der Vorschrift lässt daneben darauf schließen, dass die mittelbare und unmittelbare Beteiligung an den Stimmrechten der ausländischen Gesellschaft künftig mit der Beteiligung an deren Nennkapital parallelisiert wird. Diese Überarbeitung ist für die Verhinderung von treaty-shopping-Gestaltungen bei Outbound-Fällen von besonderer Bedeutung, weil somit sämtliche gesellschaftliche Beziehungen inländischer Steuerpflichtiger mit Basisgesellschaften problemlos kenntlich gemacht werden können.

Hingegen ist die Ausweitung der Legaldefinition einer nahestehenden Person gemäß § 7 Abs. 4 AStG kritisch zu sehen. Diese Überarbeitung war die Reaktion auf die Columbus-Container-Services-Rechtsprechung des EuGH[552]. Nach § 7 Abs. 4 Satz 1 AStG sind diejenigen dem Steuerpflichtigen als nahestehend anzusehen, die mit ihm in Bezug auf die Zwischengesellschaft durch abgestimmtes

547 Siehe: § 7 Abs. 1 AStG.

548 Siehe: § 7 Abs. 1 AStG.

549 Siehe: BT-Drs, 19/28652, 51.

550 *Lentz, K./Sezer, M.*, Beteiligungserträge und Hinzurechnungsbesteuerung nach ATADUmsG-E, ISR 2021, 85 (86).

551 *Rautenstrauch, G.*, ATAD-Umsetzungsgesetz – was lange währt, wird endlich gut?, GmbHR 2021, R192 (R193).

552 So im Ergebnis: BT-Drs, 19/28652, 54.

Verhalten zusammenwirken. Die Beweislast trägt dabei die Finanzverwaltung[553]. Der Gesetzgeber fügt somit zwar das Tatbestandsmerkmal eines abgestimmten Verhaltens ein. Dies bedeutet aber, dass künftig auch fremde Dritten in die Hinzurechnungsbesteuerung einbezogen werden können, sobald sie in einer ausländischen Gesellschaft durch ein abgestimmtes Verhalten zusammenwirken. Noch verschärft wird die Situation durch die Tatsache, dass die Antwort darauf, wann ein abgestimmtes Zusammenwirken vorliegt, dem Rechtsanwender überantwortet wurde[554]. Zu kritisieren ist daher zum einen, dass die Regelung keine Gegenbeweisoption beinhaltet[555], dass beim Zusammenwirken in einer ausländischen Gesellschaft jeder Gesellschafter lediglich von eigenen ökonomischen Gründen geleitet wird. Kritikwürdig ist zum anderen auch die Abwesenheit klarer gesetzlicher Anforderungen an die Widerlegung der Vermutung des Zusammenwirkens durch abgestimmtes Verhalten[556].

Aufgrund der Berücksichtigung durch § 7 AStG auch von mittelbaren Beteiligungen[557] wird das bislang in § 14 AStG geregelte Konzept der übertragenden Hinzurechnung entfallen.

cc) Zwischeneinkünfte i. S. d. § 8 AStG

§ 8 Abs. 1 AStG beinhalt, wie zuvor, eine Liste der *aktiven*[558] Einkünfte, denn um dem Mindeststandard der ATAD zu entsprechen, war die Umstellung auf einen Passivkatalog nicht erforderlich[559]. Zudem beschränkt sich nach der Regierungsbegründung der Motivtest aus § 8 Abs. 2 AStG nicht auf die Wiedergabe des Textes der ATAD und benötigt deshalb lediglich punktuelle Konkretisierungen[560]. So wurde z.B. das erklärungsbedürftige Tatbestandsmerkmal

553 *Lentz, K./Sezer, M.*, Beteiligungserträge und Hinzurechnungsbesteuerung nach ATADUmsG-E, ISR 2021, 85 (86).

554 *Gosch, D.*, „Nah und verbunden" – Zum Nahestehen und Verbundensein im Steuerrecht, ISR 2020, 333 (340).

555 Ähnlich: *Lentz, K./Sezer, M.*, Beteiligungserträge und Hinzurechnungsbesteuerung nach ATADUmsG-E, ISR 2021, 85 (86).

556 So nach: *Gütle, J./Sotta, C.*, Reform der Hinzurechnungsbesteuerung - Auswirkungen des § 7 Abs. 4 S. 2 AStG-E bei Fondsinvestments, BB 2021, 224 (228).

557 Siehe: BT-Drs, 19/28652, 64.

558 So nach: *Rautenstrauch, G.*, ATAD-Umsetzungsgesetz – was lange währt, wird endlich gut?, GmbHR 2021, R192 (R193); auch: *Lentz, K./Sezer, M.*, Beteiligungserträge und Hinzurechnungsbesteuerung nach ATADUmsG-E, ISR 2021, 85 (87).

559 BT-Drs, 19/28652, 55.

560 Siehe: BT-Drs, 19/28652, 57.

tatsächlicher wirtschaftlicher Tätigkeit aus § 8 Abs. 2 Satz 1 AStG durch die *wesentliche wirtschaftliche Tätigkeit* ersetzt. Wesentlich ist eine Tätigkeit dann, wenn deren Ausübung mittels erforderlicher sachlicher und personeller Ausstattung im ausländischen Staat erfolgt (§ 8 Abs. 2 Satz 2 AStG) und sie durch hinreichend qualifiziertes Personal selbständig und eigenverantwortlich verwirklicht wird (§ 8 Abs. 2 Satz 3 AStG). Lässt jedoch die Gesellschaft ihre wesentliche wirtschaftliche Tätigkeit überwiegend durch Dritte besorgen (*gemeint sind die Outsourcing-Falle*), gilt der Motivtest als nicht bestanden, § 8 Abs. 2 Satz 5 AStG. Der Begriff Dritte wurde durch den Gesetzgeber zwar nicht definiert. *Heinsen, Gsödl* und *Dietrich*[561] gehen in diesem Zusammenhang jedoch davon aus, dass er sowohl unabhängige Dritte i. S. d. § 1 Abs. 1 Satz 1 AStG als auch andere verbundene Unternehmen umfasst. In der Praxis werden von dieser Regelung besonders hart die deutschen Tech-Konzerne bzw. die Halbleiterunternehmen betroffen, deren Geschäftsmodell darin besteht, die kostspielige Chipherstellung an die anderen ausländischen Unternehmen outzusourcen.

Mit § 8 Abs. 3 und 4 AStG reagiert der Gesetzgeber auf die schon erörterte Beschränkung der Kapitalverkehrsfreiheit in Bezug auf die Drittstaaten. § 8 Abs. 3 AStG schließt den Motivtest aus § 8 Abs. 2 AStG bei der allgemeinen Hinzurechnungsbesteuerung i. S. d. § 7 AStG für Gesellschaften aus Drittstaaten aus, weil beide Vorschriften in § 8 Abs. 1 AStG als Motivtest den in kaufmännischer Weise eingerichteten Geschäftsbetrieb mit Teilnahme am allgemeinen wirtschaftlichen Verkehr anerkennen[562]. Im Fall einer verschärften Hinzurechnungsbesteuerung ist die Regelung aus § 8 Abs. 2 AStG weiterhin für die Gesellschaften aus Drittstaaten anwendbar. Des Weiteren legt § 8 Abs. 4 AStG fest, dass *eine Berufung auf den Motivtest entfällt, wenn der Staat der ausländischen Gesellschaft im konkreten Fall keine Auskünfte erteilt, die Auskunftserteilung aber zur Sachverhaltsaufklärung erforderlich ist und das Auskunftsersuchen im Einklang mit den jeweils geltenden Standards des Informationsaustauschs steht*[563]. Der Gesetzgeber nimmt somit die letzte Entscheidung des BFH[564] in Betracht und stellt fest, dass die Gegenbeweismöglichkeit für die Gesellschaften aus den Staaten mit unzureichenden Standards des Informationsaustauschs nicht infrage kommt.

561 *Heinsen, O./Gsödl, M./Dietrich, M.*, Reform der Hinzurechnungsbesteuerung – Zum geänderten Motivtest (§ 8 Abs. 2-4 AStG-RefE), IStR 2020, 729 (733 f.).

562 BT-Drs, 19/28652, 57.

563 BT-Drs, 19/28652, 57.

564 Gemeint ist: BFH v. 22.05.2019 – I R 11/19 (I R 80/14), BFHE 265, 322.

§ 8 Abs. 5 AStG bestätigt zwar die bestehende 25 %-Grenze in Bezug auf die Niedrigbesteuerung. Die Grenzziehung entspricht nach dem Gesetzgeber den Vorgaben aus der ATAD und ist unter Berücksichtigung der deutschen KSt sowie GewSt gerechtfertigt[565]. Zu betonen ist, dass Ende September 2020 durch die Ausschüsse des BR empfohlen wurde, die Niedrigsteuergrenze aus § 8 Abs. 5 AStG auf 15 % abzusenken[566]. Damit wurde eine „1:1"-Umsetzung der ATAD in nationales Recht gefordert[567]. Dessen ungeachtet enthielt Regierungsentwurf und schließlich die Endfassung des ATAD-UmsG weiterhin die fragwürdige 25 %-Schwelle. Das ist umso merkwürdiger, da sogar der Steuersatz der kürzlich von den G7-Staaten vereinbarten globalen Mindeststeuer exakt 15 % beträgt[568]. Insofern ist es m.E. ziemlich inkonsequent, wenn auf der nationalen Ebene die Vertreter des BMF die Annahme einer möglichst hohen Niedrigsteuergrenze von 25 % befürworteten, während auf der internationalen Ebene der Bundesminister der Finanzen selbst aktiv[569] für die Einführung der deutlich niedrigeren Steuergrenze von 15 % eintrat. Es bleibt daher lediglich zu hoffen, dass im Zusammenhang mit den OECD-Arbeiten zur globalen Mindestbesteuerung die Niedrigsteuergrenze aus § 8 Abs. 5 AStG doch noch auf 15 % abgesenkt wird[570].

dd) Sonstige Bestimmungen aus dem ATAD-UmsG

Um eine Doppelbesteuerung zu vermeiden, beinhaltet § 12 AStG ausschließlich die Anrechnungsmethode; die Abzugsmethode wird also nicht länger gegeben

565 So im Ergebnis: BT-Drs, 19/28652, 57.

566 BR-Drs. 503/1/20, 51.

567 BR-Drs. 503/1/20, 63.

568 Dazu: G7-Staaten einigen sich auf globale Mindeststeuer für Großkonzerne, Spiegel v. 05.06.2021. Abrufbar unter: https://www.spiegel.de/wirtschaft/unternehmen/gegen-steueroasen-g7-einigen-sich-auf-globale-mindeststeuer-a-3e7f4ce9-9c2a-4e40-8dec-ff75c5679954 (*letzter Zugriff*: 01.01.2022).

569 Siehe dazu: *Gammelin, C.*, 130 Staaten einigen sich auf globale Mindeststeuer, Süddeutsche Zeitung v. 01.07.2021. Abrufbar unter: https://www.sueddeutsche.de/politik/mindeststeuer-scholz-1.5339894 (*letzter Zugriff*: 01.01.2022).

570 *Rautenstrauch, G.*, ATAD-Umsetzungsgesetz – was lange währt, wird endlich gut?, GmbHR 2021, R192 (R193).

sein[571]. Weiterhin findet auch keine Anrechnung auf die GewSt statt. Der Hinzurechnungsbetrag bleibt damit künftig gewerbesteuerpflichtig.

Auch die *nicht zeitgemäße*[572] Freigrenze bei gemischten Einkünften nach § 9 AStG besteht weiterhin unverändert bei 80.000 Euro. Der Hinzurechnungsbetrag soll – wie durch die ATAD vorgesehen – mit Abschluss des maßgebenden Wirtschaftsjahres der Zwischengesellschaft zufließen[573]. Die Ausschüttungen der Zwischengesellschaft sind durch den neu entwickelten Kürzungsbetrag aus § 11 AStG steuerbefreit. Infolgedessen wird § 3 Nr. 41 EStG gestrichen.

Mithilfe des ATAD-UmsG hat der Gesetzgeber somit zwar die zahlreichen unions- und systemwidrigen Folgen des deutschen Hinzurechnungsbesteuerungssystems beseitigt. Zu beachten ist dabei jedoch zum einen eine deutliche Verschärfung des Systems (*z.B. durch die restriktive Regelung aus § 8 Abs. 3 AStG, die keine Exkulpationsmöglichkeit mittels eines Motivtests für Gesellschaften aus Drittstaaten vorsieht*). Zum anderen sind durch das Gesetz neue steuerrechtliche Probleme (*z.B. die Abwesenheit der Gegenbeweismöglichkeit nach § 7 Abs. 4 AStG*) entstanden, die zur Beeinträchtigung der Rechte und der berechtigten steuerlichen Interessen der Steuerpflichtigen führen können.

h) Zusätzliche Änderungen durch StAbwG

Ende Juni 2021 hat der BT das Gesetz zur Abwehr von Steuervermeidung und unfairem Steuerwettbewerb beschlossen[574]. Mit dem Gesetz soll das Ziel erreicht werden, die Steuerhoheitsgebiete mit fehlendem Steuertransparenz dazu anzuhalten, *Anpassungen in Richtung einer Umsetzung und Beachtung internationaler Standards im Steuerbereich vorzunehmen*[575]. Dabei ist als Steuerhoheitsgebiet mit fehlender Steuertransparenz dasjenige anzusehen, welches vom EU-Rat auf seine Liste nicht kooperativer Länder und Gebiete für Steuerzwecke[576] gesetzt

---

571 MwN *Lentz, K./Sezer, M.*, Beteiligungserträge und Hinzurechnungsbesteuerung nach ATADUmsG-E, ISR 2021, 85 (91); *Rautenstrauch, G.*, ATAD-Umsetzungsgesetz – was lange währt, wird endlich gut?, GmbHR 2021, R192 (R193).

572 *Kraft, G.*, Konzeptionelle und strukturelle Defizite der Hinzurechnungsbesteuerung – Reformbedarf und Reformnotwendigkeit, IStR 2010, 377 (378).

573 So: § 10 Abs. 2 Satz 1 AStG.

574 StAbwG v. 25.06.2021, BGBl. I 2021, 2056.

575 BT-Drs. 19/28901, 1.

576 Mehr dazu: https://www.consilium.europa.eu/de/policies/eu-list-of-non-cooperative-jurisdictions/ (*letzter Zugriff*: 01.01.2022). Die gemeinsame EU-Liste von nicht kooperativen Drittstaaten für Steuerzwecke wurde erst im Dezember 2017 erarbeitet, mwN *Dami-*

ist[577]. Die aktuelle[578] Fassung der o.g. Liste umfasst vor allem die Vielzahl von kleinen Inselstaaten im Pazifik und in der Karibik (*wie etwa*: Amerikanisch-Samoa, Anguilla, Dominica, Fidschi, Guam usw.), die wegen der dort gebotenen legalen Steueroptimierungsmöglichkeiten besonders bei US-amerikanischen MNU „*beliebt*“ sind. Der bisherige Kampf gegen o.g. Steueroasen – trotz der großen Anzahl der steuerlichen Präventivmaßnahmen sowohl auf dem europäischen als auch auf dem internationalen Niveau – war jedoch weniger effektiv. Dies liegt zum Teil an der langjährigen Abwesenheit eines weltweiten Konsens über die Einführung einer globalen Mindeststeuer. Zum Teil aber Schuld daran war die (*auch steuerliche*) isolationistische Politik der Vereinigten Staaten der letzten Jahre. Unter Beachtung dieser Tatsache scheint es m.E. sehr unwahrscheinlich, dass die o.g. Drittstaaten wegen der Verkündung des StAbwG ihre Steuersysteme wesentlich reformieren werden.

Mit dem StAbwG wurde das System der deutschen Hinzurechnungsbesteuerung noch weiter verschärft. § 9 StAbwG normiert zwar eine sog. „*verschärfte*“ Hinzurechnungsbesteuerung. Die Regelung bezieht sich jedoch nicht auf die verschärfte Hinzurechnungsbesteuerung i. S. d. § 13 AStG; es geht vielmehr um eine besonders strenge landbezogene Form der Hinzurechnungsbesteuerung. § 9 Satz 1 StAbwG zufolge ist jede Gesellschaft aus einem nicht kooperativen Steuerhoheitsgebiet, an der die Steuerpflichtigen Beteiligungen i. S. d. § 7 AStG halten, künftig als Zwischengesellschaft anzusehen, sobald die sämtlichen Einkünfte dieser Gesellschaft im nicht kooperativen Steuerhoheitsgebiet niedrig (i. S. d. § 8 Abs. 5 AStG) besteuert wurden. Nicht anwendbar sollen dabei die Vorschriften aus § 8 Abs. 1 AStG (*hinsichtlich der Einkünftequalifikation*), § 8 Abs. 2 bis 4 AStG (*hinsichtlich des Motivtests*) und § 9 AStG (*hinsichtlich der Freigrenze*) sein. Der Wortlaut der Vorschrift umfasst zwar die Beteiligungen i. S. d. § 13 AStG nicht, für diese besteht jedoch aufgrund § 13 Abs. 4 Satz 2 AStG keine Exkulpationsmöglichkeit durch den Motivtest i. S. d. § 8 Abs. 2 AStG. Soweit die Anwendung des § 9 Satz 1 StAbwG zu höheren steuerpflichtigen Einkünften

rov, J., Aktuelle Rechtslage und Probleme bei Sitz- und Geschäftsleitungsverlegungen einer Gesellschaft zwischen Deutschland und ausgewählten postsowjetischen Staaten aus steuerrechtlicher Sicht, Steueranwaltsmagazin 2019, Nr. 6, 203 (208).

577 So nach: BT-Drs. 19/28901, 1.

578 Aktuelle Fassung o.g. Liste datiert v. 26.02.2021 und ist unter dem folgenden Link abrufbar: https://eur-lex.europa.eu/legal-content/de/TXT/PDF/?uri=uriserv:OJ.C_.2021.066.01.0040.01.ENG (*letzter Zugriff*: 01.01.2022).

führt als ohne dessen Geltung, soll diese Vorschrift nicht in Betracht kommen, § 9 Satz 2 StAbwG.

Die restriktive Regelung aus § 9 StAbwG steht nach der Regierungsbegründung im Einklang[579] mit dem Verhaltenskodex für die Unternehmensbesteuerung[580]. Es sollen somit zwar keine Bedenken hinsichtlich der Unionsrechtswidrigkeit der Vorschrift bzw. der besonders restriktiven Hinzurechnungsbesteuerung bestehen. Allerdings sind in der Praxis Konstellationen vorstellbar, in denen § 9 StAbwG m.E. gegen den Grundsatz der Kapitalverkehrsfreiheit verstoßen könnte. Dies ist insb. dann der Fall, wenn die Steuergesetzgebung vom in die EU-Liste nicht kooperativer Länder und Gebiete eingetragenen Staat markant verändert wurde, so dass es schon unmöglich wäre, diesen Staat als Staat mit fehlender Steuertransparenz anzusehen. In diesem Fall soll der Staat zwar aus der schwarzen Liste der EU entfernt werden. Unter Beachtung der Tatsache, dass die o.g. Liste nicht sofort, sondern bestenfalls einmal pro Quartal ergänzt wird, könnte aber wegen der restriktiven Folgen aus § 9 Satz 1 StAbwG zwischen dem Datum des Inkrafttretens von Gesetzesänderungen im Drittstaat und der Streichung aus der schwarzen Liste ein tatsächlicher Verstoß gegen die Kapitalverkehrsfreiheit i. S. d. Art. 63 AEUV vorliegen. Insofern bleibt es nur zu hoffen, dass der EuGH sich in absehbarer Zukunft mit dieser Rechtsfrage befassen wird.

3. *Ertragsteuerliche Bekämpfungsmechanismen aus § 4h Abs. 1 und 2 EStG resp. § 8a KStG in Bezug auf die Vermeidung der missbräuchlichen Ausnutzung von Zinsaufwendungen*

a) § 4h EStG

aa) Allgemeines

Ausgehend vom deutschen Ertragsteuerrecht ist die Abzugsmöglichkeit des Betrags von Zinsaufwendungen unproblematisch, wenn sie in Höhe des Zinsertrages erfolgt. Wird diese Höhe jedoch von den Aufwendungen überschritten, kann der Abzug gemäß § 4h Abs. 1 Satz 1 EStG nur bis zur Höhe des verrechenbaren EBITDA (*earnings before interest, taxes, depreciation and amortization*[581])

---

579 BT-Drs. 19/28901, 26.

580 Mehr dazu unter dem folgenden Link: https://www.consilium.europa.eu/de/council-eu/preparatory-bodies/code-conduct-group/ (*letzter Zugriff*: 01.01.2022).

581 MwN *Schenke, R.P.*, in: Kirchhof, P./Söhn, H./Mellinghoff, R., Einkommensteuergesetz: Kommentar, Stand: 318. Ergänzungslieferung, Heidelberg 2021, § 4h EStG, Rn. B49.

stattfinden. Ein verrechenbares EBITDA wird gemäß Satz 2 definiert als „... *30 Prozent des um die Zinsaufwendungen und um die nach § 6 Abs. 2 Satz 1 abzuziehenden, nach § 6 Abs. 2a Satz 2 gewinnmindernd aufzulösenden und nach § 7 abgesetzten Beträge erhöhten und um die Zinserträge verminderten maßgeblichen Gewinns*". Es wird wie folgt schematisiert:

Tab. 5

<table>
<tr><td colspan="2">Gewinn der Steuerpflichtigen vor Anwendung der Zinsschranke i. S. d. § 4h EStG</td></tr>
<tr><td>+++ Zinsaufwendungen</td><td rowspan="2">1. Phase der Verrechnung eines EBITDA, in der zinsbezogene Aufwendungen abgeschrieben werden.</td></tr>
<tr><td>--- Zinserträge</td></tr>
<tr><td>+++ Abschreibungen der geringwertigen Wirtschaftsgüter i. S. d. § 6 Abs. 2 Satz 1 EStG</td><td rowspan="3">2. Phase der Verrechnung eines EBITDA, in der Aufwendungen abgeschrieben werden.</td></tr>
<tr><td>+++ Abschreibungen i. S. d. § 6 Abs. 2a Satz 2 EStG</td></tr>
<tr><td>+++ Abschreibungen i. S. d. § 7 EStG (aufgrund AfA-Verfahren)</td></tr>
<tr><td colspan="2">Steuerliches EBITDA</td></tr>
<tr><td>xxx 30 %</td><td>3. Herleitung des verrechenbaren EBITDA aus dem steuerlichen EBITDA.</td></tr>
<tr><td colspan="2">Verrechenbares EBITDA i. S. d. § 4h Abs. 1 Satz 2 EStG</td></tr>
</table>

Der Abzug von Zinsaufwendungen wird nicht beschränkt, vorausgesetzt, dass eine der Entlastungsklauseln aus § 4h Abs. 2 EStG erfüllt ist. Dies entspricht klassischen Elementen von Missbrauchsvermeidungsvorschriften[582]. Sie enthalten Beschränkungen ebenso wie Entlastungsmöglichkeiten

582 Die Frage, ob § 4h EStG eine Anti-Missbrauchsvorschrift ist, wurde seitens *Loewens* und *Schenke* verneint, so: *Loewens, L.*, in: Brandis, P./Heuermann, B., Ertragsteuerrecht: Kommentar, Stand: 158. Ergänzungslieferung, München 2021, EStG § 4h Rn. 12; *Schenke, R.P.*, in: Kirchhof, P./Söhn, H./Mellinghoff, R., Einkommensteuergesetz: Kommentar, Stand: 318. Ergänzungslieferung, Heidelberg 2021, § 4h EStG, Rn. A68.

für die Steuerpflichtigen. § 4h EStG bildet somit nach *Kollruss*[583] eine von anderen Anti-Missbrauchsvorschriften separate Schutzredoute ab und schließt die Anwendung von § 50d Abs. 3 EStG bei den Sachverhalten mit Gesellschafterfremdfinanzierung aus.

Aufgrund ihrer universalen Natur sind im Geltungsbereich der Norm die Schuldzinsen aus dem Betrieb aller Rechtformen eingeschlossen[584]. Der Normadressat ist laut *Loewens*[585] lediglich als die natürliche Person zu verstehen, die einem Betrieb zuzurechnen ist. *Loschelder* teilt diese Perspektive. Er versteht Einzelunternehmen resp. Gesellschafter von gewerblich tätigen oder gewerblich geprägten Personengesellschaften als die Subjekte der Vorschrift[586].

I. R. des UntStReformG 2008[587] wurde § 4h EStG eingeführt. Damit sollte „*das inländische Steuersubstrat*[588]" gesichert werden. Die hierfür eingesetzte Norm- bzw. Satzkonstruktion entspricht dem verfassungsrechtlichen Grundsatz der Normenklarheit und dem Bestimmheitsgebot[589]. Dies wird in der Literatur vielfach kritisch gesehen[590].

---

583 *Kollruss, T.*, Vermeidung der Anti-Treaty-Shopping Regelung des § 50d III EStG durch die Zinsschranke, BB 2007, 2774 (2775).

584 *Loewens, L.*, in: Brandis, P./Heuermann, B., Ertragsteuerrecht: Kommentar, Stand: 158. Ergänzungslieferung, München 2021, EStG § 4h Rn. 1; auch *Seiler, C.*, in: Kirchhof, P./Seer, R., EStG Kommentar, 20. Aufl., Köln 2021, § 4h EStG, Rn. 7.

585 *Loewens, L.*, in: Brandis, P./Heuermann, B., Ertragsteuerrecht: Kommentar, Stand: 158. Ergänzungslieferung, München 2021, EStG § 4h Rn. 22.

586 *Loschelder, F.*, in: Schmidt, EStG: Kommentar, 40. Aufl., München 2021, § 4h Rn. 2.

587 UntStReformG 2008 v. 14.08.2007, BGBl. I 2007, 1912.

588 BT-Drs. 16/4841, 48.

589 MwN BFH v. 14.10.2015 – I R 20/15, BFHE 252, 44 (Rn. 58 f.). Die Vereinbarung von § 4h EStG mit dem objektiven Nettoprinzip aus der Perspektive grenzüberschreitender Gestaltungen wurde allerdings in Zweifel gezogen, dazu: *Hey, J.*, Verletzung fundamentaler Besteuerungsprinzipien durch die Gegenfinanzierungsmaßnahmen des Unternehmensteuerreformgesetzes 2008, BB 2007, 1303 (1305); mwN *Stöber, M.*, Zur Zukunft der Zinsschranke, in: Schön, W./Sternberg, C., Zukunftsfragen des deutschen Steuerrechts III, Heidelberg 2018, 121 (137).

590 „*…hoch komplex ausgestaltet …*", *Prinz, U.*, Mittelstandsfinanzierung in Zeiten der Zinsschranke, FR 2008, 441 (443); *Prinz, U.*, Ist die Zinsschranke verfassungsrechtlich besser als ihr Ruf?, FR 2013, 145 (147 f.); *Schenke, R.P.*, in: Kirchhof, P./Söhn, H./Mellinghoff, R., Einkommensteuergesetz: Kommentar, Stand: 318. Ergänzungslieferung, Heidelberg 2021, § 4h EStG, Rn. A26, A193.

In Bezug auf das deutsche Ertragsteuerrecht verstößt § 4h EStG gegen den Grundsatz des objektiven Nettoprinzips[591]. Der Saldo zwischen Zinsaufwendungen und Zinserträgen ist begrenzt abziehbar, auch in Fällen, in denen ein Zinsvortrag tatsächlich nicht genutzt werden kann[592]. *Loschelder* sieht keine mögliche Rechtfertigung für diese Durchbrechung des objektiven Nettoprinzips. Der Grund dafür ist die Bewertung von § 4h EStG als reine Fiskalzwecknorm[593]. Eine andere Problematik ergibt sich aus der Abzugsgrenze von 30 %, die in § 4h Abs. 1 Satz 1 EStG genannt wird. Diese ist nicht branchenspezifisch[594] und führt zu einer Typisierung aller Zinsgestaltungen, einschließlich der legalen und nicht missbräuchlichen. Daraus ergeben sich Zweifel an der Vereinbarkeit der Vorschrift mit Art. 3 Abs. 1 GG[595].

Das EU-Recht ließ Zweifel an dem gesetzlichen Imperativ in Bezug auf die Niederlassungsfreiheit gemäß Art. 49 AEUV und die Kapitalverkehrsfreiheit gemäß Art. 63 AEUV aufkommen[596]. *Stöber*[597] sieht hier zwar die Unklarheiten

---

591 *Förster, G.*, in: Gosch, D., KStG: Kommentar, 4. Aufl., München 2020, § 8a Rn. 51; *Seiler, C.*, in: Kirchhof, P./Seer, R., EStG Kommentar, 20. Aufl., Köln 2021, § 4h EStG, Rn 3; *Schenke, R.P.*, in: Kirchhof, P./Söhn, H./Mellinghoff, R., Einkommensteuergesetz: Kommentar, Stand: 318. Ergänzungslieferung, Heidelberg 2021, § 4h EStG, Rn. A29.

592 MwN BFH v. 14.10.2015 – I R 20/15, BFHE 252, 44 (Rn. 21).

593 *Loschelder, F.*, in: Schmidt, EStG: Kommentar, 40. Aufl., München 2021, § 4h Rn. 4.

594 So nach: *Köhler, S.*, Erste Gedanken zur Zinsschranke nach der Unternehmensteuerreform, DStR 2007, 597 (601).

595 BFH v. 14.10.2015 – I R 20/15, BFHE 252, 44 (Rn. 9); mwN *Stöber, M.*, Zur Zukunft der Zinsschranke, in: Schön, W./Sternberg, C., Zukunftsfragen des deutschen Steuerrechts III, Heidelberg 2018, 121 (138); mwN *Seiler, C.*, in: Kirchhof, P./Seer, R., EStG Kommentar, 20. Aufl., Köln 2021, § 4h EStG, Rn. 4; *Jehlin, A.*, Die Zinschranke als Instrument zur Missbrauchsvermeidung und Steigerung der Eigenkapitalausstattung, Dissertation, Berlin 2013, 227; *Shou, S.*, Die Zinsschranke im Unternehmensteuerreformgesetz 2008, Dissertation, München 2010, 86.

596 *Musil, A./Volmering, B.*, Systematische, verfassungsrechtliche und europarechtliche Probleme der Zinsschranke, DB 2008, 12 (15f.); *Loschelder, F.*, in: Schmidt, EStG: Kommentar, 40. Aufl., München 2021, § 4h Rn. 4.

597 *Stöber, M.*, Zur Zukunft der Zinsschranke, in: Schön, W./Sternberg, C., Zukunftsfragen des deutschen Steuerrechts III, Heidelberg 2018, 121 (142 ff.); sowie auch: mwN *Schenke, R.P.*, in: Kirchhof, P./Söhn, H./Mellinghoff, R., Einkommensteuergesetz: Kommentar, Stand: 318. Ergänzungslieferung, Heidelberg 2021, § 4h EStG, Rn. A204; anders aber: *Förster, G.*, in: Gosch, D., KStG: Kommentar, 4. Aufl., München 2020, § 8a Rn. 58.

in der Vereinbarkeit der Regelung mit der ZLR[598]. Sie sind jedoch mit dem Inkrafttreten der ATAD entfallen, weil die ATAD der früheren ZLR vorgeht[599]. Das Missbrauchsbekämpfungsinstrument des § 4h EStG beruft sich auf das rein staatliche Recht der gerechten Aufteilung der Steuerbefugnis zwischen den Mitgliedsstaaten[600]. Darüber hinaus werden die Zinsaufwendungsmöglichkeiten begrenzt, ohne dabei dem Herkunftsland des Steuerpflichtigen Beachtung zukommen zu lassen. Dies schließt eine versteckte Diskriminierung aus[601].

Die Aktualität der Zinsschrankenregelung nimmt derzeit stetig zu, was u.a. am Erlass der Richtlinie[602] zu erkennen ist, die Vorschriften zur Bekämpfung von Steuervermeidungspraktiken, die sich unmittelbar auf den Zustand des Binnenmarkts auswirken, enthält. Dazu gehört speziell die Regelung über die Zinsschranke in Art. 4[603], in der sich die deutsche Regelung des § 4h EStG widerspiegelt[604]. Da die deutsche Zinsschrankenregelung auf EU-Ebene akzeptiert wurde, sind die unionsrechtlichen Fragen zumindest teilweise hinfällig[605]. Allerdings ist der Anwendungsbereich der ATAD einschließlich ihres Art. 4 explizit auf Körperschaften beschränkt[606]. Dies gibt den deutschen Gerichten einerseits weiterhin die Gelegenheit zur Prüfung von § 4h EStG auf Verfassungswidrigkeit, andererseits besteht die Möglichkeit, die Rechtsnorm ohne Veränderung im aktuellen Zustand, der für den Fiskus gewinnbringend ist, zu belassen und

---

598 Richtlinie 2003/49 des Rates v. 03.06.2003 über eine gemeinsame Steuerregelung für Zahlungen von Zinsen und Lizenzgebühren zwischen verbundenen Unternehmen verschiedener Mitgliedstaaten, ABlEG Nr. L 157/49 v. 26.06.2003.

599 So: *Stöber, M.*, Zur Zukunft der Zinsschranke, in: Schön, W./Sternberg, C., Zukunftsfragen des deutschen Steuerrechts III, Heidelberg 2018, 121 (147).

600 Vgl. EuGH v. 17.12.2015 – C-388/14, ZIP 2016, 1111 (Rn. 33) – Timac Agro Deutschland.

601 *Loewens, L.*, in: Brandis, P./Heuermann, B., Ertragsteuerrecht: Kommentar, Stand: 158. Ergänzungslieferung, München 2021, EStG § 4h Rn. 24.

602 Richtlinie 2016/1164 des Rates v. 12.07.2016 mit Vorschriften zur Bekämpfung von Steuervermeidungspraktiken mit unmittelbaren Auswirkungen auf das Funktionieren des Binnenmarkts, ABlEU Nr. L 193/1 v. 19.07.2016.

603 Dazu mehr: siehe 5. Kapitel der Arbeit.

604 *Mitschke, W.*, Zur zeitlichen und inhaltlichen Begrenzung einer möglichen Vorwirkung der Anti-BEPS-Richtlinie, FR 2016, 834 (835).

605 *Stöber, M.*, Zur Zukunft der Zinsschranke, in: Schön, W./Sternberg, C., Zukunftsfragen des deutschen Steuerrechts III, Heidelberg 2018, 121 (144).

606 Art. 1 der Richtlinie 2016/1164 des Rates v. 12.07.2016 mit Vorschriften zur Bekämpfung von Steuervermeidungspraktiken mit unmittelbaren Auswirkungen auf das Funktionieren des Binnenmarkts, ABlEU Nr. L 193/5 v. 19.07.2016.

dies mit der europarechtlichen Akzeptanz der Zinsschrankenregelungen zu begründen[607]. Die Frage der Vereinbarkeit sowohl von § 4h EStG als auch von Art. 4 ATAD mit dem allgemeinen Gleichheitsgrundsatz der EU-Grundrechte-Charta[608] ist deutlich schwieriger[609] zu beantworten. Es besteht kaum eine Möglichkeit, dass zwischen dem aus Art. 3 Abs. 1 GG und dem aus Art. 20 der EU-Grundrechte-Charta abgeleiteten Gleichheitsgrundsatz Parallelen bestehen, da hier diverse Anwendungsmaßstäbe vorliegen[610]. Zu hoffen ist auf eine umgehende Untersuchung der Vereinbarkeit der europäischen Zinsschrankenregelungen mit der EU-Grundrechte-Charta durch den EuGH.

bb) Einzelheiten der Vorschrift

Um die Anti-Missbrauchsfunktion des § 4h EStG zu verstehen, müssen die in Abs. 1 Satz 1 genannten Begriffsbestimmungen klargestellt werden. Daher werden im folgenden Abschnitt die Definitionen der Begriffe Zinsaufwendung, Betrieb und Zinsertrag resp. verrechenbares EBITDA untersucht.

1) Zinsaufwendungen i. S. d. § 4h Abs. 1 Satz 1 EStG

Abs. 3 Satz 2 der untersuchten Vorschrift enthält die Definition der Zinsaufwendung. Demnach besteht eine Zinsaufwendung i. S. d. § 4h EStG aus den Vergütungen für Fremdkapital, durch die der maßgebliche Gewinn gemindert wurde. Dabei bezieht sich § 4h EStG gemäß seinem Wortlaut explizit nur auf jene zinsbezogenen Aufwendungen, deren Höhe den Zinsbetrag übersteigt. Die Vergütungen für Fremdkapital umfassen alle Gegenleistungen des Schuldners, die der Gewährleistung der Fremdkapitalüberlassung dienen[611]. Nach geltenden ertragsteuerlichen Vorschriften muss eine solche Gegenleistung abziehbar sein. Daraus folgt, dass nicht abziehbare Zinsaufwendungen aufgrund der

---

607 Dazu: *Hey, J.*, Harmonisierung der Missbrauchsabwehr durch die Anti-Tax-Avoidance-Directive (ATAD), StuW 2017, 248 (254 f.).

608 Charta der Grundrechte der EU, ABlEU Nr. C 303/13 v. 14.12.2007.

609 Das Problem wurde bis dahin nur seitens *Stöber* in Frage gestellt, so: *Stöber, M.*, Zur Zukunft der Zinsschranke, in: Schön, W./Sternberg, C., Zukunftsfragen des deutschen Steuerrechts III, Heidelberg 2018, 121 (151 ff.).

610 *Stöber, M.*, Zur Zukunft der Zinsschranke, in: Schön, W./Sternberg, C., Zukunftsfragen des deutschen Steuerrechts III, Heidelberg 2018, 121 (152 f.).

611 *Loewens, L.*, in: Brandis, P./Heuermann, B., Ertragsteuerrecht: Kommentar, Stand: 158. Ergänzungslieferung, München 2021, EStG § 4h Rn. 30.

abweichenden Rechtsnormen hier nicht in Betracht kommen[612]. Darüber hinaus soll auch die Dauer der materiellen Überlassung unberücksichtigt bleiben[613]. Da für die Entstehung einer schuldrechtlichen Verbindlichkeit eine gewährleistende Geldmasse notwendig ist, ergibt sich eine lineare Korrelation zwischen den Zinsaufwendungen und dem Fremdkapital.

Das Gesetz verwendet hier die Definition des BMF von Fremdkapital: Es handelt sich um als „... *Verbindlichkeit passivierungspflichtige Kapitalzuführungen in Geld, die nach steuerlichen Kriterien nicht zum Eigenkapital gehören*[614]". Der Fremdkapitalbegriff ist nach *Förster*[615] bilanziell zu verstehen. Vor allem bezeichnet Fremdkapital klassische oder partiarische Darlehen. Dagegen begründen interne Geschäfte von Unternehmen kein Fremdkapital i. S. d. § 4h EStG. Diese werden im Gegenteil als Eigenkapital der Gesellschaft qualifiziert[616].

Durch die Rechtsprechung wird der Begriff der Fremdkapitalfinanzierung erweitert. Es fallen damit auch einzelne Vergütungsfälle für das Überlassen von Geldkapital, wie beispielsweise Gegenleistungen beim cash pooling, zur Sicherung eines Disagios[617] oder die Bezahlung von Zinsanteilen in Leasingraten[618], unter den zu untersuchenden Satz. Die Gerichtsinstanzen entscheiden allein darüber, ob eine Vergütung mit der Fremdkapitalvergütung als gleichwertig zu betrachten ist. Der BFH lehnt diese funktionale Gleichheit mit der Begriffsbestimmung des Fremdkapitals ab in Fällen von Kreditvermittlungsprovisionen, Zusageprovisionen oder Bereitstellungszinsen[619], ebenso wie bei Vergütungen für Avale[620] sowie bei Erbbauzinsen[621] und der Überlassung von

---

612 MwN *Loewens, L.*, in: Brandis, P./Heuermann, B., Ertragsteuerrecht: Kommentar, Stand: 158. Ergänzungslieferung, München 2021, EStG § 4h Rn. 31.

613 *Loschelder, F.*, in: Schmidt, EStG: Kommentar, 40. Aufl., München 2021, § 4h Rn. 24.

614 BMF v. 04.07.2008 – IV C 7 – S 2742 a/07/10001, BStBl. I 2008, 718 (Rn. 11).

615 MwN *Förster, G.*, in: Gosch, D., KStG: Kommentar, 4. Aufl., München 2020, § 8a Rn. 266.

616 *Loewens, L.*, in: Brandis, P./Heuermann, B., Ertragsteuerrecht: Kommentar, Stand: 158. Ergänzungslieferung, München 2021, EStG § 4h Rn. 33.

617 *Loewens, L.*, in: Brandis, P./Heuermann, B., Ertragsteuerrecht: Kommentar, Stand: 158. Ergänzungslieferung, München 2021, EStG § 4h Rn. 34; *Förster, G.*, in: Gosch, D., KStG: Kommentar, 4. Aufl., München 2020, § 8a Rn. 268; *Niemeier, G./Schnitter, G./Nöcker, G./Stuparu, S.*, Einkommensteuer: Kommentar, 24. Aufl., Achim 2018, 315.

618 BMF v. 04.07.2008 – IV C 7 – S 2742 a/07/10001, BStBl. I 2008, 718 (Rn. 25).

619 BFH v. 25.02.1999 – IV R 55/97, BStBl. II 1999, 473 (Rn. 17).

620 BFH v. 27.03.2007 – VIII R 27/05, BStBl. II 2010, 21 (Rn. 17).

621 BMF v. 04.07.2008 – IV C 7 – S 2742 a/07/10001, BStBl. I 2008, 718 (Rn. 21).

Sachkapital[622].

Erwähnt werden muss hier noch die Tatsache, dass die Definition von Zinsaufwendungen, die sich aus § 4h Abs. 3 Satz 2 EStG ergibt, und noch mehr die Begriffsbestimmung des Fremdkapitals bis zu einem gewissen Grad kasuistisch sind, wodurch die Rechtsprechung gezwungen ist, die Steuerkonstruktionen des Steuerpflichtigen in jeder einzelnen Gestaltungskonstellation zu untersuchen und eine individuelle Bewertung abzugeben. Im Hinblick auf die Missbrauchsbekämpfung muss diese langfristige Prozedur kritisch gesehen werden. Hier ist m.E. seitens des Gesetzgebers eine weitere punktuelle Erarbeitung der Begriffsbestimmung einer Zinsaufwendung gemäß § 4h Abs. 3 Satz 2 EStG erforderlich.

2) Der Betrieb i. S. d. § 4h Abs. 1 Satz 1 EStG

Laut Definition soll eine Zinsaufwendung i. S. d. Abs. 1 Satz 1 betriebsbezogen sein bzw. aus der Tätigkeit eines Betriebs stammen. Dabei wird hier jedoch nicht festgelegt, was konkret unter einem Betrieb zu verstehen ist[623]. Für die Legaldefinition eines Betriebs kann nach *Loewens*[624] § 15 Abs. 2 Satz 1 EStG herangezogen werden. Demnach ist jede selbstständige und nachhaltige Betätigung als Gewerbebetrieb anzusehen, wenn sie mit einer Gewinnerzielungsabsicht unternommen wird und sich als Beteiligung am allgemeinen wirtschaftlichen Verkehr darstellt. Zu beachten sind sowohl die negativen Merkmale aus § 15 Abs. 2 Satz 1 EStG als auch die gewerblich fingierten Tätigkeiten von Personengesellschaften[625] gemäß § 15 Abs. 3 EStG. Zum Betrieb einer Personengesellschaft gehört darüber hinaus auch deren Sonderbetriebsvermögen[626].

---

622 BMF v. 04.07.2008 – IV C 7 – S 2742 a/07/10001, BStBl. I 2008, 718 (Rn. 11); mwN *Förster, G.*, in: Gosch, D., KStG: Kommentar, 4. Aufl., München 2020, § 8a Rn. 271.

623 *Loschelder, F.*, in: Schmidt, EStG: Kommentar, 40. Aufl., München 2021, § 4h Rn. 8; *Köhler, S.*, Erste Gedanken zur Zinsschranke nach der Unternehmensteuerreform, DStR 2007, 597 (598); *Schenke, R.P.*, in: Kirchhof, P./Söhn, H./Mellinghoff, R., Einkommensteuergesetz: Kommentar, Stand: 318. Ergänzungslieferung, Heidelberg 2021, § 4h EStG, Rn. A39.

624 *Loewens, L.*, in: Brandis, P./Heuermann, B., Ertragsteuerrecht: Kommentar, Stand: 158. Ergänzungslieferung, München 2021, EStG § 4h Rn. 28; anders aber: *Schenke, R.P.*, in: Kirchhof, P./Söhn, H./Mellinghoff, R., Einkommensteuergesetz: Kommentar, Stand: 318. Ergänzungslieferung, Heidelberg 2021, § 4h EStG, Rn. B14.

625 *Loschelder, F.*, in: Schmidt, EStG: Kommentar, 40. Aufl., München 2021, § 4h Rn. 7.

626 *Loschelder, F.*, in: Schmidt, EStG: Kommentar, 40. Aufl., München 2021, § 4h Rn. 9.

Die Möglichkeit, statt nur einem mehrere Betriebe zu unterhalten, ist abhängig von der Rechtsform, da beispielsweise Kapitalgesellschaften[627], Mitunternehmerschaften[628] und KGaA[629] nur aus einem Betrieb bestehen können, Einzelunternehmen[630] jedoch keiner solchen Beschränkung unterliegen. In diesem Zusammenhang sind die inländischen und ausländischen Betriebsstätten eines inländischen Unternehmens ausschließlich Teil des inländischen Betriebs[631]. Bei sog. Zebrapersonengesellschaften, deren gemischte Einkünfte sich aus VuV und gewerblicher Tätigkeit zusammensetzen, sind die Gewinne aus VuV auf der Gesellschafterebene in gewerbliche Einkünfte umzuqualifizieren[632]. Dies resultiert in einer Anwendung des § 4h EStG nur auf Ebene der Gesellschafter mit gewerblichen Einkünften[633].

3) Zinsertrag i. S. d. § 4h Abs. 1 Satz 1 EStG

Bezüglich der *Erträge aus Kapitalforderungen jeder Art, die den maßgeblichen Gewinn erhöht haben,* müssen die Zinserträge i. S. d. § 4h Abs. 3 Satz 3 EStG erwähnt werden, die größtenteils aufgrund finanzieller Injektionen tatsächlich erhöhte Nettowerte des Betriebs darstellen. Dabei zählen jedoch u.a. die negativen Zinsen[634], Zinsen nach § 233 ff.

---

627 BMF v. 04.07.2008 – IV C 7 – S 2742 a/07/10001, BStBl. I 2008, 718 (Rn. 7); BFH v. 10.02.1989 – III R 78/86, BFHE 156, 320 (Rn. 16); *Rödder, T./Stangl, I.,* Zur geplanten Zinsschranke, DB 2007, 479 (480); *Schenke, R.P.,* in: Kirchhof, P./Söhn, H./Mellinghoff, R., Einkommensteuergesetz: Kommentar, Stand: 318. Ergänzungslieferung, Heidelberg 2021, § 4h EStG, Rn. B21.

628 BMF v. 04.07.2008 – IV C 7 – S 2742 a/07/10001, BStBl. I 2008, 718 (Rn. 6); mwN *Bron, J.F.,* Betriebsbegriff und beschränkte Steuerpflicht im Rahmen der Zinsschrankenregelung der §§ 4h EStG und 8a KStG, IStR 2008, 14 (15).

629 BMF v. 04.07.2008 – IV C 7 – S 2742 a/07/10001, BStBl. I 2008, 718 (Rn. 8); so auch: *Loschelder, F.*, in: Schmidt, EStG: Kommentar, 40. Aufl., München 2021, § 4h Rn. 8.

630 BFH v. 10.02.1989 – III R 78/86, BFHE 156, 320 (Rn. 16); *Loschelder, F.*, in: Schmidt, EStG: Kommentar, 40. Aufl., München 2021, § 4h Rn. 8.

631 *Loschelder, F.*, in: Schmidt, EStG: Kommentar, 40. Aufl., München 2021, § 4h Rn. 8.

632 BFH v. 11.04.2005 – GrS 2/02, BStBl. II 2005, 679 (Rn. 29).

633 *Kröner, I./Bolik, A.*, Die Anwendung der Zinsschranke bei vermögensverwaltenden und gewerblichen Personengesellschaften, DStR 2008, 1309 (1310 f.); *Loschelder, F.*, in: Schmidt, EStG: Kommentar, 40. Aufl., München 2021, § 4h Rn. 7.

634 *Loewens, L.,* in: Brandis, P./Heuermann, B., Ertragsteuerrecht: Kommentar, Stand: 158. Ergänzungslieferung, München 2021, EStG § 4h Rn. 36.

AO[635] oder die Dividendenbezüge[636] nicht zu den Erträgen aus der Kapitalforderung.

4) Verrechenbares EBITDA i. S. d. § 4h Abs. 1 Satz 2 EStG

Zu Beginn dieses Unterkapitels wurde die Berechnung des verrechenbaren EBITDA schematisch erläutert. Nun soll darauf aufbauend der maßgebliche Gewinn erklärt werden. Gemäß § 4h Abs. 3 Satz 1 EStG bezeichnet ein maßgeblicher Gewinn, mit Ausnahme von Abs. 1, den ermittelten steuerpflichtigen Gewinn. Dessen Ermittlung erfolgt auf Basis von §§ 4 - 7 EStG; § 4h EStG wird nicht berücksichtigt.

Grds. entstehen keine Probleme bei der Berechnung eines maßgeblichen Gewinns der juristischen Person, jedoch kann dies bei der Bestimmung des maßgeblichen Gewinns von Personengesellschaften anders aussehen. Hier sieht sich das FA mit bestimmten Herausforderungen konfrontiert. Bei Personengesellschaften, für die – vorbehaltlich der Option nach § 1a KStG – das transparente Besteuerungsverfahren gilt[637], ist im Wesentlichen zu bestimmen, wie die Verteilung des maßgeblichen Gewinns und der Zinsaufwendungen unter den Mitunternehmern, einschließlich derer, die an vielen Personengesellschaften beteiligt sind, aussehen soll.

Werden die Schuldzinsen aus dem Sonderbetriebsvermögen unabhängig von dem Gesellschafts- oder Gesellschafterniveau in Abzug gebracht, wird unmittelbar die Regelung aus § 4 Abs. 4a EStG angewandt, welche sich auf die Schuldzinsenhinzurechnung bezieht[638]. Liegen Beteiligungskonstruktionen aus mehreren Stufen vor, folgt daraus ein mehrfacher Einsatz der Gewinne der beizufügenden Personengesellschaften für die Zinsschränke[639]. Dies

---

635 BT-Drs. 16/4841, 49; *Niemeier, G./Schnitter, G./Nöcker, G./Stuparu, S.*, Einkommensteuer: Kommentar, 24. Aufl., Achim 2018, 315.

636 BT-Drs. 16/4841, 49, *Niemeier, G./Schnitter, G./Nöcker, G./Stuparu, S.*, Einkommensteuer: Kommentar, 24. Aufl., Achim 2018, 315; kritisch: *Loewens, L.*, in: Brandis, P./Heuermann, B., Ertragsteuerrecht: Kommentar, Stand: 158. Ergänzungslieferung, München 2021, EStG § 4h Rn. 36a.

637 BFH v. 15.04.2010 – IV B 105/09, BStBl. II 2010, 971 (Rn. 16).

638 Im Ergebnis: BFH v. 29.03.2007 – IV R 72/02, BStBl. II 2008, 420.

639 So: *Hahne, K.D.*, Die Begünstigung von Beteiligungen an Personengesellschaften bei der „Zinsschranke“ - Gestaltungsmöglichkeit zur Erhöhung des steuerlichen Zinsabzugs, DStR 2007, 1947 (1949).

schließt jedoch im Ergebnis eine theoretische missbräuchliche Nutzung nicht aus[640].

cc) Befreiungsmöglichkeiten von der Zinsschranke

1) Die Freigrenzenregelung i. S. d. § 4h Abs. 2 Satz 1 lit. a EStG

Beträgt die Summe des Zinsertrages der übersteigenden Zinsaufwendungen weniger als 3 Mio. Euro, ist gemäß der Freigrenzenregelung des § 4h Abs. 2 Satz 1 lit. a EStG[641] die Zinsschrankenregelung nicht anzuwenden, womit der Aufwendungsbetrag nach Wortlaut des Gesetzes bis zu einer Höhe von 2.999.999,99 Euro nicht in den Geltungsbereich der Norm fällt[642]. Dies ist erst der Fall, wenn die Betragshöhe 3 Mio. Euro erreicht[643]. Dabei handelt es sich hier um eine Freigrenze[644], die von einem Freibetrag zu unterscheiden[645] ist. Die Entlastungsmöglichkeiten dienen dem Ziel, „*kleinere und mittlere Betriebe … von der Beschränkung der Abzugsfähigkeit der Zinsaufwendungen*[646]" auszuschließen. Darüber hinaus hat die Entlastungsgelegenheit laut *Seiler*[647] den zusätzlichen Vorteil, dass sie bei der Finanzierung kleiner und mittlerer Betriebe den bürokratischen Aufwand reduziert. In diesem Zusammenhang definiert der Gesetzgeber die Zinsaufwendung als den „*…Teil einer inländischen Gewinnermittlung*[648]".

---

640 Sog. Kaskadeneffekt, *Loewens, L.*, in: Brandis, P./Heuermann, B., Ertragsteuerrecht: Kommentar, Stand: 158. Ergänzungslieferung, München 2021, EStG § 4h Rn. 42.

641 Auch *Kleinbetriebsklausel* genannt, so: *Schenke, R.P.*, in: Kirchhof, P./Söhn, H./Mellinghoff, R., Einkommensteuergesetz: Kommentar, Stand: 318. Ergänzungslieferung, Heidelberg 2021, § 4h EStG, Rn. C2.

642 Vgl. zum § 4h EStG-Entwurf: *Rödder, T./Stangl, I.*, Zur geplanten Zinsschranke, DB 2007, 479 (480).

643 *Loschelder, F.*, in: Schmidt, EStG: Kommentar, 40. Aufl., München 2021, § 4h Rn. 15; *Seiler, C.*, in: Kirchhof, P./Seer, R., EStG Kommentar, 20. Aufl., Köln 2021, § 4h EStG, Rn. 28.

644 *Jehlin, A.*, Die Zinschranke als Instrument zur Missbrauchsvermeidung und Steigerung der Eigenkapitalausstattung, Dissertation, Berlin 2013, 125.

645 *Stöber, M.*, Zur Zukunft der Zinsschranke, in: Schön, W./Sternberg, C., Zukunftsfragen des deutschen Steuerrechts III, Heidelberg 2018, 121 (130); mwN *München, M.*, Die Zinsschranke – eine verfassungs-, europa- und abkommensrechtliche Würdigung, Dissertation, Frankfurt am Main 2010, 32.

646 BT-Drs. 16/4841, 48.

647 So im Ergebnis: *Seiler, C.*, in: Kirchhof, P./Seer, R., EStG Kommentar, 20. Aufl., Köln 2021, § 4h EStG, Rn. 28.

648 BT-Drs. 16/4841, 75.

Der Betrag einer Zinsaufwendung ergibt sich aus dem in dem entsprechenden Jahr entstandenen Zinsaufwand sowie den vorgetragenen Zinsaufwendungen des entsprechenden Wirtschaftsjahres[649]. Damit führt der Zinsvortrag i. S. d. § 4h Abs. 1 Satz 6 EStG zu einer Erhöhung der Zinsaufwendungen, die im aktuellen Wirtschaftsjahr entstanden sind[650].

2) *Konzernklausel i. S. d. § 4h Abs. 2 Satz 1 lit. b EStG*

Für Betriebe, die nicht oder nur anteilmäßig zu einem Konzern gehören, ist die restriktive Regelung über die Zinsschränke gemäß § 4h Abs. 2 Satz 1 lit. b EStG[651] nicht anwendbar, was Gemeinschaftsunternehmen (*joint ventures*) i. S. d. § 310 HGB sowie damit vergleichbare Unternehmensstrukturen aus dem Geltungsbereich der Norm ausschließt. Dies baut auf der Annahme des Gesetzgebers auf, dass der Abzug von Zinssaufwendungen, die aufgrund der Betätigung der kleinen und mittleren Unternehmen entstanden sind, im Vergleich zu einer identischen Situation mit einem konzerngehörigen Betrieb eine deutlich niedrige Missbrauchsgefahr beinhaltet[652].

§ 4h EStG enthält zwar keine Legaldefinition eines Konzerns[653]. Für Fälle, die sich aus § 4h Abs. 2 Satz 1 lit. b EStG ergeben, verwendet jedoch der Gesetzgeber eine sog. „erweiterte Definition[654]" des

---

649 *Loewens, L.*, in: Brandis, P./Heuermann, B., Ertragsteuerrecht: Kommentar, Stand: 158. Ergänzungslieferung, München 2021, EStG § 4h Rn. 52; mwN *München, M.*, Die Zinsschranke – eine verfassungs-, europa- und abkommensrechtliche Würdigung, Dissertation, Frankfurt am Main 2010, 32.

650 So: *Todsen, N.*, Die Zinsschrankenregelung des Unternehmensteuerrechtsreformgesetzes 2008, Dissertation, Hamburg 2013, 146.

651 Im Schrifttum wurde neben dieser Begriffsbestimmung ebenfalls die Definition „Stand-alone-Klausel" angewendet, so z.B. *Seiler, C.*, in: Kirchhof, P./Seer, R., EStG Kommentar, 20. Aufl., Köln 2021, § 4h EStG, Rn. 34; *Stöber, M.*, Zur Zukunft der Zinsschranke, in: Schön, W./Sternberg, C., Zukunftsfragen des deutschen Steuerrechts III, Heidelberg 2018, 121 (130); *Jehlin, A.*, Die Zinschranke als Instrument zur Missbrauchsvermeidung und Steigerung der Eigenkapitalausstattung, Dissertation, Berlin 2013, 117, 126; *Schenke, R.P.*, in: Kirchhof, P./Söhn, H./Mellinghoff, R., Einkommensteuergesetz: Kommentar, Stand: 318. Ergänzungslieferung, Heidelberg 2021, § 4h EStG, Rn. A16.

652 Im Ergebnis: BT-Drs. 16/4841, 48.

653 *Kahle, H./Dahlke, A./Schulz, S.*, Zunehmende Bedeutung der IFRS für die Unternehmensbesteuerung?, StuW 2008, 266 (270).

654 BT-Drs. 16/4841, 50; *„…sehr weit definiert…"*, *Seiler, C.*, in: Kirchhof, P./Seer, R., EStG Kommentar, 20. Aufl., Köln 2021, § 4h EStG, Rn. 35; *Todsen, N.*, Die

Konzerns[655]. Nach der ursprünglichen Definition aus der gesellschaftlichen Ebene führt jede Zusammenfassung von einem oder mehreren abhängigen Unternehmen, die unter der einheitlichen Leitung des herrschenden Unternehmens stattfindet, zur Bildung eines Konzerns[656]. Dieses Tatbestandsmerkmal wird durch § 4h Abs. 3 Satz 6 EStG um das Vorhandensein einer finanz- oder geschäftspolitischen Verbindung zwischen den abhängigen Betrieben (sog. Beherrschungsverhältnis nach IAS 27[657]) und dem Konzern ergänzt. Wenn gemäß § 4h Abs. 3 Satz 5 EStG kein Konzern vorliegt, sind diese Tatbestände[658] besonders zu prüfen.

Die Gesetzesbegründung sieht auch eine Beteiligung von natürlichen Personen im Konzernsystem, soweit diese an der Spitze der Konzernstruktur stehen[659]. Infolgedessen muss der Begriff des Konzerns i. S. d. § 4h EStG im Detail betrachtet werden.

Laut § 4h Abs. 3 Satz 5 EStG *gehört ein Betrieb zu einem Konzern, wenn er nach dem für die Anwendung des Abs. 2 Satz 1 lit. c zugrunde gelegten Rechnungslegungsstandard mit einem oder mehreren anderen Betrieben konsolidiert wird oder werden könnte.* Dabei spielt vor allem die sog. tatsächliche Konsolidierung eine wichtige Rolle. Sie ist aus den Verhältnissen am vorangegangenen Abschlussstichtag abzustellen[660], was darin resultiert, dass die tatsächliche Konzernzugehörigkeit von neu entstandenen Konzernen eines Betriebs erst zum folgenden

---

Zinsschrankenregelung des Unternehmensteuerrechtsreformgesetzes 2008, Dissertation, Hamburg 2013, 147; *Shou, S.*, Die Zinsschranke im Unternehmensteuerreformgesetz 2008, Diessertation, München 2010, 32; ähnlich auch: *Loschelder, F.*, in: Schmidt, EStG: Kommentar, 40. Aufl., München 2021, § 4h Rn. 27.

655 Anders aber: *Loewens, L.*, in: Brandis, P./Heuermann, B., Ertragsteuerrecht: Kommentar, Stand: 158. Ergänzungslieferung, München 2021, EStG § 4h Rn. 55, der davon ausgeht, dass die Vorschrift keine Konzerndefinition, sondern lediglich Konzernzugehörigkeitsfragen verdeutlicht.

656 So nach: *Bayer, W.*, in: Goette, W./Habersack, M./Kalss, S., Münchener Kommentar zum Aktiengesetz: AktG, 5. Aufl., München 2019, § 18 Rn. 1.

657 So: BT-Drs. 16/4841, 50.

658 Sog. Voraussetzungen eines Gleichordnungskonzerns, so: BMF v. 04.07.2008 – IV C 7 – S 2742 a/07/10001, BStBl. I 2008, 718 (Rn. 60).

659 Mit aktuellen Beispielen: BT-Drs. 16/4841, 50; sowie auch *Lüdenbach, N./Hoffmann, W-D.*, Der IFRS-Konzernabschluss als Bestandteil der Steuerbemessungsgrundlage für die Zinsschranke nach § 4h EStG-E, DStR 2007, 636 (637 ff.).

660 BMF v. 04.07.2008 – IV C 7 – S 2742 a/07/10001, BStBl. I 2008, 718 (Rn. 68).

Abschlussstichtag bestimmt werden[661]. Findet diese tatsächliche Konsolidierung nicht statt, ist eine Prüfung der theoretischen Konsolidierungsmöglichkeit (*konsolidiert werden könnte*) nach nationalen Rechtsvorschriften[662] notwendig. Zusätzlich schreibt der Wortlaut des Gesetzes vor, dass mindestens zwei Betriebe vorhanden sein müssen[663].

Die partielle Konsolidierung eines Betriebs mit Konzernstruktur ermöglicht gemäß § 4h Abs. 2 Satz 1 lit. b HS 2 EStG die Entlastungsgelegenheit, etwa gemäß der Vorstellung des BMF i. F. der o.g. Teilkonsolidierung z.B. bei Projektgesellschaften[664].

3) *Befreiung eines konzernzugehörigen Betriebs aufgrund von Eigenkapitalvergleich i. S. d. § 4h Abs. 2 Satz 1 lit. c EStG*

Ein Abzug von Zinsaufwendungen eines konzernzugehörigen Betriebs wird vom Gesetzgeber als Ausnahme gemäß § 4h Abs. 2 Satz 1 lit. c Satz 1 EStG unter der Voraussetzung gestattet, dass o.g. Betrieb über eine Eigenkapitalquote verfügt, die im Vergleich zu der Konzernmutter gleich hoch oder höher ist (Eigenkapitalvergleich[665]). Anders gesagt: von der Beschränkung der Abziehbarkeit der

---

661 BMF v. 04.07.2008 – IV C 7 – S 2742 a/07/10001, BStBl. I 2008, 718 (Rn. 68); mwN *Loschelder, F.*, in: Schmidt, EStG: Kommentar, 40. Aufl., München 2021, § 4h Rn. 30.

662 *Loewens, L.*, in: Brandis, P./Heuermann, B., Ertragsteuerrecht: Kommentar, Stand: 158. Ergänzungslieferung, München 2021, EStG § 4h Rn. 57.

663 *Todsen, N.*, Die Zinsschrankenregelung des Unternehmensteuerrechtsreformgesetzes 2008, Dissertation, Hamburg 2013, 150; *Loschelder, F.*, in: Schmidt, EStG: Kommentar, 40. Aufl., München 2021, § 4h Rn. 27.

664 Ausführlich zu Personengesellschaften: BMF v. 04.07.2008 – IV C 7 – S 2742 a/07/10001, BStBl. I 2008, 718 (Rn. 84 ff.).

665 Oft auch *escape-Klausel* genannt, so z.B. BMF v. 04.07.2008 – IV C 7 – S 2742 a/07/10001, BStBl. I 2008, 718 (Nr. 3); *Schenke, R.P.*, in: Kirchhof, P./Söhn, H./Mellinghoff, R., Einkommensteuergesetz: Kommentar, Stand: 318. Ergänzungslieferung, Heidelberg 2021, § 4h EStG, Rn. A17; *Shou, S.*, Die Zinsschranke im Unternehmensteuerreformgesetz 2008, Dissertation, München 2010, 33; *München, M.*, Die Zinsschranke – eine verfassungs-, europa- und abkommensrechtliche Würdigung, Dissertation, Frankfurt am Main 2010, 31; *Stöber, M.*, Zur Zukunft der Zinsschranke, in: Schön, W./Sternberg, C., Zukunftsfragen des deutschen Steuerrechts III, Heidelberg 2018, 121 (132); *Lüdenbach, N./Hoffmann, W-D.*, Der IFRS-Konzernabschluss als Bestandteil der Steuerbemessungsgrundlage für die Zinsschranke nach § 4h EStG-E, DStR 2007, 636; *Jehlin, A.*, Die Zinschranke als Instrument zur Missbrauchsvermeidung und Steigerung der Eigenkapitalausstattung, Dissertation, Berlin 2013, 117; oder ebenso als *Öffnungsklausel* genannt, z.B. *Loewens, L.*, in: Brandis, P./Heuermann,

Zinsaufwendungen sind damit nur Betriebe betroffen, deren Eigenkapitalquote schlechter ist als die des Konzerns, dem sie angehören, oder die – sofern es sich um eine Kapitalgesellschaft oder eine nachgeordnete Personengesellschaft handelt – eine schädliche Gesellschafterfremdfinanzierung aufweisen[666]. Dabei ist die sog. Toleranzgrenze i. H. v. 2 % bei der Ermittlung der Eigenkapitalquote zu berücksichtigen, § 4h Abs. 2 Satz 1 lit. c Satz 2 EStG.

Satz 3 der o.g. Vorschrift bezieht sich auf die Eigenkapitalquote, die nach dem Konzernabschluss bemessen wird. Sie ist definiert als das Verhältnis des Eigenkapitals zur Bilanzsumme. Grds. ist es erforderlich, diese Eigenkapitalquote nach Abschlüssen mittels der hochkomplexen IFRS aufzustellen[667], obwohl auch eine Erstellung von Abschlüssen nach alternativen Rechnungslegungsgrundsätzen aufgrund § 4h Abs. 2 Satz 1 lit. c Satz 9 EStG zumindest als möglich angesehen wird[668]. In die Ermittlung der Quote wird der gesamte Betrieb einbezogen, unter Beachtung der Abschlüsse zum vorangegangenen Abschlussstichtag[669].

Die Versagung des völligen Abzugs von Zinsaufwendungen ergibt sich als die Rechtsfolge der Vorschrift, was wiederum in einer Veränderung der relativen Vorteilhaftigkeit der Investitionen resultiert[670]. Nicht zu vergessen ist auch der volkswirtschaftliche Schaden von § 4h EStG[671]. Erschwerend kommen noch die

---

B., Ertragsteuerrecht: Kommentar, Stand: 158. Ergänzungslieferung, München 2021, EStG § 4h Rn. 72.

666 BT-Drs. 16/4841, 48.

667 BT-Drs. 16/4841, 48; mwN *Stöber, M.*, Zur Zukunft der Zinsschranke, in: Schön, W./Sternberg, C., Zukunftsfragen des deutschen Steuerrechts III, Heidelberg 2018, 121 (133).

668 In erster Linie gemeint sind hier die US-GAAP, so: BT-Drs. 16/4841, 48. Die Wichtigkeit der praktischen Anwendung von Rechnungslegungssystemen aus Drittländern wurde seitens *Hennrichs* in Frage gestellt, so: *Hennrichs, J.*, Zinsschranke, Eigenkapitalvergleich und IFRS, DB 2007, 2101 (2103). Bezweifelt wurde ebenso die Vereinbarkeit der Anwendung von ausländischen Rechnungslegungsstandards mit dem – aus Art. 20 Abs. 1 und 2 GG fließenden – Demokratieprinzip, so: *Stöber, M.*, Zur Zukunft der Zinsschranke, in: Schön, W./Sternberg, C., Zukunftsfragen des deutschen Steuerrechts III, Heidelberg 2018, 121 (139).

669 So: BT-Drs. 16/4841, 49; *Loschelder, F.*, in: Schmidt, EStG: Kommentar, 40. Aufl., München 2021, § 4h Rn. 17; *Niemeier, G./Schnitter, G./Nöcker, G./Stuparu, S.*, Einkommensteuer: Kommentar, 24. Aufl., Achim 2018, 325.

670 MwN *Förster, G.*, in: Gosch, D., KStG: Kommentar, 4. Aufl., München 2020, § 8a Rn. 44.

671 *Homburg, S.*, Die Zinsschranke – eine beispiellose Innovation, FR 2007, 717 (723).

Verkomplizierung fremdfinanzierter Unternehmenskäufe[672] sowie wirtschaftlich wichtige Anpassungsprozesse[673] hinzu. In diesem Zusammenhang wird internationale Wettbewerbsfähigkeit Deutschlands deutlich geschwächt[674].

b) § 8a KStG

aa) Allgemeines zur Vorschrift

Eine Erweiterung[675] und Modifizierung[676] des Geltungsbereichs der Zinsschrankenregelung auf die Körperschaften erfolgt in § 8a KStG. Es wurde damit auf den Schutz des inneren Steuersystems vor missbräuchlichen Finanzierungsstrukturen internationaler Konzerne sowie auf die Sicherung des inländischen Steuersubstrats gezielt[677].

§ 8a KStG verweist zwar in den meisten Fällen auf § 4h EStG[678], unterscheidet sich davon in einigen Punkten. Der Gesetzgeber betont z.B. in § 8a Abs. 1 Satz 1 KStG die Bedeutung der Begriffsbestimmung „*maßgebliches Einkommen*", wodurch er sie von der einkommensrechtlichen Definition differenziert, die „*maßgeblicher Gewinn*" lautet[679]. Die genaue Begriffsbestimmung von „maßgeblichen Einkommen" findet sich in Abs. 1 Satz 2 der Vorschrift, in der analog zu § 4h Abs. 1 Satz 5 EStG vom Gesetzgeber in Abs. 1 Satz 3 der Norm die Zinsvortragsgelegenheit i. S. d. § 8c und § 8d KStG entsprechend festgelegt wird. Abs. 1 Satz 4 der Rechtsvorschrift enthält eine Erweiterung des Anwendungsbereichs der Zinsschrankenregelung. Diese gilt damit auch für jene Körperschaften, die ihre Einkünfte nach § 2 Abs. 2 Nr. 2 EStG ermitteln. Die Absätze 2 und

---

672 *Scheunemann, M.P./Socher, O.*, Zinsschranke beim Leveraged Buy-out, BB 2007, 1144 (1145 f.).

673 *Förster, G.*, in: Gosch, D., KStG: Kommentar, 4. Aufl., München 2020, § 8a Rn. 48.

674 *Förster, G.*, in: Gosch, D., KStG: Kommentar, 4. Aufl., München 2020, § 8a Rn. 46.

675 So: *Schwedhelm, R.*, in: Binnewies, B., Körperschaftsteuergesetz: Kommentar, 9. Aufl., München 2018, § 8a Rn. 2.

676 *Stangl, I.*, in: Rödder, T./Herlinghaus, A./Neumann, R., Körperschaftsteuergesetz: Kommentar, Köln 2015, § 8a Rn. 1; „*...rechtsformspezifische Modifikationen*", so: *Stöber, M.*, in: Lademann, KStG Kommentar, Stand: 42. Ergänzungslieferung, Stuttgart 2011, § 8a KStG Rn. 71.

677 So nach: BT-Drs. 16/4841, 48.

678 § 8a KStG ergänzt damit systematisch § 4h EStG, *Loewens, L.*, in: Brandis, P./Heuermann, B., Ertragsteuerrecht: Kommentar, Stand: 158. Ergänzungslieferung, München 2021, KStG § 8a Rn. 6.

679 So auch: *Stöber, M.*, in: Lademann, KStG Kommentar, Stand: 42. Ergänzungslieferung, Stuttgart 2011, § 8a KStG Rn. 82.

3 formulieren anschließend zwei Entlastungsgelegenheiten für Körperschaften, zusätzlich zu § 4h Abs. 2 Satz 1 EStG.

Die „*systemwidrige*[680]" Regelung führt zu einer steuerlichen Doppelbelastung von Zinsaufwand[681], und zwar auch in Fällen, in denen kein Missbrauch ersichtlich ist[682]. Insofern ist das Vorliegen eines Missbrauchs keine Voraussetzung für das Eingreifen der Zinsschranke[683]; § 8a KStG verfolgt vielmehr das Ziel, eine Mindestbesteuerung sicherzustellen[684]. Dieses fiskalpolitische Lenkungsziel der Norm verfügt bei der Durchbrechung des objektiven Nettoprinzips über keinerlei Rechtfertigungspotenzial[685]. Der BFH bezweifelte zudem die Verfassungsmäßigkeit der in § 8a Abs. 2 und 3 KStG genannten Entlastungsgelegenheiten[686]. Bedenklich ist in diesem Zusammenhang auch ein möglicher Verstoß gegen den Gleichheitsgrundsatz aus Art. 3 Abs. 1 GG[687] sowie gegen das verfassungsrechtliche Gebot der Normenklarheit[688]. Bis zum Erlass der ATAD bedenklich war auch ein Verstoß gegen die Niederlassungsfreiheit i. S. d. Art. 49 AEUV[689]. Nach dem Erlass der ATAD gilt die Vorschrift nunmehr als eine nationalrechtliche Implikation des Art. 4 ATAD[690].

---

680 *Stöber, M.*, in: Lademann, KStG Kommentar, Stand: 42. Ergänzungslieferung, Stuttgart 2011, § 8a KStG Rn. 242.

681 MwN *Stöber, M.*, in: Lademann, KStG Kommentar, Stand: 42. Ergänzungslieferung, Stuttgart 2011, § 8a KStG Rn. 256.

682 *München, M./Mückl, N.*, Die Vereinbarkeit der Zinsschranke mit dem Grundgesetz, DStR 2014, 1469 (1473).

683 *Stöber, M.*, in: Lademann, KStG Kommentar, Stand: 42. Ergänzungslieferung, Stuttgart 2011, § 8a KStG Rn. 13.

684 MwN *Stöber, M.*, in: Lademann, KStG Kommentar, Stand: 42. Ergänzungslieferung, Stuttgart 2011, § 8a KStG Rn. 13.

685 *Marquart, C./Jehlin, A.*, Zu den verfassungsrechtlichen Grenzen einer „Steuerinnovation". Zugleich Anmerkung zum Beschluss des BFH v. 13.03.2012 – I B 111/11, DStR 2013, 2301 (2305).

686 BFH v. 13.03.2012 – I B 111/11, BStBl. II 2012, 611 (Leitsatz und Rn. 28); *Förster, G.*, in: Gosch, D., KStG: Kommentar, 4. Aufl., München 2020, § 8a Rn. 54.

687 *Stangl, I.*, in: Rödder, T./Herlinghaus, A./Neumann, R., Körperschaftsteuergesetz: Kommentar, Köln 2015, § 8a Rn. 21.

688 MwN *Stangl, I.*, in: Rödder, T./Herlinghaus, A./Neumann, R., Körperschaftsteuergesetz: Kommentar, Köln 2015, § 8a Rn. 23.

689 MwN *Stöber, M.*, in: Lademann, KStG Kommentar, Stand: 42. Ergänzungslieferung, Stuttgart 2011, § 8a KStG Rn. 252.

690 Dazu mehr: siehe 5. Kapitel der Arbeit.

bb) Einzelheiten der Vorschrift

1) Maßgebliches Einkommen

Die Definition des maßgeblichen körperschaftsteuerrechtlichen Einkommens erfolgt für die Fälle des Zinsaufwendungsabzugs entsprechend dem nach den Vorschriften des EStG und KStG ermittelten Einkommen. Eine Ausnahme bilden die §§ 4h sowie 10d EStG resp. § 9 Abs. 1 Nr. 2 KStG. Es folgt eine Skizzierung der zu untersuchenden Regelungskonstruktion mit der dazukommenden Bestimmung eines verrechenbaren EBITDA:

Tab. 6

<table>
<tr><td colspan="2">Einkommen der Steuerpflichtigen vor Anwendung der Zinsschranke i. S. d. § 8a KStG i. V. m. § 4h EStG</td></tr>
<tr><td>--- Abzug von Spenden i. S. d. § 9 Abs. 1 Nr. 2 KStG</td><td rowspan="2">1. Phase der Verrechnung eines EBITDA, in der betriebsbezogene Verluste resp. Spenden abgeschrieben werden.</td></tr>
<tr><td>--- Abzug von Verlusten i. S. d. § 10d EStG</td></tr>
<tr><td>+++ Zinsaufwendungen</td><td rowspan="2">2. Phase der Verrechnung eines EBITDA, in der zinsbezogene Aufwendungen abgeschrieben werden.</td></tr>
<tr><td>--- Zinserträge</td></tr>
<tr><td colspan="2">Maßgebliches Einkommen i. S. d. § 8a Abs. 1 Satz 2 KStG</td></tr>
<tr><td>+++ Abschreibungen der geringwertigen Wirtschaftsgüter i. S. d. § 6 Abs. 2 Satz 1 EStG</td><td rowspan="3">3. Phase der Verrechnung eines EBITDA, in der sonstige Aufwendungen abgeschrieben werden.</td></tr>
<tr><td>+++ Abschreibungen i. S. d. § 6 Abs. 2a Satz 2 EStG</td></tr>
<tr><td>+++ Abschreibungen i. S. d. § 7 EStG (aufgrund AfA-Verfahren)</td></tr>
<tr><td colspan="2">Steuerliches EBITDA</td></tr>
<tr><td>xxx 30 %[691]</td><td>4. Herleitung des verrechenbaren EBITDA aus steuerlichem EBITDA</td></tr>
<tr><td colspan="2">Verrechenbares EBITDA i. S. d. § 4h Abs. 1 Satz 2 EStG</td></tr>
</table>

691 Im Unterschied zum deutschen Gesetzgeber lässt der slowakische Rechtsanwender lediglich 25 % vom steuerlichen EBITDA abziehen, dazu: *Brockman, K.*, Interest: Double Taxation Equality is Fading, International Tax Review 2015, Band 26, Nr. 3, 3.

§ 8a KStG erfasst in persönlicher Hinsicht unbeschränkt und beschränkt Körperschaftsteuerpflichtige[692]. Dabei haben die Körperschaften i. S. d. § 1 Abs. 1 Nr. 1–3 KStG lediglich einen Betrieb[693] und infolgedessen nur ein ausschließlich betriebsbezogenes maßgebliches Einkommen. Dagegen findet bei den Körperschaften i. S. d. § 1 Abs. 1 Nr. 4 und 5 KStG eine Aufteilung in betriebsbezogenes und nicht betriebliches Einkommen statt[694]. Eine solche Aufteilung erfolgt ebenfalls bezüglich der Einkünfte beschränkt steuerpflichtiger Kapitalgesellschaften[695]. Hier werden die inländischen Gewinne anhand einer isolierten Betrachtungsweise i. S. d. § 49 Abs. 2 EStG aufgeteilt[696].

Die Zinsschrankenregelung findet laut § 8a Abs. 1 Satz 4 KStG sinngemäß auch bei jenen Kapitalgesellschaften Anwendung, deren Einkünfteermittlung nach § 2 Abs. 2 Nr. 2 EStG mittels einer EÜR erfolgt. Damit sollten auch beschränkt steuerpflichtige ausländische Kapitalgesellschaften[697] in den Geltungsbereich der Zinsschranke fallen, bei denen die Einkünfte i. R. der isolierten Betrachtungsweise nach § 49 Abs. 2 EStG bereits als „gewerblich" eingestuft wurden. Auch in Fällen der Beteiligung ausländischer Kapitalgesellschaften an einer inländischen vermögensverwaltenden Personengesellschaft[698] kommt die Vorschrift in Betracht.

---

692 *Stöber, M.*, in: Lademann, KStG Kommentar, Stand: 42. Ergänzungslieferung, Stuttgart 2011, § 8a KStG Rn. 61.

693 MwN *Förster, G.*, in: Gosch, D., KStG: Kommentar, 4. Aufl., München 2020, § 8a Rn. 69; mwN *Stangl, I.*, in: Rödder, T./Herlinghaus, A./Neumann, R., Körperschaftsteuergesetz: Kommentar, Köln 2015, § 8a Rn. 7.

694 *Loewens, L.*, in: Brandis, P./Heuermann, B., Ertragsteuerrecht: Kommentar, Stand: 158. Ergänzungslieferung, München 2021, KStG § 8a Rn. 11; *Förster, G.*, in: Gosch, D., KStG: Kommentar, 4. Aufl., München 2020, § 8a Rn. 69.

695 *Loewens, L.*, in: Brandis, P./Heuermann, B., Ertragsteuerrecht: Kommentar, Stand: 158. Ergänzungslieferung, München 2021, KStG § 8a Rn. 11.

696 *Förster, G.*, in: Gosch, D., KStG: Kommentar, 4. Aufl., München 2020, § 8a Rn. 69; *Loewens, L.*, in: Brandis, P./Heuermann, B., Ertragsteuerrecht: Kommentar, Stand: 158. Ergänzungslieferung, München 2021, KStG § 8a Rn. 11.

697 So: *Loewens, L.*, in: Brandis, P./Heuermann, B., Ertragsteuerrecht: Kommentar, Stand: 158. Ergänzungslieferung, München 2021, KStG § 8a Rn. 13; *Schwedhelm, R.*, in: Binnewies, B., Körperschaftsteuergesetz: Kommentar, 9. Aufl., München 2018, § 8a Rn. 30.

698 *Töben, T./Lohbeck, A./Fischer, H.*, Aktuelle steuerliche Fragen im Zusammenhang mit Inbound-Investitionen in deutsches Grundvermögen, FR 2009, 151 (159).

2) Zinsvortragsmöglichkeit nach § 8a Abs. 1 Satz 3 KStG

Für Körperschaften besteht ebenso wie für natürliche Personen und Personengesellschaften die Gelegenheit der Verrechnung des übersteigenden Anteils nichtabzugsfähiger Zinsaufwendungen im folgenden Steuerjahr. Daher verweist § 8a Abs. 1 Satz 3 KStG auf die einkommensteuerliche Regelung aus § 4h Abs. 1 Satz 5 EStG. Hierbei erfolgt eine deutliche Einschränkung der Anwendung dieser Vorschrift durch die körperschaftsteuerliche Verlustabzugsnorm i. S. d. § 8c KStG[699], sowie durch die Verlustvortragsvorschrift i. S. d. § 8d KStG. Zwar ist § 8a Abs. 1 Satz 3 i. V. m. § 8c KStG im Hinblick auf den Zinsvortrag als ausschließende Regelung für Körperschaften anzusehen[700]. § 8a Abs. 1 Satz 3 KStG ordnet jedoch keine entsprechende Anwendung des § 8c KStG in Bezug auf den EBITDA-Vortrag an[701].

Immerhin formuliert § 8a Abs. 1 Satz 3 HS 2 KStG eine weitere Beschränkung, da hiernach *die stillen Reserven i. S. d. § 8c Abs. 1 Satz 7 KStG nur zu berücksichtigen sind, soweit sie die nach § 8c Abs. 1 Satz 6 und § 8d Abs. 2 Satz 1 KStG abziehbaren nicht genutzten Verluste übersteigen.* Somit werden stille Reserven dem nicht genutzten Verlustbetrag und daraus folgend dem Zinsvortrag zugeordnet[702].

cc) Entlastungsmöglichkeiten nach § 8a KStG

1) Freigrenze

Die Zinsschranke i. S. d. § 8a KStG soll nicht zur Anwendung kommen, sobald die die Zinserträge übersteigenden Zinsaufwendungen weniger als 3 Mio. Euro betragen. § 8a KStG enthält selbst zwar keine Freigrenzenregelung analog § 4h Abs. 2 Satz 1 lit. a EStG. Die einkommensteuerliche Freigrenzenregelung ist aber

---

699 § 8c Abs. 1 Satz 1 KStG a.F. war wegen des Verstoßes gegen das Gleichheitsprinzip i. S. d. Art. 3 Abs. 1 GG verfassungswidrig, so: BVerfG v. 29.03.2017 – 2 BvL 6/11, DStR 2017, 1094. § 8c Abs. 1 Satz 2 KStG a.F. = § 8c Abs. 1 Satz 1 KStG n.F. ist potenziell verfassungswidrig, siehe: FG Hamburg v. 29.08.2017 – 2 K 245/17, BB 2017, 2581 (Rn. 77). Beide Regelungen enthalten die Mechanismen für den beschränkt-partiellen Abzug von Verlusten.

700 *Stöber, M.*, in: Lademann, KStG Kommentar, Stand: 42. Ergänzungslieferung, Stuttgart 2011, § 8a KStG Rn. 99.

701 *Stöber, M.*, in: Lademann, KStG Kommentar, Stand: 42. Ergänzungslieferung, Stuttgart 2011, § 8a KStG Rn. 100.

702 BT-Drs. 17/15, 19.

703 BMF v. 04.07.2008 – IV C 7 – S 2742 a/07/10001, BStBl. I 2008, 718 (Rn. 56).

betriebsbezogen: sie gilt auch für Körperschaften, Personenvereinigungen und Vermögensmassen[703]. Insoweit ist die Regelung des § 4h Abs. 2 Satz 1 lit. a EStG über § 8a Abs. 1 Satz 1 KStG uneingeschränkt auf Körperschaftsteuersubjekte anwendbar[704].

2) *Schädliche Gesellschafterfremdfinanzierung bei fehlender Konzernzugehörigkeit nach § 8a Abs. 2 KStG*

§ 8a Abs. 2 KStG erweitert die Anwendung der einkommensteuerrechtlichen „stand-alone-Klausel" auf dem Gebiet des Körperschaftssteuerrechts[705]. Die Voraussetzung für diese Erweiterung bezieht sich auf die Vergütungen für Fremdkapital, die entweder an einen Anteilseigner, der zu mehr als einem Viertel unmittelbar oder mittelbar am Grund- oder Stammkapital beteiligt ist, an eine diesem nahe stehende Person i. S. v. § 1 Abs. 2 AStG oder an einen Dritten, der die Möglichkeit hat, auf den mehr als einem Viertel am Grund- oder Stammkapital beteiligten Anteilseigner oder eine diesem nahe stehende Person zurückzugreifen, ausgezahlt werden. Diese Vergütungen dürfen höchstens 10 % der die Zinserträge übersteigenden Zinsaufwendungen der Körperschaft i. S. d. § 4h Abs. 3 EStG betragen. Dies muss von der Körperschaft nachgewiesen werden. Zu beachten ist dabei, dass das Gesetz keine Anforderungen an die Art des Nachweises enthält; er kann daher mit allen tauglichen Beweismitteln geführt werden[706].

Anders formuliert bedeutet dies, die Zinsaufwendungen an wesentlich beteiligte Gesellschafter oder andere Personen i. S. d. Abs. 2 die Zehn-Prozent-Grenze des gesamten Zinssaldos nicht übersteigen dürfen. Maßgeblicher Zeitpunkt für die Bestimmung, ob der betreffende Anteilseigner zu mehr als 25 % am Grund- oder Stammkapital beteiligt ist, ist der Zeitpunkt, in dem die an ihn oder an eine ihm gleichgestellte Person gezahlten Vergütungen für Fremdkapital bei bilanzieller Betrachtung unter Außerachtlassung des § 4h EStG aufwandswirksam berücksichtigt werden[707]. Zum relevanten Personenkreis der Norm

---

704 MwN *Stöber, M.*, in: Lademann, KStG Kommentar, Stand: 42. Ergänzungslieferung, Stuttgart 2011, § 8a KStG Rn. 116.

705 *Stöber, M.*, Zur Zukunft der Zinsschranke, in: Schön, W./Sternberg, C., Zukunftsfragen des deutschen Steuerrechts III, Heidelberg 2018, 121 (131).

706 *Stöber, M.*, in: Lademann, KStG Kommentar, Stand: 42. Ergänzungslieferung, Stuttgart 2011, § 8a KStG Rn. 168.

707 MwN *Stöber, M.*, in: Lademann, KStG Kommentar, Stand: 42. Ergänzungslieferung, Stuttgart 2011, § 8a KStG Rn. 166.

zählen explizit vor allem jene Körperschaften, die Grund- oder Stammkapital besitzen[708], womit Genossenschaften, Stiftungen und Vereine aus dem Geltungsbereich der Vorschrift herausfallen[709].

Unklar bleibt hier jedoch, ob die Fremdkapitalvergütungen zusammenzurechnen sind, sobald diese an mehrere wesentlich beteiligte Anteilseigner oder gleichgestellte Personen geleistet werden. Diese Frage wurde zwar seitens der Finanzverwaltung bejaht[710]. Das FG Niedersachsen hatte aber ernstliche Zweifel an der Rechtmäßigkeit der in dem BMF-Schreiben angeordneten Gesamtbetrachtung aller Gesellschafterfremdfinanzierungen[711]. Dem Gericht zufolge schweigt die Gesetzesbegründung zu der Frage, ob eine Kumulierung der Finanzierung durch verschiedene Gesellschafter, diesen nahe stehenden Personen oder rückgriffsberechtigte Dritte zu erfolgen habe[712].

Die Vergütungen für Fremdkapital verfügen zwar über ähnliche Merkmale wie die Definition aus § 4h EStG, sind mit dieser jedoch nicht gleichzusetzen. Die Auslegung ist nach *Loewens*[713] deutlich weiter gefasst. Sie beinhaltet jegliche Gegenleistungen für die Nutzung und das Bereitstellen des überlassenen Fremdkapitals. Die direkte oder mittelbare Auswirkung einer solchen Gegenleistung auf den inländischen oder ausländischen Gewinn der Rechtsträger ist dabei unerheblich[714].

Die Begriffsbestimmung des Anteileigners weist eine duale Rechtsnatur auf, da hier sowohl die unmittelbar beteiligten Gesellschafter zu erwähnen sind als auch die Personen mit einem Anrecht auf Beteiligung nach § 39 AO[715]. Kommt für einen Anteilseigner eine unmittelbare und eine mittelbare Beteiligung in Betracht, werden diese zusammengerechnet[716]. Gemäß dem Wortlaut der

---

708 *Schaden, M./Käshammer, D.*, Die Neuregelung des § 8a KStG im Rahmen der Zinsschranke, BB 2007, 2259 (2260); auch: *Stöber, M.*, in: Lademann, KStG Kommentar, Stand: 42. Ergänzungslieferung, Stuttgart 2011, § 8a KStG Rn. 130.

709 *Schaden, M./Käshammer, D.*, Die Neuregelung des § 8a KStG im Rahmen der Zinsschranke, BB 2007, 2259 (2260).

710 BMF v. 04.07.2008 – IV C 7 – S 2742 a/07/10001, BStBl. I 2008, 718 (Rn. 82).

711 FG Niedersachsen v. 18.02.2010 – 6 V 21/10, juris (Rn. 25).

712 FG Niedersachsen v. 18.02.2010 – 6 V 21/10, juris (Rn. 24).

713 *Loewens, L.*, in: Brandis, P./Heuermann, B., Ertragsteuerrecht: Kommentar, Stand: 158. Ergänzungslieferung, München 2021, KStG § 8a Rn. 16.

714 BMF v. 04.07.2008 – IV C 7 – S 2742 a/07/10001, BStBl. I 2008, 718 (Rn. 82).

715 So im Ergebnis: *Förster, G.*, in: Gosch, D., KStG: Kommentar, 4. Aufl., München 2020, § 8a Rn. 131 f.

716 BMF v. 04.07.2008 – IV C 7 – S 2742 a/07/10001, BStBl. I 2008, 718 (Rn. 81).

Vorschrift soll o.g. Personenkreis über eine mindestens 25%ige Beteiligung am Grund- oder Stammkapital verfügen, wobei hier nicht von Bedeutung ist, ob diese Beteiligung an eine Stimmrechtsmöglichkeit gebunden ist[717]. Damit reicht es für einen Anteilseigner aus, lediglich mittelbar beteiligt zu sein[718].

Ein besonderer Akzent wird durch den Gesetzgeber auf die nahestehenden Personen i. S. d. § 1 Abs. 2 AStG gesetzt, sowie auf Dritte, die entweder auf nahestehende Personen oder auf Anteilseigner mit einer Beteiligungsquote von mehr als 25 % am Grund- oder Stammkapital zurückgreifen können. Ein Dritter i. S. d. § 8a Abs. 2 KStG kann hierbei ein Anteilseigner sein, der nicht wesentlich beteiligt ist[719]. Ausreichend für ein Näheverhältnis ist eine mittelbare Beteiligung oder sogar die Möglichkeit, durch Dritte seinen Willen gegenüber dem jeweils anderen tatsächlich durchzusetzen[720]. Solch ein breiteres Verständnis entspricht einem konsequenten Regelungszweck: Die Erweiterung des persönlichen Anwendungsbereichs der Norm verhindert mögliche missbräuchliche Finanzierungsgestaltungen zwischen einer Körperschaft und ihrem Anteilseigner[721].

Die Grenze der Vergütungssumme für Fremdkapital liegt bei 10 % am gesamten Zinssaldo. Der Begriff Zinssaldo ist dabei definiert als der Unterschiedsbetrag zwischen der gesamten Zinsaufwendung und den Zinserträgen. Es liegt an den Körperschaften, ihre Obliegenheit des Nachweises einzelner Voraussetzungen aus der Vorschrift zu erfüllen[722], da ohne diesen Nachweis keine Anwendung der „stand-alone-Klausel" möglich ist[723].

---

717 MwN *Schenke, R.P.,* in: Kirchhof, P./Söhn, H./Mellinghoff, R., Einkommensteuergesetz: Kommentar, Stand: 318. Ergänzungslieferung, Heidelberg 2021, § 4h EStG, Rn. C37.

718 BMF v. 04.07.2008 – IV C 7 – S 2742 a/07/10001, BStBl. I 2008, 718 (Rn. 81).

719 MwN *Stöber, M.*, in: Lademann, KStG Kommentar, Stand: 42. Ergänzungslieferung, Stuttgart 2011, § 8a KStG Rn. 145.

720 *Stöber, M.*, in: Lademann, KStG Kommentar, Stand: 42. Ergänzungslieferung, Stuttgart 2011, § 8a KStG Rn. 140.

721 Im Ergebnis: BT-Drs. 16/4841, 74 f.; im Ergebnis auch: *Stöber, M.*, in: Lademann, KStG Kommentar, Stand: 42. Ergänzungslieferung, Stuttgart 2011, § 8a KStG Rn. 143.

722 *Schwedhelm, R.,* in: Binnewies, B., Körperschaftsteuergesetz: Kommentar, 9. Aufl., München 2018, § 8a Rn. 45.

723 MwN *Stöber, M.*, Zur Zukunft der Zinsschranke, in: Schön, W./Sternberg, C., Zukunftsfragen des deutschen Steuerrechts III, Heidelberg 2018, 121 (132); *Stangl, I.,* in: Rödder, T./Herlinghaus, A./Neumann, R., Körperschaftsteuergesetz: Kommentar, Köln 2015, § 8a Rn. 184.

3) *Eigenkapitalvergleich bei Konzernangehörigkeit nach § 8a Abs. 3 KStG*

§ 8a Abs. 3 Satz 1 KStG formuliert die Erweiterung der ertragsteuerlichen „escape-Klausel" auf den Bereich des Körperschaftsteuerrechts. Voraussetzung ist erneut der Nachweis durch die Körperschaft, dass die Vergütungen für Fremdkapital der Körperschaft oder eines anderen, dem gleichen Konzern zugehörigen Rechtsträgers an einen zu mehr als einem Viertel unmittelbar oder mittelbar am Kapital beteiligten Gesellschafter einer konzernzugehörigen Gesellschaft, eine diesem nahe stehende Person i. S. d. § 1 Abs. 2 AStG oder einen Dritten, der auf den zu mehr als einem Viertel am Kapital beteiligten Gesellschafter oder eine diesem nahestehende Person zurückgreifen kann, nicht höher liegen als 10 % der die Zinserträge übersteigenden Zinsaufwendungen des Rechtsträgers i. S. d. § 4h Abs. 3 EStG. Nicht zu beachten bei der Ermittlung der 10 %-Grenze sind allerdings die konzerninternen Zinsaufwendungen[724]. Das Überschreiten der 10 %-Grenze ist dabei grds. für jeden konzernzugehörigen Rechtsträger gesondert auf der Grundlage des eigenen Schuldzinsüberhangs dieses Rechtsträgers zu prüfen[725].

Die Regelung dient dazu, eine schädliche übermäßige Gesellschafterfremdfinanzierung zu verhindern[726]. Der hochkomplexe Wortlaut der Vorschrift gleicht zwar dem aus § 8a Abs. 2 KStG. Anders als § 8a Abs. 2 KStG fordert aber § 8a Abs. 3 KStG keine wesentliche Beteiligung an einem Grund- oder Stammkapital, sondern lässt eine Beteiligung am Kapital ausreichen[727]. Zudem bedarf es für § 8a Abs. 3 KStG nicht zwingend einer Beteiligung an einer Kapitalgesellschaft; es genügt vielmehr sogar eine Beteiligung an einer konzernzugehörigen Gesellschaft mit anderer Rechtsform[728]. Zu beachten ist jedoch, dass § 8a Abs. 3 KStG keine präzise Beschreibung einzelner Tatbestandsmerkmale enthält[729].

---

724 *Stöber, M.*, in: Lademann, KStG Kommentar, Stand: 42. Ergänzungslieferung, Stuttgart 2011, § 8a KStG Rn. 193.

725 MwN *Stöber, M.*, in: Lademann, KStG Kommentar, Stand: 42. Ergänzungslieferung, Stuttgart 2011, § 8a KStG Rn. 189.

726 BT-Drs. 16/4841, 75.

727 *Stöber, M.*, in: Lademann, KStG Kommentar, Stand: 42. Ergänzungslieferung, Stuttgart 2011, § 8a KStG Rn. 181.

728 MwN *Stöber, M.*, in: Lademann, KStG Kommentar, Stand: 42. Ergänzungslieferung, Stuttgart 2011, § 8a KStG Rn. 181.

729 Ähnlich auch: „*... Vorschrift ist nicht klar formuliert...*", *Loewens, L.*, in: Brandis, P./ Heuermann, B., Ertragsteuerrecht: Kommentar, Stand: 158. Ergänzungslieferung, München 2021, KStG § 8a Rn. 31.

Jeder Rechtsträger mit einer Beteiligung an der Konzernstruktur kann potenziell Fremdkapitalnehmer werden. Abs. 3 bezieht sich auf die Vergütungsempfänger und wiederholt wortgleich die Tatbestandsmerkmale von Abs. 2, allerdings unter dem Vorbehalt der konzernbezogenen Betrachtung. Dabei ist die Konzernzugehörigkeit nach § 4h Abs. 3 Satz 5 und 6 EStG zu beurteilen[730].

Ebenso wie in Abs. 2 wird der Körperschaft die Obliegenheit auferlegt, entsprechende Nachweise zu erbringen, wobei die Erfüllung der Nachweisvoraussetzung die Bedingung für die Abziehbarkeit von Zinssaufwendungen ist[731]. Ebenso wie § 8a Abs. 2 KStG enthält § 8a Abs. 3 KStG keine Anforderungen an die Art des Nachweises[732].

4. *Die Verhinderung der missbräuchlichen Ausnutzung von Gestaltungen mit Lizenzverträgen vermittels § 4j EStG*

a) *Allgemeines zur Vorschrift*

Zum VZ 2017 führte der Gesetzgeber ein Gesetz gegen schädliche Steuerpraktiken im Zusammenhang mit Rechteüberlassungen ein[733]. Dessen neue beschränkende Anti-Missbrauchsregelung i. S. d. § 4j EStG[734], die den aus der BEPS-Aktionsmaßnahme Nr. 5 entnommenen Empfehlungen entspricht[735], zielt auf die Beseitigung der schädlichen Auswirkung solcher Gestaltungen und die Gewährleistung einer fairen Besteuerung ab[736]. In Abs. 1 der Vorschrift erfolgt eine Beschränkung des Abzugs des vollen Betrags von Aufwendungen als Gegenleistung für die Überlassung der Nutzung oder des Rechts auf die Nutzung von Rechten, insb. von Urheberrechten und gewerblichen Schutzrechten, von gewerblichen, technischen, wissenschaftlichen und ähnlichen Erfahrungen,

---

730 MwN *Stöber, M.*, in: Lademann, KStG Kommentar, Stand: 42. Ergänzungslieferung, Stuttgart 2011, § 8a KStG Rn. 178.

731 Im Ergebnis: *Stangl, I.*, in: Rödder, T./Herlinghaus, A./Neumann, R., Körperschaftsteuergesetz: Kommentar, Köln 2015, § 8a Rn. 227.

732 *Stöber, M.*, in: Lademann, KStG Kommentar, Stand: 42. Ergänzungslieferung, Stuttgart 2011, § 8a KStG Rn. 197.

733 Gesetz gegen schädliche Steuerpraktiken im Zusammenhang mit Rechteüberlassungen v. 27.06.2017, BGBl. I 2017, 2074.

734 Die Regelung wurde als „*Lizenzschranke*" bezeichnet, so: *Gosch, D.*, in: Kirchhof, P./Seer, R., EStG Kommentar, 20. Aufl., Köln 2021, § 4j Rn. 1; *Reddig, J.*, in: Kirchhof, P./Söhn, H./Mellinghoff, R., Einkommensteuergesetz: Kommentar, Stand: 318. Ergänzungslieferung, Heidelberg 2021, § 4j EStG, Rn. A1.

735 BT-Drs. 18/11233, 9.

736 BT-Drs. 18/11233, 9.

Kenntnissen und Fertigkeiten. Diese Beschränkung erfolgt ungeachtet eines bestehenden Abkommens zur Vermeidung der Doppelbesteuerung. § 4j Abs. 3 EStG ermittelt den höchstmöglichen Abzugsbetrag bei Anwendung von Abs. 1. Dabei können die Rechtsfolgen aus § 4j Abs. 1 EStG nur dann eintreten, wenn eine niedrige Besteuerung vorhanden ist, welche nach § 4j Abs. 2 EStG bei unter 25 % liegen muss.

Die restriktive Regelung aus § 4j EStG weist eine universale Rechtsnatur auf und lässt sich sowohl auf die unbeschränkten als auch auf die beschränkt Steuerpflichtigen anwenden[737]. Dabei führen die Rechtsfolgen von § 4j EStG zu einem tatsachlichen Verstoß gegen den Gleichheitsgrundsatz i. S. d. Art. 3 Abs. 1 GG[738] und das objektive Nettoprinzip[739], was jedoch nach *Link*[740] durch das gesetzliche Ziel der angemessenen Besteuerung zu rechtfertigen ist[741]. Gleichzeitig ist in der Norm eine leicht erkennbare treaty-override-Vorschrift[742] enthalten.

Das Schrifttum[743] sieht in der Vorschrift keinen Verstoß gegen das Bestimmtheitsgebot wegen der Verweisung auf den Nexus-Ansatz, der in Kapitel 4 des Abschlussberichts zu Aktionspunkt 5 der OECD „Wirksamere Bekämpfung schädlicher Steuerpraktiken unter Berücksichtigung von Transparenz und Substanz" zu finden ist. Dieser These ist jedoch aufgrund der Verlinkung mit einer Rechtsquelle,

737 *Loschelder, F.*, in: Schmidt, EStG: Kommentar, 40. Aufl., München 2021, § 4j Rn. 2.

738 *Pohl, C.*, in: Brandis, P./Heuermann, B., Ertragsteuerrecht: Kommentar, Stand: 158. Ergänzungslieferung, München 2021, EStG § 4j Rn. 12.

739 *Loschelder, F.*, in: Schmidt, EStG: Kommentar, 40. Aufl., München 2021, § 4j Rn. 4; *Gosch, D.*, in: Kirchhof, P./Seer, R., EStG Kommentar, 20. Aufl., Köln 2021, § 4j Rn. 6; *Jochimsen, C./Zinowsky, T./Schraud, A.*, Die Lizenzschranke nach § 4j EStG – Ein Gesellenstück des deutschen Gesetzgebers, IStR 2017, 593 (599).

740 So im Ergebnis: *Link, C.*, Die Lizenzschranke – Legitime Reaktion des Gesetzgebers auf schädliche Präferenzregime, DB 2017, 2372 (2376).

741 Kritik zur Möglichkeit der Rechtfertigung: *Jochimsen, C./Zinowsky, T./Schraud, A.*, Die Lizenzschranke nach § 4j EStG – Ein Gesellenstück des deutschen Gesetzgebers, IStR 2017, 593 (599 f.); mwN *Reddig, J.*, in: Kirchhof, P./Söhn, H./Mellinghoff, R., Einkommensteuergesetz: Kommentar, Stand: 318. Ergänzungslieferung, Heidelberg 2021, § 4j EStG, Rn. A49.

742 *Ditz, X./Quilitzsch, C.*, Gesetz gegen schädliche Steuerpraktiken im Zusammenhang mit Rechteüberlassungen – die Einführung einer Lizenzschranke in § 4j EStG, DStR 2017, 1561 (1567).

743 *Pohl, C.*, in: Brandis, P./Heuermann, B., Ertragsteuerrecht: Kommentar, Stand: 158. Ergänzungslieferung, München 2021, EStG § 4j Rn. 13; *Link, C.*, Die Lizenzschranke – Legitime Reaktion des Gesetzgebers auf schädliche Präferenzregime, DB 2017, 2372 (2377).

die nicht aus dem deutschen Rechtssystem stammt, zu widersprechen. Dies ist identisch mit der Situation der Verweisung auf die IFRS-Regelungen in § 4h EStG. Beide Rechtsquellen sind, ausgehend von ihrem Umfang und Schwierigkeitsniveau des Verständnisses[744], gleichermaßen kompliziert und somit nicht für jeden Steuerpflichtigen objektiv erkennbar[745]. In diesem Zusammenhang lässt sich die Argumentation und die These von *Stöber*[746] hinsichtlich des Verstoßes gegen das Demokratieprinzip seitens der Zinsschrankenregelung analog auch bei § 4j EStG anwenden.

In der Theorie zielt § 4j EStG nicht nur auf die Erfassung von grenzüberschreitenden, sondern ebenso von rein nationalen Konstellationen mit dem Erwerb einer Lizenz. In der Praxis wird die Vorschrift jedoch lediglich bei grenzüberschreitenden Sachverhalten[747] angewandt. Dies ist in der in Abs. 2 definierten Präferenzregelung begründet, welche nicht allein für Deutschland selbst angewandt werden kann, da der Wortlaut des Gesetzes einen grenzüberschreitenden Sachverhalt mit der Teilnahme noch eines anderen Landes beschreibt. Diesbezüglich kann der These von *Jochimsen, Zinowsky* und *Schraud*[748], die sich auf einen potenziellen Verstoß gegen die Niederlassungs- (Art. 49 AEUV) resp. Dienstleistungsfreiheit (Art. 56 AEUV) bezieht, zugestimmt werden[749]. Unklar ist jedoch die Möglichkeit der Rechtfertigung eines solchen Verstoßes mit der

---

744 „*…sehr komplex…*", so: *Loschelder, F.*, in: Schmidt, EStG: Kommentar, 40. Aufl., München 2021, § 4j Rn. 18; *Reddig, J.*, in: Kirchhof, P./Söhn, H./Mellinghoff, R., Einkommensteuergesetz: Kommentar, Stand: 318. Ergänzungslieferung, Heidelberg 2021, § 4j EStG, Rn. A8.

745 Selbst die Verweisung der Gesetzvorschrift auf den – durch internationale Organisationen (OECD und G7) entwickelten – Bericht soll aus der Perspektive der Verfassungsmäßigkeit geprüft werden, so: *Heil, S./Pupeter, A.*, Lizenzschranke – Update zum Inkrafttreten des § 4j EStG, BB 2017, 1947 (1949).

746 *Stöber, M.*, in: Lademann, KStG Kommentar, Stand: 42. Ergänzungslieferung, Stuttgart 2011, § 8a KStG Rn. 247.

747 *Pohl, C.*, in: Brandis, P./Heuermann, B., Ertragsteuerrecht: Kommentar, Stand: 158. Ergänzungslieferung, München 2021, EStG § 4j Rn. 18; *Loschelder, F.*, in: Schmidt, EStG: Kommentar, 40. Aufl., München 2021, § 4j Rn. 6.

748 *Jochimsen, C./Zinowsky, T./Schraud, A.*, Die Lizenzschranke nach § 4j EStG – Ein Gesellenstück des deutschen Gesetzgebers, IStR 2017, 593 (598).

749 Gleiche Auffassung: mwN *Gosch, D.*, in: Kirchhof, P./Seer, R., EStG Kommentar, 20. Aufl., Köln 2021, § 4j Rn. 2; mwN *Reddig, J.*, in: Kirchhof, P./Söhn, H./Mellinghoff, R., Einkommensteuergesetz: Kommentar, Stand: 318. Ergänzungslieferung, Heidelberg 2021, § 4j EStG, Rn. A19; *Loschelder, F.*, in: Schmidt, EStG: Kommentar, 40. Aufl., München 2021, § 4j Rn. 4.

Steuermissbrauchsbekämpfung. Diesbezüglich liegt jedoch keine Antwort des EuGH vor. Die Möglichkeit eines Verstoßes gegen die ZLR besteht dagegen nicht. Die Abzugsbeschränkung trifft nur Vergütungsempfänger, nicht die Schuldner der Lizenzausgaben[750].

Der Gesetzgeber wendet die Norm unter der Bedingung „*ungeachtet eines bestehenden Abkommens zur Vermeidung der Doppelbesteuerung*" an. Somit nimmt der Gesetzgeber bei § 4j EStG einen treaty-override vor[751]. Eigentlich dient die Regelung der Sicherstellung der Anwendung von § 4j EStG, insb. in Fällen einer Bewertung der Regelung zur Lizenzschranke als Diskriminierung von Steuerpflichtigen aufgrund von Art. 24 Abs. 4 OECD-MA auf abkommensrechtlicher Ebene.

b) Einzelheiten der Vorschrift

Die Anwendung des § 4j EStG ist mit der Verwirklichung mehrerer Tatbestandsmerkmale aus Abs. 1 verbunden.

Die Rechtsvorschrift beginnt in Abs. 1 mit einer Definition des Regelungsobjekts der Norm. Zu diesem gehören gemäß § 4j Abs. 1 Satz 1 EStG namentlich *die Aufwendungen für die Überlassung der Nutzung oder des Rechts auf Nutzung von Rechten, insb. von Urheberrechten und gewerblichen Schutzrechten, von gewerblichen, technischen, wissenschaftlichen und ähnlichen Erfahrungen, Kenntnissen und Fertigkeiten, z.B. Plänen, Mustern und Verfahren*. Entstehen können derartige Aufwendungen bei unbeschränkten und beschränkten[752] natürlichen Personen, ebenso wie bei den Gesellschaften resp. den Körperschaften[753]. *Pohl*[754] zählt zudem die Betriebsstätten in den Geltungsbereich der Regelung.

---

750 MwN *Pohl, C.*, in: Brandis, P./Heuermann, B., Ertragsteuerrecht: Kommentar, Stand: 158. Ergänzungslieferung, München 2021, EStG § 4j Rn. 17.

751 *Schneider, N./Junior, B.*, Die Lizenzschranke – Überblick über den Regierungsentwurf zu § 4j EStG, DStR 2017, 417 (424); *Reddig, J.*, in: Kirchhof, P./Söhn, H./Mellinghoff, R., Einkommensteuergesetz: Kommentar, Stand: 318. Ergänzungslieferung, Heidelberg 2021, § 4j EStG, Rn. B17; anders aber: *Benz, S./Böhmer, J.*, Der RegE eines § 4j EStG zur Beschränkung der Abziehbarkeit von Lizenzzahlungen (Lizenzschranke), DB 2017, 206 (211).

752 Vgl. zum § 4j EStG-Entwurf: *Heil, S./Pupeter, A.*, Lizenzschranke – Gesetzesentwurf eines neuen § 4j EStG, BB 2017, 795.

753 MwN *Pohl, C.*, in: Brandis, P./Heuermann, B., Ertragsteuerrecht: Kommentar, Stand: 158. Ergänzungslieferung, München 2021, EStG § 4j Rn. 44.

754 *Pohl, C.*, in: Brandis, P./Heuermann, B., Ertragsteuerrecht: Kommentar, Stand: 158. Ergänzungslieferung, München 2021, EStG § 4j Rn. 44.

Interessant ist die Entscheidung des Gesetzgebers in der Praxis gegen den abkommensrechtlichen Begriff von Lizenzgebühren aus Art. 12 OECD-MA und für das deutlich breitere Auslegungspotenzial der vorgenommenen Definition von Aufwendungen. Um dies zu verdeutlichen, wird die nationale und abkommensrechtliche Einschätzung von Quellen der Bezahlungen hinsichtlich der Nutzung von Rechten herangezogen. Der deutsche Gesetzgeber nennt als wesentliche Quellen solcher Aufwendungen primär die *„gewerblichen, technischen*[755]*, wissenschaftlichen und ähnlichen"* Branchen. Dagegen sieht die OECD den Ursprung der Aufwendungen stets lediglich in den *gewerblichen, geschäftlichen und wissenschaftlichen*[756] Quellen. Dies kann mit der Orientierung des Gesetzgebers begründet werden, die sich nicht an abkommensrechtlichen Vorschriften ausrichtet, sondern lediglich an § 50a Abs. 1 Nr. 3 EStG[757]. Das führt darüber hinaus zu einer Verschiebung der aktuellen Auslegungsunsicherheiten bezüglich dieser Begriffsbestimmung auch auf § 4j EStG[758]. In Anbetracht dieser Fakten wirkt die Entscheidung des Gesetzgebers inkonsequent. Eine Anwendung des aus § 4j Abs. 1 Satz 4 EStG fließenden Nexus-Ansatzes kann nur in dem Fall als möglich betrachtet werden, dass das Objekt der Regelung dieses Ansatzes der abkommensrechtlichen Begriffsbestimmung von Aufwendungen entspricht, was bei § 4j EStG nicht der Fall ist. Die Norm transferiert den abkommensrechtlichen Ansatz, der entwickelt wurde unter der Beachtung der abkommensrechtlichen Definition von Aufwendungen, auf die Nutzung von Rechten. Die Anwendung erfolgt an den nationalsteuerlichen Konstellationen, deren Begriffsbestimmung von Aufwendungen auf die Nutzung von Rechten deutlich von der abkommensrechtlichen Definition abweicht.

Der Begriff Aufwendungen bezeichnet in diesem Zusammenhang alle aus Geld oder Geldeswert bestehenden Ausgaben, die aus dem Vermögen des Steuerpflichtigen abfließen[759]. Dies schließt m.E. potenziell auch Aufwendungen i.

---

755 Bezüglich der Software-Überlassung: BMF v. 27.10.2017 – IV C 5 – S 2300/12/10003:004, BStBl. I 2017, 1448.

756 *„...concerning industrial, commercial or scientific experience..."*, *OECD*, Model Tax Convention on Income and on Capital 2014 (Full Version), Paris 2015, C (12)-5, Rn. 8.

757 MwN *Pohl, C.*, in: Brandis, P./Heuermann, B., Ertragsteuerrecht: Kommentar, Stand: 158. Ergänzungslieferung, München 2021, EStG § 4j Rn. 43; *Schnitger, A.*, Weitere Maßnahmen zur BEPS-Gesetzgebung in Deutschland, IStR 2017, 214 (221).

758 *Schnitger, A.*, Weitere Maßnahmen zur BEPS-Gesetzgebung in Deutschland, IStR 2017, 214 (221).

759 BFH v. 04.07.1990 – GrS 1/89, BStBl. II 1990, 830 (Rn. 60).

F. v. Kryptowährung ein. *Loschelder* bestätigt, dass nicht zwischen verschiedenen Arten der Aufwendungen unterschieden wird. Maßgeblich ist lediglich ihre Funktion der faktischen[760] Bezahlung als „wirtschaftliche Gegenleistung" für Rechtsaufwendungen[761].

Eine Konkretisierung der wichtigen Voraussetzungen für die Abzugsbeschränkung erfolgt in § 4j Abs. 1 Satz 1 HS 2 EStG. Demzufolge gelten dem Schuldner nahestehende Personen i. S. d. § 1 Abs. 2 AStG als Gläubiger der o.g. Aufwendung. Die hier angewandte Anweisung auf AStG entspricht der aus der Satzkonstruktion von § 4h EStG. Existiert keine nahestehende Person, kann die Regelung aus der Vorschrift nicht zur Anwendung kommen[762]. Dabei zählen sowohl natürliche als auch juristische Personen zu den nahestehenden Personen. Diesbezüglich betrifft die Regelung zwar gemäß ihrer praktischen Würdigung primär konzernverbundene Unternehmen[763], sie kann jedoch auch die Mitunternehmer einer Personengesellschaft als nahestehende Personen betrachten.

Satz 2 der o.g. Vorschrift ermöglicht es, eine mehrgliedrige Missbrauchskette beim Abzug von Aufwendungen für Rechteüberlassungen sowie die Abzugsbeschränkungsumgehung[764] zu verhindern. Davon sind insb. jene Sachverhalte betroffen, die dem Gläubiger nach Satz 1 bzw. einer anderen, dem Schuldner nach Satz 1 nahestehende Person i. S. d. § 1 Abs. 2 AStG Aufwendungen für Rechte zusprechen. Diese Regelung ist hochkomplex und weicht deutlich vom Bestimmtheitsgebot ab. Sie formuliert einen lediglich partiellen Abzug von Aufwendungen, der unabhängig ist von eventuell bestehenden Abkommen zur Vermeidung der Doppelbesteuerung und auch in dem Fall gelten, dass die weiteren Einnahmen des weiteren Gläubigers einer von der Regelbesteuerung abweichenden niedrigen Besteuerung nach § 4j Abs. 2 EStG unterliegen und der weitere Gläubiger eine dem Schuldner nach Satz 1 nahestehende Person i. S. d. § 1 Abs. 2

---

760 „*…fiktive Lizenzzahlungen…dürfen…nicht erfasst werden.*", so: *Ditz, X./Quilitzsch, C.*, Gesetz gegen schädliche Steuerpraktiken im Zusammenhang mit Rechteüberlassungen – die Einführung einer Lizenzschranke in § 4j EStG, DStR 2017, 1561 (1563).

761 *Loschelder, F.*, in: Schmidt, EStG: Kommentar, 40. Aufl., München 2021, § 4j Rn. 7.

762 Im Ergebnis: *Pohl, C.*, in: Brandis, P./Heuermann, B., Ertragsteuerrecht: Kommentar, Stand: 158. Ergänzungslieferung, München 2021, EStG § 4j Rn. 49; auch: *Heil, S./Pupeter, A.*, Lizenzschranke – Gesetzentwurf eines neuen § 4j EStG, BB 2017, 795 (796).

763 *Heil, S./Pupeter, A.*, Lizenzschranke – Gesetzentwurf eines neuen § 4j EStG, BB 2017, 795 (796).

764 BT-Drs. 18/11233, 13.

AStG ist. In diesem Zusammenhang wird der Begriff der niedrigen Besteuerung seinerseits in Abs. 2 der Vorschrift definiert. Laut den Gesetzmaterialen ist das Ziel in erster Linie die Neutralisierung einer schädlichen Auswirkung von ausländischen Präferenzsystemen (Lizenzboxsystemen) auf das Ertragsteuersystem[765]. Gleichzeitig verhindert das Gesetz mit § 4j Abs. 1 Satz 2 HS 2 EStG die Entstehung von Kaskadeneffekten[766].

Wie bereits erwähnt, verfügt die Norm aufgrund der Verweisung auf den OECD-Nexus-Ansatz über eine offensichtliche internationale Prägung. So sind nach § 4j Abs. 1 Satz 4 EStG die Sätze 1 und 2 der Vorschrift nicht anzuwenden, soweit sich die niedrige Besteuerung daraus ergibt, dass die Einnahmen des Gläubigers oder des weiteren Gläubigers einer Präferenzregelung unterliegen, die dem Nexus-Ansatz gemäß Kapitel 4 des Abschlussberichts 2015 zu Aktionspunkt 5 der OECD entspricht. Das genannte Kapitel des OECD-Abschlussberichts erklärt den Nexus-Ansatz im Detail. Demnach vermittelt der Nexus-Ansatz das Niveau der Abhängigkeit von Steuervergünstigungen, die durch ein Präferenzregime gewährleistet werden, von den tatsächlichen Forschungs- und Entwicklungstätigkeiten der Steuerpflichtigen[767]. Eine Garantie für steuerliche Begünstigungen soll nach dieser Idee ausschließlich für solche Aufwendungen von Rechteüberlassungen gelten, die aus einer faktischen Ausnutzung der Rechteüberlassungen für betriebliche Zwecke entstanden sind[768]. Dies trägt dazu bei, das Ziel einer Beseitigung von reinen „Scheinlizenzerträgen" zu erreichen. Zudem sichert es die Aufwendungen aus Rechteüberlassungen, die für das Funktionieren von Unternehmen wesentlich sind. Bei Unternehmen mit einer komplexen Struktur und darüber hinaus einer Reihe von substanziellen Geschäftstätigkeiten erfolgt die Bestimmung der maximal möglichen Steuerbegünstigungssumme des Nexus-Ansatzes anhand des Verhältnisses der substanzbezogenen qualifizierten Ausgaben zu den gesamten Ausgaben für die Entwicklung des geistigen Eigentumswerts,

---

765 So im Ergebnis: BT-Drs. 18/11233, 13.

766 BT-Drs. 18/11233, 13; *Loschelder, F.*, in: Schmidt, EStG: Kommentar, 40. Aufl., München 2021, § 4j Rn. 14.

767 Siehe: *OECD*, Wirksamere Bekämpfung schädlicher Steuerpraktiken unter Berücksichtigung von Transparenz und Substanz, Aktionspunkt 5 – Abschlussbericht 2015, Paris 2016, 27. Mehr zum Thema: siehe 4. Kapitel der Arbeit.

768 Siehe: *OECD*, Wirksamere Bekämpfung schädlicher Steuerpraktiken unter Berücksichtigung von Transparenz und Substanz, Aktionspunkt 5 – Abschlussbericht 2015, Paris 2016, 27. Mehr zum Thema: siehe 4. Kapitel der Arbeit.

welches mit der Summe der Gesamteinkünfte aus dem geistigen Eigentumswert multipliziert wird[769].

Unklar bleibt die legale Begriffsbestimmung einer substanziellen Geschäftstätigkeit[770] sowie die Antwort auf die Frage nach der Möglichkeit der Anwendung des ursprünglichen Definitionsverständnisses aus der BEPS-Aktionsmaßnahme Nr. 5. Auf der nationalen Ebene wird durch § 4j Abs. 1 Satz 5 EStG lediglich eine negative[771] substanzielle Geschäftstätigkeit aus anderen sinnähnlichen Begriffsbestimmungen ausgegrenzt, da sich dieser Norm zufolge keine substanzielle Geschäftstätigkeit ergibt, wenn der Gläubiger das Überlassungsrecht nicht oder nicht überwiegend i. R. seiner eigenen Geschäftstätigkeit entwickelt hat.

Beim Ansetzen eines Hinzurechnungsbetrags i. S. d. § 10 Abs. 1 Satz 1 AStG aufgrund der aus den Aufwendungen resultierenden Einnahmen schließt § 4j Abs. 1 Satz 5 EStG die Anwendung der Sätze 1 und 2 aus. Dies zeigt die Reaktion des Gesetzgebers auf die Kritik der Wirtschaftsverbände am Gesetzentwurf v. 19.12.2016 i. F. des Versuches, die durch die Beschränkung der Abzugsmöglichkeit der Aufwendungen für Rechteüberlassungen und die Hinzurechnung der Einkünfte der Zwischengesellschaft entstandene doppelte steuerliche Belastung zu verhindern[772]. Hier erfolgt die Steuerlast nur einmal. Beispielsweise wird bei einer Betriebsstätte i. S. d. § 4j Abs. 1 Satz 3 EStG mit Einkünften, die einer ausländischen Zwischengesellschaft zuzuordnen sind, lediglich § 20 Abs. 2 AStG angewandt[773].

Eine wichtige Voraussetzung, um § 4j Abs. 1 Satz 1 EStG zu verwirklichen, ist das Vorliegen einer niedrigen Besteuerung nach Abs. 2 der Vorschrift. Gemäß § 4j Abs. 2 Satz 1 HS 1 EStG kann von einer niedrigen Besteuerung i. S. d. Abs. 1 gesprochen werden, wenn die von der Regelbesteuerung abweichende

---

769 Siehe: *OECD*, Wirksamere Bekämpfung schädlicher Steuerpraktiken unter Berücksichtigung von Transparenz und Substanz, Aktionspunkt 5 – Abschlussbericht 2015, Paris 2016, 27 f. Mehr zum Thema: siehe 4. Kapitel der Arbeit.

770 *Heil, S./Pupeter, A.*, Lizenzschranke – Gesetzentwurf eines neuen § 4j EStG, BB 2017, 795 (797); *Benz, S./Böhmer, J.*, Der RegE eines § 4j EStG zur Beschränkung der Abziehbarkeit von Lizenzzahlungen (Lizenzschranke), DB 2017, 206 (208).

771 *Benz, S./Böhmer, J.*, Der RegE eines § 4j EStG zur Beschränkung der Abziehbarkeit von Lizenzzahlungen (Lizenzschranke), DB 2017, 206 (208); *Heil, S./Pupeter, A.*, Lizenzschranke - Gesetzentwurf eines neuen § 4j EStG, BB 2017, 795 (797).

772 BT-Drs. 18/11233, 15.

773 *Pohl, C.*, in: Brandis, P./Heuermann, B., Ertragsteuerrecht: Kommentar, Stand: 158. Ergänzungslieferung, München 2021, EStG § 4j Rn. 80.

Besteuerung der Einnahmen des Gläubigers oder des weiteren Gläubigers zu einer Belastung durch Ertragsteuern führt, die unterhalb von 25 %[774] liegt[775]. Zu den Faktoren, die in die gesamte Besteuerung einfließen, zählen gemäß § 4j Abs. 2 Satz 2 EStG steuerliche Kürzungen, Befreiungen, Gutschriften oder Ermäßigungen[776]. Nach *Loschelder*[777] enthält die Begriffsbestimmung einer Niedrigbesteuerung damit zwei wichtige Tatbestandsvoraussetzungen. Dies sind zum einen ein besonderes Steuerregime für die Einnahmenbesteuerung und zum anderen ein Besteuerungsprozentsatz von weniger als 25 %[778]. In diesem Zusammenhang kann innerhalb von Deutschland keine niedrige Besteuerung stattfinden[779]. Dies beweist auch die Anwendung der Beschränkungen i. S. d. § 4j EStG seitens des Gesetzgebers nur auf die grenzüberschreitenden Sachverhalte.

c) Rechtsfolge

Die Erfüllung der Voraussetzungen aus Abs. 1 und Abs. 2 resultiert aufgrund § 4j Abs. 3 Satz 1 EStG nur in einer partiellen Abzugsmöglichkeit von Aufwendungen.

---

774 Im Schrifttum wurde 25 %-Steuersatzregelung stark kritisiert, so: *Schneider, N./Junior, B.*, Die Lizenzschranke – Überblick über den Regierungsentwurf zu § 4j EStG, DStR 2017, 417 (420); mwN *Ditz, X./Quilitzsch, C.*, Gesetz gegen schädliche Steuerpraktiken im Zusammenhang mit Rechteüberlassungen – die Einführung einer Lizenzschranke in § 4j EStG, DStR 2017, 1561 (1564); *Loschelder, F.*, in: Schmidt, EStG: Kommentar, 40. Aufl., München 2021, § 4j Rn. 9; mwN *Reddig, J.*, in: Kirchhof, P./Söhn, H./Mellinghoff, R., Einkommensteuergesetz: Kommentar, Stand: 318. Ergänzungslieferung, Heidelberg 2021, § 4j EStG, Rn. C4.

775 Nach den Gesetzesmaterialen findet eine Niedrigbesteuerung auch dann statt, wenn der Besteuerungssatz 0 % beträgt, so: BT-Drs. 18/11233, 15.

776 *Schneider, N./Junior, B.*, Die Lizenzschranke – Überblick über den Regierungsentwurf zu § 4j EStG, DStR 2017, 417 (420); *Reddig, J.*, in: Kirchhof, P./Söhn, H./Mellinghoff, R., Einkommensteuergesetz: Kommentar, Stand: 318. Ergänzungslieferung, Heidelberg 2021, § 4j EStG, Rn. C7; *Gosch, D.*, in: Kirchhof, P./Seer, R., EStG Kommentar, 20. Aufl., Köln 2021, § 4j Rn. 27.

777 *Loschelder, F.*, in: Schmidt, EStG: Kommentar, 40. Aufl., München 2021, § 4j Rn. 9.

778 So auch: *Reddig, J.*, in: Kirchhof, P./Söhn, H./Mellinghoff, R., Einkommensteuergesetz: Kommentar, Stand: 318. Ergänzungslieferung, Heidelberg 2021, § 4j EStG, Rn. B12, zitiert nach *Grotherr, S.*, Abzugsverbot für Lizenzzahlungen an nahestehende Unternehmen bei Nutzung von steuerschädlichen IP-Boxen („Lizenzschranke"), Ubg 2017, 233 (237) (Fußnote 10)

779 *Benz, S./Böhmer, J.*, Der RegE eines § 4j EStG zur Beschränkung der Abziehbarkeit von Lizenzzahlungen (Lizenzschranke), DB 2017, 206 (207).

Satz 2 bestimmt dabei die Formel, anhand derer der nicht abziehbare Teil von Aufwendung bestimmt werden soll. Er formuliert eine lineare Verbindung zwischen der steuerlichen Belastung beim Gläubiger und dem Betriebsausgabenabzug[780]. § 4j Abs. 3 Satz 2 EStG beschreibt die Formel wie folgt:

(25 % – Belastung durch Ertragsteuern in %) / 25 %

Mit dem Begriff „Belastung durch Ertragsteuern“ bezeichnet der Gesetzgeber eine Steuerbelastung der nahestehenden Person hinsichtlich ihrer Einnahmen aus Lizenzen[781]. Wird auf diese Einnahmen der progressive Steuersatz angewandt, soll auf einen Durchschnittssteuersatz abzustellen sein[782].

B. Das russische Ertragsteuerrecht

I. Theoretische Aspekte eines Kampfes gegen ertragsteuerliche Missbrauchsgestaltungen

1. *Die Geschichte und das System des Ertragsteuerrechts von Russland im Überblick*

Die Bekämpfung der missbräuchlichen Gestaltungen im russischen Ertragsteuerrecht ist eng mit dessen spezifischer geschichtlicher Rechtsentwicklung verbunden. Die Geschichte des allgemeinen russischen Steuerrechts begann bereits gegen Ende des 9./Anfang des 10. Jahrhunderts[783]. Dabei spielten zunächst indirekte[784] Steuerarten die deutlich prominentere Rolle. Erst zum Ende der Sowjetunion gewannen direkte Steuerarten an Bedeutung[785]. Die Schaffung eines einheitlichen Einkommen- und Körperschaftsbesteuerungsregimes wurde im Grunde genommen lange Zeit von den politischen Veränderungen des 20. Jahrhunderts herausgefordert. Beispielsweise wurde im Jahr

---

780 Siehe: BT-Drs. 18/11233, 16.

781 *Ritzer, C./Stangl, I./Karnath, S.*, Zur geplanten „Lizenzschranke“, DK 2017, 68 (76).

782 *Schnitger, A.*, Weitere Maßnahmen zur BEPS-Gesetzgebung in Deutschland, IStR 2017, 214 (226); mwN *Reddig, J.*, in: Kirchhof, P./Söhn, H./Mellinghoff, R., Einkommensteuergesetz: Kommentar, Stand: 318. Ergänzungslieferung, Heidelberg 2021, § 4j EStG, Rn. D4.

783 *Demin, A.*, Nalogovoe pravo Rossii: Uchebnoe posobie, Lehrbuch, Moskau 2006, 5.

784 In Betracht kommen insb. Trink- und Salzgebühren, dazu: *Krohina, J.*, Nalogovoe pravo Rossii: Uchebnik dlja vuzov, Lehrbuch, 2. Aufl., Moskau 2003, 8.

785 So im Ergebnis: *Demin, A.*, Nalogovoe pravo Rossii: Uchebnoe posobie, Lehrbuch, Moskau 2006, 7.

1916 die vom russischen Kaiserreich geplante Einführung einer allgemeinen Einkommensbesteuerung mit progressivem[786] Steuersatz durch die nachfolgende Revolution verhindert[787]. Nach der darauffolgenden kommunistischen Ideologie und den Vorstellungen von *Lenin*[788] sollte der Staat das Besteuerungskonzept vollständig ablehnen, Einnahmen sollten hier gänzlich anhand der großen Staatsmonopole erzielt werden[789]. Aus dieser Perspektive betrachtet, ging zu dieser Zeit die systematische Bedeutung des gesamten Steuerrechtssystems verloren. Allerdings war die Regierung der Sowjetunion aufgrund der schwierigen ökonomischen Situation in ihren ersten Jahren gezwungen, doch einzelne direkte Steuerarten einzuführen, zu welchen insb. die Gewerbe- (1921 Jahr), Landwirtschaft- (1923 Jahr) und Einkommen-Vermögensteuer für wohlhabende Personen (1922 Jahr) zählten[790]. Die im Jahr 1923 eingeführte allgemeine sowjetische Einkommensteuer entsprach im Grunde bereits der aktuellen russischen Einkommensteuer. Die direkte Besteuerung von Körperschaften erfolgte zur damaligen Zeit nicht durch das separate Körperschaftsteuergesetz, sondern nur gemäß einkommensteuerlichen Rechtsvorschriften. *Bogachevskij*[791] sieht das Ziel der Schaffung künstlicher steuerlicher Herausforderungen seitens des Staats in der schrittweisen Liquidation kapitalistischer Elemente. *Mogilevskij*[792] bewertete die sowjetische Steuerpolitik seinerseits als eine praktische Ausprägung des Prinzips der Sozialgerechtigkeit. Ein

---

786 *Bogoslavec, T.*, Periody razvitija sistemy nalogooblozhenija dohodov fizicheskih lic v Rossii, Vestnik Omskogo gosudarstvennogo universiteta 2017, Nr. 3, 14 (15); *Cindeliani, I.*, Nalogovoe pravo: Uchebnik dlja bakalavrov, Lehrbuch, 2. Aufl., Moskau 2016, 10.

787 *Demin, A.*, Nalogovoe pravo Rossii: Uchebnoe posobie, Lehrbuch, Moskau 2006, 6.

788 *Lenin, V.*, Polnoe sobranie sochinenij, 5. Aufl., Moskau 1969, Band 38, 122.

789 Diese These von *Lenin* stand gegen die Ideen von *Marx* und *Engels*. *Marx* und *Engels* sahen in den Steuern die ökonomisch geäußerte Existenz des Landes, siehe: *Marx, K./ Engels, F.*, Moralizirujushhaja kritika i kritizirujushhaja moral', 2. Aufl., Minsk 1996, Band 4, 308.

790 *Bryzgalin, A.*, Nalogi i nalogovoe pravo, Lehrbuch, Moskau 1997, 28. Aus der Perspektive des deutschen Steuerrechts ist nur die GewSt als auf den Vermögenszuwachs orientierte Ertragsteuerart zu nennen. Die Einkommen-Vermögensteuer sowie die Landwirtschaftsteuer bezeichneten dagegen nach ihrer Rechtsnatur lediglich Gebühren.

791 *Bogachevskij, M.*, Nalogovaja sistema SSSR, Moskau 1938, 8.

792 *Mogilevskij, O.*, Nalogi SSSR za 10 let (Kratkij obzor nalogovogo zakonodatel'stva), Kazan 1927, 24.

einheitliches Unternehmensbesteuerungssystem wurde erst nach dem zweiten Teil des 20. Jahrhunderts geschaffen. Dessen Steuerobjekt war der durch die staatlichen Unternehmen generierte Umsatz.

Im Jahr 1986 begann der Prozess der Modernisierung damaliger kommunistischer Postulate (sog. *Perestrojka*). Dieser wirkte sich auf die separate Weiterentwicklung der Steuerrechtssysteme aller Unionsstaaten aus. Als Reaktion darauf führte die RSFSR im Jahr 1991 das Gesetz über die Grundlagen des Steuerrechts der RF ein[793], welches Antworten auf die allgemeinen Besteuerungsfragen gibt. Aufgrund seiner hohen rechtsdogmatischen und materiellrechtlichen Bedeutung bildet das Gesetz den Anfangspunkt des modernen russischen Steuerrechtssystems. Es verlor jedoch mit der Einführung des Steuergesetzbuchs der RF im Jahr 1999, die dem Steuergesetz eine feste rechtliche Grundlage verlieh, seine Geltung, ebenso wie zahlreiche[794] punktuelle Steuererlasse und Instruktionen.

Während die Ertragsteuern in Deutschland in den separaten Gesetzen atomisiert werden, fasst der russische Gesetzgeber die Regelungen über alle Steuerarten im SteuerGB zusammen. Das SteuerGB besteht aus zwei Teilen, einem allgemeinen und einem besonderen Teil. Der zweite Teil enthält die Regelungen bezüglich der Einkommensteuer (im Kapitel 23) und der Körperschaftsteuer (im Kapitel 25) und bildet somit die Basis für die gesetzliche Festlegung der Ertragsteuern. Die Ertragsteuern fallen lediglich unter den Geltungsbereich der föderalen Steuern, nicht unter den der Lokal- oder Regionalsteuern. Folglich ist die Anwendung von materiellrechtlichen Regelungen der Föderationssubjekte ausgeschlossen.

Interessant gestaltet sich das Verhältnis zwischen den internationalen Steuerabkommen und den nationalen Steuerregelungen. Erstere verfügen aufgrund Art. 7 SteuerGB RF über einen Anwendungsvorrang gegenüber nationalen Steuerregelungen. Bemerkenswert ist hierbei die Tatsache, dass den ertragsteuerrechtsbezogenen Vorschriften eines DBA nach der Ratifikation des völkerrechtlichen Vertrags augenblicklich eine spezialgesetzliche Natur verliehen wird, da – anders als in Deutschland – im russischen Rechtssystem keine Pflicht der

793 Gesetz über die Grundlagen des Steuerrechts RF v. 27.12.1991 – Nr. 2118-1, Rossijskaja Gazeta v. 10.03.1992.

794 Nach *Topornin* überstieg die Zahl von unterschiedlichen steuerlichen Satzungen, Instruktionen und Regelungen bis zur Einführung des SteuerGB RF mehr als 1000 Rechtsakte, siehe: *Topornin, B.*, Nalogovoe pravo v pravovoj sisteme Rossii, in: Nalogovyj kodeks: segodnja i zavtra: Sb. statej, Sammelband, Moskau 1997, 4 (6).

Umsetzung von durch die Föderation abgeschlossenen völkerrechtlichen Verträgen in die nationale Gesetzgebung besteht.

Mit dem Inkrafttreten des Verfassungsänderungsgesetzes RF[795] hat sich die Situation kaum geändert. Durch das Gesetz wurde insb. Art. 79 Verf RF um Satz 2 ergänzt. Diesem zufolge wird zwar ein Vorzug der Verf RF gegenüber den Beschlüssen zwischenstaatlicher Organe gegeben, deren Anwendung verfassungswidrige Konsequenzen nach sich ziehen würde. Die neue Vorschrift – m.E. mit einer reinen deklaratorischen Wirkung – bezieht sich allerdings allein auf Entscheidungen von Organen internationaler Organisationen und – in erster Linie – dem EGMR. Zu beachten ist hierbei, dass die grundlegende Vorschrift der russischen Verfassung über den Vorrang von Staatsverträgen vor innerstaatlichem einfachem Gesetzesrecht (Art. 15 Abs. 4 Satz 1 Verf RF) durch die Verfassungsänderung 2020 nicht berührt worden ist. Mit anderen Worten: die Kündigungsrechte internationaler Abkommen bestimmen sich – wie bereits vor der Verfassungsreform von 2020 – primär nach den jeweiligen Abkommen bzw. DBA und sekundär nach allgemeinem Völkerrecht. Der Staat erhielt somit zwar keine verfassungsrechtlich verankerte Möglichkeit, sämtliche vorhandenen zwischenstaatlichen Verträge (eingeschlossen DBA) situationsgemäß einseitig zu kündigen. In Anbetracht der aktuellen Entwicklungen in der russischen Außenpolitik, wird aber m.E. in der näheren Zukunft die Auswirkung von DBA-Bestimmungen auf den Kampf gegen die ertragsteuerlichen Missbrauchsgestaltungen deutlich abklingen.

Schließlich wirken sich auch die Entscheidungen und Beschlüsse verschiedener Gerichtinstanzen auf die ertragsteuerlichen Rechtskonstellationen aus. Obwohl Russland nicht zu den Ländern des angelsächsischen Rechtskreises zählt, gibt es zunehmend stärkere Tendenzen, die Entscheidungen höherer Gerichtsinstanzen bzw. des russischen VerfG als Präzedenz zu betrachten[796]. Allerdings führt dies nicht zur Bildung neuer Rechtsinstitute, sondern lediglich zu einer verbindlichen Auslegung der geltenden ertragsteuerlichen Normen.

2. *Die Abwesenheit eines Begriffs des Rechtsmissbrauchs im russischen Ertragsteuerrecht*

Es besteht eine bereits langanhaltende Diskussion im russischen Steuerrecht über die Frage, ob in einer ertragsteuerlichen Gestaltung des Steuerpflichtigen

795 Föderales Gesetz v. 14.03.2020 – Nr. 1-ФКЗ, Rossijskaja Gazeta v. 16.03.2020, Nr. 55.
796 *Demin, A.*, Nalogovoe pravo Rossii: Uchebnoe posobie, Lehrbuch, Moskau 2006, 30.

eine missbräuchliche Prägnanz enthalten sein kann. Bei einer Beantwortung dieser Frage aus der klassischen zivilrechtlichen Perspektive ist die Möglichkeit des Vorliegens eines bloßen Rechtsmissbrauchs bei reiner Rechtsausübung der Subjekte zweifelhaft, da hier plakativ die These des römischen Juristen *Gaius*[797] angebracht werden kann: „*Nullus videtur dolo facere, qui jure suo utitur*". Der öffentlich-rechtliche Missbrauchsbegriff bezieht sich nicht auf private Personen, sondern die Träger des öffentlichen Rechts, womit es in diesem Zusammenhang konsequent wäre, dass auch auf dem Gebiet des Steuerrechts, welches den zwei o.g. Rechtsgebieten unterliegt, kein Missbrauchsbegriff enthalten ist.

Es bestehen jedoch fiskal-politische Erwartungen des Staats, die von dieser Rechtsfiktion nicht erfüllt werden. Von Seiten des Gesetzgebers wird dieses Missbrauchsproblem ignoriert, was nicht *per se* in einer Lösung der negativen Folgen dieses Phänomens resultieren kann, sondern im Gegenteil zusätzlich zum Entstehen von wesentlichen, sozial-ökonomischen Differenzpunkten zwischen den gesetzestreuen Bürgern und anderen sich „rechtsmissbräuchlich" verhaltenden Steuerpflichtigen beiträgt. Dies bedeutet eine grobe Verletzung des Gleichheitsgrundsatzes[798] aus Art. 19 Abs. 1 Verf RF. Infolgedessen entsteht ein logischer Bedarf an der Beseitigung der missbräuchlichen ertragsteuerlichen Rechtsausübung der Steuerpflichtigen. Darüber hinaus entsteht aufgrund der Unbestimmtheit des Rechtsmissbrauchsbegriffs eine für den Steuerpflichtigen noch deutlich schwierigere Situation, da hier die Grenze zwischen legalem und illegalem Verhalten nicht mehr klar erkennbar ist[799].

Das russische Steuerrecht führt diesen Kampf gegen steuerlichen Rechtsmissbrauch jedoch nicht systematisiert, was in erster Linie mit der Abwesenheit[800] allgemeiner Anti-Missbrauchsklauseln wie der des § 42 AO zu begründen ist. Hier unterscheidet sich die russische Gesetzgebung von der deutschen, indem sie nur bei der Vermeidung von Steuerhinterziehungskonstellationen im Kapitel

797 Gaius 2 de test. ad ed. urb. D. 50, 17, 55.

798 Die russische Auffassung vom Gleichheitsgrundsatz unterscheidet sich von der deutschen. Wenn in Art. 3 Abs. 1 GG die Rede von der Gleichheit aller vor dem Gesetz ist, deklariert Art. 19 Abs. 1 Verf RF die Gleichheit aller vor dem Gesetz und *Gericht*.

799 *Malinovskij, A.*, Zloupotreblenie pravami nalogoplatel'shhika: sravnitel'no-pravovye aspekty, Vestnik MGIMO universiteta 2013, Nr. 2, 156.

800 So im Ergebnis: *Malinovskij, A.*, Zloupotreblenie pravami nalogoplatel'shhika: sravnitel'no-pravovye aspekty, Vestnik MGIMO universiteta 2013, Nr. 2, 156 (158); sowie: *Chernij, I.*, Zloupotreblenie pravom v nalogovoj sfere, Vestnik Krasnodarskogo universiteta MVD Rossii 2011, Nr. 3, 31.

16 SteuerGB RF besondere Akzente setzt[801]. Darüber hinaus enthält das SteuerGB *keine* Definition für den Begriff des Rechtsmissbrauchs. Diesbezüglich herrscht auch in der Literatur keine einheitliche Meinung in Bezug auf die Frage, wie ein Rechtsmissbrauch fundamental zu verstehen ist. *Gribanov*[802] definiert Rechtsmissbrauch als eine besondere Art der Rechtsverletzung, deren Entstehung durch die Nutzung von i. R. des gesetzlich akzeptablen Weges unerlaubten Rechtsmitteln zum Erreichen eines wirtschaftlichen Ziels seitens des Steuerpflichtigen herbeigeführt wird. Diese Betrachtung erfährt im russischen Schrifttum eine breite Unterstützung[803].

Eine alternative Definition stammt von *Emel'janov*[804], nach der jede Rechtsausübung mit den subjektiven Rechten der Steuerpflichtigen, die durch im Gesetz fixierte Rechtsvorschriften bestimmt und geregelt sind, verbunden ist. Daraus folgt, dass jede im Gesetz gestattete Rechtsausübung als akzeptabel anzusehen ist, was praktisch eine Ablehnung der These über die Möglichkeit eines Missbrauchs bedeutet. *Agarkov* entwickelte eine sinnähnliche Idee bezüglich der Differenzierung zwischen den Begriffsbestimmungen des Rechtsmissbrauchs und der reinen Rechtsausübung. Demnach sieht *Agarkov*[805] alle Rechtsausübungen i. R. der gesetzlich bestimmten Grenzen als die tatsächliche Realisierung von Rechten an. Der Beginn der Ausübung von nicht im Gesetz bestimmtem Verhalten formt die Grenze zwischen erlaubten und unerlaubten Gestaltungsarten. *Belov* dagegen lehnt die Möglichkeit eines Rechtsmissbrauchs grds. ab, da dieser nach seiner Auffassung in Bezug auf gesetzlich gewährleistete Rechte *per se* unmöglich ist[806]. Eine andere Ansicht vertritt *Malinovskij*[807], der Rechtsmissbrauch als eine Tätigkeit der Steuerpflichtigen betrachtet, die im Gegensatz zu dem Gesetzsinn steht und anhand dessen die Steuerpflichtigen einen objektiven Schaden für andere Rechtssubjekte

---

801 Zusammen mit den strafrechtlichen Vorschriften aus Art. 198 und 199 StGB RF bilden o.g. Normen das System des russischen Steuerstrafrechts.

802 Vgl. *Gribanov, V.*, Osushhestvlenie i zashhita grazhdanskih prav, Moskau 2000, 63.

803 So z.B. *Suhanov, E.*, Grazhdanskoe pravo: Uchebnik, Lehrbuch, 3. Aufl., Moskau 2006, Band 1, 537; auch: *Tarhov, V.*, Grazhdanskie prava i otvetstvennost', Ufa 1996, 41.

804 Siehe: *Emel'janov, V.*, Razumnost', dobrosovestnost', nezloupotreblenie grazhdanskimi pravami, Moskau 2002, 18, 54, 90.

805 Siehe: *Agarkov, M.*, Problema zloupotreblenija pravom v sovetskom grazhdanskom prave, Izvestija AN SSSR. Otdelenie jekonomiki i prava 1946, Nr. 6, 422 (427).

806 *Belov, V.*, Grazhdanskoe pravo: Obshhaja i Osobennaja chasti, Lehrbuch, Moskau 2003, 363.

807 *Malinovskij, A.*, Zloupotreblenie pravom, Monographie, Moskau 2002, 39, 41.

verursachen. Darüber hinaus unterscheidet *Malinovskij*[808] zwischen vier verschiedenen Tatbestandselementen eines steuerlichen Rechtsmissbrauchs. Diese sind namentlich das dem Gesetzwortlaut entsprechende Verhalten des Steuerpflichtigen, zweitens der nicht der Zielsetzung des Gesetzes entsprechende ungerechtfertigte Steuervorteil, drittens die tatsächliche Beschädigung öffentlich-rechtlicher Beziehungen sowie viertens keine gesetzliche Sanktionierung eines solchen Verhaltens.

Die verschiedenen Gerichtsinstanzen der RF versuchten sich ebenfalls an der Definition des steuerlichen bzw. ertragsteuerlichen Missbrauchs, allerdings in deutlich spezifischerer Form, da zuvor *keine* konkrete Begriffsbestimmung eines Rechtsmissbrauchs durch die Gerichte gegeben worden war. Der Begriff wurde vielmehr anhand der Einführung negativer Merkmale erarbeitet, wie z.B. anhand des Gerichtsbeschlusses des VerfG RF, welcher jene zu einer Steuerbefreiung oder Mindestbesteuerung führenden Gestaltungen von Steuerpflichtigen als legal ansieht, die einer Realisierung von gesetzlich gewährleisteten subjektiven Rechten von Steuerpflichtigen entsprechen[809]. Dabei macht *Azmuhanov*[810] darauf aufmerksam, dass durch diesen Beschluss des VerfG RF praktischerweise die Definitionen einer Steuerplanung und eines Steuermissbrauchs gleichgesetzt werden. Das Arbitragegericht des Moskauer Bezirkes sieht einen Rechtsmissbrauch in dem Fall als gegeben, in dem ein offensichtliches Ignorieren öffentlicher Interessen seitens der Steuerpflichtigen stattgefunden hat[811].

Eine abweichende Perspektive nimmt das Oberarbitragegericht RF bezüglich der Frage eines Rechtsmissbrauchs ein. Es verzichtet auf eine Begriffsbestimmung des Rechtsmissbrauchs und untersucht stattdessen in seinem Plenumsbeschluss aus dem Jahr 2006 die Definition eines Steuervorteils bzw. eines unbegründeten Steuervorteils, die gemäß dem Wortlaut eine ähnliche

---

808 *Malinovskij, A.*, Zloupotreblenie pravami nalogoplatel'shhika: sravnitel'no-pravovye aspekty, Vestnik MGIMO universiteta 2013, Nr. 2, 156 (158).

809 Siehe: VerfG RF v. 27.05.2003 – Nr. 9-П (Rn. 3) – OAO Poisk.

810 *Azmuhanov, R.*, Ponjatie zloupotreblenija pravom v rossijskom nalogovom prave, Publichno-pravovye issledovanija 2014, Nr. 1, 95.

811 Dazu: Arbitragegericht des Moskauer Bezirkes v. 13.01.2005 – Nr. KA-A40/12419-04 – Lev Stajl; Arbitragegericht des Moskauer Bezirkes v. 17.12.2004 – Nr. KA-A40/11751-04-П – Gerat-stroj; Arbitragegericht des Moskauer Bezirkes v. 24.01.2005 – Nr. KA-A40/10595-04 – Prominvestugol'; Arbitragegericht des Moskauer Bezirkes v. 04.02.2005 – Nr. KA-A40/45-05 – Riverimpeks; Arbitragegericht des Moskauer Bezirkes v. 16.02.2005 – Nr. KA-A40/204-05 – Torgovyj dom „Safojl".

Funktion erfüllt. Der Plenumsbeschluss Nr. 53[812] fasst zunächst jede Art, die Steuerbelastung der Steuerpflichtigen materiell zu senken, als Steuervorteil auf. Damit wird die Beweislast dem Steuerpflichtigen auferlegt. Jedes Arbitragegericht kann seinerseits selbst eine Entscheidung treffen, ob die Begründung der Gestaltung mit einem Steuervorteil bzw. mit einem unbegründeten Steuervorteil den gesetzlichen Zwecken entspricht oder nicht[813]. Als maßgeblich wird hierbei das Vorhandensein einer linearen Verbindung zwischen der ausgeübten Gestaltung und der ökonomischen Tätigkeit der Steuerpflichtigen angesehen[814]. Keine Begründung für den entstandenen Steuervorteil liegt bei Scheingeschäften[815], Gestaltungen ohne konkrete ökonomische Zielsetzung[816] sowie bei Gestaltungen mit vorher erhöhten Transaktionspreisen[817] vor.

Die rechtsdogmatische Wirkung beider o.g. Beschlüsse ist m.E. kritisch zu bewerten, da das VerfG RF zum einen die Möglichkeit der Steuerpflichtigen zur freien Rechtsausübung deklariert, diese anschließend jedoch durch die Einführung weiterer Tatbestände seitens des Oberarbitragegerichts wieder erheblich einschränkt und somit die Rechtssicherheit der Steuerpflichtigen, die auf Vorhersehbarkeit beruht, verletzt. Zum anderen besteht aufgrund der kontroversen Beschlüsse der beiden Instanzen die Möglichkeit, materiellrechtlich gleiche Sachverhalte in der Theorie unterschiedlich zu bewerten, was wiederum den Gleichheitsgrundsatz aus Art. 19 Abs. 1 Verf RF in Frage stellt. Da keine der beiden Gerichtsinstanzen einheitliche Unterschiedsmerkmale zwischen einem Rechtsmissbrauch bzw. unbegründeten Steuervorteil und einer Steuerhinterziehung festgelegt hat, steht es den Gerichten frei, bei derselben steuerlichen Gestaltung gleichzeitig Elemente des unbegründeten

812 Im Ergebnis: Plenum des Oberarbitragegerichts RF v. 12.10.2006 – Nr. 53 (Rn. 1).

813 Siehe: Plenum des Oberarbitragegerichts RF v. 12.10.2006 – Nr. 53 (Rn. 2).

814 Siehe: Plenum des Oberarbitragegerichts RF v. 12.10.2006 – Nr. 53 (Rn. 3).

815 Dazu: Arbitragegericht des Moskauer Bezirkes v. 01.08.2011 – Nr. KA-A40/7974-11-2 – Predprijatie Transservis.

816 Dazu: Arbitragegericht des Severo-Zapadny Bezirkes v. 08.10.2010 – Nr. A42-2841/2009 – Severny Briz; Arbitragegericht des Ural Bezirkes v. 13.03.2007 – Nr. Ф09-1531/07-C3 – Stroitel'no-montazhnaja firma „Blok".

817 Dazu: Arbitragegericht des Severo-Kavkaz Bezirkes v. 19.10.2012 – Nr. A63-7714/2010 – Koncern Jenergija; Arbitragegericht des Moskauer Bezirkes v. 08.02.2013 – Nr. A40-54652/12-99-310 – Evrobir; siehe: Plenum des Oberarbitragegerichts RF v. 12.10.2006 – Nr. 53 (Rn. 7).

Steuervorteils sowie Elemente einer Steuerhinterziehung zu verwenden[818]. Daran wird deutlich, dass sich durch das tatsächliche Ignorieren der o.g. Rechtsproblematik und die Unklarheit in Bezug auf die Definition eines unbegründeten Steuervorteils negative Folgen für die Entwicklung des gesamten russischen Anti-Missbrauchssystems ergeben.

3. *Die Möglichkeiten eines Kampfes gegen ertragsteuerliche Missbrauchsgestaltungen aus der Perspektive des russischen Steuerrechts*

Dass keine einheitliche Begriffsbestimmung von Missbrauch existiert, zeigt sich auch im Kampf gegen die ertragsteuerlichen Missbrauchsgestaltungen. Da das russische Steuerrechtssystem, wie bereits erwähnt, keine spezifisch steuerrechtliche Anti-Missbrauchsvorschrift analog § 42 AO kennt, ergibt sich der Bedarf zur Verhinderung schädlicher Steuergestaltungen anhand von allgemeinen Anti-Missbrauchsklauseln. Hierfür können die verfassungsrechtlichen und die zivilrechtlichen Vorschriften in Betracht gezogen werden.

a) Missbrauchsbeseitigung aufgrund Art. 17 Abs. 3 Verf RF

Die Abwesenheit einer generellen steuerlichen bzw. ertragsteuerlichen Anti-Missbrauchsregelung verleiht den verfassungsrechtlichen Grundprinzipien eine entscheidende Rolle. Ihre materiellrechtliche Statuierung erlangen diese Grundprinzipien durch die Verf RF. Diese ist daher als eine hochrangige Rechtsquelle zu bewerten[819]. Art. 17 Abs. 3 Verf RF stellt eine allgemeine verfassungsrechtliche Missbrauchsverhinderungsvorschrift dar, nach der die Ausübung jeder Tätigkeit, die gegen die Rechte und Freiheiten anderer Personen verstößt, ausgeschlossen wird. *Azmuhanov*[820] beschreibt den Schutz von privaten und öffentlichen Interessen als das Ziel dieser Vorschrift. In diesem Zusammenhang soll die Begrenzung der wirtschaftlichen Tätigkeit einzelner Personen seitens des Staats die allgemeine Gleichheit sicherstellen. Eine Betrachtung der Norm im Hinblick

---

818 Plakativ ist in diesem Zusammenhang das „Jukhos"-Urteil, in dem das Arbitragegericht des Moskauer Bezirkes das Vorhandensein eines unbegründeten Steuervorteils sowie einer illegalen Steuerhinterziehung gesehen hat, dazu: Arbitragegericht des Moskauer Bezirkes v. 30.06.2005 – Nr. KA-A40/3222-05 – Jukhos-FBC; Arbitragegericht des Moskauer Bezirkes v. 05.12.2005 – Nr. KA-A40/11321-05 – Jukhos-FBC.

819 Gleiches gilt auch aufgrund von Art. 15 Abs. 1 Verf RF.

820 *Azmuhanov, R.*, Ponjatie zloupotreblenija pravom v rossijskom nalogovom prave, Publichno-pravovye issledovanija 2014, Nr. 1, 95 (96).

auf das Ertragsteuerrecht setzt ihre Zielsetzung mit dem Gleichheitspostulat gleich, dass durch den Kampf gegen den Steuermissbrauch deklariert wird.

Es besteht kein Streit bezüglich der Frage, ob eine verfassungsrechtliche Missbrauchsverhinderungsnorm über eine allgemeine Rechtsnatur verfügen kann, da diesbezüglich das oberste Gericht der RF[821] die Möglichkeit einer rechtsübergreifenden Wirkung verfassungsrechtlicher Vorschriften akzeptiert und darüber hinaus auch das Schrifttum die Anwendungsmöglichkeit verfassungsrechtlicher Normen im Bereich des Steuerrechts anerkennt. Plakativ ist diesbezüglich die von *Gadzhiev* aufgestellte These bezüglich der dualen Rechtsnatur von subjektbezogenen Rechten und Pflichten, da hier laut *Gadzhiev*[822] zwischen gesetzlich gewährleisteten *positiven* Rechten und *negativen* Pflichten zu differenzieren ist. Letztere negative Pflichten dienen der Sicherstellung, dass ein bestimmtes rechtskonformes Verhalten ebenso wie die Nichtausübung gesellschaftswidriger ökonomischer Tätigkeiten seine obligatorische Beachtung findet. Diese Perspektive bietet die Rechtfertigung für die Anwendung des verfassungsrechtlichen Begrenzungsinstruments i. S. d. Art. 17 Abs. 3 Verf RF, da es die Gewährleistung sozialer Gerechtigkeit ermöglicht. *Vinnickij*[823] bestätigt diese Möglichkeit der Behandlung eines steuerlichen Sachverhalts mit einer verfassungsrechtlichen Anti-Missbrauchsregelung. Demnach bildet das verfassungsrechtliche Gebot zur Beseitigung eines Missbrauchs ein grundlegendes Prinzip des russischen Steuerrechtssystems und soll auf diese Art der aus der Verfassung gespiegelten Anti-Missbrauchsvorschrift eine systeminnere Kraft verleihen.

Nach Betrachtung der o.g. Tatsachen steht fest, dass das verfassungsrechtliche Missbrauchsverbot durchaus die steuerrechtlichen Konstellationen in seinem Geltungsbereich abdecken kann, aber anhand des Wortlauts und der Satzkonstruktion von Art. 17 Abs. 3 Verf RF lässt sich dieser praktisch nicht direkt auf einen konkreten ertragsteuerlichen Sachverhalt anwenden. Das liegt am Fehlen einer präzisen Begriffsbestimmung eines Rechtsmissbrauchs in der verfassungsrechtlichen Regelung, insb. im Vergleich zu den klassischen allgemeinen Anti-Missbrauchsnormen wie z.B. § 42 AO. Ebenso enthält die Vorschrift keine Klarstellung seiner Erscheinungsformen oder Tatbestandsmerkmale. Stattdessen deklariert die Norm die theoretische Unmöglichkeit eines Rechtsmissbrauchs. Somit liegen die konkrete praxisbezogene Anwendung und Interpretation der

---

821 Plenum des Obersten Gerichts RF v. 17.03.2004 – Nr. 2 (Rn. 27).

822 *Gadzhiev, G.*, Ot pravoprimenenija do zloupotreblenija, JeZh-Jurist 2004, Nr. 42, 3 (4).

823 Im Ergebnis: *Vinnickij, D.*, Nalogovoe pravo: uchebnik dlja akademicheskogo bakalavriata, Lehrbuch, 2. Aufl., Moskau 2014, 79 ff.

Vorschrift weiterhin bei den Gerichtsinstanzen. In diesem Zusammenhang muss der These von *Guseva*[824] zugestimmt werden. Diese bezieht sich auf die Bedeutung der steuerrechtsspezifischen Anwendung einer verfassungsrechtlichen Vorschrift. Diesbezüglich ist auch eine Bewertung der verfassungsrechtlichen Regelung als *„lex generalis"* in Bezug auf den Kampf gegen Missbrauchsgestaltungen unmöglich.

b) Zivilrechtliche Anti-Missbrauchsvorschrift als ertragsteuerliche „lex generalis"?

Es bestehen Zweifel, ob eine Anwendung der zivilrechtlichen Anti-Missbrauchsregelung im Bereich des russischen Steuerrechts möglich ist[825]. Den Kern dieser Analogie bildet die Regelung des Art. 10 ZGB RF, die in Abs. 1 die Ausübung von zivilrechtlich gewährleisteten Rechten der Steuerpflichtigen ausschließt, soweit deren tatsächliches Ergebnis in einer Umgehung des Gesetzes resultiert. Weiterhin markiert Art. 10 Abs. 5 ZGB RF die Einführung des Merkmals von *Treu und Glauben*, auch für die Subjekte zivilrechtlicher Beziehungen. Der Begriff von Treu und Glauben wird vom Großteil des Schrifttums[826] i. F. v. zwei Kategorien verstanden. Namentlich ist dies der subjektive und der objektive Glauben. Erster beschreibt das Verstehen von möglichen gesetzkonformen oder gesetzwidrigen Folgen einer Gestaltung seitens des Rechtssubjekts[827]. Beim objektiven Glauben findet eine Erweiterung dieses subjektiven Verstehens statt, sodass es sich nun auch auf Fälle bezieht, in denen die möglichen Folgen einer Gestaltung den Rechtsträgern bekannt sein mussten. *Rejdel'* und *Lupoljanskij*[828]

---

824 *Guseva, T.*, Pravovoe regulirovanie nalogovogo planirovanija v predprinimatel'skoj dejatel'nosti: Problemy teorii i praktiki, Zusammenfassung der Dissertation, Saratov 2008, 34 f.

825 So z.B. *Azmuhanov, R.*, Ponjatie zloupotreblenija pravom v rossijskom nalogovom prave, Publichno-pravovye issledovanija 2014, Nr. 1, 95 (97).

826 *Konovalov, A.*, Princip dobrosovestnosti v novoj redakcii grazhdanskogo kodeksa Rossijskoj Federacii i v sudebnoj praktike, Law. Journal of the Higher School of Economics 2016, Nr. 4, 4 (8); *Novikov, M.*, Ponjatie dobrosovestnosti v grazhdanskom prave: teoreticheskij analiz, Molodoj uchenyj 2012, Band 2, Nr. 1, 41 (42); *Ryzhenkov, A.*, Princip dobrosovestnosti v obnovlennom grazhdanskom zakonodatel'stve, Probely v rossijskom zakonodatel'stve. Juridicheskij zhurnal 2013, Nr. 3, 68 (70).

827 *Kislicyna, M.*, Dobrosovestnost' v grazhdanskom prave, Mezhdunarodnyj studencheskij nauchnyj vestnik 2017, Nr. 5, 127.

828 *Rejdel', L./Lupoljanskij. D.*, Problema zloupotreblenija pravom v nalogovoj sfere, in: Bykova, A., Teorija i praktika sovremennoj juridicheskoj nauki / Sbornik nauchnyh

liefern eine eher abstrakte Definition des o.g. Begriffs, die unter Treu und Glauben das Verhalten des Rechtssubjektes zu seinen Rechtsakten versteht.

Den einzelnen Gerichten ist die Option der Anwendung des Prinzips von „Treu und Glauben" aus Art. 10 ZGB RF auf die Konstellationen mit indirekten Steuerarten zwar bekannt[829], ihnen stehen aber aus der Literatur keine Begriffsbestimmungsversuche zur Verfügung, die eine klare Antwort auf die Kernfrage geben, was konkret unter Treu und Glauben zu verstehen ist. Obwohl das ZGB RF eine Definition liefert, enthält diese keine präzise Darstellung der Bedeutung dieses Begriffs[830]. Ebenso wenig erfolgt eine Klarstellung der Begriffsbestimmung im Ertragsteuersystem der RF[831]. Trotzdem ist dies die Definition, die vom VerfG RF in seinen Beschlüssen zur Anwendung gebracht wird[832] in dem Versuch, diese Begriffsbestimmung i. R. des Ertragsteuerrechts zu entwickeln.

Die materiellrechtliche Natur der zivilrechtlichen Anti-Missbrauchsregelung entscheidet maßgeblich über die Möglichkeit von deren Anwendung im Bereich des Steuerrechts bzw. Ertragsteuerrechts. Eine analoge Anwendung auch außerhalb des Zivilrechts ist denkbar, wenn die Regelung einem allgemeinrechtlichen gesetzlichen Verbot entspricht. *Nagornaja*[833] unterstützt diese These und betrachtet die Verhinderung eines Rechtsmissbrauchs als ein grundlegendes Prinzip des gesamten Rechtssystems. Die in Art. 10 ZGB RF enthaltenen Elemente einer allgemeinen Anti-Missbrauchsklausel rechtfertigen dessen Anwendung auf die steuerlichen Fallgestaltungen zusammen mit dem Ziel der Missbrauchsvermeidung. Anders als *Nagornaja* sieht *Savseris*[834], aufgrund der zivilistischen Herangehensweise des Prinzips von „Treu und Glauben" im Bereich des Steuerrechts

---

trudov po itogam mezhdunarodnoj mezhvuzovskoj nauchno-prakticheskoj konferencii, Sammelband, Samara 2016, Nr. 3, 116.

829 *Chernij, I.*, Zloupotreblenie pravom v nalogovoj sfere, Vestnik Krasnodarskogo universiteta MVD Rossii 2011, Nr. 3, 31.

830 So nach: *Belov, V.*, K voprosu o nedobrosovestnosti nalogoplatel'shhika: kriticheskij analiz pravoprimenitel'noj praktiki, Moskau 2006, 3 f.

831 Vgl. zum allgemeinen Steuerrecht RF: *Rejdel', L./Lupoljanskij. D.*, Problema zloupotreblenija pravom v nalogovoj sfere, in: Bykova, A., Teorija i praktika sovremennoj juridicheskoj nauki / Sbornik nauchnyh trudov po itogam mezhdunarodnoj mezhvuzovskoj nauchno-prakticheskoj konferencii, Sammelband, Samara 2016, Nr. 3, 116 (117 f.).

832 Dazu: VerfG RF v. 25.07.2001 – Nr. 138-O (Rn. 2 f.); sowie: VerfG RF v. 16.10.2003 – Nr. 329-O (Rn. 2).

833 *Nagornaja, J.*, Nalogovye spory. Ocenka dokazatel'stv v sude, Moskau 2009, 27.

834 *Savseris, S.*, The Category „negligence" in tax law, Dissertation, Moskau 2007, 39 f.

keine Möglichkeit für die Anwendung von Art. 10 ZGB RF. Daher wird ein Ausschluss aller steuerrechtlichen Gestaltungen *per se* angestrebt; auf diese sollen ausschließlich die i. R. des eigenen Rechtsgebietes entwickelten Prinzipien angewendet werden.

Unklar ist in diesem Zusammenhang, inwieweit eine theoretisch mögliche Anwendung von Art. 10 ZGB RF auf die klassischen ertragsteuerlichen Missbrauchskonstellationen möglich ist, denn in der Vorschrift (gleich wie Art. 17 Abs. 3 Verf RF) erfolgt keine Konkretisierung einer Missbrauchsdefinition. Stattdessen führt die Norm das Tatbestandsmerkmal des gewissenhaften Verhaltens ein. Für dieses besteht keine Klarstellung durch das Gesetz.

Dass russische Gerichte in steuerrechtlichem Zusammenhang auf die o.g. Vorschrift zurückgegriffen haben, ist m.E. wohl Ausdruck eines in der russischen Rechtsprechung nicht unüblichen positivistischen Bemühens um „irgendeine" Rechtsgrundlage. Eine solche Einordnung von Art. 10 ZGB RF als *„lex generalis"* führt jedoch praktisch zur Angleichung der zivilrechtlichen und ertragsteuerrechtlichen Verständnisse eines Rechtsmissbrauchs. Dieses Herangehen kann nicht goutiert werden. Anders als im Zivilrecht besteht im Steuerrecht bzw. Ertragsteuerrecht keine Gleichheit zwischen den Rechtssubjekten[835]; dem Steuerpflichtigen steht somit nicht eine private Person gegenüber, sondern der Staat. Aus dieser Perspektive betrachtet wird deutlich, dass die zivilrechtliche und ertragsteuerrechtliche Bedeutung eines Rechtsmissbrauchs *per se* nicht gleichgesetzt werden können. Daher ist der These von *Akimova*[836] über die Wichtigkeit der Einführung einer ertragsteuerlichen Interpretation von „Treu und Glauben" bei den steuerlichen Beziehungen in Art. 11 SteuerGB RF zuzustimmen.

c) Die Möglichkeit der Bekämpfung von Missbrauchsgestaltungen vermittels der Einführung einer allgemeinen Anti-Missbrauchsnorm im SteuerGB RF

Da im ertragsteuerlichen Bereich nach wie vor keine effektive allgemeine Anti-Missbrauchsvorschrift existiert, bleibt die Frage nach der Einführung einer allgemeinen Schutzregelung im SteuerGB RF bestehen. Diese gesetzliche

---

835 *Ovsjannikov, S.*, Est' li mesto kategorii dobrosovestnosti v nalogovom prave?, Arbitrazhnye spory 2004, Nr. 3, 84.

836 *Akimova, L.*, Aktual'nye voprosy realizacii mer po protivodejstviju zloupotrebleniju normami zakonodatel'stva o nalogah i sborah v celjah minimizacii nalogov, in: Problemy stanovlenija grazhdanskogo obshhestva: sbornik statej VI Mezhdunarodnoj nauchnoj studencheskoj konferencii, Irkutsk 2018, 73 (75).

Novellierung wird materiellrechtlich mit der Unmöglichkeit der Erfassung aller missbrauchsfähigen ertragsteuerlichen Konstellationen seitens des verfassungsrechtlichen Schutzmechanismus i. S. d. Art 17 Abs. 3 Verf RF begründet, ebenso wie mit der zivilrechtlichen Anti-Missbrauchsregelung aus Art. 10 ZGB RF. Alternativ besteht laut *Azmuhanov*[837] zudem die These, dass der Beschluss des Oberarbitragegerichts RF Nr. 53 als Ersatz für die fehlende steuerliche „*lex generalis*“ herhalten kann.

Dieses Herangehen kann aus verschiedenen Gründen nicht goutiert werden. Als erstes muss das Fehlen einer direkten und präzisen Beschreibung eines Missbrauchsphänomens im o.g. Beschluss aufgeführt werden. An dessen Stelle trat die Entwicklung der negativen Unterschiedsmerkmale eines ertragsteuerlichen Gestaltungsmissbrauchs seitens des Oberarbitragegerichts. Dieses Vorgehen kann bezüglich seiner praktischen Effektivität bezweifelt werden. Zweitens sollte der Gerichtsbeschluss Nr. 53 für eine potenzielle Betrachtung als „*lex generalis*“ durch alle Gerichtsinstanzen verfolgt werden, was das Entstehen einer *praecedentia* nach sich zieht. Dies ist jedoch verfassungsrechtlich unmöglich. Dabei ist zudem der Ursprung des Beschlusses von Bedeutung, da die Möglichkeit der Präzedenzierung von Beschlüssen des VerfG RF zwar anerkennt wurde[838], diese These jedoch nicht für Gerichtsbeschlüsse des Oberarbitragegerichts anwendbar ist[839]. Der dritte Grund bezieht sich auf die aktive Kooperation der RF mit internationalen steuerbezogenen Organisationen bzw. mit OECD. Die jahrelange Kooperation mit der OECD führte zur Umsetzung des MLI in den russischen DBA. Konsequent wäre infolgedessen auch die Einführung der separaten steuerlichen „*lex generalis*“ in das SteuerGB RF i. R. einer Gesetzesnovellierung. Dies entspräche aktuellen internationalen Tendenzen des Kampfes gegen Missbrauchsgestaltungen.

In diesem Zusammenhang muss die These über die Ersetzung allgemeiner Anti-Missbrauchsregelungen durch den Gerichtsbeschluss des Oberarbitragegerichts Nr. 53 abgelehnt werden. Um eine positive Wirkung im Kampf gegen die Steuermissbrauchsgestaltungen herbeizuführen, soll im SteuerGB RF neue

837 So im Ergebnis: *Azmuhanov, R.*, Ponjatie zloupotreblenija pravom v rossijskom nalogovom prave, Publichno-pravovye issledovanija 2014, Nr. 1, 95 (107).

838 *Zor'kin, V.*, Precedentnyj harakter reshenij Konstitucionnogo Suda Rossijskoj Federacii, Zhurnal rossijskogo prava 2004, Nr. 12, 3 f.

839 Anders aber nach *Gadjiyev*. Er bewertet die Gerichtsbeschlüsse auch von anderen Gerichten als richterrechtliche Präzedenz, so: *Gadzhiev, G.*, Fenomen sudebnogo precedenta v Rossii, in: Topornin, B., Sudebnaja praktika kak istochnik prava, Moskau 2000, 98 (100).

allgemeine Anti-Missbrauchsvorschrift eingeführt werden, was als These schon seit längerer Zeit im Schrifttum unterstützt wird[840]. Dabei spielt die Begriffsbestimmung des Rechtsmissbrauchs sowie die Klarstellung von dessen klassischen Erscheinungsformen und seiner gesetzlichen Bewertung, die durch diese allgemeine Anti-Missbrauchsvorschrift erfolgt, eine große Rolle. Letztendlich bleibt diesbezüglich zu hoffen, dass der russische Gesetzgeber sich i. R. der Steuergesetzesnovellierung künftig mit der Einführung einer steuerrechtlichen „*lex generalis*" beschäftigt.

In diesem Zusammenhang sind schon einige positive Entwicklungen zu verzeichnen. Ende Juli 2017 hat beispielweise die Staatsduma (*russisches Parlament*) Änderungen im SteuerGB RF beschlossen[841]. Unter anderem wurde dabei ein neuer Art. 54.1 SteuerGB RF verabschiedet. Die Vorschrift enthält vor allem ein umfassendes Verbot der Verkürzung der Steuerbemessungsgrundlage bzw. von Steuern durch die Verfälschung von steuerlichen Angaben (Art. 54.1 Abs. 1 SteuerGB RF). Die Regelung wahrt damit ein Gleichgewicht zwischen den privaten und öffentlichen Interessen bei der Identifizierung von illegalen Verkürzungen der Steuerbemessungsgrundlage[842].

Interessant ist in diesem Zusammenhang, dass der Wortlaut von Art. 54.1 Abs. 1 SteuerGB RF dem von § 370 Abs. 1 Nr. 1 AO im Großen und Ganzen ähnelt, jedoch keine strafrechtliche Sanktion beinhaltet. Im Gegenteil, eine Verkürzung von Steuern ist dann als gesetzeskonform anzusehen, sobald deren Hauptzweck nicht darin bestand, Steuern völlig oder partiell zu hinterziehen und/oder Steuerrückzahlung zu ergattern (Art. 54.1 Abs. 2 Nr. 1 SteuerGB RF) sowie dann, wenn die Kontrahenten keine Scheingeschäfte getätigt haben (Art. 54.1 Abs. 2 Nr. 2 SteuerGB RF). Eine Nachversteuerung von neu festgelegten Gewinnanteilen ergibt sich dabei als die Rechtsfolge der Vorschrift.

Mit der Einführung von Art. 54.1 SteuerGB RF wurde somit ein erster Schritt in Richtung der Steuerhinterziehungsbekämpfung mittels steuerlicher Sanktionsmaßnahmen getan. Zu erwarten ist daher, dass i. R. der künftig potentiell möglichen Einführung einer allgemeinen Anti-Missbrauchsnorm in das SteuerGB RF der Gesetzgeber von dieser Erfahrung Gebrauch machen wird.

---

840 So z.B.: *Malinovskij, A.*, Zloupotreblenie pravami nalogoplatel'shhika: sravnitel'no-pravovye aspekty, Vestnik MGIMO universiteta 2013, Nr. 2, 156 (161).

841 Föderales Gesetz v. 19.07.2017 – Nr. 163-ФЗ, Rossijskaja Gazeta v. 21.07.2017, Nr. 160.

842 VerfG RF v. 29.09.2020 – Nr. 2311-O (Rn. 2).

II. Punktuelle Bekämpfung der Missbrauchsgestaltungen

1. Die Verhinderung einer treaty-shopping-Konstellation aus der Perspektive des russischen Ertragsteuerrechts

a) Spezifika des russischen Kampfes gegen treaty-shopping-Fälle

Ein weiteres Problem, dass sich im russischen Ertragsteuerrecht findet, ist die missbräuchliche Ausnutzung von DBA-Vorschriften durch dazu nicht berechtigte Zwischengesellschaften[843]. Wie bedeutend die Vermeidung dieses Missbrauchs ist, hat der ehemalige Präsident *Medvedev* bereits im Jahr 2009 betont[844]. Im gleichen Jahr wurden durch die Zwischengesellschaften über 40 % ihres gesamten Einkommens ins Ausland transferiert[845].

Trotzdem ließ der Gesetzgeber diese Frage vorerst offen. Es gab diesbezüglich keine gesetzliche Definition des ertragsteuerlichen Phänomens. Allerdings findet sich im Schrifttum eine Begriffsbestimmung des treaty-shoppings. *Fokin*[846] versteht darunter das Erhalten von Steuerprivilegien, die aus DBA entstanden sind, durch fremde Dritte. *Khavanova*[847] stellt eine Verbindung her zwischen dem Entstehen eines treaty-shoppings und den Versuchen der Steuerpflichtigen, einen reduzierten Steuersatz für ihre passiven Einkünfte (Dividenden, Zinsen usw.) zu erlangen. *Shepenko*[848] beschreibt treaty-shopping als die tatsachliche Transferierung von im Inland generierten Geldmassen in einen Drittstaat mittels einer Gesellschaft im anderen DBA-Staat.

---

843 Neben den im deutschen Ertragsteuerrecht anerkannten Definitionen *Zwischengesellschaft, Domizilgesellschaft, Basisgesellschaft* usw. wird im russischen Schrifttum oft der sinnähnliche Begriff von der *Transitgesellschaft* benutzt; so z.B.: *Fathutdinov, R.*, Bazovye kompanii v mezhdunarodnom nalogooblozhenii dohodov, Zakon 2015, Nr. 2, 77 (85).

844 Dazu: Zeitung „Vedomosti" v. 26.05.2009; auch: Bjudzhetnoe poslanie Prezidenta Rossijskoj Federacii o bjudzhetnoj politike v 2010-2012 godah v. 25.05.2009, abrufbar unter: http://www.kremlin.ru/acts/news/4187 (*letzter Zugriff*: 01.01.2022).

845 Im Ergebnis: *Bullah, T.*, Nasha nalogovaja sistema nuzhdaetsja v antiofshornom doktore. Ego vizit - delo politicheskoj voli, Rossijskaja Federacija segodnja 2009, Nr. 10, 22.

846 *Fokin, A.*, Mezhdunarodnoe nalogooblozhenie passivnyh dohodov (procentov, dividendov, rojalti): amerikanskij opyt, Monographie, Moskau 2009, 134.

847 *Khavanova, I.*, Nalogovye soglashenija Rossii, Jekonomiko-pravovoj bjulleten' 2013, Nr. 9, zitiert aus Garant Rechtsportal.

848 *Shepenko, R.*, O mezhdunarodnyh nalogovyh soglashenijah, Rossijskij vneshnejekonomicheskij vestnik 2011, Nr. 6, 54 (55).

Für die Beantwortung der Frage, ob es sich bei einer Gesellschaft um eine Basisgesellschaft handelt, wurde bis vor kurzem die Anordnung des Steuer- und Abgabenministeriums RF aus dem Jahr 2003 verwendet, welche die Abwesenheit entsprechender Unterlagen über einen permanenten Sitz der Gesellschaft in einem anderen DBA-Staat als ausreichenden Beweis für die Bewertung dieser als Basisgesellschaft ansah[849]. Die sinnähnliche Regelung – auf die die Gerichte heutzutage rekurrieren – findet sich in Art. 312 Abs. 1 Satz 1 SteuerGB RF.

Ob diese Regelung tatsächlich praktisch effektiv ist, kann angezweifelt werden. Die Vorschrift bezieht sich explizit nur auf das Vorhandensein eines Sitzes in einem anderen DBA-Vertragsstaat, ohne dabei den tatsächlichen Tätigkeitsumfang oder das Verhältnis von aktiven und passiven Einkünften der potenziellen Basisgesellschaft zu beachten. Für den Gesetzgeber ist in diesem Zusammenhang eine Orientierung an materiellen ökonomischen Parametern hilfreicher als diejenige an formellen juristischen Regelungen. Interessant ist in diesem Zusammenhang die Stellungnahme von *Vinnickij*[850], der eine Gewährleistung des Schutzes gegen treaty-shopping-Fälle vermittels der Prüfung des Vorhandenseins einer ungerechtfertigten Steuervergünstigung offeriert. Unter Beachtung der Tatsache, dass solch eine Herangehensweise sich bei der Prüfung rein inländischer Gestaltungen am Maßstab des Missbrauchs schon bewährt hat, erscheint deren mögliche Effektivität auch bei der Bewertung von Outbound-Fällen überzeugend. Es besteht insofern ein offensichtlicher Bedarf an einer Ergänzung der Vorschrift.

b) Wirtschaftlicher Eigentümer i. S. d. Art. 7 SteuerGB RF

Präsident *Putin* hielt vor einiger Zeit eine Rede zur Wichtigkeit der Verhinderung von Missbrauchsgestaltungen im Bereich des Steuerrechts[851]. Diese zeigte die Aktualität der Frage nach der Vermeidung von treaty-shopping-Konstellationen.

---

849 Steuer- und Abgabensministerium RF (seit 2004: Föderaler Steuerdienst RF) v. 28.03.2003 – Nr. БГ-3-23/150, abrufbar unter: http://www.consultant.ru/document/cons_doc_LAW_41858/ (*letzter Zugriff*: 01.01.2022).

850 *Vinnickij, D.*, Mezhdunarodnoe nalogovoe pravo: problemy teorii i praktiki, Moskau 2017, Rn. 341.

851 Dazu: Zeitung „Rossijskaja gazeta“ v. 13.12.2012; auch: *Akimova, L.*, Aktual'nye voprosy realizacii mer po protivodejstviju zloupotrebleniju normami zakonodatel'stva o nalogah i sborah v celjah minimizacii nalogov, in: Problemy stanovlenija grazhdanskogo obshhestva: sbornik statej VI Mezhdunarodnoj nauchnoj studencheskoj konferencii, Irkutsk 2018, 73 (74).

Bedeutend war diesbezüglich die Einführung[852] einer Regelung über die „wirtschaftlichen Eigentümer“ (*beneficial owner*)[853] in Art. 7 SteuerGB RF. Art. 7 Abs. 2 Satz 1 SteuerGB RF zufolge ist unter einem wirtschaftlichen Eigentümer einer *ausländischen Struktur ohne juristische Rechtsform* derjenige zu verstehen, der durch die mittelbare oder unmittelbare Beteiligung in einer inländischen Organisation über die Kontrollfunktionen verfügt. Deshalb, oder aufgrund anderer Umstände, kann er als Nutzungsberechtigter für die im Inland generierten Gewinne angesehen werden. Die Vorschrift bezieht sich nicht nur auf „Personen“ (sowohl natürliche als auch juristische Personen; wohl nur solche aus dem Ausland), sondern auch „ausländische Strukturen ohne Rechtspersönlichkeit“. Der Wortlaut der Vorschrift lässt zudem darauf schließen, dass die Regelung *keine* allgemeine Bedeutung hat, sondern sich nur auf DBA-Sachverhalte bezieht.

Eine Definition der *ausländischen Strukturen ohne juristische Rechtsform* findet sich in Art. 11 Abs. 2 Punkt 5 SteuerGB RF. Demnach bezeichnet solch eine Rechtsstruktur jede im Ausland gegründete Organisation ohne juristische Persönlichkeit, welche aufgrund ausländischer Gesetzgebung *selbst und im Interesse ihrer Mitglieder* Gewinne erzielen kann. Der Gesetzgeber führt einige klassische Formen einer solchen Struktur auf. Diese sind namentlich *Fonds, Partnerschaften, Trusts* usw.

Durch Satz 2 wird der Geltungsbereich der Vorschrift erweitert. Er umfasst nun auch Drittpersonen, die im Interesse einer ausländischen Struktur ohne juristische Rechtsform über die tatsächliche Gewinnverteilungskompetenz verfügen. Weitergehend stellt der Gesetzgeber in Satz 3 die Behauptung auf, die wirtschaftlichen Eigentümer ließen sich maßgeblich anhand der effektiv erfüllten Funktionen sowie der übernommenen Risiken bestimmen, wobei der im Inland generierte Betrag damit tatsächlich dem wirtschaftlichen Eigentümer zugutekommen soll[854]. Ein Instruktionsbrief des Finanzministeriums aus dem Jahr 2017 konkretisiert die Rechtsunterlagen, die für solch einen Beweis benötigt werden[855]. Schließlich werden die Voraussetzungen für die Ablehnung des Anspruchs vom wirtschaftlichen Eigentümer einer ausländischen Struktur ohne

852 Föderales Gesetz v. 24.11.2014 – Nr. 376-ФЗ, Rossijskaja Gazeta v. 28.11.2014, Nr. 272, Punkt 1.

853 Gemeint ist hier die Einführung einer entsprechenden Regelung zu § 39 AO.

854 So auch: Instruktionsbrief des Finanzministeriums RF v. 09.04.2014 – Nr. 03-00-P3/16236.

855 Instruktionsbrief des Finanzministeriums RF v. 20.02.2017 – Nr. 03-08-05/9676, 2 f.

juristische Rechtsform auf die Anwendung von DBA-Privilegien aufgeführt. Dazu gehört gemäß Art. 7 Abs. 3 SteuerGB RF die Transferierung der durch die inländische Organisation generierten Gewinne mittels einer Zwischengesellschaft an eine Drittperson oder Gesellschaft im Drittland, die selbst keine DBA-Begünstigungen in Anspruch nehmen kann. Diese Transferierung kann unmittelbar oder mittelbar, partiell oder vollständig erfolgen.

Im Schrifttum besteht keine einheitliche Bewertung dieser Neuregelung. *Vinnickij*[856] bewertet die Norm positiv, während sie durch *Balakina* starker Kritik ausgesetzt ist. Letztere bezieht sich bei *Balakina*[857] vor allem auf die Vermischung bei der steuerrechtlichen Begriffsbestimmung in Art. 7 Abs. 2 SteuerGB RF von der Definition des wirtschaftlichen Eigentümers (*beneficial owner of income*) einerseits und der des wirtschaftlichen Eigentümers der Gesellschaft[858] (*beneficial owner of company*) andererseits, welche verhindert, dass die Vorschrift explizit bestimmt, ob als wirtschaftlicher Eigentümer die ausländische Zwischengesellschaft oder der beteiligte Personenkreis zu bewerten ist[859]. *Khavanova*[860] begründet diese Tatsache mit der fehlenden Systematik in der Herangehensweise des Gesetzgebers. Darüber hinaus bemängelt *Balakina*[861] den ebenfalls nicht eindeutigen Wortlaut von Abs. 3 der o.g. Vorschrift, bei dem ein deutliches Verbesserungspotenzial vorhanden ist.

Zusätzlich zu all diesen Fakten ist nach meiner Auffassung zudem die faktisch rückwirkende Natur des Gesetzes zu betonen, da das Gesetz in der Fassung v. 01.01.2015 kein Merkmal ausländischer Strukturen ohne juristische Rechtsform

---

856 *Vinnickij, D.*, Mezhdunarodnoe nalogovoe pravo: problemy teorii i praktiki, Moskau 2017, Rn. 341.

857 *Balakina, Z.*, Pravovye problemy interpretacii koncepcii beneficiarnogo sobstvennika dohoda v rossijskom nalogovom zakonodatel'stve, Russian Juridical Journal 2015, Nr. 6, 185 (187 f.).

858 Gemeint ist hier der wirtschaftliche Eigentümer einer ausländischen Gesellschaft, deren Gewinne dem russischen Steuerpflichtigen i. R. der Hinzurechnungsbesteuerung i. S. d. Art. 25.13 SteuerGB RF hinzuzurechnen sind.

859 Ähnlich auch: *Khavanova, I.*, Izbezhanie dvojnogo nalogooblozhenija i predotvrashhenie uklonenija ot nalogooblozhenija v uslovijah vzaimodejstvija nacional'nogo i mezhdunarodnogo prava, Dissertation, Moskau 2016, 234 f.

860 *Khavanova, I.*, K voprosu o ponjatii „fakticheskoe pravo na dohod" v nalogovom prave, Finansovoe pravo 2014, Nr. 11, 32 (37).

861 *Balakina, Z.*, Implementacija podhodov OJeSR k ustanovleniju kriteriev opredelenija koncepcii beneficiarnogo sobstvennika dohoda v rossijskoe nalogovoe zakonodatel'stvo, Jurist 2016, Nr. 21, 41.

enthält. Trotzdem wurden durch den Gesetzgeber im Jahr 2016 lediglich diese Rechtsstrukturen rückwirkend ab dem 01.01.2015 durch die imperative Regelung erfasst[862]. Infolgedessen muss die echte Rückwirkung erwähnt werden, die zu einer deutlichen Verschlechterung der Rechtsstellung des Steuerpflichtigen führt. Ebendiese verschlechterte Rückwirkung ist laut Art. 54 Abs. 1 Verf RF verboten. Dem VerfG RF ist eine solche echte Rückwirkung im Spannungsfeld zwischen dem Staat und den Bürgern zwar bekannt[863], sie soll allerdings den Interessen der privaten Personen dienen. Damit ist die Möglichkeit einer verschlechternden Rückwirkung für die Rechtssubjekte anhand der Gesetzänderung ausgeschlossen.

c) Hinzurechnungsbesteuerung der RF

aa) Allgemeines

I. R. der Modernisierung des nationalen Ertragsteuerrechtssystems sowie im Hinblick auf den Kampf gegen Offshore-Finanzplätzen war die Etablierung der Hinzurechnungsbesteuerungsregelungen in Art. 25.13 – 25.15 SteuerGB RF seit 2015[864] von besonderer Bedeutung. Die Regelungen dienen zur Verhinderung der Ausübung einer treaty-shopping-Gestaltung in Outbound-Fällen durch die russischen Steuerinländer und beeinflussen in wesentlichem Maß die Deoffshorisierung[865] der nationalen Ökonomie. Der russische Gesetzgeber orientierte sich dabei primär an den OECD-Empfehlungen[866]. Auch nach *Gontscharenko, Saripow* und *Bruk*[867] steht das Gesetz im Einklang mit aktuellen Entwicklungen des internationalen Steuerrechts. Trotz zahlreicher Parallelen zu Hinzurechnungsbesteuerungsregelungen der OECD-Mitgliedstaaten und, insb., Deutschlands, verfügt das russische Hinzurechnungsbesteuerungssystem aufgrund seiner

862 *Lermontov, J.*, Postatejnyj kommentarij k chasti pervoj nalogovogo kodeksa Rossijskoj Federacii, Stand: 01.2016, Art. 7 (zitiert aus Konsultantplus Rechtsportal).

863 So nach: VerfG RF v. 14.03.1995 – Nr. 4-O, 1 – Tarabrinova gegen den Staat.

864 Föderales Gesetz v. 24.11.2014 – Nr. 376-ФЗ, Rossijskaja Gazeta v. 28.11.2014, Nr. 272.

865 *Tschereutschuk, D.*, Features Of The Taxation Of Activities Of The Controlled Foreign Companies In Russia, Tawritscheskij nautschnyj obosrewatel 2016, Band 15, Nr. 10, 117 (122).

866 So nach: *Permikin, K.*, International standards of «soft» regulation of taxation of profits of controlled foreign companies, Sozialno-polititscheskije nauki 2018, Nr. 3, 173.

867 *Gontscharenko, I./Saripow, V./Bruk, B.*, Sakon o deoffschorisazii, Sakon 2014, Nr. 12, 18 (20).

Rechtsnatur nach *Starzhenetskaja*[868] allerdings über einige Besonderheiten. Die Besonderheiten bestehen bedauerlicherweise darin, dass die Vorschriften zum einen eine Hürde für die Steuerpflichtigen darstellen[869]. Zum anderen koordinierte der russische Gesetzgeber spätere Veränderungen im nationalen Hinzurechnungsbesteuerungssystem nicht mit den anderen BRICS-Staaten[870].

Eine Hinzurechnungsbesteuerung findet statt, wenn durch den russischen Steuerresidenten eine ausländische Gesellschaft mit juristischer Persönlichkeit oder ohne diese (Art. 25.13 Abs. 2 SteuerGB RF) unmittelbar mit mehr als 25 % (Art. 25.13 Abs. 3 Nr. 1 SteuerGB RF) beherrscht wird. Alternativ kann nach Art. 25.13 Abs. 3 Nr. 2 SteuerGB RF die Hinzurechnungsbesteuerung auch bei Beherrschungshöhe von mehr als 10 % vorliegen, sobald die ausländische Gesellschaft zu mehr als 50 % durch die russischen Steuerresidenten beherrscht wird. Der Gesetzgeber gründet die Anwendung einer Hinzurechnungsbesteuerung mit dem spezifischen Zweck der Verhinderung der Ausnutzung steuerlicher Privilegien eines Niedrigbesteuerungslandes[871]. Art. 25.13-1 SteuerGB RF legt zudem eine hochkomplizierte Liste der Entlastungen von der Hinzurechnungsbesteuerung fest. Des Weiteren enthalten Art. 25.14 und 25.15 SteuerGB RF rein verfahrensrechtliche Angaben zur Anmeldung von durch Steuerresidenten beherrschter ausländischer Gesellschaften und zur steuerlichen Berechnung von Zwischeneinkünften.

bb) Einzelheiten der russischen Hinzurechnungsbesteuerung

1) Persönliche Voraussetzungen der russischen Hinzurechnungsbesteuerung

aaa) Beherrschung durch russische Steuerresidenten

Die ausländische Gesellschaft soll durch die russischen Steuerresidenten beherrscht werden. Die Beherrschung erfolgt auf dem Wege der mittelbaren (*zu mehr als 10 %, sobald die Gesellschaft zu mehr als 50 % durch die russischen Steuerresidenten beherrscht wird*) Beteiligung oder durch die unmittelbare (*zu mehr als*

868 *Starzhenetskaja, L.*, Prawowoje regulirowanije nalogoobloschenija kontroliruejemych inostrannych kompanij: opyt sarubeschnych stran i Rossii, Dissertation, Moskau 2016, 57.

869 *Zeitlinger, A./Hristov, D.*, Russia's CFC rules: the latest developments and issues with foundations of a legal character, Trusts & Trustees 2016, Band 22, Nr. 6, 616 (617).

870 *Wilson, P.A.*, BRICS and International Tax Law, Dissertation, Alphen aan den Rijn 2018, 147.

871 Siehe: Erläuterungsnotiz v. 22.10.2014 zu einem Gesetzentwurf Nr. 630365-6, 44.

25 %) Beteiligung. Aufgrund der Tatsache, dass der Gesetzgeber von dem Begriff eines Steuerresidenten – nicht aber einer natürlichen Person – ausgeht, sind hiervon auch inländische Strukturen mit oder ohne juristische Rechtspersönlichkeit betroffen. Solch ein breites Verständnis der Definition eines Steuerresidenten erschwert die punktuelle Anwendung der Hinzurechnungsbesteuerungsregelungen[872]. Keine Beherrschung liegt in den Fällen vor, in denen die ausländische Gesellschaft durch eine oder mehrere russische Publikumsgesellschaften (Art. 25.13 Abs. 4 Nr. 1 SteuerGB RF) beherrscht wird oder – *in bestimmten Fällen* – durch ein börsennotiertes Unternehmen beherrscht wird, das nicht auf der schwarzen Liste des föderalen Steuerdiensts der RF steht (Art. 25.13. Abs. 4 Nr. 2 SteuerGB RF).

Unbeantwortet bleibt hier die Frage, ob der Gesetzgeber die Beteiligung am Nennkapital oder an den Stimmrechten der ausländischen Gesellschaft meinte. Wird die Frage aus der Perspektive der teleologischen Auslegung des Gesetzziels betrachtet, sind beide Beteiligungsformen in Betracht zu ziehen. Bei solch einer Herangehensweise existiert jedoch das Risiko, dass diejenigen Steuerpflichtigen, die keine wesentliche Einflussnahme an der ausländischen Gesellschaft haben, dennoch die schwierigen Folgen einer Hinzurechnungsbesteuerung tragen sollen. Dies wäre m.E. nicht sachgerecht. Vom Gesetzgeber ist die Klärung dieser Frage zu verlangen.

Das russische Steuerrechtssystem nimmt zwar keine Unterscheidung zwischen der allgemeinen Hinzurechnungsbesteuerung und der speziellen Hinzurechnungsbesteuerung für die Zwischeneinkünfte mit Kapitalanlagecharakter vor. Zu berücksichtigen ist aber die deutlich strengere (*im Vergleich mit der deutschen*) Beteiligungsquotenregelung bei unmittelbarer und mittelbarer Beteiligung. Eine derartige Strenge erscheint m.E. ungerechtfertigt. Im Falle einer mittelbaren Beteiligung geht der Gesetzgeber davon aus, dass die Beteiligung *zu mehr als 10 %* ausreiche, sobald die Gesellschaft zu mehr als 50 % durch die russischen Steuerresidenten beherrscht wird[873]. Es tritt somit eine pauschale Missbrauchsbewertung zutage, denn allein die Tatsache der Beteiligung an einer

---

872 *Starzhenetskaja, L.*, Prawowoje regulirowanije nalogoobloschenija kontroliruejemych inostrannych kompanij: opyt sarubeschnych stran i Rossii, Dissertation, Moskau 2016, 63.

873 *Permikin* behauptet, dass ähnliche Regelung sich auch im amerikanischen Hinzurechnungsbesteuerungssystem stattfindet. Allerdings beträgt dortige Beherrschungsquote aller amerikanischen Teilnehmern 25 %, siehe: *Permikin, K.*, International standards of «soft» regulation of taxation of profits of controlled foreign companies, Sozialnopolititscheskije nauki 2018, Nr. 3, 173 (175).

ausländischen Gesellschaft von anderen russischen Steuerresidenten kann nicht zur Bewertung einer ausländischen Gesellschaft als Zwischengesellschaft führen. Fragwürdig erscheint ebenso die Beteiligungsquote i. H. v. 25 % bei unmittelbarer Beteiligung. Eine derart niedrige Beteiligung bringt dem Steuerpflichtigen keine Möglichkeit, auf die Entscheidungen der Gesellschaft Einfluss zu nehmen und die Gesellschaft zu kontrollieren.

Erwartet wurde in diesem Zusammenhang die Überarbeitung der Beteiligungsquote durch den Gesetzgeber. Stattdessen wurde diese jedoch 2018[874] noch unerbittlicher. Nunmehr sollen aufgrund Art. 25.13 Abs. 6 SteuerGB RF – ungeachtet der schon ernannten Beteiligungsregelungen – die russischen Steuerresidenten auch dann als Nutzungsberechtigte der Zwischeneinkünfte der ausländischen Gesellschaft anzusehen sein, wenn sie die Kontrollfunktion im eigenen Interesse oder im Interesse der Familienmitglieder übernehmen. Art. 25.13 Abs. 7 SteuerGB RF definiert solch eine Kontrollfunktion als die Einflussnahme auf gesellschaftliche Entscheidungen und, insb., auf die Gewinnverteilung, auf gesellschaftliche Vereinbarungen usw. Der russische Gesetzgeber verzichtet damit völlig auf die Notwendigkeit der Bestimmung einer Beteiligungsquote. Stattdessen bezieht er sich nunmehr auf eine tatsächlich übernommene Kontrollfunktion der Steuerpflichtigen. *Starzhenetskaja*[875] zufolge wird damit ein weitgefächertes Verständnis des Kontrollbegriffs angewendet.

O.g. Neugestaltung widerspricht m.E. der Gesetzsystematik. Aus der gesetzsystematischen Sicht ist es irrational, zuerst in Art. 25.13 Abs. 3 Nr. 1 und 2 SteuerGB RF die Voraussetzungen einer Beteiligungsquote festzulegen und, anschließend, in Art. 25.13 Abs. 6 SteuerGB RF auf diese völlig zu verzichten. Des Weiteren ist die Neugestaltung auch aus der gesellschaftsrechtlichen Perspektive unakzeptabel. Die Möglichkeit der Ausübung einer Kontrollfunktion an einer ausländischen Gesellschaft hängt von einer gesellschaftsrechtlich notwendigen unmittelbaren oder mittelbaren Beteiligung ab. Der Gesetzgeber definiert jedoch keine genaue Prozentquote der Beteiligung und legt die Vorstellung zugrunde, dass ein russischer Steuerresident auch bei einer geringen Beteiligung über eine Kontrollfunktion an einer ausländischen Gesellschaft verfügen könne. Eine derartige Herangehensweise ist weder praktikabel noch zielgerichtet.

---

874 Föderales Gesetz v. 03.08.2018 – Nr. 294-ФЗ, Rossijskaja Gazeta v. 07.08.2018, Nr. 171.

875 *Starzhenetskaja, L.*, Prawowoje regulirowanije nalogoobloschenija kontroliruejemych inostrannych kompanij: opyt sarubeschnych stran i Rossii, Dissertation, Moskau 2016, 62.

bbb) Ausländische Gesellschaft

Gemäß Art. 25.13 Abs. 1 Nr. 1 SteuerGB RF handelt es sich bei einer ausländischen Gesellschaft um eine Organisation, die nicht als Steuerresident der RF anzusehen ist. Hierbei verzichtet der Gesetzgeber auf die Definition einer Gesellschaft, namentlich einer Zwischengesellschaft. Stattdessen verwendet er die Begriffsbestimmung einer *Organisation.* Der Anwendungsbereich der Vorschrift deckt somit alle Arten und Typen der juristischen Personen ab. Betroffen sein können ebenso die in Deutschland gegründeten juristischen Personen, wie z.B. eine GmbH oder AG[876]. Unnötig ist in diesem Zusammenhang, einen Typenvergleichstest – wie es in Deutschland üblich wäre – zu nutzen.

Auch eine gebietsfremde Organisation, die über keine juristische Rechtspersönlichkeit verfügt, kann nach Maßgabe von Art. 25.13 Abs. 2 SteuerGB RF als ausländische Gesellschaft bewertet werden. Dieser Regelung unterliegen beispielsweise ausländische Personengesellschaften, Fonds, Trusts usw.[877]. Der Gesetzgeber geht hierbei von einem breitgefächerten Verständnis der ausländischen Gesellschaft aus[878] und integriert in die Definition der ausländischen Gesellschaft alle möglichen Gesellschaftsformen. Hierin unterscheidet sich die deutsche und die russische methodologische Herangehensweise kaum voneinander.

Nicht als ausländische Gesellschaft anzusehen sind nach Art. 25.13-1 Abs. 1 Nr. 1-9 SteuerGB RF die folgenden Kategorien:

- *gemeinnützige ausländische Organisationen;*
- *die in der Eurasischen Wirtschaftsunion niedergelassenen und dort tätigen Gesellschaften;*
- *ausländische Gesellschaften, deren effektiver ausländischer Steuersatz mindestens 75 % des Durchschnittssteuersatzes der RF beträgt;*
- *aktiv tätige ausländische Konzernstrukturen;*
- *ausländische Bank- oder Versicherungsorganisationen;*

---

876 So im Ergebnis: *Zeitlinger, A./Hristov, D.,* Russia's CFC rules: the latest developments and issues with foundations of a legal character, Trusts & Trustees 2016, Band 22, Nr. 6, 616 (618).

877 *Tschereutschuk, D.,* Features Of The Taxation Of Activities Of The Controlled Foreign Companies In Russia, Tawritscheskij nautschnyj obosrewatel 2016, Band 15, Nr. 10, 117 (118 f.).

878 *Starzhenetskaja, L.,* Prawowoje regulirowanije nalogoobloschenija kontroliruejemych inostrannych kompanij: opyt sarubeschnych stran i Rossii, Dissertation, Moskau 2016, 62.

- *die an Bergbau-, Erdöl- und Erdgasprojekten beteiligten ausländischen Gesellschaften usw.*

2) Sachliche Voraussetzungen der russischen Hinzurechnungsbesteuerung

Im Kern des russischen Hinzurechnungssystems steht die Frage, welche Voraussetzungen eine ausländische Gesellschaft und/oder ein russischer Steuerresident mit ausländischen Zwischeneinkünften erfüllen muss, um unter die Hinzurechnungsbesteuerung zu fallen. Im Gegensatz zur deutschen Hinzurechnungsbesteuerung, die hierbei lediglich eine Niedrigbesteuerungsgrenze voraussetzt, hat der russische Gesetzgeber einen anderen methodologischen Ansatz ausgewählt.

aaa) Substanztest aus Plenumsbeschluss Nr. 53 des Oberarbitragegerichts RF

Zum einen bezieht sich die – durch den bereits erörterten Plenumsbeschluss Nr. 53 des Oberarbitragegerichts RF[879] festgelegte – Definition eines unbegründeten Steuervorteils ebenfalls auf die Hinzurechnungsbesteuerung. Für die Bestimmung, ob ein russischer Steuerresident einen unbegründeten Steuervorteil in einem ausländischen Staat errungen hat, entscheidend ist damit der durch das Oberarbitragegericht verankerte Substanztest. Der Substanztest setzt die Abwesenheit von *Management- oder technischem Personal, Sachanlagen, Produktionsvermögen, Lagern, Transportmitteln usw.* als Indiz eines unbegründeten ausländischen Steuervorteils voraus[880]. Unklar bleibt insofern, aus welchem Grund der Test noch nicht in der russischen Steuergesetzgebung verankert wurde. *Starzhenetskaja*[881] geht davon aus, dass die Umsetzung des Substanztests eine gerechte und ausgewogene Hinzurechnungsbesteuerung zur Folge hätte. Dieser Einschätzung ist beizupflichten und die weitere Entwicklung in diesem Bereich abzuwarten.

---

879 Plenum des Oberarbitragegerichts RF v. 12.10.2006 – Nr. 53.

880 Siehe: Plenum des Oberarbitragegerichts RF v. 12.10.2006 – Nr. 53 (Rn. 5).

881 *Starzhenetskaja, L.*, Prawowoje regulirowanije nalogoobloschenija kontroliruejemych inostrannych kompanij: opyt sarubeschnych stran i Rossii, Dissertation, Moskau 2016, 115.

bbb) Effektiver Steuersatz i. H. v. mindestens 75 % des Durchschnittssteuersatzes

Zum anderen legt Art. 25.13-1 Abs. 1 Nr. 3 SteuerGB RF fest, dass der effektive Steuersatz für die ausländische Gesellschaft mindestens 75 % des durchschnittlichen russischen Steuersatzes umfassen soll, um diese Gesellschaft vor der Hinzurechnungsbesteuerung zu bewahren. Um den effektiven Steuersatz einer ausländischen Gesellschaft gemäß Art. 25.13-1 Abs. 2 Nr. 1 SteuerGB RF zu bestimmen, findet die folgende Formel Anwendung:

$$\frac{\textit{Die Summe der im Ausland gezahlten Gewinnsteuern}}{\textit{Die Summe aller Einkünfte der Gesellschaft}} \times 100\,\%$$

Nach Art. 25.13-1 Abs. 2 Nr. 2 SteuerGB RF ist der durchschnittliche russische Steuersatz wie folgt zu berechnen:

$$\frac{(20\,\% \times A)+(15\,\% \times B)}{A + B} \times 100\,\%$$

Hierbei sind:

- 20 % – der Körperschaftsteuersatz der RF;
- A – der Nettogewinn der ausländischen Gesellschaft, abzüglich der erhaltenen Dividenden;
- 15 % – der Kapitalertragsteuersatz der RF;
- B – die Summe der erhaltenen Dividenden der ausländischen Gesellschaft.

Zwar erscheint die Festlegung einer Niedrigbesteuerung sehr kompliziert und anspruchsvoll. Im Vergleich zum deutschen Niedrigbesteuerungssatz ist sie aber m.E. deutlich übersichtlicher und nachvollziehbarer. Die Kehrseite der Medaille ist hierbei, dass o.g. Methode nicht auf die Gesellschaften aus Ländern auf der sog. *schwarzen Liste* anzuwenden ist.

ccc) Schwarze Liste des föderalen Steuerdiensts der RF

Der föderale Steuerdienst der RF verabschiedete im März 2016 eine sog. *schwarze Liste*[882], welche zu Beginn 119 Länder beinhaltete[883], deren Gesellschaften automatisch von der russischen Hinzurechnungsbesteuerung betroffen waren.

---

882 Föderaler Steuerdienst RF v. 04.03.2016 – Nr. MMB-7017/117.

883 Zum Ende 2019 beträgt diese Zahl 98 Ländern und 18 Territorien, siehe: Föderaler Steuerdienst RF v. 11.10.2019 – Nr. MMB-7-17/511.

Bemerkenswerter Weise waren in der ersten Fassung dieser Liste auch einige EU-Mitgliedstaaten wie Österreich und Malta erwähnt. Dies ist zum einen dem Umstand geschuldet, auf den *Zeitlinger* und *Hristov*[884] bereits 2016 hinwiesen, nämlich die Möglichkeit, durch österreichische Stiftungen die russische Hinzurechnungsbesteuerung zu umgehen. Zum anderen benennt die russische Auflistung – im Gegensatz zur schwarzen Liste der EU[885], wo weltweite Steueroasen katalogisiert sind – keine Steueroasen, sondern die Staaten, mit denen nicht genügender Informationsaustausch besteht[886]. Obwohl zum damaligen Zeitpunkt bereits eine kleine Auskunftsklausel in DBA mit vielen diesen Ländern vermerkt war, hatte der föderale Steuerdienst der RF trotzdem „*negative Praxiserfahrungen*[887]" in Bezug auf die Anwendung dieser Klausel.

Aufgrund der Tatsache, dass die späteren Fassungen der schwarzen Liste o.g. Länder nicht mehr aufführen und es keine daraus folgende DBA-Überarbeitungen gab, kann vermutet werden, dass die *negative Praxiserfahrung* nicht mit den steuerrechtlichen oder anderen rechtlichen Ursachen verbunden war. Es stellt sich hierbei die Frage, inwieweit die Orientierung des russischen Gesetzgebers an nichtrechtlichen Kriterien bei der Erstellung der schwarzen Liste statthaft ist. Eine solche Herangehensweise ermöglicht dem Gesetzgeber, die Liste ständig und ohne steuerrechtlich akzeptable Gründe zu variieren. Als Ergebnis werden hierbei wirtschaftliche Interessen der Steuerpflichtigen geopfert.

Aus der anderen Perspektive kritisiert berechtigterweise *Starzhenetskaja*[888], dass allein aufgrund fehlender Vereinbarungen zum Informationsaustausch zwischen der RF und anderen Ländern es nicht möglich sein sollte, eine ausländische Gesellschaft *per se* als Zwischengesellschaft zu bewerten. Um die negativen

884 *Zeitlinger, A./Hristov, D.*, Russia's CFC rules: the latest developments and issues with foundations of a legal character, Trusts & Trustees 2016, Band 22, Nr. 6, 616 (619).

885 Pressemittelung der *EU-Kommission* v. 05.12.2017 (IP/17/5121), Faire Besteuerung: EU veröffentlicht Liste der nicht kooperativen Steuergebiete. Abrufbar unter: http://europa.eu/rapid/press-release_IP-17-5121_de.htm (*letzter Zugriff*: 01.01.2022).

886 *Starzhenetskaja, L.*, Prawowoje regulirowanije nalogoobloschenija kontroliruejemych inostrannych kompanij: opyt sarubeschnych stran i Rossii, Dissertation, Moskau 2016, 116 f.

887 So nach: Instruktionsbrief des Föderalen Steuerdiensts RF v. 14.10.2015 – Nr. OA-3-17/3833; Instruktionsbrief des Finanzministeriums RF v. 07.10.2015 – Nr. 03-08-05/57368.

888 *Starzhenetskaja, L.*, Prawowoje regulirowanije nalogoobloschenija kontroliruejemych inostrannych kompanij: opyt sarubeschnych stran i Rossii, Dissertation, Moskau 2016, 119.

steuerlichen Praxiserfahrungen künftig zu vermeiden, soll der Gesetzgeber sich mit der Anpassung der OECD-Empfehlungen zum Informationsaustausch mit anderen Ländern aktiv beschäftigen. Stattdessen zieht der russische Gesetzgeber es vor, keine DBA mit Niedrigbesteuerungsländern zu vereinbaren[889]. Zudem wurde der *Common Reporting Standard* (CRS) der OECD im Jahr 2018[890] in die nationale Gesetzgebung umgesetzt.

Als Ergänzung zum CRS wäre m.E. auch die Einführung einer sog. großen DBA-Auskunftsklausel in bestehende DBA sinnvoll. Vorstellbar ist abschließend auch ein Verzicht auf die schwarze Liste. Der wesentliche Grund dazu könnte insb. darin liegen, dass das Ziel der russischen Hinzurechnungsbesteuerung die Verhinderung der Ausnutzung steuerlicher Privilegien eines *Niedrigbesteuerungslandes* darstellt[891], nicht jedoch eines Landes mit mangelndem Informationsaustausch. Es ist jedoch kaum zu erwarten, dass die schwarze Liste in baldiger Zeit abgeschafft wird.

ddd) Der Zwei-Phasen-Test zur Ermittlung des Hinzurechnungsbetrags

aaaa) Die erste Phase

Dem Zweck der Ermittlung des Hinzurechnungsbetrags dient ein Zwei-Phasen-Test[892]. Die erste Phase dieses Tests besteht in der Bestimmung des Anteils der aktiven und passiven Einkünfte der ausländischen Gesellschaft. Gemäß Art. 25.13-1 Abs. 3 Satz 1 SteuerGB RF soll der Anteil passiver Einkünfte für ein Wirtschaftsjahr nicht über 20 % der Gesamteinkünfte der Gesellschaft liegen. Art. 309.1 Abs. 4 SteuerGB RF definiert die passiven Einkünfte folgendermaßen:

- *Dividenden sowie andere Gewinn- oder Vermögensausschüttungen, wie z.B. im Fall der Gesellschaftsliquidation;*
- *Zinsen und Lizenzgebühren;*

---

889 *Bushmin, E./Pochinok, N./Efremova, V./Bakhtina, A./Kalinina, A.*, New CFC Rules: Avoiding Tax Evasion, Biosciences Biotechnology Research Asia 2015, Nr. 12 (1), 871 (873).

890 Regierungsbeschluss v. 16.06.2018 – Nr. 693.

891 So nach: *Starzhenetskaja, L.*, Prawowoje regulirowanije nalogoobloschenija kontroliruejemych inostrannych kompanij: opyt sarubeschnych stran i Rossii, Dissertation, Moskau 2016, 115.

892 *Starzhenetskaja, L.*, Prawowoje regulirowanije nalogoobloschenija kontroliruejemych inostrannych kompanij: opyt sarubeschnych stran i Rossii, Dissertation, Moskau 2016, 111.

- *Veräußerungsgewinne aus den Aktien, Beteiligungen usw.;*
- *Einkünfte aus den Geschäften mit derivativen Finanzinstrumenten;*
- *Einkünfte aus dem Immobilienverkauf;*
- *Einkünfte aus der VuV;*
- *Einkünfte aus dem Verkauf (einschließlich Rücknahme) von Investmentanteilen von Investmentfonds;*
- *Einkünfte aus Beratungs-, Rechts-, Buchhaltungs-, Wirtschaftsprüfungs-, Ingenieur-, Werbe-, Marketing- und Informationsverarbeitungsdienstleistungen sowie aus Forschungs- und Entwicklungs- und Personaldienstleistungen sowie Konstruktionsarbeiten;*
- *den genannten Einkünften ähnliche sonstige Einkünfte.*

Alle Einkünfte, die nicht in Art. 309.1 Abs. 4 SteuerGB RF erörtert werden, sind als aktiv zu klassifizieren[893]. Die rechtsvergleichende Perspektive lässt einige Differenzen in Bezug auf das russische und deutsche Verständnis von passiven Einkünften hervortreten. So bestimmt Art. 309.1 Abs. 4 SteuerGB RF die Gewinnausschüttungen von Kapitalgesellschaften stets als passive Einkünfte, obwohl sie nach § 8 Abs. 1 Nr. 8 AStG als aktiv zu bewerten wären. Darüber hinaus legt der russische Gesetzgeber – im Gegensatz zum deutschen – einen negativen Katalog der *passiven* Einkünfte fest. Abschließend ist anzuführen, dass Art. 309.1 Abs. 4 SteuerGB RF eindeutig eine „*breite*" Definition der passiven Einkünfte vornimmt[894]. Der Begriff „*ähnliche sonstige Einkünfte*" scheint m.E. in gewisse Maße uneindeutig und sollte durch den Gesetzgeber näher präzisiert werden.

bbbb) Die zweite Phase

Beim Vorhandensein passiver Einkünfte i. S. d. Art. 309.1 Abs. 4 SteuerGB RF folgt die zweite Phase der Ermittlung des Hinzurechnungsbetrags. Der Hinzurechnungsbetrag ist hierbei nach der Gesamtsumme *sämtlicher* Einkünfte der ausländischen Gesellschaft (*sowohl aktiver als auch passiver*) zu ermitteln[895]. Von der ermittelten Gesamtsumme sind nach Art. 25.15 Abs. 1 Satz 2 und 3 SteuerGB

893 *Permikin, K.*, International standards of «soft» regulation of taxation of profits of controlled foreign companies, Sozialno-polititscheskije nauki 2018, Nr. 3, 173 (175).

894 *Starzhenetskaja, L.*, Prawowoje regulirowanije nalogoobloschenija kontroliruejemych inostrannych kompanij: opyt sarubeschnych stran i Rossii, Dissertation, Moskau 2016, 111.

895 Aufgrund des Art. 309.1 Abs. 4 SteuerGB RF.

RF die im Ausland oder in der RF bereits versteuerten Dividendenzahlungen zu subtrahieren.

Unter Berücksichtigung sämtlicher Aspekte kann festgestellt werden, dass der russische Gesetzgeber – im Gegensatz zum deutschen – einen leicht durchsetzbaren *„entity-approach"* bevorzugt. *Starzhenetskaja*[896] kritisiert diese methodologische Herangehensweise. Ihrer These zufolge erscheint es nicht gerechtfertigt, beim Vorhandensein von 25 % passiver Einkünfte den Hinzurechnungsbetrag nach der Gesamtsumme der ausländischen Einkünfte heranzuziehen und parallel im Falle der 20 %-Schwelle passiver Einkünfte auf eine Hinzurechnungsbesteuerung zu verzichten.

Dieser These kann allerdings nicht beigepflichtet werden. Der genannte *„entity-approach"*-Ansatz kann zwar wirtschaftlich negative Auswirkungen auf den russischen Steuerresidenten haben. Die relative Strenge dieser Herangehensweise ist aber durch den Zweck eines Kampfes gegen Gestaltungsmissbräuche zu rechtfertigen. Mit der 20 %-Regelung hinsichtlich der passiven Einkünfte wurde eine nachvollziehbare Trennung zwischen den legalen und den missbräuchlichen Steuergestaltungen vollzogen. Bei einem Überschreiten der 20 %-Grenze ist der Gesetzgeber frei, die entsprechenden steuerrechtlichen Gegenmaßnahmen zu ergreifen. O.g. *„entity-approach"*-Ansatz erfüllt hierbei die Funktion eines gesetzlichen Sanktionsmechanismus. In diesem Zusammenhang wäre es m.E. eine *ignoratio elenchi,* den Gesetzgeber aufgrund des ausgewählten Sanktionsmechanismus zu kritisieren.

Auch auf der Ebene der OECD wurde dieser Ansatz als akzeptabel angesehen[897]. Des Weiteren muss die russische Grenzziehung von 20 % als wesentlich toleranter angesehen werden als beispielsweise die deutsche Bagatellgrenze i. H. v. 10 % nach § 9 AStG. Schließlich legt Art. 25.15 Abs. 7 SteuerGB RF eine Freigrenze i. H. v. 10 Mio. Rubel für die Gesamteinkünfte der ausländischen Gesellschaft fest[898]. Wenn die Gesamtsumme von aktiven und passiven Einkünften der ausländischen Gesellschaft unterhalb dieser Freigrenze liegt, kommt es somit zu keiner Hinzurechnungsbesteuerung. Festzustellen ist in diesem Zusammenhang,

---

896 *Starzhenetskaja, L.,* Prawowoje regulirowanije nalogooobloschenija kontroliruejemych inostrannych kompanij: opyt sarubeschnych stran i Rossii, Dissertation, Moskau 2016, 112 f.

897 Im Ergebnis: *OECD,* Designing Effective Controlled Foreign Company Rules, Action 3 – 2015 Final Report, Paris 2015, 51.

898 Kritisch dazu: *Permikin, K.,* International standards of «soft» regulation of taxation of profits of controlled foreign companies, Sozialno-polititscheskije nauki 2018, Nr. 3, 173 (174).

dass der Steuerpflichtige einen ausreichenden Spielraum für Steuerermäßigungen und Steuerbefreiungen hat. Aufgrund dieser Argumente ist die Normierung m.E. rechtlich einwandfrei.

3) *Rechtsfolgen*

Werden o.g. persönlichen und sachlichen Voraussetzungen erfüllt, greifen die Rechtsfolgen der russischen Hinzurechnungsbesteuerung ein. Die wesentliche Rechtsfolge besteht darin, dass auf ausländische Gewinne der russische Einkommensteuersatz von 15 % oder – für den Fall einer Körperschaft – von 20 % erhoben wird. Des Weiteren sind die Steuerresidenten verpflichtet, ihre Beteiligung an der ausländischen Gesellschaft nach Art. 25.14 SteuerGB RF den Finanzorganen zu erklären[899]. Diese Informationspflicht unterliegt einer dreimonatigen Frist und erfolgt nur in elektronischer Form[900]. Außerdem trifft die Steuerresidenten nach Art. 25.15 Abs. 5 und 6 SteuerGB RF die Verpflichtung, neben den Steuererklärungen auch die Jahresabschlüsse ausländischer Gesellschaften mit Nebenunterlagen den Finanzorganen in *russischer* Sprachfassung einzureichen. Hierbei ist es irrelevant, ob die ausländische Gesellschaft in dem betreffenden Finanzjahr Einkünfte erzielt hat[901].

Sollte der Steuerpflichtige diesen Aufgaben nicht nachkommen, hat er mit einschneidenden Konsequenzen zu rechnen. Die Geldstrafe im Falle einer verspäteten Teilnahmeerklärung liegt nach Art. 129.6 Abs. 2 SteuerGB RF bei 50.000 Rubel für jede[902] betroffene ausländische Gesellschaft. Sollte im Vorhinein eine fehlerhafte Auskunft von der beherrschenden Person erfolgt sein, liegt die Bestrafung nach Art. 129.6 Abs. 1 SteuerGB RF bei 100.000 Rubel.

Das russische Hinzurechnungsbesteuerungssystem entspricht zwar im Grunde genommen den internationalen Standards in diesem Bereich, es besteht dennoch offensichtlich noch weiterer Optimierungsbedarf. Zum einen sollte Klarheit in Bezug auf die Frage einer Beteiligung an der ausländischen

---

899 O.g. Erklärungspflicht ist im Grunde genommen für alle BRICS-Länder üblich, so: *Wilson, P.A.*, BRICS and International Tax Law, Dissertation, Alphen aan den Rijn 2018, 138.

900 Berufungsgericht von Samara v. 27.12.2017 – Nr. A65-28408/2017 – Investsisionnovenchyrny Fond Respubliki Tatarstan.

901 Im Ergebnis: Arbitragegericht von Moskau v. 21.12.2017 – Nr. A40-178867/17-20-2672 – Expotsentr.

902 So: *Kanevsky, S.*, Features of notifying tax authorities on the participation of organizations and individuals in controlled foreign companies, Woprosy studentscheskoj nauki 2019, Nr. 6, 187 (188).

Gesellschaft angestrebt werden. Die aktuelle Rechtslage, nach der die Steuerresidenten auch bei fehlender Beteiligung über die Kontrollfunktion der Gesellschaft verfügen können, erscheint unsystematisch und gesellschaftsrechtlich fragwürdig. Deshalb müsste sie zeitnah geändert werden. Wünschenswert wäre es zum anderen, die schwarze Liste des föderalen Steuerdiensts der RF zu überarbeiten und wesentlich zu reduzieren. Hierbei wäre die Ausrichtung dieser Liste an den momentanen Niedrigbesteuerungsländern sinnvoll, nicht jedoch an den Ländern mit fehlendem Informationsaustausch.

4) *Zusätzliche Hinzurechnungsbesteuerungsregelungen aus dem Maßnahmenpaket für die nationale Wirtschaft gegen die Folgen der Covid-19-Pandemie*

Mitte 2020 wurde die russische Regierung gezwungen, aufgrund der drastischen wirtschaftlichen Folgen der Covid-19-Pandemie das System des russischen Steuerrechts und insb. die geltenden Regelungen der Hinzurechnungsbesteuerung zu modifizieren. Durch Präsident *Putin* wurde vor allem die Einführung eines wesentlich vereinfachten Hinzurechnungsbesteuerungsregimes mit einem festen jährlichen Pauschalbetrag i. H. v. 5 Mio. Rubel vorgeschlagen[903]. Dies wurde damit begründet, dass das geltende System der Hinzurechnungsbesteuerung *„ziemlich kompliziert, umständlich und verwirrend"* ist[904]. Umso überraschender ist in diesem Zusammenhang, dass nach dem Vorschlag *Putins* – entgegen der von ihm selbst vorgetragenen Kritik – keine Änderung oder Abschaffung des geltenden Hinzurechnungsbesteuerungsregimes geplant war; vielmehr wurde eine Alternative vorgeschlagen[905], durch die nur die komplizierte Ermittlung des Hinzurechnungsbetrags erleichtert werden sollte.

Ende Oktober 2020 hat die Staatsduma die entsprechenden Änderungen im SteuerGB RF abgeschlossen[906]. Mit dem Gesetz wurde insb. Art. 227.2 SteuerGB RF eingeführt. Diesem zufolge wird auf Antrag des Steuerresidenten die Anwendung eines vereinfachten Hinzurechnungsbesteuerungsregimes gewählt (Art. 227.2 Abs. 1 Satz 1 SteuerGB RF), sobald dieser Antrag fristgerecht

---

903 Ansprache des Präsidenten *Putin* v. 23.06.2020, abrufbar auf Russisch unter: http://kremlin.ru/events/president/news/63548 (*letzter Zugriff*: 01.01.2022).

904 Siehe: Ansprache des Präsidenten *Putin* v. 23.06.2020, abrufbar auf Russisch unter: http://kremlin.ru/events/president/news/63548 (*letzter Zugriff*: 01.01.2022).

905 Siehe: *Damirov, J.*, Auswirkungen der Verfassungsreform und der Maßnahmen gegen die Covid-19-Pandemie auf das Steuersystem der RF, WIRO 2020, 328 (329).

906 Föderales Gesetz v. 09.11.2020 – Nr. 368-ФЗ, Rossijskaja Gazeta v. 12.11.2020, Nr. 255.

eingereicht ist (Art. 227.2 Abs. 1 Satz 2 SteuerGB RF). Die Besonderheit dieses Hinzurechnungsbesteuerungsregimes besteht nach Art. 227.2 Abs. 2 SteuerGB RF darin, dass *ungeachtet der tatsächlichen Höhe der Zwischeneinkünfte* fingiert wird, dass der Steuerresident innerhalb eines Kalenderjahres einen Gewinn i. H. v. 38.460.000 Rubel (*für das Jahr 2020*) bzw. 34 Mio. Rubel (*für die darauf folgenden Jahre*) erwirtschaftet hat[907]. Unbeachtlich soll dabei sein, ob der Steuerresident sich an einer oder an einer Vielzahl von ausländischen Zwischengesellschaften beteiligt. Art. 227.2 Abs. 3 und 4 SteuerGB RF enthalten ihrerseits weitere Bestimmungen, die eine Reihe von rechtstechnischen Fragen regeln.

Die Einführung eines alternativen Hinzurechnungsbesteuerungsregimes ist mit zahlreichenden rechtssystematischen und rechtsdogmatischen Herausforderungen verbunden. Zum einen verstößt die in Art. 227.2 Abs. 2 SteuerGB RF festgelegte Gewinnfiktion gegen den Gleichheitsgrundsatz aus Art. 19 Abs. 1 Verf RF. Es ist m.E. ausgesprochen inkonsequent, dass die Gewinnfiktion einen wirtschaftlichen bzw. steuerlichen Vorteil nur für die Steuerresidenten mit sich bringt, deren Gewinn mehr als 38.460.000 Rubel bzw. 34 Mio. Rubel pro Kalenderjahr beträgt. Somit besteht für die Steuerresidenten mit niedrigeren Gewinnen keine Möglichkeit, von den steuerlichen Vorteilen der Regelung zu profitieren. Daher sollen diese – wie zuvor – durch den hochkomplexen Zwei-Phasen-Test den Hinzurechnungsbetrag ermitteln.

Zum anderen widersprechen die Bestimmungen des Art. 227.2 SteuerGB RF offensichtlich dem ursprünglichen Zweck[908] der russischen Hinzurechnungsbesteuerung – Verhinderung der Ausnutzung steuerlicher Privilegien eines Niedrigbesteuerungslandes[909]. Zu erwarten ist in diesem Zusammenhang eine signifikante Zunahme der Anzahl von ausländischen Zwischengesellschaften, die durch die russischen Steuerresidenten mittelbar oder unmittelbar beherrscht bzw. kontrolliert werden. Es ist daher zu bedauern, dass mit der Einführung eines fixen jährlichen Pauschalbetrags eine immense Arbeit hinsichtlich der Verhinderung von Missbrauchsgestaltungen so einfach unterminiert wurde.

Schließlich ist das vereinfachte Hinzurechnungsbesteuerungsregime i. S. d. Art. 227.2 SteuerGB RF mit einem gewaltigen Verlust von jährlichen staatlichen

907 Die Differenz der Beträge ist mit dem Umstand zu begründen, dass der Steuersatz im russischen Einkommensteuerrecht für das Jahr 2020 13 % betrug. Ab dem Jahr 2021 beträgt dieser Steuersatz für Wohlhabende 15 %.

908 Erläuterungsnotiz zum Gesetzentwurf v. 22.10.2014 – Nr. 630365-6, 44.

909 Dazu: *Damirov, J.*, Auswirkungen der Verfassungsreform und der Maßnahmen gegen die Covid-19-Pandemie auf das Steuersystem der RF, WIRO 2020, 328 (329 f.).

Steuererlösen verbunden[910]. Die Verfolgung einer fragwürdigen *„penny wise, pound foolish*“-Steuerpolitik durch die russische Regierung hat zur Folge, dass das Wachstum der staatlichen Steuererlöse auf kurze Sicht gegenüber der fiskalischen Nachhaltigkeit bevorzugt wird[911]. In diesem Zusammenhang bleibt nur zu hoffen, dass nach dem Ende der Covid-19-Pandemie diese kontraproduktive und rein wirtschaftlich motivierte[912] Vorschrift abgeschafft wird.

d) Sonstige Maßnahmen in Bezug auf die Vermeidung einer treaty-shopping-Gestaltung

Auf die Einführung des Begriffs eines wirtschaftlichen Eigentümers ins Gesetz folgten die Versuche seitens der Finanzorgane und Gerichte, diese Definition zu konkretisieren. Relevant ist hier besonders der in einem Instruktionsbrief des föderalen Steuerdienstes der RF aus dem Jahr 2017 enthaltene Hinweis[913]. Besondere Rücksicht wird in diesem Instruktionsbrief auf den wirtschaftlichen Eigentümer der Gewinne genommen. In diesem Zusammenhang bringt der Instruktionsbrief konsequent die These[914] vor, dass der Beweis über das Weitertransferieren der inländischen Geldmassen durch eine ausländische Gesellschaft an eine Finanzstruktur im Drittland für die Bewertung dieser ausländischen Gesellschaft als Basisgesellschaft ausreicht. Fehlt ein solcher Beweis, werden weitere Faktoren für die Bewertung herangezogen. Diese sind z.B. der Umfang und die tatsächliche Verwirklichung der Unternehmerfunktionen, das Vorhandensein von Unternehmensführungsinstrumenten (insb. von Personal oder einem Büro) usw.[915]. Zusammenfassend kann hier festgestellt werden, dass die Orientierung der russischen Finanzorgane nicht, wie früher der Fall, an formalen Voraussetzungen erfolgt. Stattdessen nehmen sie zusätzlich Rücksicht auf die materiellrechtliche Lage und die wirtschaftlichen Parameter einer ausländischen Gesellschaft. Damit kann mittels der landesspezifischen Übersetzung von einer substance-over-form-Doktrin gesprochen werden.

---

910 *Damirov, J.*, Auswirkungen der Verfassungsreform und der Maßnahmen gegen die Covid-19-Pandemie auf das Steuersystem der RF, WIRO 2020, 328 (330).

911 So nach: *Damirov, J.*, Auswirkungen der Verfassungsreform und der Maßnahmen gegen die Covid-19-Pandemie auf das Steuersystem der RF, WIRO 2020, 328 (331).

912 So: *Damirov, J.*, Auswirkungen der Verfassungsreform und der Maßnahmen gegen die Covid-19-Pandemie auf das Steuersystem der RF, WIRO 2020, 328 (330).

913 Föderaler Steuerdienst RF v. 17.05.2017 – Nr. CA-4-7/9270.

914 Siehe: Föderaler Steuerdienst RF v. 17.05.2017 – Nr. CA-4-7/9270, 2.

915 Dazu siehe: Föderaler Steuerdienst RF v. 17.05.2017 – Nr. CA-4-7/9270, 2.

In Gerichtsentscheidungen spiegelten sich die positiven Entwicklungen bezüglich der Verhinderung missbräuchlicher Folgen eines treaty-shoppings wider. Plakativ kann hier eine jüngere Entscheidung des Arbitragegerichts der RF genannt werden. Eine in Zypern affiliierte Zwischengesellschaft mit inländischen Einkünften forderte die Gewährleistung einer reduzierten Besteuerung von Dividendeneinkünften. Dies wurde abgelehnt[916], weil das Gericht erkannte, dass die zyprische Gesellschaft lediglich eine Transferfunktion zugunsten einer Drittgesellschaft ausübt. Darüber hinaus trug die zyprische Gesellschaft keine Risiken i. R. der Gewinnerzielung in der RF. Aufgrund dessen waren die materiellrechtlichen Voraussetzungen aus Art. 7 Abs. 2 Satz 3 SteuerGB RF nicht erfüllt und das Gericht erkannte in der zyprischen Gesellschaft eine ausländische Basisgesellschaft. Die Anwendung von Art. 12 Abs. 1 DBA-Zypern wurde aufgrund der reduzierten Besteuerung der Dividenden abgelehnt. Diesbezüglich kann angemerkt werden, dass die mit diesem Fall verbundenen Diskussionen und Debatten über die Verhinderungsmöglichkeiten von treaty-shopping-Konstellationen, die sich über Jahre hinzogen, in positiven Ergebnissen und einem effektiven Schutz des Ertragsteuerrechtssystems resultierten.

2. *Die Vermeidung missbräuchlicher Gestaltungen mit Zinsen oder Gesellschafterfremdfinanzierung gemäß Art. 269 SteuerGB RF*

In Art. 269 SteuerGB RF sind die restriktiven Regelungen enthalten, die sich mit der Beschränkung von Steuerabzugsmöglichkeiten in Zins- oder Gesellschafterfremdfinanzierungskonstellationen beschäftigen. Die Regelung entstand als ein Ergebnis der Untersuchung von verschiedenen Bekämpfungsmethoden gegen die schädliche Ausnutzung von Zins- und Gesellschafterfremdfinanzierungskonstellationen von OECD-Mitgliedstaaten[917]. Sie trat im Jahr 2002 in Kraft[918] und wurde seitdem fortwährend modifiziert. Seit 2011 besteht jedoch neben diesem Rechtsinstrument zusätzlich ein Beschluss des Oberarbitragegerichts der RF[919] bezüglich des *Severny-Kuzbass-Falls*, welchen die Gerichtsinstanzen zur

---

916 Dazu: Präsidium des Obersten Gerichts RF v. 12.07.2017, Obzor praktiki razreshenija sudami sporov, svjazannyh s zashhitoj inostrannyh investorov, 21 f.

917 *Volkov, A.*, Priznaki neobosnovannoj nalogovoj vygody v kontekste zloupotreblenija grazhdanskimi i nalogovymi pravami, Vestnik arbitrazhnoj praktiki 2017, Nr. 6, 3 (12).

918 Föderales Gesetz v. 29.05.2002 – Nr. 57-ФЗ, Rossijskaja Gazeta v. 31.05.2020, Nr. 97.

919 Präsidium des Oberarbitragegerichts RF v. 15.11.2011 – Nr. 8654/11 – Severny Kuzbass; kritik: *Vinnickij, D.*, Mezhdunarodnoe nalogovoe pravo: problemy teorii i praktiki, Moskau 2017, Rn. 116.

Orientierung heranziehen können. Dem Beschluss gemäß lehnte das Gericht die Steuerreduzierungsansprüche der Steuerpflichtigen bei grenzüberschreitenden Gesellschafterfremdfinanzierungskonstellationen ab, was als Zulassung eines treaty-override durch das Gericht in Fällen einer Ausübung der abkommensrechtlichen Vorschrift mit rein missbräuchlichem Zweck zu interpretieren ist.

Neben einem treaty-override fanden gleichzeitig deutliche Erweiterungsversuche hinsichtlich des Geltungsbereichs von Art. 269 Abs. 2 SteuerGB RF statt. Diese erfolgten mittels der Anwendung von abkommensrechtlichen Merkmalen einer assoziativen ausländischen Gesellschaft aus Art. 9 OECD-MK[920]. Dabei kritisierte *Bruk*[921] gerade diese streng formalistische, „selektive" Anwendung der Auslegung aus dem OECD-MK, da die Gerichtsinstanzen hierbei den *OECD Thin Capitalization Report* vollständig ignorierten. Dort wird die pauschale Bewertung einer Unterkapitalisierungskonstellation als missbräuchlich ohne Gewährleistung einer Entlastungsmöglichkeit für den Steuerpflichtigen als unerwünscht angesehen[922].

Kritik bestand auch an der Normstruktur und dem Wortlaut der nationalen Regelung in Art. 269 SteuerGB RF, da es diesen an Explizität und Präzision mangelte. Daraus entwickelte sich der Bedarf an der Weiterentwicklung der Normtatbestände. Als Folge daraus fanden sich die Fragen der Zinsabzugsbeschränkung und Gesellschafterfremdfinanzierung inkl. ihrer weiteren Detaillierung ab dem Kalenderjahr 2016 unmittelbar in Abs. 2 und 4.

a) Art. 269 Abs. 2 SteuerGB RF

In Art. 269 Abs. 2 SteuerGB RF wird eine Reihe von Tatbeständen bestimmt. Treten diese ein, schließt das die Möglichkeit des Zinsaufwendungsabzugs aus. Unter Punkt 1 der o.g. Vorschrift ist die Abzugsmöglichkeit bei *allen*[923] Schuldverpflichtungen zu verneinen, wenn sich die Zinsaufwendungen aus Zahlungen an eine ausländische Gesellschaft ergeben, welche direkt oder indirekt mit

920 Mehr dazu mit detaillierter Untersuchung des *Pskovkaja-Kolleg-Grupp-Urteils*: *Vinnickij, D.*, Russia: Thin Capitalization Rules between Sister Companies under Luxembourg-Russia, in: Tax Treaty Case Law around the Globe 2014, Amsterdam 2015, 305 (306 f.).

921 *Bruk, B.*, Tonkosti i nedostatki pravil nedostatochnoj kapitalizacii, Nalogoved 2015, Nr. 2, 41 (45 f.).

922 Siehe: *OECD*, Thin Capitalization Report, Paris 1986, Rn. 79.

923 *Lermontov, J.*, Postatejnyj kommentarij k chasti pervoj nalogovogo kodeksa Rossijskoj Federacii, Art. 269, Stand: 01.2016 (zitiert aus Konsultantplus Rechtsportal).

mindestens 25 % oder aufgrund einer Kaskadenbeteiligung mit mehr als 50 %[924] an einer inländischen Gesellschaft beteiligt ist. Gemäß Art. 269 Abs. 2 Punkt 2 SteuerGB RF wird diese Beschränkung aus dem Punkt 1 auch auf jene Schuldverpflichtungen erweitert, die in Beziehungen mit der ausländischen Gesellschaft nahestehenden Personen entstanden.

Eine Sicherstellung der Anwendung der Zinsschrankenregelung ist auch in solchen Fällen erforderlich, in denen sich die Schuldverpflichtung und die Zinszahlungen zwischen zwei Schwestergesellschaftern ergeben[925]. Der maßgebliche Faktor ist hierbei das Vorhandensein einer ausländischen Gesellschaft. Dagegen kann die Regelung über die Zinsschranke bei rein russischen Gesellschaften aufgrund Art. 269 Abs. 8 Nr. 1 SteuerGB RF nicht angewandt werden. Dabei ist außerdem von Bedeutung, dass die ausländische Gesellschaft sich in jeder möglichen Form an der inländischen Gesellschaft beteiligt, denn vor allem diese Tatsache erlaubt die Bewertung der inländischen Gesellschaft als einen Teil der ausländischen Gesellschaft. Aufgrund der Unmöglichkeit der Besteuerung einer ausländischen Gesellschaft eröffnet dies dem Gesetzgeber zudem die Möglichkeit, mittels eines Abzugsverbots für die inländische Gesellschaft das verfassungsrechtliche Steuergleichheitsprinzip zu gewährleisten[926]. Daraus folgt, dass eine Verfassungswidrigkeit der Vorschrift nicht in Betracht kommen soll[927].

Schließlich ist eine Abzugsmöglichkeit dann zu verneinen, wenn die ausländische Gesellschaft, die an einer inländischen Gesellschaft beteiligt ist, bzw. die ihr nahestehende Person als Bürge für eine Schuldverpflichtung der inländischen Rechtsstruktur mit fremden Dritten eintritt. Nur für Banken hat der Gesetzgeber hier in Art. 269 Abs. 9 Punkt 1 SteuerGB RF eine Ausnahme geschaffen, sodass deren Bürgschaft keine Zinsabzugsbeschränkung bei der inländischen Gesellschaft zur Folge hat.

Verglichen mit Deutschland hat sich der russische Gesetzgeber in Art. 269 Abs. 2 SteuerGB RF für eine alternative Konstruktionsmethodik entschieden. Anstatt zunächst, wie im deutschen § 4h EStG und § 8a KStG, die Unmöglichkeit eines völligen Abzugs von Zinsaufwendungen zu deklarieren und erst

---

924 Kritisch dazu: *Repljanskaja, A.*, Sravnitel'no-pravovoj analiz pravil po ogranicheniju vycheta procentnyh rashodov v stranah kontinental'noj i anglosaksonskoj pravovyh sistem, Publichno-pravovye issledovanija (jelektronnyj zhurnal) 2016, Nr. 3, 19 (20).

925 So im Ergebnis: Oberstes Gericht RF v. 17.07.2015 – Nr. 305-КГ15-8766, 4 – Achimgaz.

926 Im Ergebnis: VerfG RF v. 17.07.2014 – Nr. 1579-O (Rn. 2.1) – Severstalj Menedzhment.

927 Dazu: VerfG RF v. 24.03.2015 – Nr. 695-O – Gurovo-Beton; siehe: VerfG RF v. 17.07.2014 – Nr. 1579-O (Rn. 2) – Severstalj Menedzhment.

anschließend die Entlastungsmöglichkeiten zu bestimmen, wendet der russische Gesetzgeber seine restriktive Regelung lediglich auf einen bestimmten Rechtspersonenkreis an, welcher jedoch Schritt für Schritt ausgeweitet wird[928]. Im Gegensatz dazu war der deutsche Gesetzgeber gezwungen, aufgrund des Drucks von unionsrechtlichen Faktoren den Geltungsbereich der entsprechenden Regelung deutlich einzuschränken.

Art. 269 Abs. 2 SteuerGB RF hat, ebenso wie die deutsche Parallelregelung, eine universale Rechtsnatur, deren Geltungsbereich aufgrund des Art. 269 Abs. 1 Satz 1 SteuerGB RF jegliche Schuldverpflichtungen bzw. Konstellationen mit Darlehenszinsen umfasst, sowie Gesellschafterfremdfinanzierungen, Zinsen aus den Bankkonten usw. Außerhalb des Geltungsbereichs liegen jedoch die Lizenzzahlungen. Im Gegensatz zu anderen Zahlungsformen sollen diese aufgrund der Ausnutzung von geistigem Eigentum einer anderen Person gezahlt werden[929], weswegen die Regelung bei Gestaltungen mit Lizenzzahlungen nicht greift.

Des Weiteren muss in rechtsvergleichender Hinsicht die Tatsache erwähnt werden, dass die Regelung des Art. 269 Abs. 2 SteuerGB RF keine Freigrenze enthält, wie sie in der deutschen Regelung vorzufinden ist. Zusätzlich verzichtete der Gesetzgeber auf eine Einführung von Entlastungstatbeständen i. S. d. *escape-* und *stand-alone-*Klauseln. Dies ist jedoch hinsichtlich des russischen Ertragsteuerrechts völlig akzeptabel, da im Allgemeinen weder die russischen Gerichte noch das Rechtssystem ein Gebot zur Vermeidung einer pauschalen Missbrauchsbewertung bei der Steuergestaltung kennen.

Zudem ist fraglich, ob die Vorschrift gegen Art. 24 OECD-MA verstößt. Die Betrachtung des Wortlauts von Art. 269 Abs. 2 SteuerGB RF lässt darauf schließen, dass lediglich die Konstellationen zwischen russischen und ausländischen Gesellschaften unter dessen Geltungsbereich fallen. Folglich wäre die Vermutung konsequent, dass bei Konstellationen mit zwei rein russischen Gesellschaften die o.g. Vorschrift keine Anwendung findet. *Vinnickij*[930] bemängelt jedoch die mangelnde Präzision bei der Untersuchung dieses Rechtsproblems durch die Gerichtsinstanzen. Eine Lösung des Problems mittels der Detaillierung des

---

928 *Repljanskaja, A.*, Sravnitel'no-pravovoj analiz pravil po ogranicheniju vycheta procentnyh rashodov v stranah kontinental'noj i anglosaksonskoj pravovyh sistem, Publichno-pravovye issledovanija (jelektronnyj zhurnal) 2016, Nr. 3, 19.

929 Siehe: Art. 1235 Abs. 1 Satz 1 vom ZGB RF.

930 *Vinnickij, D.*, Razvitie sudebnoj praktiki po delam o nedostatochnoj kapitalizacii v Rossijskoj Federacii v 2011–2016 gg., Electronic Supplement To The Russian Juridical Journal 2017, Nr. 6, 141 (148).

Gesetztextes zu dem Verhältnis zwischen Art. 24 OECD-MA und Art. 269 Abs. 2 SteuerGB RF durch den Gesetzgeber scheint in diesem Zusammenhang sinnvoll.

b) Art. 269 Abs. 4 SteuerGB RF

Art. 269 Abs. 2 SteuerGB RF bestimmt den Personenkreis und die Merkmale der ausgeübten Missbrauchsgestaltungen. Dagegen legt Abs. 4 Satz 1 der o.g. Vorschrift die Formeln fest, nach denen die steuerliche Abzugsbeschränkung berechnet werden soll. Gemäß dieser Norm berechnet sich der höchstmögliche Zinsabzugsbetrag wie folgt:

$$\frac{\textbf{Die Prozentsumme von } \textit{an den in Art.269 Abs.2 SteuerG RF genannten Personenkreis gezahlten } \textbf{Zinsen}}{\textbf{Wertzahl der Kapitalisierung } \textit{der inländischen Gesellschaft}}$$

Die höchstmögliche Zinsabzugsquote ist für jede Steuerperiode getrennt zu bestimmen. Dabei haben die Änderungen der Wertzahl der Kapitalisierung für die folgende Steuerperiode keinen Einfluss auf die Veränderung der aktuellen Zinsabzugsquote, Art. 269 Abs. 4 Satz 2 SteuerGB RF. Dies bedeutet, seitens des Gesetzgebers wird die Möglichkeit für den Steuerpflichtigen ausgeschlossen, anhand eines späteren *status quo* der Kapitalisierungswertzahl rückwirkend ungerechtfertigte Steuerprivilegien zu erhalten.

Satz 3 legt wie folgt fest, was unter der Wertzahl der Kapitalisierung zu verstehen ist:

$$\frac{\textit{Die Summe des } \textbf{Fremdkapitals} \textit{ der inländischen Gesellschaft}}{\textit{Die Summe des } \textbf{Eigenkapitals} \textit{ der inländischen Gesellschaft}} \div 3$$

Für die Bankstrukturen und Leasing-Organisationen sieht die Formel wie folgt aus:

$$\frac{\textit{Die Summe des } \textbf{Fremdkapitals} \textit{ der inländischen Gesellschaft}}{\textit{Die Summe des } \textbf{Eigenkapitals} \textit{ der inländischen Gesellschaft}} \div \mathbf{12{,}5}$$

Steuer- und Abgabenschulden der Gesellschaft finden bei der Bestimmung der Summe des Eigenkapitals gemäß Art. 269 Abs. 4 Satz 4 SteuerGB RF keine Beachtung. Ebenso wie bei Art. 269 Abs. 2 SteuerGB RF werden die Regelungen des Abs. 4 seitens der Gerichtsinstanzen nicht bei Steuergestaltungen mit rein russischen Gesellschaften angewandt[931]. Damit stellt sich weiterhin die Frage der Vereinbarkeit dieser Regelung mit dem abkommensrechtlichen Gleichheits- bzw. Nichtdiskriminierungsgrundsatz. Darüber hinaus gilt es außerdem, das Doppelbesteuerungsproblem zu beachten, welches sich aus der vielfältig auslegbaren Regelung i. S. d. Art 269 Abs. 4 SteuerGB RF ergibt[932]. Schließlich wurde weder durch Gerichte noch durch das Schrifttum eine Klarstellung geliefert, warum die Summe des eigenen und fremden Kapitals, die bei der Bestimmung der Wertzahl der Kapitalisierung von Bedeutung ist, entweder auf 3 oder auf 12,5 aufgeteilt werden soll. Diese Regelung hat negative praktische Folgen. Die Marktposition der Banken und Leasing-Organisationen verschlechtert sich, ohne dass der Staat hier eine präzise Rechtfertigung benennt. Dies eröffnet eine Diskussion über die offene Diskriminierung dieser Finanzstrukturen und ebenfalls über die selektive Natur der vom russischen Gesetzgeber vorgeschlagenen Formel. Darüber hinaus sollte in diesem Zusammenhang auch der mögliche Verstoß gegen Art. 19 Abs. Abs. 1 Verf RF thematisiert werden.

Auf der anderen Seite bedeutet die verständlich formulierte Regelung bezüglich der Bestimmung der Zinsobergrenze eine deutliche Erleichterung in der praktischen Anwendung der Vorschrift. In diesem Zusammenhang scheint es auch wenig überraschend, dass beim föderalen Steuerdienst sowie beim Finanzministerium der RF nur sehr wenige Anfragen von Gerichtsinstanzen oder Steuerpflichtigen vorliegen, die sich auf eine Klarstellung o.g. Vorschrift beziehen. Es werden keine neuen Termini in der Norm eingeführt, wie z.B. EBITDA. Sie ist zudem auf alle juristischen Personen anwendbar. In diesem Zusammenhang ist zu hoffen, dass sich die Orientierung des deutschen Gesetzgebers bei der weiteren Modernisierung der nationalen Zinsschrankenregelung außer an der rein EU-weiten Rechtspraxis auch auf die Rechtserfahrungen von Staaten wie Russland ausweitet.

3. *Lizenzschrankenregelung im russischen Ertragsteuerrecht*

Im russischen Steuerrechtssystem existiert keine spezielle Anti-Missbrauchsvorschrift für die Vermeidung der missbräuchlichen ertragsteuerlichen Gestaltungen mit Lizenzzahlungen. Um gegen solche schädlichen

931 Siehe: Präsidium des Obersten Gerichts RF v. 16.02.2017, Obzor praktiki rassmotrenija sudami del, svjazannyh s primeneniem otdel'nyh polozhenij razdela V.1 i stat'i 269 Nalogovogo kodeksa Rossijskoj Federacii (Rn. 13).

932 Siehe: Präsidium des Obersten Gerichts RF v. 06.07.2016, Obzor sudebnoj praktiki Verhovnogo Suda Rossijskoj Federacii (Rn. 12).

Konstellationen vorzugehen, erfolgt eine Weiterentwicklung des Instituts des wirtschaftlichen Eigentümers i. S. d. Art. 7 Abs. 2 SteuerGB RF. Gleichzeitig besteht eine spezifische und partiell inkonsequente geschichtliche Entwicklung und gesetzliche Argumentation dieser Bekämpfung.

Im Jahr 2016 ergänzte der Gesetzgeber, wie bereits erwähnt, die streng kritisierte Begriffsbestimmung des wirtschaftlichen Eigentümers (*beneficial owner*) zu Art. 7 SteuerGB RF. Unter diesem Begriff fallen aufgrund des Abs. 2 der o.g. Vorschrift solche *Zahlungen*, die eine inländische Gesellschaft an die an ihr beteiligte ausländische Gesellschaft verrichtet. Diese sollen weiterhin als Gewinn der ausländischen Gesellschaft erfasst werden. Dabei fehlt seitens des Gesetzgebers insb. die Klarstellung des Begriffs der Zahlung. Anwendung fand diese Regelung seitens der Mehrheit der Gerichtsinstanzen bei den treaty-shopping-Konstellationen. Damit wurde die missbräuchliche Ausnutzung der aus Art. 10 OECD-MA entstehenden Dividendenbesteuerungsprivilegien für nichtberechtigte Dritte begrenzt[933]. In einer Entscheidung[934] aus dem Jahr 2017 wandte das Arbitragegericht des Vladimirskaja-Bezirkes eine sehr breite Interpretation der Definition dieser Zahlungen an. Namentlich verstand es darunter *„Dividenden-, Zins-, Lizenz- und andere Zahlungen“*[935]. Das Gericht verwies diesbezüglich auf die OECD-MA- und OECD-MK-Regelungen (die allerdings in der Entscheidung nicht konkretisiert worden waren). Es betonte darüber hinaus nochmals, dass gemäß der Normenhierarchie aus Art. 15 Abs. 4 Verf RF gerade die Vorschriften aus den o.g. Quellen die nationale Regelung verdeutlichen sollen, und verbreiterte somit den Geltungsbereich des Instituts des wirtschaftlichen Eigentümers auf Konstellationen mit missbräuchlicher Ausnutzung von Lizenzzahlungen.

Diese Herangehensweise und Argumentation des Gerichts lässt jedoch einige dogmatische Fragen entstehen. Zweifelhaft ist insb., ob eine Bewertung von OECD-MA und -MK als ein separater zwischenstaatlicher Vertrag i. S. d. Art. 15 Abs. 4 Verf RF möglich ist, denn das OECD-MA dient nur der Funktion der Orientierung und als Muster für zwei Hoheitsgebiete, die ein DBA abschließen

---

933 So z.B. in: Arbitragegericht von Moskau v. 31.10.2016 – Nr. A40-113217/2016 – Severstal'; Berufungsgericht von Rostow am Don v. 13.03.2017 – Nr. A32-18982/2016 – Saharnyj zavod „Leningradskij“; Arbitragegericht des Kemero Bezirkes v. 13.10.2016 – Nr. A27-20527/2015 – Krasnobrodskij Juzhnyj; Oberstes Gericht RF v. 25.12.2017 – Nr. A27-16584/2016 – Krasnobrodskij Juzhnyj.

934 Arbitragegericht des Vladimirskaja Bezirkes v. 17.01.2017 – Nr. A11-6602/2016, 11 f. – Vladimirskaja jenergosbytovaja kompanija.

935 Siehe: Arbitragegericht des Vladimirskaja Bezirkes v. 17.01.2017 – Nr. A11-6602/2016, 12 – Vladimirskaja jenergosbytovaja kompanija.

wollen, und kann daher nicht als ein selbständiger Vertrag bewertet werden. Das gleiche gilt für das UN-MA. In dieser Hinsicht kann das o.g. MA nicht als zwischenstaatlicher Vertrag i. S. d. Art. 15 Abs. 4 Verf RF betrachtet werden.

Seinerseits verfügt der OECD-MK nur über eine Empfehlungsnatur für die DBA. Diese orientieren sich wiederum an OECD-MA. Dies gilt jedoch für viele Länder nicht, da diese es bevorzugen, Steuerstreitigkeiten durch zwischenstaatliche Verständigungsverfahren beizulegen. Auf der anderen Seite bestehen auch zahlreiche auf den Postulaten der UN-MA basierende DBA zwischen der RF und ihren Nachbarstaaten, wie z.B. Aserbaidschan. Rechtsdogmatisch konsequent wäre diesbezüglich die Anwendung des UN-MK, nicht jedoch der Kommentierungen zum OECD-MA, aber auch diese Tatsache wurde vom Gericht nicht berücksichtigt.

Eine weitere Unklarheit besteht bezüglich des Verhältnisses zwischen dem „neuen" Verständnis der Zahlungsdefinition und anderen speziellen Anti-Missbrauchsvorschriften, namentlich Art. 269 Abs. 2 und 4 SteuerGB RF. Die OECD-Interpretation schließt bei Zahlungen auch Zinszahlungen an eine ausländische Gesellschaft mit ein. Darüber hinaus fehlt eine Klarstellung seitens des Gerichts, was unter den in der Entscheidung genannten anderen Zahlungen zu verstehen ist. Aufgrund all dieser hier genannten Aspekte kann die durch das Gericht gestützte These nicht goutiert werden.

Bedauerlich ist diesbezüglich die Akzeptanz der durch das Gericht vorgebrachten These seitens des föderalen Steuerdiensts. In einem Instruktionsbrief v. 05.01.2017 erkannte dieses Organ die anti-missbräuchliche Natur des beneficial-ownership-Instituts an. Dies soll nun seinerseits die Möglichkeit eröffnen, unterschiedliche Zahlungen an eine ausländische Gesellschaft an dem Maßstab des Missbrauchs zu prüfen[936]. In seiner diesbezüglichen Argumentation bezieht sich das Finanzorgan insb. auf die o.g. Entscheidung des Arbitragegerichts des Vladimirskaja-Bezirkes.

Der Instruktionsbrief enthält gleichermaßen eine Anerkennung der Möglichkeit, OECD-MA und -MK als fakultative Auslegungsinstrumente anzuwenden[937], was allerdings in der Praxis eine selektive oder partielle Nichtanwendung nicht ausschließt. Maßgeblich hierfür sind die Einzelheiten des Sachverhalts. Der Wortlaut des Instruktionsbriefs führt zu dem eindeutigen Schluss, dass der föderale Steuerdienst das MA und MK lediglich als fakultative Hilfsinstrumente betrachtet, nicht, wie das Arbitragegericht des Vladimirskaja-Bezirkes,

936 Föderaler Steuerdienst RF v. 17.05.2017 – Nr. CA-4-7/9270, 2.
937 Föderaler Steuerdienst RF v. 17.05.2017 – Nr. CA-4-7/9270, 1.

als internationalen Vertrag. Unklar bleibt dabei, warum das o.g. Finanzorgan bei der Betrachtung von Zahlungsarten auf eine Gerichtsentscheidung verweist, in der OECD-MA und -MK i. S. eines unabhängigen internationalen Vertrags behandelt werden. Bislang fehlt eine präzise Antwort auf diese Frage sowohl seitens der Literatur als auch des föderalen Steuerdiensts selbst.

Die Lösung für das Problem der missbräuchlichen Ausnutzung von Lizenzzahlungen fand sich im russischen Ertragsteuerrecht i. F. der künstlichen Erweiterung des Instituts des wirtschaftlichen Eigentümers. Trotz dieser positiven Lösung des Problems bleiben jedoch viele unlogische Aspekte bezüglich der Anwendung dieses Instituts bestehen. Daher wäre es in diesem Zusammenhang konsequent, analog zu Art. 269 Abs. 2 und 4 SteuerGB RF die Bekämpfung der missbräuchlichen Lizenzzahlungen in eine separate Anti-Missbrauchsvorschrift zu übertragen, was sowohl der Bestimmung von sachbezogenen Merkmalen als auch zur schnellen Entwicklung des gesamten Anti-Missbrauchssystems beiträgt. Bis es so weit ist, erfolgt der Kampf jedoch lediglich durch die Anwendung der allgemeinen Grundsätze aus Art 7 Abs. 2 SteuerGB RF und mittels des Instruktionsbriefs des föderalen Steuerdiensts. Es bleibt zu hoffen, dass sich der Gesetzgeber i. R. der Modernisierung des russischen Ertragsteuerrechtssystems und angeregt durch die Kumulierung ausländischer Erfahrung in diesem Bereich mit der Schaffung neuer spezieller Anti-Missbrauchsvorschriften auseinandersetzen wird.

C. Rechtsvergleichende Analyse

Es bestehen teilweise drastische Unterschiede zwischen den zu untersuchenden Schutzsystemen gegen Missbrauchsgestaltungen in Deutschland und in Russland. Es müssen hier die strukturbezogenen Differenzpunkte genannt werden. Das deutsche Rechtssystem konstruiert die Gesetzhierarchie streng durch das Verhältnis des § 42 AO i. S. d. *„lex generalis“* zu anderen speziellen ertragsteuerlichen Normen als *„leges speciales“*. Dagegen gibt es im Ertragsteuerrecht Russlands bis heute keine steuerrechtliche Vorschrift, welche die Funktionen der allgemeinen Anti-Missbrauchsnorm erfüllt. Darüber hinaus gehen die Gerichtsbeschlüsse in der RF im Bereich des Ertragsteuerrechts deutlich über die Rechtsfortbildung hinaus. Damit schaffen sie tatsächlich einen Präzedenzfall für alle anderen Gerichtsinstanzen. Im Gegensatz dazu haben die Gerichtsentscheidungen in Deutschland nur eine klarstellende Funktion und zielen auf die Vermeidung möglicher Diskrepanzen zwischen Wortlaut und Sinn der Anti-Missbrauchsnorm ab. Schließlich müssen die zahlreichen Instruktionsbriefe des föderalen Steuerdiensts und des Finanzministeriums Russlands angeführt werden, da diese aufgrund ihres hochkomplexen Wortlauts oft zum Entstehen von Herausforderungen für das Verständnis seitens des Steuerpflichtigen beitragen.

Es ist in diesem Zusammenhang die Schaffung eines zweistufigen ertragsteuerlichen Schutzsystems gegen Missbrauchsgestaltungen durch den deutschen Gesetzgeber festzustellen, bei dem die Gerichtsinstanzen bei der Gesetzinterpretierung lediglich eine fakultative Hilfsfunktion haben. Dem gegenüber steht im russischen Ertragsteuerrecht die Abwesenheit einer präzisen allgemeinen Anti-Missbrauchsregelung. Die Rolle der „*lex generalis*" wird in Russland praktisch partiell sowohl von den zivilrechtlichen und verfassungsrechtlichen Anti-Missbrauchsvorschriften als auch von den Gerichtsbeschlüssen des VerfG und des Oberarbitragegerichts der RF angenommen.

Ein weiterer wichtiger Unterschied findet sich in den speziellen Anti-Missbrauchsvorschriften des deutschen und des russischen Ertragsteuerrechts. Alle im SteuerGB RF enthaltenen speziellen ertragsteuerrechtlichen Anti-Missbrauchsvorschriften beziehen sich auf das Institut des wirtschaftlichen Eigentümers. Dies kann anhand der Regelungen der Art. 7 Abs. 2 und Art. 269 Abs. 2 SteuerGB RF veranschaulicht werden. Das russische Ertragsteuersystem verfügt damit nicht über einen selbständigen und vom o.g. Institut unabhängigen Schutzmechanismus. Auf der anderen Seite steht die Diversifizierung der Schutzmechanismen streng für jede Missbrauchskonstellation seitens des deutschen Gesetzgebers. Hier besteht keine Verbindung zwischen deren Anwendung und dem Institut des wirtschaftlichen Eigentümers.

Schließlich gingen beide Staaten von unterschiedlichen methodologischen Ansätzen bei der Schaffung nationaler Hinzurechnungsbesteuerungssysteme aus. Zwar spielt die Hinzurechnungsbesteuerung in der Praxis beider Staaten stets die wesentliche Rolle in Bezug auf die Verhinderung von treaty-shopping-Gestaltungen bei den Outbound-Fällen. Bemerkenswert ist aber die Tatsache, dass der russische Gesetzgeber in vielen hinzurechnungsbezogenen Rechtsfragen deutlich liberaler ist als der deutsche Gesetzgeber. Zum Teil ist diese Situation mit der Auswirkung des EU-Rechts auf das deutsche Steuerrechtssystem zu erklären. Zu beachten ist ebenso die Tatsache, dass das russische Hinzurechnungsbesteuerungssystem relativ „*jünger*" als das deutsche ist. Die Kehrseite der Medaille ist jedoch, dass in Bezug auf Gesetzsystematik und Regelungstext bei der russischen Hinzurechnungsbesteuerung noch deutliches Verbesserungspotenzial besteht.

Trotz der zahlreichen Unterschiede finden sich auch einige gemeinsame Aspekte in den zu untersuchenden Schutzsystemen. Die Anti-Missbrauchsvorschriften sind in beiden Systemen nicht konsolidiert und befinden sich in verschiedenen Rechtsquellen. Nur ein Teil der russischen Anti-Missbrauchsnormen ist im SteuerGB RF fixiert. So bleibt es den Gerichten überlassen, durch zahlreiche Beschlüsse und Entscheidungen selbst die ertragsteuerliche Anti-Missbrauchsdoktrin zu entwickeln. Dabei existiert im SteuerGB RF kein einheitliches Kapitel zum Thema der Vermeidung von Missbrauchsgestaltungen im Ertragsteuerrecht. Die gleiche Situation findet sich im deutschen Steuerrechtssystem, dessen Anti-Missbrauchsregelungen neben der AO auch im EStG sowie im KStG und im AStG fixiert sind. Als weitere Gemeinsamkeit sind darüber hinaus die Herausforderungen beim Verständnis vom Satzkonstruktionen zu erwähnen, die in den Regelungen beider Staaten vorkommen und zu Zweifeln bezüglich der Übereinstimmung von Gesetztexten mit dem Grundsatz der Normklarheit führen.

Die Tendenz der letzten Jahre sah bedauerlicherweise in beiden Staaten so aus, dass sich der russische und der deutsche Gesetzgeber immer wieder mit punktuellen Abkommensüberschreibungen auseinandersetzten. Im deutschen Ertragsteuerrechtssystem wurde diese Tendenz bereits vor geraumer Zeit anerkannt, während sie sich nun mit dem Verfolgen der Strategie von treaty-overriding in Art. 269 Abs. 2 SteuerGB RF als ertragsteuerliches Phänomen auf das Steuerrecht Russlands ausbreitet.

Im Hinblick auf alle o.g. Tatsachen ließe sich konsequenterweise vermuten, dass in Zukunft das deutsche Anti-Missbrauchssystem zunehmend detaillierter wird, vor allem im Hinblick auf die steigende Zahl neuer Missbrauchsformen. Eine weitere Erwartung betrifft die wesentliche Überarbeitung einzelner Anti-Missbrauchsvorschriften (wie z.B. § 4h EStG), um ihrer unvollkommenen Normklarheit und Satzkonstruktion entgegenzuwirken. Dazu muss auch die Wirkung des EU-Rechts beachtet werden, da hier zum einen mit der finalen Einführung von BEPS-Regelungen die Frage der Europarechtskonformität vieler Anti-Missbrauchsnormen entfallen wird und zum anderen die Verabschiedung der GKKB-Richtlinie bzw. des für das Jahr 2023 geplanten *BEFIT*-Konzepts potenziell im Entstehen neuer Formen und Arten der Missbrauchsgestaltungen resultiert.

Auf der Seite des russischen Gesetzgebers ist die Einführung allgemeiner ertragsteuerlicher Anti-Missbrauchsregelungen zu erwarten. Dies kann sich positiv auf den systematischen Kampf gegen Missbrauchsgestaltungen auswirken. Daneben lassen sich zwei Optionen bezüglich der Rechtslage des Instituts des wirtschaftlichen Eigentümers vermuten. Entweder wird dieses als Hauptinstrument gegen Missbrauchsgestaltungen noch verstärkt oder aber der Gesetzgeber entscheidet sich für eine grundlegende Verarbeitung und Einführung neuer Anti-Missbrauchsmechanismen.

4. Kapitel Maßnahmen zur Vermeidung ertragsteuerrechtlicher Gestaltungsmissbräuche im internationalen Steuerrecht

Die Möglichkeit, dass ertragsteuerrechtliche Gestaltungsmissbräuche allein durch die Anstrengungen, die in den einzelnen Steuerhoheitsgebieten unternommen werden, effektiv bekämpft werden können, ist äußerst gering. Dies bedingt sich einerseits dadurch, dass die Zahl der grenzüberschreitenden ertragsteuerlichen Missbrauchsarten steigt. Andererseits ist es auch unmöglich, rechtzeitig auf die o.g. schädigenden Transaktionen immer rechtzeitig zu reagieren. Aus diesem Grund stellt sich immer wieder die Frage, ob ein internationales Anti-Missbrauchssystem geschaffen werden muss, das die Bemühungen der einzelnen Staaten im Kampf gegen Steuermissbräuche koordiniert und bündelt. So zeichnet sich auch in den Entwicklungen, die sich in den vergangenen Jahren im internationalen Steuerrecht vollzogen haben, eine deutliche Tendenz zur Verschärfung von DBA-Regelungen ab. Das nachfolgende Kapitel dieser Arbeit gibt einen detaillierten Überblick über die aktuellen abkommensrechtlichen Anti-Missbrauchsvorschriften und untersucht in diesem Kontext außerdem die weiteren Mechanismen, die im internationalen Kampf gegen ertragsteuerliche Missbräuche zum Einsatz kommen.

A. Das Phänomen des Missbrauchs im internationalen Steuerrecht

I. DBA als grundlegendes Element des internationalen Steuerrechts

1. Allgemeines zum internationalen Steuerrecht

Sobald der Steuerpflichtige sich in einem anderen Staat wirtschaftlich betätigt und damit auch Gewinne erzielen möchte, greift das internationale Steuerrecht und das Problem einer Doppelbesteuerung entsteht. Bislang herrscht keine einheitliche Meinung darüber, was genau unter diesem besonderen, „*supranationalen*" Teil des Steuerrechts zu verstehen ist. So definieren *Vogel*[938] und *Frotscher*[939]

938 *Vogel, K.*, Internationales Steuerrecht, DStZ 1997, 269.

939 *Frotscher, G.*, Internationales Steuerrecht, 5. Aufl., München 2020, Rn. 27.

den Begriff des internationalen Steuerrechts weit und fassen unter diesem die Gesamtheit der bei internationalen bzw. grenzüberschreitenden Sachverhalten greifenden Steuerrechtsvorschriften zusammen. Dagegen fasst *Seer*[940] den Begriff weitaus enger: Er begreift das internationale Steuerrecht als ein Sondergebiet, dessen Aufgabe darin besteht, die unterschiedlichen nationalen Steuerrechtsordnungen aufeinander abzustimmen. Und *Schaumburg*[941] legt in seiner Definition ein besonderes Augenmerk darauf, dass es sich beim internationalen Steuerrecht nicht um ein monistisches System mit einheitlicher Grundwertung handle.

2. *Entstehung eines DBA*

Im Zentrum der o.g. Definition des internationalen Steuerrechts steht seine kollisionslösende Natur. Denn anders als im internationalen Privatrecht kommt es in grenzüberschreitenden Sachverhalten nur zu einer wesentlichen ertragsteuerlichen Kollision. Hierbei handelt es sich um die Kollision der fiskalischen Interessen des Wohnsitzstaats mit denen des Quellenstaats. Denn während es die Absicht des Wohnsitzstaats ist, die weltweit erzielten Einnahmen des Steuerpflichtigen zu besteuern (Welteinkommens- oder Ansässigkeitsprinzip), zielt der Quellenstaat darauf ab, alle auf seinem Territorium erzielten Gewinne zu besteuern (Quellenstaats- oder Territorialitätsprinzip[942])[943]. Ungeachtet der Tatsache, dass es keinen Rechtsgrundsatz gibt, dass eine Doppelbesteuerung schlechthin unzulässig sei[944], zwingt die so entstandene Kollision der Steueransprüche die beiden Hoheitsgebiete dazu, ihre Besteuerungsansprüche untereinander

940 *Seer, R.*, in: Tipke, K./Lang, J., Steuerrecht, 24. Aufl., Köln 2021, Rn. 1.81.

941 *Schaumburg, H.*, Internationales Steuerrecht, 4. Aufl., Köln 2017, Rn. 2.1.

942 Auf Englisch: *territorial taxation system*, so: *Kerzner, D.S./Chodikoff, D.W.*, International Tax Evasion in the Global Information Age, Toronto 2016, 47. Zwar gibt *Schaumburg* dem Quellenprinzip der Vorzug, mwN *Schaumburg, H.*, Das Leistungsfähigkeitsprinzip im Internationalen Steuerrecht, in: Lang, J., Die Steuerrechtsordnung in der Diskussion: Festschrift für Klaus Tipke zum 70. Geburtstag, Köln 1995, 125 (131). Im Schrifttum gibt es jedoch keine einheitliche Meinung bezüglich des praktisch zweckmäßigen Besteuerungsprinzips bei grenzüberschreitenden Sachverhalten, mwN *Birk, D./Desens, M./Tappe, H.*, Steuerrecht, 23. Aufl., Heidelberg 2020, Rn. 1446.

943 So nach: *Kerzner, D.S./Chodikoff, D.W.*, International Tax Evasion in the Global Information Age, Toronto 2016, 46 ff.; im Ergebnis: *Brähler, G.*, Internationales Steuerrecht: Grundlagen für Studium und Steuerberaterprüfung, 8. Aufl., Wiesbaden 2014, 19; *Birk, D./Desens, M./Tappe, H.*, Steuerrecht, 23. Aufl., Heidelberg 2020, Rn. 1443 ff.

944 BFH v. 14.02.1975 – VI R 210/72, BStBl. II 1975, 497 (Rn. 11).

aufzuteilen. Wie diese Aufteilung genau erfolgen soll, muss in einem besonderen Vertrag vereinbart werden. Durch diesen Vertrag werden nicht nur die fiskalischen Interessen der beiden beteiligten Staaten gewahrt, sondern ebenso grenzüberschreitende Investitionen gefördert und nicht zuletzt auch dem Grundsatz internationaler Rücksichtnahme Rechnung getragen.

3. Historische Entwicklung von DBA

Die o.g. Art des völkerrechtlichen Vertrags, der zwischen unabhängigen Völkerrechtssubjekten zustande kommt, wird in der deutschsprachigen Fachliteratur als Doppelbesteuerungsabkommen (DBA) bezeichnet. *Williams*[945] macht DBA als Hauptregelungsquelle des internationalen Steuerrechts aus. Ein DBA wird in einem Vertragsabschlussverfahren ausgehandelt, das mehrere Phasen umfasst und in dem die i. R. des Wiener Übereinkommens über das Recht der Verträge[946] getroffenen Vereinbarungen eine wichtige Rolle spielen[947]. Das erste binnenstaatliche DBA, in dem es um die Verteilung von Steueransprüchen bei direkten Steuerarten ging, wurde 1869 zwischen Preußen und Sachsen ausgehandelt[948] und gilt als „*Wegbereiter*" für das 1899 abgeschlossene DBA zwischen Österreich und Preußen[949]. In diesem Zusammenhang muss allerdings betont werden, dass das erste steuerliche Abkommen im europäischen Kontext bereits wesentlich früher, nämlich 1843, zwischen Belgien und Frankreich abgeschlossen wurde[950]. Diese Vereinbarung regelte jedoch ausschließlich die steuerliche Kooperation und den Informationsaustausch zwischen den beiden Staaten[951].

Erst in der zweiten Hälfte des 20. Jahrhunderts gab es von Seiten internationaler Organisationen wie der UN und der OECD Bestrebungen, systematisierte

---

945 *Williams, D.W.*, EC Tax Law, London 1998, 12.

946 Umgesetzt in das deutsche Rechtssystem durch das Gesetz zu dem Wiener Übereinkommen v. 23.05.1969 über das Recht der Verträge v. 03.08.1985, BGBl. II 1985, 926.

947 *Beck, D.*, Qualifikationskonflikte im Internationalen Steuerrecht, Wiesbaden 2017, 52.

948 Siehe dazu: Protokoll Nr. 64 der Sitzungsperiode 1869-1870 des Preußischen Herrenhaus v. 16.12.1869.

949 *Warter, J.*, Die rechtsgeschichtliche Entwicklung der Doppelbesteuerungsabkommen, Juridicum Law Review 2014, 111 (135).

950 *Irawan, R.*, Historical Development of the OECD's Work on Treaty Abuse, in: Blum, D./Seiler, M., Preventing Treaty Abuse, Wien 2016, 23 (24).

951 *Irawan, R.*, Historical Development of the OECD's Work on Treaty Abuse, in: Blum, D./Seiler, M., Preventing Treaty Abuse, Wien 2016, 23 (24), zitiert nach *Herndon, J.G.*, Relief from international income taxation: the development of international reciprocity for the prevention of double income taxation, Chicago 1932, 14 f. (Fußnote 1).

Vertragsmuster zu erarbeiten, um die DBA formal zu vereinheitlichen. Diese MA wurden mit dem Ziel entworfen, zwischenstaatliche Verhandlungen erheblich zu erleichtern und zu beschleunigen. Sie haben jedoch nur empfehlende Natur und sind daher nicht bindend. Darüber hinaus tragen die MA, wie *Brähler*[952] hervorhebt, auch dazu bei, die Transaktionskosten bei zwischenstaatlichen Verhandlungen in erheblichem Umfang zu senken. Angesichts dieser zahlreichen Vorteile überrascht es kaum, dass sich die Idee der MA durchsetzen konnten und die Mehrzahl[953] der heute bestehenden Abkommen auf Basis des OECD-MA oder des UN-MA erarbeitet wurde. Der hauptsächliche Unterschied zwischen den beiden MA besteht darin, dass sich das OECD-MA besser für Industrieländer eignet, weil er ihre Fiskalinteressen ins Zentrum stellt. Dagegen zielt der UN-MA darauf ab, die Steueransprüche von Entwicklungsländern sicherzustellen, sodass er besser für Abkommen geeignet ist, an denen Entwicklungsländer beteiligt sind[954].

4. *Die Rolle eines DBA im aktuellen internationalen Steuerrecht*

DBA bilden heute das Fundament des internationalen Steuerrechts und sind aus diesem daher nicht mehr wegzudenken. Während *Frotscher*[955] sie deshalb als Rechtsquellen des internationalen Steuerrechts ausmacht, bewertet *Brähler*[956] die DBA als eines der wichtigsten Instrumente zur Vermeidung einer Doppelbesteuerung. Als völkerrechtliche Verträge schließlich spielen DBA eine wesentliche Rolle, wenn es darum geht, zwischenstaatliche Einigungen im Hinblick auf die Besteuerung jeglicher Einnahmen von Steuerpflichtigen zu erzielen. In dieser Hinsicht begründet ein DBA keine separaten Besteuerungsansprüche[957], sondern sorgt vielmehr dafür, die entstehenden Steueransprüche gerecht

---

952 *Brähler, G.*, Internationales Steuerrecht: Grundlagen für Studium und Steuerberaterprüfung, 8. Aufl., Wiesbaden 2014, 96.

953 Zu betonen ist die Tatsache, dass einige Staaten (insb. USA und Deutschland) ihre eigenen Musterverträge erarbeitet haben. Im Mittelpunkt dieser MA stehen jedoch auch die Vorschriften des OECD-MA.

954 Dazu mehr: *Damirov, J.*, Issue of Tax Conflict Qualification and its Solution Based on UN Model Tax Convention, Law: Journal of the Higher School of Economics 2018, Nr. 3, 234 (239 ff.).

955 *Frotscher, G.*, Internationales Steuerrecht, 5. Aufl., München 2020, Rn. 29.

956 *Brähler, G.*, Internationales Steuerrecht: Grundlagen für Studium und Steuerberaterprüfung, 8. Aufl., Wiesbaden 2014, 96.

957 *Seer, R.*, in: Tipke, K./Lang, J., Steuerrecht, 24. Aufl., Köln 2021, Rn. 1.91.

zwischen den Staaten aufzuteilen[958]. In diesem Zusammenhang kommt ihm also die Funktion einer *rechtlichen Schranke*[959] zu. Auf diese Weise bedient ein DBA die Erwartungen beider Völkerrechtssubjekte und sorgt dafür, dass die Finanzorgane beider Hoheitsgebiete den Vorschriften gewissenhaft nachkommen. Dies bedeutet zwar zugleich, dass sich die Steuerpflichtigen nicht unmittelbar auf ein DBA berufen können[960], jedoch gewährleistet das Abkommen *de jure* auch ihnen Planungssicherheit. Dies wiederum schafft eine gute Basis dafür, dass die Steuerpflichtigen zwischenstaatliche Investitionen tätigen.

II. Ertragsteuerliche Missbrauchsgestaltungen im internationalen Steuerrecht

1. Das Entstehen ertragsteuerlicher Missbrauchsgestaltungen auf internationaler Ebene

Bedauerlich ist allerdings, dass die zwischenstaatlichen Abkommen von einigen Steuerpflichtigen nicht nur für legitime Zwecke, sondern auch dahingehend genutzt werden, dass sie Steuern umgehen. So führt die wachsende Anzahl von DBA paradoxerweise auch gerade dazu, dass die Steuerpflichtigen versuchen, diese Steuergestaltungen missbräuchlich für sich ausnutzen. Für diese Entwicklung gibt es mehrere Gründe: Zunächst spielen die bereits im 3. Kapitel dieser Arbeit erläuterten ökonomischen und psychologischen Ursachen eine Rolle. Darüber hinaus trägt auch die derzeitig beobachtbare Tendenz, die Steuerlast für die Mittelschicht und die reichen Steuerpflichtigen zugunsten der sozialen Gerechtigkeit zu erhöhen[961], dazu bei, dass zwischenstaatliche Übereinkommen von Steuerpflichtigen missbräuchlich genutzt werden. Um ihre Steuerlast so gering wie möglich zu halten, haben die Steuerpflichtigen ein Interesse daran, die der Steuerlast zugrundeliegende Bemessungsgrundlage so weit es geht zu

---

958 Im Ergebnis: *Rek, R./Brück, M.J.J./Labermeier, A./Pache, S.*, Internationales Steuerrecht in der Praxis, Wiesbaden 2008, 148.

959 MwN *Brähler, G.*, Internationales Steuerrecht: Grundlagen für Studium und Steuerberaterprüfung, 8. Aufl., Wiesbaden 2014, 104.

960 *Frotscher, G.*, Internationales Steuerrecht, 5. Aufl., München 2020, Rn. 29.

961 Laut der Studie des Instituts der deutschen Wirtschaft trägt das reichste Zehntel der deutschen Bevölkerung mehr als 50 % der Einkommensteuerlast, dazu: *Beznoska, M.*, Wer zahlt wie viel Einkommensteuer in Deutschland?, Institut der deutschen Wirtschaft 2018, Kurzbericht Nr. 74. Abrufbar unter: https://www.iwkoeln.de/fileadmin/user_upload/Studien/Kurzberichte/PDF/2018/IW-Kurzbericht_2018-74_Einkommensteuer.pdf (*letzter Zugriff*: 01.01.2022).

minimieren. Und nicht zuletzt ist in diesem Kontext auch relevant, dass viele DBA auf der Basis von MA erarbeitet wurden. Das bedeutet, dass solche DBA „typisiert" und in ihrem Anwendungsbereich deutlich begrenzt sind, weil sie Rechtsvorschriften enthalten, die über viele Jahre hinweg nicht überarbeitet wurden und das Thema Anti-Missbrauch nur abstrakt regeln. Daher kann es kaum überraschen, dass missbräuchliche Steuergestaltungen, wie etwa *treaty/rule/directive-shopping-Fälle,* in einigen Staaten bereits seit langem erfolgreich von Steuerpflichtigen genutzt werden. Weil es sehr viele DBA gibt, ist es in der Praxis nicht zu leisten, alle diese Abkommen permanent zu aktualisieren und an die neuen Anforderungen aus den MA anzupassen. All diese Faktoren tragen entscheidend dazu bei, dass ertragsteuerliche Missbräuche auf internationalem Niveau langfristig ausgeübt werden können.

2. *Die Besonderheiten einer Bekämpfung der ertragsteuerlichen Missbrauchsgestaltungen im deutschen internationalen Steuerrecht*

Was ein Missbrauch i. S. d. deutschen internationalen Steuerrechts ist, kann nicht durch eine konkrete Definition oder Gestaltungsart festgelegt werden, weil es sich bei dem Begriff Missbrauch vielmehr um einen „*Typusbegriff*" handelt. Daher kann der Kampf gegen Steuermissbrauch in der Perspektive des internationalen Steuerrechts nur punktuell erfolgen und sich gegen bestimmte Gestaltungskategorien richten. Aus der missbräuchlichen Inanspruchnahme jeder dieser Gestaltungskategorien können sich für die Steuerpflichtigen bestimmte Abkommensvorteile ergeben. In der Praxis betrifft dies häufig diejenigen Gestaltungsarten, die sicherstellen, dass die Steuerpflichtigen eine wirtschaftlich günstige Methode zur Verhinderung einer Doppelbesteuerung anwenden oder die Besteuerung von Dividenden umgehen können.

Dabei wurde stets angezweifelt, ob es die Aufgabe eines DBA ist, solche Gestaltungen mithilfe von Mechanismen zu bekämpfen, die von beiden beteiligten Staaten akzeptiert werden. Bis dahin hat BFH auf diese Frage nicht präzis geantwortet. Die Rechtsprechung des BFH bezieht sich lediglich auf die Konstellationen mit doppelter Nichtbesteuerung. So spricht nach Auffassung des BFH[962] eine allgemeine Vermutung dafür, dass die Vertragsstaaten bereits durch den DBA-Abschluss keine sog. „weißen Einkünfte" begründen wollten. Ebenso weist der BFH[963] mit Blick auf das Leistungsfähigkeitsprinzip die Möglichkeit

962 BFH v. 19.05.1993 – I R 64/92, BFH/NV 1994, 11 (Rn. 16).
963 BFH v. 02.09.2009 – I R 111/08, BStBl. II 2010, 387 (Rn. 19).

zurück, die Mindest- und Nichtbesteuerung durch die verfassungskonforme Auslegung eines DBA zu bekämpfen. Im Schrifttum sind hinsichtlich dieser Frage die Meinungen geteilt. *Wichmann*[964] zufolge ist die Vermeidung doppelter Nichtbesteuerung als Abkommensziel anzusehen. *Schönfeld* und *Häck*[965] gehen davon aus, dass es auf das konkret anwendbare DBA ankommt, ob die Verhinderung von Konstellationen mit doppelter Nichtbesteuerung zu den primären Zielen eines DBA gehört. Schließlich lehnt *Lüdicke*[966] die Verhinderung der doppelten Nichtbesteuerung als ein Ziel des DBA ab.

Aufgrund des historischen Entwicklungswegs des deutschen internationalen Steuerrechts lässt sich davon ausgehen, dass die Verhinderung eines Gestaltungsmissbrauchs – ungeachtet von dessen Arten und Typen – zu der primären Zielsetzung eines DBA gehört. Zum einen legt Deutschland in alten[967] und neuen[968] DBA ein besonderes Augenmerk darauf, dass das jeweilige Abkommen Doppelbesteuerung vermeiden und auf dem Gebiet der Einkommensteuer *die Steuerverkürzung verhindern* soll. Zum anderen sprechen die neuesten Aktivitäten, die die OECD im Hinblick auf die Umsetzung des BEPS-Projekts unternommen hat, dem DBA eine anti-missbräuchliche Prägnanz zu. In diesem Sinne wäre es m.E. konsequent, die Bekämpfung gegen *alle* Arten des Gestaltungsmissbrauchs als eines der primären Ziele eines DBA anzuerkennen.

III. Übersicht über die Instrumente zur Bekämpfung ertragsteuerlicher Gestaltungsmissbräuche in den durch Deutschland abgeschlossenen DBA

1. Keine Berücksichtigung des Missbrauchsproblems durch das OECD-MA und das UN-MA

Weil grenzüberschreitende Gestaltungsmissbräuche auf internationalem Niveau lange Zeit ignoriert wurden, hatte dies zur Folge, dass auch im OECD-MA und im UN-MA über viele Jahre hinweg keine allgemeinen Anti-Missbrauchsregelungen festgelegt waren. So wurde der missbräuchlichen

964 *Wichmann, M.*, Anmerkungen zur deutschen Abkommenspolitik, FR 2011, 1082.

965 *Schönfeld, J./Häck, N.*, in: Schönfeld, J./Ditz, X., Doppelbesteuerungsabkommen: Kommentar, 2. Aufl., Köln 2019, Systematik DBA, Rn. 14.

966 *Lüdicke, J.*, DBA-Politik der Bundesregierung, FR 2011, 1077 (1078).

967 Wie z.B. bei DBA-Ghana, BGBl. II 2006, 1018; DBA-Griechenland, BGBl. II 1967, 852.

968 So: DBA-Australien, BGBl. II 2016, 1114; DBA-Finnland, BGBl. II 2017, 466; DBA-Israel, BGBl. II 2015, 1301; DBA-Niederlande, BGBl. II 2012, 1414.

Inanspruchnahme von Abkommensvergünstigungen auf der abkommensrechtlichen Ebene erst mit der Umsetzung des BEPS-Projekts durch die OECD der Kampf angesagt. Während zuvor nicht einmal das OECD-MA eine allgemeine oder spezielle Missbrauchsklausel enthielt[969], fanden schließlich drei Missbrauchsklauseln Eingang in das OECD-MA 2017. Bei diesen in Art. 29 OECD-MA 2017 verankerten Missbrauchsklauseln handelt es sich namentlich um die LoB-Klausel (*Limitation-of-Benefits-Klausel*), den PPT (*Principal-Purpose-Test*) sowie die Regelung bezüglich der Missbrauchsvermeidung in Drittstaaten.

2. Die Bekämpfungsmechanismen der deutschen Abkommenspraxis

Dem gegenüber steht jedoch die Tatsache, dass einige Staaten, darunter etwa die USA und Deutschland, bereits vor der Veröffentlichung des OECD-MA 2017 in ihren DBA Anti-Missbrauchsregelungen verankert hatten. Gemäß ihrer Rechtsnatur können diese Regelungen den spezifischen, jeweils lokal gültigen Anti-Missbrauchsregelungen gleichgestellt werden und haben Vorrang gegenüber der Anwendung nationaler Missbrauchsvorschriften[970]. Allerdings wurden solche Regelungen nicht systematisch in allen DBA umgesetzt. Die Anti-Missbrauchsvorschriften, die Deutschland derzeit in seinen DBA umgesetzt hat, lassen sich im Wesentlichen in drei Gruppen unterteilen:

a) Vorschriften mit dem abstrakten Verbot einer Steuerumgehung und Steuerhinterziehung

Der ersten dieser drei Gruppen sind diejenigen DBA zuzurechnen, die eine Klausel über die Unmöglichkeit einer rechtswidrigen oder *zu einer Steuerumgehung oder Steuerhinterziehung führenden Auslegung des Abkommens* beinhalten. Die o.g. DBA-Vorschriften präzisieren den Begriff der Steuerumgehung jedoch nicht, was solche Normen von einer nationalen „*lex generalis*" i. S. d. § 42 AO unterscheidet. *Ferrara*[971] zufolge räumt die Klausel beiden Hoheitsgebieten die Möglichkeit ein, ihre innerstaatlichen Missbrauchsgrundsätze auf die Abkommensvorschriften anzuwenden. Deutschland hat solche abkommensrechtlichen

---

969 *Rek, R./Brück, M.J.J./Labermeier, A./Pache, S.*, Internationales Steuerrecht in der Praxis, Wiesbaden 2008, 174.

970 So z.B. zur Anwendung von Art. 23 DBA-Schweiz 1971: BFH v. 19.12.2007 – I R 21/07, BStBl. II 2008, 619 (Leitsatz).

971 *Ferrara, F.*, § 42 AO und Missbrauchsklauseln im internationalen Steuerrecht, ISR 2014, 296 (299).

Anti-Missbrauchsregelungen mit Albanien[972], Bulgarien[973], Finnland[974], Ghana[975] und Armenien[976] beschlossen.

Mit Ausnahme des deutsch-finnischen Abkommens wurden die meisten DBA, die dieser Gruppe zugeordnet werden können, in dem Zeitraum zwischen 1950 und 2010 abgeschlossen. Ob sich die o.g. Klausel in der aktuellen Bekämpfung der ertragsteuerlichen Missbrauchsgestaltungen positiv auswirkt, ist allerdings fraglich, da sie lediglich einen Hinweis auf die Unmöglichkeit einer rechtswidrigen Auslegung des Abkommens enthält. Damit überlässt sie es den Vertragsparteien selbst, die Motive ihrer Steuerpflichtigen zu überprüfen. Eine solch liberale Herangehensweise kann m.E. nur dann zu guten Ergebnissen führen, wenn das DBA zwischen Industrieländern abgeschlossen wurde, deren Steuerrechtssystem ertragsteuerliche Missbrauchsgestaltungen durch eine Vielzahl nationaler Anti-Missbrauchsvorschriften verhindern kann. Deutschland hat jedoch die Mehrzahl seiner DBA mit der o.g. „*erleichternden*" abkommensrechtlichen Anti-Missbrauchsregelung mit Entwicklungsländern abgeschlossen. Dabei bleibt unklar, ob und inwieweit sich die Steuersysteme dieser Vertragspartner dazu eignen, um die aktuellen ertragsteuerlichen Missbrauchsgestaltungen zu bekämpfen[977]. Aus diesem Grund bedarf es im Hinblick auf die Erweiterung der Tatbestandsmerkmale der abkommensrechtlichen Anti-Missbrauchsregelung dringend einer punktuellen Aktualisierung dieser DBA. Diese Aktualisierung kann insb. über die Implementierung der MLI-Mindeststandards erreicht werden.

b) Vorschriften mit dem zusätzlichen Verbot einer rechtswidrigen Abkommensauslegung

Der zweiten Gruppe lassen sich DBA zuordnen, die – *außer der Vorschrift über die Unmöglichkeit einer zu Steuerumgehung und Steuerhinterziehung führenden*

---

972 Art. 29 DBA-Albanien, BGBl. II 2011, 1186.

973 Art. 28 DBA-Bulgarien, BGBl. II 2010, 1286.

974 Art. 25 DBA-Finnland, BGBl. II 2017, 466.

975 Art. 29 DBA-Ghana, BGBl. II 2006, 1018.

976 Art. 28 DBA-Armenien, BGBl. II 2017, 1077.

977 So haben afrikanische Vertragspartner Deutschlands (wie etwa Ghana und Algerien) bis dahin das Mehrseitige Übereinkommen zur Umsetzung steuerabkommensbezogener Maßnahmen zur Verhinderung der Gewinnverkürzung und Gewinnverlagerung weder unterschrieben noch umgesetzt, siehe dazu die Liste aller Länder unter: http://www.oecd.org/tax/treaties/beps-mli-signatories-and-parties.pdf (*letzter Zugriff*: 01.01.2022).

Abkommensauslegung – noch eine oder mehrere zusätzliche Regelungen mit beschränkender Rechtsnatur umfassen. Dies betrifft z.B. Art. 29 Abs. 2 des mit der Republik Costa Rica abgeschlossenen DBA[978], der ein zusätzliches Verbot für eine rechtswidrige Abkommensauslegung enthält, die zu einer Nichtbesteuerung von Einkünften aus der Beteiligung an ausländischen Zwischengesellschaften i. S. d. vierten Teils des deutschen AStG führt. Außerdem gehört auch das DBA mit der Volksrepublik China[979] zu dieser Gruppe von Abkommen, denn Art. 29 Abs. 1 dieses DBA erklärt die Durchführung einer Reihe von Steuergestaltungen für unmöglich, aus denen eine Inanspruchnahme solcher Abkommensvergünstigungen resultiert, deren Sinn und Zweck den einschlägigen Bestimmungen des DBA selbst zuwiderliefe.

Die der zweiten Gruppe zuzuordnenden DBA sind zwar durch die zusätzlichen Regelungen besser geschützt vor Auslegungsproblemen, die zum Abkommensmissbrauch führen können, als die DBA ohne zusätzliche Regelungen. Nichtsdestotrotz sind aber auch die o.g. Anti-Missbrauchsregelungen noch sehr abstrakt und daher zu unpräzise. So sind auch in diesen DBA, genau wie bei der ersten Gruppe, keine aktuellen abkommensrechtlichen Schutzmechanismen wie z.B. die LoB-Klausel oder der PPT verankert. Dies führt wiederum recht wahrscheinlich zu einer missbräuchlichen Ausnutzung der Abkommensvergünstigungen, sodass die MLI-Mindeststandards auch in die der Gruppe 2 zugeordneten DBA implementiert werden sollten.

c) Vorschriften mit speziellen Anti-Missbrauchsklauseln

aa) Abkommensrechtliche Umschaltklausel

Die dritte Gruppe schließlich umfasst DBA, bei denen klar erkennbare abkommensrechtliche Schutzmechanismen in einem separaten Artikel zusammengefasst wurden. Deutschland hat mit jedem Staat, mit dem es ein solches DBA abgeschlossen hat, unterschiedliche Schutzmechanismen vereinbart. So beinhaltet etwa das DBA zwischen Deutschland und Dänemark[980] in Art. 45 Abs. 1 lit. a eine abkommensrechtliche Umschaltklausel, mithilfe derer möglichen Zurechnungskonflikten vorgebeugt werden soll[981]. Diese Regelung[982] besagt in

978 DBA-Costa Rica, BGBl. II 2014, 917.

979 DBA-China, BGBl. II 2015, 1647.

980 DBA-Dänemark, BGBl. II 1996, 2565.

981 Die Darstellung von nationalen *switch-over-Klauseln* am Beispiel von § 50d Abs. 9 EStG und § 20 Abs. 2 Satz 1 AStG findet im dritten Kapitel der Arbeit statt.

982 Die Umschaltklausel ist ein weit verbreitetes Phänomen für die deutsche Abkommenspraxis und findet sich in mehr als 20 deutschen DBA.

ihrem Kern, dass von der abkommensrechtlichen Freistellungsmethode auf die Anrechnungsmethode gewechselt werden muss, sobald ein Qualifikations- oder Zurechnungskonflikt zu einer Doppelfreistellung führt oder die Einkünfte im Quellenstaat nur einer geringen Besteuerung unterliegen[983]. Beide Konstellationen, die zu einer Anwendung der Umschaltklausel führen, kommen durch die unterschiedlichen Abkommensbestimmungen zustande, die in den Vertragsstaaten für die Besteuerung jeglicher Einkunftsarten gelten. Die dogmatische Begründung der unterschiedlichen Abkommensbestimmungen ist für die Anwendung der Umschaltklausel unwesentlich[984]. Nach *Petereit* gibt es keine verfassungsrechtlichen Bedenken für eine Anwendung der Umschaltklausel, wenn Einkünfte im Ausland niedrig besteuert werden, da der Begriff einer Minderbesteuerung sich durch Auslegung hinreichend bestimmen lässt[985].

bb) Abkommensrechtliche Rückfallklausel

Das DBA zwischen Deutschland und der Italienischen Republik[986] beinhaltet in Punkt 18 des DBA-Protokolls eine Rückfallklausel[987]. Diese Klausel regelt, dass die tatsächliche Besteuerung von Einkünften, die in einem Vertragsstaat von der Besteuerung freigestellt sind, durch den anderen Vertragsstaat erfolgt, damit eine doppelte Nichtbesteuerung vermieden wird[988]. Die Rückfallklausel ist zwar *„fester Bestandteil der deutschen Vertragspolitik beim Abschluss von DBA[989]"*, wurde jedoch bisher weder in einem früheren[990] noch in dem aktuellen OECD-MA fixiert.

---

983 So nach: *Weggenmann, H./Nehls, D.*, in: Vogel, K./Lehner, M., Doppelbesteuerungsabkommen: Kommentar, 7. Aufl., München 2021, OECD-MA 2017, Art. 1 Rn. 136.

984 BMF v. 16.04.2010 – IV B 2 – S 1300/09/10003, BStBl. I 2010, 354 (Rn. 4.1.3.2).

985 *Petereit, A.*, Die sog. switch-over-Klausel in den deutschen Doppelbesteuerungsabkommen – Überblick, Inhalt und Steuerplanung, IStR 2003, 577 (581).

986 DBA-Italien, BGBl. II 1990, 742.

987 Die Rückfallklausel wird auch *subjekt-to-tax-Klausel* genannt. Die Begriffsbestimmungen unterscheiden sich voneinander in materieller Hinsicht nicht, *Haase, F.*, in: Haase, F., AStG/DBA: Kommentar, 3. Aufl., Heidelberg 2016, Einleitung II, Rn. 144.

988 Siehe: *Schönfeld, J.*, Abkommenszweck und Verhinderung einer Minder- oder Nichtbesteuerung, in: Kaeser, C., Doppelbesteuerung: DBA: Zum 75. Geburtstag von Prof. Dr. Dr. h.c. Franz Wassermeyer, München 2015, 97 (103).

989 *Grotherr, S.*, Zweifelsfragen bei der Anwendung der Rückfallklausel („subject to tax clause") gemäß DBA, IWB 1997, 217.

990 *Missal, J.*, Die Rückfall- bzw. Subjekt-to-tax-Klauseln und die Bedeutung der Begriffe „tatsächliche Besteuerung", Masterarbeit, Hamburg 2015, 4.

Art. 22 Abs. 1 lit. e DE-VG begreift die Rückfallklausel als Instrument, mit dem alle Arten der doppelten Nichtbesteuerung verhindert werden können[991]. Deshalb kann Deutschland auch dann ein Besteuerungsrecht ausüben, wenn die Besteuerungsbefugnis abkommensrechtlich betrachtet bei der anderen Vertragspartei liegt[992]. Eine Sonderform der Rückfallklausel stellt die sog. Überweisungsklausel (*Remittance-Base-Klausel*) dar, bei der es sich um eine *quellenstaatorientierte* Rückfallklausel[993] handelt. Die Überweisungsklausel legt fest, dass ausländische Einkünfte im Ansässigkeitsstaat erst dann besteuert werden dürfen, wenn sie in diesen Staat überwiesen („*remitted*") oder dort bezogen wurden und aus diesem Grund der dortigen Besteuerung unterliegen[994]. Die Überweisungsklausel ist eine Erfindung des britischen Steuerrechtssystems[995], die materiellrechtlich in Art. 24 DBA-Großbritannien[996] fixiert wurde.

Bemerkenswert ist, dass Deutschland in seinen DBA mit den europäischen Industrieländern bis 2015 die Rückfallklausel mit der Umschaltklausel kombiniert hat. Daher enthalten die DBA, die Deutschland mit Ländern wie Italien, Spanien, Luxemburg, den Niederlanden, Irland u.a. vereinbart hat, alle beiden o.g. Klauseln. Festzuhalten ist in diesem Kontext auch, dass es für die europäischen Staaten (und in diesem Fall für Deutschland) aufgrund der hohen Mobilität der Ressourcen und der Personenfreizügigkeit für die in den EU-Ländern ansässigen Bürger zunehmend schwieriger und komplexer wird, die Sicherstellung des nationalen Steuersubstrats zu gewährleisten. Aus diesem Grund spielte, gerade auch weil keine allgemein akzeptierte abkommensrechtliche Missbrauchsklausel existiert, eine Verschärfung der abkommensrechtlichen Regelungen mit den EU-Industrieländern durch punktuelle Missbrauchsklauseln wie die Umschalt- und die Rückfallklausel in der jüngeren Vergangenheit für Deutschland eine wesentliche Rolle.

---

991 Siehe: *Linn, A.*, Abkommensmissbrauch und Missbrauchsklauseln, in: Kaeser, C., Doppelbesteuerung: DBA: Zum 75. Geburtstag von Prof. Dr. Dr. h.c. Franz Wassermeyer, München 2015, 115 (117 f.).

992 Im Ergebnis: BFH v. 17.10.2007 – I R 96/06, BB 2008, 570 (Rn. 19 ff.).

993 *Schönfeld, J./Häck, N.*, in: Schönfeld, J./Ditz, X., Doppelbesteuerungsabkommen: Kommentar, 2. Aufl., Köln 2019, Art. 23A DBA, Rn. 74.

994 Ähnlich dazu: *Meretzki, G.*, in: Wassermeyer, F./Richter, S./Schnittker, H., Personengesellschaften im Internationalen Steuerrecht, 2. Aufl., Köln 2015, Kapitel 15, Rn. 15.14.

995 *Missal, J.*, Die Rückfall- bzw. Subjekt-to-tax-Klauseln und die Bedeutung der Begriffe „tatsächliche Besteuerung", Masterarbeit, Hamburg 2015, 7.

996 DBA-Großbritannien, BGBl. II 1966, 358.

cc) *Weitere abkommensrechtliche Bestimmungen zur Verhinderung von Missbrauch*

Neben einer abkommensrechtlichen Umschaltklausel in Art. 28 Abs. 1 lit. 2 hat Deutschland in seinem DBA mit Österreich auch vereinbart, dass zur Abwehr von Steuerumgehungen[997] bei Bedarf auch seine innerstaatlichen Rechtsvorschriften zur Anwendung kommen können. Dies gilt ebenso für die DBA, die Deutschland mit Kasachstan (Art. 28 Abs. 1), Kirgisistan (Prot. Nr. 3 lit. a sublit. aa), Tadschikistan (Art. 27), Usbekistan (Art. 28 Abs. 1) und anderen Ländern abgeschlossen hat. Die o.g. Normen verbieten jeweils eine missbräuchliche Auslegung des DBA durch die Steuerpflichtigen. In der Praxis führen sie jedoch zu einem Vorbehalt für innerstaatliche Missbrauchsklauseln. Dies bedeutet, dass Deutschland sich die Möglichkeit vorbehält, innerstaatliches (d.h. deutsches) Steuerrecht anzuwenden, und diese Möglichkeit abkommensrechtlich fixiert wurde.

In seinen DBA mit einigen Staaten aus dem angelsächsischen Rechtskreis hat Deutschland den PPT und die LoB-Klausel vereinbart, um ungerechtfertigten Abkommensvergünstigungen entgegenzuwirken. Die LoB-Klausel spielt in DBA zwischen Deutschland und den USA[998] eine wichtige Rolle. So legt Art. 28 Abs. 1 dieses DBA fest, dass nur solche Personen Abkommensvergünstigungen in Anspruch nehmen können, die i. S. v. Art. 28 Abs. 2 des DBA als „berechtigt" gelten. Damit wurde ein besonderer Akzent auf den Personenkreis gelegt, auf den das DBA angewendet werden kann. Mit dieser Vereinbarung soll missbräuchlichen ertragsteuerlichen Gestaltungen, die über die Nutzung von Zwischengesellschaften erfolgen, vorgebeugt werden.

In den Steuerabkommen zwischen Deutschland und Australien[999] bzw. Japan[1000] wurde dagegen ein anderer Schutzmechanismus gewählt. So verhindern Art. 23 Abs. 2 des DBA mit Australien und Art. 21 Abs. 8 des DBA mit Japan die Gewährleistung von Abkommensvergünstigungen in dem Fall, dass „ […] *die Erlangung dieser Vergünstigung einer der wesentlichen Zwecke einer Gestaltung oder Transaktion war, die unmittelbar oder mittelbar diese Vergünstigung zur Folge hat, es sei denn, es wird nachgewiesen, dass die Gewährung dieser Vergünstigung unter diesen Umständen mit dem Sinn und Zweck der einschlägigen Bestimmungen dieses Abkommens im Einklang steht*". Diese Schutzklausel wird

997 Art. 28 Abs. 2 DBA-Österreich, BGBl. II 2002, 734.
998 DBA-USA, BGBl. II 1991, 354.
999 DBA-Australien, BGBl. II 2016, 1114.
1000 DBA-Japan, BGBl. II 2016, 956.

oft als *Principal-Purpose-Test* (PPT) bezeichnet. Sie bietet m.E. den bestmöglichen Schutz sowohl im Hinblick auf Steuermissbrauchsgestaltungen, die i. F. v. sog. „aggressiver" Steuerplanung erfolgen, als auch im Hinblick auf missbräuchliche Gestaltungen, die sich über Zwischengesellschaften vollziehen.

B. Anti-Missbrauchsklauseln der OECD-BEPS-Aktionsmaßnahmen und der DE-VG

Um den Schutz vor ertragsteuerlichen Missbrauchsgestaltungen auf abkommensrechtlicher Ebene zu gewährleisten, haben die OECD und einige Staaten, zu denen auch Deutschland gehört, i. R. des BEPS-Aktionsplans einige abkommensrechtliche Anti-Missbrauchsmechanismen erarbeitet. Diese Klauseln fanden Eingang in verschiedene MA. In den nachfolgenden Unterkapiteln erfolgt ein detaillierter Überblick über die aktuellen abkommensrechtlichen Anti-Missbrauchsvorschriften.

I. Abkommensrechtliche Anti-Missbrauchsmechanismen des OECD Base Erosion and Profit Shifting (BEPS)-Projekts

1. Allgemeines zum BEPS-Projekt

a) Historische Entwicklung

Auf der Ebene der OECD wurde das Schutzsystem gegen die missbräuchliche Inanspruchnahme von DBA-Vergünstigungen in den vergangenen Jahren in erheblichem Umfang weiterentwickelt. Diese Entwicklung ist die Folge zahlreicher Diskussionen und punktueller Anpassungen des MA. So geht *Irawan*[1001] davon aus, dass das Problem des abkommensrechtlichen Missbrauchs bereits in der ersten Hälfte des 20. Jahrhunderts bestand und aus diesem Grund schon 1925 von Experten des Völkerbundes diskutiert wurde. Und auch *Bannes* und *Cloer*[1002] merken an, dass die punktuelle Bekämpfung von Gestaltungsmissbräuchen auf abkommensrechtlichem Niveau im Hinblick auf das OECD-MA bereits seit 1977 existiert und ihren Anfang im Wesentlichen mit der Einführung des Konzepts des Nutzungsberechtigten nahm. Die Entwicklung eines Konzepts des Nutzungsberechtigten stand auch im Zentrum der späteren OECD-MA von

---

1001 So im Ergebnis: *Irawan, R.*, Historical Development of the OECD's Work on Treaty Abuse, in: Blum, D./Seiler, M., Preventing Treaty Abuse, Wien 2016, 23 (24 f.).

1002 *Bannes, M./Cloer, A.*, BEPS Aktionsplan 6: Verhinderung von Abkommensmissbrauch, BB 2017, 2272.

1992 und 2003. Zugleich setzt sich die OECD aber auch mit der rechtlichen Analyse von Fragen, wie z.B. derjenigen des schädlichen Steuerwettbewerbs, auseinander[1003].

Die zunehmende Tendenz abkommensrechtlicher Gestaltungsmissbräuche, die sich nach der globalen Finanz- und Wirtschaftskrise 2008/2009 abzeichnete, hat die Industriestaaten dazu gezwungen, neben dem Konzept des Nutzungsberechtigten noch weitere präventive Maßnahmen durchzusetzen, um „*das Vertrauen in das System wiederherzustellen und zu gewährleisten*[1004]". *Kerzner* und *Chodikoff*[1005] teilen deshalb die Einschätzung, dass die internationale Steuerpolitik der vergangenen Jahre sich primär auf den Kampf gegen Steuermissbräuche konzentrierte. In dieser Perspektive war es nur konsequent, den Anwendungsbereich des Konzepts des Nutzungsberechtigten auch auf Sachkonstellationen mit Dividenden (Art. 10 Abs. 2 OECD-MA), Zinsen (Art. 11 Abs. 2 OECD-MA) und Lizenzen (i. S. d. Art. 12 Abs. 1 OECD-MA) auszuweiten. Aus diesen Regelungen leitet sich das Gebot ab, dass die o.g. Zahlungsarten symmetrisch und ausschließlich der nutzungsberechtigten Person (*Beneficial Owner*) zugerechnet werden dürfen.

Im Kontext des zunehmend komplexer werdenden Ertragsteuerrechts bietet das o.g. Konzept im Hinblick auf den Schutz nationaler Steuerrechtssysteme allerdings nur wenig Schutz. Dies bedingt sich einerseits durch die Entwicklung anderer Formen von künstlicher Gestaltung im Bereich der Dividenden-, Zinsen- und Lizenzzahlungen. Gleichermaßen kommt dieses Problem aber auch dadurch zustande, dass im MA keine weiteren Missbrauchsklauseln formuliert wurden. Sehr gut lässt sich dies am Beispiel des Art. 28 Abs. 2 DBA-Spanien[1006] aufzeigen. In diesem Artikel wenden die Vertragsparteien das Konzept der Nutzungsberechtigung nicht nur auf die o.g. Zahlungsarten, sondern auf alle grenzüberschreitenden Einkünfte an[1007]. Bezeichnend ist hierbei, dass die beiden

---

1003 Zur Frage des schädlichen Steuerwettbewerbs siehe: *OECD*, Harmful Tax Competition: An Emerging Global Issue, Paris 1998.

1004 *OECD*, OECD/G20 Projekt Gewinnverkürzung und Gewinnverlagerung: Erläuterung – Abschlussberichte 2015 (*verfügbar nur elektronisch*), Einführung, Rn. 1. Abrufbar unter: https://www.oecd.org/ctp/beps-erlauterung-2015.pdf (*letzter Zugriff*: 01.01.2022).

1005 *Kerzner, D.S./Chodikoff, D.W.*, International Tax Evasion in the Global Information Age, Toronto 2016, 54.

1006 DBA-Spanien, BGBl. II 2012, 18.

1007 *Weggenmann, H./Nehls, D.*, in: Vogel, K./Lehner, M., Doppelbesteuerungsabkommen: Kommentar, 7. Aufl., München 2021, OECD-MA 2017, Art. 1 Rn. 135j.

involvierten Staaten, nämlich Deutschland und Spanien, sich für eine möglichst breite Anwendung des Nutzungsberechtigungskonzepts entschieden haben, weil keine allgemeine abkommensrechtliche Missbrauchsklausel existiert. Aufgrund solcher unbefriedigender Regelungen wurde offensichtlich, dass Bedarf besteht, das seinerzeit aktuelle MA von Grund auf neu zu erarbeiten. Deshalb verabschiedeten die OECD und die G20-Staaten im September 2013 den Base-Erosion-and-Profit-Shifting-Aktionsplan (kurz: *BEPS*; deutsch etwa: *Gewinnverkürzung und Gewinnverlagerung*). Nach zweijähriger Arbeit an diesem Plan veröffentlichte die OECD fünfzehn Aktionsmaßnahmen, die neue Mechanismen zur Bekämpfung von abkommensrechtlichen Gestaltungsmissbräuchen enthalten und als *„maßgebliche Leitschnur für die vorhandenen und neuen Missbrauchsbestimmungen*[1008]" betrachtet werden können. Diese Mechanismen wurden jedoch erst in den OECD-MA aus dem Jahr 2017 aufgenommen.

b) Untersuchungsgegenstand des BEPS-Projekts

I. R. des BEPS-Projekts wurden die Entstehungsgründe und unterschiedlichen Formen von abkommensrechtlichen Gestaltungsmissbräuchen umfassend untersucht. Darüber hinaus wurde auch erörtert, mit welchen Mechanismen die Methoden der sog. „aggressiven" Steuerplanung bekämpft werden können. Diese Arbeit wurde innerhalb von zwei Jahren (2013-2015) durchgeführt und mündete in 15 Aktionsmaßnahmen. Diese Aktionsmaßnahmen richten sich im Wesentlichen auf Probleme wie die Gewährleistung der Kohärenz der innerstaatlichen Vorschriften, die sich auf grenzüberschreitende Tätigkeiten auswirken, die Stärkung der Substanzanforderungen in den bestehenden internationalen Standards sowie eine Erhöhung der Transparenz und der Planungssicherheit[1009]. *Brauner*[1010] kritisiert dabei das BEPS-Projekt, weil es viel zu schnell erarbeitet worden sei. Allerdings bewertet *Pistone*[1011] das Projekt im Gegensatz zu *Brauners* Kritik als die ehrgeizigste Reform, die jemals im Kontext des internationalen Steuerrechts auf den Weg gebracht wurde. Eine derartige Einschätzung teilt auch die

---

1008 *Haarmann, W.*, Die Missbrauchsverwirrung, IStR 2018, 561.

1009 *OECD*, Wirksamere Bekämpfung schädlicher Steuerpraktiken unter Berücksichtigung von Transparenz und Substanz, Aktionspunkt 5 – Abschlussbericht 2015, Paris 2016, 3.

1010 *Brauner, Y.*, BEPS: An Interim Evaluation, World Tax Journal 2014, Band 6, Nr. 1, 10 (12).

1011 *Pistone, P.*, Coordinating the Actions of Regional and Global Players during the Shift from Bilateralism to Multilateralism in International Tax Law, World Tax Journal 2014, Band 6, Nr. 1, 3 (5).

OECD[1012] selbst, indem sie die Aktionsmaßnahmen als wegweisende Erneuerung internationaler steuerrechtlicher Regelungen charakterisiert.

c) *Auswirkung auf die nationalen und supranationalen Steuerrechtsordnungen*

Der überwiegende Teil der Empfehlungen des BEPS-Projekts (und insb. diejenigen aus dem Aktionsplan Nr. 6) wurde in den vergangenen Jahren auf abkommensrechtlichem Niveau umgesetzt bzw. in das OECD-MA 2017 aufgenommen. Überdies wurden die Empfehlungen in der EU-ATAD-I und ATAD-II festgeschrieben und nehmen dadurch auch großen Einfluss auf den europäischen Kampf gegen Steuermissbrauch. Resonanz fanden auch die Fragen zu Steuerverkürzungen durch Regelungen zur Versagung des Zinsabzugs (Aktionsplan Nr. 4) und diejenigen zur privilegierten Lizenzbesteuerung, die in Aktionsplan Nr. 5 behandelt werden. Diese wurden zwar nicht in das OECD-MA 2017 aufgenommen, dafür jedoch von mehreren Staaten in ihren nationalen Gesetzgebungen implementiert. Und schließlich wurden mit dem Aktionsplan Nr. 15 auch Mindestschutzstandards eingeführt, die mit Blick auf eine einheitliche Bekämpfung der zahlreichen Gestaltungsmissbräuche in die DBA übernommen werden sollen. Diese Standards werden als „*Multilateral Instrument (MLI)*" bezeichnet und sind im sog. „Mehrseitigen Übereinkommen zur Umsetzung steuerabkommensbezogener Maßnahmen zur Verhinderung der Gewinnverkürzung und Gewinnverlagerung *(Multilateral Convention to Implement Tax Treaty Related Measures to Prevent BEPS)*" fixiert. Derzeit haben bereits mehr als 85 Staaten die Bestimmungen dieses Abkommens übernommen[1013]. Zwar sind die OECD-Mitgliedstaaten nicht dazu verpflichtet, alle OECD-BEPS-Aktionspläne zu implementieren[1014]. Jedoch müssen sie, wenn sie die aus dem Aktionsplan Nr. 15 hervorgehenden multilateralen Abkommen unterzeichnen, die

---

1012 Siehe dazu: *OECD*, Tax Challenges Arising from Digitalisation – Interim Report 2018, Paris 2018, 3.

1013 Die Liste aller Länder, die das Abkommen unterzeichnet haben, ist unter dem folgenden Link abrufbar: http://www.oecd.org/tax/treaties/beps-mli-signatories-and-parties.pdf (*letzter Zugriff*: 01.01.2022).

1014 Kritik dazu: *Hernández González-Barreda, P.A.*, A Historical Analysis of the BEPS Action Plan: Old Acquaintances, New Friends and the Need for a New Approach, Intertax 2018, Band 46, Nr. 4, 278 (291).

Schutzmechanismen, die in dem mehrseitigen Übereinkommen von der OECD fixiert sind, übernehmen[1015].

2. Einzelne Anti-Missbrauchsklauseln aus dem BEPS-Projekt

a) Empfehlungen aus dem BEPS-Aktionspunkt Nr. 4 zur Verhinderung von Steuerverkürzungen durch Regelungen zur Versagung des Zinsabzugs

aa) Allgemeines zur Aktionsmaßnahme

Im Zentrum des BEPS-Aktionspunkts Nr. 4 stehen Fragen nach einer Begrenzung der Gewinnverkürzung durch Zinsaufwendungen und wirtschaftlich vergleichbare Aufwendungen. Das wichtigste Ziel dieses Berichts ist es damit, zu untersuchen, welches *die optimalen Vorgehensweisen für die Gestaltung von Vorschriften zur Verhinderung einer über Zinsen herbeigeführten Gewinnverkürzung*[1016] sind. Dies bezieht sich insb. auf grenzüberschreitende Konstellationen, bei denen es zu Gesellschafterfremdfinanzierungen in MNU kommt. Diese Finanzierungsart ermöglicht es, in Hochsteuerländern jegliche, d.h. auch deutlich erhöhte Zinsaufwendungen von der ertragsteuerlichen Bemessungsgrundlage abzuziehen, sodass sich dadurch die Steuerlast der Industriestaaten deutlich reduzieren kann. *Hernández González-Barreda*[1017] verweist darauf, dass die OECD dieses Phänomen bereits in den 70er Jahren des 20. Jahrhunderts als problematisch erkannt hat. Hierbei weisen *Merlo* und *Wamser*[1018] darauf hin, dass die unterschiedlichen Steuersätze der einzelnen Länder die Gesellschafterfremdfinanzierung für Unternehmen wirtschaftlich attraktiver machten.

In diesem Zusammenhang überrascht es nicht, dass viele Länder, darunter auch Deutschland, versuchen, dieses Dilemma auf nationaler Ebene zu lösen

---

1015 Art. 27 Abs. 2 des Mehrseitigen Übereinkommens; so auch: *Polatzky, R./Balliet, D./Steinau, N.*, Neue Hürden für die DBA-Anwendung durch das Multilaterale Instrument, IStR 2017, 226 (227).

1016 *OECD*, Begrenzung der Gewinnverkürzung durch Zins- und wirtschaftlich vergleichbare Aufwendungen, Aktionspunkt 4 – Abschlussbericht 2015, Paris 2016, 11.

1017 *Hernández González-Barreda, P.A.*, A Historical Analysis of the BEPS Action Plan: Old Acquaintances, New Friends and the Need for a New Approach, Intertax 2018, Band 46, Nr. 4, 278 (287).

1018 *Merlo, V./Wamser, G.*, Debt Shifting and Thin capitalization Rules, CESifo DICE Report 2014, Nr. 4, 27.

oder die bereits geltenden Regelungen noch weiter zu vervollkommnen[1019]. *Büttner, Overesch* und *Wamser*[1020] vertreten die Ansicht, dass diese Versuche sich im Wesentlichen auf das Konzept des *„safe haven debt-to-equity ratio"* des OECD-Berichts von 1987[1021] beschränken. Der zentrale Punkt dieses Konzept besteht in der Ablehnung von Zinsaufwendungsabzügen für den Fall, dass die Fremdkapitalquote die Eigenkapitalquote eines Unternehmens deutlich übersteigt[1022]. *Merlo* und *Wamser*[1023] benennen außerdem zwei weitere Möglichkeiten, wie schädliche Konstellationen in Bezug auf die Gesellschafterfremdfinanzierung auf internationalem Niveau unterbunden werden können. Die erste dieser beiden Möglichkeiten besteht darin, einen Fremdvergleichsgrundsatz anzuwenden, bei dem ein möglicher Zinsaufwendungsabzug immer mit der Frage verknüpft ist, auf welcher Höhe sich der marktübliche Zinssatz bewegt. Als zweite Möglichkeit kommt die für Deutschland und Spanien typische Zinsschrankenregelung infrage, die auf dem verrechenbaren EBITDA basiert. Über diese Lösungen hinaus geht der BEPS-Aktionspunkt Nr. 4 auch davon aus, dass es noch drei weitere Möglichkeiten gibt, um missbräuchliche Zinsabzüge zu bekämpfen. Unter diese Möglichkeiten fallen nach dem Aktionsplan Maßnahmen wie die *vorherige Quellenbesteuerung von Zinszahlungen, die Beschränkung des vollen Zinsaufwendungsabzugs unter Bezugnahme auf die Gesamtsituation des Konzerns und die Versagung eines Abzugs für bestimmte Geschäftsvorfälle*[1024]. Schließlich betont

---

1019 *Maßbaum, A./Sureth, C.*, Thin Capitalization Rules and Entrepreneurial Capital Structure Decisions, Verband der Hochschullehrer für Betriebswirtschaft e.V. 2009, Band 2, Nr. 2, 147.

1020 Im Ergebnis: *Buettner, T./Overesch, M./Wamser, G.*, Anti profit-shifting rules and foreign direct investment, International Tax and Public Finance 2018, Band 25, Nr. 3, 553 (557).

1021 Siehe dazu: *OECD*, Thin capitalisation: Taxation of entertainers, artistes, and sportsmen, Paris 1987.

1022 Laut der Studie ist o.g. Konzept besonders gut für die Fälle der Verhinderung steuerlich missbräuchlicher Innenfinanzierung geeignet, siehe: *Buettner, T./Overesch, M./Schreiber, U./Wamser, G.*, The impact of thin-capitalization rules on the capital structure of multinational firms, Journal of Public Economics 2012, Band 96, Nr. 11 und 12, 930 (937).

1023 *Merlo, V./Wamser, G.*, Debt Shifting and Thin capitalization Rules, CESifo DICE Report 2014, Nr. 4, 27 (28).

1024 Siehe: *OECD*, Begrenzung der Gewinnverkürzung durch Zins- und wirtschaftlich vergleichbare Aufwendungen, Aktionspunkt 4 – Abschlussbericht 2015, Paris 2016, 21.

der Bericht auch, dass es möglich sei, mehrere dieser Maßnahmen gleichzeitig anzuwenden, um missbräuchliche Zinsabzüge zu verhindern[1025].

bb) Best-Practice-Ansatz

Wie bereits erläutert, ist es das Ziel des Berichts, einen optimalen Lösungsansatz für die Beseitigung illegaler Steuerverkürzungen, die durch Zinsabzug entstehen, bereitzustellen. Dieser Lösungsansatz wird im Bericht als „*Best-Practice-Ansatz*" bezeichnet. Der Best-Practice-Ansatz beruht auf einer Festquotenregel, bei der die von einem Unternehmen abziehbaren Nettozinsaufwendungen auf einen festgelegten Prozentsatz seines Gewinns beschränkt werden[1026]. Dieser wird anhand des Unternehmensergebnisses vor Zinsen, Steuern und Abschreibungen (EBITDA) auf der Grundlage der Steuerabgaben des Unternehmens ermittelt[1027]. Den Staaten wird hierfür empfohlen, ihren Festquotenreferenzwert im Bereich von 10-30 %[1028] anzusetzen[1029]. Nach *Barnes*[1030] kann der Wert des

---

1025 Siehe: *OECD*, Begrenzung der Gewinnverkürzung durch Zins- und wirtschaftlich vergleichbare Aufwendungen, Aktionspunkt 4 – Abschlussbericht 2015, Paris 2016, 20.

1026 Siehe: *OECD*, Begrenzung der Gewinnverkürzung durch Zins- und wirtschaftlich vergleichbare Aufwendungen, Aktionspunkt 4 – Abschlussbericht 2015, Paris 2016, 28.

1027 Siehe: *OECD*, Begrenzung der Gewinnverkürzung durch Zins- und wirtschaftlich vergleichbare Aufwendungen, Aktionspunkt 4 – Abschlussbericht 2015, Paris 2016, 28.

1028 *Staats* behauptet, dass Hintergrund für den von der OECD gewählten Korridor u.a. von *PwC* ausgewertete Zahlen sind, die nahelegen, dass grenzüberschreitende Konzerne häufig bereits bei einem Abzugsrahmen von 10 % des EBITDA den gesamten aus den Konzernaußenfinanzierungen stammenden Zins abziehen können, siehe: *Staats, W.*, Zur „Begrenzung der Gewinnverkürzung durch Abzug von Zins- oder sonstigen finanziellen Aufwendungen" – Der OECD-Bericht zu Maßnahme 4 des BEPS-Aktionsplans, IStR 2016, 135 (138).

1029 Dies schließt jedoch nicht die Möglichkeit der Anwendung eines erhöhten Festquotenreferenzwerts in den Fällen aus, wenn durch den Staat für die Beseitigung illegaler Steuerverkürzungen vermittels des Zinsabzugs lediglich die Festquotenregel angewendet wurde, siehe: *OECD*, Begrenzung der Gewinnverkürzung durch Zins- und wirtschaftlich vergleichbare Aufwendungen, Aktionspunkt 4 – Abschlussbericht 2015, Paris 2016, 55.

1030 *Barnes, P.*, Limiting Interest Deductions, in: Trepelhov, A./Tonino, H./Halka, D., United Nations Handbook on Selected Issues in Protecting the Tax Base of Developing Countries, 2. Aufl., New York 2017, 179 (197).

EBITDA über die Daten der Steuerbuchhaltung, jedoch nicht über diejenigen der Finanzbuchhaltung ermittelt werden.

cc) Berechnung der nicht abziehbaren Zinsaufwendungen

Die Berechnung der nicht abziehbaren Zinsaufwendungen nach einer Festquotenregel erfolgt in einem dreistufigen Verfahren[1031]: Zunächst wird die angemessene EBITDA-Größe berechnet. In einem zweiten Schritt wird der gesetzlich vorgeschriebene Festquotenreferenzwert auf das EBITDA des Unternehmens angewendet, damit der maximal abzugsfähige Zinsaufwand ermittelt werden kann. Und in einem dritten Schritt wird schließlich der so ermittelte Wert mit dem tatsächlichen Zinsaufwand des Unternehmens verglichen. Als Zinsen werden in diesem Zusammenhang nicht nur die Kosten der Kreditaufnahme, sondern ebenso wirtschaftlich gleichzusetzende Zahlungen sowie auch die Aufwendungen bewertet, die im Zusammenhang mit der Mittelbeschaffung entstehen[1032]. Der Hintergrund für eine solche Bewertung ist nach *Staats*[1033] die Überlegung, dass Unternehmen auch Zahlungen, die nicht unbedingt als echte Zinszahlungen zu verstehen sind, nutzen können, um Abzugsbeschränkungen zu umgehen. Eine Festquotenregel hat für alle Unternehmen – sowohl diejenigen internationaler und nationaler Konzerne als auch eigenständige Unternehmen – Gültigkeit[1034]. Allerdings können die Staaten in diesem Zusammenhang auch eine Geringfügigkeitsschwelle einführen, damit risikoarme Unternehmen nicht unter den Geltungsbereich der Festquotenregel fallen[1035]. Diese Möglichkeit besteht auch für Sachverhalte, in denen Projekte zum Nutzen der Allgemeinheit

---

1031 Siehe: *OECD*, Begrenzung der Gewinnverkürzung durch Zins- und wirtschaftlich vergleichbare Aufwendungen, Aktionspunkt 4 – Abschlussbericht 2015, Paris 2016, 52.

1032 Siehe: *OECD*, Begrenzung der Gewinnverkürzung durch Zins- und wirtschaftlich vergleichbare Aufwendungen, Aktionspunkt 4 – Abschlussbericht 2015, Paris 2016, 32.

1033 *Staats, W.*, Zur „Begrenzung der Gewinnverkürzung durch Abzug von Zins- oder sonstigen finanziellen Aufwendungen" – Der OECD-Bericht zu Maßnahme 4 des BEPS-Aktionsplans, IStR 2016, 135 (137).

1034 Siehe: *OECD*, Begrenzung der Gewinnverkürzung durch Zins- und wirtschaftlich vergleichbare Aufwendungen, Aktionspunkt 4 – Abschlussbericht 2015, Paris 2016, 51.

1035 Siehe: *OECD*, Begrenzung der Gewinnverkürzung durch Zins- und wirtschaftlich vergleichbare Aufwendungen, Aktionspunkt 4 – Abschlussbericht 2015, Paris 2016, 38.

finanziert werden oder in denen der Vortrag von nicht abziehbaren Zinsaufwendungen und/oder von ungenutztem Zinsabzugspotential auf spätere Jahre verschoben wird[1036].

dd) Sonstige Bestimmungen

Die Festquotenregel hat zwar den großen Vorteil, dass sie für Finanzbeamte einfach anzuwenden ist. Allerdings trägt sie nicht dem Umstand Rechnung, dass einerseits in unterschiedlichen Branchen aktive Konzerne auch unterschiedlich hoch verschuldet sein können und andererseits einige Konzerne auch unabhängig von der Branche, in der sie tätig sind, einen höheren Fremdkapitalanteil aufweisen können als andere. Wenn daher ausschließlich die Festquotenregel zur Anwendung kommt, hat dies zur Folge, dass Konzerne, deren Nettozinsaufwand gegenüber Dritten im Verhältnis zum EBITDA höher als der Festquotenreferenzwert ist, dadurch nicht in der Lage sind, ihre gesamten Nettozinsaufwendungen, die gegenüber konzernexternen Dritten bestehen, bei der Berechnung abzuziehen[1037]. Um zu vermeiden, dass dieser Fall eintritt, schlägt der Bericht den Staaten vor, die Festquotenregel mit der Konzernquotenregel zu kombinieren. Die Konzernquotenregel besagt, dass ein Konzernunternehmen in der Lage sein muss, das Verhältnis zwischen dem Nettozinsaufwand, der gegenüber Dritten besteht, und seinem weltweiten EBITDA zu ermitteln[1038]. Dabei handelt es sich um eine Zinsabzugsbeschränkung, die mithilfe der konzernweiten Außenfinanzierungswerte und des konzernweiten EBITDA ermittelt wird[1039].

In welcher Höhe die Nettozinsaufwendungen nach der Konzernquotenregel abgezogen werden können, wird über ein zweistufiges Verfahren ermittelt. Dabei wird zunächst das Verhältnis zwischen dem Nettozinsaufwand gegenüber Dritten und dem EBITDA des Konzerns berechnet und in einem zweiten Schritt

---

1036 Siehe: *OECD*, Begrenzung der Gewinnverkürzung durch Zins- und wirtschaftlich vergleichbare Aufwendungen, Aktionspunkt 4 – Abschlussbericht 2015, Paris 2016, 12.

1037 Siehe: *OECD*, Begrenzung der Gewinnverkürzung durch Zins- und wirtschaftlich vergleichbare Aufwendungen, Aktionspunkt 4 – Abschlussbericht 2015, Paris 2016, 61.

1038 Siehe: *OECD*, Begrenzung der Gewinnverkürzung durch Zins- und wirtschaftlich vergleichbare Aufwendungen, Aktionspunkt 4 – Abschlussbericht 2015, Paris 2016, 63.

1039 *Staats, W.*, Zur „Begrenzung der Gewinnverkürzung durch Abzug von Zins- oder sonstigen finanziellen Aufwendungen“ – Der OECD-Bericht zu Maßnahme 4 des BEPS-Aktionsplans, IStR 2016, 135 (139).

die Konzernquote auf das EBITDA des Konzernunternehmens angewendet[1040]. Ein Konzern besteht i. S. d. Konzernquotenregel aus der Muttergesellschaft und allen weiteren Unternehmen, die auf vollkonsolidierter Basis in den Konzernabschluss dieser Muttergesellschaft integriert sind[1041]. Die Entlastungsgelegenheiten, die bei der Festquotenregel angewendet werden können, müssen auch berücksichtigt werden, wenn die Konzernquotenregel zum Tragen kommt. Der Bericht empfiehlt in diesem Zusammenhang, den Geringfügigkeitsschwellenwert auf der Basis des gesamten Nettozinsaufwands aller Unternehmen des Inlandskonzerns zu ermitteln[1042]. Im Falle Deutschlands besteht ein Gesetzgebungsbedarf, damit diese Empfehlung auch umgesetzt werden kann[1043].

ee) Kritik in der Literatur und eigene Stellungnahme

Mit den o.g. Schutzmechanismen nennt der Bericht zwei Instrumente, mit denen Staaten ihr inneres Steuerrechtssystem vor einer künstlichen Gestaltung der Zinsaufwendungsabschreibungen wirkungsvoll schützen können. Diese Instrumente haben jedoch zugleich den entscheidenden Nachteil, dass sie, anders als dies etwa bei einer Anwendung der deutschen Regelung aus § 4h EStG der Fall ist[1044], ausländische Direktinvestitionen in einen Staat gefährden können[1045]. Darüber hinaus können Zinsabzugsbeschränkungen, die als Maßnahme gegen Gewinnverlagerung zum Einsatz kommen, grds. auch zu einer Doppelbesteuerung führen[1046]. Daher weisen sowohl

---

1040 Siehe: *OECD*, Begrenzung der Gewinnverkürzung durch Zins- und wirtschaftlich vergleichbare Aufwendungen, Aktionspunkt 4 – Abschlussbericht 2015, Paris 2016, 65.

1041 Siehe: *OECD*, Begrenzung der Gewinnverkürzung durch Zins- und wirtschaftlich vergleichbare Aufwendungen, Aktionspunkt 4 – Abschlussbericht 2015, Paris 2016, 64.

1042 Siehe: *OECD*, Begrenzung der Gewinnverkürzung durch Zins- und wirtschaftlich vergleichbare Aufwendungen, Aktionspunkt 4 – Abschlussbericht 2015, Paris 2016, 38.

1043 *Staats, W.*, Zur „Begrenzung der Gewinnverkürzung durch Abzug von Zins- oder sonstigen finanziellen Aufwendungen" – Der OECD-Bericht zu Maßnahme 4 des BEPS-Aktionsplans, IStR 2016, 135 (137).

1044 Im Ergebnis: *Maßbaum, A./Sureth, C.*, Thin Capitalization Rules and Entrepreneurial Capital Structure Decisions, Business Research 2009, Band 2, Nr. 2, 147 (160).

1045 *Buettner, T./Overesch, M./Wamser, G.*, Anti profit-shifting rules and foreign direct investment, International Tax and Public Finance 2018, Band 25, Nr. 3, 553 (572).

1046 *Jacobs, O.H./Endres, D./Spengel, C.*, in: Endres, D./Spengel, C./ Jacobs: Internationale Unternehmensbesteuerung, 8. Aufl., München 2016, 99.

Jimenez[1047] als auch *Harris*[1048] darauf hin, dass die strengen Beschränkungsregelungen, wie sie aus dem Aktionsplan Nr. 4 hervorgehen, für Konzerne auch ein Anreiz sein können, andere Gestaltungsinstrumente missbräuchlich für sich zu nutzen. *Staats*[1049] kritisiert wiederum die Herausforderungen, die bei konzernweiten Verlustsituationen durch die Anwendung der Konzernquotenregel entstehen. *Ault* und *Arnold*[1050] bewerten schließlich die Herausforderungen kritisch, die die Umsetzung der Konzernquotenregel mit sich bringt. Denn die Realisierung dieses Grundsatzes führt unweigerlich auch dazu, dass von jeder Konzernstruktur weltweit finanzielle Daten gesammelt werden.

Die Empfehlungen, die der Bericht ausspricht, decken sich im Wesentlichen mit den in Deutschland geltenden gesetzlichen Bestimmungen aus § 4h EStG. *Staats*[1051] sieht diese Übereinstimmung darin begründet, dass deutsche Interessen in der Ausarbeitung des BEPS-Projekts aktiv vertreten wurden. Deshalb ist diese Regelung m.E. vielen anderen Staaten fremd und ihre Umsetzung erweist sich insb. für Entwicklungsländer als höchst kompliziert[1052]. Hinzu kommt außerdem, dass die Empfehlungen der OECD einen sehr offensichtlichen Verstoß gegen das steuerliche Leistungsfähigkeitsprinzip bedeuten und aus diesem Grund von allen Staaten, die bereit sind, sie zu implementieren, im Hinblick auf ihre Verfassungsmäßigkeit überprüft werden sollten. Und nicht zuletzt ist auch fraglich, ob eine solch komplizierte Regelung in islamischen Ländern umgesetzt werden kann. Denn aus der Sicht islamischer (d.h. *Scharia-konformer*) Finanzinstrumente ist es sowohl aus rechtspolitischen als auch aus religiösen Gründen

---

1047 *Jimenez, A.M.,* BEPS, the Digital(ized) Economy and the Taxation of Services and Royalties, Tax Working Papers of University of Cadiz 2018, Nr. 1, 6.

1048 *Harris, P.,* Taxation of Rents and Royalties, in: Trepelhov, A./Tonino, H./Halka, D., United Nations Handbook on Selected Issues in Protecting the Tax Base of Developing Countries, 2. Aufl., New York 2017, 653 (709).

1049 *Staats, W.,* Zur „Begrenzung der Gewinnverkürzung durch Abzug von Zins- oder sonstigen finanziellen Aufwendungen" – Der OECD-Bericht zu Maßnahme 4 des BEPS-Aktionsplans, IStR 2016, 135 (139).

1050 *Ault, H.J./Arnold, B.J.,* Protecting the tax base of developing countries: an overview, in: Trepelhov, A./Tonino, H./Halka, D., United Nations Handbook on Selected Issues in Protecting the Tax Base of Developing Countries, 2. Aufl., New York 2017, 1 (16).

1051 *Staats, W.,* Zur „Begrenzung der Gewinnverkürzung durch Abzug von Zins- oder sonstigen finanziellen Aufwendungen" – Der OECD-Bericht zu Maßnahme 4 des BEPS-Aktionsplans, IStR 2016, 135 f.

1052 Gleiche Auffassung: *Barnes, P.,* Limiting Interest Deductions, in: Trepelhov, A./Tonino, H./Halka, D., United Nations Handbook on Selected Issues in Protecting the Tax Base of Developing Countries, 2. Aufl., New York 2017, 179 (197).

nur schwer vorstellbar, dass solche Beschränkungen angewendet werden können. Daher erweisen sich die Empfehlungen, die die OECD in der Maßnahme Nr. 4 des BEPS-Aktionsplans ausspricht, zwar als (theoretisch) effektiv für viele Industriestaaten, sind demgegenüber jedoch für alle anderen Staaten nur sehr schwer umzusetzen.

b) Empfehlung aus dem BEPS-Aktionspunkt 5 zur Verhinderung schädlicher Steuerpraktiken unter Berücksichtigung von Transparenz und Substanz

aa) Allgemeines zur Aktionsmaßnahme

Die OECD BEPS-Aktionsmaßnahme Nr. 5 hat das Ziel, der steuerschädlichen Wirkung präferenzieller Regelungen, bei denen die Gefahr besteht, dass sie zur künstlichen Gewinnverlagerung genutzt werden, entgegenzuwirken[1053]. Zugleich soll sie auch die mangelnde Steuertransparenz, die im Zusammenhang mit bestimmten steuerlichen Vorabzusagen entsteht, beseitigen[1054]. Die Grundlagen für den BEPS-Aktionsbericht Nr. 5 wurden vom Forum Schädliche Steuerpraktiken (*Forum on Harmful Tax Practices*) erarbeitet[1055].

In seiner endgültigen Fassung folgt der Bericht grds. den Empfehlungen des OECD-Berichts „*Harmful Tax Competition: An Emerging Global Issue*[1056]" und umfasst darüber hinaus weitere Beschränkungen, die im Zusammenhang mit der Anwendung präferenzieller Regelungen stehen. Bei den präferenziellen Regelungen handelt es sich um sog. Lizenzboxen (die auch als IP- oder Patentboxen bezeichnet werden) und weitere sinn- und strukturähnliche steuerliche Regelungen, denen die Idee zugrunde liegt, Erträge aus Immaterialgüterrechten reduziert zu besteuern[1057]. Dadurch soll eine stetige Weiterentwicklung der Forschungsprojekte lokaler Unternehmen gewährleistet und Wachstum und

---

1053 Im Ergebnis: *OECD*, Wirksamere Bekämpfung schädlicher Steuerpraktiken unter Berücksichtigung von Transparenz und Substanz, Aktionspunkt 5 – Abschlussbericht 2015, Paris 2016, 9 f.

1054 So nach: *OECD*, Wirksamere Bekämpfung schädlicher Steuerpraktiken unter Berücksichtigung von Transparenz und Substanz, Aktionspunkt 5 – Abschlussbericht 2015, Paris 2016, 10.

1055 Dazu: *OECD*, Harmful Tax Practices-2017 Progress Report on Preferential Regimes: Inclusive Framework on BEPS: Action 5, Paris 2017, Introduction, Rn. 1 ff.

1056 Abrufbar unter: https://www.oecd-ilibrary.org/taxation/harmful-tax-competition_9789264162945-en (*letzter Zugriff*: 01.01.2022).

1057 *Merrill, P.*, Innovation Boxes: Beps and Beyond, National Tax Journal 2016, Band 69, Nr. 4, 847 (848).

Wohlstand effektiv gefördert werden. *Thiede*[1058] vertritt die Ansicht, dass der Staat für eine solche Förderung entweder bei den steuerlichen Aufwendungen oder bei den Erträgen ansetzen kann. *Dutler*[1059] betont insb., dass unter den Geltungsbereich der „privilegierten" Besteuerung grds. sowohl nationale als auch ausländische Kapitalgesellschaften fallen können, wenn diese Betriebsstätten im Inland unterhalten. Gerade dies ermöglicht es MNU, durch künstliche Steuergestaltungen einen nicht vorgesehenen Steuervorteil zu erlangen. Als einen weiteren Grund für das Entstehen solcher Steuergestaltungen führt *Blair-Stanek*[1060] die Herausforderungen an, die sich im Hinblick auf eine präzise Einschätzung des Marktwerts von geistigem Eigentum ergeben. Und nicht zuletzt betont *Schön*[1061] die hohe Mobilität, durch die sich jegliches geistiges Eigentum auszeichnet.

Das deutsche Steuerrecht schließt eine präferenzielle Besteuerungsregelung *per se* aus. Denn zum einen würde sie ganz offensichtlich gegen den in Art. 3 Abs. 1 GG statuierten Gleichheitsgrundsatz verstoßen, während sie andererseits auch aus volkswirtschaftlicher Perspektive dazu beiträgt, dass ein schädlicher Steuerwettbewerb entsteht[1062]. Fraglich ist überdies, ob solche Regelungen mit dem europarechtlichen Beihilfeverbot vereinbar sind[1063]. Ungeachtet dieser Zweifel räumen viele Länder, darunter auch EU-Mitgliedstaaten wie Luxemburg und Frankreich[1064], Unternehmen die Möglichkeit ein, für die Durchführung

1058 *Thiede, J.*, Besitzen Patentboxregime eine Zukunft? – Eine beihilferechtliche Untersuchung, IStR 2016, 283.

1059 Im Ergebnis: *Dutler, C.P.*, Lizenzboxen in Europa: ein Blick über die Grenze auf die europäischen Entwicklungen bei der Besteuerung von Immaterialgüterrechten, IFF Forum für Steuerrecht 2013, Nr. 2, 135 (140).

1060 *Blair-Stanek, A.*, Intellectual Property Law Solutions to Tax Avoidance, UCLA Law Review 2015, Band 62, Nr. 2, 4 (5).

1061 *Schön, W.*, Transfer Pricing Issues of BEPS in the Light of EU law, British Tax Review 2015, Nr. 3, 417.

1062 Siehe: BT-Drs. 18/1238, 3.

1063 Siehe dazu: Pressemittelung der *EU-Kommission* v. 24.03.2014 (IP/14/309), Staatliche Beihilfen: Kommission fordert Luxemburg zur Vorlage von Informationen über Steuerpraktiken auf. Abrufbar unter: https://europa.eu/rapid/press-release_IP-14-309_de.htm (*letzter Zugriff*: 01.01.2022).

1064 In seinem letzten Bericht bewertete die OECD die französische präferenzielle Regelung als nicht mit dem OECD-Nexus-Ansatz vereinbar, siehe: *OECD*, Harmful Tax Practices-2017 Progress Report on Preferential Regimes: Inclusive Framework on BEPS: Action 5, Paris 2017, Kapitel 2, Rn. 14. Während der luxemburgische Gesetzgeber seine nationale präferenzielle Regelung schon abgeschafft hat, bleibt die nicht mit OECD-Nexus-Ansatz konforme französische IP-Regelung noch weiter bestandskräftig.

von Forschungs- und Entwicklungsprojekten einen steuerlichen Vorteil geltend zu machen. In diesem Zusammenhang muss jedoch betont werden, dass nicht jede präferenzielle Besteuerungsregelung, die von einem EU-Mitgliedstaat angewendet wird, einen offensichtlichen Verstoß gegen das Beihilfeverbot darstellt. So listet Art. 107 Abs. 2 und 3 AEUV einen Katalog mit Beihilfearten auf, die als mit dem EU-Binnenmarkt vereinbar angesehen werden[1065]. Darüber hinaus sollen auch die spezifischen Anti-Missbrauchsklauseln in den Quellenländern künstlichen Steuergestaltungen mit ungerechtfertigten Lizenzabzügen entgegenwirken. Auf der Basis all dieser unterschiedlichen Perspektiven spricht der OECD-BEPS-Aktionsbericht Nr. 5 zwei grundlegende Empfehlungen aus: den OECD-Nexus-Ansatz und die Einführung eines verpflichtenden spontanen Informationsaustauschs zwischen den Ländern.

bb) OECD-Nexus-Ansatz

Der Bericht betont insb., dass präferenzielle Regelungen nur dann zur Anwendung kommen dürfen, wenn ein Unternehmen eine wesentliche Geschäftstätigkeit vorweisen kann. Ob dies der Fall ist, kann über den *kostenbasierten*[1066] Nexus-Ansatz ermittelt werden. Dieser Ansatz erweitert das klassische Prinzip, dass bei Forschungs- und Entwicklungstätigkeiten eine Steuervergünstigung gewährt wird, erheblich. Dadurch bietet er Staaten die Möglichkeit, Steuervergünstigungen für aus geistigem Eigentum resultierende Einnahmen zu gewähren, sofern die steuerbegünstigten Einnahmen direkt mit den Ausgaben verknüpft sind, die tatsächlich zu diesen Einnahmen geführt haben[1067]. Dieses Prinzip kann auch im Zusammenhang mit anderen präferenziellen Regelungen (d.h. solchen, die sich nicht auf geistiges Eigentum beziehen) angewendet werden. Damit erfüllen solche Regelungen das Erfordernis der wesentlichen Geschäftstätigkeit nur dann, wenn sie die Vergünstigungen ausschließlich qualifizierten Steuerpflichtigen gewähren und diese die entscheidenden Einkünfte

---

1065 Zur detaillierten Untersuchung dieser Frage siehe: *Zammit, I.*, Centralized Intellectual Property Business Models – Tax Implications of EU Patent Box Regimes, Bulletin for International Taxation 2015, 540 (545 ff.).

1066 *Rupp, T.*, Internationales Steuerrecht: Die deutsche Lizenzschranke (§ 4j EStG), Steuer Office Kanzlei-Edition 2020 (*Stand: 16.06.2020*), Rn. HI10950516 (HI10952164).

1067 Siehe: *OECD*, Wirksamere Bekämpfung schädlicher Steuerpraktiken unter Berücksichtigung von Transparenz und Substanz, Aktionspunkt 5 – Abschlussbericht 2015, Paris 2016, 27.

mit Aktivitäten generiert haben, die zur Erzielung der unter die präferenzielle Regelung fallenden Art von Unternehmenseinkünften notwendig sind[1068].

cc) Berechnungsformel für OECD-Nexus-Ansatz

Der Nexus-Ansatz stützt sich auf eine proportionale Analyse der Einnahmen, nach der der Anteil der in einer IP-Regelung steuerbegünstigten Einnahmen dem Anteil der qualifizierten Ausgaben an den Gesamtausgaben entspricht[1069]. Damit der gesamte Betrag an steuerbegünstigten Einkünften bestimmt werden kann, muss der so entstehende Quotient außerdem mit den Gesamteinkünften multipliziert werden, die aus dem geistigen Eigentumswert resultieren. Dadurch ergibt sich folgende Formel:

$$\frac{\text{Qualifizierte Ausgaben} \times \text{Gesamteinkünfte geistigen Eigentumswertes}}{\text{Gesamtausgaben}}$$

von denen:

- *die qualifizierten Ausgaben: Qualifizierte Ausgaben für die Entwicklung des geistigen Eigentumswerts;*
- *die Gesamtausgaben: Gesamtausgaben für die Entwicklung des geistigen Eigentumswerts und*
- *die Gesamteinkünfte geistigen Eigentumswerts: aus dem geistigen Eigentumswert resultierende Gesamteinkünfte sind.*

I. S. d. Berichts fallen damit sowohl gebietsansässige Unternehmen als auch inländische Betriebsstätten ausländischer Unternehmen und ausländische Betriebsstätten gebietsansässiger Unternehmen, die in dem die Steuervergünstigungen gewährenden Staat steuerpflichtig sind, in den Geltungsbereich des Nexus-Ansatzes[1070]. Was genau unter qualifizierten Ausgaben zu verstehen ist, kann jedes Land selbst bestimmen. Eine hierfür erarbeitete Definition muss lediglich

---

1068 *OECD*, Wirksamere Bekämpfung schädlicher Steuerpraktiken unter Berücksichtigung von Transparenz und Substanz, Aktionspunkt 5 – Abschlussbericht 2015, Paris 2016, 42.

1069 *OECD*, Wirksamere Bekämpfung schädlicher Steuerpraktiken unter Berücksichtigung von Transparenz und Substanz, Aktionspunkt 5 – Abschlussbericht 2015, Paris 2016, 27.

1070 Siehe: *OECD*, Wirksamere Bekämpfung schädlicher Steuerpraktiken unter Berücksichtigung von Transparenz und Substanz, Aktionspunkt 5 – Abschlussbericht 2015, Paris 2016, 28.

sicherstellen, dass die qualifizierten Ausgaben nur Ausgaben für tatsächlich durchgeführte Forschungs- und Entwicklungstätigkeiten einschließen[1071].

Dabei sollen die Gesamtausgaben so definiert werden, dass sich ein Quotient ergibt, bei dem die präferenzielle Regelung auf 100 % der aus dem geistigen Eigentumswert entstehenden Einkünfte angewendet werden können, sofern alle relevanten Ausgaben beim qualifizierten Steuerpflichtigen selbst anfallen[1072]. Die Gesamteinkünfte sollten demgegenüber so definiert werden, dass die durch die Regelung begünstigten Einkünfte im Verhältnis zu dem Prozentsatz der durch die qualifizierten Steuerpflichtigen getätigten qualifizierten Ausgaben nicht unverhältnismäßig hoch sind[1073]. Die einzigen Gegenstände geistigen Eigentums, die nach dem Nexus-Ansatz die Voraussetzungen für Steuervergünstigungen i. R. einer IP-Regelung erfüllen können, sind Patente und andere geistige Eigentumswerte, die Patenten funktionell entsprechen, sofern diese Vermögenswerte sowohl rechtlich geschützt sind als auch ähnlichen Genehmigungs- und Registrierungsverfahren unterliegen, falls solche Verfahren relevant sind[1074].

dd) Verpflichtender spontaner Informationsaustausch

Neben dem Nexus-Ansatz bietet der Bericht mit der Erhöhung der Steuertransparenz noch eine weitere Möglichkeit, schädlichen substanzlosen Steuerpraktiken entgegenzutreten. Eine Erhöhung der Steuertransparenz kann über den verpflichtenden spontanen Informationsaustausch im Hinblick auf bestimmte steuerliche Vorabzusagen erreicht werden. Der Begriff der Vorabzusage umfasst *alle Empfehlungen, Auskünfte oder Zusicherungen einer Steuerbehörde gegenüber einem bestimmten Steuerpflichtigen oder einer Gruppe von Steuerpflichtigen in Bezug auf dessen bzw. deren Steuersituation, auf die sich dieser Steuerpflichtigen*

1071 Siehe: *OECD*, Wirksamere Bekämpfung schädlicher Steuerpraktiken unter Berücksichtigung von Transparenz und Substanz, Aktionspunkt 5 – Abschlussbericht 2015, Paris 2016, 30.

1072 *OECD*, Wirksamere Bekämpfung schädlicher Steuerpraktiken unter Berücksichtigung von Transparenz und Substanz, Aktionspunkt 5 – Abschlussbericht 2015, Paris 2016, 31.

1073 *OECD*, Wirksamere Bekämpfung schädlicher Steuerpraktiken unter Berücksichtigung von Transparenz und Substanz, Aktionspunkt 5 – Abschlussbericht 2015, Paris 2016, 32.

1074 *OECD*, Wirksamere Bekämpfung schädlicher Steuerpraktiken unter Berücksichtigung von Transparenz und Substanz, Aktionspunkt 5 – Abschlussbericht 2015, Paris 2016, 28.

bzw. diese Gruppe von Steuerpflichtigen berufen kann[1075]. Bei grenzüberschreitenden individuellen steuerlichen Vorabzusagen besteht insb. dann eine Pflicht zum spontanen Informationsaustausch, wenn die Vorabzusagen in den der Arbeitsbereich des Forums Schädliche Steuerpraktiken fallen, präferenziellen Charakter haben und das Kriterium des geringen oder inexistenten Steuersatzes erfüllen[1076]. Empfehlenswert ist ein Informationsaustausch insb. bei den nachfolgend aufgeführten Vorabzusagen[1077]:

- *bei Vorabzusagen im Zusammenhang mit präferenziellen Regelungen;*
- *bei unilateralen Vorabverständigungen über die Verrechnungspreisgestaltung oder bei sonstigen grenzüberschreitenden unilateralen Vorabzusagen bezüglich der Verrechnungspreisgestaltung;*
- *bei grenzüberschreitenden Vorabzusagen, die eine Berichtigung des steuerpflichtigen Gewinns nach unten ermöglichen;*
- *bei Vorabzusagen für Betriebsstätten;*
- *bei Vorabzusagen für Durchlaufgesellschaften zwischen nahestehenden Unternehmen;*
- *bei allen anderen Arten steuerlicher Vorabzusagen, bei denen übereinzukommen ist, dass sie ohne einen spontanen Informationsaustausch BEPS-Fragen aufwerfen.*

Ein Informationsaustausch im Hinblick auf die sechs genannten Kategorien steuerlicher Vorabzusagen muss im Allgemeinen mit den folgenden Staaten stattfinden[1078]:

- *mit den Ansässigkeitsstaaten sämtlicher nahestehender Dritter, mit denen der Steuerpflichtige eine Transaktion tätigt, für die eine Vorabzusage gewährt wird*

1075 *OECD*, Wirksamere Bekämpfung schädlicher Steuerpraktiken unter Berücksichtigung von Transparenz und Substanz, Aktionspunkt 5 – Abschlussbericht 2015, Paris 2016, 53, zitiert nach *OECD*, Consolidated Application Note: Guidance In Applying The 1998 Report To Preferential Tax Regimes, Paris 2004, 47.

1076 *OECD*, Wirksamere Bekämpfung schädlicher Steuerpraktiken unter Berücksichtigung von Transparenz und Substanz, Aktionspunkt 5 – Abschlussbericht 2015, Paris 2016, 55.

1077 *OECD*, Wirksamere Bekämpfung schädlicher Steuerpraktiken unter Berücksichtigung von Transparenz und Substanz, Aktionspunkt 5 – Abschlussbericht 2015, Paris 2016, 52.

1078 *OECD*, Wirksamere Bekämpfung schädlicher Steuerpraktiken unter Berücksichtigung von Transparenz und Substanz, Aktionspunkt 5 – Abschlussbericht 2015, Paris 2016, 59.

oder bei der Einkünfte von nahestehenden Dritten bezogen werden, die eine Vorzugsbehandlung genießen;

- *mit dem Ansässigkeitsstaat der obersten Muttergesellschaft und der unmittelbaren Muttergesellschaft.*

Für den Informationsaustausch wurde ein zweistufiges Verfahren vereinbart[1079]. Im ersten Schritt stellt die Steuerverwaltung zunächst eine Zusammenfassung sowie einige grundlegende Informationen bezüglich der steuerlichen Vorabzusage bereit. Im zweiten Schritt erfolgt eine Analyse dieser Informationen, aufgrund derer entschieden wird, ob es notwendig ist, die steuerliche Vorabzusage selbst anzufordern.

ee) *Kritik in der Literatur und eigene Stellungnahme*

Dieses hochkomplizierte System soll potentiell missbräuchlichen Lizenzboxgestaltungen entgegenwirken und bietet ein gewisses Maß an Sicherheit dafür, dass eine rechtsgerechte Verteilung der staatlichen Steuerlast zwischen allen Steuerpflichtigen gewährleistet wird. *Pinkernell*[1080] weist darauf hin, dass das im Zentrum des Berichts stehende Prinzip der Anknüpfung an die wirtschaftliche Substanz tatsächlich dazu führt, dass das Steueraufkommen der Industriestaaten steigt, weil gerade dort die Strategieträger ansässig sind. Allerdings hat es dabei auch zur Folge, dass die Empfehlungen der BEPS-Aktionsmaßnahme Nr. 5 und insb. der Nexus-Ansatz zugleich den Steuergrundprinzipien zahlreicher Staaten entgegenstehen. Ein gutes Beispiel hierfür ist die deutsche Erfahrung, den Abzug der Lizenzaufwendungen i. S. d. § 4j EStG zu beschränken. Neben dem klaren Verstoß gegen das objektive Nettoprinzip und das Leistungsfähigkeitsprinzip, der sich in diesem Zusammenhang abzeichnet, enthält die Norm auch lediglich einen Verweis auf den im BEPS-Aktionsbericht Nr. 5 erarbeiteten Nexus-Ansatz. Dies bedeutet jedoch, dass der Nexus-Ansatz nicht in die nationale Gesetzgebung implementiert wurde. Eine Vereinbarkeit der Regelung des § 4j EStG mit

---

1079 *OECD*, Wirksamere Bekämpfung schädlicher Steuerpraktiken unter Berücksichtigung von Transparenz und Substanz, Aktionspunkt 5 – Abschlussbericht 2015, Paris 2016, 62.

1080 *Pinkernell, R.*, Schriftliche Stellungnahme zur Vorbereitung der öffentlichen Anhörung „Auswirkungen von Steuervermeidung und Steuerhinterziehung auf die Entwicklungsländer" am 20.06.2016 (*verfügbar nur elektronisch*), 25. Abrufbar unter: https://www.bundestag.de/resource/blob/428098/13d697f8f6eef9b46e91ec-8be984d72d/10-pinkernell-data.pdf (*letzter Zugriff*: 01.01.2022).

dem Grundsatz des Bestimmtheitsgebotes sowie mit dem Demokratieprinzip kann daher angezweifelt werden.

Andererseits haben der Bundesverband der Deutschen Industrie (*BDI*) und der niederländische Industrie- und Arbeitgeberverband (*VNO-NCW*) darauf hingewiesen, dass eine Anwendung des OECD-Nexus-Ansatzes dazu führen könnte, dass das Interesse, ein Patent zu erwerben, bei mittleren und großen Unternehmen sinkt[1081]. Der Grund für eine solche Entwicklung liege in den damit verbundenen administrativen und/oder finanziellen Herausforderungen. *Brokelind*[1082] vertritt die These, dass die Anwendung des Nexus-Ansatzes im Kontext des europäischen Rechts zu einer territorialen Begrenzung der Forschungs- und Entwicklungstätigkeiten innerhalb der EU führen könnte. Im Ergebnis könnte es dadurch zu einem Verstoß gegen die EU-Grundfreiheiten kommen. Schließlich kritisiert *Rupp*[1083], dass die Empfehlungen der OECD in der Praxis dazu führen, dass ausländische Präferenzsysteme für die inländischen Zahlungsverpflichteten und ihre Berater deutlich schwerer abzuschätzen sind.

Im Hinblick auf den Nexus-Ansatz erweist sich die Empfehlung des BEPS-Aktionsberichts Nr. 5 m.E. zwar als effektiv, jedoch bleibt die Anwendung des Nexus-Ansatzes in der Praxis mit vielen dogmatischen Herausforderungen verbunden. Uneingeschränkt positiv kann dagegen die Einführung des spontanen Informationsaustauschs bewertet werden, denn dieses System hat das Potenzial, zukünftig im Hinblick auf die Bewertung ausländischer präferenzieller Steuerregelungen problematische Fälle effektiv zu lösen.

1081 Im Ergebnis: *VNO-NCW*, Joint Dutch-German Statement on Tax Incentives for Research and Development 2015 (*verfügbar nur elektronisch*), 2. Abrufbar unter: https://www.vno-ncw.nl/sites/default/files/downloadables_vno/joint_dutch-german_statement_on_ip_boxes.pdf (*letzter Zugriff*: 01.01.2022).

1082 *Brokelind, C.*, Intellectual Property, Taxation and State Aid Law, in: Richelle, I./Schön, W./Traversa, E., State Aid Law and Business Taxation, Berlin 2016, 221 (241).

1083 *Rupp, T.*, Internationales Steuerrecht: Die deutsche Lizenzschranke (§ 4j EStG), Steuer Office Kanzlei-Edition 2020 (*Stand: 16.06.2020*), Rn. HI10950516 (HI11634551).

c) *Empfehlungen aus den BEPS-Aktionsmaßnahmen in Bezug auf die Gewährleistung von Abkommensvergünstigungen sowie auf die weitere Erarbeitung der Vorschriften zur Hinzurechnungsbesteuerung*

aa) *Erarbeitung von Empfehlungen zur Gestaltung von Vorschriften zur Hinzurechnungsbesteuerung aus der BEPS-Aktionsmaßnahme Nr. 3*

1) *Historischer Hintergrund der Aktionsmaßnahme*

Die Empfehlungen des BEPS-Aktionsplans Nr. 3 zielen darauf ab, die Grundelemente des nationalen Hinzurechnungssystems zu konkretisieren. Ein solches System soll den Gestaltungen der Konzerngesellschaften zur Gewinnverlagerung in Niedrigsteuerländer oder Steueroasen mithilfe von Zwischengesellschaften entgegenwirken[1084]. Besonders relevant ist dieses System heutzutage für die Schätzung der *mobilen*[1085] Einkünfte der Zwischengesellschaften, die aufgrund einer o.g. Regelung den Einkünften der inländischen Gesellschaft zugerechnet werden sollen. Damit wird das inländische Steuersubstrat gesichert[1086] und es wird verhindert, dass die nationale Steuergesetzgebung durch eine künstliche ertragsteuerliche Gestaltung umgegangen werden kann.

Die Hinzurechnungsbesteuerung (*in der englischsprachigen Literatur auch als CFC-Rules bezeichnet)* ist das älteste Mittel zur Bekämpfung von Gewinnverlagerungsversuchen durch die Steuerpflichtigen[1087]. Dies begründet sich dadurch, dass seit dem Jahr 1962 bereits 30 OECD-Mitgliedstaaten Regelungen für eine Hinzurechnungsbesteuerung in ihre nationalen Steuergesetzgebungen eingeführt haben[1088]. Der Aktionsbericht Nr. 3 bündelt die Erfahrungen dieser Staaten für die Länder, die bislang noch nicht über ein Hinzurechnungsbesteuerungssystem verfügen, und führt zugleich weitere Verschärfungen der

---

1084 *Kakade, P./Putiani, P.*, Analysis of BEPS Action Plan 3 – Strengthening CFC Rules, International Taxation 2015, Band 13, Nr. 24, 314.

1085 *Radmanesh, S.*, Empfehlungen für eine effektive Hinzurechnungsbesteuerung (sog CFC-Regelungen) – Aktionspunkt 3 des OECD/G20 Base Erosion and Profit Shifting (BEPS)-Aktionsplans, IStR 2015, 895.

1086 Im Ergebnis: *OECD*, Verhinderung der Gewährung von Abkommensvergünstigungen in unangemessenen Fällen, Aktionspunkt 6 – Abschlussbericht 2015, Paris 2018, 90.

1087 Mehr über die geschichtliche Entwicklung von CFC-Regelungen: *Riedl, W.*, Purpose and Policy Considerations for Implementing CFC Rules, in: Pinetz, E./Schaffer, E., Limiting Base Erosion, Wien 2017, 187 (197).

1088 Siehe: *OECD*, Designing Effective Controlled Foreign Company Rules, Action 3 – 2015 Final Report, Paris 2015, 9.

Hinzurechnungsbesteuerung für diejenigen Länder ein, deren Steuerrechtssystem den o.g. Schutzmechanismus bereits anerkennt[1089].

2) Einzelheiten der Aktionsmaßnahme

Der Bericht fordert nicht die Einführung einer Mindestvoraussetzung[1090], sondern spricht vielmehr Empfehlungen für die bestmögliche Gestaltung einer effektiven Hinzurechnungsbesteuerung aus[1091]. Dabei nennt er 6 wesentliche Bestandteile (sog. *building blocks*), mit denen dieses Ziel erreicht werden kann. *Saint-Amans* und *Russo*[1092] vertreten die These, dass gerade eine solche Strukturierung der Empfehlungen den Ländern eine hohe Flexibilität gewährleistet, um ihr Hinzurechnungssystem punktuell zu modifizieren. Der Bericht führt dabei ausschließlich die 6 folgenden Bestandteile auf:

- *Definition der Zwischengesellschaft (Rules for defining a CFC);*
- *Allgemeine Anwendungsgrenzen für bzw. Ausnahmen von der Hinzurechnungsbesteuerung (CFC exemptions and threshold requirements);*
- *Definition der Zwischeneinkünfte (Definition of CFC income);*
- *Berechnung der Zwischeneinkünfte (Rules for computing income);*
- *Zuweisung der Zwischeneinkünfte (Rules for attributing income);*
- *Vermeidung der Doppelbesteuerung (Rules to prevent or eliminate double taxation).*

Der Bericht erweitert den Anwendungsbereich der CFC-Regelungen erheblich, da nicht nur beherrschte Unternehmen i. S. v. Körperschaften unter ihren Geltungsbereich fallen, sondern auch transparente Rechtsgebilde und

---

1089 Siehe: *OECD*, Designing Effective Controlled Foreign Company Rules, Action 3 – 2015 Final Report, Paris 2015, 11; *Kraft, G.*, in: Kraft, G., AStG: Kommentar, 2. Aufl., München 2019, vor § 7 Rn. 90.

1090 *Schmidt, K.*, Taxation of Controlled Foreign Companies in Context of the OECD/G20 Project on Base Erosion and Profit Shifting as well as the EU Proposal for the Anti-Tax Avoidance Directive – An Interim Nordic Assessment, Nordic Tax Journal 2016, Nr. 2, 87 (90).

1091 Siehe: *OECD*, Designing Effective Controlled Foreign Company Rules, Action 3 – 2015 Final Report, Paris 2015, 9; sowie: *Radmanesh, S.*, Empfehlungen für eine effektive Hinzurechnungsbesteuerung (sog CFC-Regelungen) – Aktionspunkt 3 des OECD/G20 Base Erosion and Profit Shifting (BEPS)-Aktionsplans, IStR 2015, 895 (897).

1092 Im Ergebnis: *Saint-Amans, P./Russo, R.*, The BEPS Package: Promise Kept, Bulletin for International Taxation 2016, 236 (237).

Betriebsstätten, sofern deren Tätigkeit zu einem Gestaltungsmissbrauch führt[1093]. *Kraft*[1094] führt darüber hinaus die Möglichkeit an, in diesen Anwendungsbereich auch Individuen i. S. v. natürlichen Personen einzuschließen, die die Kontrolle über beherrschte Auslandsgesellschaften mit niedriger Besteuerung und passiven Einkünften ausüben.

aaa) Beherrschendes Unternehmen

Als beherrschtes Unternehmen kann eine Zwischengesellschaft dann bezeichnet werden, wenn das beherrschende Unternehmen mittelbar oder unmittelbar mit mehr als 50 % an ihm beteiligt ist[1095]. Jedoch können die Staaten – neben der Untersuchung von rechtlichen und wirtschaftlichen Faktoren – aufgrund der Analyse der Tatsachen und Umstände[1096] (sog. *de facto test*) auch niedrigere Beteiligungsschwellen ansetzen. Mithilfe dieses Tests soll in erster Linie das Rechtssubjekt bestimmt werden, *das tatsächlich die Entscheidungen trifft, auf die Tagesgeschäfte einwirkt oder durch sonstige vertragliche Bindungen auf eine Zwischengesellschaft Einfluss nimmt*[1097].

Seixas[1098] betont, dass der von dem Bericht vorgeschlagene *de-facto-Test* und die Untersuchung der rechtlichen und wirtschaftlichen Faktoren im Wesentlichen den *control-Test* aus dem IFRS 10 wiederholen. Um zu überprüfen, ob die Minderheitengesellschafter gemeinsam die Kontrolle ausüben, schlägt die OECD drei alternative Varianten für den Test vor. Bei diesen handelt es sich um eine Überprüfung, ob das Verhalten zwischen den Gesellschaftern abgestimmt wurde (*acting-in-concert-Test*), ob es nahestehende Personen gibt (*related-party-Test*) oder ob eine Zusammenrechnung inländischer Mindestbeteiligungen vorliegt (*indirect-control-Test*)[1099].

1093 Siehe: *OECD*, Designing Effective Controlled Foreign Company Rules, Action 3 – 2015 Final Report, Paris 2015, 21.

1094 *Kraft, G.*, in: Kraft, G., AStG: Kommentar, 2. Aufl., München 2019, vor § 7 Rn. 93.

1095 Siehe: *OECD*, Designing Effective Controlled Foreign Company Rules, Action 3 – 2015 Final Report, Paris 2015, 21.

1096 *Radmanesh, S.*, Empfehlungen für eine effektive Hinzurechnungsbesteuerung (sog CFC-Regelungen) – Aktionspunkt 3 des OECD/G20 Base Erosion and Profit Shifting (BEPS)-Aktionsplans, IStR 2015, 895 (898).

1097 Siehe: *OECD*, Designing Effective Controlled Foreign Company Rules, Action 3 – 2015 Final Report, Paris 2015, 24.

1098 *Seixas, T.S.*, Threshold Requirements for CFC Rules: Definition of Control, in: Pinetz, E./Schaffer, E., Limiting Base Erosion, Wien 2017, 207 (212).

1099 Siehe: *OECD*, Designing Effective Controlled Foreign Company Rules, Action 3 – 2015 Final Report, Paris 2015, 25 ff.

bbb) Zwischeneinkünfte

Was unter Zwischeneinkünften zu verstehen ist, definiert der Bericht nur abstrakt[1100]. Er überlässt es damit den Staaten selbst, die für sie passenden Ansätze einzuführen. Der Bericht hält lediglich fest, dass einer Hinzurechnungsbesteuerung solche Einkünfte unterliegen sollen, die ein Risiko im Zusammenhang mit Gewinnverlagerungen bzw. Gewinnverkürzungen darstellen[1101]. Ein solches Risiko kann in den folgenden drei Kategorien entstehen[1102]:

- *bei den Einkünften einer Zwischengesellschaft aus Dividenden, Zins-, Versicherungs- und Lizenzgebühren sowie aus Verkaufs- und Dienstleistungserlösen;*
- *bei den Zwischeneinkünften aus einer* ***Substanzanalyse****, d.h. die nicht am Ort der Besteuerung erwirtschaftet worden sind, sondern z.B. während der Ausübung bestimmter, für die Erfüllung des Geschäftszwecks relevanter Tätigkeiten oder Funktionen unter Berücksichtigung des Einsatzes von Vermögen und der übernommenen Risiken;*
- *bei den Zwischeneinkünften nach dem sog. „****Excess Profits****"-Ansatz, demzufolge jene Einkünfte, die die marktübliche Rendite einer Investition übersteigen, der Hinzurechnungsbesteuerung unterworfen sind*[1103].

Die aus diesen Kategorien entstandenen Zwischeneinkünfte werden weiterhin dem beherrschenden Unternehmen proportional zu seinem Beteiligungsanteil i. F. eines Hinzurechnungsbetrags zugerechnet. Maßgeblich ist dabei die tatsächliche Beherrschung einer Zwischengesellschaft unter Berücksichtigung der o.g. Beteiligungsschwelle. Um den Anwendungsbereich der Hinzurechnungsregelungen qualitativ einzugrenzen, werden die folgenden Methoden empfohlen[1104]:

1100 *Radmanesh, S.*, Empfehlungen für eine effektive Hinzurechnungsbesteuerung (sog CFC-Regelungen) – Aktionspunkt 3 des OECD/G20 Base Erosion and Profit Shifting (BEPS)-Aktionsplans, IStR 2015, 895 (898).

1101 Im Ergebnis: *OECD*, Designing Effective Controlled Foreign Company Rules, Action 3 – 2015 Final Report, Paris 2015, 43.

1102 Siehe: *OECD*, Designing Effective Controlled Foreign Company Rules, Action 3 – 2015 Final Report, Paris 2015, 44 ff.

1103 *Radmanesh, S.*, Empfehlungen für eine effektive Hinzurechnungsbesteuerung (sog CFC-Regelungen) – Aktionspunkt 3 des OECD/G20 Base Erosion and Profit Shifting (BEPS)-Aktionsplans, IStR 2015, 895 (899).

1104 Siehe: *Radmanesh, S.*, Empfehlungen für eine effektive Hinzurechnungsbesteuerung (sog CFC-Regelungen) – Aktionspunkt 3 des OECD/G20 Base Erosion and Profit Shifting (BEPS)-Aktionsplans, IStR 2015, 895 (898).

- *die Berücksichtigung einer Bagatellgrenzregelung, bei der die Unterschreitung bestimmter Gewinngrenzen sowohl auf der Ebene der Zwischengesellschaft als auch auf der Ebene der beherrschenden Steuerpflichtigen zum Ausschluss der Hinzurechnungsbesteuerung führt;*
- *die Anwendung eines Motivtests, der zum Ausschluss solcher Fälle führt, die nicht überwiegend der Steuervermeidung dienen;*
- *ein Ausschlusstatbestand, der auf einer ausreichend hohen effektiven Steuerbelastung im Ansässigkeitsstaat der Zwischengesellschaft basiert.*

Die aufgrund der Anwendung von Hinzurechnungsregelungen entstehende Doppelbesteuerung ist grds. vermittels der Anrechnungsmethode zu verhindern[1105]. Für Situationen, bei denen es zur Ausschüttung von Dividenden oder zur Veräußerung von Anteilen an der Zwischengesellschaft kommt, wird darüber hinaus die Anwendung der Freistellungsmethode empfohlen[1106].

3) *Kritik in der Literatur und eigene Stellungnahme*

Im Schrifttum wurden die zahlreichen Empfehlungen, die der Bericht Nr. 3 ausspricht, stark kritisiert. Dabei wurde insb. die Erweiterung des Anwendungsbereichs einer Hinzurechnungsregelung in Zweifel gezogen, denn mit dieser können nicht nur die rein künstlichen, sondern auch typische Gestaltungsarten gedeckt werden. Aus der Perspektive des EU-Rechts kann dies jedoch problematisch sein. *Panayi*[1107] unterstreicht, dass der EuGH in zahlreichen Entscheidungen die Wichtigkeit der Anwendung von Hinzurechnungsregelungen ausschließlich für die *rein* künstlichen Gestaltungen (*wholly artificial arrangements)* betont. Im Gegensatz dazu führen die Empfehlungen aus der BEPS-Aktionsmaßnahme Nr. 3 dazu, dass auch teilkünstliche Gestaltungsarten (*partly*

1105 Im Ergebnis: *OECD*, Designing Effective Controlled Foreign Company Rules, Action 3 – 2015 Final Report, Paris 2015, 66 f.; *Radmanesh, S.*, Empfehlungen für eine effektive Hinzurechnungsbesteuerung (sog CFC-Regelungen) – Aktionspunkt 3 des OECD/G20 Base Erosion and Profit Shifting (BEPS)-Aktionsplans, IStR 2015, 895 (900).

1106 Im Ergebnis: *OECD*, Designing Effective Controlled Foreign Company Rules, Action 3 – 2015 Final Report, Paris 2015, 68; *Radmanesh, S.*, Empfehlungen für eine effektive Hinzurechnungsbesteuerung (sog CFC-Regelungen) – Aktionspunkt 3 des OECD/G20 Base Erosion and Profit Shifting (BEPS)-Aktionsplans, IStR 2015, 895 (900).

1107 *Panayi, C.*, The Compatibility of the OECD/G20 Base Erosion and Profit Shifting Proposals with EU Law, Bulletin for International Taxation 2016, 95 (100 f.).

artificial arrangement) gedeckt werden. Auf diese Tatsache verweist auch *Radmanesh*[1108], nach dessen Auffassung der Bericht keine Möglichkeit der Entlastung von der Hinzurechnungsbesteuerung bietet, wenn ein Teil der „exzessiven" Einkünfte auf den wirtschaftlichen Aktivitäten der Zwischengesellschaft beruht. Das hat zur Folge, dass die Implementierung der OECD-Empfehlungen in die nationalen Steuergesetzgebungen jeglicher EU-Mitgliedstaaten unverzüglich zu einer Kontradiktion mit der Rechtsprechung des EuGH führt. *Schmidt*[1109] kritisiert darüber hinaus auch die meist unpräzise Natur der BEPS-Empfehlungen sowie das Fehlen einer konkreten Begriffsbestimmung der Zwischeneinkünfte seitens der OECD. Zudem betont *Blum*[1110], dass viele Fragen, die im Hinblick auf die Hinzurechnungsbesteuerung relevant sind, im Aktionsbericht Nr. 3 außer Acht gelassen wurden.

Ebenfalls merkwürdig erscheint m.E. die Stelle des OECD-Aktionsberichts Nr. 3, der die Empfehlungen des Berichts nicht als Mindeststandards bewertet. Dies bedeutet, dass die Staaten (*im Prinzip*: alle Weltstaaten) die Entscheidung, ob sie diese Empfehlungen in ihre nationale Steuergesetzgebung implementieren, letztlich selbst treffen. In diesem Zusammenhang stellt sich die Frage der Zweckmäßigkeit der Implementierung der o.g. BEPS-Empfehlungen seitens der Entwicklungsländer und der Niedrigbesteuerungsländer. Denn während die hochkomplexen Empfehlungen des Berichts die Entwicklungsländer offensichtlich vor große Herausforderungen stellen können, ist die zweite in diesem Zusammenhang genannte Gruppe, die Niedrigbesteuerungsländer, im Prinzip nicht darin interessiert, die CFC-Normen zu implementieren. Damit richten sich diese Empfehlungen lediglich an die OECD-Mitgliedstaaten, die die Hinzurechnungsnormen sowieso bereits in ihren nationalen Steuergesetzgebungen fixiert haben. Angesichts der bereits erwähnten Kollision, die sich zwischen den Empfehlungen des Berichts und der EuGH-Rechtsprechung ergibt, sollte deren Implementierung in einem EU-Mitgliedsland ausgeschlossen sein. In

1108 *Radmanesh, S.*, Empfehlungen für eine effektive Hinzurechnungsbesteuerung (sog CFC-Regelungen) – Aktionspunkt 3 des OECD/G20 Base Erosion and Profit Shifting (BEPS)-Aktionsplans, IStR 2015, 895 (899).

1109 *Schmidt, K.*, Taxation of Controlled Foreign Companies in Context of the OECD/G20 Project on Base Erosion and Profit Shifting as well as the EU Proposal for the Anti-Tax Avoidance Directive – An Interim Nordic Assessment, Nordic Tax Journal 2016, Nr. 2, 87 (96).

1110 *Blum, D.*, Controlled Foreign Companies: Selected Policy Issues – or the Missing Elements of BEPS Action 3 and the Anti Tax Avoidance Directive, Intertax 2018, Band 46, Nr. 4, 296 (311 f.).

dieser Perspektive ist zu konstatieren, dass die Empfehlungen aus der BEPS-Aktionsmaßnahme Nr. 3 trotz ihres innovativen Potenzials in der Realität lediglich in einer bestimmten Zahl von OECD-Mitgliedstaaten direkt durchgesetzt werden können. Insofern kommt dem Bericht m.E. in der Praxis nur eine geringe Bedeutung zu.

bb) Verhinderung der Gewährung von Abkommensvergünstigungen in unangemessenen Fällen aufgrund der Empfehlungen der BEPS-Aktionsmaßnahme Nr. 6

Im Zentrum des BEPS-Aktionsplans Nr. 6 steht die Erarbeitung von Mechanismen gegen missbräuchliche Inanspruchnahmen eines DBA. I. S. d. OECD können solche missbräuchlichen Inanspruchnahmen entweder bei Fällen, in denen eine Person im Abkommen selbst vorgesehene Beschränkungen zu umgehen versucht, oder in Fällen, in denen eine Person durch die Inanspruchnahme von Abkommensvergünstigungen innerstaatliche Rechtsvorschriften zu umgehen versucht, vorkommen[1111]. Während unter die erste Gruppe treaty-shopping-Konstellationen fallen, sind der zweiten Kategorie sonstige Steuerumgehungsarten (wie z.B. Unterkapitalisierung sowie andere Finanzierungstransaktionen, bei denen über Steuerabzüge die Fremdkapitalkosten gemindert werden können) zuzuordnen.

Zwar haben zahlreiche OECD-Mitgliedstaaten die entsprechenden Missbrauchsklauseln gegen die o.g. Gruppen bereits seit langem in ihren nationalen Gesetzgebungen verankert. Gleichermaßen wird auch auf der Ebene der OECD schon seit dem Jahr 1977, als das Konzept des „Nutzungsberechtigten" in das OECD-MA eingeführt wurde, ein beständiger Kampf gegen treaty-shopping-Fälle geführt[1112]. Jedoch gestaltete sich dieser Kampf bis zur Veröffentlichung des Berichts eher chaotisch und unpräzise. Der Aktionsbericht systematisiert dagegen die früheren Empfehlungen und bietet auf deren Basis weitere abkommensrechtliche Klauseln, mit denen die Gewährung von Abkommensvergünstigungen in unangemessenen Fällen verhindert werden kann.

Der Bericht legt einen besonderen Akzent auf die Erarbeitung von Instrumenten zur Bekämpfung von treaty-shopping-Fällen. Um dieses Ziel zu erreichen,

---

1111 *OECD*, Verhinderung der Gewährung von Abkommensvergünstigungen in unangemessenen Fällen, Aktionspunkt 6 – Abschlussbericht 2015, Paris 2018, 19.

1112 *OECD*, Verhinderung der Gewährung von Abkommensvergünstigungen in unangemessenen Fällen, Aktionspunkt 6 – Abschlussbericht 2015, Paris 2018, 19 f.

müssen drei wichtige Maßnahmen umgesetzt werden[1113]. Zunächst muss in DBA von den Vertragsstaaten eine eindeutige Erklärung aufgenommen werden, die besagt, dass sie die Steuerumgehung und insb. die Schaffung von Möglichkeiten für treaty-shopping zu vermeiden beabsichtigen. Aus einer solchen Erklärung kann gefolgert werden, dass der Kampf gegen Steuermissbräuche auf abkommensrechtlichem Niveau nunmehr eines der Hauptziele des DBA ist.

Die beiden weiteren Maßnahmen setzen die Einführung neuer Missbrauchsklauseln voraus. Konkret handelt es sich bei diesen Missbrauchsklauseln einerseits um die Limitation-on-Benefits-Klausel (*LoB*) und andererseits um eine allgemeine Vorschrift zur Missbrauchsbekämpfung i. F. eines Principal-Purpose-Tests (*PPT*). Während LoB primär auf die Beseitigung abkommensrechtlicher treaty-shopping-Konstellationen abzielt[1114], kann der PPT darüber hinaus auch bei anderen Formen des Abkommensmissbrauchs zum Einsatz kommen. Um eine künstliche Gestaltung auf der abkommensrechtlichen Ebene zu verhindern, steht es den Staaten grds. frei, entweder die beiden o.g. Missbrauchsklauseln zu kombinieren oder ausschließlich den PPT in die DBA aufzunehmen[1115]. Darüber hinaus besteht auch die Möglichkeit, die LoB-Regelung mit einer in DBA bislang fehlenden Missbrauchsklausel zu ergänzen, um künstliche Durchlauffinanzierungsgestaltungen auf abkommensrechtlichem Niveau zu verhindern.

1) Limitation-on-Benefits-Klausel (LoB-Klausel)

aaa) Berechtigte Personen i. S. d. LoB-Klausel

Die LoB-Klausel ist kein Novum im internationalen Steuerrecht. So findet sich die Missbrauchsklausel bereits seit langem in DBA, die von den Vereinigten Staaten[1116], und teilweise auch in denjenigen, die von Japan und Indien abgeschlossen wurden[1117]. Nun erkennt auch die OECD diese Maßnahme als

---

1113 Siehe: *OECD*, Verhinderung der Gewährung von Abkommensvergünstigungen in unangemessenen Fällen, Aktionspunkt 6 – Abschlussbericht 2015, Paris 2018, 20.

1114 Siehe: *OECD*, Verhinderung der Gewährung von Abkommensvergünstigungen in unangemessenen Fällen, Aktionspunkt 6 – Abschlussbericht 2015, Paris 2018, 21.

1115 Siehe: *OECD*, Verhinderung der Gewährung von Abkommensvergünstigungen in unangemessenen Fällen, Aktionspunkt 6 – Abschlussbericht 2015, Paris 2018, 10.

1116 Ihre erste materielle Fixation hat diese Regelung im Jahr 1981 in USA-MA gefunden, mwN *Kuźniacki, B.*, The Limitation on Benefits (LOB) Provision in BEPS Action 6/MLI: Ineffective Overreaction of Mind-Numbing Complexity – Part 1, Intertax 2018, Band 46, Nr. 1, 68.

1117 Siehe: *OECD*, Verhinderung der Gewährung von Abkommensvergünstigungen in unangemessenen Fällen, Aktionspunkt 6 – Abschlussbericht 2015, Paris 2018, 23.

effektives speziell-rechtliches[1118] Instrument (*SAAR*[1119]) in der Bekämpfung von treaty-shopping-Fällen an. Der Aktionsbericht Nr. 6 sieht allerdings nicht vor, die LoB-Klausel in ihrer ursprünglichen, detaillierten Fassung anzuwenden, sondern schlägt stattdessen lediglich eine vereinfachte Variante dieser Maßnahme vor. Hierbei geht es um die Bestimmungen der LoB-Klausel, nach denen einer in einem Vertragsstaat ansässigen Person die Abkommensvergünstigungen dann versagt werden können, wenn es sich dabei um keine „berechtigte Person" handelt. Im Kern dieser Verstrickung steht der Grundgedanke, dass zwischen den Steuerpflichtigen und dem Gewinnerzielungsland grds. eine direkte Verbindung bestehen soll[1120]. Der Bericht nennt daher eine ausschließliche Liste von berechtigten Personen[1121], zu der natürliche Personen; Vertragsstaaten, ihre Gebietskörperschaften und in ihrem Alleineigentum stehende Rechtsträger; bestimmte börsennotierte Rechtsträger und mit ihnen verbundene Unternehmen; bestimmte gemeinnützige Organisationen und Altersvorsorgefonds; andere Rechtsträger, die bestimmte Beteiligungskriterien erfüllen; sowie bestimmte Organismen für gemeinsame Wertpapieranlagen gehören.

bbb) Zusätzliche Voraussetzungen für den Erwerb eines abkommensrechtlichen Steuervorteils

Darüber hinaus werden Gesellschaften Abkommensvorteile nach Art. 10 Abs. 3, 4, 5 OECD-MA nur dann gewährt, wenn sie neben der steuerlichen Ansässigkeit noch weitere komplexe[1122] Anforderungen erfüllen. Das Ziel dieser Einschränkung besteht nach *Schnittker*[1123] in der Sicherstellung eines ausreichenden

---

1118 *Moreno, A.B.*, GAARs and Treaties: From the Guiding Principle to the Principal Purpose Test. What Have We Gained from BEPS Action 6?, Intertax 2017, Band 45, Nr. 6 und 7, 432 (440).

1119 *SAAR* – special anti avoidance rules (spezielle Anti-Missbrauchsklauseln). *Chand* nennt die ursprüngliche (amerikanische) Version von LoB-Klausel auch als *TAAR* (treaty targeted anti avoidance rule), *Chand, V.*, The Guiding Principle and the Principal Purpose Test, International Taxation 2015, Nr. 12, 484 (485).

1120 Im Ergebnis: *Doernberg, R.L./van Raad, K.*, The 1996 United States Income Tax Convention. Analysis, Commentary and Comparison, Den Haag 1997, 172.

1121 Siehe: *OECD*, Verhinderung der Gewährung von Abkommensvergünstigungen in unangemessenen Fällen, Aktionspunkt 6 – Abschlussbericht 2015, Paris 2018, 24.

1122 *Bannes, M./Cloer, A.*, BEPS Aktionsplan 6: Verhinderung von Abkommensmissbrauch, BB 2017, 2272 (2273).

1123 Vgl. zur LoB-Klausel aus DBA-USA 2008: *Schnittker, H.*, Seminar L: Limitation-on-Benefits-Klauseln – eine Bestandsaufnahme, IStR 2012, 720 f.

steuerlichen Nexus zwischen dem Vergütungsberechtigten und dem Quellenstaat. So können die Abkommensvergünstigungen i. S. d. Art. 10 Abs. 3, 4, 5 OECD-MA für bestimmte Einkünfte einer Gesellschaft gewährt werden, wenn die Gesellschaft im Ansässigkeitsstaat eine aktive Tätigkeit ausübt, der die in Rede stehenden Einkünfte zugeordnet werden können (*active conduct of a business test*)[1124]. Außerdem können die Abkommensvergünstigungen der Gesellschaft gewährt werden, wenn die an der Zwischengesellschaft beteiligten Personen bei einer direkten Beteiligung gleichwertige oder sogar größere Vorteile erzielen würden (*derivative benefit test*)[1125]. Schließlich kann auch die zuständige Behörde eines Vertragsstaats einer Person bestimmte Abkommensvergünstigungen einräumen (*discretionary relief*)[1126]. Allerdings definiert weder das MLI noch das OECD-MA, was genau unter den zuständigen Behörden zu verstehen ist[1127].

ccc) Kritik in der Literatur

Die LoB-Klausel kann als universales Rechtsmittel zur Verhinderung abkommensrechtlicher treaty-shopping-Fälle gewertet werden. Diese Universalität kommt durch den deutlich geringeren Anwendungsbereich der Regelung zustande. Dabei ist die OECD besonders vorsichtig, sodass der Geltungsbereich der Klausel im Verständnis der Organisation lediglich Personengruppen abdeckt, bei denen nicht nur eine praktische, sondern auch eine theoretische Teilnahme an treaty-shopping-Konstruktionen ausgeschlossen ist. In Bezug auf diese strenge, im Wesentlichen subjektbezogene Beschränkung ist es jedoch sehr erstaunlich, dass in der BEPS-Aktionsmaßnahme Nr. 6 durch die OECD keine präzise Begriffsbestimmung des Objekts der LoB-Klausel i. S. d. treaty-shoppings

---

1124 Siehe: *OECD*, Verhinderung der Gewährung von Abkommensvergünstigungen in unangemessenen Fällen, Aktionspunkt 6 – Abschlussbericht 2015, Paris 2018, 39 f.; *Bannes, M./Cloer, A.*, BEPS Aktionsplan 6: Verhinderung von Abkommensmissbrauch, BB 2017, 2272 (2273).

1125 Siehe: *OECD*, Verhinderung der Gewährung von Abkommensvergünstigungen in unangemessenen Fällen, Aktionspunkt 6 – Abschlussbericht 2015, Paris 2018, 45; *Bannes, M./Cloer, A.*, BEPS Aktionsplan 6: Verhinderung von Abkommensmissbrauch, BB 2017, 2272 (2274).

1126 Siehe: *OECD*, Verhinderung der Gewährung von Abkommensvergünstigungen in unangemessenen Fällen, Aktionspunkt 6 – Abschlussbericht 2015, Paris 2018, 46 f.; *Bannes, M./Cloer, A.*, BEPS Aktionsplan 6: Verhinderung von Abkommensmissbrauch, BB 2017, 2272 (2274).

1127 *Hackethal, C.*, in: Haase, F., Multilaterales Instrument, Heidelberg 2018, Art. 7 Rn. 41.

erfolgt. Dieses Schweigen der OECD gibt den Ländern die Gelegenheit, das o.g. Phänomen selbst zu definieren. Im Ergebnis führt dies erneut zu einer Atomisierung des Kampfes auf nationalem Niveau. Dies hat zugleich zur Folge, dass sich sowohl die Effektivität der Maßnahme verringert als auch die Vereinheitlichung des Kampfes gegen treaty-shopping-Konstellationen erschwert wird.

Eine weitere Herausforderung ergibt sich in Bezug auf die Implementierung dieser Klausel in vielen aktuellen DBA. Zwar erkennt die OECD die LoB-Klausel als ein universales multilaterales Instrument zur Bekämpfung von treaty-shopping-Konstellationen an. Konsequent ist jedoch zu vermuten, dass die praktische Umsetzung der LoB-Klausel in aktuellen DBA sich zu einer Prozedur entwickeln kann, die über Jahrzehnte andauern könne. In diesem Zusammenhang kritisiert *Plowgian*[1128], dass sich die tatsächliche Wirkung der BEPS-Empfehlung im Hinblick auf die Harmonisierung internationaler Steuerrechtssysteme als gering erweisen könnte.

Schließlich kann auch die – für OECD-Empfehlungen typische – Tatsache der Text- bzw. Auffassungskomplexität der Klausel kritisch bewertet werden. Eine Besonderheit der LoB-Klausel besteht darin, dass sie in zwei unterschiedlichen Formen existiert, nämlich als *ursprüngliche* amerikanische Klausel und als *vereinfachte* Variationen dieser Klausel. Dieser Dualismus kann theoretisch zu erheblichen Schwierigkeiten in DBA-Verhandlungsprozessen zwischen OECD-Mitgliedstaaten und den Vereinigten Staaten führen. *Avi-Yonah* und *Xu*[1129] sehen darin außerdem die Gefahr einer zu starken Verkomplizierung von DBA-Regelungen einerseits und nationalen Steuergesetzgebungen andererseits. Zudem betont *Lippert*[1130], dass mit der Ausbreitung unterschiedlicher Formen der LoB-Klausel sich Widersprüche zwischen den Staaten ergeben können. Betrachtet man all diese Aspekte, so kann konstatiert werden, dass eine tatsächliche positive Wirkung der LoB-Klausel auf das aktuelle internationale Steuerrechtssystem erst dann eintreten kann, wenn die o.g. Probleme durch

---

1128 *Lippert, T.H.*, OECD Base Erosion & Profit Shifting: Action Item 6, Northwestern Journal of International Law & Business 2017, Band 37, Nr. 3, 539 (556), zitiert nach *Plowgian, M.*, BEPS: The Shifting International Tax Landscape and What Companies Should Be Doing Now, The Tax Executive 2013, 255 (257) (Fußnote 128).

1129 *Avi-Yonah, R.S./Xu, H.*, Global Taxation after The Crisis: Why Beps and Maatm are Inadequate Responses, and What Can Be Done About It, University of Michigan Public Law Research Paper 2016, Nr. 494, 1 (38).

1130 *Lippert, T.H.*, OECD Base Erosion & Profit Shifting: Action Item 6, Northwestern Journal of International Law & Business 2017, Band 37, Nr. 3, 539 (556).

eine Kooperation zwischen der OECD und ihren Mitgliedstaaten beseitigt worden sind.

2) Principal-Purpose-Test (PPT)

Sollen künstliche abkommensrechtliche Gestaltungen verhindert werden, bei denen es sich nicht um treaty-shopping-Fälle handelt, so kommt i. S. d. OECD-BEPS-Aktionsmaßnahme Nr. 6 die allgemeine abkommensrechtliche Missbrauchsklausel i. F. d. Hauptzweck-Kriteriums (*PPT*) zum Einsatz. Dem PPT zufolge sollen die Vergünstigungen eines DBA nicht gewährt werden, *wenn einer der Hauptzwecke von Gestaltungen oder Transaktionen darin besteht, eine Vergünstigung aus einem DBA zu erlangen, und der Erhalt der Vergünstigung unter diesen Umständen dem Ziel und Zweck der einschlägigen Bestimmungen des DBA widersprechen würde*[1131]. *De Broe* und *Luts*[1132] vertreten die Ansicht, dass die Anwendung des PPT auch bei der Nichterfüllung von Tatbeständen einer LoB-Klausel möglich sein soll.

aaa) Tatbestandsvoraussetzungen des PPT

Der o.g. Test basiert im Wesentlichen auf dem sog. „*guiding principle*" des OECD-MK 2003[1133]. I. S. dieses Prinzips führen zwei Tatbestandselemente zu einem abkommensrechtlichen Gestaltungsmissbrauch, nämlich ein subjektives und ein objektives Element. Werden durch die Steuerpflichtigen bestimmte grenzüberschreitende Transaktionen mit dem Ziel ausgeübt, eine bessere Besteuerungskondition zu erreichen, liegt das subjektive Element vor. Steht diese privilegierte Besteuerung dem Sinn und Zweck eines DBA entgegen, ist die Voraussetzung für das objektive Element erfüllt. Der PPT hat seinerseits drei wesentliche Tatbestandsvoraussetzungen[1134], dies sind *die Präsenz von*

1131 *OECD*, Verhinderung der Gewährung von Abkommensvergünstigungen in unangemessenen Fällen, Aktionspunkt 6 – Abschlussbericht 2015, Paris 2018, 21.

1132 *Juka, A.*, Is BEPS Action 6 „Preventing Treaty abuse" compatible with the EU Law concept of abuse?, Masterarbeit, Universität Lund 2016, 21, zitiert nach *De Broe, L./ Luts, J.*, BEPS Action 6: Tax Treaty Abuse, Intertax 2015, Band 43, Nr. 2, 122 (133) (Fußnote 79).

1133 *De Broe, L.*, Tax Treaty and the EU Law Aspects of the LoB and PPT Provision Proposed by BEPS Action 6, in: Danon, R., Base Erosion and Profit Shifting (BEPS): Impact for European and International Tax Policy, Geneva, Zürich und Basel 2016, 197 (209).

1134 Siehe: *Chand, V.*, The Principal Purpose Test in the Multilateral Convention: An in-depth Analysis, Intertax 2018, Band 43, Nr. 1, 18 (20 f.).

Abkommensvergünstigungen, ein subjektives und ein objektives Element. Durch die Einführung der Tatbestandsvoraussetzung der Präsenz von Abkommensvergünstigungen bestätigt die OECD, dass die abkommensrechtlichen Vergünstigungen für ein Einkommen oder Kapital nicht gewährt werden, wenn aus den Tatsachen und Umständen hervorgeht, dass diese Vergünstigung einer der Hauptzwecke der mittelbar oder unmittelbar ausgeübten Steuergestaltung war (*subjektives Element*). Eine Ausnahme liegt in diesen Fällen dann vor, wenn festgestellt wird, dass die Gewährung dieser Vergünstigung dem Sinn und Zweck der DBA-Bestimmungen entspricht (*objektives Element*)[1135].

bbb) Definition einer Vergünstigung

Der Begriff „*Vergünstigung*" umfasst sämtliche dem Quellenstaat nach Art. 6 bis 22 des OECD-MA auferlegten Einschränkungen der Besteuerung, die Befreiung von der Doppelbesteuerung nach Art. 23 OECD-MA sowie den Schutz der ansässigen Personen und Staatsangehörigen eines Vertragsstaats nach Art. 24 OECD-MA oder ähnliche Einschränkungen[1136]. *Lang*[1137] betont, dass unter diese Begriffsbestimmung lediglich die im zu untersuchenden DBA genannten Vergünstigungen fallen können. Dagegen können Vergünstigungen aus anderen DBA oder Vergünstigungen aus dem nationalen oder europäischen Steuerrechtssystem im Rahmen des PPT nicht in Betracht gezogen werden[1138].

ccc) Definition einer Gestaltung oder Transaktion

Im Verständnis der OECD sind die Begriffe „*Gestaltung oder Transaktion*" in einem umfassenden Sinn zu verstehen, d.h. sie beziehen sich unabhängig von ihrer entsprechenden rechtlichen Durchsetzbarkeit auf sämtliche Vereinbarungen,

---

1135 Eine etwa gleiche Systematisierung (*jedoch mit anderen Begriffsbestimmungen*) bietet auch *Duff*. Seiner These zufolge besteht der PPT aus den drei wichtigen Prüfungsstufen, namentlich aus den „*result*"-, „*purpose*"- und „*object and purpose*"- Stufen, *Duff, D.G.*, Tax Treaty Abuse and the Principal Purpose Test – Part 2, Canadian Tax Journal 2018, Band 66, Nr. 4, 947 (967 f.).

1136 *OECD*, Verhinderung der Gewährung von Abkommensvergünstigungen in unangemessenen Fällen, Aktionspunkt 6 – Abschlussbericht 2015, Paris 2018, 60.

1137 *Lang, M.*, BEPS Action 6: Introducing an Anti Abuse Rule in Tax Treaties, Tax Notes International 2014, 655 (656).

1138 Gleiche Auffassung: *Chand, V.*, The Principal Purpose Test in the Multilateral Convention: An in-depth Analysis, Intertax 2018, Band 43, Nr. 1, 18 (40).

Abmachungen, Strukturen, Transaktionen und Transaktionsserien[1139]. Um festzustellen, ob einer der Hauptzwecke einer Gestaltung oder Transaktion darin besteht, Abkommensvergünstigungen zu erhalten, wird eine objektive Analyse der Zwecke und Ziele aller bei der Schaffung der Gestaltung oder Transaktion beteiligten Personen oder Parteien durchgeführt[1140]. Diese Analyse basiert auf einer Tatsachenfrage, die nur im Einzelfall unter Berücksichtigung aller der Gestaltung bzw. Transaktion zugrundeliegenden Umstände beantwortet werden kann. Dabei müssen sämtliche Beweise, die seitens des Steuerpflichtigen beigebracht werden, abgewogen werden, damit vertretbar festgestellt werden kann, dass eine Gestaltung oder Transaktion nicht zum Zweck des Erhalts von Abkommensvergünstigungen geschaffen bzw. durchgeführt wurde[1141].

Für einen Überblick über den genauen Ablauf des Verfahrens der Gestaltungsbewertung bietet der Bericht zahlreiche Beispiele zu den verschiedenen Sachverhalten. Dabei setzt er einen Akzent auf die Tatsache, dass eine grenzüberschreitende Transaktion nicht nur einen, sondern mehrere Hauptzwecke haben kann. Die Frage, ob in einer solchen Konstellation das subjektive Element erfüllt ist, beantwortet der Bericht explizit. Dabei betont er insb., dass, *„wenn eine Gestaltung untrennbar mit einer gewerblichen Kerntätigkeit verbunden ist und ihre Form nicht auf Überlegungen zum Erhalt einer Vergünstigung zurückzuführen ist, … es unwahrscheinlich [ist], dass der Erhalt der Vergünstigung als ihr Hauptzweck angesehen wird[1142]"*.

ddd) Kritik in der Literatur und eigene Stellungnahme

Wenngleich die Einführung einer abkommensrechtlichen Missbrauchsklausel i. S. d. PPT grds. positiv bewertet wird[1143], stellt das Schrifttum dennoch die Mechanismen der Bestimmung des Hauptzwecks der Gestaltung in Frage. *De*

1139 *OECD*, Verhinderung der Gewährung von Abkommensvergünstigungen in unangemessenen Fällen, Aktionspunkt 6 – Abschlussbericht 2015, Paris 2018, 61.

1140 *OECD*, Verhinderung der Gewährung von Abkommensvergünstigungen in unangemessenen Fällen, Aktionspunkt 6 – Abschlussbericht 2015, Paris 2018, 61.

1141 *OECD*, Verhinderung der Gewährung von Abkommensvergünstigungen in unangemessenen Fällen, Aktionspunkt 6 – Abschlussbericht 2015, Paris 2018, 61.

1142 *OECD*, Verhinderung der Gewährung von Abkommensvergünstigungen in unangemessenen Fällen, Aktionspunkt 6 – Abschlussbericht 2015, Paris 2018, 62.

1143 *Moreno, A.B.*, GAARs and Treaties: From the Guiding Principle to the Principal Purpose Test. What Have We Gained from BEPS Action 6?, Intertax 2017, Band 45, Nr. 6 und 7, 432 (434).

Broe[1144] bewertet die objektive Analyse, mittels derer bestimmt wird, ob eine künstliche Steuergestaltung vorliegt, als eine unausgewogene und unzumutbare Maßnahme zur Bekämpfung missbräuchlicher Steuergestaltungen. *Chand*[1145] schlägt seinerseits eine Unterteilung der objektiven Analyse in zwei große Schritte vor. Dabei bestimmt im ersten Schritt der Steuerpflichtige den Gegenstand und Zweck einer DBA-Vergünstigung (sog. *legal analysis*). Weiterhin soll der Steuerpflichtige die Übereinstimmung der von ihm ausgeübten Gestaltung einer DBA-Vergünstigung mit den o.g. Kriterien nachweisen. Unklar bleibt jedoch, weshalb es dem Steuerpflichtigen obliegt, im ersten Schritt der Analyse den Gegenstand und Zweck einer DBA-Vergünstigung zu bestimmen, wenn die Beweislast eines Abkommensmissbrauchs beim Staat liegt.

Die hochkomplexe Regelung i. S. d. PPT kann auch zu erheblichen Interpretationsschwierigkeiten führen. Mit Blick auf diese Herausforderung erscheint es nur logisch, dass eine effektive Anwendung des PPT durch die Staaten deutlich erschwert ist. In der Praxis kann dies insb. dazu führen, dass nicht alle abkommensrechtlich schädlichen Steuergestaltungen durch den PPT aufgedeckt werden können. *Taboada*[1146] schlägt aus diesem Grund eine Umkonfiguration der allgemeinen Missbrauchsklausel vor, bei deren Gestaltung die wirtschaftliche Substanz (*economic substance*) eine maßgebliche Rolle spielen soll.

De Broe und *Luts*[1147] betonen weiterhin auch, dass der Erhalt von abkommensrechtlichen Steuervergünstigungen nicht nur einer der Hauptzwecke, sondern der einzige Zweck der steuerlichen Gestaltung sein muss, damit eine künstliche Gestaltung nachgewiesen werden kann. In diesem Zusammenhang stellt *Kemmeren*[1148] die Frage, inwieweit der PPT mit dem durch den EuGH

1144 Im Ergebnis: *De Broe, L.*, Tax Treaty and the EU Law Aspects of the LoB and PPT Provision Proposed by BEPS Action 6, in: Danon, R., Base Erosion and Profit Shifting (BEPS): Impact for European and International Tax Policy, Geneva, Zürich und Basel 2016, 197 (216).

1145 *Chand, V.*, The Principal Purpose Test in the Multilateral Convention: An in-depth Analysis, Intertax 2018, Band 43, Nr. 1, 18 (41).

1146 *Taboada, C.P.*, OECD Base Erosion and Profit Shifting Action 6: The General Anti-Abuse Rule, Bulletin for International Taxation 2015, Band 69, Nr. 10, 602 (606).

1147 *Taboada, C.P.*, OECD Base Erosion and Profit Shifting Action 6: The General Anti-Abuse Rule, Bulletin for International Taxation 2015, Band 69, Nr. 10, 602 (604), zitiert nach *De Broe, L./Luts, J.*, BEPS Action 6: Tax Treaty Abuse, Intertax 2015, Band 43, Nr. 2, 122 (132) (Fußnote 12).

1148 *Kemmeren, E.C.C.M.*, Where is EU Law in the OECD BEPS Discussion?, EC Tax Review 2014, Band 23, Nr. 4, 190 (192).

erarbeiteten Konzept einer künstlichen Steuergestaltung korrelieren kann, denn nach Auffassung dieses Konzepts muss das Ziel, eine Steuervergünstigung zu erhalten, der primäre und einzige Zweck der Gestaltung sein. Ebenso können die materiellen Voraussetzungen des PPT aus der Perspektive des deutschen Ertragsteuerrechts in Zweifel gezogen werden. Denn aus dem Wortlaut der allgemeinen deutschen Missbrauchsklausel i. S. d. § 42 AO wird deutlich, dass auch der deutsche Gesetzgeber das Erlangen einer ungerechtfertigten Steuervergünstigung als einzigen wesentlichen bzw. als Hauptzweck einer jeglichen künstlichen Gestaltung betrachtet. Insofern unterschiedet sich die abkommensrechtliche Missbrauchsklausel von dem deutschen Pendant. Dies kann jedoch mit Blick auf die historische Entwicklung des PPT kaum überraschen. Denn der ursprüngliche Wortlaut des subjektiven Elements (*purpose test*) des PPT stammt aus dem britischen Steuerrechtssystem, in dem zahlreiche spezielle Missbrauchsklauseln auf einen wesentlichen Gegenstand oder Zweck der Gestaltung (*main object or purpose*) hinweisen[1149].

Schließlich betont *Moreno*[1150], dass die Anwendung des PPT in vielen Staaten zu schwerwiegenden verfassungsrechtlichen Bedenken führt. Dies ist insb. dann der Fall, wenn *Vertragsstaat A*, in dem der Steuerpflichtige Dividendensteuer bezahlt hat, den PPT anwendet und *Vertragsstaat B* aufgrund Art. 10 Abs. 2 OECD-MA die genannten Dividenden besteuert hat. Der dadurch entstehende Effekt einer Doppelbesteuerung[1151] erschwert die wirtschaftliche Kondition eines Steuerpflichtigen und könnte als unangemessen schwere Bestrafung bewertet werden. In diesem Zusammenhang besteht bei den Vertragsstaaten ein dringender Bedarf, vermittels Verständigungsverfahrens die o.g. mehrfache Steuerbelastung zu verhindern[1152]. Wenn diese objektiven praktischen Herausforderungen

---

1149 *Duff, D.G.*, Tax Treaty Abuse and the Principal Purpose Test – Part 2, Canadian Tax Journal 2018, Band 66, Nr. 4, 947 (980), zitiert nach *Schwarz, J.*, Schwarz on Tax Treaties, 3. Aufl., Zuidpoolsingel 2013, 421 (Fußnote 164).

1150 *Moreno, A.B.*, GAARs and Treaties: From the Guiding Principle to the Principal Purpose Test. What Have We Gained from BEPS Action 6?, Intertax 2017, Band 45, Nr. 6 und 7, 432 (443 f.).

1151 *Lang* nennt diese Wirkung des PPT als „*penalizing effect*“, so: *Lang, M.*, BEPS Action 6: Introducing an Anti Abuse Rule in Tax Treaties, Tax Notes International 2014, 655 (662).

1152 Im Ergebnis: *Taboada, C.P.*, OECD Base Erosion and Profit Shifting Action 6: The General Anti-Abuse Rule, Bulletin for International Taxation 2015, Band 69, Nr. 10, 602 (606).

bei einem solchen Verfahren beachtet werden, könnte es mehrere Jahre dauern, bis ein zwischenstaatlicher Kompromiss ausgehandelt ist.

So kommt dem PPT zwar eine wichtige Rolle in der qualitativen Verhinderung abkommensrechtlicher Missbräuche zu. Aus den hier genannten unterschiedlichen Sichtweisen auf das PPT lässt sich jedoch zugleich schlussfolgern, dass seine Umsetzung in neuen DBA von zahlreichen dogmatischen Herausforderungen begleitet werden wird. Aufgrund der steuerlichen Interessen der OECD-Mitgliedstaaten ergibt sich in diesem Zusammenhang ein ständiger Koordinierungsbedarf dieses Prozesses, dessen Gewährleistung der OECD vermittels der Modernisierung des OECD-MA obliegt.

d) Der Versuch einer einheitlichen Bekämpfung künstlicher Steuergestaltungen vermittels eines mehrseitigen Übereinkommens i. S. d. BEPS-Aktionsmaßnahme Nr. 15

aa) Hintergrund der Aktionsmaßnahme

Die Besonderheit der OECD-BEPS-Maßnahmen besteht nicht nur darin, dass sie effektive Lösungsansätze erarbeiten, mit denen grenzüberschreitende künstliche ertragsteuerliche Gestaltungen verhindert werden sollen. Vielmehr systematisieren die Maßnahmen diese Empfehlungen auch in einem einheitlichen mehrseitigen Vertrag. Eine solche Art des multinationalen Vertrags stellt im Kontext des internationalen Steuerrechts ebenso einen historischen Wendepunkt[1153] wie eine signifikante und präzedenzlose[1154] Innovation und eine Integrationslösung[1155] dar. Um das o.g. Ziel zu erreichen, wurden im BEPS-Aktionsplan Nr. 15 die theoretischen Vorbedingungen dieses Vertrags erarbeitet. Dabei wurde insb. klargestellt, dass die Einführung eines mehrseitigen Übereinkommens aufgrund der heutzutage noch deutlich langsameren, komplizierteren und ressourcenintensiveren Prozedur der Veränderung eines DBA durch die Vertragsparteien wichtig ist[1156]. Der Zweck des mehrseitigen Übereinkommens ist es, die

---

1153 *Duff, D.G.*, Tax Treaty Abuse and the Principal Purpose Test – Part 1, Canadian Tax Journal 2018, Band 66, Nr. 3, 619 (620), zitiert nach *Danon, R.J./Salomé, H.*, The BEPS Multilateral Instrument: General Overview and Focus on Treaty Abuse, IFF Forum für Steuerrecht 2017, Nr. 3, 197 (199) (Fußnote 2).

1154 *OECD*, Developing a Multilateral Instrument to Modify Bilateral Tax Treaties, Action 15 – 2015 Final Report, Paris 2015, 9.

1155 *Reimer, E.*, Meilenstein des BEPS-Programms: Das Multilaterale Übereinkommen zur Umsetzung der DBA-relevanten Maßnahmen, IStR 2017, 1 (2).

1156 Im Ergebnis: *OECD*, Developing a Multilateral Instrument to Modify Bilateral Tax Treaties, Action 15 – 2015 Final Report, Paris 2015, 16.

OECD-Standards effizient und zeitnah umzusetzen[1157]. Damit kann festgehalten werden, dass die OECD mit der Einführung multilateraler Instrumente (MLI) gegen schädliche Steuervermeidungspraktiken zumindest mittelbar die Unmöglichkeit früherer Versuche einer sofortigen und effektiven Implementierung der Regelungen aus dem OECD-MA in einem DBA anerkennt. In dieser Perspektive richtet das Übereinkommen bereits in seiner Präambel ein besonderes Augenmerk auf die rechtzeitige Sicherstellung abkommensrechtlicher Maßnahmen in einem multilateralen Zusammenhang. Die MLI haben somit einen Einfluss auf bis zu 2.000 DBA weltweit[1158].

bb) Allgemeines zum mehrseitigen Übereinkommen

Das mehrseitige Übereinkommen spielt eine wichtige Rolle für die schnelle Anerkennung der BEPS-Empfehlungen und bietet anstelle der hochkomplizierten Prozedur der Veränderung zahlreicher DBA einen universalen Text mit Vorschriften zur Bekämpfung grenzüberschreitender künstlicher Steuergestaltungen[1159]. Auf diese Weise sollen sowohl Einheitlichkeit und Sicherheit im internationalen Steuerrechtssystem als auch Rechtssicherheit für internationale Geschäftstätigkeiten geschaffen werden[1160]. Konsequent ist in diesem Zusammenhang die These von *Duff*[1161], die besagt, dass das mehrseitige Übereinkommen eine neue, dritte Regelungsstufe für die Besteuerung grenzüberschreitender Transaktionen bildet.

cc) Inhaltliche Struktur des mehrseitigen Übereinkommens

Das auf den materiellrechtlichen Regelungen der BEPS-Aktionsmaßnahmen basierende[1162] mehrseitige Übereinkommen wurde 2016 zusammen mit einem

---

1157 *Hackethal, C.*, in: Haase, F., Multilaterales Instrument, Heidelberg 2018, Art. 7 Rn. 3.

1158 *Polatzky, R./Balliet, D./Steinau, N.*, Neue Hürden für die DBA-Anwendung durch das Multilaterale Instrument, IStR 2017, 226 (227).

1159 Siehe: *OECD*, Developing a Multilateral Instrument to Modify Bilateral Tax Treaties, Action 15 – 2015 Final Report, Paris 2015, 19.

1160 Siehe: *OECD*, Developing a Multilateral Instrument to Modify Bilateral Tax Treaties, Action 15 – 2015 Final Report, Paris 2015, 19.

1161 *Duff, D.G.*, Tax Treaty Abuse and the Principal Purpose Test – Part 1, Canadian Tax Journal 2018, Band 66, Nr. 3, 619 (620).

1162 *Gradl, C./Kiesewetter, M.*, Das Mehrseitige Übereinkommen (Multilateral Instrument) zur Umsetzung abkommensbezogener Maßnahmen aus dem OECD/G20-BEPS-Projekt und dessen voraussichtliche Auswirkungen auf die deutschen Doppelbesteuerungsabkommen, IStR 2018, 1 (2).

begleitenden *Explanatory Statement*[1163] veröffentlicht. *Reimer*[1164] unterscheidet bei den Regelungen, die das Übereinkommen enthält, zwischen abstrakten Normen, die sich ausschließlich auf das Funktionieren der MLI beziehen, und sachrechtlichen Normen. Die abstrakten Normen wurden in Teil I des Übereinkommens festgehalten, während die sachrechtlichen Fragen in den Teilen II bis VI erarbeitet wurden. Zu diesen Fragen gehören insb. die steuerrechtlichen Regelungen zur Verhinderung der schädlichen Wirkung hybrider Gestaltungen (Teil II) und von Abkommensmissbrauch (Teil III), Fragen der Umgehung einer Betriebstätte (Teil IV), der Verbesserung der Streitbeilegungsmechanismen (Teil V) sowie Fragen bezüglich der Durchführung einer steuerlichen Schiedsgerichtbarkeit (Teil VI). Teil VII enthält die verfahrensrechtlichen Schlussbestimmungen, nach denen die Normen aus dem mehrseitigen Übereinkommen implementiert werden sollen[1165].

Valente[1166] unterschiedet zwischen 3 Kategorien von MLI, nämlich obligatorischen, d.h. Mindeststandardnormen (*minimum standard*), die dringend implementiert werden müssen; optionalen Vorbehalten, die aufgrund der Übereinstimmung der Vertragsparteien nach der Ratifizierung des mehrseitigen Übereinkommens durch die Staaten in DBA implementiert werden sollen; sowie optionalen Bestimmungen, die von den Staaten gewählt werden können. Die obligatorische Veränderung wird zunächst für diejenigen DBA vorgenommen, die von den Staaten, die das mehrseitige Übereinkommen unterzeichnet haben, abgeschlossen und beim OECD-Generalsekretär (Depositar) gemeldet wurden[1167]. Aufgrund der technischen Herausforderungen, die mit diesem

1163 *OECD*, Explanatory Statement to the Multilateral Convention to Implement Tax Treaty Related Measures to Prevent Base Erosion and Profit Shifting (*verfügbar nur elektronisch*). Abrufbar unter: http://www.oecd.org/tax/treaties/explanatory-statement-multilateral-convention-to-implement-tax-treaty-related-measures-to-prevent-BEPS.pdf (*letzter Zugriff*: 01.01.2022).

1164 *Reimer, E.*, Meilenstein des BEPS-Programms: Das Multilaterale Übereinkommen zur Umsetzung der DBA-relevanten Maßnahmen, IStR 2017, 1 (2).

1165 Da die Doktorarbeit sich auf die Maßnahmen zur Verhinderung von missbräuchlichen Gestaltungen konzentriert, werden in diesem Unterkapitel lediglich die Normen analysiert, die tatsächlich einen Mechanismus (*nicht jedoch bloße verfahrensrechtliche Vorschriftsveränderungen*) enthalten.

1166 *Valente, P.*, BEPS Action 15: Release of Multilateral Instrument, Intertax 2017, Band 45, Nr. 3, 219 (220).

1167 *Valente, P.*, BEPS Action 15: Release of Multilateral Instrument, Intertax 2017, Band 45, Nr. 3, 219 (220).

Verfahren verbunden sind, wurde dieses für Entwicklungsländer bereits als nicht geeignet bewertet[1168]. Deutschland ist durch das Unterzeichnen des mehrseitigen Abkommens dazu verpflichtet, den Text von 32 zwischenstaatlichen Steuerabkommen zu ergänzen[1169]. Insgesamt wurde das Übereinkommen bis zum Jahr 2019 von 87 Hoheitsgebieten unterzeichnet[1170]. Ausgeschlossen von der Liste der obligatorisch anzupassenden DBA sind solche DBA, bei denen entweder die Verhandlungsphase noch nicht abgeschlossen ist oder die bereits ratifiziert, jedoch noch nicht in Kraft getreten sind.

dd) Anti-Missbrauchsklauseln aus dem mehrseitigen Übereinkommen

Wie bereits erwähnt, fasst das mehrseitige Übereinkommen die bisherigen Erfahrungen der OECD aus den BEPS-Aktionsmaßnahmen in einem konsolidierten multinationalen Vertrag zusammen. In diesem Zusammenhang überrascht es kaum, dass Teil III dieses Vertrags dieselben Lösungen zur Verhinderung von Abkommensmissbräuchen vorschlägt wie die BEPS-Aktionsmaßnahme Nr. 6. Konkret handelt es sich dabei um die Aufnahme einer Regelung, durch die die Vermeidung einer Doppelbesteuerung keine Gelegenheit zur Nichtbesteuerung oder zu einer durch Steuerhinterziehung oder Steuervermeidung verminderten Besteuerung bieten soll (Art. 6); um die Einführung eines PPT (Art. 7 Abs. 1) sowie um diejenige einer vereinfachten LoB-Klausel (Art. 7 Abs. 8-13).

Um ein adäquates abkommensrechtliches Schutzniveau zu gewährleisten, bietet das mehrseitige Übereinkommen drei Lösungsansätze: So kann ein DBA lediglich mit einem PPT, mit einem PPT und einer vereinfachten LoB-Klausel oder mit einer detaillierten LoB-Klausel und den Nebenregelungen zur Verhinderung von Durchlauffinanzierungsstrukturen ergänzt werden. Da eine umfassende und gleichzeitige Ergänzung von DBA mit all diesen MLI nicht realistisch ist, umfasst die Kategorie der Mindeststandards nur die Normen für die Einführung eines PPT, die Veränderung der DBA-Präambel und die Normen bezüglich

---

1168 Im Ergebnis: *Oguttu, A.W.*, Should Developing Countries Sign the OECD Multilateral Instrument to Address Treaty-Related Base Erosion and Profit Shifting Measures?, CGD Policy Paper Nr. 132, Washington 2018, 13 f.

1169 *Gradl, C./Kiesewetter, M.*, Das Mehrseitige Übereinkommen (Multilateral Instrument) zur Umsetzung abkommensbezogener Maßnahmen aus dem OECD/G20-BEPS-Projekt und dessen voraussichtliche Auswirkungen auf die deutschen Doppelbesteuerungsabkommen, IStR 2018, 1 (2).

1170 Die aktuelle Liste aller Hoheitsgebieten ist unter dem folgenden Link abrufbar: http://www.oecd.org/tax/treaties/beps-mli-signatories-and-parties.pdf (*letzter Zugriff*: 01.01.2022).

des Verständigungsverfahrens[1171]. Dagegen bilden die punktuellen Vorschriften zur Missbrauchsabwehr in der abkommensrechtlichen Behandlung des Dividendenstrippings (Art. 8) sowie der Veräußerung von Anteilen der Betriebsstätten in Drittstaaten (Art. 10) die zweite Gruppe der Vorbehalte, die nach der Ratifizierung des mehrseitigen Übereinkommens optional Eingang in zukünftige DBA finden können[1172]. Die vereinfachte LoB-Klausel gehört schließlich zur 3. Vorbehaltsart und hat nach *Valente*[1173] eine optionale Rechtsnatur.

ee) Kritik in der Literatur und eigene Stellungnahme

Die Vertragsstaaten verfügen über das Recht, bestimmte MLI modular in ihre DBA zu übernehmen. Wird dann das durch den *Staat X* umgesetzte Modul auch von *Staat Y* übernommen, so bewirkt dies eine unmittelbare Änderung des DBA. Das gezeichnete System der Übernahme von MLI in DBA kann allerdings in Frage gestellt werden, denn es lässt die Tatsache außer Acht, dass Industriestaaten und Entwicklungsländer aufgrund ihrer unterschiedlichen fiskalischen Interessen oft unterschiedliche Module bevorzugen. In dieser Hinsicht erschwert eine unsystematische Übernahme von MLI-Modulen die tatsächliche und schnellstmögliche Umsetzung von MLI in die DBA.

Bemerkenswert ist auch, dass die Anzahl der obligatorischen Mindeststandards insgesamt deutlich niedriger ist als die der optionalen Standards. *Schön*[1174] bewertet dies kritisch. In der Perspektive der Bekämpfung künstlicher ertragsteuerlicher Gestaltungen ist die Position von *Schön* zwar vollkommen akzeptabel. Jedoch muss in diesem Zusammenhang auch berücksichtigt werden, dass die OECD als internationale Organisation mit dem BEPS-Projekt bereits von Anfang an lediglich das Ziel verfolgte, konstruktive *Empfehlungen* gegen steuerliche Gestaltungsmissbräuche zu erarbeiten. Dieses Leitmotiv der optionalen Natur der Empfehlungen hat seine Ausprägung in allen BEPS-Maßnahmen, einschließlich der MLI, gefunden. Insofern sollte das mehrseitige Übereinkommen

1171 *Valente, P.*, BEPS Action 15: Release of Multilateral Instrument, Intertax 2017, Band 45, Nr. 3, 219 (221).

1172 *Valente, P.*, BEPS Action 15: Release of Multilateral Instrument, Intertax 2017, Band 45, Nr. 3, 219 (221).

1173 *Valente, P.*, BEPS Action 15: Release of Multilateral Instrument, Intertax 2017, Band 45, Nr. 3, 219 (221).

1174 *Schön, W.*, Seminar E (IFA/OECD): Das Multilaterale Instrument, IStR 2017, 681 (682).

m.E. nur als eine Liste international akzeptabler Schutzmechanismen angesehen werden, von denen lediglich ein kleiner Teil eine obligatorische Rechtsnatur hat.

e) Obligatorisch zu implementierende Mindeststandards aus dem mehrseitigen Übereinkommen

aa) Die Vorschrift zur Veränderung aktueller DBA-Präambeln

Nach Art. 6 des mehrseitigen Übereinkommens müssen aktuelle DBA-Präambeln um die Information ergänzt werden, dass DBA nunmehr auch den Zweck verfolgen, Steuerverkürzung und Steuerumgehungen zu verhindern. Diese Neuerung ist m.E. von besonderer Bedeutung, denn für die Auslegung des DBA ist der in der Präambel zum Ausdruck gebrachte Sinn und Zweck stets in besonderer Weise zu berücksichtigen[1175]. *Gradl* und *Kiesewetter*[1176] behaupten in diesem Zusammenhang, dass bis zum Jahr 2018 lediglich zwei von der Bundesrepublik Deutschland abgeschlossene DBA[1177] genau dieser Voraussetzung entsprachen. Die übrigen Präambeln der DBA, die Deutschland abgeschlossen hat, wurden entweder aufgrund der Vorschriften des OECD-MA 2017 oder direkt nach Art. 6 angepasst[1178].

bb) Die Vorschrift zur Einführung des PPT in aktuellen DBA

1) Die Besonderheit des PPT aus dem mehrseitigen Übereinkommen

Der Einführung des PPT kommt in dem mehrseitigen Abkommen eine zentrale Bedeutung zu. Art. 7 Abs. 1 des mehrseitigen Übereinkommens stellt diesen Mechanismus ausführlich dar. Dabei weicht zwar die Beschreibung des PPT nicht von derjenigen aus der BEPS-Aktionsmaßnahme Nr. 6 ab. Jedoch schlägt Art. 7 Abs. 3 und 4 zusätzlich vor, bei DBA, die lediglich mit einem PPT ergänzt

---

1175 *Nasdala, S.*, in: Vogel, K./Lehner, M., Doppelbesteuerungsabkommen: Kommentar, 7. Aufl., München 2021, Überschrift und Präambel, Rn. 19.

1176 *Gradl, C./Kiesewetter, M.*, Das Mehrseitige Übereinkommen (Multilateral Instrument) zur Umsetzung abkommensbezogener Maßnahmen aus dem OECD/G20-BEPS-Projekt und dessen voraussichtliche Auswirkungen auf die deutschen Doppelbesteuerungsabkommen, IStR 2018, 1 (3).

1177 Namentlich: DBA-Japan, BGBl. II 2016, 956 sowie DBA-Niederlande, BGBl. II 2012, 1414.

1178 *Gradl, C./Kiesewetter, M.*, Das Mehrseitige Übereinkommen (Multilateral Instrument) zur Umsetzung abkommensbezogener Maßnahmen aus dem OECD/G20-BEPS-Projekt und dessen voraussichtliche Auswirkungen auf die deutschen Doppelbesteuerungsabkommen, IStR 2018, 1 (3 f.).

werden, optional eine antragsgebundene Ermessensklausel aufzunehmen. Deutschland hat sich für die ausschließliche Anwendung eines abkommensrechtlichen Mechanismus i. S. d. PPT ohne antragsgebundene Ermessensklausel entschieden[1179]. Der Grund hierfür könnte sein, dass bereits in der Vergangenheit ähnliche[1180] abkommensrechtliche Schutzmechanismen mit PPT, aber ohne eine optionale antragsgebundene Ermessensklausel in DBA mit Israel, China, Japan und Mauritius vereinbart wurden. Die finale deutsche Fassung des PPT lautet wie folgt[1181]:

> *„Ungeachtet dieses Abkommens wird eine Vergünstigung nach diesem Abkommen nicht für bestimmte Einkünfte oder Vermögenswerte gewährt, wenn unter Berücksichtigung aller maßgeblichen Tatsachen und Umstände die Feststellung gerechtfertigt ist, dass der Erhalt dieser Vergünstigung einer der Hauptzwecke einer Gestaltung oder Transaktion war, die unmittelbar oder mittelbar zu dieser Vergünstigung geführt hat, es sei denn, es wird nachgewiesen, dass die Gewährung dieser Vergünstigung unter diesen Umständen mit dem Ziel und Zweck der einschlägigen Bestimmungen dieses Abkommens im Einklang steht".*

Die praktische Bedeutung der Einführung eines PPT als MLI besteht in einer deutlichen Verschärfung der Voraussetzungen für die Inanspruchnahme einer Abkommensvergünstigung. Hierfür wurde insb. das Verständnis der Begriffe Gestaltung bzw. Transaktion wesentlich erweitert. Demnach ist unter einer Gestaltung bzw. Transaktion i. S. d. Art. 7 Abs. 1 MLI jede vertragliche Vereinbarung, Absprache, Verständigung usw. ohne Berücksichtigung von deren Rechtswirksamkeit zu verstehen[1182]. Aus dieser Perspektive kann konstatiert werden, dass die zivilrechtlichen Folgen – im Unterschied zu den wirtschaftlichen Folgen der Gestaltung – nach dieser Definition keine maßgebliche Rolle für die steuerliche Transaktion spielen. Bevorzugt wird somit die wirtschaftliche Betrachtungsweise einer Gestaltung.

1179 Im Ergebnis: *OECD*, Federal Republic of Germany: Status of List of Reservations and Notifications at the Time of Signature (*verfügbar nur elektronisch*), 17. Abrufbar unter: https://www.oecd.org/tax/treaties/beps-mli-position-germany.pdf (*letzter Zugriff*: 01.01.2022).

1180 So enthält Art. 26 Abs. 2 DBA-Israel, BGBl. II 2015, 1301 und Art. 29 Abs. 1 DBA-China, BGBl. II 2015, 1647 eine mit PPT sinngleiche Regelung, welche sich jedoch nicht auf den „*principal*", sondern auf den „*main purpose*" einer Gestaltung konzentriert.

1181 Art. 7 Abs. 1 des Mehrseitigen Übereinkommens.

1182 *Hackethal, C.*, in: Haase, F., Multilaterales Instrument, Heidelberg 2018, Art. 7 Rn. 30.

2) *Verhältnis des PPT zu anderen Anti-Missbrauchsklauseln*

Der PPT schließt nicht aus, dass auch nationale Missbrauchsklauseln zur Anwendung kommen[1183]. Dasselbe trifft auch in umgekehrter Richtung zu: Wenn lokale Anti-Missbrauchsklauseln zur Anwendung kommen, bedeutet diese nicht, dass die abkommensrechtliche allgemeine Missbrauchsklausel ausgeschlossen wird[1184]. Der PPT ist somit in Bezug auf die Abkommensanwendung „*lex specialis*" gegenüber § 42 AO[1185].

Deutlich schwieriger gestaltet sich das Verhältnis zwischen PPT und den anderen speziellen MLI aus dem mehrseitigen Übereinkommen. Die Formulierung und der Wortlaut des PPT aus dem mehrseitigen Übereinkommen schließen die Möglichkeit der Durchführung des klassischen „*lex specialis derogat legi generali*"-Ansatzes aus. Der Grund dafür ist, dass die Anwendung des PPT aufgrund von Art. 7 Abs. 1 *ungeachtet* der anderen Bestimmungen des Abkommens gewährleistet werden soll. Werden beispielweise die Voraussetzungen der Gewährleistung einer bestimmten Abkommensvergünstigung durch die spezielle Missbrauchsklausel aus dem mehrseitigen Übereinkommen erfüllt, soll der PPT als nächster Schritt der Substanzprüfung in Betracht kommen. In diesem Zusammenhang kollidiert die Herangehensweise der OECD stark mit den nationalen Steuergesetzgebungen der OECD-Mitgliedstaaten.

Danon[1186] lehnt in diesem Kontext die Möglichkeit der Anwendung des PPT ab, wenn eine speziell-rechtliche Missbrauchsklausel aus dem mehrseitigen Übereinkommen vorhanden ist. *Taboada*[1187] betrachtet die Situation dagegen aus einer streng materiellrechtlichen Perspektive. Seiner These zufolge unterliegen der PPT und andere Missbrauchsklauseln aus dem mehrseitigen Übereinkommen trotz der verwirrenden Definitionen keiner hierarchischen Anordnung, da die Begriffsbestimmung des PPT selbst keine Hypothesen aus den anderen

---

1183 *Duff, D.G.*, Tax Treaty Abuse and the Principal Purpose Test – Part 2, Canadian Tax Journal 2018, Band 66, Nr. 4, 947 (960), zitiert nach *De Broe, L./Luts, J.*, BEPS Action 6: Tax Treaty Abuse, Intertax 2015, Band 43, Nr. 2, 122 (139) (Fußnote 65).

1184 *Duff, D.G.*, Tax Treaty Abuse and the Principal Purpose Test – Part 2, Canadian Tax Journal 2018, Band 66, Nr. 4, 947 (960).

1185 *Hackethal, C.*, in: Haase, F., Multilaterales Instrument, Heidelberg 2018, Art. 7 Rn. 44, 99.

1186 *Danon, R.J.*, Treaty Abuse in the Post-BEPS World: An Analysis of the Policy Shift and Impact of the Principal Purpose Test for MNE Groups, Bulletin for International Taxation 2018, Band 72, Nr. 1, 31 (52).

1187 *Taboada, C.P.*, OECD Base Erosion and Profit Shifting Action 6: The General Anti-Abuse Rule, Bulletin for International Taxation 2015, Band 69, Nr. 10, 602 (605).

Missbrauchsklauseln des Übereinkommens umfasst. In dieser Perspektive sollen sowohl der PPT als auch andere Missbrauchsklauseln, wie z.B. die LoB-Klausel, unabhängig voneinander angewendet werden.

Wird die Gewährleistung einer Abkommensvergünstigung durch die im mehrseitigen Übereinkommen fixierten Missbrauchsklauseln nicht vollständig begrenzt, so rechtfertigt dies die Anwendung des PPT[1188]. Auch für den Fall, dass in DBA bereits Missbrauchsklauseln existieren, kann die Anwendung des PPT nicht ausgeschlossen werden. Dies kann auch aus Art. 7 Abs. 2 des mehrseitigen Übereinkommens abgeleitet werden, demzufolge der PPT entweder die ähnliche aktuelle DBA-Missbrauchsklausel ersetzen oder – bei der Abwesenheit einer solchen Klausel – in das DBA implementiert werden soll. Für *Gomes*[1189] stellt sich die Frage, ob der PPT über das Potenzial verfügt, eine sinnähnliche DBA-Missbrauchsklausel qualitativ zu ersetzen. Er nimmt an, dass eine offensichtlichere Gefahr besteht, dass der PPT nicht alle *ex ante* entstandenen künstlichen Gestaltungen verhindern kann. Die besondere Schwierigkeit der Bewertung der so entstandenen Situation besteht auch darin, dass die OECD diesem Thema keine spezifische Studie gewidmet hat. Aus diesem Grund werden sich die möglichen Konsequenzen der Anwendung von Art. 7 Abs. 2 des mehrseitigen Übereinkommens erst im Laufe der Zeit abzeichnen und erkennen lassen.

cc) Sonstige punktuelle Anti-Missbrauchsklauseln aus dem mehrseitigen Übereinkommen

Art. 8 und Art. 10 des mehrseitigen Übereinkommens bilden die zweite Gruppe von Schutzmechanismen, die nach der Ratifizierung des Übereinkommens in bereits geltenden DBA implementiert werden sollen. Die Einführung einer abkommensrechtlichen LoB-Klausel ist dagegen für die OECD-Mitgliedstaaten nicht verpflichtend und hat daher lediglich eine optionale Rechtnatur.

1) Die Vorschrift bezüglich der Mindesthaltedauer für den Schachtelsatz

Art. 8 des Übereinkommens bestimmt die Mindesthaltedauer für den Schachtelsatz. Um Abkommensvergünstigungen bei Dividenden zu erzielen, ist nach Art. 8 Abs. 1 des Übereinkommens eine Mindesthaltefrist i. H. v. 365 Tagen vorgesehen. Diese Regelung soll verhindern, dass Anteilstransaktionen kurz vor der

---

1188 Im Ergebnis: *Duff, D.G.*, Tax Treaty Abuse and the Principal Purpose Test – Part 2, Canadian Tax Journal 2018, Band 66, Nr. 4, 947 (963 f.).

1189 *Gomes, M.L.*, Implementation in Practice of the Principal Purpose Test in the Multilateral Convention, Intertax 2018, Band 46, Nr. 1, 45 (53).

Dividendenzahlung dergestalt erfolgen, dass sich der Dividendenempfänger für den in vielen DBA vorgesehenen reduzierten Quellensteuersatz (Schachtelsatz) qualifiziert[1190]. Konsequent erweist sich in diesem Zusammenhang die Tatsache, dass die Regelung keine Auswirkungen auf zwischenstaatlich vereinbarte Quellensteuersätze, Mindestbeteiligungsquoten oder Mindestkapitalanteile hat[1191]. Die praktischen Folgen der Anwendung dieser Vorschrift (welche schon bis zum Jahr 2018 von 37 Staaten in ihre DBA aufgenommen wurde[1192]) für Deutschland bestehen darin, dass nunmehr der Wortlaut von Art. 10 Abs. 2 lit. a von zwölf zwischenstaatlichen Vereinbarungen[1193], die Deutschland eingegangen ist, wie folgt lautet soll:

> *5 % des Bruttobetrags der Dividenden, wenn der Nutzungsberechtigte eine Gesellschaft ist, die während eines Zeitraums von 365 Tagen einschließlich des Tages der Dividendenzahlung unmittelbar über mindestens 25 % des Kapitals der die Dividenden zahlenden Gesellschaft verfügt (bei der Berechnung dieses Zeitraums bleiben Änderungen der Eigentumsverhältnisse unberücksichtigt, die sich unmittelbar aus einer Umstrukturierung, wie einer Fusion oder Spaltung, der die Anteile haltenden oder die Dividenden zahlenden Gesellschaft ergeben würden).*

Einige DBA, an denen Deutschland beteiligt ist, enthalten bereits abweichende Mindesthaltefristen; ein Beispiel dafür ist die in Art. 10 Abs. 2 lit. a DBA-Japan verankerte sechsmonatige Frist. Die bisherigen Fristen in diesen DBA sollen ungeachtet von Art. 8 Abs. 1 des mehrseitigen Übereinkommens beibehalten werden[1194].

1190 *Gradl, C./Kiesewetter, M.,* Das Mehrseitige Übereinkommen (Multilateral Instrument) zur Umsetzung abkommensbezogener Maßnahmen aus dem OECD/G20-BEPS-Projekt und dessen voraussichtliche Auswirkungen auf die deutschen Doppelbesteuerungsabkommen, IStR 2018, 1 (5).

1191 Siehe: *OECD*, Explanatory Statement To The Multilateral Convention To Implement Tax Treaty Related Measures To Prevent Base Erosion And Profit Shifting (*verfügbar nur elektronisch*), Rn. 122. Abrufbar unter: https://www.oecd.org/tax/treaties/explanatory-statement-multilateral-convention-to-implement-tax-treaty-related-measures-to-prevent-BEPS.pdf (*letzter Zugriff*: 01.01.2022).

1192 *Duff, D.G.*, Tax Treaty Abuse and the Principal Purpose Test – Part 2, Canadian Tax Journal 2018, Band 66, Nr. 4, 947 (957).

1193 Namentlich in DBA mit Frankreich, Irland, Israel, Niederlande, Russland, Spanien, Slowenien, Slowakei, Mexiko, Rumänien, China und Costa Rica.

1194 Im Ergebnis: *OECD*, Federal Republic of Germany: Status of List of Reservations and Notifications at the Time of Signature (*verfügbar nur elektronisch*), 18. Abrufbar

2) *Die Vorschrift bezüglich der Missbrauchsvermeidung bei Betriebsstätten in Drittstaaten*

Art. 10 des mehrseitigen Übereinkommens enthält einen Schutzmechanismus gegen Gestaltungsmissbräuche mit Betriebsstätten bei Dreieckssachverhalten. Die Regelung wurde in Art. 29 Abs. 8 lit. a OECD-MA 2017 fixiert und lautet wie folgt:

> *Wenn*
>
> *a) ein Unternehmen eines Vertragsstaats Einkünfte aus dem anderen Vertragsstaat bezieht und der erstgenannte Vertragsstaat diese Einkünfte als Einkünfte betrachtet, die einer in einem Drittstaat oder -gebiet gelegenen Betriebsstätte des Unternehmens zugerechnet werden können, sowie*
>
> *b) die Gewinne, die dieser Betriebsstätte zugerechnet werden können, im erstgenannten Vertragsstaat von der Steuer befreit sind,*
>
> *gelten die Vergünstigungen dieses Abkommens nicht für Einkünfte, auf die im Drittstaat oder -gebiet weniger als 60 % der Steuer erhoben wird, die im erstgenannten Vertragsstaat von diesen Einkünften erhoben würde, wenn diese Betriebsstätte im erstgenannten Vertragsstaat gelegen wäre. In diesem Fall können Einkünfte, für die dieser Abs. gilt, ungeachtet der sonstigen Bestimmung dieses Abkommens weiterhin nach dem innerstaatlichen Recht des anderen Vertragsstaats besteuert werden.*

Die restriktive Rechtsfolge dieser Norm soll durch zwei Entlastungsgelegenheiten abgemildert werden. So fallen Betriebsstätten, in denen aktive Geschäftstätigkeiten ausgeübt werden, nicht unter den Geltungsbereich von Art. 10 Abs. 2 des mehrseitigen Übereinkommens. Art. 10 Abs. 3 des mehrseitigen Übereinkommens schließt vom Anwendungsbereich der Norm auch diejenigen Sachkonstellationen aus, in denen die Steuerpflichtigen im Quellenstaat einen Antrag auf Nichtanwendung des Abs. 1 gestellt haben. Die Voraussetzung dafür, dass dem Steuerpflichtigen eine solche Entlastung gewährt werden kann, ist jedoch eine vorherige Konsultation der zuständigen Behörden beider Vertragsstaaten.

Durch den Wortlaut der Regelung soll – unter Beachtung einer ständigen Kooperation beider Vertragsstaaten – ein Missbrauch nicht etwa im Ansässigkeitsstaat, sondern im Quellenstaat verhindert werden[1195]. Da die Regelung

---

unter: https://www.oecd.org/tax/treaties/beps-mli-position-germany.pdf (*letzter Zugriff*: 01.01.2022).

1195 *Gradl, C./Kiesewetter, M.*, Das Mehrseitige Übereinkommen (Multilateral Instrument) zur Umsetzung abkommensbezogener Maßnahmen aus dem OECD/G20-BEPS-Projekt und dessen voraussichtliche Auswirkungen auf die deutschen Doppelbesteuerungsabkommen, IStR 2018, 1 (6).

explizit auf die Steuervorteile Bezug nimmt, die sich bei der Anwendung der Freistellungsmethode ergeben, ist ihre Auswirkung auf die Sachverhalte, in denen Deutschland als Quellenstaat bezeichnet wird, faktisch gering. Art. 10 des mehrseitigen Übereinkommens dient in dieser Perspektive der Sicherstellung des Besteuerungsrechts der Vertragspartner Deutschlands. Infolgedessen wird die Implementierung dieser Vorschrift in einigen DBA Deutschlands[1196] notwendig.

3) Limitation-on-Benefits-Klausel (LoB-Klausel) aus dem mehrseitigen Übereinkommen

aaa) Allgemeines zur LoB-Klausel aus dem mehrseitigen Übereinkommen

Neben zahlreichen anderen Missbrauchsklauseln, die ursprünglich aus der BEPS-Aktionsmaßnahme Nr. 6 stammen, hat auch die LoB-Klausel ihre materielle Fixierung im mehrseitigen Übereinkommen gefunden. Dies kann jedoch kaum überraschen, denn wie auch der PPT verfolgt auch die LoB-Klausel das Ziel, treaty-shopping-Konstellationen auf bilateralem Niveau zu vermeiden. Dieser – auf einer mittleren Abstraktionsebene angesiedelte[1197] – Ansatz der Versagung von Abkommensvergünstigungen für ausländische beherrschende Rechtsträger wird in einer vereinfachten Form (*SLoB-Klausel*[1198]) in Art. 7 Abs. 8 bis 13 des mehrseitigen Übereinkommens geregelt. Dass eine vereinfachte Form der LoB-Klausel verwendet wird, begründet sich dadurch, dass ihre ursprüngliche Fassung von der OECD als zu kompliziert erachtet wurde[1199]. Dessen ungeachtet können die Parteien untereinander jedoch auch die Anwendung der ausführlichen LoB-Klausel vereinbaren, wie sie in Art. 7 Abs. 15 lit. a MLI fixiert ist. Anders als der PPT ist die LoB-Klausel als spezielle rechtliche Bestimmung zu betrachten[1200]. Den Vertragsstaaten wurde dabei keine Möglichkeit eingeräumt, ein Schutzsystem gegen abkommensrechtliche künstliche Gestaltungen allein auf der Basis der SLoB-Klausel zu bilden; die Vorschrift kann daher nur

---

1196 Namentlich in DBA mit Spanien, Niederlande, Rumänien, Neuseeland, Mexiko, Costa Rica, Russland, Österreich, Slowakei, Slowenien, Costa Rica, Japan und Israel.

1197 *Reimer, E.*, Meilenstein des BEPS-Programms: Das Multilaterale Übereinkommen zur Umsetzung der DBA-relevanten Maßnahmen, IStR 2017, 1 (4).

1198 *SLoB* – Simplified Limitation on Benefits Provision.

1199 *Hackethal, C.*, in: Haase, F., Multilaterales Instrument, Heidelberg 2018, Art. 7 Rn. 19, 50.

1200 Im Ergebnis: *Hackethal, C.*, in: Haase, F., Multilaterales Instrument, Heidelberg 2018, Art. 7 Rn. 96.

zusammen mit anderen Missbrauchsklauseln zur Anwendung kommen. In dieser Hinsicht bestehen erhebliche Unterschiede zwischen der optionalen SLoB-Klausel und dem obligatorischen PPT.

Betont werden muss in diesem Zusammenhang auch, dass zahlreiche Industriestaaten wie die USA, Großbritannien, Frankreich und auch Deutschland[1201] sich gegen die SLoB-Klausel entschieden und lediglich für den PPT optiert haben, wohingegen Entwicklungsländer wie Mexiko, Argentinien, Kolumbien und Indien sich für die SLoB-Klausel entschieden[1202]. Dieser Dualismus könnte sich m.E. damit begründen, dass die Steuergesetzgebungen aller Industriestaaten bereits detailliert und kompliziert genug sind. Ein zusätzlicher abkommensrechtlicher Schutzmechanismus neben PPT würde in diesen Staaten zu einer noch höheren Komplexität der Gesetzgebung führen und diese unnötig verkomplizieren, weil dadurch in der Praxis nur eine minimale Wirkung erzielt werden könnte. Dagegen bieten die zusätzlichen abkommensrechtlichen Schutzmechanismen den Entwicklungsländern mit deutlich einfacheren Schutzsystemen mehr Sicherheit in Bezug auf die Sicherstellung des inländischen Steuersubstrats.

bbb) Anwendungsbereich der LoB-Klausel

Die Regelung der LoB-Klausel im mehrseitigen Übereinkommen wiederholt im Wesentlichen die Empfehlungen aus der BEPS-Aktionsmaßnahme Nr. 6. Das Grundprinzip der Klausel bleibt unverändert: Sie soll ansässigen Personen die Abkommensvorteile lediglich bei der Erfüllung zusätzlicher Voraussetzungen gewähren. Allerdings wurde der Kreis der abkommensberechtigten Personen wesentlich detaillierter ausgearbeitet und umfasst nun die folgenden Gruppen[1203]:

- *natürliche Personen;*
- *Vertragsstaaten;*
- *gemeinnützige Organisationen;*
- *Pensionsfonds;*

1201 Im Ergebnis: *Gradl, C./Kiesewetter, M.*, Das Mehrseitige Übereinkommen (Multilateral Instrument) zur Umsetzung abkommensbezogener Maßnahmen aus dem OECD/G20-BEPS-Projekt und dessen voraussichtliche Auswirkungen auf die deutschen Doppelbesteuerungsabkommen, IStR 2018, 1 (4).

1202 Zum Jahr 2018 war die Zahl der Staaten, die sich für SLoB-Klausel entschieden haben, 13, siehe: *Duff, D.G.*, Tax Treaty Abuse and the Principal Purpose Test – Part 2, Canadian Tax Journal 2018, Band 66, Nr. 4, 947 (955).

1203 Art. 7 Abs. 8 bis 12 des Mehrseitigen Übereinkommens.

- *börsennotierte Gesellschaften;*
- *Gesellschaften, die zu mindestens 50 % im Besitz von o.g. Personen/ Organisationen sind;*
- *Gesellschaften, die aktiv gewerblich tätig sind (ausgeschlossen Holdings) und die Einkünfte aus dem anderen Staat im Zusammenhang mit ihrer gewerblichen Tätigkeit erzielen;*
- *Gesellschaften, die zu mindestens 75 % im Besitz von gleichberechtigt Begünstigten sind*[1204]*;*
- *Personen, die durch eine Ermessensentscheidung der Finanzbehörde begünstigt werden.*

ccc) Stock-Exchange-Test

Genau wie bei der Aktionsmaßnahme Nr. 6 werden für die Bestimmung, ob eine Person abkommensberechtigt ist oder nicht, zahlreiche Tests durchgeführt. Nach dem sog. *Stock Exchange Test* aus Art. 7 Abs. 9 lit. e MLI wird unterstellt, dass Gesellschaften, die die Kosten und Regularien der Börsennotierung auf sich nehmen, nicht für Abkommenszwecke „zwischengeschaltet" werden, wenn die Hauptaktiengattung der Gesellschaft regelmäßig an einer oder mehreren anerkannten Börsen gehandelt wird[1205]. Anders als die BEPS-Aktionsmaßnahme Nr. 6, in der die Regelmäßigkeit des Handels an die Bedingung geknüpft ist, dass mindestens 10 % der durchschnittlich im Jahr ausgegebenen Aktien an mindestens 60 Tagen im Steuerjahr gehandelt werden[1206], bestimmt das mehrseitige Übereinkommen die Merkmale eines regelmäßigen Handels nicht näher[1207]. Von der OECD wurden keine besonderen materiellen oder formellen Voraussetzungen für börsennotierte Unternehmen festgelegt. Somit ist es nach

---

1204 Gleichberechtigt mit dem Begünstigten sind die Personen, die nach anderen Abkommen ähnliche Vergünstigungen erhalten würden, so: *Polatzky, R./Balliet, D./Steinau, N.*, Neue Hürden für die DBA-Anwendung durch das Multilaterale Instrument, IStR 2017, 226 (231).

1205 *Polatzky, R./Balliet, D./Steinau, N.*, Neue Hürden für die DBA-Anwendung durch das Multilaterale Instrument, IStR 2017, 226 (231).

1206 *OECD*, Verhinderung der Gewährung von Abkommensvergünstigungen in unangemessenen Fällen, Aktionspunkt 6 – Abschlussbericht 2015, Paris 2018, 31.

1207 *Polatzky, R./Balliet, D./Steinau, N.*, Neue Hürden für die DBA-Anwendung durch das Multilaterale Instrument, IStR 2017, 226 (231).

Kuzniacki[1208] vorstellbar, dass eine Situation eintritt, in der die Zahl der börsennotierten Gesellschaften zwar aufgrund der steuerlichen Zwecke ansteigt, die Verhinderung von treaty-shopping-Gestaltungen bei neuen börsennotierten Gesellschaften jedoch nach wie vor ineffektiv bleibt.

ddd) Active Trade- bzw. Business-Test sowie Derivative Benefits-Test

Mit dem *Active Trade or Business-Test* aus Art. 7 Abs. 10 MLI kann festgestellt werden, ob eine Gesellschaft im Ansässigkeitsstaat aktiv gewerblich tätig ist. Eine aktive gewerbliche Tätigkeit setzt insb. die nachhaltige Teilnahme am Marktgeschehen i. R. der gewöhnlichen Geschäftstätigkeit voraus, wobei die Gewinnerzielungsabsicht entscheidend ist[1209]. Eine weitere Voraussetzung besteht darin, dass die Einkünfte aus dem anderen Vertragsstaat dieser gewerblichen Tätigkeit entstammen oder aus Anlass dieser Tätigkeit anfallen sollen[1210].

Der sog. Derivative Benefits-Test aus Art. 7 Abs. 11 MLI gilt als erfüllt, wenn die das Abkommen in Anspruch nehmende Gesellschaft während der Hälfte der Tage eines 12-Monats-Zeitraums inkl. des Zeitpunkts, in dem der Abkommensvorteil gewährt werden soll, direkt oder indirekt zu mindestens 75 % von gleichberechtigten Begünstigten gehalten wird[1211]. Besteht eine Person keine der o.g. Tests, so gibt es dennoch die Möglichkeit, dass dem Steuerpflichtigen nach einer Konsultation der Finanzbehörden beider Vertragsparteien bestimmte Abkommensvergünstigungen, der sog. Discretionary Relief, Art. 10 Abs. 12 MLI, gewährt werden. Eine solche Ermessenentscheidung kann m.E. praktisch zum Verstoß gegen das Diskriminierungsverbot auf abkommensrechtlichem Niveau führen sowie gegen den Gleichheitsgrundsatz und das Leistungsfähigkeitsprinzip auf nationalem Niveau verstoßen. In dieser Hinsicht erweist sich die Anwendung des Discretionary-Relief-Grundsatzes rechtsdogmatisch als höchst problematisch.

1208 *Kuźniacki, B.*, The Limitation on Benefits (LOB) Provision in BEPS Action 6/MLI: Ineffective Overreaction of Mind-Numbing Complexity – Part 1, Intertax 2018, Band 46, Nr. 1, 68 (75).

1209 *Hackethal, C.*, in: Haase, F., Multilaterales Instrument, Heidelberg 2018, Art. 7 Rn. 69.

1210 *Polatzky, R./Balliet, D./Steinau, N.*, Neue Hürden für die DBA-Anwendung durch das Multilaterale Instrument, IStR 2017, 226 (232).

1211 *Polatzky, R./Balliet, D./Steinau, N.*, Neue Hürden für die DBA-Anwendung durch das Multilaterale Instrument, IStR 2017, 226 (233).

II. Missbrauchsklauseln aus der DE-VG

1. Allgemeines zur DE-VG

Im 21. Jahrhundert hat die Anzahl der durch Deutschland abgeschlossenen DBA eine dreistellige Höhe erreicht. Neben den positiven Folgen solcher Abschlüsse führte die sich zunehmend vertiefende internationale steuerliche Kooperation Deutschlands auch zu offensichtlichen Herausforderungen. Diese zeigen sich etwa in der Verkomplizierung der Struktur eines DBA und in den erheblichen Unterschieden, die zwischen den in der Vergangenheit und den in jüngerer Zeit abgeschlossenen DBA bestehen[1212]. Bedenklich ist in diesem Zusammenhang, dass es dadurch zu einer ungleichen Behandlung der Steuerpflichtigen kommt. Denn die heutzutage abgeschlossenen DBA enthalten meist detailliertere und kompliziertere Missbrauchsklauseln als die früheren. In der Praxis kann dies dazu führen, dass den Steuerpflichtigen, die unter den Geltungsbereich des DBA mit Staat X fallen, bessere Steueroptimierungsmöglichkeiten (*sowie auch Steuerumgehungsgelegenheiten*) zur Verfügung stehen als denjenigen, die unter den Geltungsbereich eines neu abgeschlossenen DBA mit Staat Y fallen. Die Erarbeitung einer unifizierten Verhandlungsgrundlage war in dieser Hinsicht eine zwingende Voraussetzung für die erfolgreiche systematische Weiterentwicklung der deutschen abkommensrechtlichen Praxis.

Ende August 2013 hat das BMF die DE-VG mit einem zusätzlichen Protokoll, das für die Auslegung heranzuziehen ist, veröffentlicht[1213]. Für die Verhandlungen mit Entwicklungsländern wurde darüber hinaus eine modifizierte DE-VG erarbeitet, die allerdings nicht veröffentlicht wurde[1214]. Nach *Roderburg* und *Rode*[1215] soll die DE-VG im Hinblick auf eine effiziente Umsetzung der deutschen Abkommensziele möglichst einheitliche Formulierungen verwenden, um die aktuellen Leitlinien der deutschen Abkommenspolitik zusammenzufassen. Zugleich soll die Verhandlungsgrundlage durch die Vorgabe eines einheitlichen Wortlauts die Rechtsunsicherheit bei der Auslegung der

---

1212 *Kaminski, B.*, Grundstrukturen deutscher DBA – dargestellt anhand der BMF-Verhandlungsgrundlage vom 22.08.2013, in: Wagner, J., Steueranwalt International 2014/2015: Tagungsband, Stuttgart 2015, 17 (20).

1213 BMF v. 22.08.2013 – IV B 2 – S 1301/13/10009.

1214 *Valta, M.*, Die deutsche Verhandlungsgrundlage für Doppelbesteuerungsabkommen und Entwicklungsländer, ISR 2013, 186 (190).

1215 *Roderburg, G./Rode, O.*, Die Missbrauchsabwehrregelungen in der deutschen Verhandlungsgrundlage für Doppelbesteuerungsabkommen und der Sonderfall Liechtenstein, ISR 2013, 149.

Abkommen vermeiden[1216]. Die aus 32 Artikeln bestehende DE-VG wurde auf der Basis des OECD-MA erarbeitet[1217], wobei jedoch die fiskalischen Interessen Deutschlands berücksichtigt wurden. Damit hat Deutschland, wie dies auch die Vereinigten Staaten mit dem USA-MA getan haben, für den Weg optiert, das OECD-MA ertragsteuerlich zu individualisieren. Zu betonen ist in diesem Zusammenhang, dass die DE-VG sich im Wesentlichen an dem im Jahr 2008 mit den USA abgeschlossenen neuen DBA Deutschland/USA orientiert[1218]. Zwar kann die DE-VG – wie auch das OECD- und das USA-MA – als Absicherung für DBA-Verhandlungen begriffen werden. Indes bedeutet dies nicht, dass der Text der DE-VG in jedes künftige DBA einfließt oder sich in ihm widerspiegelt[1219]. Insofern ist es konsequent zu konstatieren, dass die DE-VG an sich nicht als ein selbständiges MA bezeichnet werden kann, sondern dass sie vielmehr als ein fakultatives Hilfsmittel für die Erstellung zwischenstaatlicher steuerlicher Vereinbarungen bewertet werden muss.

Während die DE-VG für die allgemeinen Begriffsbestimmungen zumeist auf die ursprünglichen Definitionen aus dem OECD-MA zurückgreift[1220], wurden im Hinblick auf die Wahrung der nationalen fiskalischen Interessen die zahlreichen nationalen Missbrauchsklauseln, wie etwa die Rückfall- oder Umschaltklausel, in die Verhandlungsgrundlage integriert.

2. *Mechanismen aus der DE-VG zur Verhinderung künstlicher ertragsteuerlicher Gestaltungen*

a) *Missbrauchsabwehr als Hauptziel der DE-VG*

Bemerkenswert an der DE-VG ist, dass bereits in ihrer Präambel ein Streben beider Vertragsparteien offensichtlich wird, Maßnahmen zur Abwehr von abkommensrechtlichen künstlichen Steuergestaltungen zu konstruieren. Dies

---

1216 *Ditz, X./Bärsch, S-E./Quilitzsch, C.*, Betriebsstätteneinkünfte und Gewinnabgrenzung zwischen verbundenen Unternehmen nach der deutschen Verhandlungsgrundlage für Doppelbesteuerungsabkommen, ISR 2013, 156.

1217 *Lüdicke, J.*, Anmerkungen zur deutschen Verhandlungsgrundlage für Doppelbesteuerungsabkommen, IStR-Beihefter 2013, 26.

1218 *Lüdicke, J./Richter, T.*, in: Lüdicke, J./Sistermann, C., Unternehmensteuerrecht, 2. Aufl., München 2018, § 20 Rn. 6.

1219 *Lüdicke, J.*, Anmerkungen zur deutschen Verhandlungsgrundlage für Doppelbesteuerungsabkommen, IStR-Beihefter 2013, 26.

1220 Wie z.B. für die Definitionen von Einkünften aus unbeweglichem Vermögen (Art. 6 Abs. 1 DE-VG), Unternehmensgewinne (Art. 7 Abs. 1 DE-VG) usw.

wird insb. daran deutlich dass laut der Präambel in zukünftig abgeschlossenen DBA „*sowohl Doppelbesteuerungen wie auch Nichtbesteuerungen vermieden werden*“ sollen. Die Satzkonstruktion der Präambel weist auffallende Ähnlichkeiten mit der analogen Stelle des OECD-MA 2017 auf. Dagegen definiert die DE-VG jedoch nicht, was unter einer Steuerverkürzung[1221] oder Nichtbesteuerungen zu verstehen ist. In diesem Zusammenhang ähnelt die Betrachtungsweise der DE-VG sehr stark jener der OECD-MA, da beide MA es den Vertragsstaaten überlassen, die konkreten Definitionen anhand ihrer nationalen Steuergesetzgebungen festzulegen.

Ein Teil des Schrifttums bewertet die tatsächliche Wirkung des in der Präambel fixierten Strebens nach Missbrauchsabwehr kritisch. *Schönfeld* und *Häck*[1222] betonen, dass allein die Deklaration in der Präambel, dass Steuerverkürzung verhindert werden soll, ohne eine entsprechende Umsetzung dieses Ziels in einer konkreten abkommensrechtlichen Vorschrift noch keine rechtlichen Konsequenzen nach sich ziehe. Zu demselben Schluss kommt auch *Lüdicke*[1223]. *Roderburg* und *Rode*[1224] zufolge kann auch das Effektivitätsniveau einer solchen Modernisierung der Präambel im Fall einer abkommensrechtlichen Mindestbesteuerung in Frage gestellt werden.

Beiden Thesen ist zuzustimmen. Eine abkommensrechtliche Missbrauchsabwehr kann nicht allein auf der Basis der Beachtung der Zielsetzung des DBA erreicht werden, sondern muss auch über die Implementierung konkreter Missbrauchsklauseln erfolgen. Aus dieser Perspektive reicht m.E. die Neuerstellung der Präambel nicht dazu aus, um künstliche abkommensrechtliche Steuergestaltungen effektiv zu verhindern. Eine konkrete *Unterfütterung*[1225] dieser Zielsetzung durch einzelne DBA-Vorschriften ist aus diesem Grund als dringend zu erachten. Die Abänderung der DE-VG-Präambel verfolgte m.E. dagegen ein ganz anderes Ziel, nämlich dasjenige, die Bekämpfung von Gestaltungsmissbräuchen

1221 *Lüdicke, J.*, Anmerkungen zur deutschen Verhandlungsgrundlage für Doppelbesteuerungsabkommen, IStR-Beihefter 2013, 26 (27).

1222 *Schönfeld, J./Häck, N.*, Der Methodenartikel in der deutschen Verhandlungsgrundlage für Doppelbesteuerungsabkommen, ISR 2013, 168 (169).

1223 *Lüdicke, J.*, Anmerkungen zur deutschen Verhandlungsgrundlage für Doppelbesteuerungsabkommen, IStR-Beihefter 2013, 26 (28).

1224 *Roderburg, G./Rode, O.*, Die Missbrauchsabwehrregelungen in der deutschen Verhandlungsgrundlage für Doppelbesteuerungsabkommen und der Sonderfall Liechtenstein, ISR 2013, 149 (151).

1225 *Schönfeld, J./Ditz, X.*, in: Schönfeld, J./Ditz, X., Doppelbesteuerungsabkommen: Kommentar, 2. Aufl., Köln 2019, Anhang 4 Deutsches Muster-DBA, Rn. 4.

zu einem der Hauptziele eines DBA zu erklären. Gerade im Hinblick auf diese Zielsetzung hat der deutsche Gesetzgeber nunmehr die materiellrechtliche Befugnis, zukünftig zahlreiche Missbrauchsklauseln in die DE-VG zu integrieren. Daher kann konstatiert werden, dass somit sowohl die künftige Aktualität der DE-VG als auch die Erfüllung höherer internationaler Standards der Missbrauchsabwehr gewährleistet wurde.

b) Aktivitätsvorbehalt aus der DE-VG

Art. 22 Abs. 1 lit. d DE-VG enthält einen sog. Aktivitätsvorbehalt. Die Existenz einer solchen Missbrauchsklausel gibt den Vertragsparteien zusätzliche Rechtssicherheit im Hinblick auf die Eignung bereits abgeschlossener DBA zur Verhinderung von treaty-shopping-Konstellationen. In dieser Perspektive kann das Vorhandensein eines Aktivitätsvorbehalts als ein grundlegendes Element zur Bekämpfung von treaty-shopping bezeichnet werden. Unter den Geltungsbereich der o.g. Missbrauchsklausel fallen Einkünfte i. S. d. Art. 7, 10 (*Unternehmensgewinne und Dividenden*) und Art. 13 Abs. 2 DE-VG (*Vermögensveräußerungsgewinne*). Diese Einkünfte können nur dann von der Bemessungsgrundlage der deutschen Steuer ausgenommen (*freigestellt*) werden, *wenn sie durch Herstellung, Bearbeitung, Verarbeitung oder Montage von Gegenständen, Aufsuchen und Gewinnung von Bodenschätzen, Bank- und Versicherungsgeschäfte, Handel oder Erbringung von Dienstleistungen erzielt werden oder soweit sie wirtschaftlich diesen Tätigkeiten zuzurechnen sind unter der Voraussetzung des Bestehens eines dem Geschäftszweck angemessen eingerichteten Geschäftsbetriebs.* Mit der tatsächlichen Verknüpfung der Anwendung der abkommensrechtlichen Freistellungsmethode mit einem aktiv tätigen Geschäftsbetrieb wurde somit die Wichtigkeit der Existenz eines dem Geschäftszweck angemessen eingerichteten Geschäftsbetriebs deklariert.

Kurzfristig ist die Wirkung der Missbrauchsklausel zur Bekämpfung von treaty-shopping-Gestaltungen insgesamt positiv zu bewerten. Obwohl die Anwendung des Aktivitätsvorbehalts keinen dem PPT oder der LoB-Klausel vergleichbaren Schutzeffekt mit sich bringt, können durch ihn zahlreiche Steuerumgehungsfälle rechtzeitig von den Finanzbehörden identifiziert werden. Langfristig kann eine positive Wirkung des Art. 22 Abs. 1 lit. d DE-VG jedoch in Zweifel gezogen werden. Denn mit der Benennung der aktiven Einkünfte in einer explizite Katalogliste wurde zwar die Rechtsklarheit sichergestellt[1226] und

1226 *Roderburg, G./Rode, O.*, Die Missbrauchsabwehrregelungen in der deutschen Verhandlungsgrundlage für Doppelbesteuerungsabkommen und der Sonderfall

die tatsächliche Verlinkung auf eine nationalrechtliche Norm i. S. d. § 8 Abs. 1 AStG liquidiert[1227]. Dem Steuerpflichtigen bietet sich somit aber künftig keine Gelegenheit mehr, abkommensrechtliche Vergünstigungen durch immer neu entstehende Einkunftsarten – auch den Fall, dass überhaupt keine Absicht zum Missbrauch vorliegt – in Anspruch zu nehmen. Die o.g. Katalogliste ist in diesem Zusammenhang nicht allen Anforderungen an das heutige Wirtschaftsleben gerecht[1228]. Konsequenterweise ließe sich hier vermuten, dass der Gesetzgeber dadurch gezwungen wird, die explizite Katalogliste aktiver Einkünfte ständig zu aktualisieren. Dies erscheint jedoch recht kompliziert, da die Übertragung von Veränderungen in bereits nach dem Vorbild der DE-VG abgeschlossene DBA sowie DBA-Protokolle ein kompliziertes Verfahren erfordert.

c) Umschaltklausel aus der DE-VG

Art. 22 Abs. 1 lit. e sublit. aa DE-VG enthält eine abkommensrechtliche Umschaltklausel (*switch-over-Klausel*). Dieser speziellen Missbrauchsklausel zufolge wird für die Sachverhalte, *in denen Vertragsstaaten Einkünfte oder Vermögen aus unterschiedlichen Abkommensbestimmungen zugeordnet werden,* anstelle der Freistellung die Anrechnung von im Ausland bezahlten Steuern gewährt, *sofern aufgrund dieser unterschiedlichen Zuordnung die betreffenden Einkünfte oder Vermögenswerte doppelt besteuert oder nicht oder niedriger besteuert würden und sich im Fall doppelter Besteuerung dieser Konflikt nicht durch ein Verständigungsverfahren nach Art. 24 Abs. 2 oder 3 DE-VG regeln lässt. Roderburg* und *Rode*[1229] betonen, dass die switch-over-Klausel historisch betrachtet schon seit Beginn der 1990er Jahre[1230] Bestandteil deutscher DBA ist. Als ein solcher Bestandteil mehrerer früherer DBA Deutschlands wurde sie ausreichend

Liechtenstein, ISR 2013, 149 (151).

1227 So im Ergebnis: *Schönfeld, J./Ditz, X./Häck, N.*, in: Schönfeld, J./Ditz, X., Doppelbesteuerungsabkommen: Kommentar, 2. Aufl., Köln 2019, Anhang 4 Deutsches Muster-DBA, Rn. 170.

1228 *Schönfeld, J./Ditz, X./Häck, N.*, in: Schönfeld, J./Ditz, X., Doppelbesteuerungsabkommen: Kommentar, 2. Aufl., Köln 2019, Anhang 4 Deutsches Muster-DBA, Rn. 170.

1229 *Roderburg, G./Rode, O.*, Die Missbrauchsabwehrregelungen in der deutschen Verhandlungsgrundlage für Doppelbesteuerungsabkommen und der Sonderfall Liechtenstein, ISR 2013, 149 (152).

1230 In der deutschen Abkommenspraxis hat sich die switch-over-Klausel erst im Jahr 1989 im Protokoll Nr. 18 zu DBA-Italien, BGBl. II 1990, 742 etabliert.

durch das Schrifttum analysiert[1231]. Nun hat die Klausel auch Eingang in die DE-VG gefunden. Durch dieses Rechtsinstrument soll in erster Linie die aufgrund zweier Quellen der Nichtbesteuerung, namentlich des Qualifikations- und des Zurechnungskonfliktes, entstandene Keinmalbesteuerung verhindert werden[1232]. Die Umsetzung einer Umschaltklausel in der DE-VG ermöglicht es Deutschland zukünftig, einen qualitativen abkommensrechtlichen Kampf gegen Keinmalbesteuerung sicherzustellen, ohne sich dafür auf die innerstaatliche Umschaltklausel des § 50d Abs. 9 EStG berufen zu müssen.

Die in der DE-VG enthaltene Umschaltklausel spielt eine zentrale Rolle bei der Bekämpfung von abkommensrechtlichen Gestaltungsmissbräuchen und kommt den Auskünften der Finanzverwaltung zufolge „*hin und wieder*[1233]" zur Anwendung. Jedoch fehlt in Art. 22 Abs. 1 lit. e sublit. a DE-VG – ebenso wie in zahlreichen DBA Deutschlands[1234] – ein konkreter Maßstab dafür, wann eine Niedrigbesteuerung vorliegt[1235]. Obgleich die Vorschrift als ein Mechanismus zur Bekämpfung von Qualifikationskonflikten dargestellt wurde, bleiben Sachverhalte mit unterschiedlicher Zuordnung zu verschiedenen abkommensberechtigten Personen (sog. *subjektive Zurechnungskonflikte*) dabei außer Betracht[1236].

1231 Siehe dazu: *Petereit, A.*, Die sog. switch-over-Klausel in den deutschen Doppelbesteuerungsabkommen – Überblick, Inhalt und Steuerplanung, IStR 2003, 577 ff.; *Haase, F./Dorn, K.*, Rätsel um den Anwendungsbereich der jüngeren abkommensrechtlichen Switch-over-Regelungen, IStR 2011, 791 ff.; *Hinz, B./Ebbinghaus, M.*, Switch-over-Klauseln bei nachlaufenden Betriebsstätteneinkünften, ZInsO 2013, 2526 ff.

1232 Im Ergebnis: *Petereit, A.*, Die sog. switch-over-Klausel in den deutschen Doppelbesteuerungsabkommen – Überblick, Inhalt und Steuerplanung, IStR 2003, 577 (579 f.).

1233 *Petereit, A.*, Die sog. switch-over-Klausel in den deutschen Doppelbesteuerungsabkommen – Überblick, Inhalt und Steuerplanung, IStR 2003, 577 (584).

1234 Namentlich im DBA-Aserbaidschan, BGBl. II 2005, 1146; DBA-Ukraine, BGBl. II 1996, 498; DBA-Weißrussland, BGBl. II 2006, 1042 usw. Gleiches gilt nach *Petereit* ebenfalls in Bezug auf die klare abkommensrechtliche Definition der Mindestbesteuerung, *Petereit, A.*, Die sog. switch-over-Klausel in den deutschen Doppelbesteuerungsabkommen – Überblick, Inhalt und Steuerplanung, IStR 2003, 577 (584).

1235 *Roderburg, G./Rode, O.*, Die Missbrauchsabwehrregelungen in der deutschen Verhandlungsgrundlage für Doppelbesteuerungsabkommen und der Sonderfall Liechtenstein, ISR 2013, 149 (152).

1236 *Schönfeld, J./Ditz, X./Häck, N.*, in: Schönfeld, J./Ditz, X., Doppelbesteuerungsabkommen: Kommentar, 2. Aufl., Köln 2019, Anhang 4 Deutsches Muster-DBA, Rn. 182.

Die genannten Problemfälle zeigen ganz deutlich, dass für die Umschaltklausel aus der DE-VG noch ein erheblicher Verbesserungsbedarf besteht. Vorzuschlagen ist im Hinblick auf eine solche Verbesserung die Katalogisierung der typischen Arten und Entstehungsquellen abkommensrechtlicher Niedrigbesteuerung. Damit werden die Planungs- und Rechtssicherheit des Steuerpflichtigen berücksichtigt und die künftig vorstellbaren materiellrechtlichen Herausforderungen in Bezug auf die Einschätzung bestimmter Steuergestaltungen mit der anderen Vertragspartei verhindert. Zudem kann auch die „unbegrenzte" Ausnutzung der Umschaltklausel durch die Finanzverwaltung deutlich gesenkt werden, da die Klarstellung der wesentlichen Voraussetzungen einer abkommensrechtlichen Niedrigbesteuerung die Möglichkeit einer konstanten Berufung auf die switch-over-Klausel ausschließt.

d) *Rückfallklausel aus der DE-VG*

Art. 22 Abs. 1 lit. e sublit. bb DE-VG beinhaltet schließlich eine abkommensrechtliche Rückfallklausel. I. S. dieser Regelung wird die Gewährung einer Freistellung für diejenigen Sachverhalte versagt, für die der andere Vertragsstaat Einkünfte oder Einkunftsteile oder Vermögen oder Vermögensteile nach dem Abkommen zwar besteuern kann, *tatsächlich* aber nicht besteuert. Im Zusammenhang mit der Umschaltklausel zielt diese Regelung darauf ab, die abkommensrechtliche Keinmalbesteuerung qualitativ zu vermeiden.

Die Rückfallklausel aus der Verhandlungsgrundlage systematisiert und vereinheitlicht alle zuvor in früheren DBA abgeschlossenen Rückfallklauseln. Dies ist zu begrüßen, denn die unterschiedlichen Satzkonstruktionen bei der Beschreibung der materiellrechtlichen Voraussetzungen für die Anwendung der Rückfallklausel in unterschiedlichen deutschen DBA machten eine grundlegende Systematisierung und Einordnung erforderlich. Zuvor kam die Rückfallklausel in den Abkommen mit einigen Staaten dann zum Einsatz, wenn die Einkünfte nicht „*effektiv besteuert worden sind*[1237]", und mit anderen dagegen, wenn die Einkünfte nicht „*tatsächlich besteuert werden*[1238]". Der Wortlaut der Rückfallklausel in der DE-VG regelt künftig die Wichtigkeit der Nichtdurchführung einer tatsächlichen Besteuerung in einem anderen Staat. Sie kann daher als qualifizierte[1239] Rückfallklausel bezeichnet werden. Damit wird Rechtsklarheit

---

1237 Protokoll Nr. 16 lit. d zu DBA-Italien, BGBl. II 1990, 742 (763).

1238 Art. 22 Abs. 1 lit. a DBA-Luxemburg, BGBl. II 2012, 1403.

1239 Die sog. qualifizierte subject-to-tax-Klausel – im Unterschied zur einfachen Rückfallklausel – lässt eine abstrakte Steuerpflicht der fraglichen Einkünfte nicht ausreichen, *Schönfeld, J./Ditz, X./Häck, N.*, in: Schönfeld, J./Ditz, X.,

und Planungssicherheit geschaffen[1240]. Was unter einer tatsächlichen Besteuerung zu verstehen ist, definiert Ziffer 5 des Protokolls zur DE-VG, nach der Einkünfte oder Einkunftsteile nur dann als *„tatsächlich"* besteuert anzusehen sind, wenn sie in die Bemessungsgrundlage einbezogen werden, auf der die Steuer berechnet wird. Nachfolgend wurde darauf hingewiesen, dass die Einkünfte oder Einkunftsteile nicht als *„tatsächlich"* besteuert anzusehen sind, wenn sie nicht steuerpflichtig sind oder von der Besteuerung ausgenommen werden. Unberücksichtigt bleiben damit die negativen Einkünfte, die auf deutscher Seite jedoch als Bestandselement einer tatsächlichen Besteuerung begriffen werden[1241].

In diesem Zusammenhang kann festgehalten werden, dass die Rückfallklausel aus der Verhandlungsgrundlage anders als bei den früheren DBA die Besteuerung im anderen Staat nicht als Voraussetzung für die Freistellung annimmt, sondern umgekehrt die Nichtbesteuerung als Ausnahme zur Freistellung regelt. Die praktische Bedeutung dieser Formulierung wurde von *Meretzki*[1242] in Frage gestellt. *Roderburg* und *Rode*[1243] vertreten die Ansicht, dass der Regelung im Kern nur Sachverhalte mit Keinmalbesteuerung, jedoch nicht auch Konstellationen mit ausländischer Mindestbesteuerung unterliegen. Schließlich bleibt *Lüdicke*[1244] zufolge nach wie vor unklar, auf welche ausländische Besteuerung abzustellen ist, wenn der ausländische Staat mehrere unter das Abkommen fallende Steuern erhebt.

Erzielt der Steuerpflichtige gemischte (d.h. aktive und passive) ausländische Einkünfte aus der Betriebstätte, so soll nach dem Wortlaut der Regelung der DE-VG die entsprechende Atomisierung der Einkünfte erfolgen. Das Schrifttum

---

Doppelbesteuerungsabkommen: Kommentar, 2. Aufl., Köln 2019, Anhang 4 Deutsches Muster-DBA, Rn. 190.

1240 *Roderburg, G./Rode, O.,* Die Missbrauchsabwehrregelungen in der deutschen Verhandlungsgrundlage für Doppelbesteuerungsabkommen und der Sonderfall Liechtenstein, ISR 2013, 149 (153).

1241 Im Ergebnis: BMF v. 14.09.2006 – IV B 6 – S 1300 – 367/06, BStBl. I 2006, 532 (Rn. 157); siehe auch: BMF v. 24.12.1999 – IV B 4 – S 1300 – 111/99, BStBl. I 1999, 1076 (Rn. 1.2.6).

1242 *Meretzki, G.,* in: Wassermeyer, F./Richter, S./Schnittker, H., Personengesellschaften im Internationalen Steuerrecht, 2. Aufl., Köln 2015, Kapitel 15, Rn. 15.13.

1243 *Roderburg, G./Rode, O.,* Die Missbrauchsabwehrregelungen in der deutschen Verhandlungsgrundlage für Doppelbesteuerungsabkommen und der Sonderfall Liechtenstein, ISR 2013, 149 (153).

1244 *Lüdicke, J.,* Anmerkungen zur deutschen Verhandlungsgrundlage für Doppelbesteuerungsabkommen, IStR-Beihefter 2013, 26 (39).

bewertet eine solche Herangehensweise als Irrweg[1245] und begründet dies damit, dass so für den Steuerpflichtigen künftig die zusätzliche Pflicht entfällt, „*sein ausländisches Engagement genau [zu] monitoren*[1246]“.

Dieser These ist nur schwer zuzustimmen, denn die deutschen Steuerpflichtigen sind bereits mit der Abgabe der Steuererklärung verpflichtet, ihre weltweiten Einkünfte pedantisch zu monitoren. Die Atomisierungsregelung ändert in diesem Zusammenhang nichts und ist m.E. als eine konsequente und logische Lösung anzusehen. Somit findet auch der deutsche Fiskus eine austarierte Lösung, die im Interesse jener Steuerpflichtigen ist, die einer tatsächlichen gewerblichen Tätigkeit im Quellenstaat nachkommen[1247]. M.E. sollte deshalb hier nicht die Frage gestellt werden, ob die Atomisierungsregel vernünftig genug ist, sondern vielmehr diejenige, inwieweit es dem Fiskus überhaupt möglich ist, die Einkünfte der Steuerpflichtigen von ausländischen Einkünften zu separieren. Denn, wie *Pohl* angemerkt hat[1248], stellt die DE-VG keine konkrete Definition dessen bereit, was unter Einkunftsteilen zu verstehen ist. Damit fehlt es dem Fiskus an einer materiellrechtlichen Grundlage für die Atomisierung der Einkünfte. In diesem Zusammenhang wäre die Ergänzung der Rückfallklausel aus der DE-VG um die Bestimmung des Begriffs der Einkunftsteile wünschenswert.

C. Zwischenfazit

Die Bekämpfung von ertragsteuerlichen Gestaltungsmissbräuchen war im internationalen Maßstab immer ein beliebtes Diskussionsthema. Dennoch konnte bis vor wenigen Jahren noch kein Konsensus in Bezug auf die Systematisierung eines solchen Kampfes erreicht werden. Dies spiegelt sich auch in den früheren Fassungen der OECD- und UN-MA wider, die lediglich abstrakte Regelungen

1245 *Lüdicke, J.*, Anmerkungen zur deutschen Verhandlungsgrundlage für Doppelbesteuerungsabkommen, IStR-Beihefter 2013, 26 (38).

1246 *Schönfeld, J./Ditz, X./Häck, N.*, in: Schönfeld, J./Ditz, X., Doppelbesteuerungsabkommen: Kommentar, 2. Aufl., Köln 2019, Anhang 4 Deutsches Muster-DBA, Rn. 197; *Schönfeld, J./Häck, N.*, Der Methodenartikel in der deutschen Verhandlungsgrundlage für Doppelbesteuerungsabkommen, ISR 2013, 168 (175).

1247 *Roderburg, G./Rode, O.*, Die Missbrauchsabwehrregelungen in der deutschen Verhandlungsgrundlage für Doppelbesteuerungsabkommen und der Sonderfall Liechtenstein, ISR 2013, 149 (153).

1248 *Pohl, D.*, Deutsche Abkommenspolitik – Aktuelle Praxisfragen und deutsche Verhandlungsgrundlage, in: Lüdicke, J., Neue Grenzen für die internationale Steuerplanung?, Köln 2014, 51 (70).

zur Verhinderung eines Missbrauchs enthalten. Aus diesem Grund waren einige Staaten (beispielweise Deutschland, die Vereinigten Staaten usw.) in der Praxis dazu gezwungen, punktuelle Anti-Missbrauchsklauseln in ihren eigenen MA zu fixieren und diese i. R. der Abkommenspraxis zu verwenden.

Mit der Veröffentlichung der OECD-BEPS-Aktionsmaßnahmen hat sich die Situation grundlegend verändert. Insb. wurde ein systematischer Kampf gegen künstliche Steuergestaltungen auf internationaler Ebene eingeleitet. Neben der Übernahme bereits früher bestehender Anti-Missbrauchsmaßnahmen (*die allerdings meist angelsächsischen Ursprungs – z.B. PPT, LoB usw. – sind*) wurden i. R. des Projekts auch zahlreiche neue Mechanismen erarbeitet. Das neue mehrseitige Übereinkommen soll darüber hinaus künftig der Unifizierung internationaler Anti-Missbrauchsklauseln dienen. Die Kehrseite dieser Medaille ist allerdings, dass ihre Empfehlungen größtenteils entweder unionsrechtswidrige Elemente (*wie z.B. bei Aktionsmaßnahme Nr. 3*) enthalten oder in der Praxis nur schwer umsetzbar (*wie z.B. bei Aktionsmaßnahme Nr. 4 sowie das MLI*) sind. So führt dies in Deutschland aktuell zu der widersprüchlichen Situation, dass der Kampf gegen ertragsteuerliche Missbrauchsgestaltungen sowohl durch BEPS-Instrumente als auch durch die Mechanismen aus der DE-VG erfolgen kann. Nicht vergessen werden darf hier ebenso die Wirkung des Europarechts.

Dass ein solcher Dualismus auch in Zukunft bestehen bleiben wird, erscheint jedoch fraglich. Die Empfehlungen aus den BEPS-Aktionsmaßnahmen sind seitens der EU durch die ATAD bereits jetzt als obligatorisch deklariert worden. Zu vermuten ist, dass den OECD-Empfehlungen künftig immer in allen OECD-Mitgliedstaaten eine große Bedeutung zukommen wird. Als Konsequenz lässt sich daraus ableiten, dass die DE-VG dagegen künftig keine große Rolle mehr spielen wird. Um das zu verhindern, liegt es nunmehr am deutschen Gesetzgeber, die DE-VG zeitgemäß zu modifizieren und weiterzuentwickeln. Zudem sollten Anti-Missbrauchsklauseln internationalen Ursprungs stets sorgfältig sowohl aus der Perspektive des deutschen als auch des Unionsrechts untersucht werden, bevor sie umgesetzt werden. Es bleibt zu hoffen, dass der Gesetzgeber die genannten Aufgaben nicht vernachlässigen wird.

5. Kapitel Die unionsrechtlichen Bekämpfungsinstrumente gegen den Gestaltungsmissbrauch

In jüngerer Zeit kommt im Kampf gegen ertragsteuerliche Missbrauchsgestaltungen nicht nur internationalen, sondern auch weiteren supranationalen Anti-Missbrauchsmechanismen eine immer größere Bedeutung zu. In Deutschland und den übrigen 26 EU-Mitgliedstaaten spielen die unionsrechtlichen Vorschriften zur punktuellen Bekämpfung von Steuermissbräuchen hierbei eine wesentliche Rolle. Während das primäre EU-Recht in Art. 110-113 AEUV die wesentlichen Regelungen für das gesamte Steuerrechtsgebiet der EU-Mitgliedstaaten enthält, wurden die Instrumente zur Missbrauchsbekämpfung in erster Linie im sekundären EU-Recht bzw. in den EU-Richtlinien verankert. Das nachfolgende Kapitel soll einen detaillierten Überblick über den aktuellen Kampf der EU gegen ertragsteuerliche Missbräuche geben.

A. Die Rolle des Unionsrechts in nationalen Steuerrechtssystemen der EU-Mitgliedstaaten

I. Die Wirkung des Unionsrechts auf die Steuerrechtssysteme der EU-Mitgliedstaaten

Wie in allen anderen Rechtsgebieten haben die unionsrechtlichen Vorschriften auch eine Auswirkung auf die Steuerrechtssysteme der EU-Mitgliedstaaten. Das Spezifikum des Steuerrechts besteht in seiner Aufteilung in die beiden übergeordneten Bereiche der direkten und der indirekten Steuern. Hierbei stellt sich jedoch die zentrale Frage, in welchem Umfang das Unionsrecht in den EU-Mitgliedstaaten seine Wirkung entfalten kann. Auf europäischer Ebene wurde diese Frage in Art. 113 AEUV beantwortet. I. S. dieser Vorschrift müssen Umsatzsteuern, Verbrauchsabgaben und sonstige indirekte Steuern der EU-Mitgliedstaaten in dem Maße harmonisiert werden, wie dies für die Errichtung und das Funktionieren des Binnenmarkts und die Vermeidung von Wettbewerbsverzerrungen notwendig ist. *Fehling*[1249] betont insb., dass im Bereich

1249 *Fehling, D.*, in: Schaumburg, H./Englisch, J., Europäisches Steuerrecht, 2. Aufl., Köln 2020, Rn. 10.2.

der indirekten Steuern eine stärkere Harmonisierung erfolgt, als dies bei den direkten Steuern der Fall ist. Art. 113 AEUV räumt insb. die Möglichkeit eines direkten Eingriffs in die Steuersouveränität der EU-Mitgliedstaaten im Bereich der indirekten Steuerarten ein. Das EU-Recht hat somit eine direkte bzw. unmittelbare Wirkung auf die indirekten Steuerarten der EU-Mitgliedstaaten.

Deutlich komplizierter ist das Verhältnis zwischen den unionsrechtlichen Vorgaben und den nationalen ertragsteuerlichen Regelungen der EU-Mitgliedstaaten. Zwar kennt das EU-Recht in diesem Bereich keine direkte, unmittelbare Harmonisierung[1250], die unionsrechtlichen Vorgaben wirken aber begrenzt auf die nationalen ertragsteuerlichen Regelungen. Nach *Englisch*[1251] erfolgt solch eine mittelbare Harmonisierung primär über die Koordination der Besteuerungsansprüche der EU-Mitgliedstaaten, nicht aber über die Angleichung ihrer Steuersysteme. Auch nach *Mick*[1252] ist die Steuerharmonisierung keinesfalls ein Instrument zur Vereinheitlichung bestehender Steuerrechtssysteme der EU-Mitgliedstaaten. Dieser Herangehensweise ist zuzustimmen. Der Grund hierfür ist insb. die Ablehnung des von der EU-Kommission vorgeschlagenen Konzepts[1253] über die umfassende Harmonisierung direkter Steuerarten durch die EU-Mitgliedstaaten zugunsten des *Mindestharmonisierungskonzepts*. Diese Herangehensweise entspricht dabei dem aktuellen Verständnis des Subsidiaritätsprinzips[1254].

II. Unionsrechtliche Instrumente zur punktuellen Harmonisierung der direkten Steuerarten

1. EU-Richtlinien

Die harmonisierende Wirkung des EU-Rechts im Bereich der direkten Steuerarten kommt in erster Linie grds. durch Art. 115 AEUV zustande[1255]. Diese

---

1250 So im Ergebnis: *Frotscher, G.*, Internationales Steuerrecht, 5. Aufl., München 2020, Rn. 55; auch: *Cloer, A./Lavrelashvili, N.*, Einführung in das Europäische Steuerrecht, Berlin 2008, 57.

1251 *Englisch, J.*, in: Tipke, K./Lang, J., Steuerrecht, 24. Aufl., Köln 2021, Rn. 4.69.

1252 *Mick, M.O.*, in: Birk, D., Handbuch des europäischen Steuer- und Abgabenrechts, Herne und Berlin 1995, § 24 Rn. 16.

1253 Dazu: *EW-Kommission*, Programm für die Harmonisierung der direkten Steuern, Bulletin der EWG 1967, Sonderbeilage 8, 3 ff.

1254 *Englisch, J.*, in: Tipke, K./Lang, J., Steuerrecht, 24. Aufl., Köln 2021, Rn. 4.68.

1255 Im Ergebnis: *Musil, A.*, in: Musil, A./Weber-Grellet, H., Europäisches Steuerrecht: Kommentar, München 2019, Einführung, Rn. 148.

Rechtsnorm ermöglicht es dem EU-Rat, Richtlinien für die Zwecke der unmittelbaren Errichtung oder des Funktionierens des Binnenmarkts zu erlassen. Die Richtlinien dürfen dabei nicht gegen die EU-Grundfreiheiten verstoßen und somit „*gemeinschaftswidriges Gemeinschaftsrecht*"[1256] bilden.

Die Beeinträchtigungen des Binnenmarkts, die durch die Unterschiede in nationalen Steuerrechtsordnungen zustande kommen, rechtfertigen den Erlass von Richtlinien mit harmonisierender Wirkung[1257]. Beispiele hierfür sind etwa die Richtlinien ATAD I und II[1258]. Kann dagegen die Errichtung oder die Sicherstellung des Funktionierens des Binnenmarkts über lokale ertragsteuerliche Vorschriften der EU-Mitgliedstaaten gewährleistet werden, so ist der EU-Rat nicht dazu befugt, zu der o.g. Frage eine Richtlinie mit harmonisierender Wirkung zu erlassen[1259]. Damit soll sichergestellt werden, dass die ungeschriebenen allgemeinen Rechtsgrundsätze des EU-Rechts wie etwa[1260] der Verhältnismäßigkeitsgrundsatz und der Grundsatz des Vertrauensschutzes durch die Unionsorgane streng beachtet werden. Insoweit kann konstatiert werden, dass – anders als dies am Anfang dieses Jahrhunderts, als die meisten Vereinbarungen im Bereich der direkten Steuern außerhalb des Gemeinschaftsrechts lagen[1261], der Fall war – nunmehr auch die durch den EU-Rat erlassenen Rechtsakte eine wichtige Rolle für den Bereich der direkten Steuern der EU-Mitgliedstaaten spielen.

2. *Die Rechtsprechung des EuGH*

Die mittelbare Harmonisierung der direkten Steuerarten der EU-Mitgliedstaaten beschränkt sich nicht nur auf den Erlass von Richtlinien aufgrund von Art. 115 AEUV. Eine zunehmend wichtige Rolle spielt in diesem Zusammenhang auch die Rechtsprechung des EuGH, der die Übereinstimmung der nationalen ertragsteuerlichen Regelungen mit den EU-Grundfreiheiten prüft. In diesem Sinn bildet die Rechtsprechung des EuGH *ein geltendes Recht mit unmittelbarer Wirkung* für die Rechtssysteme aller EU-Mitgliedstaaten und hat Anwendungsvorrang vor den lokalen ertragsteuerlichen Regelungen[1262]. Das Gericht verweist insb.

1256 *Frotscher, G.*, Internationales Steuerrecht, 5. Aufl., München 2020, Rn. 64.

1257 EuGH v. 16.12.1976 – C-33/76, BeckRS 2004, 70834 (Rn. 5) – Rewe.

1258 *Kokott* zufolge findet sich bisher jedoch keine allumfassende Harmonisierung im Bereich der Bekämpfung von Missbrauch im Steuerrecht der Union, so: *Kokott, J.*, Das Steuerrecht der Europäischen Union, München 2018, § 1 Rn. 15.

1259 *Birk, D./Desens, M./Tappe, H.*, Steuerrecht, 23. Aufl., Heidelberg 2020, Rn. 228.

1260 MwN *Englisch, J.*, in: Tipke, K./Lang, J., Steuerrecht, 24. Aufl., Köln 2021, Rn. 4.3.

1261 *Weber-Grellet, H.*, Europäisches Steuerrecht, 2. Aufl., München 2016, 139.

1262 MwN *Englisch, J.*, in: Tipke, K./Lang, J., Steuerrecht, 24. Aufl., Köln 2021, Rn 4.24.

darauf, dass die EU-Mitgliedstaaten „*ihre Befugnisse in diesem Bereich jedoch unter Wahrung des Gemeinschaftsrechts ausüben ... müssen*[1263]". Konfligiert eine nationale Steuervorschrift mit EU-Grundfreiheiten, kann es zu einer ertragsteuerlichen Diskriminierung von EU-Ausländern kommen. Es werden insb. zwei mögliche Erscheinungsarten einer solchen staatlichen Benachteiligung von EU-Ausländern anerkannt, namentlich die *offene* und die *versteckte* Diskriminierung. Erstreckt sich der Geltungsbereich beschränkender gesetzlicher Regelungen ausschließlich auf Ausländer mit einer bestimmten Staatsangehörigkeit[1264], so handelt es sich um eine offene Diskriminierung i. S. d. Art. 18 Abs. 1 AEUV[1265]. Bei dieser wird EU-Ausländern die Rechtsausübung erschwert oder/und bestimmte Handlungsmöglichkeiten werden nur Inländern eingeräumt[1266]. Eine solche Art der Diskriminierung ist *Birk, Desens* und *Tappe* zufolge im aktuellen deutschen Einkommensteuerrecht kaum vorstellbar, da dieses keine Anknüpfungspunkte an die Staatsangehörigkeit bietet[1267].

Eine versteckte[1268] Diskriminierung liegt dagegen dann vor, wenn eine Regelung zwar nicht EU-Ausländer direkt betrifft, ihre Folgen aufgrund der „... *Anwendung anderer Unterscheidungsmerkmale...*[1269]" jedoch zur Benachteiligung des o.g. Personenkreises führt[1270]. Da eine solche Form der Diskriminierung nicht offensichtlich erfolgt, sondern lediglich „versteckt" stattfinden kann, kann es sich für die nationalen Gesetzgeber als schwierig erweisen, festzulegen, wann eine solche Diskriminierung vorliegt. Die versteckte steuerliche Diskriminierung kann daher in unterschiedlichen Sachverhalten auftreten und jahrelang

---

1263 MwN EuGH v. 04.10.1991 – C-246/89, BeckRS 2004, 75408 (Rn. 12) – Kommission gegen Vereinigtes Königreich.

1264 Im Ergebnis: *Tiedje, J.*, in: von der Groeben, H./Schwarze, J./Hatje, A., Europäisches Unionsrecht: Kommentar, 7. Aufl., Baden-Baden 2015, Art. 49 Rn. 74.

1265 *Streinz, R.*, in: Streinz, R., EUV/AEUV: Kommentar, 3. Aufl., München 2018, AEUV, Art. 18 Rn. 53; *Stewen, T.*, Der EuGH und die nationale Steuerhoheit – Spannungsverhältnis und Konfliktlösung, EuR 2008, 445 (449 f.).

1266 *Müller-Graff, P-C.*, in: Streinz, R., EUV/AEUV: Kommentar, 3. Aufl., München 2018, AEUV, Art. 49 Rn. 44.

1267 *Birk, D./Desens, M./Tappe, H.*, Steuerrecht, 23. Aufl., Heidelberg 2020, Rn. 218.

1268 Auch als „*mittelbare*" bezeichnet, dazu: BAG v. 20.11.1990 – 3 AZR 613/89, NZA 1991, 635.

1269 EuGH v. 12.02.1974 – C-152/73, BAGE 25, 491 (Rn. 11) – Sotgiu.

1270 So: *Birk, D./Desens, M./Tappe, H.*, Steuerrecht, 23. Aufl., Heidelberg 2020, Rn. 218; *Stewen, T.*, Der EuGH und die nationale Steuerhoheit – Spannungsverhältnis und Konfliktlösung, EuR 2008, 445 (450).

bestehen bleiben, so z.B. bei Konstellationen, bei denen es zu einer steuerlichen Bewertung der Einnahmen von EU-Ausländern[1271], Forderungen auf Inlandsinvestitionen[1272] usw. kommt.

III. Rechtfertigungsgründe für die Beschränkung der EU-Grundfreiheiten

Weil der Kampf gegen Steuermissbräuche unmittelbar mit der Beschränkung der subjektiven Rechte von Steuerpflichtigen verbunden ist, spielt bei einer solchen Herangehensweise die Frage der Vereinbarkeit mit den EU-Grundfreiheiten eine wesentliche Rolle. Da die Fiskalsouveränität der EU-Mitgliedstaaten sowohl von der punktuellen direkten als auch umfassenden indirekten Harmonisierung betroffen ist, haben die EU-Mitgliedstaaten die Möglichkeit, die beschränkenden Regelungen durch konkrete Gründe zu rechtfertigen. *Birk, Desens* und *Tappe*[1273] unterscheiden bei diesen Rechtfertigungsgründen zwischen geschriebenen und ungeschriebenen Gründen. Während der ersten Gruppe Rechtfertigungsgründe zuzuordnen sind, die materiell in primärrechtlichen sowie sekundärrechtlichen Quellen fixiert wurden, bestimmt der EuGH, was ungeschriebene Rechtfertigungsgründe sind. *Jacobs, Endres* und *Spengel* nennen als Beispiel für geschriebene Rechtfertigungsgründe bei der Beschränkung der Niederlassungsfreiheit solche vertraglichen (geschriebenen) Rechtfertigungsgründe wie etwa Gründe der öffentlichen Ordnung, Sicherheit und Gesundheit, die direkt aus Art. 52 AEUV abgeleitet werden können[1274]. Seinerseits hat der EuGH bis dahin solche ungeschriebenen Gründe wie die Vermeidung von Steuerhinterziehung[1275], Steuerumgehung[1276], Steuerflucht[1277], zwingende Erfordernisse[1278] sowie die angemessene Aufteilung der Besteuerungsbefugnisse zwischen den

---

1271 EuGH v. 14.02.1995 – C-279/93, BeckRS 2004, 75933 – Schumacker.

1272 EuGH v. 16.04.2015 – C-591/13, DStR 2015, 870 (Rn. 76 ff.) – Kommission gegen Deutschland.

1273 *Birk, D./Desens, M./Tappe, H.*, Steuerrecht, 23. Aufl., Heidelberg 2020, Rn. 220.

1274 *Jacobs, O.H./Endres, D./Spengel, C.*, in: Endres, D./Spengel, C./ Jacobs: Internationale Unternehmensbesteuerung, 8. Aufl., München 2016, 209.

1275 EuGH v. 24.11.2016 – C-464/14, BeckRS 2016, 82800 (Rn. 58) – SECIL; mwN EuGH v. 11.10.2007 – C-451/05, DStRE 2008, 479 (Rn. 81) – ELISA.

1276 EuGH v. 21.01.2010 – C-311/08, DStRE 2010, 729 (Rn. 57) – Société de Gestion Industrielle SA (SGI)/État belge.

1277 EuGH v. 13.12.2005 – C-446/03, EuR 2006, 266 (Rn. 57) – Marks & Spencer.

1278 EuGH v. 20.02.1979 – C-120/78, LMRR 1979, 7 (Leitsatz 2) – Cassis de Dijon.

EU-Mitgliedstaaten[1279] als akzeptabel anerkannt. Die Voraussetzung hierfür ist eine gerichtliche Untersuchung der Einzelgestaltung, während die künstliche Natur der Gestaltung nachgewiesen werden soll[1280]. Die Orientierung auf die rein wirtschaftlichen Ziele der Gestaltung[1281], die Gefahr der Steuermindereinnahmen[1282] sowie verwaltungstechnische Schwierigkeiten[1283] wurden dagegen nicht als Rechtfertigungsgründe akzeptiert. Darüber hinaus ist auch die Berufung von EU-Mitgliedstaaten auf eine fehlende Harmonisierung ausgeschlossen[1284].

IV. Eigene Stellungnahme

Die unionsrechtlichen Maßnahmen spielen für die nationalen ertragsteuerlichen Vorschriften eine wesentliche Rolle und ihre Wirkung ist deutlich wahrnehmbar, obgleich in diesem Bereich lediglich eine punktuelle Harmonisierung vorgesehen ist. Zum einen lässt sich dies mit dem – aktuell in den EU-Mitgliedstaaten beobachtbaren – Phänomen der sog. „*stillen Harmonisierung*" begründen. I. R. dieser Rechtsentwicklung kommt es in Teilbereichen der mitgliedstaatlichen Steuersysteme zu einer freiwilligen Annäherung[1285]. Zum anderen führen die Versuche des EU-Rats, punktuelle Systemungleichheiten zu verhindern, in den Gesetzgebungen der EU-Mitgliedstaaten zu einer steigenden Zahl punktueller Harmonisierungen im Bereich der direkten Steuerarten. Der EU-Rat praktiziert in diesem Zusammenhang 2 wesentliche Methoden der Harmonisierung, namentlich den Erlass „*klassischer*" Richtlinien mit harmonisierender Wirkung für die EU-Mitgliedstaaten und den Erlass „*neuer*" Richtlinien, der der Schaffung einer separaten, europäischen Besteuerung dient. Recht gute Beispiele für

---

1279 EuGH v. 13.12.2005 – C-446/03, EuR 2006, 266 (Rn. 45) – Marks & Spencer.

1280 Mehr dazu: *Schön, W.*, Hinzurechnungsbesteuerung und Europäisches Gemeinschaftsrecht, DB 2001, 940 (944 f.).

1281 EuGH v. 06.06.2000 – C-35/98, DStRE 2000, 742 (Rn. 48) – Verkooijen; EuGH v. 16.01.2003 – C-388/01, EuZW 2003, 186 (Rn. 19) – Kommission gegen Italien.

1282 EuGH v. 13.12.2005 – C-446/03, EuR 2006, 266 (Rn. 44) – Marks & Spencer.

1283 EuGH v. 15.07.2004 – C-315/02, EuZW 2004, 594 (Rn. 48) – Lenz; EuGH v. 16.09.2004 – C-400/02, BeckRS 9998, 155322 (Rn. 30) – Merida.

1284 EuGH v. 28.01.1986 – C-270/83, NJW 1987, 569 (Rn. 24) – Kommission gegen Frankreich.

1285 *Waldhoff, C.*, in: Calliess, C./Ruffert, M., EUV/AEUV: Kommentar, 6. Aufl., München 2022, Art. 113 Rn. 3.

diese zweite Kategorie bilden einerseits die geplante GKKB-Richtlinie[1286] bzw. die Verabschiedung des für das Jahr 2023 geplanten BEFIT-Konzepts[1287] sowie andererseits der Vorschlag einer Richtlinie zur Einführung einer sog. „*Digitalsteuer*“[1288] und sog. „*Mindestbesteuerung multinationaler Unternehmen*“[1289], deren Umsetzung m.E. dazu führen kann, dass neue, alternative europarechtliche Unternehmensbesteuerungssysteme entstehen[1290].

Die immer wichtiger werdende Rolle der unionsrechtlichen Regelungen im Bereich der direkten Steuerarten kann zu einem Verstoß gegen die Gleichwertigkeit der Beziehungen im Spannungsfeld zwischen der EU und einigen ihrer EU-Mitgliedstaaten führen. Dies erlegt dem EU-Rat die Pflicht auf, die möglichen negativen Folgen eines punktuellen Harmonisierungsversuches detailliert zu untersuchen. Sinnvoll wäre es in diesem Zusammenhang auch, die Rechte der EU-Mitgliedstaaten zu erweitern und das System des EuGH zu reformieren. Den EU-Mitgliedstaaten sollte die Möglichkeit eingeräumt werden, Entscheidungen des EuGH, die neben den objektiven Herausforderungen für den Fiskus auch weniger Rechtssicherheit für die Steuerpflichtigen mit sich bringen[1291],

---

1286 Vorschlag der EU-Kommission v. 25.10.2016 für eine Richtlinie des Rates über eine Gemeinsame konsolidierte Körperschaftsteuer-Bemessungsgrundlage (*GKKB*), abrufbar unter: https://eur-lex.europa.eu/legal-content/DE/TXT/HTML/?uri=CELEX:52016PC0683&from=DE (*letzter Zugriff*: 01.01.2022).

1287 Dazu mehr unter dem folgenden Link: https://ec.europa.eu/commission/presscorner/detail/en/ip_21_2430 (*letzter Zugriff*: 01.01.2022).

1288 Vorschlag der EU-Kommission v. 21.03.2018 für eine Richtlinie des Rates zum gemeinsamen System einer Digitalsteuer auf Erträge aus der Erbringung bestimmter digitaler Dienstleistungen, abrufbar unter: https://eur-lex.europa.eu/legal-content/DE/TXT/PDF/?uri=CELEX:52018PC0148&from=DE (*letzter Zugriff*: 01.01.2022).

1289 Vorschlag der EU-Kommission v. 22.12.2021 für eine Richtlinie des Rates zur Gewährleistung einer globalen Mindestbesteuerung für multinationale Konzerne in der EU, abrufbar unter (zurzeit nur auf Englisch): https://eur-lex.europa.eu/legal-content/EN/TXT/?uri=COM%3A2021%3A823%3AFIN&qid=1640191867904 (*letzter Zugriff*: 01.01.2022).

1290 Nach *Laule* ist jedoch eine vollständige Harmonisierung der Unternehmensbesteuerung noch nicht in Sicht: *Laule, G.*, Die Harmonisierung des europäischen Steuerrechts, IStR 2001, 297 (300).

1291 *Haase, F.*, Internationales und Europäisches Steuerrechts, 6. Aufl., Heidelberg 2020, Rn. 878.

von einer unabhängigen Berufungsinstanz überprüfen zu lassen. Die Summe der o.g. Maßnahmen kann m.E. dazu beitragen, die möglichen negativen Folgen der zunehmend allumfassenden Wirkung der mittelbaren Harmonisierung im Bereich der direkten Steuerarten zu verringern.

B. Das sekundäre Unionsrecht als Hauptinstrument zur Bekämpfung von Missbrauchsgestaltungen im Bereich des Ertragsteuerrechts

Das von den Organen der Union nach Maßgabe des Primärrechts erlassene Recht wird aufgrund von Art. 16 Abs. 1 EUV als sekundäres Unionsrecht bezeichnet[1292]. Zu diesem sekundären Recht zählt Art. 288 Abs. 1 AEUV Verordnungen, Richtlinien, Beschlüsse, Empfehlungen und Stellungnahmen. Abs. 4 der o.g. Rechtsnorm deklariert die unverbindliche Rechtsnatur von Empfehlungen und Stellungnahmen, während Abs. 3 zwar die Rechtsverbindlichkeit der Beschlüsse konstatiert, diese jedoch lediglich für bestimmte Adressaten, an die sie sich richten, verbindlich sind. Weil es keine direkte Harmonisierung im Bereich des direkten Steuerrechts der EU-Mitgliedstaaten gibt, bleiben die EU-Verordnungen ebenfalls außer Betracht[1293]. In dieser Perspektive kommt den – in den nationalen Rechtssystemen der EU-Mitgliedstaaten umsetzungsbedürftigen – rechtsverbindlichen EU-Richtlinien primär die Rolle zu, die künstlichen ertragsteuerlichen Gestaltungen im europäischen Rechtsgebiet zu bekämpfen[1294]. Der EU-Gesetzgeber gibt durch diese Richtlinien aufgrund von Art. 288 Abs. 3 AEUV den EU-Mitgliedstaaten eine sog. *obligation de résultat* vor. Die Form und die Mittel, mit denen ein solches normatives Regelungsziel erreicht wird, können von den EU-Mitgliedstaaten selbst festgelegt werden[1295].

1292 *Kania, T.*, in: Röller, J., Küttner: Personalbuch 2021, 28. Aufl., München 2021, EU-Recht, Rn. 2.

1293 *Sedemund, J.*, Steine statt Brot oder immer noch europarechtswidrig? – Gedanken zur Neufassung des § 8a KStG, IStR 2004, 595.

1294 *von Brocke, K./Müller, S.*, in: Kessler, W./Kröner, M./Köhler, S., Konzernsteuerrecht, 3. Aufl., München 2018, § 1 Rn. 250.

1295 So nach: *Ipsen, H.P.*, Europäisches Gemeinschaftsrecht, Tübingen 1972, 458.

I. Missbrauchsklauseln aus der Richtlinie mit Vorschriften zur Bekämpfung von Steuervermeidungspraktiken mit unmittelbaren Auswirkungen auf das Funktionieren des Binnenmarkts (ATAD)

1. Allgemeines zur ATAD

Die erst im Jahr 2016 erlassene[1296] Richtlinie mit Vorschriften zur Bekämpfung von Steuervermeidungspraktiken mit unmittelbaren Auswirkungen auf das Funktionieren des Binnenmarkts[1297] (*kurz: ATAD – Anti Tax Avoidance Directive*[1298]) spielt auf europäischer Ebene eine entscheidende Rolle bei der Bekämpfung von künstlichen ertragsteuerlichen Gestaltungen[1299]. Die Richtlinie wurde als Reaktion auf die Ergebnisse des OECD-BEPS-Aktionsprojekts geplant und soll das Vertrauen in die *Fairness der Steuersysteme*[1300] wiederherstellen. Wenig überraschend ist in diesem Zusammenhang, dass die Mehrzahl der in der ATAD fixierten Missbrauchsklauseln ursprünglich aus den einzelnen BEPS-Aktionsmaßnahmen stammen. Die Richtlinie verhindert nicht die Anwendung nationaler oder vertraglicher Bestimmungen zur Wahrung eines höheren Maßes an Schutz der inländischen Körperschaftsteuerbemessungsgrundlagen, Art. 3

1296 Der Erlass der Richtlinie stützte auf Art. 115 AEUV, dazu: *Schönfeld, J.*, Hinzurechnungsbesteuerung und Anti-Tax-Avoidance-Directive, IStR 2017, 721 (722).

1297 Richtlinie 2016/1164 des Rates v. 12.07.2016 mit Vorschriften zur Bekämpfung von Steuervermeidungspraktiken mit unmittelbaren Auswirkungen auf das Funktionieren des Binnenmarkts, ABlEU Nr. L 193/1 v. 19.07.2016.

1298 Bemerkenswert ist die Tatsache, dass sowohl die englische als auch die deutsche Benennung die Definition von *Steuervermeidungs*praktiken (*tax avoidance*), nicht aber *Steuerumgehung* (*tax evasion*) in den Vordergrund stellt. Zur Einzelheiten beider Begriffsbestimmungen: siehe 2. Kapitel der Arbeit.

1299 Neben der ATAD wurde im Jahr 2017 auch sog. ATAD-II erlassen, siehe dazu: Richtlinie 2017/952 des Rates v. 29.05.2017 zur Änderung der Richtlinie 2016/1164 bezüglich hybrider Gestaltungen mit Drittländern, ABlEU Nr. L 144 v. 07.06.2017. Diese hat vor allem die hybriden Gestaltungen zum Gegenstand und ergänzt Art. 9-9b ATAD, so: *Musil, A.*, Die ATAD-Richtlinien – Ein Paradigmenwechsel in der Steuerpolitik der EU?, FR 2018, 933 (935). Zusammen mit ATAD-I werden die im Schrifttum oft als *Anti-BEPS-Richtlinien* bezeichnet.

1300 Erwägungsgrund 1 der Richtlinie 2016/1164 des Rates v. 12.07.2016 mit Vorschriften zur Bekämpfung von Steuervermeidungspraktiken mit unmittelbaren Auswirkungen auf das Funktionieren des Binnenmarkts, ABlEU Nr. L 193/1 v. 19.07.2016.

ATAD. *Haase*[1301] zufolge geht es vielmehr darum, eine *de minimis-Richtlinie* zu schaffen, die nur minimale obligatorische Schutzmechanismen gegen die Gestaltungsmissbräuche von Unternehmen[1302] einführen soll. Dies gibt den Staaten die Möglichkeit, deutlich restriktivere Maßnahmen ins Leben zu rufen. In dieser Perspektive führt die Richtlinie zu einer Scheinharmonisierung[1303].

a) Inhaltliche Struktur der ATAD

Die Richtlinie besteht aus drei Kapiteln, die 13 Artikel enthalten. Diese sind sowohl auf ausschließlich staatsinterne als auch auf grenzüberschreitende Vorgänge anwendbar[1304]. Während Kapitel I und III sich mit den allgemeinen Bestimmungen bzw. mit den Schlussbestimmungen befassen, umfasst Kapitel II fünf Missbrauchsklauseln, die aufgrund von Art. 11 der ATAD spätestens bis zum 01.01.2019 in den nationalen Steuergesetzgebungen der EU-Mitgliedstaaten umgesetzt werden müssen (*teilweise gelten jedoch auch längere Fristen*). Hierbei handelt es sich insb. um die Regelungen zur Wegzugs- bzw. Entstrickungs- und Verstrickungsbesteuerung (Art. 5 ATAD), die Regelungen gegen hybride Gestaltungen (Art. 9 ATAD) sowie um die hier für die weitere Untersuchung relevanten und wesentlichen Regelungen zur Begrenzung der Abzugsfähigkeit von Zinszahlungen (Art. 4 ATAD), die allgemeine Missbrauchsverhinderungsvorschrift (Art. 6 ATAD) und die Regelungen zu den sog. *„beherrschten ausländischen Unternehmen“* bzw. zur Hinzurechnungsbesteuerung (Art. 7 und 8 ATAD). *Oppel*[1305] sieht damit das Ziel der ATAD in einer *„einheitliche[n] Implementierung der BEPS-Ergebnisse auf Ebene der EU zum Schutz des Binnenmarkts,*

1301 *Haase, F.*, Internationales und Europäisches Steuerrecht, 6. Aufl., Heidelberg 2020, Rn. 987; *Haase, F.*, Die neue Hinzurechnungsbesteuerung, DStR 2019, 827. Gleiche Auffassung: *von Brocke, K./Müller, S.*, in: Kessler, W./Kröner, M./Köhler, S., Konzernsteuerrecht, 3. Aufl., München 2018, § 1 Rn. 258; *De la Feria, R.*, Harmonizing Anti-Tax Avoidance Rules, EC Tax Review 2017, Band 26, Nr. 3, 110.

1302 Durch die Richtlinie werden lediglich körperschaftsteuerpflichtige Unternehmen, nicht aber die Personengesellschaften umfasst, Art. 1 ATAD; so auch: *Kokott, J.*, Das Steuerrecht der Europäischen Union, München 2018, § 2 Rn. 83; *Musil, A.*, in: Musil, A./Weber-Grellet, H., Europäisches Steuerrecht: Kommentar, München 2019, BEPS-RL, Art. 1 Rn. 1.

1303 *Oppel, F.*, BEPS in Europa: (Schein-) Harmonisierung der Missbrauchsabwehr durch neue Richtlinie 2016/1164 mit Nebenwirkungen, IStR 2016, 797 (798).

1304 *Kokott, J.*, Das Steuerrecht der Europäischen Union, München 2018, § 2 Rn. 82.

1305 *Oppel, F.*, BEPS in Europa: (Schein-) Harmonisierung der Missbrauchsabwehr durch neue Richtlinie 2016/1164 mit Nebenwirkungen, IStR 2016, 797 f.

um eine Fragmentierung zu verhindern und den Maßnahmen maximale Wirkung zu verleihen". Dagegen richtet *Haug*[1306] sein Augenmerk auf die semantische Funktion der in der ATAD fixierten Vorschriften, die sicherstellen sollen, dass Unternehmen ihre Steuern am Ort der Wertschöpfung bezahlen und die Verlagerung von Einkunftsquellen in niedrigbesteuerte Staaten verhindert wird.

b) Kritik in der Literatur

Die Kehrseite dieser Medaille ist jedoch, dass die ATAD sich nicht positiv auf die theoretische Gefahr des groben Verstoßes gegen die Planungs- und Rechtssicherheit der Steuerpflichtigen auswirken kann, weil die EU-Mitgliedstaaten deutlich restriktivere Schutzmechanismen eingeführt haben. Dies begründet sich insb. dadurch, dass für den Bereich der direkten Steuerarten der EU-Mitgliedstaaten keine umfassende direkte Harmonisierung existiert. *Kühbacher*[1307] stellt die Vereinbarkeit einiger Regelungen mit den EU-Grundfreiheiten und der dazu ergangenen EuGH-Rechtsprechung in Frage und kritisiert in diesem Zusammenhang „*entweder nicht mit den unionsrechtlichen Grundfreiheiten vereinbar[e] oder nicht besonders sinnvoll[e]*" Vorschriften aus der Richtlinie. *Staringer*[1308] vertritt die Ansicht, dass während der Ausarbeitung der ATAD keine ernsthafte (öffentliche) Diskussion darüber stattgefunden habe, ob es zu den in der Richtlinie veranschlagten Lösungen zu diesen Themen tatsächlich keine Alternative gegeben hätte.

Darüber hinaus wurde zum Teil auch davor gewarnt, dass ein Voranschreiten des europäischen Normgebers auf dem mit der ATAD betretenen Weg Fragen nach der demokratischen Legitimation der EU und der Kompetenzverteilung gegenüber den EU-Mitgliedstaaten aufwerfen könne[1309]. Daher bleibt das Instrument der mittelbaren Harmonisierung, und namentlich die als „Motor der

---

1306 *Haug, F.*, Das „Anti Tax Avoidance Package" der EU: Der Richtlinienvorschlag zur Bekämpfung von Steuervermeidungspraktiken und die Auswirkungen auf das inländische Steuerrecht, DStZ 2016, 446 (447).

1307 *Kühbacher, T.*, Die Anti-Missbrauchs-Richtlinie – vom (Un-)Sinn einer Harmonisierung, SWI 2017, 362 (376).

1308 *Staringer, C.*, Die Anti-Tax-Avoidance-Richtlinie: Gesamtwürdigung aus steuerpolitischer Sicht, in: Lang, M./Rust, A./Schuch, J./Staringer, C., Die Anti-Tax-Avoidance-Richtlinie, Wien 2017, 1 (4).

1309 So im Ergebnis: *Mellinghoff, R.*, Europäisches Steuerrecht, in: Lang, M., Europäisches Steuerrecht: 42. Jahrestagung der Deutschen Steuerjuristischen Gesellschaft e.V., Köln 2018, 1 (4 f.).

Integration" bezeichnete[1310] Rechtsprechung des EuGH, nach wie vor relevant für den Schutz der steuerlichen Interessen der Steuerpflichtigen. Trägt man dieser Tatsache Rechnung, ist die ATAD, wie *De la Feria* dies m.E. zu Recht sieht, kein allumfassendes Allheilmittel[1311].

Im Entwurf der Richtlinie war ursprünglich auch eine an die Nominalsteuersätze geknüpfte switch-over-Regelung vorgesehen. Durch das gleichzeitige Bestehen dieser Regelung und der mit Effektivbelastungen verbundenen Hinzurechnungsregelungen könnte es nach *Becker* und *Loose*[1312] zu einem klaren Regelungskonflikt kommen[1313]. Im Hinblick auf einen solchen Konflikt ist es zu begrüßen, dass der EU-Rat die switch-over-Regelung aus der Endfassung der ATAD herausgenommen hat. Schließlich gab es viele Fragen zur tatsächlichen Effektivität der ATAD-Vorschriften in der Praxis. Gerade in diesem Zusammenhang stellt *Cédelle*[1314] die Regelungen zur Verhinderung hybrider Gestaltungen in Art. 9-9b ATAD in Frage. Betont werden muss darüber hinaus jedoch ebenso, dass die endgültige Fassung der ATAD keine Lösungsansätze für die Verhinderung einer missbräuchlichen Ausnutzung von Lizenzgebühren vorgibt. Im Schrifttum wurde dies damit begründet, dass zukünftig schädlichen Vorzugsregelungen in der Praxis eine geringere Bedeutung zukommen wird, weil die EU-Mitgliedstaaten stattdessen den Nexus-Ansatz umsetzen[1315].

Dem ist allerdings nur schwer zuzustimmen. Denn tatsächlich ist es unlogisch zu erwarten, dass die Zahl künftiger Zinsgestaltungen *de lege lata* aufgrund einer unverbindlichen Empfehlung aus der OECD-BEPS-Aktionsmaßnahme Nr. 5 zurückgeht, wenn der o.g. Ansatz nicht von allen 27 EU-Mitgliedstaaten in ihren nationalen Steuerrechtssystemen umgesetzt wird. Das Fehlen einer EU-weiten Regelung zur Lizenzschranke führt deshalb dazu, dass auf europäischem Niveau auch weiterhin ein unsystematischer Kampf gegen künstliche

---

1310 *Oppel, F.*, BEPS in Europa: (Schein-) Harmonisierung der Missbrauchsabwehr durch neue Richtlinie 2016/1164 mit Nebenwirkungen, IStR 2016, 797.

1311 „...*The ATAD is not, however, a panacea.*", *De la Feria, R.*, Harmonizing Anti-Tax Avoidance Rules, EC Tax Review 2017, Band 26, Nr. 3, 110 (111).

1312 *Becker, J.D./Loose, T.*, EU-Kommission präsentiert Vorschlag für eine Anti-BEPS-Richtlinie, IStR 2016, 153 (154).

1313 So auch: *Oppel, F.*, BEPS in Europa: (Schein-) Harmonisierung der Missbrauchsabwehr durch neue Richtlinie 2016/1164 mit Nebenwirkungen, IStR 2016, 797.

1314 *Cédelle, A.*, The EU Anti-Tax avoidance directive: a UK perspective, British Tax Review 2016, Nr. 4, 490 (494).

1315 *Pinkernell, R.*, „Lizenzschranke" gem. § 4j EStG und Auswirkungen auf die internationale Steuergestaltung mit Lizenzboxen, DWS 2017, Merkblatt Nr. 1799, 1.

Lizenzgestaltungen geführt wird. Damit bleibt auch künftig ein Spielraum für die theoretisch möglichen künstlichen Gestaltungen zur Ausnutzung von Lizenzzahlungen bestehen[1316].

2. *Allgemeine Vorschrift zur Verhinderung von Missbrauch (Art. 6 ATAD) und ihre kritische Bewertung*

a) *Art. 6 Abs. 1 ATAD*

Art. 6 der ATAD enthält die allgemeine Missbrauchsklausel (*lex generalis*), deren Umsetzung in die Steuergesetzgebungen der EU-Mitgliedstaaten bis Ende 2018[1317] erfolgen sollte. Art. 6 Abs. 1 Satz 1 der ATAD zufolge *bleibt eine unangemessene Gestaltung oder eine unangemessene Abfolge von Gestaltungen bei der Berechnung der Körperschaftsteuerschuld außer Acht, sofern deren wesentlicher Zweck oder einer der wesentlichen Zwecke darin besteht, einen steuerlichen Vorteil zu erlangen, der dem Ziel oder Zweck des geltenden Steuerrechts zuwiderläuft*. Die Vorschrift ist als europaweite Umsetzung des PPT aus dem OECD-BEPS-Aktionsplan Nr. 6 sowie des Art. 7 Abs. 1 MLI anzusehen. Nach *Haarmann*[1318] stellt Art. 6 der ATAD auf den wesentlichen „Zweck" der Gestaltung ab. Genau wie ihr internationales Pendant umfasst Art. 6 Abs. 1 Satz 1 der ATAD die beiden wesentlichen Tatbestandselemente des subjektiven und des objektiven Elements. *De Broe* und *Beckers*[1319] betonen insb., dass das Erfordernis eines objektiven und eines subjektiven Bestandteils für die Bestimmung einer unangemessenen Gestaltung erst in der EuGH-„*Emsland-Stärke*"-Rechtsprechung genannt wurde. Nach *Langer* und *Orzechowski*[1320] bildet der objektive Bestandteil der Norm die tatsächliche Unangemessenheit einer Gestaltung ab, während das Streben nach Erlangung eines reinen – auch dem aktuellen System

---

1316 *Collier, R./Kari, S./Ropponen, O./Simmler, M./Todtenhaupt, M.*, Dissecting the EU's Recent Anti-Tax Avoidance Measures: Merits and Problems, EconPol Policy Report Nr. 8, München 2018, 26.

1317 So: *Stöber, M.*, in: Gosch, D., Abgabenordnung/Finanzgerichtsordnung: Kommentar, Stand: 159. Ergänzungslieferung, Bonn 2021, § 42 Rn. 34.

1318 *Haarmann, W.*, Die Missbrauchsverwirrung, IStR 2018, 561 (564).

1319 *De Broe, L./Beckers, D.*, The General Anti-Abuse Rule of the Anti-Tax Avoidance Directive: An Analysis Against the Wider Perspective of the European Court of Justice's Case Law on Abuse of EU Law, EC Tax Review 2017, Band 26, Nr. 3, 133.

1320 *Langer, A./Orzechowski, D.*, Die General Anti Abuse Rule (Art 6. der Anti-Tax-Avoidance Richtlinie), in: Lang, M./Rust, A./Schuch, J./Staringer, C., Die Anti-Tax-Avoidance-Richtlinie, Wien 2017, 79 (82 f.).

zuwiderlaufenden[1321] – steuerlichen Vorteils zur Erfüllung des subjektiven Tatbestands der Norm führt. Eine Gestaltung kann nach Art. 6 Abs. 1 Satz 2 ATAD prinzipiell in mehreren Schritten oder Teilen erfolgen.

b) Art. 6 Abs. 2 und 3 ATAD

Abs. 2 der o.g. Vorschrift definiert das Kriterium der Unangemessenheit als nicht aus triftigen wirtschaftlichen Gründen vorgenommene bzw. die wirtschaftliche Realität widerspiegelnde Gestaltung. Dies bedeutet im Umkehrschluss, dass eine Gestaltung dann als angemessen anzusehen ist, wenn der Steuerpflichtige für die gewählte Gestaltung triftige wirtschaftliche Gründe nachweist. In diesem Punkt unterscheidet sich Art. 6 Abs. 2 ATAD von § 42 Abs. 2 Satz 2 AO, welcher außersteuerliche Gründe aller Art ausreichen lässt[1322].

Musil[1323] setzt hierbei einen Akzent auf die Tatsache, dass der EuGH bisher zwei einander gegenüberstehende Missbrauchskonzepte entwickelt hat. Zum einen definiert das „*Cadbury-Schweppes*"-Urteil eine unangemessene Gestaltung als „*... rein künstliche, jeder wirtschaftlichen Realität bare Gestaltung*[1324]". *Hey*[1325] betont hierbei, dass Art. 6 ATAD nicht vollkommen der klassischen engen Konzeption einer rein künstlichen Gestaltung folgt. Zum anderen kann ein Missbrauch auch *auf der Basis des Fremdvergleichstests* bestimmt werden[1326]. M.E. verbindet die allgemeine europäische Missbrauchsklausel diese beiden Konzepte. Im Hinblick auf den Wortlaut der Norm fällt auf, dass diese eine erhebliche Ähnlichkeit mit der „*Cadbury-Schweppes*"-Rechtsprechung aufweist.

1321 *Haug, F.*, Das „Anti Tax Avoidance Package" der EU: Der Richtlinienvorschlag zur Bekämpfung von Steuervermeidungspraktiken und die Auswirkungen auf das inländische Steuerrecht, DStZ 2016, 446 (453).

1322 MwN *Stöber, M.*, in: Gosch, D., Abgabenordnung/Finanzgerichtsordnung: Kommentar, Stand: 159. Ergänzungslieferung, Bonn 2021, § 42 Rn. 37.

1323 *Musil, A.*, in: Musil, A./Weber-Grellet, H., Europäisches Steuerrecht: Kommentar, München 2019, BEPS-RL, Art. 6 Rn. 14.

1324 EuGH v. 12.09.2006 – C-196/04, BeckRS 2006, 70669 (Rn. 55) – Cadbury-Schweppes; EuGH v. 20.12.2017 – C-504/16, C-613/16, DStR 2018, 119 (Rn. 60) – Deister und Juhler Holding; EuGH v. 14.06.2018 – C-440/17, DStR 2018, 1479 (Rn. 43) – GS; mwN auch: *Stöber, M.*, in: Gosch, D., Abgabenordnung/Finanzgerichtsordnung: Kommentar, Stand: 159. Ergänzungslieferung, Bonn 2021, § 42 Rn. 26.

1325 *Hey, J.*, Harmonisierung der Missbrauchsabwehr durch die Anti-Tax-Avoidance-Directive (ATAD), StuW 2017, 248 (260).

1326 EuGH v. 13.03.2007 – C-524/04, BeckRS 2007, 70189 (Rn. 47) – Test Claimants in the Thin Cap Group Litigation.

Gleichzeitig basiert die methodologische Herangehensweise der Vorschrift jedoch auf dem Fremdvergleichsprinzip, da die Bewertung einer die wirtschaftliche Realität widerspiegelnden Gestaltung nur durch die Gegenüberstellung mit einer fremden Drittgestaltung erfolgen kann.

Schließlich konstatiert Art. 6 Abs. 3 der ATAD, dass die Berechnung der Steuerschuld im Einklang mit dem nationalen Recht stehen muss, sofern die Gestaltung oder eine Abfolge solcher Gestaltungen gemäß Abs. 1 der Richtlinie unberücksichtigt bleibt. In diesem Zusammenhang wurde die Rechtsfolge der Generalklausel aus der ATAD den Gesetzgebern der einzelnen EU-Mitgliedstaaten überlassen[1327].

c) *Kritik in der Literatur und eigene Stellungnahme*

Die Generalklausel aus Art. 6 der ATAD hat die Funktion, gesetzliche Lücken zu schließen[1328]. Sie kommt deshalb insb. dann zur Anwendung, wenn keine besonderen Vorschriften bestehen, mit denen gegen missbräuchliche Steuerpraktiken vorgegangen werden kann[1329]. *Drüen*[1330] unterstreicht hierbei jedoch, dass die Richtlinie keine Regelungen zum Nachweisverfahren enthält. Die Vorschrift ist nicht nur auf grenzüberschreitende, sondern auch auf rein innerstaatliche Sachverhalte anwendbar[1331]. Daher überrascht es nicht, dass *Musil*[1332] die

1327 *Langer, A./Orzechowski, D.*, Die General Anti Abuse Rule (Art 6. der Anti-Tax-Avoidance Richtlinie), in: Lang, M./Rust, A./Schuch, J./Staringer, C., Die Anti-Tax-Avoidance-Richtlinie, Wien 2017, 79 (90).

1328 Erwägungsgrund 11 der Richtlinie 2016/1164 des Rates v. 12.07.2016 mit Vorschriften zur Bekämpfung von Steuervermeidungspraktiken mit unmittelbaren Auswirkungen auf das Funktionieren des Binnenmarkts, ABlEU Nr. L 193/3 v. 19.07.2016; *Oppel, F.*, BEPS in Europa: (Schein-) Harmonisierung der Missbrauchsabwehr durch neue Richtlinie 2016/1164 mit Nebenwirkungen, IStR 2016, 797 (802).

1329 Erwägungsgrund 11 der Richtlinie 2016/1164 des Rates v. 12.07.2016 mit Vorschriften zur Bekämpfung von Steuervermeidungspraktiken mit unmittelbaren Auswirkungen auf das Funktionieren des Binnenmarkts, ABlEU Nr. L 193/3 v. 19.07.2016.

1330 *Drüen, K-D.*, in: Tipke, K./Kruse, H.W., Abgabenordnung/Finanzgerichtsordnung: Kommentar, Stand: 168. Ergänzungslieferung, Köln 2021, Vorbemerkungen zur Neufassung durch das JStG 2008 § 42 (seit 01.01.2008), Rn. 41 f.

1331 MwN *Stöber, M.*, in: Gosch, D., Abgabenordnung/Finanzgerichtsordnung: Kommentar, Stand: 159. Ergänzungslieferung, Bonn 2021, § 42 Rn. 35.

1332 *Musil, A.*, in: Musil, A./Weber-Grellet, H., Europäisches Steuerrecht: Kommentar, München 2019, BEPS-RL, Art. 6 Rn. 1; im Ergebnis: *Musil, A.*, Die ATAD-Richtlinien – Ein Paradigmenwechsel in der Steuerpolitik der EU?, FR 2018, 933 (936).

Generalklausel als deutlich über ihren Anwendungsbereich hinausgehende Rechtsnorm bewertet. Die Verfügungsmacht der europäischen Generalklausel ist auch deshalb so groß, weil die in der ATAD fixierte Definition von „Steuern" systematisch betrachtet alle Steuern der EU und des EWR umfassen soll[1333]. *Moreno*[1334] zufolge entsteht dadurch eine Gefahr, dass die EU-Mitgliedstaaten die interpretative Kontrolle über ihre Generalklauseln vollständig verlieren. Dies gilt auch für die Bereiche, die nicht durch die ATAD abgedeckt werden. Unter Beachtung dieser Tatsachen bzw. des sehr breiten Anwendungsbereichs des Art. 6 ATAD erscheint die im Schrifttum vertretene Auffassung[1335], dass die allgemeine Missbrauchsvorschrift des Art. 6 ATAD durch spezielle Missbrauchsvorschriften des Unionsrechts verdrängt werden sollte, und zwar auch dann, wenn im Einzelfall nicht alle Voraussetzungen der speziellen Missbrauchsvorschrift erfüllt sind, angemessen und konsequent.

Auf europäischer Ebene existiert mit Art. 6 der ATAD erstmals eine klare und präzise allgemeine Missbrauchsklausel. Eine solch umfassende Vorschrift fehlte bislang sowohl im sekundärrechtlichen als auch im primärrechtlichen[1336] Bereich des europäischen Steuerrechtssystems. Mit der „Cadbury-Schweppes"-Rechtsprechung hat der EuGH zwar die wesentlichen Merkmale einer künstlichen Gestaltung genannt, jedoch sollten solche Gestaltungsmissbräuche durch die nicht systematisierten Missbrauchsklauseln der EU-Mitgliedstaaten verhindert werden. Aus rechtsdogmatischer Sicht bestimmt erst Art. 6 der ATAD die minimalen Tatbestandsvoraussetzungen für die allgemeinen Missbrauchsklauseln der EU-Mitgliedstaaten. Daher sollte ein vereinheitlichtes System zur Bekämpfung von Gestaltungsmissbräuchen geschaffen und die Generalklauseln der EU-Mitgliedstaaten auf einen gemeinsamen Nenner gebracht werden. Geht man vom Wortlaut von Abs. 1 Satz 1 der Vorschrift aus, so wird deutlich, dass der persönliche Anwendungsbereich der Norm sich primär auf Subjekte der KSt beschränkt[1337]. Im Schrifttum wurde dies kritisch bewertet, weil dadurch

1333 *Haarmann, W.*, Die Missbrauchsverwirrung, IStR 2018, 561 (565).

1334 *Moreno, A.B.*, A pan-European GAAR? Some (un)expected consequences of the proposed EU Tax Avoidance Directive combined with the Dzodzi line of cases, British Tax Review 2016, Nr. 2, 143 (151).

1335 MwN *Stöber, M.*, in: Gosch, D., Abgabenordnung/Finanzgerichtsordnung: Kommentar, Stand: 159. Ergänzungslieferung, Bonn 2021, § 42 Rn. 36.

1336 *Musil, A.*, in: Musil, A./Weber-Grellet, H., Europäisches Steuerrecht: Kommentar, München 2019, BEPS-RL, Art. 6 Rn. 4.

1337 So auch: *Stöber, M.*, in: Gosch, D., Abgabenordnung/Finanzgerichtsordnung: Kommentar, Stand: 159. Ergänzungslieferung, Bonn 2021, § 42 Rn. 35.

zahlreiche andere steuerliche Gestaltungsmissbräuche unberücksichtigt bleiben können[1338].

Die EU-Mitgliedstaaten sind jedoch auch weiterhin dazu befugt, ihre Generalklauseln deutlich restriktiver auszugestalten. Das Beispiel der deutschen Generalklausel i. S. d. § 42 AO veranschaulicht dies. Unter den Anwendungsbereich dieser Norm fallen nicht nur ertragsteuerrechtliche, sondern auch alle anderen vorstellbaren steuerrechtlichen Gestaltungen. Gleichzeitig entspricht der Wortlaut der Vorschrift im Wesentlichen den Tatbestandsmerkmalen aus Art. 6 der ATAD[1339]. Die Vorschriften unterscheiden sich ausschließlich dadurch, dass § 42 AO kein Erfordernis eines subjektiven Elements festhält[1340]. Die möglichen Unterschiede, die sich in Auslegungs-[1341] und Rechtsanwendungsfragen zwischen dem deutschen und dem europäischen Steuerrechtssystem ergeben können, sollen durch nationale Gerichte geklärt werden[1342]. Insofern können im Hinblick auf die Vereinheitlichung der Generalklauseln der EU-Mitgliedstaaten keine Zweifel an der Effektivität und der positiven Wirkung von Art. 6 der ATAD bestehen.

3. *Die Vorschrift zur Begrenzung der Abzugsfähigkeit von Zinszahlungen (Art. 4 ATAD) und ihre kritische Bewertung*

a) *Historischer Hintergrund*

Neben der allgemeinen Missbrauchsklausel umfasst die ATAD auch zahlreiche speziell-rechtliche Schutzmechanismen. Da sich die Richtlinie primär mit der europaweiten Umsetzung der OECD-BEPS-Empfehlungsmaßnahmen beschäftigt, kann es kaum überraschen, dass Art. 4 ATAD vornehmlich die aus der OECD-BEPS-Aktionsmaßnahme Nr. 4 stammende Regelung zur Begrenzung

1338 *Musil, A.*, in: Musil, A./Weber-Grellet, H., Europäisches Steuerrecht: Kommentar, München 2019, BEPS-RL, Art. 6 Rn. 17.

1339 Im Ergebnis: *Hey, J.*, Harmonisierung der Missbrauchsabwehr durch die Anti-Tax-Avoidance-Directive (ATAD), StuW 2017, 248 (263); *Eilers, S./Oppel, F.*, BEPS erreicht die EU: Das Anti Tax Avoidance Package der EU-Kommission, IStR 2016, 312 (316); im Ergebnis: *Franz, T.*, Die Bedeutung der ATAD-GAAR für § 42 AO, DStR 2018, 2240 (2244).

1340 *Haarmann, W.*, Die Missbrauchsverwirrung, IStR 2018, 561 (564).

1341 MwN EuGH v. 16.07.1998 – C-355/96, GRUR 1998, 919 (Rn. 36) – Silhouette International Schmied.

1342 Gegenauffassung: *Franz, T.*, Die Bedeutung der ATAD-GAAR für § 42 AO, DStR 2018, 2240 (2243).

der Abzugsfähigkeit von Zinszahlungen behandelt. Eine umfassende Umsetzung der BEPS-Empfehlungen könnte jedoch zu einem kompletten Verstoß gegen die ZLR führen. Um das zu vermeiden, oblag es dem EU-Gesetzgeber, die ertragsteuerlichen Gestaltungsmissbräuche möglichst punktuell und präzise aus ihren gesetzkonformen Analogien zu separieren. Hierbei stand dem EU-Gesetzgeber lediglich die Erfahrung zweier EU-Mitgliedstaaten zur Verfügung. Konkret handelt es sich dabei um Österreich und Deutschland, die bereits Erfahrung in der Gestaltung einer unionsrechtskonformen Regelung zur Zinsschranke hatten. Anders als die rechtsformneutralen[1343] deutschen Regelungen aus § 4h EStG sowie § 8a KStG erkannte der österreichische Gesetzgeber in § 12 Abs. 1 Nr. 9 und 10 des österreichischen KStG keine Entlastungsmöglichkeiten aus der restriktiven Zinsschrankenregelung an. Daher fanden die in der deutschen Zinsschrankenregelung aufgeführten Entlastungsmöglichkeiten Eingang in Art. 4 der ATAD. Dass *„große Parallelen zur entsprechenden deutschen Regelung i. S. d. § 4h EStG und § 8a KStG*[1344]*"* bestehen, ist deshalb kaum überraschend. Somit kann Art. 4 der ATAD als Kombination aus der deutschen Zinsschrankenregelung und den Empfehlungen aus der OECD-BEPS-Aktionsmaßnahme Nr. 4[1345] begriffen werden.

1343 *Stöber, M.*, Zur Zukunft der Zinsschranke, in: Schön, W./Sternberg, C., Zukunftsfragen des deutschen Steuerrechts III, Heidelberg 2018, 121 (122).

1344 *Eilers, S./Oppel, F.*, BEPS erreicht die EU: Das Anti Tax Avoidance Package der EU-Kommission, IStR 2016, 312 (314); ähnlich: *Stöber, M.*, Zur Zukunft der Zinsschranke, in: Schön, W./Sternberg, C., Zukunftsfragen des deutschen Steuerrechts III, Heidelberg 2018, 121 (145 f.); *Haug, F.*, Das „Anti Tax Avoidance Package" der EU: Der Richtlinienvorschlag zur Bekämpfung von Steuervermeidungspraktiken und die Auswirkungen auf das inländische Steuerrecht, DStZ 2016, 446 (450); so auch: *Rautenstrauch, G./Suttner, J.*, Die EU Anti-BEPS-Richtlinie: Überblick und künftige Anpassungsnotwendigkeiten im deutschen Recht, BB 2016, 2391 (2395); mwN *Glahe, M.*, Zur zeitlichen und inhaltlichen Begrenzung einer möglichen Vorwirkung der Anti-BEPS-Richtlinie, FR 2016, 829 (830); im Ergebnis: *Musil, A.*, Die ATAD-Richtlinien – Ein Paradigmenwechsel in der Steuerpolitik der EU?, FR 2018, 933 (935); im Ergebnis auch: *Collier, R./Kari, S./Ropponen, O./Simmler, M./Todtenhaupt, M.*, Dissecting the EU's Recent Anti-Tax Avoidance Measures: Merits and Problems, EconPol Policy Report Nr. 8, München 2018, 5.

1345 Erwähnenswert ist hierbei, dass die Mehrheit der Empfehlungen aus der OECD-BEPS-Aktionsmaßnahme Nr. 4 letztlich auch auf die deutsche Zinsschranke zurückgehen. Seinerseits wurde der deutsche Gesetzgeber von einer ähnlichen Zinsschrankenregelung des US-amerikanischen Steuerrechts (*earnings stripping rules*) inspiriert, so: *Stöber, M.*, Zur Zukunft der Zinsschranke, in: Schön, W./Sternberg, C., Zukunftsfragen des deutschen Steuerrechts III, Heidelberg 2018, 121 (125).

b) Art. 4 Abs. 1 und 2 ATAD

Genau wie seine deutsche Entsprechung verfügt auch Art. 4 der ATAD über eine hochkomplexe Regelungsstruktur. Während Abs. 1 der Vorschrift die Abzugsfähigkeit von Zinszahlungen auf maximal 30 % des EBITDA begrenzt, bestimmt Abs. 2, wie ein EBITDA zu berechnen ist. Mit der Einführung einer Abzugsgrenze folgt die ATAD dem von der OECD vorgeschlagenen *fixed ratio approach*[1346]. Anders als die deutsche Regelung aus § 4h EStG geht Art. 4 ATAD im Hinblick auf die Begriffsbestimmung des Zinses deutlich weiter[1347]. Dagegen entspricht die Berechnungsformel des EBITDA im Wesentlichen der deutschen Regelung aus § 4h Abs. 1 Satz 2 EStG[1348].

c) Die Entlastungsmöglichkeiten aus Art. 4 Abs. 3, 4, 5 und 7 ATAD

Weiterhin bestimmen Abs. 3, 4 und 5 die Entlastungsmöglichkeiten der Zinsschrankenregelung. Dem Steuerpflichtigen – und dies gilt insb. für inländische Konzerngruppen – kann nach Art. 4 Abs. 3 lit. a ATAD das Recht auf Abzug von überschüssigen Fremdkapitalkosten i. H. v. bis zu 3 Mio. Euro (sog. *safe-harbour-Regel*[1349]) gewährt werden. Dabei handelt es sich zwar im Prinzip um einen Freibetrag[1350]. Jedoch unterstreicht *Musil*[1351] in diesem Zusammenhang die *de-minimis* Rechtsnatur der Richtlinie, nach der sich die EU-Mitgliedstaaten auch für die Einführung einer etwas restriktiveren Freigrenzenregelung entscheiden können. Damit widerspricht die deutsche Zinsschrankenregelung der Richtlinie nicht. Art. 4 Abs. 3 lit. b ATAD bestimmt eine weitere Entlastungsmöglichkeit

1346 *Oppel, F.*, BEPS in Europa: (Schein-) Harmonisierung der Missbrauchsabwehr durch neue Richtlinie 2016/1164 mit Nebenwirkungen, IStR 2016, 797 (800).

1347 *Musil, A.*, in: Musil, A./Weber-Grellet, H., Europäisches Steuerrecht: Kommentar, München 2019, BEPS-RL, Art. 4 Rn. 6; *Musil, A.*, Die ATAD-Richtlinien – Ein Paradigmenwechsel in der Steuerpolitik der EU?, FR 2018, 933 (935).

1348 *Musil, A.*, in: Musil, A./Weber-Grellet, H., Europäisches Steuerrecht: Kommentar, München 2019, BEPS-RL, Art. 4 Rn. 10.

1349 Erwägungsgrund 8 der Richtlinie 2016/1164 des Rates v. 12.07.2016 mit Vorschriften zur Bekämpfung von Steuervermeidungspraktiken mit unmittelbaren Auswirkungen auf das Funktionieren des Binnenmarkts, ABlEU Nr. L 193/3 v. 19.07.2016.

1350 *Musil, A.*, Die ATAD-Richtlinien – Ein Paradigmenwechsel in der Steuerpolitik der EU?, FR 2018, 933 (935); *Dörr, I./Dettmeier, M./Prodan, M./Neukam, N.*, Die Anti-Tax-Avoidance-Richtlinie zur Bekämpfung von Steuervermeidungspraktiken, NWB 2016, 3082 (3085).

1351 *Musil, A.*, in: Musil, A./Weber-Grellet, H., Europäisches Steuerrecht: Kommentar, München 2019, BEPS-RL, Art. 4 Rn. 11.

i. F. einer stand-alone-Klausel, die besagt, dass die Entlastung eigenständigen Unternehmen gewährt wird. Was unter einem eigenständigen Unternehmen zu verstehen ist, definiert Art. 4 Abs. 3 UAbs. 3 ATAD. Demzufolge können solche Unternehmen, *die nicht Teil einer zu Rechnungslegungszwecken konsolidierten Gruppe sind und die weder über ein verbundenes Unternehmen noch über eine Betriebsstätte verfügen*, als eigenständig qualifiziert werden. Der Grund dieser Entlastungsmöglichkeit liegt in dem begrenzten Risiko einer Steuervermeidung, das von solchen Unternehmen ausgeht[1352]. Dies kann m.E. jedoch angezweifelt werden, da diese These weder durch den *ECOFIN* noch durch den EU-Rat mit einer Studie überprüft wurde. Hinzu kommt, dass ein Unternehmen, auch wenn es sich um ein formell eigenständiges Unternehmen handelt, aufgrund persönlicher Beziehungen, die zwischen den Managementstrukturen dieses Unternehmens und der Konzerngruppe bestehen, *de facto* trotzdem als verbundenes Unternehmen klassifiziert werden kann. Aus diesem Grund ist es wünschenswert, dass die EU-Mitgliedstaaten mit der Erarbeitung restriktiver Merkmale selbst definieren, was ein eigenständiges Unternehmen ist.

Art. 4 Abs. 4 ATAD erfasst zwei weitere optionale Entlastungsmöglichkeiten für die Begrenzung der Abzugsfähigkeit von Zinszahlungen. Den EU-Mitgliedstaaten wurde in Art. 4 Abs. 4 lit. a ATAD die Möglichkeit eingeräumt, überschüssige Fremdkapitalkosten für Darlehen, die vor dem 17.06.2016 abgeschlossen wurden, auszunehmen. Damit soll eine rückwirkende Geltung der Zinsschrankenregelung für frühere Sachkonstellationen ausgeschlossen werden. Lit. b der o.g. Vorschrift nimmt für die Finanzierung langfristiger öffentlicher Infrastrukturprojekte verwendete Darlehen aus dem Anwendungsbereich der Regelung aus. Als „langfristiges öffentliches Infrastrukturprojekt" wird dabei *ein Projekt zur Bereitstellung, zum Ausbau, zum Betrieb und/oder zur Erhaltung eines umfangreichen Vermögenswerts, der von einem EU-Mitgliedstaat als im allgemeinen öffentlichen Interesse stehend betrachtet wird*, Art. 4 Abs. 4 UAbs. 2 ATAD, definiert. Dabei wurde jedoch der Zeitraum, den ein solches Projekt umfassen kann, nicht näher bestimmt.

Ist der Steuerpflichtige zu Rechnungslegungszwecken Mitglied einer konsolidierten Gruppe, so können zwei zusätzliche Entlastungsmöglichkeiten in Betracht gezogen werden. Zum einen bietet Art. 4 Abs. 5 lit. a ATAD die

1352 Siehe: Erwägungsgrund 8 der Richtlinie 2016/1164 des Rates v. 12.07.2016 mit Vorschriften zur Bekämpfung von Steuervermeidungspraktiken mit unmittelbaren Auswirkungen auf das Funktionieren des Binnenmarkts, ABlEU Nr. L 193/3 v. 19.07.2016.

Möglichkeit, aufgrund der *escape-Klausel* die Begrenzung der Abzugsfähigkeit von Zinszahlungen zu verhindern. Hierbei geht es im Wesentlichen um Konstellationen, bei denen ein Mitglied einer Konzerngruppe nachweisen kann, dass *das Verhältnis zwischen seinem Eigenkapital und seinen Gesamtvermögenswerten gleich hoch oder höher ist als das entsprechende Verhältnis auf der Ebene der Gruppe*. Auch hier wird der Einfluss der deutschen Zinsschrankenregelung, insb. des § 4h Abs. 2 lit. c EStG, offensichtlich. Zum anderen beschränkt Art. 4 Abs. 5 lit. b ATAD die Zinsschrankenregelung mit der Anwendung der aus dem BEPS-Aktionsplan Nr. 4 stammenden *group-ratio-Klausel*. In der BEPS-Aktionsmaßnahme Nr. 4 ging es ursprünglich vielmehr um eine Zinsabzugsbeschränkung, die mithilfe der konzernweiten Außenfinanzierungswerte und des konzernweiten EBITDA ermittelt wird, wobei die Zinsen nur bis zu dem Zins-EBITDA-Verhältnis der Gruppe abgezogen werden können[1353]. Art. 4 ATAD wiederholt diese Bestimmung. Schließlich besteht nach Art. 4 Abs. 7 ATAD für die Finanzunternehmen der EU-Mitgliedstaaten (so etwa für Finanzinstitute und Versicherungsunternehmen[1354]) dies als letzte optionale Entlastungsmöglichkeit, auch wenn diese Finanzunternehmen Teil einer zu Rechnungslegungszwecken konsolidierten Gruppe sind.

d) Art. 4 Abs. 6 und 8 ATAD

Art. 4 Abs. 6 ATAD mildert die negativen Folgen der Zinsabzugsbeschränkung analog zu § 4h Abs. 4 EStG durch die Möglichkeit eines EBITDA-Verlustvortrags und -rücktrags. So bestimmt Art. 4 Abs. 6 lit. a ATAD den zeitlich *unbegrenzten* Vortrag der überschüssigen Fremdkapitalkosten, wenngleich lit. b der Vorschrift den zeitlich unbegrenzten Vortrag oder den auf höchstens *drei Jahre begrenzten* Rücktrag der überschüssigen Fremdkapitalkosten feststellt. Letztendlich bestimmt lit. c den zeitlich unbegrenzten Vortrag der überschüssigen Fremdkapitalkosten und *den auf höchstens fünf Jahre begrenzten* Vortrag des ungenutzten Zinsabzugspotenzials (analog § 4 Abs. 1 Satz 3 EStG).

1353 *Staats, W.*, Zur „Begrenzung der Gewinnverkürzung durch Abzug von Zins- oder sonstigen finanziellen Aufwendungen" – Der OECD-Bericht zu Maßnahme 4 des BEPS-Aktionsplans, IStR 2016, 135 (139). Dazu mehr: *Oppel, F.*, BEPS in Europa: (Schein-) Harmonisierung der Missbrauchsabwehr durch neue Richtlinie 2016/1164 mit Nebenwirkungen, IStR 2016, 797 (800).

1354 *Musil, A.*, in: Musil, A./Weber-Grellet, H., Europäisches Steuerrecht: Kommentar, München 2019, BEPS-RL, Art. 4 Rn. 26.

Schließlich umfasst nach Art. 4 Abs. 8 Satz 1 ATAD die zu Rechnungslegungszwecken konsolidierte Gruppe *alle Unternehmen, die vollständig in konsolidierte Abschlüsse gemäß den Internationalen Rechnungslegungsstandards (IFRS) oder dem nationalen Finanzberichtssystem eines EU-Mitgliedstaats einbezogen sind.* Satz 2 der Norm deklariert die Möglichkeit, konsolidierte Abschlüsse auch nach anderen Rechnungslegungsstandards zu erstellen. Vorstellbar sind hier sowohl die nationalen Standards der EU-Mitgliedstaaten (z.B. HBG, UGB usw.) als auch Standards von Nicht-EU-Staaten (wie etwa US-GAAP oder UK-GAAP).

e) Kritik in der Literatur und eigene Stellungnahme

Die Einführung einer europaweiten Zinsschrankenregelung wird in weiten Teilen des Schrifttums kritisch bewertet. Durch *Stöber*[1355] wurde betont, dass nach dem derzeitigen Stand des EU-Rechts unklar ist, ob Art. 4 ATAD gegen die EU-Grundrechte-Charta bzw. Art. 20 EU-Grundrechte-Charta verstößt. *Haarmann*[1356] zufolge kann daneben die Sinnhaftigkeit der Einführung dieser Regelung in kleinen EU-Ländern, wie z.B. Malta, Estland usw., angezweifelt werden. Art. 4 ATAD gilt zudem auch in rein innerstaatlichen Fällen[1357]. Ob dieses Vorgehen zulässig ist, soll nach *Oppel*[1358] am Maßstab des EU-Rechts geprüft werden. Meinerseits ist auch der unklare Anwendungsbereich der Norm zu betonen. Nach Art. 1 ATAD fallen alle Steuerpflichtigen unter den Geltungsbereich der Richtlinie, die in einem oder mehreren EU-Mitgliedstaaten körperschaftsteuerpflichtig sind. Dies schließt auch die in einem oder mehreren EU-Mitgliedstaaten gelegenen Betriebsstätten von Unternehmen ein, die steuerlich in einem Drittland ansässig sind. Was unter dem körperschaftsteuerpflichtigen Steuersubjekt zu verstehen ist, bestimmen jeweils die nationalen Gesetzgebungen der EU-Mitgliedstaaten. Dabei zählen manche Staaten auch Personengesellschaften zu den Körperschaftsteuerpflichtigen, während dies bei anderen Staaten nicht der Fall ist. Vorstellbar ist hier, dass eine Situation eintritt, in der eine EU-weit tätige Personengesellschaft die überhöhten Zinsaufwendungen von ihrer

---

1355 *Stöber, M.*, Zur Zukunft der Zinsschranke, in: Schön, W./Sternberg, C., Zukunftsfragen des deutschen Steuerrechts III, Heidelberg 2018, 121 (153).

1356 *Haarmann, W.*, Die Missbrauchsverwirrung, IStR 2018, 561 (568).

1357 Im Ergebnis: Erwägungsgrund 7 der Richtlinie 2016/1164 des Rates v. 12.07.2016 mit Vorschriften zur Bekämpfung von Steuervermeidungspraktiken mit unmittelbaren Auswirkungen auf das Funktionieren des Binnenmarkts, ABlEU Nr. L 193/3 v. 19.07.2016.

1358 *Oppel, F.*, BEPS in Europa: (Schein-) Harmonisierung der Missbrauchsabwehr durch neue Richtlinie 2016/1164 mit Nebenwirkungen, IStR 2016, 797 (801).

Steuerbemessungsgrundlage abzieht und in keinem der Staaten, in denen sie tätig ist, als körperschaftssteuerpflichtig qualifiziert wird. So entsteht ein hohes BEPS-Risiko, das durch die ATAD nicht vermieden werden kann.

Für das deutsche Ertragsteuerrecht – insb. in Bezug auf § 4h EStG sowie § 8a KStG – stellt die Regelung zwar keine grundlegende Neuerung dar. Dennoch ist fraglich, was ihre dogmatische Auswirkung für die deutsche Zinsschrankenregelung bedeutet. Wie im 3. Kapitel der Arbeit bereits erwähnt, hat der BFH[1359] anerkannt, dass die Zinsschrankenregelung aus §§ 4h EStG, 8a KStG faktisch gegen den allgemeinen Gleichheitssatz des Art. 3 Abs. 1 GG verstößt. Mit dem Inkrafttreten der ATAD stellt sich nunmehr insb. die Frage, ob die deutsche Zinsschrankenregelung trotz ihres Verstoßes gegen den Gleichheitsgrundsatz weiterhin als gesetzlich akzeptable Missbrauchsklausel bewertet werden kann. Aus der Perspektive des *Solange-II-Beschlusses* des BVerfG soll in diesem Fall das BVerfG seine Gerichtsbarkeit nicht mehr ausüben und die Regelung nicht mehr am Maßstab der Grundrechte des Grundgesetzes überprüfen, solange die europäischen Organe einen wirksamen Schutz der Grundrechte gegenüber der Hoheitsgewalt der Union generell gewährleisten[1360]. Daher kann die deutsche Zinsschrankenregelung im Prinzip nicht als verfassungswidrig bewertet werden. Durch *Glahe*[1361] wurde daher die Ansicht vertreten, dass das Inkrafttreten der ATAD keine rechtlich bindende Wirkung für die früheren Sachverhalte habe, da sie nur für zukünftige VZ Recht setzen könne[1362]. Zudem wurde durch *Jabrayil*[1363] zwar betont, dass eine mögliche Anerkennung der Verfassungswidrigkeit der deutschen Zinsschrankenregelung durch das BVerfG der Verwirklichung der Ziele der ATAD tatsächlich ernsthaft im Wege stehen könnte. Dessen ungeachtet besteht aber die Notwendigkeit, dass das BVerfG die Verfassungswidrigkeit der §§ 4h EStG, 8a KStG nur bis zur Ankündigung der Richtlinie anerkennt und mithilfe des Instruments der vertrauenszerstörenden Ankündigung

1359 BFH v. 14.10.2015 – I R 20/15, DStR 2016, 301; BVerfG – 2 BvL 1/16 (*anhängiges Verfahren*).

1360 BVerfG v. 22.10.1986 – 2 BvR 197/83, BVerfGE 73, 339 (Leitsatz 2).

1361 *Glahe, M.*, Zur zeitlichen und inhaltlichen Begrenzung einer möglichen Vorwirkung der Anti-BEPS-Richtlinie, FR 2016, 829 (830, 833).

1362 Im Ergebnis auch: *Oppel, F.*, BEPS in Europa: (Schein-) Harmonisierung der Missbrauchsabwehr durch neue Richtlinie 2016/1164 mit Nebenwirkungen, IStR 2016, 797 (801) sowie auch: *Hey, J.*, Harmonisierung der Missbrauchsabwehr durch die Anti-Tax-Avoidance-Directive (ATAD), StuW 2017, 248 (255).

1363 *Jabrayil, E.*, Die Vorwirkung der ATAD-Richtlinie, IStR 2019, 321 (328).

klarstellt, dass es an seiner jeweiligen Rechtsprechung ab dem Kalenderjahr 2019 aufgrund des Erlasses der ATAD nicht mehr festhalten wird[1364].

Dagegen ist *Mitschke*[1365] der Meinung, dass Art. 4 ATAD aufgrund der EuGH-Mangold-Entscheidung auch rückwirkend für frühere Streitjahre gelten könne, sofern die Vorlage des BFH durch das BVerfG als unzulässig, jedenfalls aber als unbegründet zurückgewiesen werden sollte. *Mitschkes* Argumentation ist jedoch nur schwer zuzustimmen. Die „Mangold"-Rechtsprechung des EuGH könnte in dieser Situation lediglich dann zur Anwendung kommen, wenn Deutschland nach dem Inkrafttreten der ATAD noch während der bis 31.12.2018 laufenden Umsetzungsfrist nationales Recht erlässt, das die Ziele der Richtlinie nach Ablauf der Umsetzungsfrist ernsthaft gefährdet[1366]. Dies ist jedoch nicht der Fall, da die Zinsschrankenregelung bereits i. R. des UntStReformG 2008 eingeführt wurde. Insoweit handelt es sich um eine *verfrühte*[1367] Richtlinienumsetzung. In diesem Zusammenhang kann m.E. die „Mangold"-Rechtsprechung des EuGH nicht als Rechtfertigung für die Rückwirkung des Art. 4 ATAD herangezogen werden.

Erwähnenswert ist daneben auch Art. 11 Abs. 6 ATAD, die den EU-Mitgliedstaaten die Möglichkeit bietet, ihre Zinsschrankenregelungen, *die gleichermaßen wirksam sind wie die Zinsschranke nach* ATAD, weiter – spätestens aber bis 01.01.2024 – anzuwenden. Wie bereits erwähnt wurde, hat Art. 4 ATAD große, zum Teil eben *erstaunliche*[1368], Ähnlichkeiten mit der deutschen Zinsschrankenregelung. In diesem Zusammenhang legt *Stöber*[1369] einen besonderen Akzent auf die Tatsache, dass durch Art. 11 Abs. 6 ATAD die deutsche Zinsschrankenregelung – die schon vor dem Inkrafttreten der ATAD in das Gesetz aufgenommen wurde – zwar unionsrechtlich anerkannt wurde. Die Unionsrechts- und Verfassungswidrigkeit der deutschen Zinsschrankenregelung – in Bezug auf Körperschaftsteuersubjekte – wurde aber nur für Zukunft (d.h. ab

1364 MwN *Jabrayil, E.*, Die Vorwirkung der ATAD-Richtlinie, IStR 2019, 321 (328).

1365 *Mitschke, W.*, Zinsschranke wirklich verfassungswidrig?, FR 2016, 412 (414 ff.).

1366 *Glahe, M.*, Zur zeitlichen und inhaltlichen Begrenzung einer möglichen Vorwirkung der Anti-BEPS-Richtlinie, FR 2016, 829 (832).

1367 *Stöber, M.*, Zur Zukunft der Zinsschranke, in: Schön, W./Sternberg, C., Zukunftsfragen des deutschen Steuerrechts III, Heidelberg 2018, 121 (149).

1368 *Stöber, M.*, Zur Zukunft der Zinsschranke, in: Schön, W./Sternberg, C., Zukunftsfragen des deutschen Steuerrechts III, Heidelberg 2018, 121 (145).

1369 *Stöber, M.*, Zur Zukunft der Zinsschranke, in: Schön, W./Sternberg, C., Zukunftsfragen des deutschen Steuerrechts III, Heidelberg 2018, 121 (150).

Datum des Erlasses der ATAD) geheilt[1370]. In Bezug auf die natürlichen Personen sowie Personengesellschaften bleibt die deutsche Zinsschrankenregelung i. S. d. § 4h EStG weiterhin unionsrechts- und verfassungswidrig[1371]. Gleiches gilt – wie es durch *Jabrayil*[1372] behauptet wurde – auch für § 8a KStG in der Fassung bis zum Inkrafttreten der ATAD.

4. *Vorschrift für beherrschte ausländische Unternehmen (Art. 7 ATAD) sowie zur Berechnung der Einkünfte eines beherrschten ausländischen Unternehmens (Art. 8 ATAD)*

Ein wesentlicher Teil der ATAD widmet sich der Hinzurechnungsbesteuerung. Die Richtlinie legt in Art. 7 die allgemeinen Merkmale eines beherrschenden Unternehmens fest und stellt anschließend in Art. 8 die Einzelheiten der Einkunftsberechnung während der Hinzurechnungsbesteuerung dar. Die Normen dienen der Umsetzung der Empfehlungen aus der OECD-BEPS-Aktionsmaßnahme Nr. 3[1373]. Dabei sind die EU-Mitgliedstaaten nunmehr dazu verpflichtet, bestimmte nicht ausgeschüttete Gewinne von beherrschten ausländischen Gesellschaften oder steuerbefreiten Betriebsstätten zu besteuern[1374]. Im Unterschied zur BEPS-Aktionsmaßnahme Nr. 3 steht die gesellschafterbezogene *Alles-oder-Nichts-Betrachtung* (bereits seit der Zeit des ATAD-Entwurfs) im Kern der beiden Normen, wenngleich der Aktionsbericht Nr. 3 sich vielmehr an der transaktionsbezogenen Ermittlung der hinzuzurechnenden Einkünfte orientiert[1375]. In diesem Zusammenhang erwähnt *Blum*[1376], dass die in der ATAD fixierten

---

1370 *Stöber, M.*, Zur Zukunft der Zinsschranke, in: Schön, W./Sternberg, C., Zukunftsfragen des deutschen Steuerrechts III, Heidelberg 2018, 121 (150).

1371 *Stöber, M.*, Zur Zukunft der Zinsschranke, in: Schön, W./Sternberg, C., Zukunftsfragen des deutschen Steuerrechts III, Heidelberg 2018, 121 (150 f.).

1372 So im Ergebnis: *Jabrayil, E.*, Die Vorwirkung der ATAD-Richtlinie, IStR 2019, 321 (328); auch: *Stöber, M.*, Zur Zukunft der Zinsschranke, in: Schön, W./Sternberg, C., Zukunftsfragen des deutschen Steuerrechts III, Heidelberg 2018, 121 (151).

1373 *Musil, A.*, in: Musil, A./Weber-Grellet, H., Europäisches Steuerrecht: Kommentar, München 2019, BEPS-RL, Art. 7 Rn. 1.

1374 *Linn, A.*, Die Anti-Tax-Avoidance-Richtlinie der EU – Anpassungsbedarf in der Hinzurechnungsbesteuerung?, IStR 2016, 645 (646).

1375 MwN *Benz, S./Böhmer, J.*, Das Anti Tax Avoidance Package (ATA-Paket) der EU-Kommission zur Umsetzung der BEPS-Maßnahmen in der EU, DB 2016, 307 (311).

1376 *Blum, D.W.*, Controlled Foreign Companies: Selected Policy Issues – or the Missing Elements of BEPS Action 3 and the Anti-Tax Avoidance Directive, Intertax 2018, Band 46, Nr. 4, 296 (304).

CFC-Regelungen (*controlled-foreign-company-Regelungen*) faktisch die Ausnutzung der Steuerregime von Niedrigsteuerländern weniger attraktiv machen. Deshalb kommt er zu dem Schluss, dass mit den CFC-Regelungen ein dem Endeffekt der abkommensrechtlichen Rückfallklausel vergleichbarer Effekt erreicht werden kann.

Genau wie bei den übrigen Vorschriften der ATAD steht es den EU-Mitgliedstaaten auch im Hinblick auf die Hinzurechnungsbesteuerung frei, die nationalen Regelungen deutlich strenger auszugestalten. *Haarmann*[1377] betont in diesem Zusammenhang, dass eine noch weitere Verschärfung des deutschen Hinzurechnungsbesteuerungssystems künftig einen erheblichen Standortnachteil für das Land bedeuten könnte. Aus diesem Grund ist es notwendig, die europäischen Vorgaben sorgfältig und unter Berücksichtigung der Interessen der Steuerpflichtigen umzusetzen. Es ist daher nicht überraschend, dass, obgleich die Vorschriften bis zum 31.12.2018 von den EU-Mitgliedstaaten rechtverbindlich umgesetzt werden sollten, der deutsche Gesetzgeber diese Umsetzungsfrist nicht eingehalten hat[1378].

a) Vorschrift für beherrschte ausländische Unternehmen (Art. 7 ATAD) und ihre kritische Bewertung

aa) Art. 7 Abs. 1 ATAD

Art. 7 Abs. 1 ATAD legt den Anwendungsbereich der unifizierten europäischen Hinzurechnungsbesteuerungsregelung fest. Aufgrund von Art. 7 Abs. 1 lit. a ATAD fallen Steuerpflichtige, die selbst oder zusammen mit ihren verbundenen Unternehmen unmittelbar oder mittelbar *mehr als 50 % der Stimmrechte, des Kapitals oder der Gewinne* ausländischer beherrschter Unternehmen halten, nicht unter den Geltungsbereich der Vorschrift. Diese richte sich vielmehr an die unbeschränkt Steuerpflichtigen[1379]. Die Regelung schreibt keine Beherrschung der Betriebstätte vor[1380], obwohl der Begriff des „ausländischen Unternehmens“ *Schnitger, Nitzschke* und *Gebhardt*[1381] zufolge rechtsformneutral sowohl

1377 *Haarmann, W.*, Die Missbrauchsverwirrung, IStR 2018, 561 (569).

1378 *Haase, F.*, Die neue Hinzurechnungsbesteuerung, DStR 2019, 827.

1379 Im Ergebnis: *Schnitger, A./Nitzschke, D./Gebhardt, R.*, Anmerkungen zu den Vorgaben für die Hinzurechnungsbesteuerung nach der sog „Anti-BEPS-Richtlinie“, IStR 2016, 960 (961).

1380 *Linn, A.*, Die Anti-Tax-Avoidance-Richtlinie der EU – Anpassungsbedarf in der Hinzurechnungsbesteuerung?, IStR 2016, 645 (646).

1381 *Schnitger, A./Nitzschke, D./Gebhardt, R.*, Anmerkungen zu den Vorgaben für die Hinzurechnungsbesteuerung nach der sog „Anti-BEPS-Richtlinie“, IStR 2016, 960 (962).

„Unternehmen“ als auch „Betriebsstätten“ erfasst. Die einheitliche Referenzierung auf jeweils 50 % der Stimmrechte, des Gewinns oder Kapitals begründet den Kern des Beherrschungstatbestands[1382]. *Schönfeld*[1383] zufolge ist für das Beherrschungskonzept der Regelung – anders als bei vielen typischen CFC-Regelungen, die auf eine Inlandsbeherrschung abstellen, die tatsächliche Beteiligungsquote von mehr als 50 % entscheidend. *Eilers* und *Oppel*[1384] unterstreichen, dass, obwohl das deutsche Steuerrecht die Beteiligungsquote i. H. v. 50 % in § 7 Abs. 1 AStG in der Fassung bis 2021 kannte, diese jedoch anders als in Art. 7 Abs. 1 ATAD durch die Beteiligung von *nicht miteinander verbundenen Inländern* erreicht werden konnte[1385].

Nach Art. 7 Abs. 1 lit. b ATAD fallen diejenigen beherrschenden ausländischen Unternehmen in den Geltungsbereich der Hinzurechnungsbesteuerung, deren tatsächlich entrichtete KSt auf Gewinne niedriger ist als die *Differenz* zwischen der KSt, die nach der geltenden Körperschaftsteuerregelung im EU-Mitgliedstaat des Steuerpflichtigen für das Unternehmen oder die Betriebsstätte erhoben worden wäre, und der von dem beherrschenden ausländischen Unternehmen oder der Betriebsstätte tatsächlich entrichteten KSt auf die Gewinne. Durch den hochkomplexen[1386] Wortlaut dieser Vorschrift sollen Konstellationen beseitigt werden, in denen die beherrschten Unternehmen im Ausland niedriger besteuert werden, um eine effektive Besteuerung im Inland zu erreichen. Eine solche Niedrigbesteuerung liegt insb. dann vor, wenn die im Ausland vom beherrschten ausländischen Unternehmen auf dessen Gewinne entrichtete KSt weniger als 50 % der Steuer beträgt, die im EU-Mitgliedstaat des Steuerpflichtigen zu entrichten gewesen wäre[1387]. Aus der Perspektive des deutschen Steuerrechts ist in diesem Zusammenhang von der Hälfte des Körperschaftsteuersatzes

---

1382 *Haase, F.*, Die neue Hinzurechnungsbesteuerung, DStR 2019, 827 (830).

1383 *Schönfeld, J.*, Hinzurechnungsbesteuerung und Anti-Tax-Avoidance-Directive, IStR 2017, 721 (722).

1384 *Eilers, S./Oppel, F.*, BEPS erreicht die EU: Das Anti Tax Avoidance Package der EU-Kommission, IStR 2016, 312 (317).

1385 Gleichsinnig auch: *Haug, F.*, Das „Anti Tax Avoidance Package“ der EU: Der Richtlinienvorschlag zur Bekämpfung von Steuervermeidungspraktiken und die Auswirkungen auf das inländische Steuerrecht, DStZ 2016, 446 (454).

1386 *Musil, A.*, in: Musil, A./Weber-Grellet, H., Europäisches Steuerrecht: Kommentar, München 2019, BEPS-RL, Art. 7 Rn. 7.

1387 *Schnitger, A./Nitzschke, D./Gebhardt, R.*, Anmerkungen zu den Vorgaben für die Hinzurechnungsbesteuerung nach der sog „Anti-BEPS-Richtlinie“, IStR 2016, 960 (963).

auszugehen (7,5 %). *Linn*[1388] weist darauf hin, dass die effektive Steuerbelastung aufgrund des Wortlauts der Regelung vom Einzelfall und nicht vom Steuersatz abhängt. *Haarmann*[1389] bringt die Frage ins Spiel, ob nach dem Wortlaut von Art. 7 Abs. 1 lit. b. ATAD lediglich KSt oder auch GewSt entrichtet werden soll. *Schönfeld*[1390] vertritt die Ansicht, dass hier lediglich von einer Körperschaftsteuerpflicht auszugehen sei, wodurch sich die Entrichtung anderer Steuerarten ausschließt. *Haug*[1391] vertritt in diesem Zusammenhang die Auffassung, dass die Regelung ausschließlich mit dem *„effektiven [körperschafsteuerrechtlichen] Steuersatz"* verknüpft ist. Dem ist zuzustimmen, da unter den Anwendungsbereich der ATAD aufgrund von Art. 1 ATAD körperschaftsteuerpflichtige Steuerpflichtige fallen. Daher wäre es m.E. eine *ignoratio elenchi,* wenn bei der Bestimmung der Steuerbelastung des beherrschten ausländischen Unternehmens nicht nur der Körperschaft-, sondern auch der Gewerbesteuersatz berücksichtigt würde. Insofern ist aus meiner Perspektive infolge des Wortlauts von Art. 1 ATAD davon auszugehen, dass es sich ausschließlich um Körperschaftsteuerrecht handelt. Zwar legt die aktuelle Fassung von § 8 Abs. 5 AStG das Niveau einer Niedrigbesteuerung i. H. v. 25 % fest, sodass sich kein Erfordernis für eine Umsetzung von Art. 7 Abs. 1 lit. b. ATAD in der deutschen Steuergesetzgebung ergibt[1392]. Jedoch ist die Höhe dieses Besteuerungssatzes schwer zu rechtfertigen. *Haase*[1393] optiert in diesem Zusammenhang für eine Kompromisslösung, bei der die Niedrigsteuergrenze auf 15 % festgesetzt werden soll, weil sich die Hinzurechnungsbesteuerung historisch betrachtet ausschließlich am Körperschaftsteuersatz orientiert hat. Dem ist vollkommen zuzustimmen.

Musil[1394] fragt darüber hinaus, ob sich die Regelung in lit. b lediglich auf die *„künstlichen"* Einkünfte beherrschter Unternehmen oder auf sämtliche Einkünfte

---

1388 *Linn, A.,* Die Anti-Tax-Avoidance-Richtlinie der EU – Anpassungsbedarf in der Hinzurechnungsbesteuerung?, IStR 2016, 645 (646).

1389 *Haarmann, W.,* Die Missbrauchsverwirrung, IStR 2018, 561 (569).

1390 *Schönfeld, J.,* Hinzurechnungsbesteuerung und Anti-Tax-Avoidance-Directive, IStR 2017, 721 (723).

1391 *Haug, F.,* Das „Anti Tax Avoidance Package" der EU: Der Richtlinienvorschlag zur Bekämpfung von Steuervermeidungspraktiken und die Auswirkungen auf das inländische Steuerrecht, DStZ 2016, 446 (454 f.).

1392 *Schönfeld, J.,* Hinzurechnungsbesteuerung und Anti-Tax-Avoidance-Directive, IStR 2017, 721 (723).

1393 *Haase, F.,* Die neue Hinzurechnungsbesteuerung, DStR 2019, 827 (835).

1394 *Musil, A.,* in: Musil, A./Weber-Grellet, H., Europäisches Steuerrecht: Kommentar, München 2019, BEPS-RL, Art. 7 Rn. 7.

einer bestimmten Kategorie bezieht. Letztere Position ist aus mehreren Gründen abzulehnen. Zunächst einmal führt das Einschließen jeglicher Art von Einkünften ohne tatsächlichen Beweis für ihre „künstliche" Rechtsnatur dazu, dass die Gestaltung pauschal als Missbrauch bewertet wird, was der EuGH[1395] streng untersagt. Zum anderen wurde die Hinzurechnungsbesteuerung in die ATAD aufgenommen, damit diejenigen Einkünfte einer Besteuerung im Inland unterworfen werden, die dem ausländischen Unternehmen „*künstlich*" zugeleitet wurden[1396]. Daher sollte die Vorschrift m.E. nur für die „*künstlichen*" Einkünfte beherrschter Unternehmen gelten. Eine alternative Lösung bieten *Kahlenberg* und *Prusko*[1397], die vorschlagen, dem Steuerpflichtigen die Möglichkeit eines Substanznachweises einzuräumen. Bislang findet jedoch eine Unterteilung in einzelne aktive bzw. passive Einkünfte, wie sie aus dem deutschen Recht bekannt ist, nicht statt[1398].

bb) Art. 7 Abs. 2 ATAD

Art. 7 Abs. 2 ATAD legt fest, welche Einkünfte unter die Hinzurechnungsbesteuerung fallen. Die Besonderheit der Regelung besteht darin, dass sie sowohl *die Liste der hinzuzurechnenden Einkünfte* (Art. 7 Abs. 2 lit. a ATAD) als auch die nicht ausgeschütteten Einkünfte des Unternehmens oder der Betriebsstätte *aus unangemessenen Gestaltungen, deren wesentlicher Zweck darin besteht, einen steuerlichen Vorteil zu erlangen*, umfasst (Art. 7 Abs. 2 lit. b ATAD). Damit kombiniert die Vorschrift den über Jahre hinweg erarbeiteten Katalog der passiven Einkünfte mit dem Konzept eines PPT[1399]. Auf der Liste der passiven[1400]

1395 Dazu: EuGH v. 12.09.2006 – C-196/04, BeckRS 2006, 70669 (Rn. 50) – Cadbury-Schweppes.

1396 Siehe: Erwägungsgrund 12 der Richtlinie 2016/1164 des Rates v. 12.07.2016 mit Vorschriften zur Bekämpfung von Steuervermeidungspraktiken mit unmittelbaren Auswirkungen auf das Funktionieren des Binnenmarkts, ABlEU Nr. L 193/4 v. 19.07.2016.

1397 *Kahlenberg, C./Prusko, A.*, Die Weiterentwicklung der deutschen Hinzurechnungsbesteuerung durch die BEPS-RL, IStR 2017, 304 (305).

1398 *Haase, F.*, Die neue Hinzurechnungsbesteuerung, DStR 2019, 827 (834).

1399 *Musil, A.*, in: Musil, A./Weber-Grellet, H., Europäisches Steuerrecht: Kommentar, München 2019, BEPS-RL, Art. 7 Rn. 10.

1400 *Musil* setzt den Akzent auf die Tatsache, dass der EU-Gesetzgeber (anders als der deutsche Gesetzgeber) anstelle des Katalogs mit aktiven (d.h. positiven) Einkünften eine Liste von passiven Einkünften erstellt hat, so: *Musil, A.*, in: Musil, A./Weber-Grellet, H., Europäisches Steuerrecht: Kommentar, München 2019, BEPS-RL, Art. 7 Rn. 11. Die inhaltliche Zeitgemäßheit der deutschen Katalogliste wurde dabei kritisch

Katalogeinkünfte stehen insb. nicht ausgeschüttete Einkünfte des Unternehmens oder Einkünfte der Betriebsstätte, die *aus Zinsen oder sonstigen Einkünften aus Finanzanlagevermögen, Lizenzgebühren oder sonstigen Einkünften aus geistigem Eigentum, Dividenden und Einkünften aus der Veräußerung von Anteilen* stammen (Art. 7 Abs. 2 lit. a Nr. I-III ATAD), sowie die Einkünfte *aus Finanzierungsleasing, die aus den Tätigkeiten von Versicherungen und Banken sowie aus anderen finanziellen Tätigkeiten und letztendlich die differenten Einkünfte von Abrechnungsunternehmen* (Art. 7 Abs. 2 lit. a Nr. III-VI ATAD). Dem Steuerpflichtigen wird durch das Vorlegen des Aktivitätsnachweises gleichzeitig eine Entlastungsmöglichkeit eingeräumt, sofern das beherrschte ausländische Unternehmen eine wesentliche wirtschaftliche Tätigkeit ausübt (Art. 7 Abs. 2 lit. a Satz 2 ATAD). Ob eine wesentliche wirtschaftliche Tätigkeit vorliegt, kann anhand des Personals, der Ausstattung, der Vermögenswerte und der Räumlichkeiten eines Unternehmens nachvollzogen werden. Zwar hat die genannte Entlastungsmöglichkeit auch Berührungspunkte mit der EuGH-Rechtsprechung in der Rechtssache *Cadbury Schweppes*[1401], unklar bleibt allerdings der Grund, weshalb in der Richtlinie nicht dieselben Begriffe verwendet werden wie in der EuGH-Entscheidung[1402]. Die EU-Mitgliedstaaten haben schließlich die Möglichkeit, von der Anwendung einer Hinzurechnungsbesteuerung abzusehen, sofern das beherrschte ausländische Unternehmen in einem Drittland ansässig ist oder belegen kann, dass es keine Vertragspartei des EWR-Abkommens ist (Art. 7 Abs. 2 Satz 3 ATAD).

Für das deutsche Ertragsteuerrecht erwiesen sich die europäischen Vorgaben zum passiven Einkunftskatalog als problematisch. Denn zum einen hat der EU-Rat keinen Maßstab für einen Aktivitätstest festgelegt[1403]. Und zum anderen führte – wie *Haug*[1404] bemerkt – die Einbeziehung von Dividenden und Einkünften aus der Veräußerung von Anteilen der Hinzurechnung zu wesentlichen

---

bewertet, siehe dazu: *Eilers, S./Hennig, P.*, BEPS: Hinzurechnungsbesteuerung – BEPS und neue Rechtsentwicklungen, ISR 2015, 422 (429).

1401 *Eilers, S./Oppel, F.*, BEPS erreicht die EU: Das Anti Tax Avoidance Package der EU-Kommission, IStR 2016, 312 (317).

1402 *Linn, A.*, Die Anti-Tax-Avoidance-Richtlinie der EU – Anpassungsbedarf in der Hinzurechnungsbesteuerung?, IStR 2016, 645 (647).

1403 Im Ergebnis: *Musil, A.*, in: Musil, A./Weber-Grellet, H., Europäisches Steuerrecht: Kommentar, München 2019, BEPS-RL, Art. 7 Rn. 12.

1404 *Haug, F.*, Das „Anti Tax Avoidance Package" der EU: Der Richtlinienvorschlag zur Bekämpfung von Steuervermeidungspraktiken und die Auswirkungen auf das inländische Steuerrecht, DStZ 2016, 446 (455).

Kollisionsfragen mit § 8 Abs. 1 Nr. 8 und 9 AStG in der Fassung bis 2021, da der deutsche Gesetzgeber die o.g. Einkunftsarten als aktive Einkunftsarten bewertet hatte[1405]. Sollten Dividenden und Veräußerungsgewinne nicht mehr als aktive Einkünfte behandelt werden können, könnte damit im Kontext der Hinzurechnungsbesteuerung eine Doppelbesteuerung drohen[1406].

Zu den negativen Einkünften gehören auch nicht ausgeschüttete Einkünfte des Unternehmens oder der Betriebsstätte, die aus unangemessenen Gestaltungen stammen, deren wesentlicher Zweck darin besteht, einen steuerlichen Vorteil zu erlangen (Art. 7 Abs. 2 lit. b ATAD). Art. 7 Abs. 2 lit. b. Satz 1 ATAD zufolge liegt eine unangemessene Gestaltung oder die Abfolge unangemessener Gestaltungen insb. dann vor, *wenn das Unternehmen oder die Betriebsstätte nicht selbst Eigentümer der Vermögenswerte wäre oder die Risiken, aus denen seine gesamten Einkünfte oder Teile davon erzielt werden, nicht eingegangen wäre, wenn es nicht von einer Gesellschaft beherrscht würde, deren Entscheidungsträger die für diese Vermögenswerte und Risiken relevanten Aufgaben ausführen, die für die Erzielung der Einkünfte des beherrschten Unternehmens ausschlaggebend sind.* *Schnitger*, *Nitzschke* und *Gebhardt*[1407] vertreten hierbei die These, dass ein PPT i. S. v. Art. 7 Abs. 2 lit. b ATAD dem reinen Wortlaut nach kaum durchführbar ist, sofern ausländischen Gesellschaften in Niedrigsteuerländern Vermögenswerte durch das Gesellschaftsverhältnis veranlasst als Einlage zugewendet werden, um eine Steuersatzdifferenz zu nutzen. Denn in diesem Fall wäre wohl jedes Unternehmen regelmäßig Eigentümer der Vermögensgegenstände geworden bzw. hätte die Risiken übernommen, um seine Gewinnchance zu erhöhen.

Die EU-Mitgliedstaaten können sich für eines dieser beiden Konzepte entscheiden[1408]. Diese Wahlmöglichkeit ist kritisch zu bewerten. Zum einen hat die bloße Umsetzung eines Katalogs passiver Einkünfte in den Steuergesetzgebungen der EU-Mitgliedstaaten keine positiven Auswirkungen auf den Kampf gegen Steuermissbräuche, da die Mehrheit der EU-Mitgliedstaaten bereits ähnliche

---

1405 Zum gleichen Ergebnis kommt auch *Schönfeld*, siehe: *Schönfeld, J.*, Hinzurechnungsbesteuerung und Anti-Tax-Avoidance-Directive, IStR 2017, 721 (725).

1406 *Schnitger, A./Nitzschke, D./Gebhardt, R.*, Anmerkungen zu den Vorgaben für die Hinzurechnungsbesteuerung nach der sog „Anti-BEPS-Richtlinie", IStR 2016, 960 (967).

1407 *Schnitger, A./Nitzschke, D./Gebhardt, R.*, Anmerkungen zu den Vorgaben für die Hinzurechnungsbesteuerung nach der sog „Anti-BEPS-Richtlinie", IStR 2016, 960 (970).

1408 Im Ergebnis: Erwägungsgrund 12 der Richtlinie 2016/1164 des Rates v. 12.07.2016 mit Vorschriften zur Bekämpfung von Steuervermeidungspraktiken mit unmittelbaren Auswirkungen auf das Funktionieren des Binnenmarkts, ABlEU Nr. L 193/4 v. 19.07.2016.

Regelungen in ihren Steuergesetzgebungen verankert hat. Und zum anderen wird auch bereits die Umsetzung des principal-purpose-Konzepts von zahlreichen praktischen Herausforderungen in Bezug auf das Vorhandensein der Unangemessenheit in ausländischen Gestaltungen des Unternehmens begleitet. Unklar bleibt auch die Frage, wie der wesentliche Zweck einer im Ausland durchgeführten Gestaltung bestimmt werden kann. Um eine hohe Effektivität zu gewährleisten, müssen m.E. beide Konzepte gleichzeitig umgesetzt und mit entsprechenden Erläuterungen in Bezug auf die praktischen Fragen ihrer Durchführung versehen werden[1409].

cc) Art. 7 Abs. 3 und 4 ATAD

Art. 7 Abs. 3 ATAD bestimmt zwei Ausnahmen aus dem Katalog passiver Einkünfte. Zum einen berechtigt Art. 7 Abs. 3 Satz 1 ATAD die EU-Mitgliedstaaten, ein Unternehmen oder eine Betriebsstätte nicht als beherrschtes ausländisches Unternehmen gemäß Abs. 1 zu behandeln, wenn ein Drittel oder weniger der Einkünfte dieses Unternehmens oder der Betriebsstätte unter eine der in Art. 7 Abs. 2 lit a ATAD genannten Kategorien fällt. Zum anderen sind die EU-Mitgliedstaaten aufgrund von Art. 7 Abs. 3 Satz 2 ATAD berechtigt, Finanzunternehmen nicht als beherrschte ausländische Unternehmen zu behandeln, wenn ein Drittel oder weniger der Einkünfte dieses Unternehmens unter den in Art. 7 Abs. 2 lit a ATAD genannten Kategorien aus Transaktionen mit dem Steuerpflichtigen oder seinen verbundenen Unternehmen stammt.

Schließlich schreibt Art. 7 Abs. 4 ATAD auch zwei Ausnahmen vom PPT fest. Die EU-Mitgliedstaaten können aufgrund von Art. 7 Abs. 4 Satz 1 ATAD Unternehmen oder Betriebsstätten vom Anwendungsbereich des Art. 7 Abs. 2 lit b ATAD ausnehmen, sofern:

- *deren Buchgewinne 750.000 Euro und deren nichtkommerzielle Einkünfte 75.000 Euro nicht übersteigen (Art. 7 Abs. 4 Satz 1 lit. a ATAD);*
- *deren Buchgewinne nicht mehr als 10 % ihrer betrieblichen Aufwendungen für den Steuerzeitraum ausmachen (Art. 7 Abs. 4 Satz 1 lit. b ATAD).*

Für die Zwecke von Art. 7 Abs. 4 Satz 1 lit. b ATAD dürfen jedoch die betrieblichen Aufwendungen weder die Kosten der Waren, die außerhalb des Landes

1409 Im Gegensatz dazu lehnen *Schnitger, Nitzschke* und *Gebhardt* diesen Vorschlag ab, weil somit erhebliche Rechtsunsicherheiten drohen könnten, *Schnitger, A./Nitzschke, D./Gebhardt, R.*, Anmerkungen zu den Vorgaben für die Hinzurechnungsbesteuerung nach der sog „Anti-BEPS-Richtlinie", IStR 2016, 960 (966).

verkauft wurden, in dem das Unternehmen/die Betriebsstätte für Steuerzwecke ansässig bzw. belegen ist, noch Zahlungen an verbundene Unternehmen einschließen, Art. 7 Abs. 4 Satz 2 ATAD.

b) Die Vorschrift zur Berechnung der Einkünfte eines beherrschten ausländischen Unternehmens (Art. 8 ATAD) und ihre kritische Bewertung

Während Art. 7 ATAD die materiellrechtlichen Fragen einer Hinzurechnungsbesteuerung regelt, finden die verfahrensrechtlichen Fragen bzw. die Fragen zur Einkünfteermittlung Eingang in Art. 8 ATAD. Erfasst werden dabei die Ermittlungsverfahren für beide in Art. 7 Abs. 2 ATAD aufgeführten Konzepte.

aa) Art. 8 Abs. 1 ATAD

Art. 8 Abs. 1 ATAD erläutert die Einzelheiten des Ermittlungsverfahrens bei passiven Einkünften i. S. d. Art. 7 Abs. 2 lit. a ATAD. Dabei muss bei der Berechnung aufgrund der Vorschriften für einzubeziehende Einkünfte nach den Körperschaftsteuervorschriften des EU-Mitgliedstaats, in dem der Steuerpflichtige steuerlich ansässig ist oder seine Geschäftstätigkeit belegen ist, von der Maßgeblichkeit ausgegangen werden (Art. 8 Abs. 1 Satz 1 ATAD). Anders als bei der Einkünfteermittlung steuerlicher Vergünstigungen nach § 10 Abs. 3 Satz 4 AStG in der Fassung bis 2021 spielen die Einkünfteermittlungsvorschriften des Ansässigkeitsstaats der Auslandsgesellschaft hierbei keine Rolle[1410]. *Schnitger, Nitzschke* und *Gebhardt*[1411] kommen in diesem Zusammenhang zu dem Schluss, dass diese nationalen Rechtvorschriften auch dann anzuwenden sind, wenn das Körperschaftsteuerrecht des EU-Mitgliedstaats auf andere Regelungen der Gewinnermittlung (analog § 8 Abs. 1 KStG) verweist. Darüber hinaus wird auch die Unmöglichkeit erläutert, die Verluste des Unternehmens oder der Betriebsstätte in die Steuerbemessungsgrundlage einzubeziehen. Allerdings können diese gemäß nationalem Recht vorgetragen und in den nachfolgenden Steuerzeiträumen berücksichtigt werden, Art. 8 Abs. 1 Satz 2 ATAD.

1410 So: *Schönfeld, J.*, Hinzurechnungsbesteuerung und Anti-Tax-Avoidance-Directive, IStR 2017, 721 (727).

1411 *Schnitger, A./Nitzschke, D./Gebhardt, R.*, Anmerkungen zu den Vorgaben für die Hinzurechnungsbesteuerung nach der sog „Anti-BEPS-Richtlinie", IStR 2016, 960 (970).

bb) Art. 8 Abs. 2 ATAD

Art. 8 Abs. 2 ATAD erläutert die Fragen eines Ermittlungsverfahrens bei der Hinzurechnungsbesteuerung aufgrund eines principal-purpose-Konzepts. Der erste Satz der genannten Vorschrift grenzt die in die Steuerbemessungsgrundlage des Steuerpflichtigen einzubeziehenden Einkünfte auf Beträge ein, die durch Vermögenswerte und Risiken erzielt werden, die mit den Aufgaben der Entscheidungsträger zusammenhängen und von der beherrschten Gesellschaft ausgeführt werden. *Musil* geht davon aus, dass die Regelung für die Erfüllung der semantischen Funktion des principal-purpose-Konzepts maßgebend ist. Somit wird insb. bestimmt, inwieweit Einkünfte auf eine beherrschte Gesellschaft ausgelagert werden, obwohl das herrschende Unternehmen weiterhin die Entscheidungen trifft[1412]. Die Zurechnung der Einkünfte eines beherrschten ausländischen Unternehmens erfolgt aufgrund von Art. 8 Abs. 2 Satz 2 ATAD nach dem Fremdvergleichsgrundsatz.

cc) Art. 8 Abs. 3 ATAD

Weiterhin bestimmt Art. 8 Abs. 3 ATAD eine anteilige Einkunftsberechnung zu der vom Steuerpflichtigen an dem Unternehmen gehaltenen Beteiligung i. S. v. Art. 7 Abs. 1 lit. a ATAD, wobei die Einkünfte in den Steuerzeitraum des Steuerpflichtigen einbezogen werden sollen, in dem das Steuerjahr des Unternehmens endet (Art. 8 Abs. 4 ATAD). Die Richtlinie macht keine Vorgaben hinsichtlich des Zeitraumes des Steuerjahres[1413]. Aus der Perspektive des deutschen Steuerrechts ist von einer Zurechnung nach Beendigung eines Wirtschaftsjahres i. S. d. § 10 Abs. 2 Satz 1 AStG auszugehen. Ebenfalls wurde nicht klargestellt, auf welche der in Art. 7 Abs. 1 lit. a ATAD genannten drei Formen der Beteiligung abzustellen ist[1414]. Damit ist zum einen die Umsetzung der Vorschrift in nationales Recht der EU-Mitgliedstaaten mit wesentlichen praktischen Herausforderungen verbunden. Zum anderen könnte wegen der ungenauen Formulierung dieser Regelung für die Steuerpflichtigen künftig eine gewisse Unsicherheit hinsichtlich ihrer Planungssicherheit bestehen.

1412 *Musil, A.*, in: Musil, A./Weber-Grellet, H., Europäisches Steuerrecht: Kommentar, München 2019, BEPS-RL, Art. 8 Rn. 5.

1413 *Musil, A.*, in: Musil, A./Weber-Grellet, H., Europäisches Steuerrecht: Kommentar, München 2019, BEPS-RL, Art. 8 Rn. 11.

1414 Zu daraus folgenden praktischen Herausforderungen: *Schnitger, A./Nitzschke, D./Gebhardt, R.*, Anmerkungen zu den Vorgaben für die Hinzurechnungsbesteuerung nach der sog „Anti-BEPS-Richtlinie“, IStR 2016, 960 (971 f.).

dd) Art. 8 Abs. 5, 6 und 7 ATAD

Schließlich dienen Art. 8 Abs. 5, 6 und 7 ATAD dazu, eine im Laufe einer Hinzurechnungsbesteuerung entstandene Doppelbesteuerung zu verhindern. Art. 8 Abs. 5 ATAD zufolge werden Einkünfte, die zuvor gemäß Art. 7 ATAD in die Steuerbemessungsgrundlage einbezogen wurden, wieder abgezogen, wenn das Unternehmen Gewinne an den Steuerpflichtigen ausgeschüttet hat und diese ausgeschütteten Gewinne in die steuerpflichtigen Einkünfte des Steuerpflichtigen einbezogen wurden. Durch diese sprachlich *verunglückte*[1415] Formulierung sollen nachfolgende Dividenden, die aus Einkünften gespeist werden, die zuvor der Hinzurechnungsbesteuerung unterlegen haben, von der Besteuerung freigestellt werden. Eine weitere Abzugsmöglichkeit besteht für Konstellationen, in denen der Steuerpflichtige seine Beteiligung an dem Unternehmen oder einer von seiner Betriebsstätte ausgeübten Geschäftstätigkeit veräußert und dieser Teil der Erlöse aus der Veräußerung zuvor gemäß Art. 7 ATAD in die Steuerbemessungsgrundlage einbezogen wurde, Art. 8 Abs. 6 ATAD. Letztlich können die EU-Mitgliedstaaten aufgrund von Art. 8 Abs. 7 Satz 1 ATAD die ausländischen Steuern von der Steuerschuld auf den Hinzurechnungsbetrag abziehen. Maßgeblich für die Berechnung der Abzugshöhe sind dabei die nationalen Rechtsvorschriften, Art. 8 Abs. 7 Satz 2 ATAD. Aufgrund des Wortlauts der Vorschrift vertreten *Linn*[1416] und *Schönfeld*[1417] die Ansicht, dass die ausländische Steuer auf die gesamte Steuerschuld angerechnet werden muss.

ee) Schlussbemerkungen

Die europäischen Vorgaben zur Hinzurechnungsbesteuerung sind zwar ein weiterer Schritt in der qualitativen Bekämpfung von Steuerumgehungskonstellationen. Für Deutschland änderte sich dadurch nicht viel, da die Mehrheit der in der Richtlinie aufgeführten Punkte bereits in der nationalen Gesetzgebung verankert war, sodass nur in Teilbereichen ein Anpassungsbedarf bestand. In den EU-Mitgliedstaaten, die bislang nicht über entsprechende CFC-Regelungen

---

1415 *Schönfeld, J.*, Hinzurechnungsbesteuerung und Anti-Tax-Avoidance-Directive, IStR 2017, 721 (728); gleiche Auffassung hinsichtlich Art. 8 Abs. 6 ATAD: *Schnitger, A./Nitzschke, D./Gebhardt, R.*, Anmerkungen zu den Vorgaben für die Hinzurechnungsbesteuerung nach der sog „Anti-BEPS-Richtlinie“, IStR 2016, 960 (973).

1416 *Linn, A.*, Die Anti-Tax-Avoidance-Richtlinie der EU – Anpassungsbedarf in der Hinzurechnungsbesteuerung?, IStR 2016, 645 (647).

1417 *Schönfeld, J.*, Hinzurechnungsbesteuerung und Anti-Tax-Avoidance-Directive, IStR 2017, 721 (727).

verfügten, soll die Umsetzung der o.g. Vorgaben jedoch für mehr Sicherheit in Bezug auf eine gerechte Besteuerung sorgen. Inwieweit das mit der Richtlinie verfolgte Ziel, eine einheitliche Vermeidung der sog. „aggressiven" Steuerplanung nach den Rechtsordnungen aller EU-Mitgliedstaaten zu schaffen, letztlich erreicht wird, bleibt allerdings abzuwarten.

II. Missbrauchsklauseln aus der Zins- und Lizenzgebühren-Richtlinie (ZLR) und der Mutter-Tochter-Richtlinie (MTRL)

1. Die ZLR

a) Allgemeines zur ZLR

Das Aufgabenspektrum des EU-Rates beschränkt sich nicht auf den Erlass von Richtlinien zur Verhinderung künstlicher Ertragsteuergestaltungen. Da die wesentliche Funktion der Union den Bereich der direkten Steuern berührt und aufgrund von Art. 115 AEUV auf die Gewährleistung der unmittelbaren Errichtung und das Funktionieren des EU-Binnenmarkts abzielt, entsteht ein Bedarf, harmonisierte Lösungen für die mit den grenzüberschreitenden Sachverhalten verbundenen Fragen zu finden. Zu diesen Fragen gehört insb. die Erarbeitung einer Steuerregelung für die Zahlung von Zinsen und Lizenzgebühren zwischen verbundenen Unternehmen verschiedener EU-Mitgliedstaaten. Diese Frage fand nach einer 14jährigen Diskussion[1418] im Jahr 2003 eine Lösung in der aus 11 Artikeln bestehenden Zins- und Lizenzgebühren-Richtlinie[1419] (*weiterhin*: ZLR).

Der Grundgedanke der ZLR besteht in der einmaligen Besteuerung von Zins- und Lizenzgebühren bei grenzüberschreitend (d.h. EU-weit) tätigen Unternehmen. *Dautzenberg*[1420] zufolge etabliert die Richtlinie das bereits aus dem

---

1418 *Gröpl, C.*, in: Dauses, M.A./Ludwigs, M., Handbuch des EU-Wirtschaftsrechts, Stand: 53. Ergänzungslieferung, München 2021, Kapitel J, Rn. 328; mehr zur geschichtlichen Entwicklung: *Musil, A.*, in: Musil, A./Weber-Grellet, H., Europäisches Steuerrecht: Kommentar, München 2019, Zinsen- und Lizenzgebühren-RL., vor Art. 1 Rn. 2; im Ergebnis auch: *Cordewener, A./Dörr, I.*, Die ertragsteuerliche Behandlung von Lizenzgebühren an ausländische Lizenzgeber: Aktuelle Einflüsse des europäischen Gemeinschaftsrechts, GRUR Int 2006, 447.

1419 Richtlinie 2003/49 des Rates v. 03.06.2003 über eine gemeinsame Steuerregelung für Zahlungen von Zinsen und Lizenzgebühren zwischen verbundenen Unternehmen verschiedener Mitgliedstaaten, ABlEG Nr. L 157/49 v. 26.06.2003.

1420 *Dautzenberg, N.*, Europäische „Agenda" für das Ertragsteuerrecht im Jahr 2004: Die Richtlinien vom Juni 2003, BB 2004, 17.

Abkommensrecht bekannte Prinzip, dass Zinsen und Lizenzgebühren nicht im Quellenstaat, sondern nur im Staat des Empfängerunternehmers besteuert werden sollen[1421]. Der dieser Entscheidung zugrundeliegende Gedanke ist insb. die Erwägung, dass bei der Besteuerung der o.g. Einkünfte sowohl die Gefahr einer EU-weiten Doppelbesteuerung (theoretisch vorstellbar ist auch eine Tripelbesteuerung) besteht als auch es zu Herausforderungen in Bezug auf sog. cashflow-Prozesse kommt[1422]. Des Weiteren zielt die ZLR auch darauf ab, eine steuerrechtliche Benachteiligung EU-weit tätiger Unternehmen durch nationale Steuerrechtssysteme zu verhindern[1423]. Besonders bedeutsam sind diese Probleme für den in Art. 3 ZLR genannten Kreis der Steuerpflichtigen, namentlich für grenzüberschreitend tätige Unternehmen (*praktischerweise: Konzern*), mit einer anderen Gesellschaft verbundene Unternehmen (*wie z.B. der Filiale eines Konzerns innerhalb der EU*) sowie für Betriebsstätten. Im Ergebnis ermöglicht die ZLR den (quellensteuer-)freien Fluss von Lizenzzahlungen zwischen den verbundenen Unternehmen innerhalb der EU[1424]. Gleichzeitig berühren die in der ZLR fixierten Vorschriften nicht die Anwendung einzelstaatlicher oder bilateraler Bestimmungen, die über ihre Vorschriften hinausreichen und die Beseitigung oder Abschwächung der Doppelbesteuerung von Zinsen und Lizenzgebühren zum Ziel haben, Art. 9 ZLR. Somit bleiben die günstigeren nationalen und abkommensrechtlichen Vorschriften nach wie vor gültig[1425]. Die Regelungen der ZLR wurden im deutschen Ertragsteuerrechtssystem durch das Anpassungsgesetz[1426]

1421 Gleiche Auffassung: *Forst, P./Busch, C.*, Die Umsetzung der Zins- und Lizenzrichtlinie in Deutschland, EStB 2005, 35.

1422 Erwägungsgrund 2 der Richtlinie 2003/49 des Rates v. 03.06.2003 über eine gemeinsame Steuerregelung für Zahlungen von Zinsen und Lizenzgebühren zwischen verbundenen Unternehmen verschiedener Mitgliedstaaten, ABlEG Nr. L 157/49 v. 26.06.2003.

1423 Im Ergebnis: *Eberhartinger, E./Six, M.*, National Tax Policy, the Directives and Hybrid Finance: Options for Tax Policy in the Context of the Treatment of Hybrid Financial Instruments in the Parent-Subsidiary Directive and the Interest and Royalties Directive, SFB International Tax Coordination Discussion Paper 2006, Nr. 16, 15.

1424 *Fehling, D./Schmid, M.*, BEPS und die EU: Was ist die „europäische Dimension" von BEPS? – Das Beispiel grenzüberschreitender Lizenzzahlungen, IStR 2015, 493 (494).

1425 *Musil, A.*, in: Musil, A./Weber-Grellet, H., Europäisches Steuerrecht: Kommentar, München 2019, Zinsen- und Lizenzgebühren-RL., vor Art. 1 Rn. 6.

1426 EG-Amtshilfe-Anpassungsgesetz v. 02.12.2004, BGBl. I 2004, 3112.

verspätet[1427], d.h. also rückwirkend[1428], über die §§ 50c, 50g und 50h EStG umgesetzt. Während §§ 50c und 50h EStG primär die verfahrensrechtlichen Fragen der Richtlinie behandeln, wurden ihre materiellen Vorschriften vom deutschen Gesetzgeber in § 50g EStG verankert[1429].

b) Einzelheiten der Missbrauchsklausel der ZLR

Die durch die Vorschriften der ZLR entstehende einmalige Besteuerung spielt zwar eine wesentliche Rolle in der punktuellen Harmonisierung des Bereichs der direkten Steuern. Damit sichert sie insb. die ökonomische Einheit des Binnenmarkts. Jedoch erweist sich die ZLR auch als ein effektives Schutzsystem gegen die auf ihrer Basis entstandenen künstlichen ertragsteuerlichen Gestaltungen. Konkret gemeint ist hier die Missbrauchsklausel gegen eine spezielle Form des treaty-shoppings, namentlich sog. directive-shopping-Gestaltungen. Als directive-shopping-Gestaltung wird eine Situation bezeichnet, in der eine ausländische, nicht unter den Anwendungs- und Geltungsbereich jeglicher EU-Richtlinie fallende Gesellschaft Ansprüche auf die durch eine EU-Richtlinie (hier: ZLR) zustande kommenden steuerlichen Vorteile erwirbt[1430]. Dabei kommt es faktisch zu einem Einkauf des Steuerpflichtigen in den Anwendungsbereich der ZLR[1431]. Einzelne Vorschriften der ZLR sollen einen solchen ungerechtfertigten Rechtsanspruch verhindern. Diese Vorschriften sind in Art. 1 Abs. 4, 5 ZLR sowie in Art. 5 ZLR verankert. Allerdings muss in diesem Zusammenhang betont werden, dass keine der o.g. Vorschriften als allgemeine Missbrauchsklausel bezeichnet werden kann. Dem Sinn und Zweck dieser Regelungen nach geht es dabei vielmehr um punktuelle spezielle Missbrauchsklauseln[1432].

1427 *Cordewener, A./Dörr, I.*, Die ertragsteuerliche Behandlung von Lizenzgebühren an ausländische Lizenzgeber: Aktuelle Einflüsse des europäischen Gemeinschaftsrechts, GRUR Int 2006, 447 (448).

1428 *Forst, P./Busch, C.*, Die Umsetzung der Zins- und Lizenzrichtlinie in Deutschland, EStB 2005, 35.

1429 *Musil, A.*, in: Musil, A./Weber-Grellet, H., Europäisches Steuerrecht: Kommentar, München 2019, Zinsen- und Lizenzgebühren-RL., vor Art. 1 Rn. 7.

1430 Siehe: mwN *Rudolf, M.*, Treaty Shopping und Gestaltungsmissbrauch – zugleich ein Beitrag zur Identifizierung und Bewältigung kollidierender Missbrauchsmaßstäbe im deutschen, europäischen und internationalen Steuerrecht, Köln 2012, 13.

1431 *Kokott, J.*, Das Steuerrecht der Europäischen Union, München 2018, § 7 Rn. 60.

1432 Angesichts Art. 5 ZLR auch: *Musil, A.*, in: Musil, A./Weber-Grellet, H., Europäisches Steuerrecht: Kommentar, München 2019, Zinsen- und Lizenzgebühren-RL., Art. 5 Rn. 1.

aa) Nutzungsberechtigung i. S. d. Art. 1 Abs. 4 und 5 ZLR

1) Allgemeines

Art. 1 Abs. 4 und 5 ZLR regeln das Erfordernis der Nutzungsberechtigung. Damit sollen die aus der ZLR entstehenden Steuervorteile lediglich dem angedachten Kreis von Steuerpflichtigen gewährt und eine künstliche Zwischenschaltung von Zuordnungssubjekten zur unberechtigten Quellensteuerbefreiung[1433] verhindert werden. Offensichtlich geht es hier um das Streben nach einer Verhinderung der o.g. directive-shopping-Gestaltungen. Diese Schlussfolgerung kann auch aus der EuGH-Scheuten-Solar-Technology[1434] gezogen werden, aufgrund derer die Steuer auf Zins- und Lizenzgebühren lediglich zulasten des Nutzungsberechtigten, nicht aber zulasten des Gläubigers der Zinsen erhoben werden soll. In der Praxis soll so die Keinmalbesteuerung von Zins- und Lizenzgebühren verhindert werden.

2) Die Begriffsbestimmung des Nutzungsberechtigten

Unter einem Nutzungsberechtigten muss in diesem Zusammenhang dasjenige Unternehmen verstanden werden, das die Zahlungen zu seinen eigenen Gunsten und nicht nur als Zwischenträger, etwa als Vertreter, Treuhänder oder Bevollmächtigter für eine andere Person erhält, Art. 1 Abs. 4 ZLR. Nach der Entscheidung der Großen Kammer des EuGH[1435] ist unter dem Nutzungsberechtigten die Einheit zu erfassen, die wirtschaftlich betrachtet der tatsächliche Nutznießer der Zinsen ist und somit frei über deren Verwendung verfügen kann. *Fischer*[1436] vertritt in diesem Zusammenhang die Meinung, dass mit dem „Nutzungsberechtigten" kein formal bestimmter Empfänger gemeint ist, sondern derjenige, dem die Zinsen, die er erhält, wirtschaftlich zustehen und der daher frei über deren Verwendung bestimmen kann. Zu einer ähnlichen Bewertung gelangt auch *Kokott*[1437], deren Ansicht nach bei der Auslegung der o.g. Definition im

---

1433 *Musil, A.*, in: Musil, A./Weber-Grellet, H., Europäisches Steuerrecht: Kommentar, München 2019, Zinsen- und Lizenzgebühren-RL, Art. 1 Rn. 10.

1434 So: EuGH v. 21.07.2011 – C-397/09, DStR 2011, 1419 (Rn. 27) – Scheuten Solar Technology.

1435 EuGH v. 26.02.2019 – C-115/16, C-118/16, C-119/16, C-299/16, BeckRS 2019, 2167 (Rn. 2) – N Luxembourg 1, X Denmark A/S, C Danmark I, Z Denmark ApS.

1436 *Fischer, P.*, Zu den Begriffen des Nutzungsberechtigten und des Rechtsmissbrauchs im Sinne der RL 2003/49/EG (Zins- und Lizenzrichtlinie), jurisPR-SteuerR 2019, Nr. 18, Anmerkung 1, Rn. B II.

1437 Generalanwältin *Kokott, J.* bei EuGH v. 01.03.2018 – C-118/16, BeckRS 2018, 39044 (Rn. 37) – X Denmark A/S.

Prinzip vom demjenigen auszugehen ist, der in seinem eigenen Namen einen zivilrechtlichen Anspruch auf die Zinsen hat. Daraus kann geschlossen werden, dass im Laufe des Kampfes gegen Steuermissbräuche der ursprüngliche Wortlaut des Begriffs des Nutzungsberechtigten aus Art. 1 Abs. 4 ZLR nunmehr erheblich weiter ausgelegt wurde. Diese Herangehensweise ist allerdings mit wesentlichen Herausforderungen für Drittlandinvestoren verbunden, die einem europäischen Unternehmen ausländische immaterielle Werte durch einen Lizenzvertrag zur Verfügung stellen wollen[1438].

Eine etwas kompliziertere Regelung enthält Art. 1 Abs. 5 ZLR, nach der eine Betriebstätte nur dann als Nutzungsberechtigter zu bewerten ist,

- *wenn die Forderung, das Recht oder der Gebrauch von Informationen, aufgrund dessen/deren Zahlungen von Zinsen oder Lizenzgebühren geleistet werden, mit der Betriebsstätte in einem konkreten Zusammenhang stehen (Art. 1 Abs. 5 lit. a ZLR) und*
- *wenn die Zahlungen der Zinsen oder Lizenzgebühren Einkünfte darstellen, aufgrund derer die Betriebsstätte in dem EU-Mitgliedstaat, in dem sie gelegen ist, der KSt unterliegen (Art. 1 Abs. 5 lit. b ZLR).*

3) Nationale Umsetzung der Vorschrift

Im deutschen Ertragsteuerrechtssystem wurden die o.g. Regelungen durch § 50g Abs. 3 Nr. 1 EStG umgesetzt[1439]. Obwohl der deutsche Gesetzgeber die Definition des Nutzungsberechtigten aus Art. 1 Abs. 4 ZLR nicht übernommen hat[1440], geht § 50g Abs. 3 Nr. 1 Satz 1 EStG davon aus, dass es sich beim Nutzungsberechtigten um den Gläubiger von Zahlungen von Zinsen und Lizenzgebühren handeln muss. Der Hintergrund hierfür ist die Verhinderung von directive-shopping-Gestaltungen[1441]. Ein Nutzungsberechtigter i. S. v. § 50g Abs. 3 Nr. 1 Satz 2 lit. a EStG ist demnach ein Unternehmen mit Einkünften aus den in § 2 Abs. 1 EStG aufgeführten sieben Einkunftsarten. So kann konstatiert werden,

---

1438 *Greggi, M.*, European Taxation Of Dividends, Interests And Royalties: The Impact On Third Countries Investors, Current Issues Of Business And Law 2009, Band 3, 118 (132).

1439 Dazu: BT-Drs. 15/3679, 21.

1440 *Wagner, K.J.*, in: Brandis, P./Heuermann, B., Ertragsteuerrecht: Kommentar, Stand: 158. Ergänzungslieferung, München 2021, EStG § 50g Rn. 47.

1441 *Dörr, I.*, Praxisfragen zur Umsetzung der Zins- und Lizenzrichtlinie in § 50g EStG, IStR 2005, 109 (114); auch: *Rehfeld, L.*, in: Herrmann, C./Heuer, G./Raupach, A., EStG, KStG: Kommentar, Stand: 307. Ergänzungslieferung, Köln 2021, § 50g Rn. 10.

dass sich die nationale Betrachtung eines nutzungsberechtigten Unternehmens im Vergleich zu der ZLR als deutlich strenger und restriktiver erweist. Umgekehrt bewirkt dies jedoch auch, dass mit dieser Regelung ein effektiver Kampf gegen directive-shopping-Gestaltungen geführt werden kann.

In § 50g Abs. 3 Nr. 1 lit. b EStG wurden die Voraussetzungen aus Art. 1 Abs. 5 ZLR umgesetzt, damit eine Betriebsstätte als Nutzungsberechtigter qualifiziert werden kann. Die Betriebstätte ist dann als solche zu qualifizieren, wenn *die Forderung, das Recht oder der Gebrauch von Informationen, aufgrund derer/dessen Zahlungen von Zinsen oder Lizenzgebühren geleistet werden, tatsächlich zu der Betriebsstätte gehört* (§ 50g Abs. 3 Nr. 1 lit. b sublit. aa EStG) sowie dann, wenn *die Zahlungen der Zinsen oder Lizenzgebühren Einkünfte darstellen, aufgrund derer die Gewinne der Betriebsstätte in dem EU-Mitgliedstaat, in dem sie gelegen ist, zu einer durch EU-Mitgliedstaaten erhobenen, in der ZLR genannten KSt herangezogen werden* (§ 50g Abs. 3 Nr. 1 lit. b sublit. bb EStG). Die deutsche Umsetzung in § 50g Abs. 3 Nr. 1 lit. b EStG erweist sich insofern als enger, weil hier nicht auf den konkreten Zusammenhang der Forderung mit der Betriebsstätte, sondern auf die tatsächliche Zugehörigkeit zu der Betriebsstätte abgestellt wird[1442]. Während die Voraussetzung aus der *sublit. aa* der o.g. Vorschrift der Verhinderung von directive-shopping-Gestaltungen dient, steht der Kampf gegen die Keinmalbesteuerung im Zentrum der *sublit. bb*[1443]. *Rehfeld* geht davon aus, dass die Buchführung der Betriebsstätte oder eine entsprechende Personalfunktion Anhaltspunkte für die Zuordnung der Zins- und Lizenzgebührenzahlungen zu den Betriebstätten sein können[1444]. Zins- und Lizenzgebührenzahlungen werden darüber hinaus nur dann herangezogen, wenn die durch sie anfallenden Steuern tatsächlich erhoben werden[1445]. Insofern ist nach ihrer materiellrechtlichen Natur *sublit. bb* der o.g. Vorschrift der sog. subject-to-tax-Klausel gleichzustellen[1446].

1442 *Dörr, I.*, Praxisfragen zur Umsetzung der Zins- und Lizenzrichtlinie in § 50g EStG, IStR 2005, 109 (114).

1443 *Brombach-Krüger, M.*, in: Fuhrmann, C./Kraeusel, J./Schiffers, J., EStG: eKommentar (*verfügbar nur elektronisch*), Stand: 25.06.2016, § 50g EStG Rn. 13.

1444 MwN *Rehfeld, L.*, in: Herrmann, C./Heuer, G./Raupach, A., EStG, KStG: Kommentar, Stand: 307. Ergänzungslieferung, Köln 2021, § 50g Rn. 10.

1445 *Wagner, K.J.*, in: Brandis, P./Heuermann, B., Ertragsteuerrecht: Kommentar, Stand: 158. Ergänzungslieferung, München 2021, EStG § 50g Rn. 52.

1446 *Rehfeld, L.*, in: Herrmann, C./Heuer, G./Raupach, A., EStG, KStG: Kommentar, Stand: 307. Ergänzungslieferung, Köln 2021, § 50g Rn. 10; *Forst, P./Busch, C.*, Die Umsetzung der Zins- und Lizenzrichtlinie in Deutschland, EStB 2005, 35 (37).

bb) *Anti-Missbrauchsklausel i. S. d. Art. 5 ZLR*

1) *Inhaltliche Struktur der Klausel*

Art. 5 ZLR dient der Verhinderung von Betrug und Missbrauch. I. S. v. Abs. 1 der Vorschrift steht der Anwendung einzelstaatlicher oder vertraglicher Bestimmungen zur Verhinderung von Betrug und Missbrauch nichts entgegen. Aus der Satzkonstruktion kann geschlussfolgert werden, dass damit nicht nur Steuerumgehungen, sondern auch Steuerhinterziehungen erfasst werden. Bei den Bestimmungen handelt es sich nicht nur um nationale Missbrauchsklauseln, sondern ebenso um richterrechtliche Doktrinen[1447]. Zugleich räumt Art. 5 Abs. 2 ZLR den EU-Mitgliedstaaten die Möglichkeit ein, im Fall von Transaktionen, deren hauptsächlicher Beweggrund oder einer deren hauptsächlicher Beweggründe die Steuerhinterziehung, die Steuerumgehung oder der Missbrauch ist, den Rechtsvorteil aus der ZLR zu entziehen bzw. deren Anwendung zu verweigern. Die Definitionen aus der Norm können durchaus Vorschub für ein Fehlverständnis leisten[1448], da es kein strenges linguistisches Verständnis gibt, ob damit lediglich die Steuerumgehungs- und Steuerhinterziehungsfälle oder auch die Steuervermeidungskonstellationen gemeint sind.

In einer aktuellen Rechtssache hat der EuGH[1449] bei der Anwendung von Art. 5 Abs. 2 ZLR die aus Art. 5 Abs. 2 ZLR hervorgehende substance-over-form-Doktrin verfolgt. Es wurde konstatiert, dass der Rechtsvorteil aus der Anwendung von Vorschriften des Unionsrechts verweigert werden muss, wenn diese nicht geltend gemacht werden, um die Ziele der Vorschriften zu verwirklichen, sondern um in den Genuss eines im Unionsrecht vorgesehenen Vorteils zu gelangen, obwohl die entsprechenden Voraussetzungen lediglich formal erfüllt sind.

2) *Kritik in der Literatur und eigene Stellungnahme*

Obgleich die Norm semantisch als spezielle Missbrauchsvermeidungsnorm gekennzeichnet wurde[1450], unterscheidet sie sich inhaltlich wesentlich von

---

1447 MwN *Kofler, G.*, in: Schaumburg, H./Englisch, J., Europäisches Steuerrecht, 2. Aufl., Köln 2020, Rn. 15.27.

1448 *Hahn, H.*, Zur Gemeinschaftsrechtskonformität der Missbrauchsklausel in § 50g Abs. 4 EStG – Zugleich ein Beitrag zur Auslegung der Zins-/Lizenzgebühren-Richtlinie, IStR 2010, 638 (639).

1449 EuGH v. 07.02.2019 – C-664/17, juris (Rn. 51) – Ellinika Nafpigeia.

1450 *Musil, A.*, in: Musil, A./Weber-Grellet, H., Europäisches Steuerrecht: Kommentar, München 2019, Zinsen- und Lizenzgebühren-RL, Art. 5 Rn. 1. Gegenauffassung: *Kofler, G.*, in: Schaumburg, H./Englisch, J., Europäisches Steuerrecht, 2. Aufl., Köln 2020,

anderen Missbrauchsklauseln bzw. von denjenigen aus der späteren ATAD. Während es sich bei den Vorschriften aus der ATAD um reine Mechanismen zur Beseitigung von Steuerumgehungen handelt, konstatiert Art. 5 ZLR die Notwendigkeit, auf die Missbrauchsklauseln der nationalen Steuergesetzgebungen der EU-Mitgliedstaaten zu verweisen, um Betrugs- und Missbrauchsfälle zu verhindern. Allerdings ist Art. 5 ZLR nicht in dem Sinn zu verstehen, dass jeder EU-Mitgliedstaat selbständig darüber entscheiden kann, wann ein missbräuchliches Verhalten vorliegt; die nationalen Bekämpfungsmaßnahmen sind vielmehr unter dem Gesichtspunkt des *effet utile* am unionsrechtlichen Missbrauchsverständnis auszurichten[1451]. Solch eine im Prinzip kompromissbereite Herangehensweise war in der Praxis jedoch mit erheblichen Problemen verbunden.

Zum einen war es bis zum Inkrafttreten der ATAD nicht abschließend geklärt, auf welche nationalen Missbrauchsklauseln ein EU-Mitgliedstaat verweisen sollte, falls sein Steuerrechtssystem weder allgemeine noch spezielle Missbrauchsklauseln zur Zins- und Lizenzgebührengestaltungen enthielt. Die nationalen Gerichtsinstanzen sollten deshalb auf die Rechtsprechung des EuGH verweisen, die sich tatsächlich bis zum Jahr 2006 bzw. bis zur EuGH-Cadbury-Schweppes-Rechtsprechung als wenig hilfreich erwies. Weiterhin stellt sich in diesem Zusammenhang auch die Frage, ob die Steuerrechtssysteme der EU-Mitgliedstaaten überhaupt für die Bekämpfung spezifischer künstlicher Zins- und Lizenzgestaltungen geeignet sind. *Fehling* und *Schmid*[1452] merken hierbei an, dass Steuergestaltungen mit grenzüberschreitenden Lizenzzahlungen im Grunde genommen keine missbräuchlichen Mittel einsetzen müssen, um das gewünschte (*für Fisci*) negative Ergebnis zu erreichen: Hier reicht es aus, die Spielräume zu nutzen, die die bestehenden Rechtsvorschriften der EU-Mitgliedstaaten bieten. Im Hinblick darauf könnte Art. 5 ZLR als vollkommen funktionslos bewertet werden, denn die Norm erklärt zwar, dass ein Verweis auf die Missbrauchsklauseln der nationaler Steuergesetzgebungen der EU-Mitgliedstaaten notwendig sei, die Harmonisierung dieser Verflechtung von Steuergesetzgebungen bzw. die Einführung eines standardisierten Prüfungsmaßstabes ist jedoch unmöglich. Zudem betont *Kokott*[1453] die Herausforderungen, die sich in Bezug auf die

Rn. 15.27; sowie auch: *Kokott, J.*, Das Steuerrecht der Europäischen Union, München 2018, § 7 Rn. 134.

1451 MwN *Thiele, K.*, Der unionsrechtliche Missbrauchsbegriff im Bereich der direkten Steuern, IStR 2011, 452.

1452 *Fehling, D./Schmid, M.*, BEPS und die EU: Was ist die „europäische Dimension" von BEPS? – Das Beispiel grenzüberschreitender Lizenzzahlungen, IStR 2015, 493 (497).

1453 *Kokott, J.*, Das Steuerrecht der Europäischen Union, München 2018, § 7 Rn. 134.

Bestimmung des Künstlichkeitskriteriums für die Fälle passiver Holdings sowie digitaler wirtschaftlicher Betätigungen ergeben. Auch hier bleiben deshalb viele dogmatische Fragen unbeantwortet.

Zum anderen blieb schon seit der Veröffentlichung der EuGH-Cadbury-Schweppes-Rechtsprechung die Frage offen, ob der Anwendungsbereich von Art. 5 ZLR sich ausschließlich auf rein künstliche Gestaltungen erstreckt oder ob er auch deutlich erweitert werden könnte. *Kofler*[1454] plädiert für eine enge Auslegung der Vorschrift, da er davon ausgeht, dass der EuGH in seiner ständigen Rechtsprechung[1455] die Notwendigkeit einer engeren Auslegung für den Fall der Missbrauchsklausel i. S. d. Art. 15 der Fusionsrichtlinie deklariert hat. Dagegen zieht *Musil*[1456] diese Idee aufgrund der jüngeren europäischen Entwicklungen in Bezug auf den Kampf gegen Steuerumgehungen in Zweifel. In seiner Sichtweise befindet sich das Missbrauchskonzept der EU in ständiger Bewegung bzw. es durchläuft einen permanenten Entwicklungsprozess. Eine ausschließliche Einschränkung des Geltungsbereichs der Vorschrift auf rein künstliche Gestaltungen, wie dies der EuGH in seiner Rechtsprechung zu den EU-Grundfreiheiten vorsieht, ist somit unnötig.

Dem ist zuzustimmen. Zwar gewährt eine engere Auslegung von Art. 5 ZLR den Steuerpflichtigen mehr Rechts- und Planungssicherheit. Der Verzicht auf eine solche Herangehensweise ist daher mit einem erheblichen Rechtsverletzungsrisiko verbunden. Jedoch lässt sich eine solche Beschränkung durch den legitimen Zweck der Bekämpfung von Steuermissbräuchen rechtfertigen. Da es bei den künstlichen Steuergestaltungen nicht um ein konstantes, sondern vielmehr um ein sich dynamisch entwickelndes Rechtsphänomen handelt, wird sich künftig eine kontinuierliche Erweiterung des Anwendungsbereichs der Vorschrift als obligatorisch erweisen. Zugleich soll jedoch – wie *Greggi*[1457] anmerkt – das Proportionalitätsprinzip in Bezug auf die Rechte der Steuerpflichtigen in besonderem Maße berücksichtigt werden. Der EuGH bezieht im Hinblick auf diese Problematik eine neutrale Position und konstatiert, dass allein aufgrund der aus Art. 5 Abs. 2 ZLR resultierenden Folgen keine Anwendung des

---

1454 *Kofler, G.*, in: Schaumburg, H./Englisch, J., Europäisches Steuerrecht, 2. Aufl., Köln 2020, Rn. 15.28.

1455 EuGH v. 05.07.2007 – C-321/05, EuZW 2007, 641 (Rn. 37) – Kofoed.

1456 *Musil, A.*, in: Musil, A./Weber-Grellet, H., Europäisches Steuerrecht: Kommentar, München 2019, Zinsen- und Lizenzgebühren-RL, Art. 5 Rn. 6.

1457 *Greggi, M.*, European Taxation Of Dividends, Interests And Royalties: The Impact On Third Countries Investors, Current Issues Of Business And Law 2009, Band 3, 118 (135).

unionsrechtlichen Grundsatzes des Missbrauchsverbots zu einer abschließenden Auslegung führen kann[1458].

3) Nationale Umsetzung der Vorschrift

Art. 5 der ZLR wurde im deutschen Steuerrechtssystem in § 50g Abs. 4 EStG umgesetzt. Der erste Satz dieser Vorschrift legt fest, dass die Anwendbarkeit der in § 50g Abs. 1 EStG fixierten Befreiung von einer Zins- und Lizenzgebührenbesteuerung in den Fällen zu begrenzen ist, in denen der hauptsächliche Beweggrund oder einer der hauptsächlichen Beweggründe für Geschäftsvorfälle die Steuervermeidung oder der Missbrauch sind. Dadurch wird es m.E. notwendig, das hauptsächliche Motiv einer Gestaltung zu überprüfen. Da die ZLR keinen Maßstab für solch eine Prüfung vorgibt, müssen hierfür die entsprechenden nationalen Rechtsvorschriften angewendet werden, bei denen es sich in Deutschland in erster Linie um § 42 AO handelt.

Die Anwendbarkeit der Missbrauchsklausel i. S. d. § 50d Abs. 3 EStG bleibt – aufgrund ihrer abweichenden Tatbestandsvoraussetzungen[1459] – nach § 50g Abs. 4 Satz 2 EStG unberührt. Das vornehmliche Ziel dieser Regelung ist es, theoretisch möglichen directive-shopping-Konstellationen entgegenzuwirken und diese auszuschließen[1460]. Im Zusammenhang mit Satz 1 erweist sich die Rechtsfolge von § 50g Abs. 4 EStG als in ausreichendem Maße restriktiv: Damit wird sowohl ein Antrag auf Steuerentlastung i. S. d. § 50g Abs. 1 EStG abgelehnt, als auch die bereits gewährte Steuerentlastung wieder entzogen[1461].

Nieland[1462] schlägt vor, § 50 Abs. 4 Satz 1 EStG i. S. einer *missbräuchlichen Steuervermeidung* zu begreifen. In der Praxis hat dies eine dogmatische Bewertung der Vorschrift als *lex specialis* gegenüber § 42 AO zur Konsequenz. Dies

1458 Siehe: EuGH v. 26.02.2019 – C-115/16, C-118/16, C-119/16, C-299/16, BeckRS 2019, 2167 (Rn. 105) – N Luxembourg 1, X Denmark A/S, C Danmark I, Z Denmark ApS.

1459 BT-Drs. 15/3679, 21.

1460 *Gröpl, C.*, in: Dauses, M.A./Ludwigs, M., Handbuch des EU-Wirtschaftsrechts, Stand: 53. Ergänzungslieferung, München 2021, Kapitel J, Rn. 336.

1461 *Wagner, K.J.*, in: Brandis, P./Heuermann, B., Ertragsteuerrecht: Kommentar, Stand: 158. Ergänzungslieferung, München 2021, EStG § 50g Rn. 84.

1462 *Hahn, H.*, Zur Gemeinschaftsrechtskonformität der Missbrauchsklausel in § 50g Abs. 4 EStG – Zugleich ein Beitrag zur Auslegung der Zins-/Lizenzgebühren-Richtlinie, IStR 2010, 638 (643), zitiert nach: *Nieland, M.*, in: Lademann EStG: Kommentar, Stand: 175. Ergänzungslieferung, Stuttgart 2010, § 50g EStG Rn. 70 (Fußnote 45).

wiederum ist *Hahn*[1463] zufolge allerdings als unmöglich anzusehen. Ein Kompromiss könnte hier m.E. darin bestehen, dass auf rein sprachliche Begriffsbestimmungen verzichtet wird und die Bewertung sich ausschließlich an den substantiellen Bestandteilen der Gestaltung orientiert. Denn, wie bereits im 2. Kapitel der Arbeit erwähnt, kann eine klare Abgrenzung zwischen Steuerumgehung und Steuervermeidung in vielen Fällen nur schwer vollzogen werden. Dabei kann sich eine Einbeziehung neuer Definitionen nicht positiv auf eine Bewertung auswirken. Denn dies erschwert nicht nur die Arbeit der Finanzbehörden, sondern macht auch das gesamte System für den einzelnen Steuerpflichtigen schwerer verständlich. Ungeachtet der theoretischen Begriffsbestimmung, in die der jeweilige Vorgang eingeordnet wurde, sollte eine Gestaltung in diesem Zusammenhang auf der Basis von § 42 AO auf den Gegenstand eines Missbrauchs hin überprüft werden. Stellt sich dabei heraus, dass der Gestaltung möglicherweise eine „künstliche" Rechtsnatur zugrunde liegt, so ist ungeachtet der Begriffsbestimmung „Steuervermeidung" § 50d Abs. 4 Satz 1 EStG anzuwenden.

2. Die MTRL

a) Allgemeines zur MTRL

Die Richtlinie über das gemeinsame Steuersystem der Mutter- und Tochtergesellschaften verschiedener EU-Mitgliedstaaten[1464] (weiterhin: *MTRL*) regelt die Fragen der Gewinnausschüttungen zwischen den verbundenen Gesellschaften innerhalb eines EU-weiten Konzerns. Diese Richtlinie ist ein für den gesamten Binnenmarkt Europas maßgebliches Instrument, da durch sie die wirtschaftlichen Aktivitäten verbundener Körperschaften erleichtert[1465] und wettbewerbsneutrale steuerliche Regelungen geschaffen werden[1466]. Daher überrascht es nicht, dass die MTRL eine der ältesten Richtlinien im Bereich der direkten

---

1463 *Hahn, H.*, Zur Gemeinschaftsrechtskonformität der Missbrauchsklausel in § 50g Abs. 4 EStG – Zugleich ein Beitrag zur Auslegung der Zins-/Lizenzgebühren-Richtlinie, IStR 2010, 638 (643 f.).

1464 Richtlinie 2011/96 des Rates v. 30.11.2011 über das gemeinsame Steuersystem der Mutter- und Tochtergesellschaften verschiedener Mitgliedstaaten, ABlEU Nr. L 345/8 v. 29.12.2011.

1465 *Knobbe-Keuk, B.*, Die beiden Unternehmenssteuerrichtlinien, EuZW 1992, 336 (340).

1466 Erwägungsgrund 4 der Richtlinie 2011/96 des Rates v. 30.11.2011 über das gemeinsame Steuersystem der Mutter- und Tochtergesellschaften verschiedener Mitgliedstaaten, ABlEU Nr. L 345/8 v. 29.12.2011.

Steuern ist, die zugleich einen *ersten Schritt hin zu einem unionalen Konzernsteuerrecht*[1467] bedeutet[1468].

Die MTRL regelt die Freistellung der Dividendenzahlungen und anderer Gewinnausschüttungen einer Tochtergesellschaft an ihre Muttergesellschaft von Quellensteuern. Damit verfolgt sie das Ziel, eine (*sowohl wirtschaftliche als auch juristische*)[1469] Doppelbesteuerung solcher Einkünfte auf der Ebene der Muttergesellschaft zu verhindern[1470]. Überdies soll sie die Besteuerungsneutralität der Gewinnausschüttungen von Tochtergesellschaften an in einem anderen EU-Mitgliedstaat ansässige Muttergesellschaften gewährleisten[1471]. Demnach rechtfertigt die rechtliche Selbständigkeit der Tochter- und der Muttergesellschaft keine Doppelbesteuerung[1472]. In diesem Zusammenhang nennt *Weber-Grellet*[1473] zwei wichtige Folgen der Richtlinie: Dies ist einerseits die Verhinderung einer Doppelbesteuerung von Mutter- und Tochtergesellschaft und andererseits die ausschließliche Besteuerung der Tochtergesellschaft für die von ihr ausgeschütteten Gewinne. Diese beiden Folgen wurden in der Umsetzung der MTRL in das deutsche Steuerrechtssystem berücksichtigt. Für die Muttergesellschaft wurden die Regelungen aus der MTRL explizit in § 8b KStG umgesetzt, wohingegen die Normen für die ausschüttende Tochtergesellschaft in § 43b EStG i. V. m.[1474] § 50d Abs. 3 EStG enthalten sind.

Aufgrund der Rechtsfolge der Richtlinie verpflichtet Art. 4 Abs. 1 MTRL die EU-Mitgliedstaaten, eine doppelte Besteuerung entweder durch die Freistellung

---

1467 *Gröpl, C.*, in: Dauses, M.A./Ludwigs, M., Handbuch des EU-Wirtschaftsrechts, Stand: 53. Ergänzungslieferung, München 2021, Kapitel J, Rn. 303.

1468 Die ursprüngliche Version der MTRL stammt aus dem Jahr 1990. Sie ist ein von meist oft modifizierter Richtlinie der EU (*insgesamt 4 Veränderungen*).

1469 *Kofler, G.*, in: Schaumburg, H./Englisch, J., Europäisches Steuerrecht, 2. Aufl., Köln 2020, Rn. 14.3.

1470 Erwägungsgrund 3 der Richtlinie 2011/96 des Rates v. 30.11.2011 über das gemeinsame Steuersystem der Mutter- und Tochtergesellschaften verschiedener Mitgliedstaaten, ABlEU Nr. L 345/8 v. 29.12.2011.

1471 EuGH v. 03.04.2008 – C-27/07, DStRE 2008, 1260 (Rn. 24) – Banque Fédérative du Crédit Mutuel; EuGH v. 01.10.2009 – C-247/08, DStRE 2010, 367 (Rn. 27) – Berliner Investissement SA.

1472 *Weber-Grellet, H.*, in: Musil, A./Weber-Grellet, H., Europäisches Steuerrecht: Kommentar, München 2019, Einführung MTRL, Rn. 1.

1473 *Weber-Grellet, H.*, in: Musil, A./Weber-Grellet, H., Europäisches Steuerrecht: Kommentar, München 2019, Einführung MTRL, Rn. 2.

1474 *Kofler, G.*, in: Schaumburg, H./Englisch, J., Europäisches Steuerrecht, 2. Aufl., Köln 2020, Rn. 14.10.

der Dividenden einer Tochtergesellschaft von der KSt (sog. *Schachtelprivileg*) oder durch die Steueranrechnung zu verhindern.

b) Die Anti-Missbrauchsregelung aus Art. 1 Abs. 2-4 MTRL und ihre kritische Bewertung

Wie auch die ZLR enthält die MTRL Vorschriften zur Beseitigung von Missbrauchsgestaltungen. Diese Vorschriften sind insb. in Art. 1 Abs. 2 bis 4 MTRL fixiert. Die *de-minimis*[1475]-Regelungen aus Art. 1 Abs. 2 und 3 MTRL wurden 2015 im Laufe der Intensivierung des europaweiten Kampfes gegen Steuermissbräuche eingeführt[1476]. Die frühere Regelung des Art. 1 Abs. 2 MTRL ist nunmehr in Art. 1 Abs. 4 MTRL enthalten.

aa) Art. 1 Abs. 2 Satz 1 MTRL

Art. 1 Abs. 2 Satz 1 MTRL schließt die Möglichkeit aus, Richtlinienvorteile für ertragsteuerliche Konstellationen zu gewähren, bei denen – nach Berücksichtigung aller relevanten Fakten und Umstände – *eine unangemessene Gestaltung oder eine unangemessene Abfolge von Gestaltungen vorliegt, bei der der wesentliche Zweck oder einer der wesentlichen Zwecke darin besteht, einen steuerlichen Vorteil zu erlangen, der dem Ziel oder Zweck dieser Richtlinie zuwiderläuft.* Es handelt sich um eine allgemeine Missbrauchsklausel. Der Wortlaut der Vorschrift verlangt es, dass das Niveau der Unangemessenheit einer Gestaltung über einen subjektiven Test bestimmt wird. Zu beachten ist trotzdem, dass aufgrund der breiten Tatbestandsauslegung die nichtkünstlichen Gestaltungen unter den Anwendungsbereich der Norm fallen können[1477]. In der Praxis bedeutet die Bestimmung einer künstlichen Gestaltung im Zeitalter einer zunehmend digitalisierten Wirtschaft eine weitere Herausforderung[1478]. Dadurch kann es im Hinblick auf die Rechtssicherheit selbst dann zu Zweifeln kommen, wenn eine angemessene Steuerplanung ausgeübt wird. Neben dem subjektiven Test gibt es auch noch einen objektiven Test, mit dem überprüft werden soll, ob eine ausgeübte Steuergestaltung rein faktisch gegen die Zielsetzung der MTRL verstößt.

1475 *Jacobs, O.H./Endres, D./Spengel, C.*, in: Endres, D./Spengel, C./ Jacobs: Internationale Unternehmensbesteuerung, 8. Aufl., München 2016, 179.

1476 Im Ergebnis: *Roderburg, G.*, Wesentliche steuerliche Entwicklungen auf EU-Ebene seit Ende 2013, EuZW 2015, 940 (942).

1477 Siehe: *Listl, P.R.*, Anmerkungen zum Entwurf der Änderung der EU-Mutter-Tochter-Richtlinie v. 25.11.2013, IStR 2014, 448 (452).

1478 *Kokott, J.*, Das Steuerrecht der Europäischen Union, München 2018, § 7 Rn. 60.

Die Regelung begrenzt den Anwendungsbereich der MTRL auf EU-weite Konzernstrukturen und nimmt diesen den Spielraum für *directive-shopping-Gestaltungen*[1479]. Eine unmittelbare Geltung von Art. 1 Abs. 2 MTRL zulasten eines Privaten ist abzulehnen[1480].

Nach Art. 1 Abs. 2 Satz 2 MTRL kann eine Gestaltung mehr als einen Schritt oder einen Teil umfassen. Die Regelung zielt auf die größtmögliche Wirksamkeit der Missbrauchsbekämpfungsklausel ab[1481]. An der sprachlichen Konstruktion des 2. Satzes wird die Wirkung der international anerkannten *step-transaction-Doktrin* deutlich. Allerdings ist die Anwendung dieser Norm in der Praxis mit großen Herausforderungen verbunden. Die MTRL geht davon aus, dass es bei der Bewertung einer Gestaltung notwendig ist, sich an all ihren Schritten zu orientieren. Dennoch bleibt in diesem Zusammenhang unklar, aufgrund welcher Kriterien die Gerichtsinstanzen überprüfen können, ob die einzelnen Schritte der Gestaltung Teil einer unangemessenen Gestaltung i. S. d. Art. 1 Abs. 2 Satz 1 MTRL sind. In dieser Hinsicht konnte auch die letzte Überarbeitung der Richtlinie aus dem Jahr 2015[1482] nicht die Fragen beantworten, die sich bereits in ihren älteren Fassungen als dringend klärungsbedürftige Fragen abgezeichnet hatten.

bb) Art. 1 Abs. 3 und 4 MTRL

Um den Regelungen aus Abs. 2 noch zusätzliches Gewicht zu verleihen, definiert Art. 1 Abs. 3 MTRL, was unter einer unangemessenen Gestaltung i. S. d. Richtlinie zu verstehen ist. Nach dieser Norm gilt für die Zwecke von Art. 1 Abs. 2 MTRL eine Gestaltung oder eine Abfolge von Gestaltungen in dem Maße als unangemessen, *wie sie nicht aus triftigen wirtschaftlichen Gründen vorgenommen wurde, die die wirtschaftliche Realität widerspiegeln*. Die EU-Mitgliedstaaten sollen die o.g. Vorschrift allerdings unter Beachtung der allgemeinen Grundsätze der EU bzw. des Verhältnismäßigkeitsgrundsatzes umsetzen[1483]. Dabei

---

1479 *Weber-Grellet, H.*, in: Musil, A./Weber-Grellet, H., Europäisches Steuerrecht: Kommentar, München 2019, MTRL Art. 1, Rn. 9.

1480 MwN *Lampert, S.*, Zu den Voraussetzungen eines „Missbrauchs“ i. S. d. Mutter-Tochter-Richtlinie und Zins- und Lizenzgebühren-Richtlinie, ISR 2018, 207 (211).

1481 *Kokott, J.*, Das Steuerrecht der Europäischen Union, München 2018, § 7 Rn. 59.

1482 Gemeint ist hier die Richtlinie 2015/121 des Rates v. 27.01.2015 zur Änderung der Richtlinie 2011/96 über das gemeinsame Steuersystem der Mutter- und Tochtergesellschaften verschiedener Mitgliedstaaten, ABlEU Nr. L21/1 v. 28.01.2015.

1483 EuGH v. 20.12.2017 – C-504/16, C-613/16, DStR 2018, 119 (Rn. 55) – Deister und Juhler Holding; *Kokott, J.*, Das Steuerrecht der Europäischen Union, München 2018, § 7 Rn. 59.

muss hervorgehoben werden, dass Art. 1 Abs. 3 MTRL – genau wie Art. 6 Abs. 2 ATAD – von einem triftigen wirtschaftlichen Grund der Gestaltung ausgeht.

Schließlich erklärt Art. 1 Abs. 4 MTRL, dass die Anwendung der Richtlinie der Anwendung einzelstaatlicher oder vertraglicher Bestimmungen zur Verhinderung von Steuerhinterziehung, Steuerbetrug oder Missbrauch nicht entgegensteht. Nach *Roderburg*[1484] und *Thiele*[1485] galt die Vorschrift bis zur letzten Richtlinienänderung 2015 als allgemeine Missbrauchsklausel. Seitdem muss sie m.E. jedoch als spezielle Missbrauchsklausel bewertet werden[1486]. Ihre frühere Ausgestaltung, bei der die nunmehr konkretisierten Vorschriften aus Art. 1 Abs. 2 und 3 MTRL fehlten, wurde von der EU-Kommission als unklar bewertet[1487]. Semantisch und dogmatisch greift die Vorschrift die in Art. 5 ZLR fixierten Regelungen auf. Eine weitere Übereinstimmung mit Art. 5 ZLR zeigt sich daran, dass auch hier der Begriff des Missbrauchs nicht näher definiert wird[1488]. Aus diesem Grund sieht die EuGH-Rechtsprechung[1489] eine enge Auslegung der Missbrauchsdefinition vor. Jedoch hat die Norm einen wesentlich weiteren zeitlichen Geltungsbereich und umfasst sowohl nationale, bi- und multilaterale Missbrauchsklauseln, die zum Zeitpunkt des Inkrafttretens der MTRL bereits Gültigkeit hatten, als auch solche, die erst später erarbeitet wurden bzw. zur Anwendung kamen[1490].

1484 *Roderburg, G.*, Wesentliche steuerliche Entwicklungen auf EU-Ebene seit Ende 2013, EuZW 2015, 940 (942).

1485 Siehe: *Thiele, K.*, Der unionsrechtliche Missbrauchsbegriff im Bereich der direkten Steuern, IStR 2011, 452.

1486 Gegenauffassung: mwN *Gröpl, C.*, in: Dauses, M.A./Ludwigs, M., Handbuch des EU-Wirtschaftsrechts, Stand: 53. Ergänzungslieferung, München 2021, Kapitel J, Rn. 316.

1487 Vorschlag der EU-Kommission v. 25.11.2013 für eine Richtlinie des Rates zur Änderung der Richtlinie 2011/96 über das gemeinsame Steuersystem der Mutter- und Tochtergesellschaften verschiedener Mitgliedstaaten, 3. Abrufbar unter: https://eur-lex.europa.eu/legal-content/DE/TXT/PDF/?uri=CELEX:52013PC0814&from=DE (*letzter Zugriff*: 01.01.2022).

1488 *Lampert, S.*, Zu den Voraussetzungen eines „Missbrauchs" i. S. d. Mutter-Tochter-Richtlinie und Zins- und Lizenzgebühren-Richtlinie, ISR 2018, 207 (210).

1489 EuGH v. 07.09.2017 – C-6/16, BeckRS 2017, 123556 (Rn. 26) – Eqiom und Enka.

1490 *Kofler, G.*, in: Schaumburg, H./Englisch, J., Europäisches Steuerrecht, 2. Aufl., Köln 2020, Rn. 14.86.

cc) Nationale Umsetzung der Vorschrift

Auf nationaler Ebene fanden die Regelungen der MTRL zwar Eingang in § 43b EStG sowie in § 8b KStG. Jedoch wurden die Missbrauchsklauseln aus der o.g. Richtlinie in § 50d Abs. 3 EStG konsolidiert. Dadurch hat der Gesetzgeber Kollisionsfragen bei der Umsetzung einzelner Klauseln aus Art. 1 Abs. 2 bis 4 MTRL umgangen.

III. Missbrauchsklauseln aus der Richtlinie über die Zusammenarbeit der Verwaltungsbehörden im Bereich der Besteuerung (AHRL)

1. Allgemeines zur AHRL

Die Richtlinie über die Zusammenarbeit der Verwaltungsbehörden im Bereich der Besteuerung[1491] (sog. EU-Amtshilferichtlinie; im Folgenden: *AHRL*) spielt eine besondere Rolle in der Bekämpfung ertragsteuerlicher Gestaltungsmissbräuche. Zwar enthält die Richtlinie selbst keine Missbrauchsklauseln, weil sie erarbeitet wurde, um Fragen einer EU-weiten Kooperation und des Informationsaustauschs zwischen den Finanzbehörden der EU-Mitgliedstaaten zu klären. Tatsächlich trägt ihre Umsetzung jedoch wesentlich dazu bei, die grenzüberschreitende Steuerflucht- und Missbrauchsgefahr zu senken. Dies begründet sich insb. dadurch, dass durch den Wortlaut der Richtlinie – anders als auf abkommensrechtlichem Niveau bzw. in Art. 26 OECD-MA – ein verpflichtender automatischer bzw. spontaner Informationsaustausch mit Zustimmung des die Information erteilenden Staats auch für andere als steuerliche Zwecke verwendet werden kann, wenn dies nach dem Recht des die Informationen erhaltenden Staats zulässig ist[1492]. Insofern wird die im Prinzip verfahrensrechtlich orientierte AHRL im Gegensatz zu den o.g. Richtlinien mittelbar in der aktuell stattfindenden Bekämpfung von Steuerumgehungen und Steuerhinterziehung wirksam. Die durch sie festgelegten Mindeststandards[1493] des Informationsaustauschs

---

1491 Richtlinie 2011/16 des Rates v. 15.02.2011 über die Zusammenarbeit der Verwaltungsbehörden im Bereich der Besteuerung und zur Aufhebung der Richtlinie 77/799/EWG, ABlEU Nr. L 64/1 v. 11.03.2011.

1492 Im Ergebnis: *Engelschalk, M.*, in: Vogel, K./Lehner, M., Doppelbesteuerungsabkommen: Kommentar, 7. Aufl., München 2021, OECD-MA 2017, Art. 26 Rn. 14.

1493 Siehe: Erwägungsgrund 21 der Richtlinie 2011/16 des Rates v. 15.02.2011 über die Zusammenarbeit der Verwaltungsbehörden im Bereich der Besteuerung und zur Aufhebung der Richtlinie 77/799/EWG, ABlEU Nr. L 64/2 v. 11.03.2011.

geben den EU-Mitgliedstaaten die Möglichkeit, auf das breite Spektrum der ertragsteuerlich relevanten Auskünfte zuzugreifen.

Die AHRL soll durch eine EU-weit einheitliche Regelung sicherstellen, dass der gemeinsame Meldestandard zwischen den EU-Mitgliedstaaten rechtlich einheitlich umgesetzt wird[1494]. Die aktuelle Fassung der AHRL stammt aus dem Jahr 2011[1495]. Durch die Richtlinie aus dem Jahr 2014 (*DAC-2*)[1496] wurde dieser automatische Informationsaustausch um die Zugriffsberechtigung auf Bankkontodaten erweitert. Zwei weitere Richtlinien aus den Jahren 2015 (*DAC-3*)[1497] und 2016 (*DAC-4*)[1498] legen ein Verfahren fest, das die Staaten zum Austausch verbindlicher Auskünfte über internationale Verrechnungspreisgestaltungen und zu einem automatischen Informationsaustausch in Bezug auf verbindliche Steuerauskünfte (sog. *Tax Rulings*) verpflichtet und darüber hinaus den Umfang und die Voraussetzungen für den verpflichtenden automatischen Informationsaustausch in einem länderbezogenen Bericht bestimmt. Die Grundidee für beide Richtlinien entstammt ursprünglich den BEPS-Aktionsmaßnahmen Nr. 5 und 13[1499]. Mit dem Richtlinienvorschlag aus dem Jahr 2016[1500] für den Zugang von Steuerbehörden zu Informationen, die zur Bekämpfung von Geldwäsche (*DAC-5*) dienen, hat der EU-Rat auf den Skandal um die Panama Papers reagiert.

1494 *Czakert, E.*, Die gesetzliche Umsetzung des Common Reporting Standards in Deutschland, DStR 2015, 2697 (2699 f.).

1495 Auch als DAC-1-Richtlinie (*Directive Administrativ Cooperation*) genannt, siehe: *Czakert, E.*, Der Informationsaustausch zu Tax Rulings, IStR 2016, 985 (986).

1496 Richtlinie 2014/107 des Rates v. 09.12.2014 zur Änderung der Richtlinie 2011/16 bezüglich der Verpflichtung zum automatischen Austausch von Informationen im Bereich der Besteuerung, ABlEU Nr. L 359/1 v. 16.12.2014.

1497 Richtlinie 2015/2376 des Rates v. 08.12.2015 zur Änderung der Richtlinie 2011/16 bezüglich der Verpflichtung zum automatischen Austausch von Informationen im Bereich der Besteuerung, ABlEU Nr. L 332/1 v. 18.12.2015.

1498 Richtlinie 2016/881 des Rates v. 25.05.2016 zur Änderung der Richtlinie 2011/16 bezüglich der Verpflichtung zum automatischen Austausch von Informationen im Bereich der Besteuerung, ABlEU Nr. L 146/8 v. 03.06.2016.

1499 Im Ergebnis: *Rätke, B.*, in: Klein, F., Abgabenordnung: Kommentar, 15. Aufl., München 2020, § 117 AO Rn. 31.

1500 Richtlinie 2016/2258 des Rates v. 06.12.2016 zur Änderung der Richtlinie 2011/16 bezüglich des Zugangs von Steuerbehörden zu Informationen zur Bekämpfung der Geldwäsche, ABlEU Nr. L 342/1 v. 16.12.2016.

2. *Meldepflicht für grenzüberschreitende Gestaltungen aufgrund der DAC-6-Richtlinie*

Mit dem Inkrafttreten der Richtlinie[1501] über EU-weite Anzeigepflichten für bestimmte grenzüberschreitende Steuergestaltungen (*DAC-6*) hat die Tendenz zur Verstärkung staatlicher Steuerkontrolle ihren Höhepunkt erreicht. Mit der Einführung einer Meldepflicht für grenzüberschreitende Steuergestaltungen bzw. Steuergestaltungsmodelle orientiert sich die Richtlinie am Vorbild vieler durch das Common Law geprägter Länder[1502] (in erster Linie der Vereinigten Staaten[1503]) sowie an dem Grundgedanken der BEPS-Aktionsmaßnahme Nr. 12[1504], namentlich an den dort fixierten mandatory-disclosure-Rules[1505]. In rechtstechnischer Hinsicht werden die neuen Regelungen durch eine Änderung der ursprünglichen AHRL 2011/16/EU im EU-Recht ergänzt und sollten bis zum Ende des Jahres 2019 Umsetzung in den nationalen Steuerrechtssystemen der EU-Mitgliedstaaten finden. Ein erster Informationsaustausch zwischen den EU-Mitgliedstaaten sollte dann bis Ende Oktober 2020 erfolgen[1506].

1501 Richtlinie 2018/822 des Rates v. 25.05.2018 zur Änderung der Richtlinie 2011/16 bezüglich des verpflichtenden automatischen Informationsaustauschs im Bereich der Besteuerung über meldepflichtige grenzüberschreitende Gestaltungen, ABlEU Nr. L 139/1 v. 05.06.2018. Dazu: *Schick, M.*, EU-Richtlinie über Anzeigepflichten von „Steuerintermediären" in Kraft, DStR 2018, 1583.

1502 *Eilers, S./Sommer, D.*, Anzeigepflichten für Steuergestaltungen – Sinnvoller Wettlauf der Gesetzgeber?, ISR 2019, 75.

1503 Im Zeitraum zwischen den Jahren 1997 und 2012 ist das amerikanische Vorbild der DAC-6-Richtlinie acht Mal verändert worden, siehe: *Beuchert, T.*, Anzeigepflichten bei Steuergestaltungen, Dissertation, Köln 2012, 5 ff. Allein diese Tatsache zeigt das Niveau der rechtspolitischen Diskrepanzen, mit denen die Einführung einer obligatorischen Meldepflicht von Steuergestaltungen verbunden ist.

1504 *Richter, A./Welling, B.*, Diskussionsbericht zum 67. Berliner Steuergespräch „Anzeigepflicht für Steuergestaltungen", FR 2018, 628 (629).

1505 Die Regelungen über eine Anzeigepflicht i. S. d. Mandatory-Disclosure-Rules wurden nach dem Muster der insb. in den USA, Kanada und Großbritannien bestehenden Vorschriften konstruiert, mwN *Stöber, M.*, Zur verfassungs- und unionsrechtlichen (Un-)Zulässigkeit von Anzeigepflichten in Bezug auf Steuergestaltungen, BB 2018, 2464 (2465).

1506 *Schick, M.*, EU-Richtlinie über Anzeigepflichten von „Steuerintermediären" in Kraft, DStR 2018, 1583 (1584).

a) Adressaten der Meldepflicht

Durch die Anzeigepflicht, die in erster Linie den i. R. der Steuergestaltungen tätigen Intermediären, daneben aber auch den Steuerpflichtigen selbst auferlegt wird, soll der Fiskus dazu befähigt werden, den missliebigen Gestaltungen durch geeignete administrative und legislative Maßnahmen entgegenzutreten[1507]. Als „Intermediär" ist i. S. v. Art. 3 Nr. 21 Satz 1 AHRL jede Person zu verstehen, *die eine meldepflichtige grenzüberschreitende Gestaltung konzipiert, vermarktet, organisiert oder zur Umsetzung bereitstellt oder die die Umsetzung einer solchen Gestaltung verwaltet.* Weiterhin unterstreicht Satz 2 der Vorschrift, dass *jede Person, die – unter Berücksichtigung der relevanten Fakten und Umstände und auf der Grundlage der verfügbaren Informationen sowie des einschlägigen Fachwissens und Verständnisses, die für die Erbringung solcher Dienstleistungen erforderlich sind, – weiß oder vernünftigerweise wissen müsste, dass sie unmittelbar oder über andere Personen Hilfe, Unterstützung oder Beratung im Hinblick auf die Konzeption, Vermarktung, Organisation, Bereitstellung zur Umsetzung oder Verwaltung der Umsetzung einer meldepflichtigen grenzüberschreitenden Gestaltung geleistet hat,* als Intermediär zu begreifen ist[1508]. In der Praxis fallen unter den Begriff der Intermediäre vor allem EU-weit tätige Steuer- und Finanzberater[1509] sowie Steuerjuristen und Rechtsanwälte. Nach Art. 8ab Abs. 5 AHRL steht diesem Kreis der Berufsgeheimnisträger nach Maßgabe des nationalen Rechts aufgrund der Kollision ihrer berufsbedingten Verschwiegenheitspflicht mit der neuen Meldepflicht das Recht zu, sich durch ihre Mandanten von der Pflicht der Offenlegung von Informationen über eine meldepflichtige grenzüberschreitende Gestaltung befreien zu lassen. Die Meldepflicht geht damit auf den relevanten Steuerpflichtigen über, wobei es dem Intermediär lediglich obliegt, den Steuerpflichtigen über seine Offenlegungspflichten zu unterrichten[1510].

Problematisch ist jedoch die Konstellation, in der die steuerlichen Interesse von Steuerpflichtigen durch eine Vielzahl von Intermediären vertreten wird. Nach Maßgaben der in Art. 8ab Abs. 5 Satz 2 AHRL vorgesehenen Regelung

---

1507 *Stöber, M.*, Zur verfassungs- und unionsrechtlichen (Un-)Zulässigkeit von Anzeigepflichten in Bezug auf Steuergestaltungen, BB 2018, 2464 (2465).

1508 Detailliert dazu: *Schnitger, A./Brink, T./Welling, T.*, Die neue Meldepflicht für grenzüberschreitende Steuergestaltungen (Teil II), IStR 2019, 157 (160).

1509 *Ditz, X./Engelen, C.*, Neue Anzeigepflichten für Steuergestaltungen – Überblick und erste Handlungsempfehlungen, DStR 2019, 352.

1510 *Schick, M.*, EU-Richtlinie über Anzeigepflichten von „Steuerintermediären" in Kraft, DStR 2018, 1583 (1584).

ist in diesem Fall der Intermediär verpflichtet, andere Intermediäre unverzüglich über seine Meldepflicht zu unterrichten. Solch eine Verpflichtung könnte im Grunde genommen sowohl gegen das Recht auf Achtung des Privatlebens (Art. 7 EU-Grundrechte-Charta) als auch das Recht auf ein faires Verfahren (Art. 47 EU-Grundrechte-Charta) verstoßen, wenn eine Unterrichtung in der Praxis in schriftlicher Form – mit Mitteilung aller Informationen, die zum Verstoß gegen die berufsbedingte Verschwiegenheitspflicht führen können – erfolgt. Die o.g. Regelung wurde in fast allen EU-Mitgliedstaaten (*mit Ausnahme Deutschlands*) unverändert übernommen. Mit dem Vorabentscheidungsersuchen v. Dezember 2020 wurde diese Frage nun durch ein belgisches Gericht an den EuGH herangetragen[1511]. Die weiteren Entwicklungen bleiben abzuwarten.

b) Meldepflichtige Gestaltungen und ihre Kennzeichenkriterien

Meldepflichtig sind die in Art. 3 Nr. 18 lit. a bis e AHRL aufgeführten grenzüberschreitenden Gestaltungen, die mehr als einen EU-Mitgliedstaat oder einen EU-Mitgliedstaat und ein Drittland betreffen und mindestens eine der folgenden Bedingungen erfüllen:

- *nicht alle an der Gestaltung Beteiligten sind im selben Hoheitsgebiet steuerlich ansässig;*
- *einer oder mehrere der an der Gestaltung Beteiligten ist/sind gleichzeitig in mehreren Hoheitsgebieten steuerlich ansässig;*
- *einer oder mehrere der an der Gestaltung Beteiligten übt/üben in einem anderen Hoheitsgebiet über eine dort gelegene Betriebsstätte eine Geschäftstätigkeit aus, und die Gestaltung stellt teilweise oder ganz die durch die Betriebsstätte ausgeübte Geschäftstätigkeit dar;*
- *einer oder mehrere der an der Gestaltung Beteiligten übt/üben in einem anderen Hoheitsgebiet eine Tätigkeit aus, ohne dort steuerlich ansässig zu sein oder eine Betriebsstätte zu begründen;*
- *eine solche Gestaltung hat möglicherweise Auswirkungen auf den automatischen Informationsaustausch oder die Identifizierung der wirtschaftlichen Eigentümer.*

Im Schrifttum stand insb. die These im Vordergrund, dass mit der Anzeigepflicht im Prinzip legale, aus Sicht des Gesetzgebers jedoch unerwünschte

1511 EuGH v. 21.12.2020 – C-246/20, BeckRS 2020, 38584.

Gestaltungsmöglichkeiten erfasst werden sollten[1512]. Die DAC-6-Richtlinie reicht jedoch erheblich über diesen Grundsatz hinaus, indem sie unter unerwünschten Steuergestaltungen bewusst sowohl Steuerumgehungen als auch Steuerhinterziehungen versteht[1513]. Deshalb spielt die Ausarbeitung eines Mechanismus, mit dem zwischen meldepflichtigen und nicht meldepflichtigen Gestaltungsmodellen unterschieden werden kann, eine wesentliche Rolle.

Die in Anhang IV der AHRL bestimmten Kennzeichen legen fest, unter welchen Umständen ein Steuergestaltungsmodell meldepflichtig ist[1514]. Nach Anhang IV der AHRL gibt es zwei Kategorien von Kennzeichen, konkret: allgemeine und spezifische Kennzeichen für jede Art der Transaktion, für die der Intermediär bestimmen muss, ob eine Notwendigkeit zur Meldung besteht. Hierbei handelt es sich um Merkmale oder Eigenschaften, die im Verständnis des Richtliniengebers ein potenzielles Risiko der Steuervermeidung aufweisen[1515]. Während die spezifischen Kennzeichen konkrete Strukturinhalte oder rechtliche Ergebnisse von Gestaltungen umfassen, handelt es sich bei den allgemeinen Kennzeichnen um Gestaltungen, die noch gänzlich unbekannt sind, so etwa insb. um innovative Steuersparideen[1516].

Wenn eine grenzüberschreitende Steuergestaltung lediglich die allgemeinen Kennzeichen erfüllt, muss sie zusätzlich das Kriterium des sog. „*main-benefit*"-*Tests* erfüllen[1517]. Auch beim Erfüllen von spezifischen Kennzeichen aus Anhang IV, Teil II, lit. b AHRL (insb. *bei Verlustnutzung durch Umstrukturierungen; bei Umwandlung der Einkünfte in niedrig oder nicht besteuerte Einkünfte und bei*

1512 *Hermenns, H./Modrzejewski, M./Münch, L./Rüsch, G.*, Überlegungen für eine nationale Anzeigepflicht für Steuergestaltungsmodelle (BEPS-Maßnahme 12: Mandatory Disclosure Rules), IStR 2016, 803 (804).

1513 Im Ergebnis: *Richter, A./Welling, B.*, Diskussionsbericht zum 67. Berliner Steuergespräch „Anzeigepflicht für Steuergestaltungen", FR 2018, 628 (630).

1514 *Schick, M.*, EU-Richtlinie über Anzeigepflichten von „Steuerintermediären" in Kraft, DStR 2018, 1583 (1584).

1515 *Ditz, X./Engelen, C.*, Neue Anzeigepflichten für Steuergestaltungen – Überblick und erste Handlungsempfehlungen, DStR 2019, 352 (354).

1516 *Osterloh-Konrad, C.*, Anzeigepflichten für Steuergestaltungen, FR 2018, 621 (622).

1517 Anhang IV, Teil I, Satz 1 der Richtlinie 2018/822 des Rates v. 25.05.2018 zur Änderung der Richtlinie 2011/16 bezüglich des verpflichtenden automatischen Informationsaustauschs im Bereich der Besteuerung über meldepflichtige grenzüberschreitende Gestaltungen, ABlEU Nr. L 139/1 v. 05.06.2018; so auch: *Patzner, A./Nagler, J.*, Die Anzeigepflicht für Steuergestaltungen als Herausforderung für Steuerpflichtige, IStR 2019, 402.

zirkulären Vermögensverschiebungen) und Anhang IV, Teil II, lit. c, Abs. 1, sublit. c, d und sublit. b Nr. i AHRL (beim Erfüllen sog. *spezifischer Kennzeichen im Zusammenhang mit grenzüberschreitenden Transaktionen*) muss der o.g. Test erfüllt werden. Dieser Test gilt als erfüllt, wenn festgestellt werden kann, *dass der Hauptvorteil oder einer der Hauptvorteile, den eine Person unter Berücksichtigung aller relevanten Fakten und Umstände vernünftigerweise von einer Gestaltung erwarten kann, die Erlangung eines Steuervorteils ist*[1518]. Für *Osterloh-Konrad*[1519] sagt allein der Umstand, dass eine Gestaltung von der Finanzverwaltung und/oder durch den Gesetzgeber als problematisch bzw. unerwünscht beurteilt wird (z.B. als Ergebnis des main-benefit-Tests), für sich genommen noch nichts darüber aus, ob der mit der Gestaltung angestrebte steuerliche Vorteil *de lege lata* versagt werden kann oder nicht. Entscheidend soll daher stets die Einzelprüfung der Steuergestaltung im Hinblick auf einen Missbrauch bleiben.

c) Umfang und Voraussetzungen des Informationsaustauschs

Der Umfang und Voraussetzungen des verpflichtenden automatischen Informationsaustauschs über meldepflichtige grenzüberschreitende Gestaltungen werden in dem neu eingeführten Art. 8ab der AHRL festgelegt. Die hochkomplexe bzw. mehrstufige Verpflichtung des Intermediärs zum Informationsaustausch umfasst nach Art. 8ab Abs. 14 AHRL insb. solche Auskünfte wie z.B. *Angaben zu den Intermediären und relevanten Steuerpflichtigen; Zusammenfassung des Inhalts des meldepflichtigen grenzüberschreitenden Modells; Einzelheiten zu den im Anhang IV AHRL aufgeführten Kennzeichen sowie Einzelheiten zu den nationalen Vorschriften, die die Grundlage der meldepflichtigen grenzüberschreitenden Gestaltung bilden; das Datum, an dem der erste Schritt der Umsetzung der meldepflichtigen grenzüberschreitenden Gestaltung gemacht wurde oder gemacht werden wird* usw. Der Intermediär ist nach Art. 8ab Abs. 1 Satz 1 AHRL dazu verpflichtet, die Gestaltung innerhalb von 30 Tagen ab dem Tag der Bereitstellung oder der potentiellen Nutzung des Modells anzumelden. Art. 8ab Abs. 13 AHRL enthält Vorschriften im Hinblick auf die rückwirkende Anwendung der obligatorischen Meldepflicht der Gestaltungen, der zufolge alle Steuergestaltungen

---

1518 Anhang IV, Teil I, Satz 2 der Richtlinie 2018/822 des Rates v. 25.05.2018 zur Änderung der Richtlinie 2011/16 bezüglich des verpflichtenden automatischen Informationsaustauschs im Bereich der Besteuerung über meldepflichtige grenzüberschreitende Gestaltungen, ABlEU Nr. L 139/1 v. 05.06.2018.

1519 *Osterloh-Konrad, C.*, Anzeigepflichten für Steuergestaltungen, FR 2018, 621 (623).

seit dem Inkrafttreten der DAC-6-Richtlinie (25.06.2018) als anzeigepflichtig zu bewerten sind.

d) Umsetzung in das deutsche Steuerrecht

aa) Allgemeines

Die DAC-6-Richtlinie ist mittels der Einführung neuer Vorschriften in die AO – die §§ 138d-138k AO – umgesetzt worden[1520]. Zunächst hat das BMF einen ersten RefE zur Richtlinienumsetzung aus dem Frühjahr 2019[1521] vorgelegt. Anfang September 2019 hat das BMF einen zweiten, nur geringfügig[1522] überarbeiteten RefE zur Richtlinienumsetzung öffentlich vorgestellt. Bereits Ende 2019 hat der BT ein Gesetz zur Einführung einer Pflicht zur Mitteilung grenzüberschreitender Steuergestaltungen verabschiedet. Dieses Gesetz ist zum 01.01.2020 in Kraft getreten. Dabei weicht es von dem zweiten RefE des BMF nicht stark ab.

bb) Strukturelle Besonderheiten

Die anzeigenpflichtrelevanten Regelungen finden sich nun §§ 138d-138k AO. Dabei ist § 138d AO als Zentralnorm dieser Normengruppe anzusehen, die den persönlichen und sachlichen Anwendungsbereich der Mitteilungspflicht für grenzüberschreitende Steuergestaltungen bestimmt[1523]. § 138e AO enthält einzelne Kennzeichen von mitteilungspflichtigen Steuergestaltungen. Das Verfahren zur Mitteilung grenzüberschreitender Steuergestaltungen ist in zwei separate Vorschriften unterteilt, nämlich in § 138f AO für Intermediäre und § 138g AO für Nutzer. Daneben enthält § 138h AO die Regelung zur Mitteilung bei marktfähigen grenzüberschreitenden Steuergestaltungen. Der rechtstechnischen Frage

---

1520 Vgl. zur Entwurfsfassung: *Stöber, M.*, Rechts- und Praxisprobleme der Anzeigepflicht für Steuergestaltungen, in: Brandt, J., Steuerrecht im Wandel, Stuttgart 2020, 127 (135); ähnlich: *Podeyn, H./Tschatsch, M./Fischler, C.*, Anzeigepflicht für grenzüberschreitende Steuergestaltungen – praktische Relevanz für die Finanzbranche, DB 2018, 3081.

1521 RefE des BMF v. 30.01.2019: Entwurf eines Gesetzes zur Einführung einer Pflicht zur Mitteilung von Steuergestaltungen. Abrufbar unter: http://www.umsatzsteuerrecht.de/media/GestAnzG_RefE.pdf (*letzter Zugriff*: 01.01.2022).

1522 *Engelen, C.*, in: Flick, H./Wassermeyer, F./Baumhoff, H./Schönfeld, J., Außensteuerrecht: Kommentar, Stand: 99. Ergänzungslieferung, Köln 2021, vor §§ 138d-k AO, Rn. 18.

1523 *Engelen, C.*, in: Flick, H./Wassermeyer, F./Baumhoff, H./Schönfeld, J., Außensteuerrecht: Kommentar, Stand: 99. Ergänzungslieferung, Köln 2021, vor §§ 138d-k AO, Rn. 41.

der automatisierten Informationsmitteilung zwischen BZSt und den zuständigen Finanzbehörden hinsichtlich der durch das BZSt erworbenen Informationen ist § 138i AO gewidmet. § 138j AO ist der Auswertung der Mitteilungen grenzüberschreitender Steuergestaltungen gewidmet. Schließlich regelt § 138k AO die Einzelheiten der Angabe der grenzüberschreitenden Steuergestaltung in der Steuererklärung.

cc) Gegenstand der Mitteilungspflicht

Was Gegenstand der Mitteilungspflicht ist, bestimmt § 138d Abs. 1 AO. Demzufolge ist eine für einen Dritten konzipierte, organisierte, zur Nutzung bereitstellte grenzüberschreitende Steuergestaltung gegenüber dem BZSt anzeigepflichtig. Gleiches gilt auch für die grenzüberschreitenden Steuergestaltungen, deren Umsetzung durch Dritte (*gemeint ist der Intermediär*) verwaltet wird. Der Begriff einer Steuergestaltung wurde durch den Gesetzgeber jedoch nicht konkretisiert[1524].

Keine Meldepflicht besteht über ausschließlich innerstaatliche Steuergestaltungen. *Stöber*[1525] setzt einen Akzent auf die Tatsache, dass der Gesetzgeber, obwohl in § 138j AO-Entwurf geplant war, auch innerstaatliche Steuergestaltungen der Meldepflicht zu unterwerfen, aufgrund der massiven Kritik im Schrifttum wegen der verfassungswidrigen Folgen gezwungen war, diese Idee aufzugeben.

In § 138d Abs. 2 AO ist festgelegt, welche Gestaltungen als grenzüberschreitend zu bewerten sind. Hierzu werden die Tatbestandsmerkmale des Art. 3 Nr. 18 lit. a bis e AHRL herangezogen[1526]. Von besonderer Bedeutung ist nach § 138d Abs. 2 Nr. 3 AO, dass die betroffene Steuergestaltung ein Kennzeichnen aus der Liste i. S. d. § 138e AO aufweist. Somit ist eine grenzüberschreitende Steuergestaltung nicht *per se*, sondern lediglich dann mitteilungspflichtig, wenn sie ein Kennzeichnen aufweist[1527]. Mit § 138e AO wiederholt der Gesetzgeber die allgemeinen und spezifischen Kennzeichnen aus dem Anhang IV der

1524 *Engelen, C.*, in: Flick, H./Wassermeyer, F./Baumhoff, H./Schönfeld, J., Außensteuerrecht: Kommentar, Stand: 99. Ergänzungslieferung, Köln 2021, vor §§ 138d-k AO, Rn. 43.

1525 *Stöber, M.*, Der RegE zur Mitteilungspflicht in Bezug auf Steuergestaltungen, DB 2019, 2649 (2650).

1526 Siehe auch: *Stöber, M.*, Der RegE zur Mitteilungspflicht in Bezug auf Steuergestaltungen, DB 2019, 2649 (2650).

1527 *Stöber, M.*, Die Pflicht zur Mitteilung grenzüberschreitender Steuergestaltungen nach den neuen §§ 138d–138k AO, BB 2020, 983 (984).

AHRL[1528]. Hierbei wurden jedoch vorstellbare Interpretationsprobleme von den Kennzeichnen nicht gelöst[1529]. Insofern besteht kaum eine Differenz zwischen der Endfassung des Gesetzes und dem ersten RefE des BMF.

dd) Adressaten der Mitteilungspflicht und Ablauf der Mitteilung

Wer Adressat der Mitteilungspflicht ist, definiert § 138d Abs. 1 AO. Hiervon ist primär ein Intermediär betroffen, der die Tatbestandsmerkmale aus Art. 3 Nr. 21 Satz 1 AHRL erfüllt. Unter dem Intermediär sind auch diejenigen zu verstehen, die in Bezug auf die Steuergestaltung unterstützend wirken und Beratung leisten[1530]. Nicht als intermediäre Tätigkeit ist dagegen eine reine Hilfeleistung durch eine mittelbare Tätigkeit zu bewerten[1531]. Entscheidend ist hierbei das Vorliegen eines zielgerichteten tätigkeitsbezogenen Zusammenhangs zwischen der konkreten grenzüberschreitenden Steuergestaltung und der Tätigkeit des Intermediärs[1532].

Wird ein Intermediär zur gesetzlichen Verschwiegenheit verpflichtet (§ 138f Abs. 6 Satz 1 AO) oder ist kein mitteilungspflichtiger Intermediär vorhanden (§ 138g Abs. 1 Satz 1 AO), ist als Adressat einer Mitteilungspflicht *subsidiär*[1533] der Nutzer der grenzüberschreitende Steuergestaltung anzusehen. *Polatzky* und

1528 Siehe auch: *Stöber, M.*, Der RegE zur Mitteilungspflicht in Bezug auf Steuergestaltungen, DB 2019, 2649 (2650 f.); mwN *Stöber, M.*, Die Pflicht zur Mitteilung grenzüberschreitender Steuergestaltungen nach den neuen §§ 138d–138k AO, BB 2020, 983 (984).

1529 *Polatzky, R./Schäfer, M.*, Mitteilungspflicht für grenzüberschreitende Steuergestaltungen – Praxisempfehlungen zum Verfahren und Fälle zu den sog. Hallmarks, StuB 2019, 915 (920).

1530 *von Wedelstädt, A.*, Mitteilungspflicht bei grenzüberschreitenden Steuergestaltungen – Kurzdarstellung der §§ 138d bis 138k AO, AO-StB 2020, 21.

1531 *Trageser, M./Schenk, C.*, Anzeigepflicht für grenzüberschreitende Steuergestaltungen: Ausgewählte Problemfelder aus Sicht der Finanzindustrie, BB 2019, 2910.

1532 *Grotherr, S.*, Wer hat künftig die Mitteilungspflichten bei grenzüberschreitenden Steuergestaltungen zu erfüllen?, DStZ 2019, 287 (292).

1533 *Trageser, M./Schenk, C.*, Anzeigepflicht für grenzüberschreitende Steuergestaltungen: Ausgewählte Problemfelder aus Sicht der Finanzindustrie, BB 2019, 2910 (2912); *Stöber, M.*, Der RegE zur Mitteilungspflicht in Bezug auf Steuergestaltungen, DB 2019, 2649 (2651); auch: *Stöber, M.*, Rechts- und Praxisprobleme der Anzeigepflicht für Steuergestaltungen, in: Brandt, J., Steuerrecht im Wandel, Stuttgart 2020, 127 (136).

Schäfer[1534] behaupten in diesem Zusammenhang zu Recht, dass ein Intermediär sich *de facto* auch dann im Fokus einer Mitteilungsverpflichtung befindet, wenn die *Compliance-Pflicht* beim Nutzer liegt. Diese These ist auch zutreffend in Bezug auf § 138d Abs. 6 AO, wenn die grenzüberschreitende Steuergestaltung durch den Nutzer für sich selbst konzipiert wurde. Der Nutzer der grenzüberschreitenden Steuergestaltung ist laut § 138d Abs. 5 Nr. 1 bis 3 AO eine natürliche oder juristische Person, Personengesellschaft, Gemeinschaft oder Vermögensmasse, welche die grenzüberschreitende Steuergestaltung zur Umsetzung bereitgestellt oder bereit ist, die grenzüberschreitende Steuergestaltung umzusetzen, sowie derjenige, der die ersten Schritte zur Umsetzung der grenzüberschreitenden Steuergestaltung in Angriff nimmt.

Gemäß § 138f Abs. 1 und 2 AO sind die Angehörigen des o.g. Personenkreises verpflichtet, die grenzüberschreitende Steuergestaltung innerhalb einer 30-Tages-Frist dem BZSt zu melden. Die – von *Stöber*[1535] als recht kurz angesehene – 30-Tages-Frist entspricht den Voraussetzungen aus Art. 8ab Abs. 1 Satz 1 AHRL. Obwohl der Gesetzgeber nicht explizit die Mitteilungsform bestimmt, sollte hierbei eine elektronische[1536] und in deutscher Sprache[1537] erstellte Mitteilung abgegeben werden. Den Umfang einer Mitteilung stellt § 138f Abs. 3 AO dar und gibt somit die Bestimmungen aus dem schon erläuterten Art. 8ab Abs. 14 AHRL wieder.

ee) *Entlastungsmöglichkeit von einer Mitteilungspflicht für die Berufsgeheimnisträger*

Der erste RefE des BMF berührte die Problematik der beruflichen Schweigepflicht in Bezug auf die Mitteilungspflicht kaum. So stellte § 138f Abs. 3 Satz 1 Nr. 3 AO-Entwurf lediglich klar, dass der Mitteilungspflichtige keine Handels-, Gewerbe- oder Berufsgeheimnisse offenbaren und kein Geschäftsverfahren oder Informationen preisgeben muss, deren Offenlegung die öffentliche Ordnung verletzen[1538]. In rechtstechnischer Perspektive strebte der Gesetzgeber schon

1534 *Polatzky, R./Schäfer, M.*, Mitteilungspflicht für grenzüberschreitende Steuergestaltungen – Praxisempfehlungen zum Verfahren und Fälle zu den sog. Hallmarks, StuB 2019, 915 (917).

1535 *Stöber, M.*, Der RegE zur Mitteilungspflicht in Bezug auf Steuergestaltungen, DB 2019, 2649 (2652); *Stöber, M.*, Die Pflicht zur Mitteilung grenzüberschreitender Steuergestaltungen nach den neuen §§ 138d–138k AO, BB 2020, 983 (985).

1536 BR-Drs. 489/19, 42.

1537 So im Ergebnis: BT-Drs. 19/14233, Frage 5.

1538 RefE. des BMF v. 30.01.2019: Entwurf eines Gesetzes zur Einführung einer Pflicht zur Mitteilung von Steuergestaltungen, 50.

zu damaligem Zeitpunkt an, den Nutzer einer Gestaltung zur Meldung seiner personenbezogenen Daten zu verpflichten, falls sein Intermediär von der Verschwiegenheit nicht befreit ist und ihm die notwendigen Daten bereitgestellt hat. Dies ist kaum verwunderlich, denn eine derartige Lösung strebt auch Art. 8ab Abs. 5, UAbs. 1, Satz 1, UAbs. 2 AHRL an.

Die Endfassung des Gesetzes nahm die berufsrechtliche Verschwiegenheitspflicht von Rechtsanwälten, Steuerberatern und Abschluss- und Wirtschaftsprüfern also zur Kenntnis. In Bezug auf Situationen, in denen die Mitteilungspflicht nicht nach § 138f Abs. 6 AO auf die Nutzer übertragen wurde, gilt das Auskunftsverweigerungsrecht nach § 102 Abs. 4 Satz 1 AO jedoch nicht[1539].

ff) Keine weiteren Entlastungsmöglichkeiten von einer Mitteilungspflicht

§ 138j Abs. 6 Nr. 1 Satz 1 AO-Entwurf enthielt weitere Befreiungstatbestände. Die Besonderheit dieser Vorschrift bestand darin, dass sie nur für bestimmte innerstaatliche Gestaltungen galt[1540]. Nach der dort geregelten *de-minimis-Klausel*[1541] sollten natürliche Personen von einer Mitteilungspflicht befreit sein, soweit deren positive Einkünfte nach § 2 Abs. 1 EStG sich auf weniger als 500.000 Euro pro Kalenderjahr belaufen. Außerdem sollten die innerstaatlichen Gestaltungen von einem nicht einem Konzern i. S. d. § 18 AktG angehörigen Steuerpflichtigen (§ 138j Abs. 6 Nr. 2 AO-Entwurf), von einem nicht durch eine ausländische Person i. S. d. § 19 BpO beherrschten Unternehmen (§ 138j Abs. 6 Nr. 3 AO-Entwurf) sowie Gestaltungen, die nicht von der Abschlussprüfung betroffen sind (§ 138j Abs. 6 Nr. 4 AO-Entwurf), von einer Mitteilungspflicht ausgenommen werden.

Die o.g. Vorschrift aus dem Entwurf galt doch nur für innerstaatliche Gestaltungen und wurde in die endgültige Fassung des Gesetzes nicht übernommen. Das war zwar einerseits eine „*gute Nachricht*[1542]" für Steuerpflichtige, da durch die Endfassung des Gesetzes lediglich grenzüberschreitende – nicht jedoch innerstaatliche – Steuergestaltungen erfasst wurden.

1539 RefE. des BMF v. 26.09.2019: Entwurf eines Gesetzes zur Einführung einer Pflicht zur Mitteilung von Steuergestaltungen, 27.

1540 Siehe: *Stöber, M.*, Der RegE zur Mitteilungspflicht in Bezug auf Steuergestaltungen, DB 2019, 2649 (2650).

1541 Vgl. zum § 138d AO-Entwurf: *Stöber, M.*, Zur verfassungs- und unionsrechtlichen (Un-)Zulässigkeit von Anzeigepflichten in Bezug auf Steuergestaltungen, BB 2018, 2464 (2465).

1542 *Stöber, M.*, Der RegE zur Mitteilungspflicht in Bezug auf Steuergestaltungen, DB 2019, 2649 (2650).

Unter Beachtung der Tatsache, dass das Gesetz zur Einführung einer Mitteilungspflicht in Bezug auf grenzüberschreitende Steuergestaltungen die *Sicherung des Steuersubstrats*[1543] gewährleisten soll, erscheint aber anderseits die Abwesenheit einer *de-minimis-Klausel* für grenzüberschreitende Steuergestaltungen hochproblematisch. Teilweise ist das auch die Schuld der Verfasser der DAC-6-Richtlinie, die sich nicht rechtzeitig um die Einführung einer *de-minimis-Klausel* für grenzüberschreitende Steuergestaltungen gekümmert haben. Aus der Sicht eines Intermediärs sowie eines Nutzers entsteht somit im Endeffekt ein größeres Arbeitsaufkommen, wenn nun alle grenzüberschreitenden Steuergestaltungen – und sogar diejenigen von ihnen, die offensichtlich keine negative Wirkung auf die Sicherung des Steuersubstrats haben können – einer Mitteilungspflicht unterliegen sollen. Für die deutsche Finanzindustrie verspricht die Regelungstechnik des Gesetzes einen unsachgemäßen Dokumentationsaufwand[1544]. Aus der fiskalischen Perspektive stellt die Mitteilungspflicht daneben einen zeitlichen und finanziellen Aufwand in Anbetracht der Prüfung von zahlreichenden grenzüberschreitenden Steuergestaltungen dar.

Umso bedauerlicher sind in diesem Zusammenhang die Pläne der neuen Ampel-Koalition, denen zufolge *„die bereits eingeführte Mitteilungspflicht für grenzüberschreitende Steuergestaltungen auch auf nationale Steuergestaltungen von Unternehmen mit einem Umsatz von mehr als 10 Mio. Euro*[1545]*"* ausgeweitet werden soll. Die geplante (Wieder)Einführung einer *de-minimis-Klausel* für innerstaatliche Gestaltungen wird zur Folge haben, dass ein deutsches Unternehmen mit einem Umsatz von weniger als 10 Mio. Euro bei Vorhandensein einer innerstaatlichen Steuergestaltung zwar von einer Mitteilungspflicht befreit werden könnte. Diese Entlastung würde jedoch nicht für seine grenzüberschreitenden Steuergestaltungen gelten, welche auch weiterhin mitteilungspflichtig bleiben würden. Im Endeffekt könnten somit die Investitionen ins EU-Ausland wesentlich erschwert bzw. der Verkehr des freien Kapitals ins EU-Ausland weniger attraktiv gemacht werden. Deshalb stellt m.E. die potentielle Umsetzung dieses Vorhabens bzw. hartnäckige Abneigung des Gesetzgebers gegen die

---

1543 BR-Drs. 489/19, 2.

1544 *Trageser, M./Schenk, C.*, Anzeigepflicht für grenzüberschreitende Steuergestaltungen: Ausgewählte Problemfelder aus Sicht der Finanzindustrie, BB 2019, 2910 (2917).

1545 *SPD/Bündnis 90/die Grünen/FDP*, Mehr Fortschritt wagen: Bündnis für Freiheit, Gerechtigkeit und Nachhaltigkeit, Koalitionsvertrag der 20. Legislaturperiode, Berlin 2021, 167. Abrufbar unter: https://www.spd.de/fileadmin/Dokumente/Koalitionsvertrag/Koalitionsvertrag_2021-2025.pdf (*letzter Zugriff*: 01.01.2022).

Einführung einer *de-minimis-Klausel* auch für grenzüberschreitende Steuergestaltungen einen klaren Verstoß gegen die von Art. 63 AEUV geschützte Kapitalverkehrsfreiheit dar. Die weiteren Entwicklungen in diesem Bereich bleiben abzuwarten.

gg) Zeitliche Anwendung und Sanktionierung

Im Hinblick auf den zeitlichen Anwendungsbereich von §§ 138d-138k AO regelt § 33 Abs. 1 EGAO, dass sämtliche grenzüberschreitende Steuergestaltungen, die nach dem 01.07.2020 angewendet wurden, beim BZSt gemeldet werden müssen.

Wesentlich problematischer ist hingegen die Regelung aus § 33 Abs. 2 EGAO. Demzufolge ist der erste Schritt einer mitteilungspflichtigen grenzüberschreitenden Steuergestaltung, der nach dem 24.06.2018 (also ab dem Inkrafttreten der DAC-6-Richtlinie) und vor dem 01.07.2020 eintrat, binnen einer zweimonatigen Frist nach dem 30.06.2020 beim BZSt zu melden. Im Hinblick auf den zeitlichen Anwendungsbereich gilt die in § 33 Abs. 2 EGAO umgesetzte Regelung aufgrund des Art. 8ab Abs. 4 AHRL rückwirkend[1546], also ab dem Inkrafttreten der DAC-6-Richtlinie. Insofern liegt eine echte Rückwirkung vor[1547]. Die Anwendung der Regelungen i. S. d. §§ 138d-138k AO ist somit mit dem Entstehen von zahlreichen Rechtsproblemen sowie einem erheblichen Erfüllungs- und Verwaltungsaufwand verbunden[1548].

Wird eine Mitteilungspflicht durch den Nutzer oder Intermediär verletzt, so sollte ursprünglich eine Sanktionierung nach § 383a AO-Entwurf erfolgen. Hierfür wurde nach § 383a Abs. 2 AO-Entwurf eine Geldbuße von bis zu 25.000 Euro erwogen. In der Endfassung des Gesetzes ist die Sanktionierung in § 379 Abs. 2 Nr. 1e, 1f Abs. 7 AO geregelt. Die Summe der Geldbuße bleibt dabei unverändert. Anzumerken ist hierbei, dass die o.g. Normengruppe ihrer Bußgeldbewehrung zufolge zwar dem qualifizierten Bestimmtheitsgebot für Strafgesetze genügen muss, sie erfüllt aber wegen der Unbestimmtheiten bei den Formulierungen die qualifizierten Bestimmtheitsanforderungen nicht[1549].

1546 *Polatzky, R./Schäfer, M.*, Mitteilungspflicht für grenzüberschreitende Steuergestaltungen – Praxisempfehlungen zum Verfahren und Fälle zu den sog. Hallmarks, StuB 2019, 915.

1547 *Eilers, S./Sommer, D.*, Anzeigepflichten für Steuergestaltungen – Sinnvoller Wettlauf der Gesetzgeber?, ISR 2019, 75 (79).

1548 *von Wedelstädt, A.*, Mitteilungspflicht bei grenzüberschreitenden Steuergestaltungen – Kurzdarstellung der §§ 138d bis 138k AO, AO-StB 2020, 21 (22).

1549 So: *Stöber, M.*, Die Pflicht zur Mitteilung grenzüberschreitender Steuergestaltungen nach den neuen §§ 138d–138k AO, BB 2020, 983 (986).

C. Das primäre Unionsrecht und seine Auswirkungen auf die Bekämpfung von Missbrauchsgestaltungen im Bereich des Ertragsteuerrechts

Für die nationalen Ertragsteuerrechtssysteme der EU-Mitgliedstaaten spielen neben den Instrumenten des sekundären Unionsrechts auch die Vorschriften des primären Unionsrechts eine zentrale Rolle. Die Instrumente des sekundären Unionsrechts dienen der Harmonisierung bestimmter Bereiche des Steuerrechts in den EU-Mitgliedstaaten, durch die die Errichtung oder das Funktionieren des Binnenmarkts gewährleistet werden soll[1550]. Die Anwendung der steuerlich relevanten Vorgaben aus dem primären Unionsrecht beschränkt sich dagegen nicht ausschließlich auf den spezifischen Bereich des Steuerrechts, wenngleich auch sie für das gesamte Ertragsteuerrecht maßgeblich sind. Ihrer systematischen und funktionellen Rolle nach können die Instrumente des primären Unionsrechts aber nicht denjenigen des sekundären Unionsrechts gleichgestellt werden. Dies begründet sich dadurch, dass ihnen *(bzw. den europäischen Grundfreiheiten)* – anders als den imperativen Vorschriften aus dem sekundären Unionsrecht – im Bereich des Ertragsteuerrechts vielmehr die Funktion allgemeiner Steuerrechtsprinzipen zukommt. Diese Herangehensweise resultiert aus der Idee des vereinigten Europas, das auf die Einrichtung einheitlicher Rechtsmöglichkeiten für alle EU-Bürger abzielt. Somit untersteht das Ertragsteuerrechtssystem der EU-Mitgliedstaaten dem Einfluss der – für die Errichtung und das Funktionieren des Binnenmarkts notwendigen – punktuellen Harmonisierung. Zugleich wird es jedoch auch durch die wesentlich breiter angelegte, jedoch ihrer Wirkung nach mit den Steuerrechtsprinzipien vergleichbare Angleichung geprägt. Deshalb müssen sich die ertragsteuerlichen Vorschriften nicht nur an den Rahmenbedingungen des nationalen Verfassungsrechts, sondern ebenso an den Vorgaben des Unionsrechts messen lassen.

Die Grundlagen des primären Unionsrechts wurden bereits in Unterkapitel A dieses Kapitels behandelt. Nachfolgend sollen daher die Auswirkungen der Vorgaben des primären Unionsrechts bzw. der europäischen Grundfreiheiten sowie der Rechtsprechung des EuGH in Bezug auf den Kampf gegen die ertragsteuerlichen Gestaltungsmissbräuche im Einzelnen untersucht werden.

1550 Art. 115 AEUV.

I. Die europäischen Grundfreiheiten und ihre dogmatische Rolle im Kampf gegen Missbrauchsgestaltungen

1. Allgemeines zu den EU-Grundfreiheiten

Die Grundlage des europäischen Steuerrechts ist der Vertrag zur Gründung der Europäischen Wirtschaftsgemeinschaft aus dem Jahr 1957, der im Laufe der vergangenen Jahre mehrfach geändert wurde[1551]. Zu den wichtigsten dieser Änderungen gehören insb. die Einheitliche Europäische Akte[1552] und die EG-Verträge von Maastricht[1553], Amsterdam[1554] und Nizza[1555]. Letztlich kommt das europäische Steuerrecht in seiner heutigen Form durch den Abschluss der Verträge von Lissabon über die EU[1556] sowie über die Arbeitsweise der Europäischen Union[1557] (sog. *AEUV*) zustande.

Bereits im EG-Vertrag von Maastricht wurden die fundamentalen Prinzipien für das Funktionieren der Europäischen Union festgehalten, die im Schrifttum als europäische Grundfreiheiten bezeichnet werden. Diese Prinzipien haben ihre materielle Fixierung mittlerweile in AEUV gefunden. Dass sie eine unmittelbare Wirkung haben (bzw. Anwendung finden[1558]), verdanken die europäischen

---

1551 *Rehm, H./Nagler, J.*, Europäisches Steuerrecht, Wiesbaden 2013, 13.

1552 Einheitliche Europäische Akte, ABlEG Nr. L 169/1 v. 29.06.1987.

1553 EUV (*unterzeichnet in Maastricht am 07.02.1992*), ABlEG Nr. C 191/1 v. 29.07.1992.

1554 Vertrag von Amsterdam zur Änderung des Vertrags über die EU, der Verträge zur Gründung der Europäischen Gemeinschaften sowie einiger damit zusammenhängender Rechtsakte, ABlEG Nr. C 340/1 v. 10.11.1997.

1555 Vertrag von Nizza zur Änderung des Vertrags über die EU, der Verträge zur Gründung der Europäischen Gemeinschaften sowie einiger damit zusammenhängender Rechtsakte, ABlEG Nr. C 80/1 v. 10.03.2001.

1556 Vertrag von Lissabon zur Änderung des Vertrags über die EU und des Vertrags zur Gründung der Europäischen Gemeinschaft (*unterzeichnet in Lissabon am 13.12.2007*), ABlEU Nr. C 306/1 v. 17.12.2007.

1557 Vertrag über die Arbeitsweise der Europäischen Union (AEUV), ABlEU Nr. C 115/47 v. 09.05.2008.

1558 Zur Warenverkehrsfreiheit: EuGH v. 01.07.1969 – 2/69, BeckRS 2004, 72203 (Rn. 11-14) – Sociaal Fonds voor de Diamantarbeiders/Brachfeld u.a.; zur Freizügigkeit vom Arbeitnehmer: EuGH v. 15.12.1995 – C-415/93, NJW 1996, 505 (Rn. 93) – Bosman; zur Niederlassungsfreiheit: EuGH v. 21.06.1974 – 2/74, BeckRS 2004, 72208 (Rn. 24 ff.) – Reyners; zur Dienstleistungsfreiheit: EuGH v. 03.12.1974 – C-33/74 (3374), BeckRS 2004, 70832 (Rn. 27) – Van Binsbergen; EuGH v. 17.12.1981 – 279/80, juris (Rn. 13) – Webb; zur Kapitalverkehrfreiheit: EuGH v. 14.12.1995 – C-163/94, C-165/94, C-250/94, juris (Rn. 41, 43) – Sanz de Lera.

Grundfreiheiten der vorrangigen Anwendung des EU-Rechts gegenüber nationalem Recht. *Poulakos*[1559] betont in diesem Zusammenhang, dass die Vorschriften zu den EU-Grundfreiheiten – mit Ausnahme von Art. 63 Abs. 1 AEUV – sich nicht ausdrücklich auf das Steuerrecht beziehen. Dieser Umstand hat den EuGH allerdings nicht daran gehindert, danach zu streben, die EU-Grundfreiheiten und ihre Vorgängervorschriften für das Steuerrecht nutzbar zu machen. Daher finden die EU-Grundfreiheiten in der Praxis Anwendung im steuerlichen bzw. ertragsteuerlichen Bereich[1560].

Die Grundfreiheiten des AEUV basieren auf dem Prinzip, dass die EU-Mitgliedstaaten für grenzüberschreitende Transaktionen innerhalb der EU dieselben Bedingungen garantieren müssen, wie sie auch für Binnentransaktionen in dem jeweiligen EU-Mitgliedstaat gelten[1561]. Auf diese Weise soll jede ungerechtfertigte Ungleichbehandlung ausgeschlossen werden. Gleichzeitig dienen sie auch der Durchsetzung des Binnenmarkt-Konzepts[1562], da aufgrund des Art. 26 Abs. 2 AEUV der Binnenmarkt als ein Raum ohne Binnengrenzen definiert wird, in dem der freie Verkehr von Waren, Personen, Dienstleistungen und Kapital gewährleistet wird. Die EU-Grundfreiheiten sind für jeden EU-Mitgliedstaat ab dem Zeitpunkt seines Beitritts zur EU bindend[1563].

Zu den speziellen[1564] Grundfreiheiten der EU gehören insb. die Warenverkehrsfreiheit (Art. 28 AEUV), die Personenfreiheit (Art. 45 und Art. 49 AEUV), die Dienstleistungsfreiheit (Art. 56 AEUV) und die Kapitalverkehrsfreiheit (Art. 63 AEUV). Die Personenfreiheit weist dabei eine Besonderheit auf, sie hat eine duale Rechtsnatur und schließt die sog. Arbeitnehmerfreizügigkeit (Art. 45 AEUV) und die Niederlassungsfreiheit (Art. 49 AEUV) ein. Zu beachten sind überdies auch das allgemeine Diskriminierungsverbot (Art 18 AEUV) und die

---

1559 *Poulakos, C.*, Der Missbrauch von steuerlichen Gestaltungsmöglichkeiten nach § 42 AO und das Europäische Gemeinschaftsrecht, Dissertation, Regenburg und Athen 2013, 168.

1560 MwN *Bauschatz, P.*, Steuerlicher Gestaltungsmissbrauch und Europarecht (Teil I) – Öffnung der Steuersysteme im Recht der direkten Steuern der EU-Mitgliedstaaten und Abwehr grenzüberschreitender Gestaltungen durch Missbrauchsvorschriften anhand ausgewählter Beispiele des deutschen Steuerrechts, IStR 2002, 291 (294).

1561 *Rehm, H./Nagler, J.*, Europäisches Steuerrecht, Wiesbaden 2013, 14 f.

1562 *Weber-Grellet, H.*, Europäisches Steuerrecht, 2. Aufl., München 2016, 43.

1563 *Rehm, H./Nagler, J.*, Europäisches Steuerrecht, Wiesbaden 2013, 14.

1564 *Rehm, H./Nagler, J.*, Europäisches Steuerrecht, Wiesbaden 2013, 14.

allgemeine Freizügigkeit (Art. 21 AEUV). Sie kommen insb. dann zur Anwendung, wenn ein Fall nicht unter die o.g. EU-Grundfreiheiten fällt[1565].

2. Überblick über die EU-Grundfreiheiten

a) Warenverkehrsfreiheit i. S. d. Art. 28 AEUV

Die in Art. 28 AEUV fixierte Warenverkehrsfreiheit stellt die Freizügigkeit der Warenbewegung zwischen den EU-Mitgliedstaaten sicher. Diese Freiheit spielt eine wesentliche Rolle für die Schaffung eines gemeinsamen Zollsystems der EU[1566]. Dieses erstreckt sich auf den gesamten Warenaustausch und soll auch die Einführung eines gemeinsamen Zolltarifs gegenüber Drittländern umfassen, Art. 28 Abs. 1 AEUV. Aufgrund ihrer zollrechtlichen Orientierung hat diese EU-Grundfreiheit jedoch nur wenig Relevanz für den Bereich des Ertragsteuerrechts[1567].

b) Personenfreiheiten i. S. d. Art. 45, 49 AEUV

Wird innerhalb der EU über Personenfreiheiten gesprochen, so bezieht sich dies auf die Arbeitnehmerfreizügigkeit und die Niederlassungsfreiheit. Art. 45 Abs. 1 AEUV gewährleistet die Freizügigkeit der Arbeitnehmer, während die Abschaffung jeglicher auf der Staatsangehörigkeit beruhender unterschiedlicher Behandlung von Arbeitnehmern der EU-Mitgliedstaaten in Bezug auf Beschäftigung, Entlohnung und sonstige Arbeitsbedingungen in Abs. 2 der o.g. Norm fixiert wurde. Bisher hat der EuGH zahlreiche nationale steuerliche Vorschriften auf einen möglichen Verstoß gegen die Arbeitnehmerfreizügigkeit hin überprüft[1568]. Im Hinblick auf die Bekämpfung ertragsteuerlicher Gestaltungsmissbräuche gibt es allerdings bislang kein Urteil.

1565 Im Grunde genommen geht es um die Fälle, in denen die wirtschaftliche Aktivität der Steuerpflichtigen keine entscheidende Rolle spielt, so z.B. bei der Rentenzahlung: EuGH v. 09.11.2006 – C-520/04, BeckRS 2006, 70876 – Turpeinen; oder auch bei der Zahlung von Schulgeld: EuGH v. 11.09.2007 – C-76/05, NJW 2008, 351 – Schwarz und Grootje-Schwarz.

1566 Im Ergebnis: *Herrmann, C.*, in: Grabitz, E./Hilf, M./Nettesheim, M., Das Recht der Europäischen Union: Kommentar, Stand: 73. Ergänzungslieferung, München 2021, AEUV, Art. 28, Rn. 1.

1567 Auch: *Reimer, E.*, Die Auswirkungen der Grundfreiheiten auf das Ertragsteuerrecht der Bundesrepublik Deutschland – Eine Bestandsaufnahme, in: Lehner, M., Grundfreiheiten im Steuerrecht der EU-Staaten, München 2000, 39 (70).

1568 So z.B.: EuGH v. 08.05.1990 – C-175/88, DStR 1991, 454 – Biehl; EuGH v. 14.02.1995 – C-279/93, BeckRS 2004, 75933 – Schumacker usw.

Im Unterschied dazu hat die in Art. 49 AEUV festgeschriebene Niederlassungsfreiheit eine zentrale Bedeutung für die Bekämpfung von Steuermissbräuchen. Nach Art. 49 Abs. 1 Satz 1 AEUV sind Beschränkungen der freien Niederlassung von Staatsangehörigen eines EU-Mitgliedstaats im Hoheitsgebiet eines anderen EU-Mitgliedstaats verboten. Durch Art. 54 Abs. 1 AEUV kann diese EU-Grundfreiheit auch auf juristische Personen angewendet werden. Durch die Niederlassungsfreiheit wird die Wahlfreiheit im Hinblick auf eine unternehmerische Betätigung in einem anderen EU-Mitgliedstaat gewährleistet. Diese Wahlfreiheit kann durch die Gründung einer Betriebsstätte, durch eine Tochtergesellschaft oder über die Beteiligung an einer Personengesellschaft wahrgenommen werden[1569]. Der EuGH[1570] hat die dogmatische Form der Niederlassungsfreiheit als ein unmittelbar anwendbares subjektives Recht bestimmt. Die unmittelbare Anwendbarkeit von Art. 49 AEUV darf durch die Regelungszuständigkeit der EU-Mitgliedstaaten nicht eingeschränkt werden[1571], weil die Niederlassungsfreiheit zu den Grundprinzipien des Primärrechts der EU gehört[1572]. Daneben gehen die in den Art. 49-55 AEUV fixierten Sonderregelungen den in Art. 18 und Art. 21 AEUV enthaltenen Regelungen vor[1573]. Im Wesentlichen ermöglicht somit die Niederlassungsfreiheit den konzeptionellen Übergang vom Schutz der Marktgleichheit hin zum Schutz des Marktzugangs[1574].

Aus einer steuerlichen Perspektive ermöglicht diese EU-Grundfreiheit eine breite Steuerplanung, bei der die Ertragsteuersysteme unterschiedlicher EU-Mitgliedstaaten genutzt werden können. Allerdings ist es dadurch auch unvermeidbar, dass deutlich zu weit gehende, unangemessene, künstliche Steuergestaltungen entstehen, für die es keine nachvollziehbare ökonomische

---

1569 *Jacobs, O.H./Endres, D./Spengel, C.*, in: Endres, D./Spengel, C./ Jacobs: Internationale Unternehmensbesteuerung, 8. Aufl., München 2016, 198.

1570 EuGH v. 21.06.1974 – 2/74, BeckRS 2004, 72208 (Rn. 24 ff.) – Reyners; mwN *Korte, S.*, in: Calliess, C./Ruffert, M., EUV/AEUV: Kommentar, 6. Aufl., München 2022, AEUV, Art. 49 Rn. 3.

1571 *Müller-Graff, P-C.*, in: Streinz, R., EUV/AEUV: Kommentar, 3. Aufl., München 2018, AEUV, Art. 49 Rn. 2.

1572 EuGH v. 21.06.1974 – 2/74, BeckRS 2004, 72208 (Rn. 42 f.) – Reyners; EuGH v. 07.07.1976 – 118/75, juris (Rn. 16) – Watson und Belmann; EuGH v. 31.03.1993 – C-19/92, juris (Rn. 29) – Kraus.

1573 *Tiedje, J.*, in: von der Groeben, H./Schwarze, J./Hatje, A., Europäisches Unionsrecht: Kommentar, 7. Aufl., Baden-Baden 2015, Vorbemerkungen zu den Art. 49 bis 55 AEUV, Rn. 10.

1574 *Boria, P.*, Taxation in European Union, 2. Aufl., Rome 2017, 107.

Begründung gibt. Dies zwingt die EU-Mitgliedstaaten dazu, notwendige und teilweise auch rechtlich übermäßig strenge Bekämpfungsinstrumente in ihre nationalen Steuergesetzgebungen zu implementieren. In seinen zahlreichen Entscheidungen[1575] erkennt der EuGH die Unzulässigkeit einer solch restriktiven und teilweise auch pauschalen[1576] Beschränkung der Niederlassungsfreiheit an.

c) *Dienstleistungsfreiheit i. S. d. Art. 56 AEUV*

Gemäß Art. 56 Abs. 1 AEUV sind Beschränkungen des freien Dienstleistungsverkehrs innerhalb der Union für Angehörige von EU-Mitgliedstaaten, die in einem anderen EU-Mitgliedstaat als demjenigen des Leistungsempfängers ansässig sind, verboten. Bei dieser Regelung handelt es sich um die sog. Dienstleistungsfreiheit, die durch Art. 62 AEUV auch auf juristische Personen angewendet werden kann. Die Besonderheit dieser EU-Grundfreiheit besteht darin, dass sie Dienstleistungserbringern und Dienstleistungsempfängern gleichermaßen zusteht[1577]. In der Praxis ist diese EU-Grundfreiheit für EU-weite Pendler von Bedeutung, die in einem anderen EU-Mitgliedstaat arbeiten[1578]. In systematischer Perspektive ist die Dienstleistungsfreiheit als Parallelfreiheit zur Warenverkehrsfreiheit anzusehen[1579]. Die Kohärenz zwischen der Dienstleistungsfreiheit und den Einkommensteuerrechtssystemen der EU-Mitgliedstaaten ist zwar unstrittig. Jedoch kommt auch ihr in der Untersuchung der Maßnahmen gegen ertragsteuerliche Gestaltungsmissbräuche keine Relevanz zu.

d) *Kapital- und Zahlungsverkehrsfreiheit i. S. d. Art. 63 AEUV*

Für die Bekämpfung missbräuchlicher Steuergestaltungen ist die in Art. 63 AEUV fixierte und als *Markstein in der Geschichte des europäischen Integrationsprozesses*[1580] bezeichnete Kapitalverkehrsfreiheit von besonderer Bedeutung.

1575 Wie z.B.: EuGH v. 20.12.2017 – C-504/16, C-613/16, DStR 2018, 119 – Deister und Juhler Holding; EuGH v. 14.06.2018 – C-440/17, DStR 2018, 1479 – GS usw.

1576 Dazu insb.: EuGH v. 12.09.2006 – C-196/04, BeckRS 2006, 70669 (Rn. 50) – Cadbury-Schweppes.

1577 Dazu: EuGH v. 14.11.1995 – C-484/93, BeckRS 2004, 77468 – Svensson und Gustavsson.

1578 Dazu: EuGH v. 14.02.1995 – C-279/93, BeckRS 2004, 75933 – Schumacker.

1579 *Müller-Graff, P-C.*, in: Streinz, R., EUV/AEUV: Kommentar, 3. Aufl., München 2018, AEUV, Art. 56 Rn. 9.

1580 *Ress, G./Ukrow, J.*, in: Grabitz, E./Hilf, M./Nettesheim, M., Das Recht der Europäischen Union: Kommentar, Stand: 73. Ergänzungslieferung, München 2021, AEUV, Art. 63 Rn. 10.

Gemäß Art. 63 Abs. 1 AEUV sind jegliche Beschränkungen des Kapitalverkehrs zwischen den EU-Mitgliedstaaten sowie zwischen den EU-Mitgliedstaaten und Drittländern verboten. Dasselbe gilt aufgrund Abs. 2 der o.g. Vorschrift auch für alle denkbaren Beschränkungen des Zahlungsverkehrs. *Sedlaczek* und *Züger*[1581] verbinden die Begriffsbestimmung der Beschränkung mit derjenigen des ungerechtfertigten Eingriffs, unter dem sie jedes direkte und indirekte Hindernis verstehen, das den transnationalen Kapital- oder Zahlungsverkehr behindert oder weniger attraktiv macht. Der AEUV selbst enthält keine feste Begriffsbestimmung des Kapitalverkehrs und erläutert auch die Arten des freien Kapitalverkehrs nicht näher[1582], jedoch kann für eine solche Definition auf die Kapitalverkehrsrichtlinie[1583] sowie auf die ergänzenden Hinweise zu Art. 64 AEUV rekurriert werden[1584]. Dieser Definition zufolge gehören Direktinvestitionen[1585], Darlehen und Finanzkredite[1586] sowie auch Kapitalverkehrskonstellationen beim Rückverkauf von Aktien an die emittierende Gesellschaft[1587] usw. zu den klassischen Formen des Kapitalverkehrs.

Nach *Boria*[1588] findet der freie Kapitalverkehr in einer Vielzahl von Formen statt, die sich in zwei typische Kategorien einteilen lassen: Hierbei handelt es sich einerseits um die Freiheit, Kapital für die Entwicklung von Wirtschaftstätigkeiten und Unternehmen aufzubringen (*Freiheit aus der Sicht des „Empfängers“*), und andererseits um die Freiheit, Kapital zur Erzielung einer wirtschaftlichen Rendite zu investieren (*Freiheit aus der Sicht des „Investors“*).

Eine Besonderheit der Norm ist ihr umfassender Geltungsbereich, aus dem resultiert, dass nicht nur ausschließlich EU-weite, sondern auch

---

1581 *Sedlaczek, M./Züger, M.*, in: Streinz, R., EUV/AEUV: Kommentar, 3. Aufl., München 2018, AEUV, Art. 63 Rn. 9.

1582 *Jacobs, O.H./Endres, D./Spengel, C.*, in: Endres, D./Spengel, C./ Jacobs: Internationale Unternehmensbesteuerung, 8. Aufl., München 2016, 202.

1583 Gemeint ist hier die Richtlinie 88/361 des Rates v. 24.06.1988 zur Durchführung von Art. 67 des Vertrags, ABlEG Nr. L 178/5 v. 08.07.1988.

1584 MwN *Jacobs, O.H./Endres, D./Spengel, C.*, in: Endres, D./Spengel, C./ Jacobs: Internationale Unternehmensbesteuerung, 8. Aufl., München 2016, 202.

1585 EuGH v. 04.06.2002 – C-483/99, juris (Rn. 37) – Kommission gegen Frankreich; EuGH v. 02.06.2005 – C-174/04, juris (Rn. 28) – Kommission gegen Italien.

1586 EuGH v. 14.11.1995 – C-484/93, BeckRS 2004, 77468 (Rn. 7) – Svensson und Gustavsson.

1587 EuGH v. 19.01.2006 – C-265/04, juris (Rn. 29) – Bouanich.

1588 *Boria, P.*, Taxation in European Union, 2. Aufl., Rome 2017, 103.

drittlandbezogene Beschränkungen verboten sind (sog. „*erga-omnes-Wirkung*“[1589]). Das Gericht[1590] begründet dies damit, dass auf diese Weise das weltweite Vertrauen in den Euro gestärkt, seine Attraktivität als globale Handels- und Reservewährung erhöht und die Aufrechterhaltung von Finanzzentren in den EU-Mitgliedstaaten sichergestellt werden könne. Aus steuerlicher Sicht hat die Kapitalverkehrsfreiheit eine wesentliche Wirkung auf Konstellationen mit der Wegzugsbesteuerung natürlicher Personen[1591] und Unternehmen[1592] in der EU. Zusammen mit der Niederlassungsfreiheit ist die Kapital- und Zahlungsverkehrsfreiheit eine EU-Grundfreiheit, die für die Besteuerung von Unternehmen von besonderer Bedeutung ist[1593].

e) Die Rolle des Diskriminierungsverbots und das Recht auf allgemeine Freizügigkeit

Das allgemeine Diskriminierungsverbot i. S. d. Art. 18 AEUV wird durch die übrigen EU-Grundfreiheiten bereichsspezifisch konkretisiert. Das Verbot konsolidiert die sich wie eine rote Linie durch alle EU-Grundfreiheiten ziehende These des Verbots jeglicher Diskriminierung von EU-Ausländern. Gemäß Art. 18 Abs. 1 AEUV ist jegliche Diskriminierung einer Person aufgrund ihrer Staatsangehörigkeit unbeschadet besonderer Bestimmungen des AEUV verboten. Im Grunde genommen wird in dieser Vorschrift das „*Leitmotiv des ganzen Vertrags*[1594]“ klargestellt. *Von Bogdandy*[1595] charakterisiert das Diskriminierungsverbot als eine Ausprägung des allgemeinen Gleichheitsgrundsatzes. Daher überrascht es kaum, dass der Gerichtshof im Hinblick auf den EGKS-Vertrag

1589 *Sedlaczek, M./Züger, M.*, in: Streinz, R., EUV/AEUV: Kommentar, 3. Aufl., München 2018, AEUV, Art. 63 Rn. 4.

1590 EuGH v. 18.12.2007 – C-101/05, IStR 2008, 66 (Rn. 31) – Kommission gegen Schweden.

1591 EuGH v. 11.03.2004 – C-9/02, NJW 2004, 2439 – De Lasteyrie du Saillant.

1592 EuGH v. 29.11.2011 – C-371/10, IStR 2012, 27 – National Grid Indus.

1593 Im Ergebnis: *Rödder, T.*, Deutsche Unternehmensbesteuerung im Visier des EuGH, DStR 2004, 1629.

1594 MwN *Streinz, R.*, in: Streinz, R., EUV/AEUV: Kommentar, 3. Aufl., München 2018, AEUV, Art. 18 Rn. 2.

1595 *von Bogdandy, A.*, in: Grabitz, E./Hilf, M./Nettesheim, M., Das Recht der Europäischen Union: Kommentar, 73. Ergänzungslieferung, München 2021, AEUV, Art. 18 Rn. 2.

bereits im Jahr 1954 die unmittelbare und selbständige Wirkung des Diskriminierungsverbots festgestellt hat[1596].

Eine etwas geringere Bedeutung in der Bekämpfung ertragsteuerlicher Gestaltungsmissbräuche kommt dem in Art. 21 AEUV (auch Art. 45 Abs. 1 EU-Charta) fixierten Recht zur allgemeinen Freizügigkeit zu. Diese EU-Grundfreiheit gewährt jedem Unionsbürger das Recht, sich im Hoheitsgebiet der EU-Mitgliedstaaten vorbehaltlich der in den Verträgen und in den Durchführungsvorschriften vorgesehenen Beschränkungen und Bedingungen frei zu bewegen und aufzuhalten, Art. 21 Abs. 1 AEUV. Hierbei handelt es sich um eine spezielle Ausprägung des Diskriminierungsverbots i. S. v. Art. 18 AEUV[1597], deren Ziel darin besteht, die Gleichstellung aller Unionsbürger auf dem Gebiet der allgemeinen Freizügigkeit in der gesamten Union unabhängig von ihrer jeweiligen Staatsangehörigkeit zu garantieren[1598].

3. *Die Rolle des EuGH in der Auslegung der EU-Grundfreiheiten*

Für die nationalen Steuergesetzgebungen der EU-Mitgliedstaaten und insb. für die Bekämpfung von ertragsteuerlichen Gestaltungsmissbräuchen sind die EU-Grundfreiheiten von besonderer Bedeutung. Sie legen die Grenzen des staatlichen Eingriffs in die Gestaltungsfreiheit der Steuerpflichtigen fest. Jeder übermäßige und ungerechtfertigte Eingriff des Staats, der den Grundfreiheiten der EU entgegensteht, soll verhindert und unionskonform umgestaltet werden. Damit kommt den EU-Grundfreiheiten einerseits eine Kontrollfunktion zu, während sie andererseits zugleich auch den Steuerpflichtigen Gestaltungsfreiheit und Planungssicherheit garantieren. Inwieweit die sich gegen ertragsteuerliche Missbrauchsgestaltungen richtenden nationalen Schutzmechanismen bzw. Regelungen mit den europäischen Grundfreiheiten übereinstimmen, bestimmt der EuGH[1599]. Der Gerichtshof ist insb. bevollmächtigt, die Auslegung der Verträge

---

1596 EuGH v. 23.04.1956 – 7/54, BeckRS 2004, 73550 (Seite 90, Punkt C I) – Groupement des industries sidérurgiques Luxembourgeoises.

1597 Im Ergebnis: mwN *Klein, E./Haratsch, A.*, Das Aufenthaltsrechts der Studenten, die Unionsbürgerschaft und intertemporales Gemeinschaftsrecht, JuS 1995, 7 (8).

1598 Vgl. zum Unionsbürgerstatus: EuGH v. 20.09.2001 – C-184/99, EuZW 2002, 52 (Rn. 31) – Rudy Grzelczyk.

1599 Kritisch zur Kompetenz des EuGH: *Mitschke, W.*, Nichtanwendung der Rechtsprechung des EuGH im Bereich der direkten Steuern? – Unrichtige Auslegung des EG-Vertrags und Nichtbeachtung des Subsidiaritätsprinzips durch den EuGH, NWB 2008, 2327 ff.

(*bzw. AEUV*) auf dem Weg einer Vorabentscheidung durchzuführen, Art. 267 Abs. 1 lit. a AEUV. Darüber hinaus können die Gerichte der EU-Mitgliedstaaten sich bei Fragen zu auslegungsbedürftigen Sachverhalten direkt an den EuGH wenden, Art. 267 Abs. 2 AEUV.

Obwohl das erste EuGH-Urteil zu den direkten Steuern erst – im Vergleich zu der Rechtsprechung zu den indirekten Steuern – in jüngerer Zeit erschienen ist[1600], werden die zahlreichen speziellen Anti-Missbrauchsklauseln der EU-Mitgliedstaaten bis heute von der Rechtsprechung des EuGH beeinflusst und auf dieser Grundlage unionsrechtskonform modifiziert. Allerdings wird nicht jede unionsrechtswidrige Anti-Missbrauchsklausel durch das Gericht in Frage gestellt. Denn in bestimmten Sachkonstellationen kann die Benachteiligung bzw. Ungleichbehandlung von EU-Ausländern sowie die wesentliche Beschränkung der EU-Grundfreiheiten als hinnehmbar angesehen werden. Zum einen erkennt das Gericht verschiedene Rechtfertigungen für eine Beschränkung der EU-Grundfreiheiten an. Und zum anderen sind die EU-Mitgliedstaaten befugt, aufgrund der sog. *stand-still-Klausel* i. S. d. Art. 64 Abs. 1 AEUV jegliche nationalen Beschränkungen, die bis zum 31.12.1993 im Bereich des Kapital- und Zahlungsverkehrs bestanden, auch ungeachtet von Art. 63 AEUV (*Kapitalverkehrsfreiheit*) weiterhin anzuwenden.

II. EuGH-Rechtsprechung zu punktuellen Anti-Missbrauchsmaßnahmen der EU-Mitgliedstaaten

1. Das „Cadbury Schweppes und Cadbury Schweppes Overseas"-Urteil (2006)

a) Sachverhalt

Das Cadbury-Schweppes-Urteil des EuGH[1601] hat weitreichende Auswirkungen auf alle direkten Steuerarten. Zum einen konkretisiert das Gericht in diesem Urteil das Merkmal der Künstlichkeit, das es bereits in zahlreichen früheren Urteilen angeführt hatte[1602]. Und zum anderen rückt das Urteil auch sehr komplexe Abwehrregelungen, die gegen beherrschte ausländische Gesellschaften

1600 Gemeint ist hier: EuGH v. 28.01.1986 – C-270/83, NJW 1987, 569 – Kommission gegen Frankreich.

1601 EuGH v. 12.09.2006 – C-196/04, BeckRS 2006, 70669 – Cadbury-Schweppes.

1602 *Suchowerskyj, T.*, Der Begriff des Missbrauchs im europäischen Steuerrecht, Dissertation, Berlin 2007, 80.

angewendet werden, in den Fokus der Aufmerksamkeit[1603]. Konkret geht es in diesem Urteil um die britische Muttergesellschaft *Cadbury Schweppes*, die dem gleichnamigen Konzern *Cadbury Schweppes* vorsteht, ihre Tochtergesellschaft *Cadbury Schweppes Overseas* und ihre beiden irischen Tochtergesellschaften (*Cadbury Schweppes Treasury Services und CSTI*). Über einige andere Tochtergesellschaften und letzten Endes über die *Cadbury Schweppes Overseas* hält die Muttergesellschaft *Cadbury Schweppes* indirekt das Kapital ihrer irischen Tochtergesellschaften[1604].

Die irischen Tochtergesellschaften wurden beim Internationalen Zentrum für Finanzdienstleistungen in Irland ausschließlich mit dem Ziel gegründet, vom günstigen Steuersatz i. H. v. 10 % zu profitieren[1605]. Ihre Aufgabe bezog sich darauf, *Cadbury Schweppes Overseas* Geldmittel zu beschaffen[1606]. Die britische Steuerbehörde stellte jedoch fest, dass die von den beiden irischen Konzernfinanzierungsgesellschaften erzielten Gewinne durch diesen Steuersatz einem „*niedrigeren Besteuerungsniveau*[1607]“ i. S. d. damaligen Hinzurechnungsvorschriften unterlagen[1608]. Dies bewog sie dazu, diejenigen Gewinne, die die irische Tochtergesellschaft *CSTI* in derselben Periode erwirtschaftet hatte, als Bemessungsgrundlage für die Besteuerung der *Cadbury Schweppes Overseas* heranzuziehen[1609].

1603 Im Ergebnis: *Poulakos, C.*, Der Missbrauch von steuerlichen Gestaltungsmöglichkeiten nach § 42 AO und das Europäische Gemeinschaftsrecht, Dissertation, Regenburg und Athen 2013, 186.

1604 EuGH v. 12.09.2006 – C-196/04, BeckRS 2006, 70669 (Rn. 13) – Cadbury-Schweppes.

1605 Siehe: EuGH v. 12.09.2006 – C-196/04, BeckRS 2006, 70669 (Rn. 18) – Cadbury-Schweppes; *Poulakos, C.*, Der Missbrauch von steuerlichen Gestaltungsmöglichkeiten nach § 42 AO und das Europäische Gemeinschaftsrecht, Dissertation, Regenburg und Athen 2013, 187.

1606 EuGH v. 12.09.2006 – C-196/04, BeckRS 2006, 70669 (Rn. 15) – Cadbury-Schweppes; *Poulakos, C.*, Der Missbrauch von steuerlichen Gestaltungsmöglichkeiten nach § 42 AO und das Europäische Gemeinschaftsrecht, Dissertation, Regenburg und Athen 2013, 187.

1607 EuGH v. 12.09.2006 – C-196/04, BeckRS 2006, 70669 (Rn. 19) – Cadbury-Schweppes.

1608 *Poulakos, C.*, Der Missbrauch von steuerlichen Gestaltungsmöglichkeiten nach § 42 AO und das Europäische Gemeinschaftsrecht, Dissertation, Regenburg und Athen 2013, 187 f.

1609 *Poulakos, C.*, Der Missbrauch von steuerlichen Gestaltungsmöglichkeiten nach § 42 AO und das Europäische Gemeinschaftsrecht, Dissertation, Regenburg und Athen 2013, 188.

Am 21.08.2000 reichten *Cadbury Schweppes* und *Cadbury Schweppes Overseas* bei den *Special Commissioners of Income Tax* in London eine Klage gegen diesen Steuerbescheid ein[1610]. Dabei sahen die Unternehmen in den Rechtsvorschriften über beherrschte ausländische Gesellschaften eine Verletzung von Art. 43, 49 und 56 EG-Vertrag[1611]. Das Gericht setzte das Verfahren aus und übergab es dem EuGH zu einer Vorabentscheidung[1612].

b) Die Gerichtsentscheidung und ihre praktische Bedeutung

Die Frage, ob sich in der zu untersuchenden Fallkonstellation eine tatsächliche Beschränkung der Niederlassungsfreiheit ergibt, wurde durch das Gericht positiv beantwortet[1613]. Deshalb stand stattdessen die Frage im Vordergrund, inwieweit ein solcher Eingriff gerechtfertigt werden kann. Zwar wurde angesichts dieser Frage die Unmöglichkeit einer allgemeinen Missbrauchsvermutung der Gestaltung betont, ohne dass eine Einzelprüfung stattgefunden hat[1614]. Allerdings rechtfertigte das Gericht die Beschränkung der EU-Grundfreiheit durch den punktuellen Kampf gegen Steuermissbräuche[1615]. Dies ist insb. dann als möglich anzusehen, wenn eine Anti-Missbrauchsregelung sich *speziell auf rein künstliche Gestaltungen bezieht, die darauf ausgerichtet sind, der Anwendung der Rechtsvorschriften des betreffenden EU-Mitgliedstaats zu entgehen*[1616]. In diesem Zusammenhang bestimmte das Gericht die negativen Merkmale einer Künstlichkeit, namentlich die „*tatsächliche Ausübung*“ einer wirtschaftlichen Tätigkeit, die „*feste Einrichtung*“ der Tochtergesellschaft, die „*tatsächliche Ansiedlung*“ in einem Staat usw.[1617]. Zusammenfassend bestimmte das Gericht, dass von der Anwendung der britischen Hinzurechnungsbesteuerung demnach dann abzusehen ist, *wenn es sich auf der Grundlage objektiver und von dritter Seite nachprüfbarer Anhaltspunkte erweist, dass die genannte beherrschte ausländische Gesellschaft ungeachtet des Vorhandenseins von Motiven steuerlicher Art*

1610 EuGH v. 12.09.2006 – C-196/04, BeckRS 2006, 70669 (Rn. 21) – Cadbury-Schweppes.
1611 EuGH v. 12.09.2006 – C-196/04, BeckRS 2006, 70669 (Rn. 21) – Cadbury-Schweppes.
1612 EuGH v. 12.09.2006 – C-196/04, BeckRS 2006, 70669 (Rn. 28) – Cadbury-Schweppes.
1613 Siehe: EuGH v. 12.09.2006 – C-196/04, BeckRS 2006, 70669 (Rn. 46) – Cadbury-Schweppes.
1614 Siehe: EuGH v. 12.09.2006 – C-196/04, BeckRS 2006, 70669 (Rn. 50) – Cadbury-Schweppes.
1615 Siehe: EuGH v. 12.09.2006 – C-196/04, BeckRS 2006, 70669 (Rn. 51) – Cadbury-Schweppes.
1616 EuGH v. 12.09.2006 – C-196/04, BeckRS 2006, 70669 (Rn. 51) – Cadbury-Schweppes.
1617 EuGH v. 12.09.2006 – C-196/04, BeckRS 2006, 70669 (Rn. 54) – Cadbury-Schweppes.

tatsächlich im Aufnahmemitgliedstaat angesiedelt ist und dort wirklichen wirtschaftlichen Tätigkeiten nachgeht[1618].

Das o.g. Urteil des Gerichts hat das aktuelle Bild der Hinzurechnungssysteme in den EU-Mitgliedstaaten geprägt. In Deutschland wurde der Gesetzgeber gezwungen, i. R. des JStG 2008 § 8 Abs. 2 AStG neu zu fassen, um die aktuelle Hinzurechnungsbesteuerung punktuell auf die Missbrauchsfälle auszurichten[1619]. Insb. wurde den Steuerpflichtigen die Möglichkeit des Gegenbeweises durch die Unions-Escape-Klausel eingeräumt[1620]. Auf diese Weise wurde tatsächlich die Verhältnismäßigkeit eines EU-Grundfreiheitseingriffs gesichert. In europäischer Perspektive fanden die durch den EuGH erarbeiteten Merkmale der Künstlichkeit in zahlreiche weitere EuGH-Entscheidungen Eingang. In seiner Rechtsprechung bestimmte der EuGH auch die theoretisch mögliche Grenze und den Rahmen des Kampfes gegen rein künstliche Gestaltungen. Dieser Rahmen sowie weitere Formulierungen aus der Rechtsprechung wurden später auch in Art. 1 Abs. 3 MTRL sowie modifiziert in Art. 6 ATAD[1621] übernommen.

2. *„Test Claimants in the Thin Cap Group Litigation"-Urteil (2007)*

a) Sachverhalt

Die Idee einer punktuellen Missbrauchsbekämpfung hat auch auf viele nachfolgende Entscheidungen des EuGH Einfluss genommen. Dies wird in besonderem Maße in der Entscheidung des Gerichts zu der Rechtssache *„Test Claimants in the Thin Cap Group Litigation"*[1622] deutlich. In dieser Entscheidung überprüfte der EuGH die zum damaligem Zeitpunkt gültige britische Missbrauchsklausel

---

1618 EuGH v. 12.09.2006 – C-196/04, BeckRS 2006, 70669 (Rn. 75) – Cadbury-Schweppes.

1619 Zur Reaktion anderer EU-Mitgliedstaaten auf das Cadbury-Schweppes-Urteil siehe: *Möller, C.*, Die Hinzurechnungsbesteuerung ausgewählter EU-Mitgliedstaaten – Reaktionen auf „Cadbury Schweppes", IStR 2010, 166 ff.

1620 *Kraft, G.*, in: Kraft, G., AStG: Kommentar, 2. Aufl., München 2019, § 8 Rn. 733.

1621 Gemeint ist insb. die semantische Veränderung des verwendeten Wortlauts *„rein künstliche* Gestaltungen" im Vergleich zur *„unangemessenen* Gestaltung". Da die Künstlichkeit einer Gestaltung mit deren Bewertung als eine unangemessene Gestaltung verbunden ist, könnte in diesem Zusammenhang konstatiert werden, dass der EU-Rat durch die Ergänzung mit den zusätzlichen Tatbestandvoraussetzungen der (*in der Cadbury-Schweppes-Rechtsprechung erarbeiteten*) Formulierung eine neue Begriffsbestimmung in Verkehr gebracht hat.

1622 EuGH v. 13.03.2007 – C-524/04, BeckRS 2007, 70189 – Test Claimants in the Thin Cap Group Litigation.

zur Unterkapitalisierung von Konzerngesellschaften auf ihre Konformität mit dem EU-Recht.

Im Ausgangsverfahren lagen dabei zwei Musterverfahren zur „Konzernunterkapitalisierung" bei zwei Unternehmensgruppen vor[1623]. Beide Verfahren betrafen Tochtergesellschaften, die in Großbritannien ansässig waren und deren Anteile direkt oder indirekt zu mindestens 75 % in den Händen einer ausländischen Muttergesellschaft waren. Diesen Tochtergesellschaften wurde jeweils entweder von ihrer Muttergesellschaft oder von einer weiteren, gebietsfremden Schwestergesellschaft, die ihrerseits zu 75 % direkt oder indirekt von der Muttergesellschaft kontrolliert wurde, ein Darlehen bewilligt[1624]. In beiden Fällen wollten die Unternehmensgruppen von der steuerlich günstigen Fremdfinanzierung profitieren. Dies bewog in dem ersten Fall die amerikanische Muttergesellschaft und eine gebietsfremde Schwestergesellschaft dazu, ihre britischen Tochterunternehmen über Darlehen zu finanzieren[1625]. Einige der so mit Geldmitteln versorgten Gesellschaften wandelten einen Teil der ihnen bewilligten Darlehen in Eigenmittel um. Auf diese Weise wollten sie verhindern, dass die auf die Restforderung aus diesen Darlehen entrichteten Zinsen als Gewinnausschüttungen bewertet würden, wie es die britischen Unterkapitalisierungsvorschriften vorsahen[1626].

Die britische Steuerbehörde (*Inland Revenue Department*) erkannte diese Versuche der Unternehmen, ihre Steuerlast zu optimieren, allerdings nicht an. Daher wies sie den durch die Tochtergesellschaft vorgenommenen Abzug der gezahlten Zinsen unter Verweis auf mehrere Missbrauchsklauseln zur

---

1623 *Poulakos, C.*, Der Missbrauch von steuerlichen Gestaltungsmöglichkeiten nach § 42 AO und das Europäische Gemeinschaftsrecht, Dissertation, Regenburg und Athen 2013, 192.

1624 EuGH v. 13.03.2007 – C-524/04, BeckRS 2007, 70189 (Rn. 17) – Test Claimants in the Thin Cap Group Litigation; *Poulakos, C.*, Der Missbrauch von steuerlichen Gestaltungsmöglichkeiten nach § 42 AO und das Europäische Gemeinschaftsrecht, Dissertation, Regenburg und Athen 2013, 192 f.

1625 Siehe: EuGH v. 13.03.2007 – C-524/04, BeckRS 2007, 70189 (Rn. 18 f.) – Test Claimants in the Thin Cap Group Litigation; *Poulakos, C.*, Der Missbrauch von steuerlichen Gestaltungsmöglichkeiten nach § 42 AO und das Europäische Gemeinschaftsrecht, Dissertation, Regenburg und Athen 2013, 193.

1626 Siehe: EuGH v. 13.03.2007 – C-524/04, BeckRS 2007, 70189 (Rn. 20) – Test Claimants in the Thin Cap Group Litigation; *Poulakos, C.*, Der Missbrauch von steuerlichen Gestaltungsmöglichkeiten nach § 42 AO und das Europäische Gemeinschaftsrecht, Dissertation, Regenburg und Athen 2013, 193.

Unterkapitalisierung[1627] entweder teilweise oder sogar vollständig zurück[1628]. Daraufhin strebten die Unternehmensgruppen Klagen beim *High Court of Justice* gegen diesen Steuerbescheid an. Das britische Gericht rief seinerseits den EuGH an, der klären sollte, ob die angewendeten Unterkapitalisierungsvorschriften in Einklang mit dem EU-Recht stehen[1629].

b) Die Gerichtsentscheidung und ihre praktische Bedeutung

In seiner Entscheidung zu diesem Sachverhalt erkennt der EuGH den offensichtlichen Verstoß gegen die Niederlassungsfreiheit an[1630]. Dies begründet sich durch die unterschiedliche Behandlung der an die ausländische Gesellschaft gezahlten Zinsen. Denn gemäß den damaligen britischen Rechtsvorschriften wurden zwar die von einer gebietsansässigen Gesellschaft gezahlten Zinsen grds. als ausgeschüttete Gewinne betrachtet, sofern sie – unabhängig davon, ob die Darlehensgeberin im Inland oder im Ausland ansässig war – den Betrag eines angemessenen wirtschaftlichen Ertrags aus dem betreffenden Darlehen überstiegen[1631]. Zahlte jedoch eine gebietsansässige Gesellschaft – sofern kein die Anwendung der innerstaatlichen Rechtsvorschriften ausschließendes DBA anwendbar war – Zinsen an eine gebietsfremde verbundene Gesellschaft, so wurden diese Zinsen auch dann als ausgeschüttete Gewinne behandelt, wenn sie einem angemessenen wirtschaftlichen Ertrag aus diesem Darlehen entsprachen[1632]. Hieraus leitete sich die Frage ab, ob eine solche Beschränkung gerechtfertigt werden könne.

Das Gericht wies zwar den Rechtfertigungsgrund der Notwendigkeit für die Gewährleistung der Kohärenz des innerstaatlichen Steuersystems ab[1633], jedoch

---

1627 Namentlich aufgrund § 209 Abs. 2 lit. d und e ICTA (*Income and Corporation Taxes Act aus dem Jahr 1988*), § 788 Abs. 3 ICTA sowie § 808A ICTA.

1628 Siehe: EuGH v. 13.03.2007 – C-524/04, BeckRS 2007, 70189 (Rn. 4 ff.) – Test Claimants in the Thin Cap Group Litigation.

1629 Siehe: EuGH v. 13.03.2007 – C-524/04, BeckRS 2007, 70189 (Rn. 22) – Test Claimants in the Thin Cap Group Litigation.

1630 Siehe: EuGH v. 13.03.2007 – C-524/04, BeckRS 2007, 70189 (Rn. 63) – Test Claimants in the Thin Cap Group Litigation.

1631 EuGH v. 13.03.2007 – C-524/04, BeckRS 2007, 70189 (Rn. 41) – Test Claimants in the Thin Cap Group Litigation.

1632 EuGH v. 13.03.2007 – C-524/04, BeckRS 2007, 70189 (Rn. 41) – Test Claimants in the Thin Cap Group Litigation.

1633 Siehe: EuGH v. 13.03.2007 – C-524/04, BeckRS 2007, 70189 (Rn. 70) – Test Claimants in the Thin Cap Group Litigation.

akzeptierte es die Bekämpfung von Steuerumgehungen als möglichen Rechtfertigungsgrund[1634]. Denn anders als beim „*Cadbury Schweppes und Cadbury Schweppes Overseas*"-Urteil waren in diesem Fall die Unterkapitalisierungsnormen auf eine punktuelle Missbrauchsbekämpfung ausgerichtet[1635].

Schließlich rückte das Gericht die Verhältnismäßigkeit der Regelungen in den Vordergrund. Dabei konstatierte es insb., dass jegliche Prüfung, die anhand von objektiven und nachprüfbaren Kriterien stattfindet, eine Berücksichtigung des wirtschaftlichen Ergebnisses zulassen soll, wobei dem Steuerpflichtigen die Möglichkeit eingeräumt werden soll, Beweise für etwaige wirtschaftliche Gründe beizubringen[1636]. Als Bewertungsorientierung für die Prüfung und die Umqualifizierung sollten zudem strukturähnliche Gestaltungen zwischen fremden Dritten angenommen werden[1637]. Diesen Voraussetzungen hielten die britischen Regelungen nicht stand.

Zu den praktischen Folgen der Entscheidung zählen zwei wesentliche ertragsteuerlichen Entwicklungen. Zunächst einmal wiederholt der EuGH die These der Notwendigkeit einer punktuellen Bekämpfung rein missbräuchlicher Gestaltungen. Gerade diese These wird sich wie eine rote Linie durch künftige Gerichtsentscheidungen ziehen. Und zum anderen bewertet, worauf auch *Poulakos*[1638] hinweist, der EuGH die britischen Unterkapitalisierungsvorschriften als grds. verhältnismäßig und damit als zulässig. Dies eröffnete den EU-Mitgliedstaaten die Möglichkeit, eigene Unterkapitalisierungsvorschriften umzusetzen. Nicht überraschend ist in diesem Zusammenhang, dass Deutschland seine Variante der Unterkapitalisierungsvorschriften durch § 4h EStG i. V. m. § 8a KStG genau ein Jahr später umsetzte. Während die britischen Regelungen die Unterkapitalisierung durch eine Umqualifizierung überhöhter Zinsen als Gewinnausschüttungen bekämpft, bevorzugt es der deutsche Gesetzgeber, mit einer Abzugsbeschränkung des überhöhten Zinsaufwands gegen die Unterkapitalisierung vorzugehen.

1634 Siehe: EuGH v. 13.03.2007 – C-524/04, BeckRS 2007, 70189 (Rn. 77) – Test Claimants in the Thin Cap Group Litigation.

1635 Im Ergebnis: EuGH v. 13.03.2007 – C-524/04, BeckRS 2007, 70189 (Rn. 76) – Test Claimants in the Thin Cap Group Litigation.

1636 EuGH v. 13.03.2007 – C-524/04, BeckRS 2007, 70189 (Rn. 82) – Test Claimants in the Thin Cap Group Litigation.

1637 Siehe: EuGH v. 13.03.2007 – C-524/04, BeckRS 2007, 70189 (Rn. 83) – Test Claimants in the Thin Cap Group Litigation.

1638 *Poulakos, C.*, Der Missbrauch von steuerlichen Gestaltungsmöglichkeiten nach § 42 AO und das Europäische Gemeinschaftsrecht, Dissertation, Regenburg und Athen 2013, 195.

Durch ihre Verankerung in Art. 4 ATAD sind die Unterkapitalisierungsregelungen nun endlich auch EU-weit umsetzungspflichtig.

3. *„Eqiom SAS und Enka SA"-Urteil (2017)*

a) Sachverhalt

In der Rechtssache *„Eqiom SAS und Enka SA"*[1639] überprüfte der EuGH, ob die in Art. 119ter Abs. 3 des CGI[1640] verankerte französische treaty-shopping-Klausel zur Versagung der Quellensteuerbefreiung mit dem Unionsrecht konform ist. Konkret ging es dabei um die französische Konzerntochtergesellschaft *Eqiom* (die Rechtsnachfolgerin von *Euro Stockage* war), deren luxemburgische Muttergesellschaft *Enka* mit 100 % an ihr beteiligt ist. Zugleich ist jedoch auch die zyprische *Waverley Star Investments Ltd* mit 99 % an *Enka* beteiligt, während *Waverley Star Investments Ltd* selbst wiederum vollständig der in der Schweiz ansässigen Gesellschaft *Campsores Holding SA* gehört[1641]. Über diese komplexe Systematik konnte sich eine Konzernstruktur herausbilden, in der die innerhalb der EU ansässigen Tochtergesellschaften indirekt einer Muttergesellschaft unterstehen, deren Niederlassung sich in einem Drittland (*Schweiz*) befindet. In rein dogmatischer Perspektive liegt in diesem Fall daher eine treaty-shopping-Gestaltung vor[1642].

Euro Stockage schüttete in den Jahren 2006 und 2007 Dividenden an die Muttergesellschaft *Enka* aus[1643]. Die französische Steuerbehörde wies ihren Antrag auf eine Befreiung von der entrichteten Quellensteuer jedoch unter Berufung auf Art. 119ter Abs. 3 des CGI zurück. *Der Norm zufolge könne die Befreiung nicht für Dividenden, die einer juristischen Person zuflössen, die unmittelbar oder mittelbar von einer oder mehreren in Staaten, die nicht der EU angehörten, ansässigen Personen kontrolliert würde, angewendet werden, es sei denn, diese juristische Person weise nach, dass der Hauptzweck oder einer der Hauptzwecke der Beteiligungskette nicht darin bestehe, Vorteile aus der Steuerbefreiung zu ziehen*[1644]. Daraufhin legten *Euro Stockage* und *Enka* beim *Conseil d'État* (Staatsrat, Frankreich) Widerspruch ein und argumentierten dahingehend, dass die Steuerregelung, auf

1639 EuGH v. 07.09.2017 – C-6/16, BeckRS 2017, 123556 – Eqiom und Enka.

1640 *Code général des impôts* – allgemeines Steuergesetzbuch Frankreichs.

1641 Siehe: EuGH v. 07.09.2017 – C-6/16, BeckRS 2017, 123556 (Rn. 8) – Eqiom und Enka.

1642 Siehe: EuGH v. 07.09.2017 – C-6/16, BeckRS 2017, 123556 (Rn. 62) – Eqiom und Enka.

1643 EuGH v. 07.09.2017 – C-6/16, BeckRS 2017, 123556 (Rn. 9) – Eqiom und Enka.

1644 EuGH v. 07.09.2017 – C-6/16, BeckRS 2017, 123556 (Rn. 10) – Eqiom und Enka.

die sich die Behörde berufen hatte, weder mit dem primären Unionsrecht noch mit der MTRL konform sei[1645]. Der französische Staatsrat reichte den Widerspruch an den EuGH weiter, damit dieser die Fragen der Kläger in einer Vorabentscheidung klären konnte.

b) Die Gerichtsentscheidung und ihre praktische Bedeutung

Nach Auffassung des EuGH verstößt die französische Anti-Missbrauchsklausel gegen Art. 1 Abs. 2 MTRL. Die Argumentation des Gerichts ist in diesem Zusammenhang konsequent und logisch. Art. 1 Abs. 2 MTRL fixiert die allgemeine Missbrauchsklausel, die allerdings eng ausgelegt werden soll. In diesem Zusammenhang folgte das Gericht der Position der Generalanwältin *Kokott*[1646]. Die zuständigen französischen Behörden sollten bei der Prüfung, ob einem Vorgang Steuerhinterziehung und Missbrauch zugrunde liegt, den gesamten Vorgang individuell prüfen[1647]. Dem ist jedoch nicht so. Art. 119ter Abs. 3 des CGI ist eine pauschalierte allgemeine Missbrauchsvermutung, da jede unmittelbare oder mittelbare Auslandsbeteiligung an einer französischen Gesellschaft *per se* als missbräuchlich bewerten wird[1648]. Dem Gericht zufolge geht jedoch aus keiner Vorschrift der MTRL hervor, dass die Herkunft der Anteilseigner von in der Union ansässigen Gesellschaften für den Anspruch dieser Gesellschaften auf die in der MTRL vorgesehenen Steuerbegünstigungen eine Rolle spielt[1649].

Weiterhin wies der EuGH darauf hin, dass ein Verstoß gegen die Niederlassungs- und Kapitalverkehrsfreiheit vorliege. Dadurch kam es zu einer offensichtlichen Schlechterbehandlung einer grenzüberschreitenden Konzernstruktur im Vergleich zu einer rein inländischen Struktur[1650]. Die Beschränkung der EU-Grundfreiheiten ist nur dann statthaft, wenn sie durch einen unionsrechtlich anerkannten zwingenden Grund des Allgemeininteresses gerechtfertigt ist[1651]. Ein solcher Grund könnte die Bekämpfung von Steuerhinterziehung

---

1645 Siehe: EuGH v. 07.09.2017 – C-6/16, BeckRS 2017, 123556 (Rn. 12) – Eqiom und Enka.

1646 Siehe: EuGH v. 07.09.2017 – C-6/16, BeckRS 2017, 123556 (Rn. 26) – Eqiom und Enka.

1647 EuGH v. 07.09.2017 – C-6/16, BeckRS 2017, 123556 (Rn. 32) – Eqiom und Enka.

1648 Siehe: EuGH v. 07.09.2017 – C-6/16, BeckRS 2017, 123556 (Rn. 33) – Eqiom und Enka.

1649 EuGH v. 07.09.2017 – C-6/16, BeckRS 2017, 123556 (Rn. 37) – Eqiom und Enka.

1650 Siehe: EuGH v. 07.09.2017 – C-6/16, BeckRS 2017, 123556 (Rn. 55 f.) – Eqiom und Enka.

1651 EuGH v. 07.09.2017 – C-6/16, BeckRS 2017, 123556 (Rn. 57) – Eqiom und Enka.

und -umgehung sein, der durch den EuGH jedoch im konkreten Fall abgelehnt wurde[1652]. Daher verweist das Gericht auf seine Ausführungen zu Art. 1 Abs. 2 der MTRL[1653].

In seiner Rechtsprechung hat der EuGH erneut die Notwendigkeit einer punktuellen Missbrauchsbekämpfung betont. Dabei erging schon wieder ein klares Signal an die EU-Mitgliedstaaten, dass jegliche gesetzliche Pauschalierung ohne individuelle Prüfungsobliegenheit zu europarechtswidrigen Folgen führe. Zu bedauern ist jedoch, dass dieses Signal in Deutschland unberücksichtigt geblieben war. Die folgenden beiden Urteile zeigen, wie hoch die Kosten einer Nichtbeachtung der Rechtsprechung des EuGH sein können.

4. *„Deister Holding und Juhler Holding"-Urteil (2017)*

a) Sachverhalte

Die aktuelle Rechtsprechung des EuGH zur verbundenen Rechtssache „*Deister Holding und Juhler Holding*"[1654] bestimmt die Grenzen nationaler anti-treaty-shopping-Klauseln unter Beachtung der primärrechtlichen und sekundärrechtlichen Unionsvorgaben. Konkret geht es in dem Fall um die niederländische Gesellschaft *Deister Holding*, der die deutsche *Deister electronik* GmbH zu 26,5 % gehört[1655]. Die Klägerin *Deister electronik* GmbH hatte als Alleingesellschafter eine in Deutschland ansässige natürliche Person[1656]. Darüber hinaus verfügte das Unternehmen in Deutschland zwar über Büroräume und Personal[1657], allerdings übte es keine eigene wirtschaftliche Tätigkeit aus. 2007 schüttete die *Deister electronik* GmbH ihren Gewinn an die *Deister Holding* aus, im Jahr 2008 stellte sie einen Antrag auf Freistellung dieser Gewinnausschüttung von der

1652 EuGH v. 07.09.2017 – C-6/16, BeckRS 2017, 123556 (Rn. 65) – Eqiom und Enka.

1653 Siehe: EuGH v. 07.09.2017 – C-6/16, BeckRS 2017, 123556 (Rn. 64) – Eqiom und Enka.

1654 EuGH v. 20.12.2017 – C-504/16, C-613/16, DStR 2018, 119 – Deister und Juhler Holding.

1655 EuGH v. 20.12.2017 – C-504/16, C-613/16, DStR 2018, 119 (Rn. 16 f.) – Deister und Juhler Holding.

1656 EuGH v. 20.12.2017 – C-504/16, C-613/16, DStR 2018, 119 (Rn. 17) – Deister und Juhler Holding.

1657 EuGH v. 20.12.2017 – C-504/16, C-613/16, DStR 2018, 119 (Rn. 17) – Deister und Juhler Holding.

Kapitalertragsteuer und dem Solidaritätszuschlag[1658], den die Steuerbehörde negativ beschied.

Eine weitgehend übereinstimmende Steuergestaltung liegt auch der Rechtssache „*Juhler Holding*" zugrunde. Bei der *Juhler Holding* handelt es sich um eine Gesellschaft mit Sitz in Dänemark, der die deutsche *temp-team Personal GmbH* zu 100 % gehört[1659]. 100%ige Anteilseignerin der *Juhler Holding* ist wiederum die *Juhler Services Limited*, eine Gesellschaft zyprischen Rechts, bei deren einzigem Anteilseigner es sich um eine in Singapur ansässige natürliche Person handelt[1660]. Die Holding selbst hält Anteile an mehreren europäischen Tochtergesellschaften, verfügt jedoch weder über dauerhaft beschäftigte Arbeitnehmer noch über eigene Geschäftsräume[1661]. 2011 schüttete die deutsche *temp-team Personal GmbH* Gewinne an die *Juhler Holding* aus, die dem Quellensteuerabzug und dem Solidaritätszuschlag unterlagen[1662]. Die Gesellschaft stellte einen Antrag auf Erstattung dieser Abgaben, der von der deutschen Steuerbehörde jedoch zurückgewiesen wurde.

Die Steuerbehörde folgte in dieser Ablehnung einer präzisen und nachvollziehbaren Argumentation: Während bei der *Deister Holding* eine directive-shopping-Gestaltung ausgeübt werde, liege bei der *Juhler Holding* eine klassische treaty-shopping-Gestaltung vor. Deshalb sollte in diesem Fall § 50d Abs. 3 EStG in der Fassung des JStG 2007 zur Anwendung kommen. Gemäß dieser Vorschrift sei der Anspruch auf Freistellung oder Erstattung jedoch immer dann ausgeschlossen, wenn die Anteilseigner der gebietsfremden Gesellschaft keinen Anspruch auf diese Freistellung oder Erstattung erheben können, sobald sie (*d.h. die Anteilseigner*) keinen vergleichbaren Anspruch bei einer unmittelbaren Erzielung der Einkünfte hätten. Zudem solle der Anspruch auf Freistellung oder Erstattung auch dann ausgeschlossen sein, sofern die gebietsfremde Gesellschaft eine von *drei* Voraussetzungen erfülle. Bei diesen drei Voraussetzungen handele es sich entweder darum, dass *für die Einschaltung der gebietsfremden Gesellschaft*

1658 EuGH v. 20.12.2017 – C-504/16, C-613/16, DStR 2018, 119 (Rn. 18 f.) – Deister und Juhler Holding.

1659 Siehe: EuGH v. 20.12.2017 – C-504/16, C-613/16, DStR 2018, 119 (Rn. 21) – Deister und Juhler Holding.

1660 Siehe: EuGH v. 20.12.2017 – C-504/16, C-613/16, DStR 2018, 119 (Rn. 20) – Deister und Juhler Holding.

1661 Siehe: EuGH v. 20.12.2017 – C-504/16, C-613/16, DStR 2018, 119 (Rn. 22) – Deister und Juhler Holding.

1662 EuGH v. 20.12.2017 – C-504/16, C-613/16, DStR 2018, 119 (Rn. 23) – Deister und Juhler Holding.

wirtschaftliche oder sonstige beachtliche Gründe fehlten; die gebietsfremde Gesellschaft nicht mehr als 10 % ihrer gesamten Bruttoerträge des betreffenden Wirtschaftsjahres aus eigener Wirtschaftstätigkeit erziele; oder *die gebietsfremde Gesellschaft nicht mit einem für ihren Geschäftszweck angemessen eingerichteten Geschäftsbetrieb am allgemeinen wirtschaftlichen Verkehr teilnehme*[1663]. Ungeachtet dieser Argumentation hatte der 2. Senat des FG Köln[1664] allerdings Zweifel daran, ob § 50d Abs. 3 EStG mit der europäischen Niederlassungsfreiheit und mit der MTRL konform war.

b) Die Gerichtsentscheidung und ihre praktische Bedeutung

Der EuGH lehnte die Vereinbarkeit der deutschen Anti-Missbrauchsklausel mit der MTRL und der Niederlassungsfreiheit ab. Zwar könnte die nationale Regelung die Verhinderung von Steuerhinterziehungen und Missbräuchen dann bezwecken, *wenn ihr spezifisches Ziel in der Verhinderung von Verhaltensweisen liegt, die darin bestehen, rein künstliche, jeder wirtschaftlichen Realität bare Konstruktionen zu dem Zweck zu errichten, ungerechtfertigt einen Steuervorteil zu nutzen*[1665].

Dies war bei § 50d Abs. 3 EStG jedoch nicht der Fall. Die Norm weist deutlich über eine punktuelle Bekämpfung von Steuermissbräuchen hinaus und erfasst jede Situation[1666], in der es um Gewinnausschüttungen zwischen deutschen und EU-ausländischen Gesellschaften geht. Die Beteiligung eines deutschen Staatsbürgers an einer ausländischen Gesellschaft könne jedoch nicht in jedem Fall bedeuten, dass eine rein künstliche, jeder wirtschaftlichen Realität bare Konstruktion vorliege, die einzig und allein zur ungerechtfertigten Nutzung eines Steuervorteils geschaffen wurde[1667]. Als Folge davon sei anstelle einer punktuellen Missbrauchsbekämpfung die allgemeine Vermutung für das Vorliegen von Steuerhinterziehung und Missbrauch entstanden, welche nicht gerechtfertigt

1663 EuGH v. 20.12.2017 – C-504/16, C-613/16, DStR 2018, 119 (Rn. 26) – Deister und Juhler Holding.

1664 FG Köln v. 08.07.2016 – 2 K 2995/12, IStR 2016, 905; FG Köln v. 31.08.2016 – 2 K 721/13, EFG 2017, 51.

1665 MwN EuGH v. 07.09.2017 – C-6/16, BeckRS 2017, 123556 (Rn. 30) – Eqiom und Enka.

1666 EuGH v. 20.12.2017 – C-504/16, C-613/16, DStR 2018, 119 (Rn. 64) – Deister und Juhler Holding.

1667 EuGH v. 20.12.2017 – C-504/16, C-613/16, DStR 2018, 119 (Rn. 65) – Deister und Juhler Holding.

werden könne[1668]. Eine solche Vermutung führe überdies auch dazu, dass der Gesellschaft keine Gelegenheit gegeben werde, das Vorliegen wirtschaftlicher Gründe nachzuweisen[1669]. Schließlich begründen die in § 50d Abs. 3 EStG genannten drei Voraussetzungen – einzeln oder zusammen betrachtet – keinen Missbrauch und keine Hinterziehung[1670]. Damit ist offensichtlich, dass ein ungerechtfertigter Verstoß gegen die MTRL vorliegt. In Bezug auf den Verstoß gegen die Niederlassungsfreiheit folgte der EuGH der gleichen Argumentation[1671] und erkannte die Unverhältnismäßigkeit der Vorschrift an. Das Ziel der Bekämpfung von Steuerhinterziehung und -umgehung und das Ziel der Wahrung einer ausgewogenen Aufteilung der Besteuerungsbefugnis zwischen den EU-Mitgliedstaaten könne aus diesem Grund im genannten Fall eine Beschränkung der Niederlassungsfreiheit nicht rechtfertigen[1672].

Die Entscheidung des EuGH spielt eine wichtige Rolle bei der Gestaltung künftiger nationaler Anti-Missbrauchsvorschriften, denn dem deutschen Gesetzgeber obliegt es künftig, Missbrauchsklauseln möglichst präzis und konkret zu gestalten, wobei das Ziel der Bekämpfung rein künstlicher, jeder wirtschaftlichen Realität barer Konstruktionen erkennbar sein sollte. Die Position des Gerichts überrascht in diesem Zusammenhang nicht, denn in seiner im Wesentlichen ähnlichen Rechtsprechung im Verfahren „*Eqiom* und *Enka*" wurden die gleichen Grundsätze erarbeitet. *Schnitger*[1673] verweist jedoch auf die Herausforderung, dass schon das aus der OECD-BEPS-Aktionsmaßnahme Nr. 6 in das MLI einfließende – gewissermaßen abstrakte – PPT in Bezug auf die aktuelle Rechtsprechung theoretisch als unionsrechtswidrig bewertet werden könne. Dem ist zuzustimmen, sodass abzuwarten bleibt, wie sich die weiteren Entwicklungen in diesem Bereich vollziehen.

1668 MwN EuGH v. 07.09.2017 – C-6/16, BeckRS 2017, 123556 (Rn. 31) – Eqiom und Enka.

1669 EuGH v. 20.12.2017 – C-504/16, C-613/16, DStR 2018, 119 (Rn. 70) – Deister und Juhler Holding.

1670 EuGH v. 20.12.2017 – C-504/16, C-613/16, DStR 2018, 119 (Rn. 71) – Deister und Juhler Holding.

1671 Siehe: EuGH v. 20.12.2017 – C-504/16, C-613/16, DStR 2018, 119 (Rn. 97) – Deister und Juhler Holding.

1672 EuGH v. 20.12.2017 – C-504/16, C-613/16, DStR 2018, 119 (Rn. 99) – Deister und Juhler Holding.

1673 *Schnitger, A.*, Urteil in den Rs. Deister Holding und Juhler Holding – das Ende des § 50d Abs. 3 EStG, IStR 2018, 169 (172 f.).

Bis zur Neufassung des § 50d Abs. 3 EStG im Jahr 2021 war die Vorschrift in der Fassung v. 2007 in den Fällen, in denen der Gläubiger der Kapitalerträge einen Anspruch auf Entlastung nach § 43b EStG geltend machte, nicht anwendbar[1674]. Für den deutschen Gesetzgeber war jedoch das Epos mit § 50d Abs. 3 EStG noch nicht vorbei. Obwohl die Norm im Jahr 2011 neu ausgestaltet wurde, erkannte der EuGH auch die neue Fassung in seinem „GS"-Urteil als mit dem Unionsrecht unvereinbar.

5. *„GS"-Urteil (2018)*

a) Sachverhalt

In der Rechtssache „GS"[1675] klagte die in den Niederlanden ansässige Kapitalgesellschaft *GS*, die von einer Gesellschaft deutschen Rechts kontrolliert wird[1676].

Die *GS* selbst hält wiederum mehr als 90 % der Anteile einer weiteren deutschen Gesellschaft[1677] und verfolgt drei hauptsächliche Geschäftstätigkeiten. Dabei handelt sich um *eine Finanz- und Verwaltungsholdingtätigkeit, eine Finanzierungstätigkeit zugunsten der nicht in Deutschland ansässigen Gesellschaften der Gruppe, die darin bestand, diesen Darlehen zu fremdüblichen Konditionen zu gewähren und die überschüssige Liquidität der Gruppe auf dem Kapitalmarkt zu investieren, und eine Handelstätigkeit im eigenen Namen und auf eigene Rechnung, in deren Rahmen sie Rohstoffe bei Dritten außerhalb der Europäischen Union kaufte, um sie danach mit Gewinn an die Gesellschaften der Gruppe weiterzuverkaufen*[1678]. Für diese drei Bereiche ihrer Geschäftstätigkeit mietete die *GS* zwei Büroräume mit technischer Ausrüstung an und beschäftigte darüber hinaus drei Arbeitnehmer[1679]. Im Jahr 2013 schüttete die deutsche Tochtergesellschaft der *GS* Dividenden an die Gesellschaft aus. *GS* stellte in diesem Zusammenhang gleichzeitig einen Antrag auf steuerliche Erstattung, in dem sie sich auf § 43b EStG berief[1680]. Die deutschen Finanzbehörden lehnten diesen Antrag unter Berufung auf § 50d Abs. 3 EStG ab. In der Folge reichte *GS* beim FG Köln eine Klage ein, in der sie mit der Unvereinbarkeit von § 50d Abs. 3 EStG mit der Niederlassungsfreiheit und der MTRL argumentierte. Das FG Köln legte daraufhin

---

1674 BMF v. 04.04.2018 – IV B 3 – S 2411/07/10016-14, BStBl. I 2018, 589 (590).
1675 EuGH v. 14.06.2018 – C-440/17, DStR 2018, 1479 – GS.
1676 EuGH v. 14.06.2018 – C-440/17, DStR 2018, 1479 (Rn. 15) – GS.
1677 EuGH v. 14.06.2018 – C-440/17, DStR 2018, 1479 (Rn. 16) – GS.
1678 EuGH v. 14.06.2018 – C-440/17, DStR 2018, 1479 (Rn. 17) – GS.
1679 EuGH v. 14.06.2018 – C-440/17, DStR 2018, 1479 (Rn. 17) – GS.
1680 EuGH v. 14.06.2018 – C-440/17, DStR 2018, 1479 (Rn. 18) – GS.

dem EuGH die in dieser Angelegenheit zu klärenden Fragen im Hinblick auf eine Vorabentscheidung vor.

b) *Die Gerichtsentscheidung und ihre praktische Bedeutung*

Wie bereits erwähnt, wurde § 50d Abs. 3 EStG im Jahr 2011[1681] neu gestaltet. Nunmehr sollte es zu einer *quotalen* Versagung der Entlastung kommen können, sofern sog. „*schädliche*" Erträge vorliegen. Es handelte sich also vielmehr um eine *Aufteilungsklausel*[1682]. Allerdings blieb die Voraussetzung des Entstehens von Erträgen aus einer eigenen Wirtschaftstätigkeit davon nach wie vor unberührt. Der EuGH unterstreicht genau diesen Sachverhalt. Denn die MTRL schreibt nicht vor, welche Wirtschaftstätigkeit die von ihr erfassten Gesellschaften ausüben oder wie hoch die Einkünfte aus ihrer eigenen Wirtschaftstätigkeit sein müssen[1683]. § 50d Abs. 3 EStG ließ darüber hinaus auch die organisatorischen, wirtschaftlichen oder sonstigen relevanten Merkmale der Unternehmensgruppe außer Acht[1684]. Schließlich gab die Anti-Missbrauchsklausel der gebietsfremden Muttergesellschaft keine Möglichkeit zu beweisen, dass keine rein künstliche, jeder wirtschaftlichen Realität bare Konstruktion vorlag[1685]. Insoweit widersprach die Norm der MTRL. Gerade in Abwesenheit einer punktuellen Missbrauchsbekämpfung konnte der Verstoß gegen die Niederlassungsfreiheit durch § 50d Abs. 3 EStG nicht mit dem Ziel der Bekämpfung von Steuerhinterziehung und -umgehung gerechtfertigt werden[1686].

Mit seinem Urteil betont der EuGH erneut die Wichtigkeit einer punktuellen Bekämpfung von ertragsteuerlichen Missbrauchsgestaltungen. Dem deutschen Gesetzgeber oblag damit die schwierige Aufgabe, § 50d Abs. 3 EStG europarechtskonform auszugestalten. Zwar hat das BMF, das die Gesetzesvorlage verfasst hat, die strengen Anforderungen von § 50d Abs. 3 EStG in der Fassung v. 2011 abgemildert, sodass teilweise auch die passive Beteiligungsverwaltung als unschädlich bewertet werden konnte[1687]. Zudem hat das BMF punktuelle[1688] Einschränkungen bezüglich der Substanzanforderungen für § 50d Abs. 3 EStG

1681 BeitrRL-UmsG v. 07.12.2011, BGBl. I 2011, 2592.

1682 BT-Drs. 17/7524, 14.

1683 EuGH v. 14.06.2018 – C-440/17, DStR 2018, 1479 (Rn. 53) – GS.

1684 Im Ergebnis: EuGH v. 14.06.2018 – C-440/17, DStR 2018, 1479 (Rn. 57) – GS.

1685 EuGH v. 14.06.2018 – C-440/17, DStR 2018, 1479 (Rn. 56) – GS.

1686 EuGH v. 14.06.2018 – C-440/17, DStR 2018, 1479 (Rn. 80) – GS.

1687 BMF v. 04.04.2018 – IV B 3 – S 2411/07/10016-14, BStBl. I 2018, 589.

1688 *Beutel, D./Oppel, F.,* Mehr Fragen als Antworten nach dem neuen BMF-Schreiben zu § 50d Abs. 3 EStG, DStR 2018, 1469 (1475).

in der Fassung v. 2011 vorgesehen, die sich auf Nr. 1 und 2 des § 50d Abs. 3 Satz 1 EStG bezogen[1689]. Darüber hinaus sollte § 50d Abs. 3 Satz 2 EStG in der Fassung v. 2011 nicht angewendet werden[1690]. Immerhin sollte der Wortlaut der Vorschrift jedoch komplett abgeändert werden[1691]. *Watrin* und *Leukefeld*[1692] sahen in diesem Zusammenhang die Möglichkeit, § 50d Abs. 3 EStG entweder durch die Anpassung der Substanzanforderungen des § 8 Abs. 2 AStG oder durch die Anpassung an die Tatbestandsmerkmale aus Art. 6 Abs. 1 ATAD zu modifizieren. Der deutsche Gesetzgeber hat sich im Endeffekt für die zweite Option mit der Anpassung an die Tatbestandsmerkmale aus Art. 6 Abs. 1 ATAD in § 50d Abs. 3 EStG in der Fassung v. 2021 entschieden[1693].

6. *Die verbundene Entscheidung zu den „N Luxembourg 1"-, „X Denmark"-, „C Danmark I"-, „Z Denmark"-Rechtssachen (2019)*

a) *Sachverhalte*

In seiner jüngsten Entscheidung[1694] hat der EuGH eine ganze Reihe ertragsteuerlich relevanter Fragen aufgeworfen. Zu diesen gehören sowohl die Konkretisierung der Begriffsbestimmung des Nutzungsberechtigten aus der ZLR als auch die weiterführende Erarbeitung der unionsrechtlichen Definition eines Missbrauchs.

In der Rechtssache *„N Luxembourg 1"* untersuchte der EuGH eine Konstellation, in der über verschiedene Transaktionen Darlehen von Gesellschaften, die in keinem Drittstaat ansässig waren, i. F. v. back-to-back-Finanzierungen über in EU-Staaten ansässigen Gesellschaften an dänische Gesellschaften mit niedriger Marge und geringen Aufwendungen[1695] ausgegeben wurden. Hierdurch sollte eine Senkung der Quellensteuern nach der Zins- und Lizenzgebührenrichtlinie

---

1689 Im Ergebnis: BMF v. 04.04.2018 – IV B 3 – S 2411/07/10016-14, BStBl. I 2018, 589 (590).

1690 Siehe: BMF v. 04.04.2018 – IV B 3 – S 2411/07/10016-14, BStBl. I 2018, 589 (590).

1691 Im Ergebnis auch: *Beutel, D./Oppel, F.*, Mehr Fragen als Antworten nach dem neuen BMF-Schreiben zu § 50d Abs. 3 EStG, DStR 2018, 1469 (1474).

1692 *Watrin, C./Leukefeld, R.*, Substanzanforderungen gegen missbräuchliche Gewinnverlagerungen und EU-Recht, DStR 2018, 2284 (2290).

1693 Mehr dazu: siehe 3. Kapitel der Arbeit.

1694 EuGH v. 26.02.2019 – C-115/16, C-118/16, C-119/16, C-299/16, BeckRS 2019, 2167 – N Luxembourg 1, X Denmark A/S, C Danmark I, Z Denmark ApS.

1695 Siehe: EuGH v. 26.02.2019 – C-115/16, C-118/16, C-119/16, C-299/16, BeckRS 2019, 2167 (Rn. 35 ff.) – N Luxembourg 1, X Denmark A/S, C Danmark I, Z Denmark ApS.

erreicht werden[1696]. Im Sachverhalt „*X Denmark*", dem strukturell die gleiche Gestaltungsidee zugrunde liegt, wurde innerhalb eines mehrstufigen Konzernsystems der Tochtergesellschaft X Sweden Holding durch die Konzernmutter X SCA, SICAR ein Darlehen i. H. v. 498, 5 Mio. Euro gewährt[1697]. Allerdings handelte es sich bei den erworbenen Zinserträgen in den Jahren 2007, 2008 und 2009 um die wesentlichen Einnahmen der X Sweden Holding[1698], die ihre Arbeit mit nur 10 Beschäftigten[1699] durchführte. In der Rechtsache „*C Danmark I*" wurden zwei schwedischen Gesellschaften eines Konzerns, namentlich C Sverige I und C Sverige II, mithilfe einer back-to-back-Finanzierung Darlehen i. H. v. 75 und 825 Mio. Euro gewährt[1700]. Das dänische Steuerministerium war hierbei der Auffassung, dass es unmöglich sei, eine solche Finanzierung mit dem Konzept des Nutzungsberechtigten i. S. d. ZLR[1701] zu begründen. Diese Auffassung wurde auch vom Obersten Steuerbeschwerdeausschuss Dänemarks[1702] unterstützt. Schließlich nahm sich nach entsprechendem Vorabentscheidungsersuchen der EuGH der Rechtsache „*Z Denmark*" an und analysierte die Gestaltungsart, in der durch die Weiterleitung des Darlehens zunächst eine negative und im Folgejahr eine geringe Marge erzielt wurde, wobei die Tilgung beider Darlehen überdies taggleich erfolgte[1703].

1696 Im Ergebnis: EuGH v. 26.02.2019 – C-115/16, C-118/16, C-119/16, C-299/16, BeckRS 2019, 2167 (Rn. 41) – N Luxembourg 1, X Denmark A/S, C Danmark I, Z Denmark ApS.

1697 Siehe: EuGH v. 26.02.2019 – C-115/16, C-118/16, C-119/16, C-299/16, BeckRS 2019, 2167 (Rn. 50) – N Luxembourg 1, X Denmark A/S, C Danmark I, Z Denmark ApS.

1698 Siehe: EuGH v. 26.02.2019 – C-115/16, C-118/16, C-119/16, C-299/16, BeckRS 2019, 2167 (Rn. 53) – N Luxembourg 1, X Denmark A/S, C Danmark I, Z Denmark ApS.

1699 Siehe: EuGH v. 26.02.2019 – C-115/16, C-118/16, C-119/16, C-299/16, BeckRS 2019, 2167 (Rn. 52) – N Luxembourg 1, X Denmark A/S, C Danmark I, Z Denmark ApS.

1700 Siehe: EuGH v. 26.02.2019 – C-115/16, C-118/16, C-119/16, C-299/16, BeckRS 2019, 2167 (Rn. 61) – N Luxembourg 1, X Denmark A/S, C Danmark I, Z Denmark ApS.

1701 Siehe: EuGH v. 26.02.2019 – C-115/16, C-118/16, C-119/16, C-299/16, BeckRS 2019, 2167 (Rn. 60) – N Luxembourg 1, X Denmark A/S, C Danmark I, Z Denmark ApS.

1702 Siehe: EuGH v. 26.02.2019 – C-115/16, C-118/16, C-119/16, C-299/16, BeckRS 2019, 2167 (Rn. 61) – N Luxembourg 1, X Denmark A/S, C Danmark I, Z Denmark ApS.

1703 Siehe: EuGH v. 26.02.2019 – C-115/16, C-118/16, C-119/16, C-299/16, BeckRS 2019, 2167 (Rn. 71 f.) – N Luxembourg 1, X Denmark A/S, C Danmark I, Z Denmark ApS.

b) Die Gerichtsentscheidung und ihre praktische Bedeutung

In seiner Entscheidung wies der EuGH nachdrücklich darauf hin, dass eine betrügerische oder missbräuchliche Berufung auf das Unionsrecht, die ausschließlich das Ziel habe, in den Genuss eines im Unionsrecht vorgesehenen Vorteils zu kommen, als unmöglich anzusehen sei[1704]. Missbräuchlich sind insb. die Durchleitungsgesellschaften[1705]. Jedoch kann das Streben eines Steuerpflichtigen, *das Steuersystem zu finden, das für ihn am vorteilhaftesten ist, nicht bereits generell die Vermutung eines Betrugs oder Missbrauchs begründen*[1706]. Deshalb obliegt es der Steuerbehörde zu beweisen, dass die Gesellschaft, an die die Zinsen gezahlt wurden, nicht zugleich auch die Nutzungsberechtigte dieser Zinsen ist[1707].

Im Bereich der direkten Steuerarten ist eine solche Sichtweise Neuland. Denn bis dahin wurde der o.g. Ansatz in keiner EuGH-Entscheidung im Zusammenhang mit der Ertragsteuer angemerkt. Daher überrascht es nicht, dass das Gericht für eben diese Rechtsprechung den Bereich der indirekten Steuer zitiert[1708]. Der EuGH greift damit auf den allgemeinen Grundsatz des Missbrauchsverbots zurück, um einen speziell auf den Bereich der Ertragsteuern zugeschnittenen Grundsatz des Missbrauchsverbots zu formulieren. Besonders interessant ist die Stelle, an der das Gericht auf das Spannungsfeld zwischen dem o.g. Grundsatz und dem in Art. 5 ZLR fixierten allgemeinen Missbrauchsverbot verweist. Dem Gericht zufolge kann weder Art. 5 Abs. 1 ZLR noch Abs. 2 der genannten Vorschrift aus dem Geltungsbereich des allgemeinen Ansatzes ausgeschlossen werden[1709]. Dies erscheint merkwürdig, weil – wie auch

---

1704 EuGH v. 26.02.2019 – C-115/16, C-118/16, C-119/16, C-299/16, BeckRS 2019, 2167 (Rn. 98) – N Luxembourg 1, X Denmark A/S, C Danmark I, Z Denmark ApS.

1705 Im Ergebnis: EuGH v. 26.02.2019 – C-115/16, C-118/16, C-119/16, C-299/16, BeckRS 2019, 2167 (Rn. 139) – N Luxembourg 1, X Denmark A/S, C Danmark I, Z Denmark ApS.

1706 EuGH v. 26.02.2019 – C-115/16, C-118/16, C-119/16, C-299/16, BeckRS 2019, 2167 (Rn. 109) – N Luxembourg 1, X Denmark A/S, C Danmark I, Z Denmark ApS.

1707 EuGH v. 26.02.2019 – C-115/16, C-118/16, C-119/16, C-299/16, BeckRS 2019, 2167 (Rn. 142) – N Luxembourg 1, X Denmark A/S, C Danmark I, Z Denmark ApS.

1708 So: EuGH v. 26.02.2019 – C-115/16, C-118/16, C-119/16, C-299/16, BeckRS 2019, 2167 (Rn. 100) – N Luxembourg 1, X Denmark A/S, C Danmark I, Z Denmark ApS. Gleiche Auffassung: *Schnitger, A.*, Entscheidungen des EuGH zum Begriff des Nutzungsberechtigten und Missbrauch, IStR 2019, 304 (305).

1709 Siehe: EuGH v. 26.02.2019 – C-115/16, C-118/16, C-119/16, C-299/16, BeckRS 2019, 2167 (Rn. 104 f.) – N Luxembourg 1, X Denmark A/S, C Danmark I, Z Denmark ApS.

Kokott[1710] im „*Zwijnenburg*"-Urteil betonte – der Rückgriff auf einen bestehenden allgemeinen Grundsatz des EU-Rechts, der den Missbrauch von Recht verbietet, ausgeschlossen wäre, wenn die Missbrauchsklausel aus Art. 15 der Fusionsrichtlinie ein konkreter Ausdruck dieses Grundsatzes ist. Die aktuelle Rechtsprechung des EuGH weist allerdings in eine völlig andere Richtung und akzeptiert den in der Praxis angenommenen Grundsatz nicht. Damit kommt dem durch den EuGH genannten allgemeinen Grundsatz zum Missbrauchsverbot eine ergänzende Funktion zu den Anti-Missbrauchsmaßnahmen aus dem sekundären Unionsrecht zu.

In der Praxis wird die Entscheidung des EuGH m.E. dazu führen, dass für die Steuerpflichtigen künftig eine gewisse Unsicherheit hinsichtlich ihrer Planungssicherheit besteht. Damit können auch weiterhin keine klaren Grenzen zwischen legalen und illegalen ertragsteuerlichen Gestaltungen gezogen werden. Deshalb bleiben die weiteren Entwicklungen in diesem Bereich abzuwarten.

D. Zwischenfazit

Die Bekämpfung ertragsteuerlicher Gestaltungsmissbräuche innerhalb der EU ist schon längst nicht mehr das Problem einzelner, sondern vielmehr das Problem aller EU-Mitgliedstaaten. Bei der Bekämpfung solcher Missbräuche spielen die Vorgaben des EU-Rechts eine besondere Rolle. Ihr Ziel ist es, diesen Kampf zu vereinheitlichen und dafür zu sorgen, dass aktuelle internationale Maßnahmen gegen künstliche Ertragsteuergestaltungen in den nationalen Steuergesetzgebungen umgesetzt werden. Hierfür sind die durch den EU-Rat erlassenen Richtlinien von besonderer Bedeutung. Gleichzeitig sorgt der EuGH dafür, dass bereits gültige und funktionierende Anti-Missbrauchsklauseln auch mit den EU-Grundfreiheiten übereinstimmen.

Allerdings sind die Versuche, vereinheitlichte Instrumente zur Bekämpfung von Missbrauchsgestaltungen in die nationalen Steuergesetzgebungen zu implementieren, nicht immer erfolgreich. Ein gutes Beispiel hierfür ist die verspätete Umsetzung der Vorgaben der ZLR sowie DAC-6-Richtlinie. Aus diesem Grund sollte der EU-Rat seine Aufmerksamkeit insb. auf die praktischen Herausforderungen richten, die sich bei der Umsetzung der von ihm erlassenen Richtlinien in den EU-Mitgliedstaaten ergeben. Wünschenswert wäre überdies, dass er der Kritik des Schrifttums zu einigen Aspekten der erlassenen Richtlinie (z.B.

1710 Im Ergebnis: Generalanwältin *Kokott, J.* bei EuGH v. 16.07.2009 – C-352/08, BeckRS 2009, 70827 (Rn. 62) – Zwijnenburg.

bezüglich Art. 4 ATAD; des Katalogs von Kennzeichnen aus dem Anhang IV AHRL usw.) ebenfalls Rechnung trägt. In diesem Zusammenhang ist auch zu erwarten, dass der EuGH künftig zu der Verhältnismäßigkeit einzelner, in den nationalen Steuergesetzgebungen umgesetzter Anti-Missbrauchsklauseln Stellung beziehen wird.

Wie eine konsolidierte Bekämpfung von ertragsteuerlichen Missbrauchsgestaltungen über die Einführung von neuen unionsrechtlichen Anti-Missbrauchsklauseln zukünftig aussehen soll, ist allerdings nicht offensichtlich. Denn mit der Beendigung der sog. *Eurosklerose* Mitte der 80er Jahre des vergangenen Jahrhunderts kommt zwar Bewegung in diesen Bereich. Gleichzeitig zeichnet sich jedoch auch ein wachsender Trend hin zu einer *stillen bzw. einer Scheinharmonisierung* im nicht harmonisierten Bereich der direkten Steuern der EU-Mitgliedstaaten ab. Nachdem er seinen Anfang mit dem Erlass der MTRL und der ZLR genommen hat, erreicht dieser Trend seinen Höhepunkt mit dem Erlass der ATAD. Andererseits wäre es jedoch auch möglich, dass der bereits in Unterkapitel *A* erwähnte künftige Erlass der GKKB-Richtlinie bzw. die Verabschiedung des für das Jahr 2023 geplanten BEFIT-Konzepts oder/und eine mögliche EU-Digitalsteuer-Richtlinie oder eine Richtlinie zur „*Mindestbesteuerung multinationaler Unternehmen*" dazu führen, dass innerhalb der EU ein neues, alternatives Besteuerungsregime entsteht. In diesem Fall würde der EU-Gesetzgeber deutlich über das Mindestharmonisierungskonzept und die Vorgaben des AEUV hinausgehen. Da sich in den EU-Mitgliedstaaten jedoch ein zunehmender Europaskeptizismus abzeichnet, könnte eine solche Vorgehensweise der EU zu unerwünschten rechtspolitischen Folgen führen.

Die unionsrechtliche Bekämpfung von ertragsteuerlichen Missbräuchen befindet sich somit in einer Pattsituation. Einerseits besteht zwar weiterhin ein Bedarf, neue Mechanismen gegen künstliche Steueroptimierungsversuche der MNU zu erarbeiten und umzusetzen. Andererseits steht dem EU-Rat für diese Aufgabe nur ein geltendes Rechtsinstrument, namentlich die Richtlinien mit *de-minimis*-Wirkung, zur Verfügung. Trägt man der Tatsache Rechnung, dass die Mehrzahl der europäischen Anti-Missbrauchsklauseln ursprünglich dem Kontext der OECD entstammen und von dort übernommen wurde, wird offensichtlich, dass es Bedarf gibt, ein neues Rechtsinstrument in Art. 288 AEUV einzuführen. Allerdings ist kaum vorstellbar, dass die höchst komplexe Prozedur der Veränderung des AEUV ausschließlich für steuerliche Zwecke angestrebt wird. Daher bleibt zu hoffen, dass die EU-Mitgliedstaaten selbst internationale Schutzmechanismen gegen ertragsteuerliche Gestaltungsmissbräuche zeitnah und unionsrechtskonform ausgestaltet in ihre nationalen Steuergesetzgebungen einbinden werden.

6. Kapitel Zusammenfassung

Die Ergebnisse der hier vorgenommenen Untersuchung lassen sich wie folgt thesenartig zusammengefasst werden:

A. Die in dieser Arbeit dargestellten ertragsteuerlichen Missbrauchsgestaltungen stehen in direktem Zusammenhang mit den Globalisierungsprozessen. Die Vertiefung der ökonomischen Beziehungen der Weltstaaten wird deshalb zur Steigerung der ertragsteuerlichen Missbrauchsgestaltungen führen.

B. Im deutschen Steuerrechtssystem sind die Anti-Missbrauchsregelungen in einer klaren zweistufigen hierarchischen Ordnung dargestellt. Diese zweistufige Ordnung beinhaltet die allgemeine Missbrauchsklausel i. S. d. § 42 AO und die zahlreichenden speziellen Missbrauchsklauseln. Im Gegensatz dazu verfügt das russische Steuerrechtssystem über keine allgemeine Missbrauchsklausel und versucht stattdessen, ertragsteuerliche Missbrauchsgestaltungen mithilfe spezieller Anti-Missbrauchsregelungen und des Instituts der Rechtsfortbildung zu verhindern.

C. Der Kampf gegen treaty-shopping-Gestaltungen sowohl in einem Industrieland (am Beispiel von Deutschland) als auch in einem Entwicklungs- bzw. Schwellenland (am Beispiel von Russland) erfolgt systematisch durch unmittelbare und mittelbare Maßnahmen. Zu unmittelbaren Maßnahmen sind die Anti-Missbrauchsklauseln gegen treaty-shopping-Gestaltungen bei sog. Inbound-Konstellationen zu rechnen. Durch die Überarbeitung und Weiterentwicklung einzelner Elemente des Hinzurechnungsbesteuerungssystems erfolgt in beiden o.g. Ländern der mittelbare Kampf gegen treaty-shopping-Gestaltungen bei sog. Outbound-Konstellationen.

D. Die deutschen Zins- und Lizenzschrankenregelungen und die Anti-Missbrauchsklauseln gegen treaty-shopping-Gestaltungen sind zwar effektiv, verstoßen aber in vielen Fällen gegen verfassungsrechtliche Prinzipien. Die entsprechenden Regelungen aus dem russischen Steuerrecht sind hierbei zwar deutlich toleranter, bergen allerdings ein gewisses Verbesserungspotenzial bezüglich des Normwortlauts und des tatsächlichen Effektivitätsniveaus.

E. Die dargestellten Anti-Missbrauchsmaßnahmen eines Entwicklungs- bzw. Schwellenlandes (Russlands) entsprechen nicht den hohen Bekämpfungsstandards des Industrielandes (Deutschlands). Auch in umgekehrter Richtung könnte die partielle Übernahme deutscher Anti-Missbrauchsmechanismen in das russische Steuerrecht zur wesentlichen fiskalischen Verschärfung und einem Kapitalabfluss führen. Die Maßnahmen beider Staaten zur Vermeidung der dargestellten ertragsteuerlichen Missbrauchsgestaltungen sind füreinander nicht geeignet. Dies schließt allerdingst nicht die Tatsache aus, dass in beiden Staaten aktuell die Tendenz zur Abkommensüberschreibung (treaty-overriding) besteht.

F. Die durch die OECD-BEPS-Initiative vorgeschlagenen Lösungsansätze in Bezug auf die Verhinderung der treaty-shopping-Gestaltungen stammen aus den abkommensrechtlichen Schutzmaßnahmen der Länder des angelsächsischen Rechtskreises. Um eine erfolgreiche Bekämpfung von treaty-shopping-Gestaltungen zu gewährleisten, muss der deutsche Gesetzgeber die vorgeschlagenen Rechtsinstrumente in die zahlreichen DBA Deutschlands und in die DE-VG einarbeiten.

G. Die Zins- und Lizenzschrankenregelungen, die i. R. der OECD-BEPS-Initiative entwickelt wurden, sind strukturell hochkomplex und sprachlich schwer verständlich. Auch die deutschen Pendants dieser Regelungen in § 4h EStG i. V. m. § 8a KStG sowie in § 4j EStG sind dementsprechend kompliziert und aus der Perspektive der Normklarheit verfassungsrechtlich bedenklich.

H. Der Kampf gegen die dargestellten ertragsteuerlichen Missbrauchsgestaltungen aus der Perspektive des Unionsrechts erfolgt primär durch das Instrument des sekundären Unionsrechts, namentlich durch EU-Richtlinien. Inwiefern die Anti-Missbrauchsklauseln der jeweiligen EU-Mitgliedstaaten mit den EU-Grundfreiheiten vereinbar sind, bestimmt dagegen das Instrument des primären Unionsrechts, namentlich die Rechtsprechung des EuGH.

I. Der Erlass der ATAD ermöglicht die Durchführung eines europaweit unifizierten Kampfes gegen treaty-shopping-Gestaltungen. Von besonderer Bedeutung ist hierbei die Einführung einer allgemeinen Anti-Missbrauchsklausel i. S. d. Art. 6 ATAD sowie einer Hinzurechnungsbesteuerung i. S. d. Art. 7 und 8 ATAD. Für die EU-Mitgliedstaaten besteht dabei weiterhin die Möglichkeit, den Kampf gegen treaty-shopping-Gestaltungen durch spezielle Anti-Missbrauchsregelungen zu führen, vorausgesetzt, dass sie nicht den EU-Grundfreiheiten widersprechen.

J. Die deutsche Zinsschrankenregelung aus § 4h EStG, § 8a KStG ist als unionsrechtskonform anzusehen. Dieser Umstand schließt allerdings die Verfassungswidrigkeit der Vorschriften bis zum Erlass der ATAD nicht aus.

K. Die Erarbeitung einer unifizierten Lizenzschrankenvorschrift auf der europäischen Ebene in absehbarer Zeit ist nicht zu erwarten. Deswegen müssen die EU-Mitgliedstaaten gemäß den Empfehlungen aus der BEPS-Aktionsmaßnahme Nr. 5 nationale steuerliche Lösungswege finden.

L. Die DAC-6-Richtlinie verfolgt das Ziel, den EU-Mitgliedstaaten einen effektiven Präventionsmechanismus gegen die ertragsteuerlichen

Gestaltungsmissbräuche an die Hand zu geben. Ihre tatsächliche Wirkung besteht aber in einem enormen bürokratischen Mehraufwand.

M. Der kumulative Effekt des primären und sekundären Unionsrechts auf den Kampf gegen die ertragsteuerlichen Gestaltungsmissbräuche könnte bewirken, dass der EU-Gesetzgeber künftig über das ursprüngliche Mindestharmonisierungskonzept hinausgehen wird.

Literaturverzeichnis

A. Aufsätze sowie Beiträge in Festschriften und Sammelbänden

- *Agarkov, M.*, Problema zloupotreblenija pravom v sovetskom grazhdanskom prave, Izvestija AN SSSR. Otdelenie jekonomiki i prava 1946, Nr. 6, 422 ff.
- *Akimova, L.*, Aktual'nye voprosy realizacii mer po protivodejstviju zloupotrebleniju normami zakonodatel'stva o nalogah i sborah v celjah minimizacii nalogov, in: Problemy stanovlenija grazhdanskogo obshhestva: sbornik statej VI Mezhdunarodnoj nauchnoj studencheskoj konferencii, Irkutsk 2018, 73 ff.
- *Altshuler, R./Grubert, H.*, Governments and multinational corporations in the race to the bottom, Tax Notes International 2006, 459 ff.
- *Ault, H.J./Arnold, B.J.*, Protecting the tax base of developing countries: an overview, in: Trepelhov, A./Tonino, H./Halka, D., United Nations Handbook on Selected Issues in Protecting the Tax Base of Developing Countries, 2. Aufl., New York 2017, 1 ff.
- *Avi-Yonah, R.S./Panayi, C.H.*, Rethinking Treaty Shopping: Lessons for the European Union, in: Lang, M., Tax Treaties: Building Bridges between Law and Economics, Amsterdam 2010, 21 ff.
- *Avi-Yonah, R.S./Xu, H.*, Global Taxation after The Crisis: Why BEPS and MAATM are Inadequate Responses, and What Can Be Done About It, University of Michigan Public Law Research Paper 2016, Nr. 494, 1 ff.
- *Azmuhanov, R.*, Ponjatie zloupotreblenija pravom v rossijskom nalogovom prave, Publichno-pravovye issledovanija 2014, Nr. 1, 95 ff.
- *Balakina, Z.*, Implementacija podhodov OJeSR k ustanovleniju kriteriev opredelenija koncepcii beneficiarnogo sobstvennika dohoda v rossijskoe nalogovoe zakonodatel'stvo, Jurist 2016, Nr. 21, 41 ff.
- *Balakina, Z.*, Pravovye problemy interpretacii koncepcii beneficiarnogo sobstvennika dohoda v rossijskom nalogovom zakonodatel'stve, Russian Juridical Journal 2015, Nr. 6, 185 ff.
- *Bannes, M./Cloer, A.*, BEPS Aktionsplan 6: Verhinderung von Abkommensmissbrauch, BB 2017, 2272 ff.
- *Barnes, P.*, Limiting Interest Deductions, in: Trepelhov, A./Tonino, H./Halka, D., United Nations Handbook on Selected Issues in Protecting the Tax Base of Developing Countries, 2. Aufl., New York 2017, 179 ff.
- *Bauschatz, P.*, Steuerlicher Gestaltungsmissbrauch und Europarecht (Teil I) – Öffnung der Steuersysteme im Recht der direkten Steuern der EU-Mitgliedstaaten und Abwehr grenzüberschreitender Gestaltungen durch

Missbrauchsvorschriften anhand ausgewählter Beispiele des deutschen Steuerrechts, IStR 2002, 291 ff.

- *Becker, J.D./Loose, T.,* EU-Kommission präsentiert Vorschlag für eine Anti-BEPS-Richtlinie, IStR 2016, 153 ff.
- *Benz, S./Böhmer, J.,* Das Anti Tax Avoidance Package (ATA-Paket) der EU-Kommission zur Umsetzung der BEPS-Maßnahmen in der EU, DB 2016, 307 ff.
- *Benz, S./Böhmer, J.,* Der RegE eines § 4j EStG zur Beschränkung der Abziehbarkeit von Lizenzzahlungen (Lizenzschranke), DB 2017, 206 ff.
- *Beutel, D./Oppel, F.,* Mehr Fragen als Antworten nach dem neuen BMF-Schreiben zu § 50d Abs. 3 EStG, DStR 2018, 1469 ff.
- *Beutel, D./Oppel, F.,* Verschärfung des § 50d Abs. 3 EStG im Fahrwasser der EuGH-Rechtsprechung?, DStR 2021, 1017 ff.
- *Blair-Stanek, A.,* Intellectual Property Law Solutions to Tax Avoidance, UCLA Law Review 2015, Band 62, Nr. 2, 4 ff.
- *Blum, D.,* Controlled Foreign Companies: Selected Policy Issues – or the Missing Elements of BEPS Action 3 and the Anti Tax Avoidance Directive, Intertax 2018, Band 46, Nr. 4, 296 ff.
- *Bogoslavec, T.,* Periody razvitija sistemy nalogooblozhenija dohodov fizicheskih lic v Rossii, Vestnik Omskogo gosudarstvennogo universiteta 2017, Nr. 3, 14 ff.
- *Brokelind, C.,* Intellectual Property, Taxation and State Aid Law, in: Richelle, I./Schön, W./Traversa, E., State Aid Law and Business Taxation, Berlin 2016, 221 ff.
- *Bron, J.F.,* Betriebsbegriff und beschränkte Steuerpflicht im Rahmen der Zinsschrankenregelung der §§ 4h EStG und 8a KStG, IStR 2008, 14 ff.
- *Bruk, B.,* Tonkosti i nedostatki pravil nedostatochnoj kapitalizacii, Nalogoved 2015, Nr. 2, 41 ff.
- *Buettner, T./Overesch, M./Schreiber, U./Wamser, G.,* The impact of thin-capitalization rules on the capital structure of multinational firms, Journal of Public Economics 2012, Band 96, Nr. 11 und 12, 930 ff.
- *Buettner, T./Overesch, M./Wamser, G.,* Anti profit-shifting rules and foreign direct investment, International Tax and Public Finance 2018, Band 25, Nr. 3, 553 ff.
- *Bullah, T.,* Nasha nalogovaja sistema nuzhdaetsja v antiofshornom doktore. Ego vizit - delo politicheskoj voli, Rossijskaja Federacija segodnja 2009, Nr. 10, 22 ff.
- *Burwitz, G.,* Neuere Entwicklungen im Steuerrecht, NZG 2021, 416 ff.

- *Bushmin, E./Pochinok, N./Efremova, V./Bakhtina, A./Kalinina, A.*, New CFC Rules: Avoiding Tax Evasion, Biosciences Biotechnology Research Asia 2015, Nr. 12 (1), 871 ff.
- *Bykov, S./Kutuziva, E.*, Metody protivodejstvija ukloneniju ot uplaty nalogov: klassifikacija i problemy primenenija, Izvestija Bajkal'skogo gosudarstvennogo universiteta 2012, Nr. 5, 29 ff.
- *Cédelle, A.*, The EU Anti-Tax avoidance directive: a UK perspective, British Tax Review 2016, Nr. 4, 490 ff.
- *Chand, V.*, The Guiding Principle and the Principal Purpose Test, International Taxation 2015, Nr. 12, 484 ff.
- *Chand, V.*, The Principal Purpose Test in the Multilateral Convention: An in-depth Analysis, Intertax 2018, Band 43, Nr. 1, 18 ff.
- *Chernij, I.*, Zloupotreblenie pravom v nalogovoj sfere, Vestnik Krasnodarskogo universiteta MVD Rossii 2011, Nr. 3, 31 ff.
- *Cordewener, A./Dörr, I.*, Die ertragsteuerliche Behandlung von Lizenzgebühren an ausländische Lizenzgeber: Aktuelle Einflüsse des europäischen Gemeinschaftsrechts, GRUR Int 2006, 447 ff.
- *Czakert, E.*, Die gesetzliche Umsetzung des Common Reporting Standards in Deutschland, DStR 2015, 2697 ff.
- *Damirov, J.*, Aktuelle Rechtslage und Probleme bei Sitz- und Geschäftsleitungsverlegungen einer Gesellschaft zwischen Deutschland und ausgewählten postsowjetischen Staaten aus steuerrechtlicher Sicht, Steueranwaltsmagazin 2019, Nr. 6, 203 ff.
- *Damirov, J.*, Auswirkungen der Verfassungsreform und der Maßnahmen gegen die Covid-19-Pandemie auf das Steuersystem der RF, WIRO 2020, 328 ff.
- *Danon, R.J.*, Treaty Abuse in the Post-BEPS World: An Analysis of the Policy Shift and Impact of the Principal Purpose Test for MNE Groups, Bulletin for International Taxation 2018, Band 72, Nr. 1, 31 ff.
- *Dautzenberg, N.*, Europäische „Agenda" für das Ertragsteuerrecht im Jahr 2004: Die Richtlinien vom Juni 2003, BB 2004, 17 ff.
- *De Broe, L.*, Tax Treaty and the EU Law Aspects of the LOB and PPT Provision Proposed by BEPS Action 6, in: Danon, R., Base Erosion and Profit Shifting (BEPS): Impact for European and International Tax Policy, Geneva, Zürich und Basel 2016, 197 ff.
- *De Broe, L./Beckers, D.*, The General Anti-Abuse Rule of the Anti-Tax Avoidance Directive: An Analysis Against the Wider Perspective of the European Court of Justice's Case Law on Abuse of EU Law, EC Tax Review 2017, Band 26, Nr. 3, 133 ff.

- *De la Feria, R.*, Harmonizing Anti-Tax Avoidance Rules, EC Tax Review 2017, Band 26, Nr. 3, 110 ff.
- *Ditz, X./Bärsch, S-E./Quilitzsch, C.*, Betriebsstätteneinkünfte und Gewinnabgrenzung zwischen verbundenen Unternehmen nach der deutschen Verhandlungsgrundlage für Doppelbesteuerungsabkommen, ISR 2013, 156 ff.
- *Ditz, X./Engelen, C.*, Neue Anzeigepflichten für Steuergestaltungen – Überblick und erste Handlungsempfehlungen, DStR 2019, 352 ff.
- *Ditz, X./Quilitzsch, C.*, Gesetz gegen schädliche Steuerpraktiken im Zusammenhang mit Rechteüberlassungen – die Einführung einer Lizenzschranke in § 4j EStG, DStR 2017, 1561 ff.
- *Dorfmueller, P.*, Die aktive Beteilungsverwaltung – Eine kritische Analyse der Erfordernisse des BMF-Schreibens zu § 50d Abs. 3 EStG i. d. F. des BeitrRLUmsG, IStR 2012, 423 ff.
- *Dorfmueller, P./Fischer, H.*, Die geplante Neufassung der Anti-Treaty-Shopping-Regelung des § 50d Abs. 3 EStG durch das BeitrRLUmsG, IStR 2011, 857 ff.
- *Drüen, K-D.*, Ein neuer Missbrauchsbegriff im deutschen Internationalen Steuerrecht?, ISR 2020, 98 ff.
- *Duff, D.G.*, Tax Treaty Abuse and the Principal Purpose Test – Part 1, Canadian Tax Journal 2018, Band 66, Nr. 3, 619 ff.
- *Duff, D.G.*, Tax Treaty Abuse and the Principal Purpose Test – Part 2, Canadian Tax Journal 2018, Band 66, Nr. 4, 947 ff.
- *Dörr, I.*, Praxisfragen zur Umsetzung der Zins- und Lizenzrichtlinie in § 50g EStG, IStR 2005, 109 ff.
- *Dörr, I./Dettmeier, M./Prodan, M./Neukam, N.*, Die Anti-Tax-Avoidance-Richtlinie zur Bekämpfung von Steuervermeidungspraktiken, NWB 2016, 3082 ff.
- *Eilers, S./Oppel, F.*, BEPS erreicht die EU: Das Anti Tax Avoidance Package der EU-Kommission, IStR 2016, 312 ff.
- *Eilers, S./Sommer, D.*, Anzeigepflichten für Steuergestaltungen – Sinnvoller Wettlauf der Gesetzgeber?, ISR 2019, 75 ff.
- *Fathutdinov, R.*, Bazovye kompanii v mezhdunarodnom nalogooblozhenii dohodov, Zakon 2015, Nr. 2, 77 ff.
- *Fehling, D./Schmid, M.*, BEPS und die EU: Was ist die „europäische Dimension" von BEPS? – Das Beispiel grenzüberschreitender Lizenzzahlungen, IStR 2015, 493 ff.
- *Ferrara, F.*, § 42 AO und Missbrauchsklauseln im internationalen Steuerrecht, ISR 2014, 296 ff.

- *Fischer, P.,* Zu den Begriffen des Nutzungsberechtigten und des Rechtsmissbrauchs im Sinne der RL 2003/49/EG (Zins- und Lizenzrichtlinie), jurisPR-SteuerR 2019, Nr. 18, Anmerkung 1.
- *Forst, P./Busch, C.,* Die Umsetzung der Zins- und Lizenzrichtlinie in Deutschland, EStB 2005, 35 ff.
- *Förster, G./Schmidtmann, D.,* Die Gesamtplanrechtsprechung im Steuerrecht, StuW 2003, 114 ff.
- *Franz, T.,* Die Bedeutung der ATAD-GAAR für § 42 AO, DStR 2018, 2240 ff.
- *Frotscher, G.,* Treaty Override – causa finita, IStR 2016, 561 ff.
- *Frotscher, G.,* Zur Zulässigkeit des „Treaty Override", in: Spindler, W./Tipke, K./Rödder, T., Steuerzentrierte Rechtsberatung: Festschrift für Harald Schaumburg zum 65. Geburtstag, Köln 2009, 687 ff.
- *Gadzhiev, G.,* Fenomen sudebnogo precedenta v Rossii, in: Topornin, B., Sudebnaja praktika kak istochnik prava, Moskau 2000, 98 ff.
- *Gadzhiev, G.,* Ot pravoprimenenija do zloupotreblenija, JeZh-Jurist 2004, Nr. 42, 3 ff.
- *Geberth, G./Bartelt, M.,* Gesetzgebung: Regierungsentwurf eines Gesetzes zur Umsetzung der Anti-Steuervermeidungsrichtlinie (ATADUmsG), DStR-Aktuell 2021, 62 ff.
- *Gebhardt, R.,* § 50d Abs. 9 Satz 1 Nr. 1 EStG in der europa- und verfassungsrechtlichen Kritik, IStR 2011, 58 ff.
- *Geserich, S.,* Auslegung und Rechtsfortbildung, DStR-Beihefter 2011, 59 ff.
- *Glahe, M.,* Zur zeitlichen und inhaltlichen Begrenzung einer möglichen Vorwirkung der Anti-BEPS-Richtlinie, FR 2016, 829 ff.
- *Glorius-Rose, C./Rose, G.,* Bemerkungen zur aktuellen Missbrauchs-Rechtsprechung (§ 42 AO) des BFH, DB 2003, 409 ff.
- *Goebel, S./Palm, A.,* Der Motivtest – Rettungsanker der deutschen Hinzurechnungsbesteuerung?, IStR 2007, 720 ff.
- *Gomes, M.L.,* Implementation in Practice of the Principal Purpose Test in the Multilateral Convention, Intertax 2018, Band 46, Nr. 1, 45 ff.
- *Gontscharenko, I./Saripow, V./Bruk, B.,* Sakon o deoffschorisazii, Sakon 2014, Nr. 12, 18 ff.
- *Gosch, D.,* Missbrauchsabwehr im Internationalen Steuerrecht, in: Achatz, M., Internationales Steuerrecht, Köln 2013, Band 36, 201 ff.
- *Gosch, D.,* Über das Treaty Overriding – Bestandsaufnahme – Verfassungsrecht – Europarecht, IStR 2008, 413 ff.

- *Gosch, D.*, „Nah und verbunden“ – Zum Nahestehen und Verbundensein im Steuerrecht, ISR 2020, 333 ff.
- *Gradl, C./Kiesewetter, M.*, Das Mehrseitige Übereinkommen (Multilateral Instrument) zur Umsetzung abkommensbezogener Maßnahmen aus dem OECD/G20-BEPS-Projekt und dessen voraussichtliche Auswirkungen auf die deutschen Doppelbesteuerungsabkommen, IStR 2018, 1 ff.
- *Greggi, M.*, European Taxation Of Dividends, Interests And Royalties: The Impact On Third Countries Investors, Current Issues Of Business And Law 2009, Band 3, 118 ff.
- *Grotherr, S.*, Wer hat künftig die Mitteilungspflichten bei grenzüberschreitenden Steuergestaltungen zu erfüllen?, DStZ 2019, 287 ff.
- *Grotherr, S.*, Zweifelsfragen bei der Anwendung der Rückfallklausel („subject to tax clause“) gemäß DBA, IWB 1997, 217 ff.
- *Grübel, S.*, Das Spannungsfeld zwischen § 50d Abs. 3 EStG und § 8 Abs. 2 AStG de lege lata, ISR 2021, 45 ff.
- *Gütle, J./Sotta, C.*, Reform der Hinzurechnungsbesteuerung – Auswirkungen des § 7 Abs. 4 S. 2 AStG-E bei Fondsinvestments, BB 2021, 224 ff.
- *Haarmann, W.*, Die Missbrauchsverwirrung, IStR 2018, 561 ff.
- *Haarmann, W.*, Wirksamkeit, Rechtmäßigkeit, Bedeutung und Notwendigkeit der Hinzurechnungsbesteuerung im AStG, IStR 2011, 565 ff.
- *Haas, W.*, Reformbedarf im deutschen internationalen Steuerrecht, in: Lüdicke, J., Internationales Steuerrecht – Aufbruch oder Konsolidierung?, Köln 2011, 21 ff.
- *Haase, F.*, Die neue Hinzurechnungsbesteuerung, DStR 2019, 827 ff.
- *Haase, F./Dorn, K.*, Rätsel um den Anwendungsbereich der jüngeren abkommensrechtlichen Switch-over-Regelungen, IStR 2011, 791 ff.
- *Hahn, H.*, Zur Gemeinschaftsrechtskonformität der Missbrauchsklausel in § 50g Abs. 4 EStG – Zugleich ein Beitrag zur Auslegung der Zins-/Lizenzgebühren-Richtlinie, IStR 2010, 638 ff.
- *Hahne, K.D.*, Die Begünstigung von Beteiligungen an Personengesellschaften bei der „Zinsschranke“ - Gestaltungsmöglichkeit zur Erhöhung des steuerlichen Zinsabzugs, DStR 2007, 1947 ff.
- *Harris, P.*, Taxation of Rents and Royalties, in: Trepelhov, A./Tonino, H./Halka, D., United Nations Handbook on Selected Issues in Protecting the Tax Base of Developing Countries, 2. Aufl., New York 2017, 653 ff.
- *Haug, F.*, Das „Anti Tax Avoidance Package“ der EU: Der Richtlinienvorschlag zur Bekämpfung von Steuervermeidungspraktiken und die Auswirkungen auf das inländische Steuerrecht, DStZ 2016, 446 ff.

- *Heil, S./Pupeter, A.*, Lizenzschranke - Update zum Inkrafttreten des § 4j EStG, BB 2017, 1947 ff.
- *Heinsen, O./Gsödl, M./Dietrich, M.*, Reform der Hinzurechnungsbesteuerung – Zum geänderten Motivtest (§ 8 Abs. 2-4 AStG-RefE), IStR 2020, 729 ff.
- *Heintzen, M.*, Die Neufassung des § 42 AO und ihre Bedeutung für grenzüberschreitende Gestaltungen, FR 2009, 599 ff.
- *Hennrichs, J.*, Zinsschranke, Eigenkapitalvergleich und IFRS, DB 2007, 2101 ff.
- *Henry, J.S.*, The price of offshore revisited: new estimates for missing global private wealth, income, inequality, and lost taxes, Tax Justice Network 2012, Nr. 7, 1 ff.
- *Hermenns, H./Modrzejewski, M./Münch, L./Rüsch, G.*, Überlegungen für eine nationale Anzeigepflicht für Steuergestaltungsmodelle (BEPS-Maßnahme 12: Mandatory Disclosure Rules), IStR 2016, 803 ff.
- *Hernández González-Barreda, P.A.*, A Historical Analysis of the BEPS Action Plan: Old Acquaintances, New Friends and the Need for a New Approach, Intertax 2018, Band 46, Nr. 4, 278 ff.
- *Herzig, N.*, Steuerliche Unterkapitalisierungsregelungen – Rechtsentwicklung und Perspektiven, IStR 2009, 870 ff.
- *Herzig, N./Bohn, A.*, Internationale Vorschriften zur Zinsabzugsbeschränkung – Systematisierung denkbarer Alternativmodelle zur Zinsschranke, IStR 2009, 253 ff.
- *Heuermann, B.*, Vermieten als unangemessenes Gestalten durch gegenläufige Rechtsgeschäfte auf der Nutzungsebene, StuW 2004, 124 ff.
- *Hey, J.*, Gestaltungsmissbrauch im Steuerrecht nach der Neufassung des § 42 AO und dem dazu ergangenen BMF-Erlass, BB 2009, 1044 ff.
- *Hey, J.*, Harmonisierung der Missbrauchsabwehr durch die Anti-Tax-Avoidance-Directive (ATAD), StuW 2017, 248 ff.
- *Hey, J.*, Spezialgesetzliche Missbrauchsgesetzgebung aus steuersystematischer, verfassungs- und europarechtlicher Sicht, StuW 2008, 167 ff.
- *Hinz, B./Ebbinghaus, M.*, Switch-over-Klauseln bei nachlaufenden Betriebsstätteneinkünften, ZInsO 2013, 2526 ff.
- *Homburg, S.*, Die Zinsschranke – eine beispiellose Innovation, FR 2007, 717 ff.
- *Hölscher, S./Voß, P./Zöller, D.*, Entwurf des Abzugsteuerentlastungsmodernisierungsgesetzes – Verschärfung der deutschen Anti-Treaty- und Anti-Directive-Shopping-Regelungen des § 50d Abs. 3 EStG, ISR 2021, 156 ff.
- *Hüttemann, R.*, Steuerrechtsprechung und Steuerumgehung, DStR 2015, 1146 ff.

- *Irawan, R.*, Historical Development of the OECD's Work on Treaty Abuse, in: Blum, D./Seiler, M., Preventing Treaty Abuse, Wien 2016, 23 ff.
- *Jabrayil, E.*, Die Vorwirkung der ATAD-Richtlinie, IStR 2019, 321 ff.
- *Jarass, L./Tokman, A./Wright, M.*, USA-Steuerreform 2018: Steuern und Sozialabgaben im Vergleich mit Deutschland, IStR 2018, 143 ff.
- *Jochimsen, C./Gsödl, M.*, Die geplante Reform des § 50d Abs. 3 EStG im Lichte der EuGH-Rechtsprechung zum Begriff des Nutzungsberechtigten und zum Missbrauch, IStR 2021, 387 ff.
- *Jochimsen, C./Zinowsky, T./Schraud, A.*, Die Lizenzschranke nach § 4j EStG – Ein Gesellenstück des deutschen Gesetzgebers, IStR 2017, 593 ff.
- *Kahle, H./Dahlke, A./Schulz, S.*, Zunehmende Bedeutung der IFRS für die Unternehmensbesteuerung?, StuW 2008, 266 ff.
- *Kahlenberg, C./Prusko, A.*, Die Weiterentwicklung der deutschen Hinzurechnungsbesteuerung durch die BEPS-RL, IStR 2017, 304 ff.
- *Kakade, P./Putiani, P.*, Analysis of BEPS Action Plan 3 – Strengthening CFC Rules, International Taxation 2015, Band 13, Nr. 24, 314 ff.
- *Kaminski, B.*, Grundstrukturen deutscher DBA – dargestellt anhand der BMF-Verhandlungsgrundlage vom 22.08.2013, in: Wagner, J., Steueranwalt International 2014/2015: Tagungsband, Stuttgart 2015, 17 ff.
- *Kanevsky, S.*, Features of notifying tax authorities on the participation of organizations and individuals in controlled foreign companies, Woprosy studentscheskoj nauki 2019, Nr. 6, 187 ff.
- *Kemmeren, E.C.C.M.*, Where is EU Law in the OECD BEPS Discussion?, EC Tax Review 2014, Band 23, Nr. 4, 190 ff.
- *Khavanova, I.*, K voprosu o „ponjatii fakticheskoe pravo na dohod“ v nalogovom prave, Finansovoe pravo 2014, Nr. 11, 32 ff.
- *Khavanova, I.*, Nalogovye soglashenija Rossii, Jekonomiko-pravovoj bjulleten' 2013, Nr. 9.
- *Kislicyna, M.*, Dobrosovestnost' v grazhdanskom prave, Mezhdunarodnyj studencheskij nauchnyj vestnik 2017, Nr. 5, 127 ff.
- *Klein, E./Haratsch, A.*, Das Aufenthaltsrechts der Studenten, die Unionsbürgerschaft und intertemporales Gemeinschaftsrecht, JuS 1995, 7 ff.
- *Kleinbard, E.D.*, Stateless Income, Florida Tax Review 2011, Band 11, 699 ff.
- *Knobbe-Keuk, B.*, Die beiden Unternehmenssteuerrichtlinien, EuZW 1992, 336 ff.
- *Köhler, S.*, Erste Gedanken zur Zinsschranke nach der Unternehmensteuerreform, DStR 2007, 597 ff.

- *Kollruss, T.*, Hinzurechnungsbesteuerung bei doppelt ansässigen Kapitalgesellschaften, IStR 2008, 316 ff.
- *Kollruss, T.*, Vermeidung der Anti-Treaty-Shopping Regelung des § 50d III EStG durch die Zinsschranke, BB 2007, 2774 ff.
- *Kollruss, T./Buße, L./Braukmann, M.*, Doppelt ansässige Gesellschaften, Zentralfunktionsthese des Stammhauses und Hinzurechnungsbesteuerung nach dem AStG, IStR 2011, 13 ff.
- *Konovalov, A.*, Princip dobrosovestnosti v novoj redakcii grazhdanskogo kodeksa Rossijskoj Federacii i v sudebnoj praktike, Law. Journal of the Higher School of Economics 2016, Nr. 4, 4 ff.
- *Kraft, G.*, Konzeptionelle und strukturelle Defizite der Hinzurechnungsbesteuerung – Reformbedarf und Reformnotwendigkeit, IStR 2010, 377 ff.
- *Kraft, G./Seydewitz, E.*, Gruppenbesteuerungs- und Verlustkompensationssysteme in der Hinzurechnungsbesteuerung, BB 2015, 1494 ff.
- *Kröner, I./Bolik, A.*, Die Anwendung der Zinsschranke bei vermögensverwaltenden und gewerblichen Personengesellschaften, DStR 2008, 1309 ff.
- *Kühbacher, T.*, Die Anti-Missbrauchs-Richtlinie – vom (Un-)Sinn einer Harmonisierung, SWI 2017, 362 ff.
- *Kuźniacki, B.*, The Limitation on Benefits (LOB) Provision in BEPS Action 6/MLI: Ineffective Overreaction of Mind-Numbing Complexity – Part 1, Intertax 2018, Band 46, Nr. 1, 68 ff.
- *Lampert, S.*, Zu den Voraussetzungen eines „Missbrauchs“ i.S.d. Mutter-Tochter-Richtlinie und Zins- und Lizenzgebühren-Richtlinie, ISR 2018, 207 ff.
- *Lang, M.*, BEPS Action 6: Introducing an Anti Abuse Rule in Tax Treaties, Tax Notes International 2014, 655 ff.
- *Langer, A./Orzechowski, D.*, Die General Anti Abuse Rule (Art 6. der Anti-Tax-Avoidance Richtlinie), in: Lang, M./Rust, A./Schuch, J./Staringer, C., Die Anti-Tax-Avoidance-Richtlinie, Wien 2017, 79 ff.
- *Laule, G.*, Die Harmonisierung des europäischen Steuerrechts, IStR 2001, 297 ff.
- *Leisner-Egensperger, A.*, Das Verbot der Steuerumgehung nach der Reform des § 42 AO – Kein Freibrief für ein mangelhaftes Steuerrecht, DStZ 2008, 357 ff.
- *Lentz, K./Sezer, M.*, Beteiligungserträge und Hinzurechnungsbesteuerung nach ATADUmsG-E, ISR 2021, 85 ff.
- *Lenz, M./Heinsen, O.*, Zur Niedrigbesteuerung i. S. des § 8 Abs. 3 AStG, IStR 2003, 793 ff.
- *Lieber, B.*, Ei des Columbus gefunden – BFH beendet das mehrschichtige Verfahren zu „Columbus Container Services“, IStR 2010, 142 ff.

- *Link, C.*, Die Lizenzschranke – Legitime Reaktion des Gesetzgebers auf schädliche Präferenzregime, DB 2017, 2372 ff.
- *Linn, A.*, Abkommensmissbrauch und Missbrauchsklauseln, in: Kaeser, C., Doppelbesteuerung: DBA: Zum 75. Geburtstag von Prof. Dr. Dr. h.c. Franz Wassermeyer, München 2015, 115 ff.
- *Linn, A.*, Die Anti-Tax-Avoidance-Richtlinie der EU – Anpassungsbedarf in der Hinzurechnungsbesteuerung?, IStR 2016, 645 ff.
- *Linn, A.*, Generalthema I: Steuerumgehung und Abkommensrecht, IStR 2010, 542 ff.
- *Lippert, T.H.*, OECD Base Erosion & Profit Shifting: Action Item 6, Northwestern Journal of International Law & Business 2017, Band 37, Nr. 3, 539 ff.
- *Listl, P.R.*, Anmerkungen zum Entwurf der Änderung der EU Mutter-Tochter-Richtlinie v. 25.11.2013, IStR 2014, 448 ff.
- *Loose, T.*, Abzugsteuerentlastungsmodernisierungsgesetz: Zentrale Aspekte des Referentenentwurfs zur Neugestaltung der Anti-Treaty-Shopping-Vorschrift, PIStB 2021, 045 ff.
- *Lüdenbach, N./Hoffmann, W-D.*, Der IFRS-Konzernabschluss als Bestandteil der Steuerbemessungsgrundlage für die Zinsschranke nach § 4h EStG-E, DStR 2007, 636 ff.
- *Lüdicke, J.*, Anmerkungen zur deutschen Verhandlungsgrundlage für Doppelbesteuerungsabkommen, IStR-Beihefter 2013, 26 ff.
- *Lüdicke, J.*, DBA-Politik der Bundesregierung, FR 2011, 1077 ff.
- *Lüdicke, J.*, Der missratene § 50d Abs. 3 Satz 1 EStG i. d. F. des BeitrRLUmsG, IStR 2012, 81 ff.
- *Lüdicke, J.*, Zum BMF-Schreiben vom 24. 01. 2012: Entlastungsberechtigung ausländischer Gesellschaften (§ 50d Abs. 3 EStG), IStR 2012, 148 ff.
- *Mack, A./Wollweber, M.*, § 42 AO – Viel Lärm um nichts?, DStR 2008, 182 ff.
- *Malinovskij, A.*, Zloupotreblenie pravami nalogoplatel'shhika: sravnitel'no-pravovye aspekty, Vestnik MGIMO universiteta 2013, Nr. 2, 156 ff.
- *Marquart, C./Jehlin, A.*, Zu den verfassungsrechtlichen Grenzen einer „Steuerinnovation". Zugleich Anmerkung zum Beschluss des BFH v. 13.03.2012 – I B 111/11, DStR 2013, 2301 ff.
- *Maßbaum, A./Sureth, C.*, Thin Capitalization Rules and Entrepreneurial Capital Structure Decisions, Business Research 2009, Band 2, Nr. 2, 147 ff.
- *Mehmet, O.*, Race to the Bottom: the Impact of Globalization on Labor Markets – a Review of Empirical and Theoretical Evidence, in: Ghosh, B.N./Guven, H.M., Globalization and the Third World, London 2006, 148 ff.

- *Mellinghoff, R.*, Europäisches Steuerrecht, in: Lang, M., Europäisches Steuerrecht: 42. Jahrestagung der Deutschen Steuerjuristischen Gesellschaft e.V., Köln 2018, 1 ff.
- *Merrill, P.*, Innovation Boxes: Beps and Beyond, National Tax Journal 2016, Band 69, Nr. 4, 847 ff.
- *Mitschke, W.*, Zinsschranke wirklich verfassungswidrig?, FR 2016, 412 ff.
- *Mitschke, W.*, Zur zeitlichen und inhaltlichen Begrenzung einer möglichen Vorwirkung der Anti-BEPS-Richtlinie, FR 2016, 834 ff.
- *Moreno, A.B.*, A pan-European GAAR? Some (un)expected consequences of the proposed EU Tax Avoidance Directive combined with the Dzodzi line of cases, British Tax Review 2016, Nr. 2, 143 ff.
- *Moreno, A.B.*, GAARs and Treaties: From the Guiding Principle to the Principal Purpose Test. What Have We Gained from BEPS Action 6?, Intertax 2017, Band 45, Nr. 6 und 7, 432 ff.
- *München, M./Mückl, N.*, Die Vereinbarkeit der Zinsschranke mit dem Grundgesetz, DStR 2014, 1469 ff.
- *Musil, A.*, Die ATAD-Richtlinien – Ein Paradigmenwechsel in der Steuerpolitik der EU?, FR 2018, 933 ff.
- *Musil, A.*, Treaty Override als Dauerproblem des Internationalen Steuerrechts, IStR 2014, 192 ff.
- *Musil, A./Volmering, B.*, Systematische, verfassungsrechtliche und europarechtliche Probleme der Zinsschranke, DB 2008, 12 ff.
- *Neumann, S.*, Steuergestaltung aus der Sicht der Verwaltungspraxis, in: Hüttemann, R., Gestaltungsfreiheit und Gestaltungsmissbrauch im Steuerrecht: 34. Jahrestagung der Deutschen Steuerjuristischen Gesellschaft e.V., Köln 2010, 73 ff.
- *Niehus, U./Wilke, H.*, Zur Anwendung der Gesamtplanrechtsprechung in Ausgliederungsfällen (Teil 1), SteuK 2011, 225 ff.
- *Novikov, M.*, Ponjatie dobrosovestnosti v grazhdanskom prave: teoreticheskij analiz, Molodoj uchenyj 2012, Band 2, Nr. 1, 41 ff.
- *Oenings, C./Lienicke, C.*, Betriebliche Umstrukturierungen nach Einschränkung der Gesamtplan – Argumentation durch den BFH, DStR 2014, 1997 ff.
- *Oppel, F.*, BEPS in Europa: (Schein-) Harmonisierung der Missbrauchsabwehr durch neue Richtlinie 2016/1164 mit Nebenwirkungen, IStR 2016, 797 ff.
- *Osterloh-Konrad, C.*, Anzeigepflichten für Steuergestaltungen, FR 2018, 621 ff.
- *Ovsjannikov, S.*, Est' li mesto kategorii dobrosovestnosti v nalogovom prave?, Arbitrazhnye spory 2004, Nr. 3, 84 ff.

- *Panayi, C.*, The Compatibility of the OECD/G20 Base Erosion and Profit Shifting Proposals with EU Law, Bulletin for International Taxation 2016, 95 ff.
- *Patzner, A./Nagler, J.*, Die Anzeigepflicht für Steuergestaltungen als Herausforderung für Steuerpflichtige, IStR 2019, 402 ff.
- *Permikin, K.*, International standards of «soft» regulation of taxation of profits of controlled foreign companies, Sozialno-polititscheskije nauki 2018, Nr. 3, 173 ff.
- *Petereit, A.*, Die sog. switch-over-Klausel in den deutschen Doppelbesteuerungsabkommen – Überblick, Inhalt und Steuerplanung, IStR 2003, 577 ff.
- *Pinkernell, R.*, „Lizenzschranke" gem. § 4j EStG und Auswirkungen auf die internationale Steuergestaltung mit Lizenzboxen, DWS 2017, Merkblatt Nr. 1799, 1 ff.
- *Pistone, P.*, Coordinating the Actions of Regional and Global Players during the Shift from Bilateralism to Multilateralism in International Tax Law, World Tax Journal 2014, Band 6, Nr. 1, 3 ff.
- *Podeyn, H./Tschatsch, M./Fischler, C.*, Anzeigepflicht für grenzüberschreitende Steuergestaltungen – praktische Relevanz für die Finanzbranche, DB 2018, 3081 ff.
- *Pohl, D.*, Deutsche Abkommenspolitik – Aktuelle Praxisfragen und deutsche Verhandlungsgrundlage, in: Lüdicke, J., Neue Grenzen für die internationale Steuerplanung?, Köln 2014, 51 ff.
- *Polatzky, R./Balliet, D./Steinau, N.*, Neue Hürden für die DBA-Anwendung durch das Multilaterale Instrument, IStR 2017, 226 ff.
- *Polatzky, R./Schäfer, M.*, Mitteilungspflicht für grenzüberschreitende Steuergestaltungen – Praxisempfehlungen zum Verfahren und Fälle zu den sog. Hallmarks, StuB 2019, 915 ff.
- *Prinz, U.*, Ist die Zinsschranke verfassungsrechtlich besser als ihr Ruf?, FR 2013, 145 ff.
- *Prinz, U.*, Mittelstandsfinanzierung in Zeiten der Zinsschranke, FR 2008, 441 ff.
- *Pross, A./Radmanesh, S.*, Seminar A: „Patentboxen", IStR 2015, 579 ff.
- *Radmanesh, S.*, Empfehlungen für eine effektive Hinzurechnungsbesteuerung (sog CFC-Regelungen) – Aktionspunkt 3 des OECD/G20 Base Erosion and Profit Shifting (BEPS)-Aktionsplans, IStR 2015, 895 ff.
- *Rättig, H./Protzen, P.D.*, Die „neue Hinzurechnungsbesteuerung" der §§ 7-14 AStG in der Fassung des UntStFG – Problembereiche und Gestaltungshinweise, IStR 2002, 123 ff.
- *Rautenstrauch, G.*, ATAD-Umsetzungsgesetz – was lange währt, wird endlich gut?, GmbHR 2021, R192 ff.

- *Rautenstrauch, G./Suttner, J.*, Die EU Anti-BEPS-Richtlinie: Überblick und künftige Anpassungsnotwendigkeiten im deutschen Recht, BB 2016, 2391 ff.
- *Reimer, E.*, Die Auswirkungen der Grundfreiheiten auf das Ertragsteuerrecht der Bundesrepublik Deutschland – Eine Bestandsaufnahme, in: Lehner, M., Grundfreiheiten im Steuerrecht der EU-Staaten, München 2000, 39 ff.
- *Reimer, E.*, Meilenstein des BEPS-Programms: Das Multilaterale Übereinkommen zur Umsetzung der DBA-relevanten Maßnahmen, IStR 2017, 1 ff.
- *Rejdel', L./Lupoljanskij. D.*, Problema zloupotreblenija pravom v nalogovoj sfere, in: Bykova, A., Teorija i praktika sovremennoj juridicheskoj nauki / Sbornik nauchnyh trudov po itogam mezhdunarodnoj mezhvuzovskoj nauchno-prakticheskoj konferencii, Sammelband, Samara 2016, Nr. 3, 116 ff.
- *Repljanskaja, A.*, Sravnitel'no-pravovoj analiz pravil po ogranicheniju vycheta procentnyh rashodov v stranah kontinental'noj i anglosaksonskoj pravovyh sistem, Publichno-pravovye issledovanija (jelektronnyj zhurnal) 2016, Nr. 3, 19 ff.
- *Richter, A./Welling, B.*, Diskussionsbericht zum 67. Berliner Steuergespräch „Anzeigepflicht für Steuergestaltungen", FR 2018, 628 ff.
- *Ritzer, C./Stangl, I./Karnath, S.*, Zur geplanten „Lizenzschranke", DK 2017, 68 ff.
- *Rödder, T.*, Deutsche Unternehmensbesteuerung im Visier des EuGH, DStR 2004, 1629 ff.
- *Rödder, T./Stangl, I.*, Zur geplanten Zinsschranke, DB 2007, 479 ff.
- *Roderburg, G.*, Wesentliche steuerliche Entwicklungen auf EU-Ebene seit Ende 2013, EuZW 2015, 940 ff.
- *Roderburg, G./Rode, O.*, Die Missbrauchsabwehrregelungen in der deutschen Verhandlungsgrundlage für Doppelbesteuerungsabkommen und der Sonderfall Liechtenstein, ISR 2013, 149 ff.
- *Röhrig, A./Demant, A.*, Unternehmensumstrukturierung von Personenunternehmen, EStB 2011, 33 ff.
- *Rupp, T.*, Internationales Steuerrecht: Die deutsche Lizenzschranke (§ 4j EStG), Steuer Office Kanzlei-Edition 2020 (*Stand: 16.06.2020*), Rn. HI10950516 ff.
- *Ryzhenkov, A.*, Princip dobrosovestnosti v obnovlennom grazhdanskom zakonodatel'stve, Probely v rossijskom zakonodatel'stve. Juridicheskij zhurnal 2013, Nr. 3, 68 ff.
- *Saint-Amans, P./Russo, R.*, The BEPS Package: Promise Kept, Bulletin for International Taxation 2016, 236 ff.
- *Schaden, M./Käshammer, D.*, Die Neuregelung des § 8a KStG im Rahmen der Zinsschranke, BB 2007, 2259 ff.

- *Schaumburg, H.,* Das Leistungsfähigkeitsprinzip im Internationalen Steuerrecht, in: Lang, J., Die Steuerrechtsordnung in der Diskussion: Festschrift für Klaus Tipke zum 70. Geburtstag, Köln 1995, 125 ff.
- *Schenke, R.,* Auslegung und Rechtsfortbildung – Überlegungen zu Grundfragen der rechtsmethodischen Systembildung am Beispiel der „Auslegung gegen den Wortlaut", DStR-Beihefter 2011, 54 ff.
- *Scheunemann, M.P./Socher, O.,* Zinsschranke beim Leveraged Buy-out, BB 2007, 1144 ff.
- *Schick, M.,* EU-Richtlinie über Anzeigepflichten von „Steuerintermediären" in Kraft, DStR 2018, 1583 ff.
- *Schmidt, K.,* Taxation of Controlled Foreign Companies in Context of the OECD/G20 Project on Base Erosion and Profit Shifting as well as the EU Proposal for the Anti-Tax Avoidance Directive – An Interim Nordic Assessment, Nordic Tax Journal 2016, Nr. 2, 87 ff.
- *Schneider, N./Junior, B.,* Die Lizenzschranke – Überblick über den Regierungsentwurf zu § 4j EStG, DStR 2017, 417 ff.
- *Schnitger, A.,* Der Entwurf des AHRL-ÄndUmsG, IStR 2016, 637 ff.
- *Schnitger, A.,* Entscheidungen des EuGH zum Begriff des Nutzungsberechtigten und Missbrauch, IStR 2019, 304 ff.
- *Schnitger, A.,* Urteil in den Rs. Deister Holding und Juhler Holding – das Ende des § 50d Abs. 3 EStG, IStR 2018, 169 ff.
- *Schnitger, A.,* Weitere Maßnahmen zur BEPS-Gesetzgebung in Deutschland, IStR 2017, 214 ff.
- *Schnitger, A./Gebhardt, R.,* Überlegungen zur geplanten Neufassung des § 50d Abs. 3 EStG durch das AbzStEntModG, IStR 2021, 289 ff.
- *Schnitger, A./Nitzschke, D./Gebhardt, R.,* Anmerkungen zu den Vorgaben für die Hinzurechnungsbesteuerung nach der sog „Anti-BEPS-Richtlinie", IStR 2016, 960 ff.
- *Schnittker, H.,* Seminar L: Limitation-on-Benefits-Klauseln – eine Bestandsaufnahme, IStR 2012, 720 ff.
- *Schön, W.,* Seminar E (IFA/OECD): Das Multilaterale Instrument, IStR 2017, 681 ff.
- *Schön, W.,* Transfer Pricing Issues of BEPS in the Light of EU law, British Tax Review 2015, Nr. 3, 417 ff.
- *Schönfeld, J.,* Abkommenszweck und Verhinderung einer Minder- oder Nichtbesteuerung, in: Kaeser, C., Doppelbesteuerung: DBA: Zum 75. Geburtstag von Prof. Dr. Dr. h.c. Franz Wassermeyer, München 2015, 97 ff.

- *Schönfeld, J.*, Hinzurechnungsbesteuerung und Anti-Tax-Avoidance-Directive, IStR 2017, 721 ff.
- *Schönfeld, J./Erdem, E.*, Die geplante Neufassung des § 50d Abs. 3 EStG durch das AbzStEntModG, IStR 2021, 189 ff.
- *Schönfeld, J./Häck, N.*, Der Methodenartikel in der deutschen Verhandlungsgrundlage für Doppelbesteuerungsabkommen, ISR 2013, 168 ff.
- *Schüler-Täsch, S./Schulze, M.*, Die Entwicklung des Steuerverfassungsrechts und Missbrauchsregelungen im Steuerrecht, DStR 2015, 1137 ff.
- *Sedemund, J.*, Steine statt Brot oder immer noch europarechtswidrig? – Gedanken zur Neufassung des § 8a KStG, IStR 2004, 595 ff.
- *Seixas, T.S.*, Threshold Requirements for CFC Rules: Definition of Control, in: Pinetz, E./Schaffer, E., Limiting Base Erosion, Wien 2017, 207 ff.
- *Shepenko, R.*, O mezhdunarodnyh nalogovyh soglashenijah, Rossijskij vneshnejekonomicheskij vestnik 2011, Nr. 6, 54 ff.
- *Spindler, W.*, Der „Gesamtplan" in der Rechtsprechung des BFH, DStR 2005, 1 ff.
- *Staats, W.*, Zur „Begrenzung der Gewinnverkürzung durch Abzug von Zinsoder sonstigen finanziellen Aufwendungen" – Der OECD-Bericht zu Maßnahme 4 des BEPS-Aktionsplans, IStR 2016, 135 ff.
- *Staringer, C.*, Die Anti-Tax-Avoidance-Richtlinie: Gesamtwürdigung aus steuerpolitischer Sicht, in: Lang, M./Rust, A./Schuch, J./Staringer, C., Die Anti-Tax-Avoidance-Richtlinie, Wien 2017, 1 ff.
- *Stewen, T.*, Der EuGH und die nationale Steuerhoheit – Spannungsverhältnis und Konfliktlösung, EuR 2008, 445 ff.
- *Stöber, M.*, Der RegE zur Mitteilungspflicht in Bezug auf Steuergestaltungen, DB 2019, 2649 ff.
- *Stöber, M.*, Die Pflicht zur Mitteilung grenzüberschreitender Steuergestaltungen nach den neuen §§ 138d–138k AO, BB 2020, 983 ff.
- *Stöber, M.*, Rechts- und Praxisprobleme der Anzeigepflicht für Steuergestaltungen, in: Brandt, J., Steuerrecht im Wandel, Stuttgart 2020, 127 ff.
- *Stöber, M.*, Zur verfassungs- und europarechtlichen (Un-) Zulässigkeit von Treaty Overrides, DStR 2016, 1889 ff.
- *Stöber, M.*, Zur verfassungs- und unionsrechtlichen (Un-)Zulässigkeit von Anzeigepflichten in Bezug auf Steuergestaltungen, BB 2018, 2464 ff.
- *Stöber, M.*, Zur Zukunft der Zinsschranke, in: Schön, W./Sternberg, C., Zukunftsfragen des deutschen Steuerrechts III, Heidelberg 2018, 121 ff.
- *Strahl, M.*, Die Bedeutung der Gesamtplanrechtsprechung bei der Umstrukturierung von Personengesellschaften unter steuerneutraler Ausgliederung einzelner Wirtschaftsgüter, FR 2004, 929 ff.

- *Strunk, G./Haase, F.*, Die tatbestandliche Erfassung von Genussrechten als Anteile an Kapitalgesellschaften bei der Hinzurechnungsbesteuerung, BB 2007, 17 ff.
- *Taboada, C.P.*, OECD Base Erosion and Profit Shifting Action 6: The General Anti-Abuse Rule, Bulletin for International Taxation 2015, Band 69, Nr. 10, 602 ff.
- *Telkamp, H-J.*, Der Außensteuergesetz-Entwurf – Kritische Stellungnahme zum Gesetzentwurf der Bundesregierung über die Besteuerung bei Auslandsbeziehungen, StuW 1972, 97 ff.
- *Thiede, J.*, Besitzen Patentboxregime eine Zukunft? – Eine beihilferechtliche Untersuchung, IStR 2016, 283 ff.
- *Thiele, K.*, Der unionsrechtliche Missbrauchsbegriff im Bereich der direkten Steuern, IStR 2011, 452 ff.
- *Topornin, B.*, Nalogovoe pravo v pravovoj sisteme Rossii, in: Nalogovyj kodeks: segodnja i zavtra: Sb. statej, Sammelband, Moskau 1997, 4 ff.
- *Trageser, M./Schenk, C.*, Anzeigepflicht für grenzüberschreitende Steuergestaltungen: Ausgewählte Problemfelder aus Sicht der Finanzindustrie, BB 2019, 2910 ff.
- *Tschereutschuk, D.*, Features Of The Taxation Of Activities Of The Controlled Foreign Companies In Russia, Tawritscheskij nautschnyj obosrewatel 2016, Band 15, Nr. 10, 117 ff.
- *Töben, T./Lohbeck, A./Fischer, H.*, Aktuelle steuerliche Fragen im Zusammenhang mit Inbound-Investitionen in deutsches Grundvermögen, FR 2009, 151 ff.
- *Valente, P.*, BEPS Action 15: Release of Multilateral Instrument, Intertax 2017, Band 45, Nr. 3, 219 ff.
- *Valta, M.*, Die deutsche Verhandlungsgrundlage für Doppelbesteuerungsabkommen und Entwicklungsländer, ISR 2013, 186 ff.
- *Vinnickij, D.*, Razvitie sudebnoj praktiki po delam o nedostatochnoj kapitalizacii v Rossijskoj Federacii v 2011–2016 gg., Electronic Supplement To The Russian Juridical Journal 2017, Nr. 6, 141 ff.
- *Vogel, K.*, Internationales Steuerrecht, DStZ 1997, 269 ff.
- *Volkov, A.*, Priznaki neobosnovannoj nalogovoj vygody v kontekste zloupotreblenija grazhdanskimi i nalogovymi pravami, Vestnik arbitrazhnoj praktiki 2017, Nr. 6, 3 ff.
- *von Wedelstädt, A.*, Mitteilungspflicht bei grenzüberschreitenden Steuergestaltungen – Kurzdarstellung der §§ 138d bis 138k AO, AO-StB 2020, 21 ff.

- *Wamser, G.*, The Impact of Thin-Capitalization Rules on External Debt Usage – A Propensity Score Matching Approach, Oxford Bulletin Of Economics And Statistics 2014, Band 76, Nr. 5, 764 ff.
- *Warter, J.*, Die rechtsgeschichtliche Entwicklung der Doppelbesteuerungsabkommen, Juridicum Law Review 2014, 111 ff.
- *Wassermeyer, F./Schönfeld, J.*, Die Niedrigbesteuerung i. S. des § 8 Abs. 3 AStG vor dem Hintergrund eines inländischen KSt-Satzes von 15 %, IStR 2008, 496 ff.
- *Watrin, C./Leukefeld, R.*, Substanzanforderungen gegen missbräuchliche Gewinnverlagerungen und EU-Recht, DStR 2018, 2284 ff.
- *Wendt, M.*, § 42 AO vor dem Hintergrund der Rechtsprechung, in: Hüttemann, R., Gestaltungsfreiheit und Gestaltungsmissbrauch im Steuerrecht: 34. Jahrestagung der Deutschen Steuerjuristischen Gesellschaft e.V., Köln 2010, 117 ff.
- *Wichmann, M.*, Anmerkungen zur deutschen Abkommenspolitik, FR 2011, 1082 ff.
- *Zeitlinger, A./Hristov, D.*, Russia's CFC rules: the latest developments and issues with foundations of a legal character, Trusts & Trustees 2016, Band 22, Nr. 6, 616 ff.
- *Zor'kin, V.*, Precedentnyj harakter reshenij Konstitucionnogo Suda Rossijskoj Federacii, Zhurnal rossijskogo prava 2004, Nr. 12, 3 ff.

B. Masterarbeiten, Dissertationen (auch Zusammenfassungen von Dissertationen) und Monographien

- *Beuchert, T.*, Anzeigepflichten bei Steuergestaltungen, Dissertation, Köln 2012.
- *Bohn, A.*, Zinsschranke und Alternativmodelle zur Beschränkung des steuerlichen Zinsabzugs, Dissertation, Wiesbaden 2009.
- *Böing, C.*, Steuerlicher Gestaltungsmissbrauch in Europa: eine rechtsvergleichende und gemeinschaftsrechtliche Untersuchung von Konzeptionen zur Bekämpfung des Gestaltungsmissbrauchs, Dissertation, Hamburg 2006.
- *Chen, C.*, Die Steuerumgehung i. S. d. § 42 AO: Eine Untersuchung im Grenzbereich von Gewerbebetrieb und privater Vermögensverwaltung, Dissertation, Frankfurt 2014.
- *Danzer, J.*, Die Steuerumgehung, Dissertation, Köln 1981.
- *Fokin, A.*, Mezhdunarodnoe nalogooblozhenie passivnyh dohodov (procentov, dividendov, rojalti): amerikanskij opyt, Monographie, Moskau 2009.
- *Guseva, T.*, Pravovoe regulirovanie nalogovogo planirovanija v predprinimatel'skoj dejatel'nosti: Problemy teorii i praktiki, Zusammenfassung der Dissertation, Saratov 2008.

- *Jehlin, A.*, Die Zinschranke als Instrument zur Missbrauchsvermeidung und Steigerung der Eigenkapitalausstattung, Dissertation, Berlin 2013.
- *Juka, A.*, Is BEPS Action 6 „Preventing Treaty abuse“ compatible with the EU Law concept of abuse?, Masterarbeit, Universität Lund 2016.
- *Khavanova, I.*, Izbezhanie dvojnogo nalogooblozhenija i predotvrashhenie uklonenija ot nalogooblozhenija v uslovijah vzaimodejstvija nacional'nogo i mezhdunarodnogo prava, Dissertation, Moskau 2016.
- *Malinovskij, A.*, Zloupotreblenie pravom, Monographie, Moskau 2002.
- *Missal, J.*, Die Rückfall- bzw. Subjekt-to-tax-Klauseln und die Bedeutung der Begriffe „tatsächliche Besteuerung“, Masterarbeit, Hamburg 2015.
- *Moser, T.*, Die Hinzurechnungsbesteuerung nach den §§ 7-14 AStG und die Besteuerung ausländischer Familienstiftungen nach § 15 AStG, Dissertation, Köln 2015.
- *München, M.*, Die Zinsschranke – eine verfassungs-, europa- und abkommensrechtliche Würdigung, Dissertation, Frankfurt am Main 2010.
- *Paschen, U.*, Steuerumgehung im nationalen und internationalen Steuerrecht, Dissertation, Hamburg 2001.
- *Poulakos, C.*, Der Missbrauch von steuerlichen Gestaltungsmöglichkeiten nach § 42 AO und das Europäische Gemeinschaftsrecht, Dissertation, Regenburg und Athen 2013.
- *Savseris, S.*, The Category „negligence“ in tax law, Dissertation, Moskau 2007.
- *Shou, S.*, Die Zinsschranke im Unternehmensteuerreformgesetz 2008, Dissertation, München 2010.
- *Starzhenetskaja, L.*, Prawowoje regulirowanije nalogoobloschenija kontroliruejemych inostrannych kompanij: opyt sarubeschnych stran i Rossii, Dissertation, Moskau 2016.
- *Suchowerskyj, T.*, Der Begriff des Missbrauchs im europäischen Steuerrecht, Dissertation, Berlin 2007.
- *Sumalvico, S.*, § 50d Abs. 3 EStG nach dem BeitrRLUmsG, Dissertation, Frankfurt am Main 2017.
- *Todsen, N.*, Die Zinsschrankenregelung des Unternehmensteuerrechtsreformgesetzes 2008, Dissertation, Hamburg 2013.
- *Wilson, P.A.*, BRICS and International Tax Law, Dissertation, Alphen aan den Rijn 2018.

C. Fachbücher (Lehrbücher und Handbücher) und Kommentare.

- Adick, M./Bülte, J., Fiskalstrafrecht, 2. Aufl., Heidelberg 2019. Zitiert:
  - *Adick, M.*, in: Adick, M./Bülte, J., Fiskalstrafrecht.

- Alber, M./Arendt, H./Faber, S., Beck'sches Steuer- und Bilanzrechtslexikon, Stand: 57. Ergänzungslieferung, München 2021. Zitiert:
    - *Melchior, J.*, in: Alber, M./Arendt, H./Faber, S., Beck'sches Steuer- und Bilanzrechtslexikon.
- Baum, M./Buse, J.W./Brandl, H./Szymczak, M., AO – eKommentar (*verfügbar nur elektronisch*), Stand: 01.01.2016. Zitiert:
    - *Baum, M.*, in: Baum, M./Buse, J.W./Brandl, H./Szymczak, M., AO – eKommentar.
- *Beck, D.*, Qualifikationskonflikte im Internationalen Steuerrecht, Wiesbaden 2017.
- *Belov, V.*, Grazhdanskoe pravo: Obshhaja i Osobennaja chasti, Lehrbuch, Moskau 2003.
- *Belov, V.*, K voprosu o nedobrosovestnosti nalogoplatel'shhika: kriticheskij analiz pravoprimenitel'noj praktiki, Moskau 2006.
- Binnewies, B., Körperschaftsteuergesetz: Kommentar, 9. Aufl., München 2018. Zitiert:
    - *Schwedhelm, R.*, in: Binnewies, B., Körperschaftsteuergesetz: Kommentar.
- Birk, D., Handbuch des europäischen Steuer- und Abgabenrechts, Herne und Berlin 1995. Zitiert:
    - *Mick, M.O.*, in: Birk, D., Handbuch des europäischen Steuer- und Abgabenrechts.
- *Birk, D./Desens, M./Tappe, H.*, Steuerrecht, 23. Aufl., Heidelberg 2020.
- *Bogachevskij, M.*, Nalogovaja sistema SSSR, Moskau 1938.
- *Boria, P.*, Taxation in European Union, 2. Aufl., Rome 2017.
- Brandis, P./Heuermann, B., Ertragsteuerrecht: Kommentar, Stand: 158. Ergänzungslieferung, München 2021. Zitiert:
    - *Loewens, L.*, in: Brandis, P./Heuermann, B., Ertragsteuerrecht: Kommentar;
    - *Pohl, C.*, in: Brandis, P./Heuermann, B., Ertragsteuerrecht: Kommentar;
    - *Vogt, G.*, in: Brandis, P./Heuermann, B., Ertragsteuerrecht: Kommentar;
    - *Wagner, K.J.*, in: Brandis, P./Heuermann, B., Ertragsteuerrecht: Kommentar.
- *Brähler, G.*, Internationales Steuerrecht: Grundlagen für Studium und Steuerberaterprüfung, 8. Aufl., Wiesbaden 2014.
- *Bryzgalin, A.*, Nalogi i nalogovoe pravo, Lehrbuch, Moskau 1997.
- *Bydlinski, F.*, Juristische Methodenlehre und Rechtsbegriff, 2. Aufl., Wien 1991.
- Calliess, C./Ruffert, M., EUV/AEUV: Kommentar, 6. Aufl., München 2022. Zitiert:

  - *Korte, S.*, in: Calliess, C./Ruffert, M., EUV/AEUV: Kommentar;
  - *Waldhoff, C.*, in: Calliess, C./Ruffert, M., EUV/AEUV: Kommentar.
- *Cindeliani, I.*, Nalogovoe pravo: Uchebnik dlja bakalavrov, Lehrbuch, 2. Aufl., Moskau 2016.
- *Cloer, A./Lavrelashvili, N.*, Einführung in das Europäische Steuerrecht, Berlin 2008.
- Dauses, M.A./Ludwigs, M., Handbuch des EU-Wirtschaftsrechts, Stand: 53. Ergänzungslieferung, München 2021. Zitiert:
  - *Gröpl, C.*, in: Dauses, M.A./Ludwigs, M., Handbuch des EU-Wirtschaftsrechts.
- *Demin, A.*, Nalogovoe pravo Rossii: Uchebnoe posobie, Lehrbuch, Moskau 2006.
- *Doernberg, R.L./van Raad, K.*, The 1996 United States Income Tax Convention. Analysis, Commentary and Comparison, Den Haag 1997.
- *Emel'janov, V.*, Razumnost', dobrosovestnost', nezloupotreblenie grazhdanskimi pravami, Moskau 2002.
- Endres, D./Spengel, C./ Jacobs: Internationale Unternehmensbesteuerung, 8. Aufl., München 2016. Zitiert:
  - *Jacobs, O.H./Endres, D./Spengel, C.*, in: Endres, D./Spengel, C./ Jacobs, O.H.: Internationale Unternehmensbesteuerung.
- Erbs, G./Kohlhaas, M., Strafrechtliche Nebengesetze, Stand: 236. Ergänzungslieferung, München 2021. Zitiert:
  - *Hadamitzky, A./Senge, L.*, in: Erbs, G./Kohlhaas, M., Strafrechtliche Nebengesetze.
- Esser, R./Rübenstahl, M./Saliger, F./Tsambikakis, M., Wirtschaftsstrafrecht: Kommentar, Köln 2017. Zitiert:
  - *Rübenstahl, M.*, in: Esser, R./Rübenstahl, M./Saliger, F./Tsambikakis, M., Wirtschaftsstrafrecht: Kommentar.
- Flick, H./Wassermeyer, F./Baumhoff, H./Schönfeld, J., Außensteuerrecht: Kommentar, Stand: 99. Ergänzungslieferung, Köln 2021. Zitiert:
  - *Ditz, X./Wassermeyer, F.*, in: Flick, H./Wassermeyer, F./Baumhoff, H./Schönfeld, J., Außensteuerrecht: Kommentar;
  - *Engelen, C.*, in: Flick, H./Wassermeyer, F./Baumhoff, H./Schönfeld, J., Außensteuerrecht: Kommentar;
  - *Wassermeyer, F.*, in: Flick, H./Wassermeyer, F./Baumhoff, H./Schönfeld, J., Außensteuerrecht: Kommentar;
  - *Wassermeyer, F./Schönfeld, J.*, in: Flick, H./Wassermeyer, F./Baumhoff, H./Schönfeld, J., Außensteuerrecht: Kommentar.

- *Frotscher, G.*, Internationales Steuerrecht, 5. Aufl., München 2020.
- Fuhrmann, C./Kraeusel, J./Schiffers, J., EStG: eKommentar (*verfügbar nur elektronisch*), Stand: 25.06.2016. Zitiert:
  - *Brombach-Krüger, M.*, in: Fuhrmann, C./Kraeusel, J./Schiffers, J., EStG: eKommentar.
- Goette, W./Habersack, M./Kalss, S., Münchener Kommentar zum Aktiengesetz: AktG, 5. Aufl., München 2019. Zitiert:
  - *Bayer, W.*, in: Goette, W./Habersack, M./Kalss, S., Münchener Kommentar zum Aktiengesetz: AktG.
- Gosch, D., Abgabenordnung/Finanzgerichtsordnung: Kommentar, Stand: 159. Ergänzungslieferung, Bonn 2021. Zitiert:
  - *Stöber, M.*, in: Gosch, D., Abgabenordnung/ Finanzgerichtsordnung: Kommentar.
- Gosch, D., KStG: Kommentar, 4. Aufl., München 2020. Zitiert:
  - *Förster, G.*, in: Gosch, D., KStG: Kommentar.
- Gosch, D./Schwedhelm, R./Spiegelberger, S., GmbH-Beratung: Gesellschaftsrecht und Steuerrecht, Stand: 64. Ergänzungslieferung, Köln 2021. Zitiert:
  - *Fabry, P.*, in: Gosch, D./Schwedhelm, R./Spiegelberger, S., GmbH-Beratung: Gesellschaftsrecht und Steuerrecht.
- Grabitz, E./Hilf, M./Nettesheim, M., Das Recht der Europäischen Union, Stand: 73. Ergänzungslieferung, München 2021. Zitiert:
  - *Herrmann, C.*, in: Grabitz, E./Hilf, M./Nettesheim, M., Das Recht der Europäischen Union: Kommentar;
  - *Ress, G./Ukrow, J.*, in: Grabitz, E./Hilf, M./Nettesheim, M., Das Recht der Europäischen Union: Kommentar;
  - *von Bogdandy, A.*, in: Grabitz, E./Hilf, M./Nettesheim, M., Das Recht der Europäischen Union: Kommentar.
- *Gribanov, V.*, Osushhestvlenie i zashhita grazhdanskih prav, Moskau 2000.
- Haase, F., AStG/DBA: Kommentar, 3. Aufl., Heidelberg 2016. Zitiert:
  - *Haase, F.*, in: Haase, F., AStG/DBA: Kommentar;
  - *Reiche, F.*, in: Haase, F., AStG/DBA: Kommentar;
  - *Rupp, T.*, in: Haase, F., AStG/DBA: Kommentar.
- *Haase, F.*, Internationales und Europäisches Steuerrechts, 6. Aufl., Heidelberg 2020.
- Haase, F., Multilaterales Instrument, Heidelberg 2018. Zitiert:
  - *Hackethal, C.*, in: Haase, F., Multilaterales Instrument.

- Heckschen, H./Herrler, S./Starke, T., Beck'sches Notar-Handbuch, 7. Aufl., München 2019. Zitiert:
  - *Spiegelberger, S.*, in: Heckschen, H./Herrler, S./Starke, T., Beck'sches Notar-Handbuch.
- Herrmann, C./Heuer, G./Raupach, A., EStG, KStG: Kommentar, Stand: 307. Ergänzungslieferung, Köln 2021. Zitiert:
  - *Klein, M./Hagena, A.*, in: Herrmann, C./Heuer, G./Raupach, A., EStG, KStG: Kommentar;
  - *Rehfeld, L.*, in: Herrmann, C./Heuer, G./Raupach, A., EStG, KStG: Kommentar.
- Hübschmann, W./Hepp, E./Spitaler, A., Abgabenordnung – Finanzgerichtsordnung: Kommentar, Stand: 266. Ergänzungslieferung, Köln 2021. Zitiert:
  - *Fischer, P.*, in: Hübschmann, W./Hepp, E./Spitaler, A., Abgabenordnung – Finanzgerichtsordnung: Kommentar.
- Hüls, S./Reichling, T., Steuerstrafrecht, 2. Aufl., Heidelberg 2020. Zitiert:
  - *Schott, S.*, in: Hüls, S./Reichling, T., Steuerstrafrecht.
- *Ipsen, H.P.*, Europäisches Gemeinschaftsrecht, Tübingen 1972.
- Joecks, W./Miebach, K., Münchener Kommentar zum StGB, 3. Aufl., München 2019. Zitiert:
  - *Schmitz, R./Wulf, M.*, in: Joecks, W./Miebach, K., Münchener Kommentar zum StGB.
- *Kerzner, D.S./Chodikoff, D.W.*, International Tax Evasion in the Global Information Age, Toronto 2016.
- Kessler, W./Kröner, M./Köhler, S., Konzernsteuerrecht, 3. Aufl., München 2018. Zitiert:
  - *Kessler, W./Arnold, N.*, in: Kessler, W./Kröner, M./Köhler, S., Konzernsteuerrecht;
  - *von Brocke, K./Müller, S.*, in: Kessler, W./Kröner, M./Köhler, S., Konzernsteuerrecht.
- Kirchhof, P./Seer, R., EStG Kommentar, 20. Aufl., Köln 2021. Zitiert:
  - *Gosch, D.*, in: Kirchhof, P./Seer, R., EStG Kommentar;
  - *Seiler, C.*, in: Kirchhof, P./Seer, R., EStG Kommentar.
- Kirchhof, P./Söhn, H./Mellinghoff, R., Einkommensteuergesetz: Kommentar, Stand: 318. Ergänzungslieferung, Heidelberg 2021. Zitiert:
  - *Reddig, J.*, in: Kirchhof, P./Söhn, H./Mellinghoff, R., Einkommensteuergesetz: Kommentar;

  - *Schenke, R.P.,* in: Kirchhof, P./Söhn, H./Mellinghoff, R., Einkommensteuergesetz: Kommentar.
- Klein, F., Abgabenordnung: Kommentar, 15. Aufl., München 2020. Zitiert:
  - *Rätke, B.*, in: Klein, F., Abgabenordnung: Kommentar;
  - *Ratschow, E.*, in: Klein, F., Abgabenordnung: Kommentar.
- Koenig, U., Abgabenordnung: Kommentar, 4. Aufl., München 2021. Zitiert:
  - *Koenig, U.,* in: Koenig, U., Abgabenordnung: Kommentar.
- *Kokott, J.*, Das Steuerrecht der Europäischen Union, München 2018.
- Kraft, G., AStG: Kommentar, 2. Aufl., München 2019. Zitiert:
  - *Kraft, G.*, in: Kraft, G., AStG: Kommentar;
  - *Protzen, P.D.G.,* in: Kraft, G., AStG: Kommentar;
  - *Rödel, S.,* in: Kraft, G., AStG: Kommentar.
- *Krohina, J.*, Nalogovoe pravo Rossii: Uchebnik dlja vuzov, Lehrbuch, 2. Aufl., Moskau 2003.
- Lademann, KStG Kommentar, Stand: 42. Ergänzungslieferung, Stuttgart 2011. Zitiert:
  - *Stöber, M.,* in: Lademann, KStG Kommentar.
- *Lenin, V.*, Polnoe sobranie sochinenij, 5. Aufl., Moskau 1969, Band 38.
- *Lermontov, J.*, Postatejnyj kommentarij k chasti pervoj nalogovogo kodeksa Rossijskoj Federacii, Stand: 01.2016 (*zitiert aus Konsultantplus Rechtsportal*).
- Lippross, O-G./Seibel, W., Basiskommentar Steuerrecht, Stand: 128. Ergänzungslieferung, Köln 2021. Zitiert:
  - *Kramer, J-D.,* in: Lippross, O-G./Seibel, W., Basiskommentar Steuerrecht;
  - *Krömker, U.,* in: Lippross, O-G./Seibel, W., Basiskommentar Steuerrecht.
- Lüdicke, J./Sistermann, C., Unternehmensteuerrecht, 2. Aufl., München 2018. Zitiert:
  - *Lüdicke, J./Richter, T.,* in: Lüdicke, J./Sistermann, C., Unternehmensteuerrecht.
- *Marx, K./Engels, F.*, Moralizirujushhaja kritika i kritizirujushhaja moral', 2. Aufl., Minsk 1996, Band 4.
- Mattern, O./Mohr, D./Schütz, M./Waldens, S., AStG – eKommentar (*verfügbar nur elektronisch*), Stand: 01.01.2022. Zitiert:
  - *Jacobsen, H.,* in: Mattern, O./Mohr, D./Schütz, M./Waldens, S., AStG – eKommentar.
- Michalski, L./Heidinger, A./Leible, S./Schmidt, J., GmbH-Gesetz: Kommentar, 3. Aufl., München 2017. Zitiert:

- *Lieder, J.*, in: Michalski, L./Heidinger, A./Leible, S./Schmidt, J., GmbH-Gesetz: Kommentar.

- *Mogilevskij, O.*, Nalogi SSSR za 10 let (Kratkij obzor nalogovogo zakonodatel'stva), Kazan 1927.
- Musil, A./Weber-Grellet, H., Europäisches Steuerrecht: Kommentar, München 2019. Zitiert:
  - *Musil, A.*, in: Musil, A./Weber-Grellet, H., Europäisches Steuerrecht: Kommentar;
  - *Weber-Grellet, H.*, in: Musil, A./Weber-Grellet, H., Europäisches Steuerrecht: Kommentar.
- Mössner, J-M., Steuerrecht international tätiger Unternehmen, 5. Aufl., Köln 2018. Zitiert:
  - *Henkel, U./Port, C.*, Beteiligung an inländischen Kapitalgesellschaften, in: Mössner, J-M., Steuerrecht international tätiger Unternehmen.
- *Nagornaja, J.*, Nalogovye spory. Ocenka dokazatel'stv v sude, Moskau 2009.
- *Niemeier, G./Schnitter, G./Nöcker, G./Stuparu, S.*, Einkommensteuer: Kommentar, 24. Aufl., Achim 2018.
- *Rehm, H./Nagler, J.*, Europäisches Steuerrecht, Wiesbaden 2013.
- *Rek, R./Brück, M.J.J./Labermeier, A./Pache, S.*, Internationales Steuerrecht in der Praxis, Wiesbaden 2008.
- *Rudolf, M.*, Treaty Shopping und Gestaltungsmissbrauch – zugleich ein Beitrag zur Identifizierung und Bewältigung kollidierender Missbrauchsmaßstäbe im deutschen, europäischen und internationalen Steuerrecht, Köln 2012.
- Rödder, T./Herlinghaus, A./Neumann, R., Körperschaftsteuergesetz: Kommentar, Köln 2015. Zitiert:
  - *Stangl, I.*, in: Rödder, T./Herlinghaus, A./Neumann, R., Körperschaftsteuergesetz: Kommentar.
- Röller, J., Küttner: Personalbuch 2021, 28. Aufl., München 2021. Zitiert:
  - *Kania, T.*, in: Röller, J., Küttner: Personalbuch 2021.
- Römermann, V., Münchener Anwaltshandbuch: GmbH-Recht, 4. Aufl., München 2018. Zitiert:
  - *Wiese, G.T./Schneider, S.*, in: Römermann, V., Münchener Anwaltshandbuch: GmbH-Recht.
- Schaumburg, H./Englisch, J., Europäisches Steuerrecht, 2. Aufl., Köln 2020. Zitiert:
  - *Fehling, D.*, in: Schaumburg, H./Englisch, J., Europäisches Steuerrecht;
  - *Kofler, G.*, in: Schaumburg, H./Englisch, J., Europäisches Steuerrecht.

- Schmidt, EStG: Kommentar, 40. Aufl., München 2021. Zitiert:
    - *Loschelder, F.*, in: Schmidt, EStG: Kommentar.
- *Schmidt, T.,* AStG: NomosKommentar, Baden-Baden 2012.
- Schaumburg, H., Internationales Steuerrecht, 4. Aufl., Köln 2017. Zitiert:
    - *Schaumburg, H.,* in: Schaumburg, H., Internationales Steuerrecht;
    - *Schaumburg, H./Häck, N.,* in: Schaumburg, H., Internationales Steuerrecht.
- Schönfeld, J./Ditz, X., Doppelbesteuerungsabkommen: Kommentar, 2. Aufl., Köln 2019. Zitiert:
    - *Dremel, R.,* in: Schönfeld, J./Ditz, X., Doppelbesteuerungsabkommen: Kommentar;
    - *Schönfeld, J./Ditz, X.,* in: Schönfeld, J./Ditz, X., Doppelbesteuerungsabkommen: Kommentar;
    - *Schönfeld, J./Ditz, X./Häck, N.,* in: Schönfeld, J./Ditz, X., Doppelbesteuerungsabkommen: Kommentar;
    - *Schönfeld, J./Häck, N.,* in: Schönfeld, J./Ditz, X., Doppelbesteuerungsabkommen: Kommentar.
- Streinz, R., EUV/AEUV: Kommentar, 3. Aufl., München 2018. Zitiert:
    - *Müller-Graff, P-C.,* in: Streinz, R., EUV/AEUV: Kommentar;
    - *Sedlaczek, M./Züger, M.,* in: Streinz, R., EUV/AEUV: Kommentar;
    - *Streinz, R.,* in: Streinz, R., EUV/AEUV: Kommentar.
- *Tipke, K.,* Die Steuerrechtsordnung, 2. Aufl., Köln 2012, Band III.
- Tipke, K./Kruse, H.W., Abgabenordnung/Finanzgerichtsordnung: Kommentar, Stand: 168. Ergänzungslieferung, Köln 2021. Zitiert:
    - *Drüen, K-D.,* in: Tipke, K./Kruse, H.W., Abgabenordnung/Finanzgerichtsordnung: Kommentar.
- Tipke, K./Lang, J., Steuerrecht, 24. Aufl., Köln 2021. Zitiert:
    - *Englisch, J.,* in: Tipke, K./Lang, J., Steuerrecht;
    - *Seer, R.,* in: Tipke, K./Lang, J., Steuerrecht.
- *Vinnickij, D.*, Mezhdunarodnoe nalogovoe pravo: problemy teorii i praktiki, Moskau 2017.
- *Vinnickij, D.*, Nalogovoe pravo: uchebnik dlja akademicheskogo bakalavriata, Lehrbuch, 2. Aufl., Moskau 2014.
- Vogel, K./Lehner, M., Doppelbesteuerungsabkommen: Kommentar, 7. Aufl., München 2021. Zitiert:

- o *Engelschalk, M.*, in: Vogel, K./Lehner, M., Doppelbesteuerungsabkommen: Kommentar;
- o *Lehner, M.*, in: Vogel, K./Lehner, M., Doppelbesteuerungsabkommen: Kommentar;
- o *Nasdala, S.*, in: Vogel, K./Lehner, M., Doppelbesteuerungsabkommen: Kommentar;
- o *Weggenmann, H./Nehls, D.*, in: Vogel, K./Lehner, M., Doppelbesteuerungsabkommen: Kommentar.

- von der Groeben, H./Schwarze, J./Hatje, A., Europäisches Unionsrecht: Kommentar, 7. Aufl., Baden-Baden 2015. Zitiert:
  - o *Tiedje, J.*, in: von der Groeben, H./Schwarze, J./Hatje, A., Europäisches Unionsrecht: Kommentar.
- Wabnitz, H-B./Janovsky, T./Schmitt, L., Handbuch Wirtschafts- und Steuerstrafrecht, 5. Aufl., München 2020. Zitiert:
  - o *Pflaum, U.*, in: Wabnitz, H-B./Janovsky, T./Schmitt, L., Handbuch Wirtschafts- und Steuerstrafrecht.
- Wassermeyer, F./Richter, S./Schnittker, H., Personengesellschaften im Internationalen Steuerrecht, 2. Aufl., Köln 2015. Zitiert:
  - o *Meretzki, G.*, in: Wassermeyer, F./Richter, S./Schnittker, H., Personengesellschaften im Internationalen Steuerrecht.
- *Weber-Grellet, H.*, Europäisches Steuerrecht, 2. Aufl., München 2016.
- Weitnauer, W., Handbuch Venture Capital, 6. Aufl., München 2019. Zitiert:
  - o *Missling, P.*, in: Weitnauer, W., Handbuch Venture Capital.
- *Williams, D.W.*, EC Tax Law, London 1998.

D. Sonstige Veröffentlichungen

- *Beznoska, M.*, Wer zahlt wie viel Einkommensteuer in Deutschland?, Institut der deutschen Wirtschaft 2018, Kurzbericht Nr. 74.
- *Blouin, J./Huizinga, H./Laeven, L./Nicodème, G.*, Thin Capitalization Rules and Multinational Firm Capital Structure, IMF Working Paper 2014, Nr. 12.
- *Collier, R./Kari, S./Ropponen, O./Simmler, M./Todtenhaupt, M.*, Dissecting the EU's Recent Anti-Tax Avoidance Measures: Merits and Problems, EconPol Policy Report Nr. 8, München 2018.
- *Dutler, C.P.*, Lizenzboxen in Europa: ein Blick über die Grenze auf die europäischen Entwicklungen bei der Besteuerung von Immaterialgüterrechten, IFF Forum für Steuerrecht 2013, Nr. 2, 135 ff.

- *Eberhartinger, E./Six, M.*, National Tax Policy, the Directives and Hybrid Finance: Options for Tax Policy in the Context of the Treatment of Hybrid Financial Instruments in the Parent-Subsidiary Directive and the Interest and Royalties Directive, SFB International Tax Coordination Discussion Paper 2006, Nr. 16.
- *Garbarino, C.*, Aggressive Tax Strategies and Corporate Tax Governance: An Institutional Approach, SDA Bocconi Research Paper 2009, Nr. 188/08.
- *Haase, F.*, Überlegungen zur Reform der Hinzurechnungsbesteuerung, ifst-Schrift 2017, Nr. 521.
- *Jimenez, A.M.*, BEPS, the Digital(ized) Economy and the Taxation of Services and Royalties, Tax Working Papers of University of Cadiz 2018, Nr. 1.
- *Merlo, V./Wamser, G.*, Debt Shifting and Thin capitalization Rules, CESifo DICE Report 2014, Nr. 4, 27 ff.
- *Oguttu, A.W.*, Should Developing Countries Sign the OECD Multilateral Instrument to Address Treaty-Related Base Erosion and Profit Shifting Measures?, CGD Policy Paper Nr. 132, Washington 2018.

Forum Unternehmens-, Steuer- und Bilanzrecht

Deutsche, europäische und internationale Rechtsfragen

Herausgegeben von Oliver Fehrenbacher / Michael Stöber

Band 1 Patrick Hoor: Verdeckte Gewinnausschüttung und freigebige Zuwendung einer GmbH. 2016.

Band 2 Stephan Kappes: Ertragsteuerliche Behandlung von Sanierungsgewinnen. 2016.

Band 3 Franziska Stahmann: Sonstige Sonderbetriebseinnahmen im Abkommensrecht. Kapitalgesellschaftsbeteiligungen im notwendigen Sonderbetriebsvermögen II. 2017.

Band 4 Suzanne Wagner: Spekulative Optionsgeschäfte aus vertragsrechtlicher, handelsbilanzrechtlicher und steuerrechtlicher Sicht. 2018.

Band 5 Stephan Randt / Oliver Fehrenbacher: Neue ordentliche Testamentsformen. 2018.

Band 6 Christian Hornung: Leaver-, Vesting und Shoot-Out-Klauseln. 2018.

Band 7 Christian Schubert: Vorteilsausgleich und Steuern. 2018.

Band 8 Benjamin Westermann: Zivilrechtliche Folgen steuerlicher Rechtsirrtümer bei Cum-/Ex-Geschäften. 2018.

Band 9 Ramona Claußen: Die Verwertung von Sicherungseigentum durch den Insolvenzverwalter – eine umsatzsteuerrechtliche Betrachtung. 2018.

Band 10 Raika Anika Voldrich: Grenzüberschreitende Spenden. 2018.

Band 11 Justus Jürgensen: Pflichten und Haftung des Geschäftsführers einer GmbH bei Sanierungsmaßnahmen im Vorfeld der Insolvenz. 2019.

Band 12 Tobias Haselwande: Doppelinsolvenz von Personengesellschaft und Gesellschafter. 2019.

Band 13 Hendrik Aren: Die Neuauflage der Vorschläge für eine Richtlinie des Rates über eine Gemeinsame (konsolidierte) Körperschaftsteuer-Bemessungsgrundlage. Steuerrechtliche Auslegung und Analyse der Vereinbarkeit mit dem Europäischen Recht. 2019.

Band 14 Adrian Druzg: Die grenzüberschreitende Sitzverlegung von Gesellschaften innerhalb der Europäischen Union – eine Analyse anhand der Niederlassungsfreiheit. 2019.

Band 15 Felix Meisheit: Das Glücksspiel im Ertragsteuerrecht. 2020.

Band 16 Martin Fornof: Zur Auslegung und Anwendung des IFRS 10 in der EU am Beispiel des Kreditgeber/Kreditnehmer-Verhältnisses. Eine Untersuchung unter besonderer Berücksichtigung von Krise, Restrukturierung und Insolvenz. 2020.

Band 17 Stefan Jäkel: Steuerung der GmbH durch einen Interim Manager. 2021.

Band 18 Dominik Riebartsch: Die Haftung des Aufsichtsrates einer Aktiengesellschaft bei Verletzung der Überwachungspflichten. 2021.

Band 19 Matthias Wurm: Die rechtliche Bewertung von Investorendialogen. Eine rechtsvergleichende Analyse. 2021.

Band 20 Roxane Lilienfein: Steuervermeidungsstrategien multinationaler Internet-Konzerne. Bestandsaufnahme und Lösungsansätze aus ertragsteuerlicher Sicht. 2021.

Band 21 Tobias S.H. Eggert: Steuerrechtliche Gewinnverlagerungen mittels konzerninterner Lizenzzahlungen. 2022.

Band 22 Sebastian Knapp: Insolvenzantragstellung wegen drohender Zahlungsunfähigkeit – ein geeignetes Instrument zur Ermöglichung einer frühzeitigen Sanierung? 2022.

Band 23 Javid Damirov: Maßnahmen zur Verhinderung missbräuchlicher Gestaltungen im Ertragsteuerrecht – Eine rechtsvergleichende Betrachtung nach deutschem, russischem, europäischem und internationalem Steuerrecht. 2022.

www.peterlang.com

www.ingramcontent.com/pod-product-compliance
Ingram Content Group UK Ltd.
Pitfield, Milton Keynes, MK11 3LW, UK
UKHW021829290926
8980IPUK00004B/343

9 783631 878101